Mercedes
SPORT

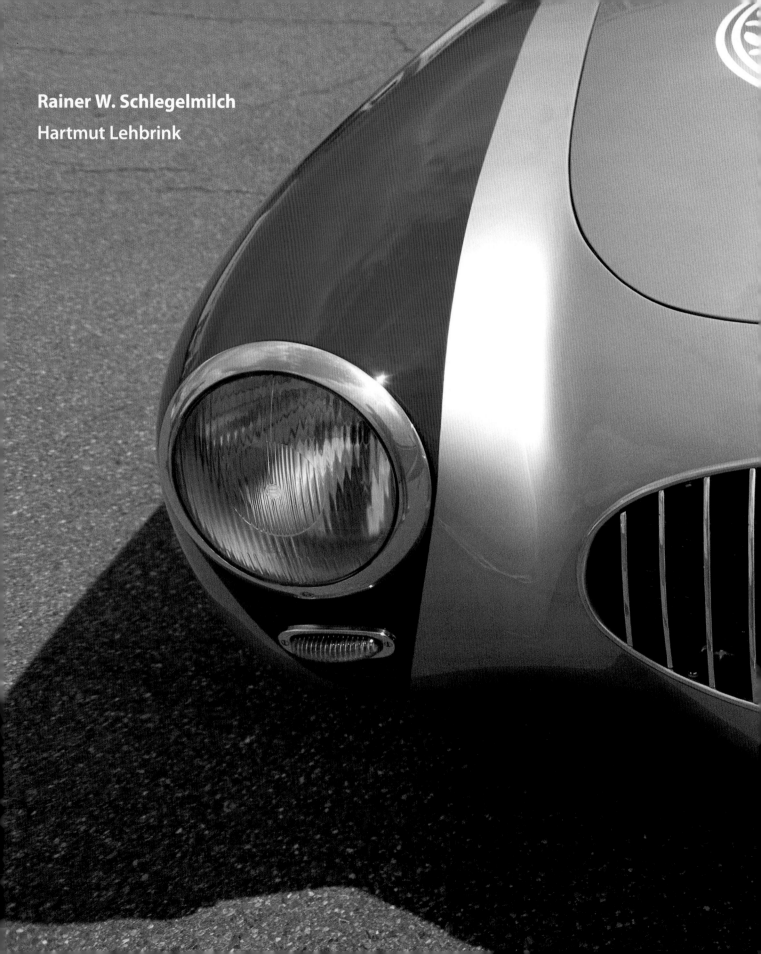

Rainer W. Schlegelmilch

Hartmut Lehbrink

Mercedes
SPORT

h.f.ullmann

Contents · Inhalt · Sommaire

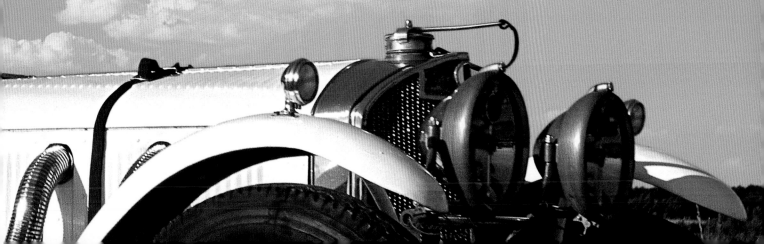

Foreword
Vorwort
Préface

I t is a great pleasure for me to write a foreword to such a comprehensive book focusing on the sports history of Mercedes-Benz and the marque's marvellous road-going sports cars. After all Mercedes has been instrumental in my winning two Formula One world championships and I take pride in having contributed my due to the sporting fame of the illustrious Stuttgart enterprise both in grand prix racing and their professional and successful DTM effort. Joining Norbert Haug and many familiar faces again after my three-year sabbatical was like coming home and I am still enjoying myself tremendously. I consider notching up victory in the 2005 DTM Spa round as one of my most satisfying achievements as a racing driver.

But I am also proud of being part and parcel of an outfit whose name is forever linked to greats of the past such as Rudolf Caracciola and Juan Manuel Fangio. Obviously I have long since been interested in the racing heritage of Mercedes-Benz and I appreciate that this book offers such an impressive review of it in terms of excellent photography and the informative text. As to the road-going Mercedes sports vehicles I must say that I consider some of them to be the most beautiful ever, particularly those from the thirties and mid-fifties but also the third millennium such as the SL-Class.

I am sure that *Mercedes Sport* will be a bedside table "must" for me as well as other friends of the make for quite some time.

Es ist mir ein Vergnügen, das Vorwort zu einem Buch zu schreiben, das in so umfassender Weise von der Renngeschichte von Mercedes-Benz und den wunderschönen Straßensportwagen der Marke handelt. Immerhin war Mercedes maßgeblich an meinen beiden Formel-1-Weltmeisterschaften beteiligt und ich bin stolz darauf, in doppelter Hinsicht mein Scherflein zum sportlichen Ruhm des berühmten Stuttgarter Hauses beigetragen zu haben – als Grand-Prix-Pilot und als Angehöriger seines so ungemein professionellen und erfolgreichen DTM-Aufgebots. Nach drei Jahren Pause wieder mit Norbert Haug und vielen guten Freunden in seiner Umgebung zusammenarbeiten zu dürfen war für mich wie eine Heimkehr und macht mir nach wie vor großen Spaß. Der Sieg beim DTM-Lauf in Spa 2005 zählt für mich zu den größten Errungenschaften meiner Rennfahrerkarriere.

Aber es ist für mich auch ein erhebendes Gefühl, für ein Unternehmen tätig zu sein, dessen Name eng verwoben ist mit berühmten Fahrern der Vergangenheit wie Rudolf Caracciola und Juan Manuel Fangio. Naturgemäß interessiere ich mich schon seit langem für die Rennhistorie von Mercedes-Benz. Dieses Buch vermittelt einen hervorragenden Eindruck von ihr, sowohl die brillante Fotografie als auch der informative Text. Für mich zählen einige Mercedes-Sportwagen für die Straße zu den schönsten aller Zeiten, besonders aus den dreißiger und fünfziger Jahren, aber auch aus der Zeit nach Beginn des dritten Jahrtausends wie die aktuelle SL-Serie.

Ich bin sicher, dass ich wie auch andere Freunde der Marke noch lange gerne nach *Mercedes Sport* greifen werde.

C'est pour moi un grand plaisir que de préfacer un livre qui évoque de façon aussi exhaustive l'histoire de la compétition chez Mercedes-Benz et les magnifiques voitures de sport de route de la marque. Mercedes a, en effet, joué un rôle décisif dans l'obtention de mes deux titres de champion du monde de Formule 1. Je suis fier, à double titre, d'avoir apporté ma contribution si petite soit-elle à l'édifice du prestige sportif de la célèbre maison de Stuttgart – en tant que pilote de Grand Prix d'une part, et en tant que membre d'une équipe de DTM au professionnalisme et aux succès incomparables, d'autre part. Après une pause de trois ans, en travaillant de nouveau avec Norbert Haug et beaucoup de bons amis qui l'entourent, je me suis tout de suite senti comme chez moi et cela me procure, aujourd'hui encore, un immense plaisir. La victoire lors de la manche du DTM de Spa, en 2005, restera pour moi l'une des plus belles conquêtes de ma carrière de pilote de course.

Mais je suis également très ému de travailler pour une entreprise dont le nom est étroitement lié à ceux de d'anciens pilotes très célèbres comme Rudolf Caracciola et Juan Manuel Fangio. Naturellement, je porte depuis longtemps déjà un vif intérêt à l'histoire de la course chez Mercedes-Benz. Ce livre retrace d'une façon remarquable cette histoire, aussi bien au travers des brillantes photographies que du texte, très instructif. À mes yeux, certaines voitures de sport de route fabriquées par Mercedes figurent parmi les plus belles de tous les temps … Ceci vaut en particulier pour les modèles des années 30 et 50, mais aussi pour les véhicules du troisième millénaire, comme l'actuelle série SL est là pour le prouver.

Je suis sûr que, comme beaucoup de passionnés de la marque, je prendrai ce livre en mains encore longtemps et toujours avec autant de plaisir.

The Sport of the Century – Engines and Inspiration

Jahrhundert-Sport – über Motoren und Motivationen

Le sport du siècle – Moteurs et motivations

Mercedes-Benz and motor sport – from the start they have been two sides of the same coin. It is in the nature of things and of mankind itself to seek an advantage, always aiming to be one step ahead, both literally and metaphorically, and always to strive for more. With the invention of the automobile, a new medium was found to serve two of these three basic needs, even requiring a minimum of physical effort it would appear.

The proof of this theory also makes a compelling case for motor racing. Like a Darwinian pilot project, it playfully accommodates our hunting instincts and the deeply-rooted, ineradicable desire to outdo our fellow men. What is more, technology needs to be pushed to its very limits so that it can better hold its own in everyday life, to become safer and more robust. Even today, no simulation, as perfect as it may be, can replace the imponderability of competition on road and race track. As far as the automobile *per se* is concerned, what Heraclitus once said about war, albeit falsely translated, holds true in this case too – it is the father of all things. After all, sporting success is the best recommendation a marque can have, as well as being a fillip for its employees. Whoever emerges victorious from the smoke of the track must also be a maker of good product. Incidentally, neither Karl Benz nor Gottlieb Daimler, the fathers of the automobile, cared all that much about such considerations.

Nevertheless, had the first Benz patented motor vehicle of the year 1886, later recommended in a brochure as "an agreeable wagon and hill-climbing apparatus," ever met the first Daimler motorized carriage of the same year, we would, to all intents and purposes, have seen the very first competition situation. Wilhelm Maybach's 1901 35 PS Sports and Touring Car that bore the name Mercedes was indicative of an awakening consciousness. It also marks a turning point in the sporting history of the company with the star emblem that symbolizes man's dominion over earth, water, and air.

Four core chapters can be discerned in this unending story: the era of the pioneers and pathfinders from 1901 to 1933, the genesis of the Silver Arrows saga from 1934 through 1939, their renaissance in the years 1952, 1954 and 1955, and the modern return of the legend from 1984 onward, largely achieved in combination with excellent partners.

In the intervals, the legend has slumbered like a good soldier – never sleeping, only resting, and occasionally making clear to all a continued readiness for combat.

Mercedes-Benz und Motorsport – seit den Anfängen sind dies die beiden Seiten derselben Münze. Das liegt in der Natur der Sache und des Menschen. Schon immer wollten wir uns einen Vorsprung verschaffen, höher hinaus als andere im Wortsinn wie in übertragener Bedeutung und es weiter bringen. Zwei dieser drei Grundbedürfnisse bedient mit der Erfindung des selbstbeweglichen Fahrzeugs ein neues Medium, zumal man sie mit einem Minimum an körperlichem Aufwand befriedigen kann, wie sich zeigen wird.

Und so gerät der Nachweis dieser These zugleich zum Plädoyer für den Rennsport. Er kommt, gleichsam als darwinistisches Pilot-Projekt, spielerisch unserem Jagdtrieb entgegen und dem unausrottbar verwurzelten Wunsch, den Mitmenschen zu überbieten. Und: Man muss Technik bis an die Grenze ausreizen, damit sie den Alltag besser besteht, sicherer ist und hieb- und stichfester. Bis auf den heutigen Tag kann keine auch noch so perfekte Simulation die Unwägbarkeiten des Wettkampfs auf Straße und Rennbahn ersetzen. In Bezug auf das Automobil gilt, was Heraklit einst, falsch übersetzt, über den Krieg sagte – er sei der Vater aller Dinge. Und schließlich: Erfolg im Sport wird zur besten Empfehlung für eine Marke und zum Tonikum für ihre Mitarbeiter. Wer aus dem Pulverdampf der Piste als Sieger hervorgeht, baut auch ein gutes Produkt. Keine dieser Erwägungen liegt übrigens den Vätern des Autos Karl Benz und Gottlieb Daimler sonderlich am Herzen.

Wäre gleichwohl anno 1886 der erste Benz Patent-Motorwagen, später in einem Prospekt als „gefälliges Fuhrwerk und Bergsteigeapparat" empfohlen, jemals auf die erste Daimler Motorkutsche aus dem gleichen Jahr gestoßen, hätte sich damit im Grunde genommen die erste Wettbewerbssituation ergeben. Ein Symptom für ein erwachendes Bewusstsein stellt 1901 Wilhelm Maybachs Sport- und Tourenwagen 35 PS namens Mercedes dar. Er markiert zugleich eine Gelenkstelle in der Sport-Chronik im Zeichen des Sterns, der die Herrschaft des Menschen über Erde, Wasser und Luft symbolisiert.

In diese schier unendliche Geschichte lagern sich vier Kern-Kapitel ein, über die Ära der Pioniere und Wegbereiter zwischen 1901 und 1933, über die Entstehung der Saga vom Silberpfeil von 1934 bis 1939, über dessen Renaissance in den Jahren 1952, 1954 und 1955 und über die zeitgemäße Wiederkehr der Legende ab 1984, meist an der Seite von starken Partnern.

In den Intervallen verhält es sich mit dem Mythos wie mit einem guten Soldaten. Er schläft nie, er ruht nur und macht gelegentlich auf seine Gefechtsbereitschaft aufmerksam.

Depuis sa création, le nom de Mercedes-Benz est indissociable du sport automobile. Cela tient à la nature des choses et de l'homme. Depuis la nuit des temps, l'homme cherche à dépasser les autres, à se dépasser lui-même afin de réaliser de plus grandes choses, au sens propre comme au sens figuré.

La découverte du véhicule automobile a offert à l'homme un nouvel outil capable de satisfaire un de ses besoins fondamentaux, qui plus est sans avoir à fournir le moindre effort.

Cette thèse vient appuyer l'éloge que l'on peut faire de la course automobile, qui mêle, de façon ludique, notre instinct de chasseur et notre souhait permanent et profondément enraciné de dépasser nos semblables. De plus, l'homme veut aller jusqu'aux limites de la technique, outre qu'elle facilite la vie quotidienne, il faut qu'elle soit sûre, invulnérable et infaillible.

Aujourd'hui encore, aucune simulation, si parfaite soit-elle, ne peut remplacer les impondérables de la compétition sur route et sur piste. Ce que disait Héraclite de la guerre – à savoir qu'elle était la mère de toutes choses –, vaut également pour l'automobile. Un succès sportif constitue la meilleure publicité pour une marque et le meilleur stimulant possible pour ses collaborateurs. Le vainqueur sur la piste, celui qui a mordu la poussière, sait forcément fabriquer un bon produit. Cependant, aucune de ces considérations ne préoccupait particulièrement les pères de l'automobile, Karl Benz et Gottlieb Daimler.

De même, si, en 1886, la première automobile brevetée par Benz, vantée plus tard dans une publicité comme un « véhicule agréable grimpant bien les côtes », s'était mesurée à la première Daimler datant de la même année, aurait eu lieu la première compétition.

La voiture de sport et de tourisme 35 PS nommée Mercedes de Wilhelm Maybach, datant de 1901, est aussi le fruit d'une prise de conscience. Elle marque un tournant dans l'histoire sportive d'une firme qui se placera quelques années plus tard sous le signe de l'étoile, symbole du règne de l'homme sur la terre, dans l'eau et dans l'air.

Cette histoire sans fin comprend quatre chapitres fondamentaux : l'ère des pionniers et des défricheurs entre 1901 et 1933, l'émergence de la saga des Flèches d'argent entre 1934 et 1939, sa renaissance dans les années 1952, 1954 et 1955, et le retour contemporain de la légende à partir de 1984, principalement aux côtés de partenaires compétents.

Dans les intervalles, le mythe se comporte comme le bon soldat. Il ne dort jamais, il se repose seulement et rappelle de temps à autre son aptitude à combattre.

Allegro in White
1901–1933

The first long-distance run unaided by animals on 12 July 1894, announced for "voitures sans chevaux" by the *Petit Journal* of Paris and taking place on a 78-mile course between the Gallic capital and Rouen, is actually conceived as a test of the capabilities of the new feats of technology. Then, however, things develop a complex dynamic of their own. Ambition becomes rampant, and the disparate bunch of 21 vehicles, driven by electric and hydro motors, electro-pneumatic, steam, and compressed air power units as well as internal combustion engines, fight it out wheel to wheel.

First to cross the winning line is the steam traction engine of the Marquis Philippe Albert de Dion, pulling behind it a Victoria carriage full of passengers. The prize for the best vehicle, however, is shared by the succeeding vehicles, a Panhard-Levassor, and the following Peugeot, fitted with engines by "Monsieur Daimler, de Wurttemberg," as are the next two vehicles to arrive. The average speed is 12.7 mph. Pierre Giffard, editor in chief of the Paris paper, justifies the decision by insisting that they correspond more closely to the spirit of the rules than the aristocrat's rumbling monster, which he considers to be more of a throw-back to the Middle Ages. A publication by French engineers comes to the smart conclusion that competition will "probably accelerate the definitive solution to the problem of mechanized travel on the roads."

The 741-mile "Course de Vitesse Paris–Bordeaux–Paris" from 11 through 14 June 1895 is another such no-holds-barred competition. Of the 22 vehicles that leave the start, only nine return, six of them with engines by "Monsieur Daimler, de Wurttemberg", and two Benz vehicles. Celebrated as the winner after a run lasting 48 hours and 48 minutes, and a full six hours ahead of the Peugeot drivers Rigoulot, Koechlin and Doriot, is the inventor, businessman, and automobile enthusiast Emile Levassor, who gains the paradoxical fighting title of "Chevalier sans cheval" in keeping with the spirit of the time.

A veritable quantum leap separates the Panhard-Levassor with its "horseless rider" concept from the Mercedes (alias Daimler) 35 PS Sports and Touring

Allegro in Weiß
1901–1933

Eigentlich ist die erste Fernfahrt ohne animalische Hilfe am 12. Juli 1894, vom Pariser *Petit Journal* auf einem 126 Kilometer langen Parcours zwischen der gallischen Hauptstadt und Rouen für „voitures sans chevaux" ausgeschrieben, als Tauglichkeitsbeleg für die neue Errungenschaft gedacht. Dann jedoch entwickeln die Dinge eine vertrackte Eigendynamik. Ehrgeiz wütet, und das disparate Häuflein von 21 Mobilen, durch Elektro- und Hydrotriebwerke, elektropneumatische, Dampf- und Pressluft-Maschinen sowie Benzinmotoren zu eigenständiger Fortbewegung angestachelt, liefert sich einen Kampf Rad an Rad.

Als Erster ins Ziel kommt der Dampftraktor des Marquis Philippe Albert de Dion, der eine Victoria-

Wilhelm Werner wins at the 1901 Nice–Salon–Nice rally in the Mercedes 35 PS with an average speed of almost 37 mph – the first competitive success for the fledgling marque.

Beim Rennen Nizza–Salon–Nizza 1901 siegt Wilhelm Werner auf dem Mercedes 35 PS mit einem Schnitt von fast 60 km/h – der erste Wettbewerbserfolg der jungen Marke.

Lors de la course Nice-Salon-Nice, en 1901, Wilhelm Werner, sur Mercedes 35 PS, termine en tête à une moyenne de près de 60 km/h – le premier succès en course de la jeune marque.

Allegro en blanc
1901–1933

Le 12 juillet 1894, le premier trajet routier longue distance accompli sans recourir à la traction animale sur un parcours de 126 kilomètres entre Paris et Rouen et réservé aux « voitures sans chevaux », fut annoncé par le *Petit Journal* comme une épreuve du certificat d'aptitude dans le cadre de la conquête de la technique. Mais l'événement fut riche en rebondissements. Sur la route, les participants dévoilèrent leurs ambitions et le petit groupe disparate de 21 « auto-mobiles », aiguillonné par les progrès réels ou supposés de la traction électrique, des moteurs « hydrauliques », des machines électro-pneumatiques, à vapeur et à air comprimé comme par ceux des moteurs à essence, se livra un combat roue dans roue.

Le vainqueur fut le tracteur à vapeur du marquis Philippe Albert de Dion, qui tirait derrière lui une Victoria avec plusieurs passagers. Panhard-Levassor, qui venait ensuite, suivi par Peugeot, équipé des moteurs de « Monsieur Daimler, de Wurttemberg », se partagèrent le prix du meilleur véhicule, de même que les deux suivants, avec une moyenne de 20,5 km/h. Selon Pierre Giffard, rédacteur en chef du journal parisien organisateur de l'épreuve, ils répondaient davantage à l'esprit du règlement que le monstre haletant et cahotant de l'aristocrate, jugé tout droit sorti du Moyen Âge. Dans une publication, des ingénieurs français conclurent plus tard, avec pertinence, que la compétition « accélérerait vraisemblablement la résolution du problème du transport mécanique par route ».

La course de vitesse Paris-Bordeaux-Paris, du 11 au 14 juin 1895, sur 1192 km, était une vraie compétition de vitesse et elle ne le cachait pas. Sur 22 concurrents au départ, neuf seulement étaient à l'arrivée, dont six équipés de moteurs de « Monsieur

1901

First appearance of a Mercedes at the Nice Race Week. Winner of the Nice–Salon–Nice Race (244 mi): Wilhelm Werner in a Mercedes 35 PS, 36.1 mph average.

Erstes Auftreten eines Mercedes bei der Rennwoche von Nizza. Sieger im Rennen Nizza-Salon-Nizza (392 km): Wilhelm Werner auf Mercedes 35 PS, Durchschnitt 58,1 km/h.

Première participation d'une Mercedes à la Semaine de Nice. Vainqueur du rallye Nice-Salon-Nice (392 km) : Wilhelm Werner sur une Mercedes 35 PS, moyenne : 58,1 km/h.

1903

Nice Week: 1st place for Otto Hieronymus with a Mercedes 60 PS at the La Turbie hillclimb, 40 mph average. IVth Gordon Bennett Race in Northern Ireland (368.3 mi): won by Camille Jenatzy in a Mercedes 60 PS, 55.4 mph average.

Woche von Nizza: Rang 1 für Otto Hieronymus auf Mercedes 60 PS beim Bergrennen La Turbie, Durchschnitt 64,4 km/h. IV. Gordon-Bennett-Rennen in Nordirland (592,7 km): Sieger Camille Jenatzy auf Mercedes 60 PS, Durchschnitt 89,2 km/h.

Semaine de Nice : 1re place pour Otto Hieronymus sur une Mercedes 60 PS dans la course de côte de La Turbie, moyenne : 64,4 km/h. 4e Coupe Gordon Bennett en Irlande du Nord (592,7 km) : Camille Jenatzy vainqueur sur une Mercedes 60 PS, moyenne : 89,2 km/h.

1905

Ist Herkomer competition (named after the German portrait painter, English resident, and motor sport enthusiast, Hubert von Herkomer): 1st place in the overall classification Edgar Ladenburg, 2nd Hermann Weingand (both in Mercedes 40 PS), 3rd Willy Pöge in a Mercedes 60 PS.

I. Herkomer-Konkurrenz (benannt nach dem in England lebenden deutschen Portraitmaler und Motorsportenthusiasten Hubert von Herkomer): 1. der Gesamtwertung Edgar Ladenburg, 2. Hermann Weingand (beide auf Mercedes 40 PS), 3. Willy Pöge auf Mercedes 60 PS.

1er concours Herkomer (du nom d'un portraitiste allemand vivant en Angleterre, Hubert von Herkomer, par ailleurs passionné de sport automobile) : Edgar Ladenburg 1er au classement global, 2e Hermann Weingand (tous les deux sur des Mercedes 40 PS), 3e Willy Pöge sur une Mercedes 60 PS.

In 1904, the fifth and penultimate Gordon Bennett Race is run through the Taunus. Belgian Camille Jenatzy takes second place in a Mercedes 90 PS.

Das fünfte und vorletzte Gordon-Bennett-Rennen führt 1904 durch den Taunus. Den zweiten Platz belegt der Belgier Camille Jenatzy mit dem Mercedes 90 PS.

La cinquième et avant-dernière course de la Coupe Gordon Bennett franchit, en 1904, le Taunus. Le Belge Camille Jenatzy, avec la Mercedes 90 PS, termine deuxième.

Car with which works driver Wilhelm Werner wins the Nice–Salon–Nice race on 25 March 1901, designed by Wilhelm Maybach, average speed a respectable 35.9 mph. It is a case of form follows function – the shape of things to come. For the basis for the founding father of the Simplex dynasty is formed by an elongated, low-slung, steel frame. The multi-cylinder engine is situated at the front, cooled by a honeycomb radiator and reliably supplying power to the rear axle by means of a four-speed gear train.

The next development of Wilhelm's racer, the 60 PS Touring Car, gleams in the same innocent white.

Kutsche mit etlichen Passagieren hinter sich herzerrt. Den Preis für den Besten indessen teilen sich der dahinter eintreffende Panhard-Levassor und der folgende Peugeot, ausgestattet mit Triebwerken von „Monsieur Daimler, de Wurttemberg" wie auch die zwei Nächstplatzierten, Durchschnittstempo: 20,5 km/h. Als Begründung führt Pierre Giffard, Chefredakteur der Pariser Postille, ins Feld, sie entsprächen dem Geist des Reglements eher als das schnaubende und eher retour Richtung Mittelalter rumpelnde Monstrum des Aristokraten. Eine von französischen Ingenieuren herausgegebene Publikation kommt daraufhin zu dem

Daimler, de Wurttemberg », et deux voitures Benz. À leur tête, en 48 heures et 48 minutes, et avec six bonnes heures d'avance sur les pilotes de Peugeot, Rigoulot, Koechlin et Doriot, l'inventeur et l'industriel passionné d'automobile, Émile Levassor, surnommé « Chevalier sans cheval », un sobriquet dans l'air du temps.

Séparée de la Panhard et Levassor par un véritable saut quantique, la Mercedes (alias Daimler) de sport et de tourisme 35 PS permet au pilote de l'usine Wilhelm Werner de gagner, le 25 mars 1901, la course Nice-Salon-Nice. Ingénieur concepteur : Wilhelm Maybach. Moyenne : 58,1 km/h, ce qui est déjà remarquable. Les tendances à venir se profilent, la fonction dicte les formes. Car l'ossature de l'aïeule de la dynastie Simplex est formée par un cadre en tôle d'acier emboutie surbaissé. Le moteur, à quatre cylindres, est à l'avant, et sa température est régularisée par un radiateur à nid d'abeilles. Il transmet sa puissance à l'essieu arrière de façon adéquate par une boîte d'engrenages comportant quatre vitesses.

Sa version dérivée, la voiture de tourisme 60 PS, brille d'un blanc immaculé comme le bolide de Wilhelm. C'est à son volant que triomphe, le 2 juillet 1903, Camille Jenatzy, l'intrépide coureur belge à la barbe rousse, à Ballyshannon, en Irlande, dans la quatrième Coupe Gordon-Bennett, baptisée ainsi en hommage au propriétaire du *New York Herald*, un homme ouvert aux idées nouvelles et créateur en 1900 de cette épreuve. La résistance des nouveaux pneus de la Continental-Caoutchouc-und-Gutta-Percha-Compagnie de Hanovre facilite les choses.

C'est Christian Lautenschlager, de Magstadt, à nouveau vainqueur en France, qui offre les plus belles victoires à Mercedes avant la Première Guerre mondiale. Il gagne le Grand Prix de l'Automobile Club de France en 1908 à Dieppe, avec le modèle 140 PS devant les deux mercenaires de Benz, Victor Hémery et René Hanriot, et, en 1914 à Lyon, suivi par ses coéquipiers Louis Wagner et Otto Salzer, sur la 18/100 PS. Deux de ces créations performantes de Paul Daimler, directeur du développement, sont destinées à une brillante carrière. Avec la voiture de Lautenschlager, Ralph de Palma gagne en 1915 les 500 Miles d'Indianapolis. Quant à l'ancienne voiture de Salzer, désormais dotée de freins sur les quatre roues et sous la livrée rouge italienne (pour lui épargner d'être assaillie par des Siciliens en colère), elle

1907

IIIrd Herkomer competition: race and Herkomer Challenge Trophy won by Fritz Erle in a Mercedes 50 PS. Brooklands inauguration race: 1st J. E. Hutton, 2nd Dario Resta, both in Mercedes 120 PS. Ardennes Race according to grand-prix rules (373 mi): Pierre de Caters in a Mercedes 130 PS, 57.5 mph average.

III. Herkomer-Konkurrenz: Sieger und Gewinner des Herkomer-Wanderpreises: Fritz Erle auf Mercedes 50 PS. Brooklands-Eröffnungsrennen: 1. J. E. Hutton, 2. Dario Resta, beide auf Mercedes 120 PS. Ardennen-Rennen nach Grand-Prix-Formel (600 km): Pierre de Caters auf Mercedes 130 PS mit einem Schnitt von 92,6 km/h.

3e concours Herkomer : Fritz Erle, vainqueur sur une Mercedes 50 PS, remporte par ailleurs le challenge Herkomer. Course inaugurale à Brooklands : 1er J. E. Hutton, 2e Dario Resta, tous deux sur des Mercedes 120 PS. Rallye des Ardennes d'après la formule du Grand Prix (600 km) : Pierre de Caters sur une Mercedes 130 PS avec une moyenne de 92,6 km/h.

1908

St. Petersburg to Moscow Long Distance Race (426 mi): 1st place for Victor Hémery in a Mercedes 120 PS with a new record average speed of 50.1 mph. 1st Prinz Heinrich Tour: winner Fritz Erle in a Benz 50 PS. Grand Prix of the ACF at Dieppe (447 mi): 1st Christian Lautenschlager, Mercedes 140 PS at 69 mph average, 2nd Victor Hémery, 3rd René Hanriot (both Benz).

Fernfahrt Petersburg–Moskau (686 km): Rang 1 für Victor Hémery im Mercedes 120 PS mit einem Durchschnitt und neuen Streckenrekord von 80,6 km/h. 1. Prinz-Heinrich-Fahrt: Sieger Fritz Erle mit einem Benz 50 PS. Grand Prix des Automobil Club de France (ACF) bei Dieppe (720 km): 1. Christian Lautenschlager, Mercedes 140 PS, mit einem Schnitt von 111,1 km/h, 2. Victor Hémery, 3. René Hanriot (beide Benz).

Rallye Saint-Pétersbourg-Moscou (686 km) : 1re place pour Victor Hémery sur la Mercedes 120 PS avec une moyenne record sur ce parcours de 80,6 km/h. 1re Course du prince Henri : Fritz Erle vainqueur avec une Benz 50 PS. Grand Prix de l'Automobile Club de France (ACF) à Dieppe (720 km) : 1er Christian Lautenschlager sur une Mercedes 140 PS, avec une moyenne de 111,1 km/h, 2e Victor Hémery, 3e René Hanriot (tous deux sur des Benz).

1910

Race in Indianapolis (15 and 20 mi): victor Edgar Hearne in a Benz 150 PS at an average speed of 87 mph.

Rennen in Indianapolis (15 und 20 Meilen): Sieger Edgar Hearne auf Benz 150 PS mit einem Schnitt von 140 km/h.

Course d'Indianapolis (15 et 20 miles) : Edgar Hearne vainqueur sur une Benz 150 PS avec une moyenne de 140 km/h.

On 2 July 1903, in Ballyshannon, Ireland, it wins the fourth Gordon Bennett Race, named after the progressive owner of the *New York Herald* who had founded the event in 1900, with the daring, red-bearded Belgian, Camille Jenatzy, at the steering wheel. Helpful in this is the tenaciousness of the new tires provided by the "Continental-Caoutchouc-und-Gutta-Percha-Compagnie" of Hanover.

The most beautiful bloom in the bouquet of Mercedes successes before the First World War is contributed by Christian Lautenschlager of Magstadt, obtained once again in France, much to the chagrin of *La Grande Nation*. He wins the 1908 French Grand Prix in Dieppe with the 140 PS model, in front of the two Benz mercenaries Victor Héméry and René Hanriot, and that of 1914 in Lyons, followed by his team-mates Louis Wagner and Otto Salzer in the 18/100 PS. Two of these hard-edged creations of development boss Paul Daimler are predestined for further glittering careers. Ralph de Palma wins the 1915 Indianapolis 500-Mile Race in Lautenschlager's vehicle and Salzer's plucky veteran, now decelerated by a four-wheel

Otto Salzer with mechanic Stegmeier in the Mercedes 140 PS grand prix car at the start of the 1908 French Grand Prix in Dieppe.

Beim Großen Preis von Frankreich 1908 in Dieppe ist Otto Salzer mit Mechaniker Stegmeier im Mercedes Grand-Prix-Rennwagen 140 PS am Start.

Lors du Grand Prix de France de 1908, à Dieppe, Otto Salzer prend le départ, avec son mécanicien Stegmeier, sur la Mercedes de Grand Prix 140 PS.

klugen Schluss, der Wettbewerb werde „wahrscheinlich die definitive Lösung des Problems der mechanischen Beförderung auf der Straße beschleunigen".

Um einen solchen, und zwar völlig unverhüllt, handelt es sich bei der „Course de Vitesse Paris–Bordeaux–Paris" vom 11. bis zum 14. Juni 1895 über 1192 Kilometer. Von 22 Startern kehren nur neun zurück, sechs davon mit Motoren von „Monsieur Daimler, de Wurttemberg", dazu zwei Benz-Wagen. An ihrer Spitze lässt sich nach 48 Stunden und 48 Minuten und mit satten sechs Stunden Vorsprung vor den Peugeot-Piloten Rigoulot, Koechlin und Doriot der Erfinder, Geschäftsmann und Autofreak Emile Levassor feiern, paradoxer Kriegername ganz im Einklang mit dem Geist der Zeit „Chevalier sans cheval".

Vom Panhard-Levassor des pferdelosen Reiters trennt ein wahrer Quantensprung den Mercedes (alias Daimler) Sport- und Tourenwagen 35 PS, mit dem Werksfahrer Wilhelm Werner am 25. März 1901 das Rennen Nizza–Salon–Nizza gewinnt, Konstrukteur: Wilhelm Maybach, Durchschnitt: schon beachtliche 58,1 Stundenkilometer. Die Zukunft lässt grüßen, Formen richten sich an ihrer Funktion aus. Denn das Rückgrat des Stammvaters der Simplex-Dynastie bildet ein gestreckter und niedriger Stahlrahmen. Der mehrzylindrige Motor liegt vorn, wird durch einen Bienenwabenkühler temperiert und teilt der Hinterachse seine Kraft angemessen über ein Zahnradgetriebe mit vier Gängen zu.

In unschuldigem Weiß wie Wilhelms Renner glänzt dessen Evolutionsstufe Tourenwagen 60 PS. An

First place in the same race goes to Christian Lautenschlager, accompanied by his mechanic Jakob Kraus. Their overflowing pride in their achievement is obvious.

Rang eins beim selben Rennen geht an Christian Lautenschlager, begleitet von seinem Schrauber Jakob Kraus. Man ist natürlich unbändig stolz.

La première place lors de la même course est remportée par Christian Lautenschlager, accompagné de son mécanicien Jakob Kraus. Difficile de ne pas laisser exploser sa joie.

assure au comte florentin Giulio Masetti en 1922 la première place de la Targa Florio, avec une moyenne de 63,1 km/h. La quatre-cylindres de deux litres avec compresseur, au volant de laquelle Christian Werner en 1924 fait jeu égal avec le comte à l'occasion de la même manifestation, est d'une génération encore plus rapide. Le professeur Ferdinand Porsche a déjà participé à sa conception.

Le véhicule vainqueur du Grand Prix d'Allemagne, également d'une cylindrée de deux litres suralimentée, mais à huit cylindres, en est issu. C'est avec lui que Rudolf Caracciola, le 11 juillet 1926, deux semaines après la conclusion du mariage matérialisé par le trait d'union entre Daimler et Benz, jette à l'Avus de Berlin les bases de sa renommée. Il traîne avec lui trois sièges inutiles, du fait d'obscures hésitations dans la réglementation. En effet, le Grand Prix d'Allemagne fut annoncé comme une épreuve réservée aux voitures de sport.

1912   1914   1915   1921

Vanderbilt Race in the United States (299 mi): 1st place for Ralph de Palma in a 1908 Mercedes 135 PS grand-prix type, average speed 67.4 mph.

Vanderbilt-Rennen in den Vereinigten Staaten (481,5 km): Rang 1 für Ralph de Palma auf Mercedes 135 PS Grand-Prix-Typ 1908, Durchschnitt 108,5 km/h.

Prix Vanderbilt aux États-Unis (481,5 km): 1re place pour Ralph de Palma sur une Mercedes 135 PS de type Grand-Prix 1908, moyenne : 108,5 km/h

---

Vanderbilt Race: 1st place for Ralph de Palma in a Mercedes 37/90 PS at 76.6 mph average, 2nd Barney Oldfield in a Mercedes 140 PS. Grand Prix of the ACF at Lyons (467.6 mi): 1st Christian Lautenschlager at an average speed of 65.6 mph, 2nd Louis Wagner, 3rd Otto Salzer, all in Mercedes 115 PS.

Vanderbilt-Rennen: 1. Ralph de Palma mit dem Mercedes 37/90 PS mit einem Schnitt von 123,2 km/h, 2. Barney Oldfield auf Mercedes 140 PS. Grand Prix des ACF bei Lyon (752,6 km): 1. Christian Lautenschlager mit einem Durchschnitt von 105,6 km/h, 2. Louis Wagner, 3. Otto Salzer, alle auf Mercedes 115 PS.

Prix Vanderbilt : 1e place pour Ralph de Palma avec la Mercedes 37/90 PS et une moyenne de 123,2 km/h, 2e Barney Oldfield sur une Mercedes 140 PS. Grand Prix de l'ACF près de Lyon (752,6 km) : Christian Lautenschlager 1er avec une moyenne de 105,6 km/h, 2e Louis Wagner, 3e Otto Salzer, tous sur des Mercedes 115 PS.

Indianapolis Race: victory for Ralph de Palma (with co-driver Louis Fontaine) in a Mercedes 115 PS, 89.8 mph average.

Rennen in Indianapolis: Sieg für Ralph de Palma (mit Beifahrer Louis Fontaine) auf Mercedes 115 PS, Durchschnitt 144,5 km/h.

Course d'Indianapolis : victoire pour Ralph de Palma (avec Louis Fontaine pour copilote) sur une Mercedes 115 PS, moyenne : 144,5 km/h.

Targa Florio: victory for Max Sailer in the Coppa Florio and 2nd position overall in a Mercedes 28/95 PS, 36 mph average. Italian Grand Prix in Brescia for Gentleman Drivers (268.8 mi): 1st place for Count Giulio Masetti in the 1914 grand prix type at an average speed of 71.9 mph.

Targa Florio: Sieg für Max Sailer bei der Coppa Florio, 2. Platz gesamt mit dem Mercedes 28/95 PS, Durchschnitt 57,9 km/h. Grand Prix von Italien in Brescia für Herrenfahrer (432,5 km): 1. Rang für Graf Giulio Masetti mit dem Grand-Prix-Typ von 1914, Schnitt 115,7 km/h.

Targa Florio : victoire de Max Sailer sur la Coppa Florio et 2e au classement global avec la Mercedes 28/95 PS, moyenne : 57,9 km/h. Grand Prix d'Italie à Brescia pour les voitures de collection (432,5 km) : 1re place pour le comte Giulio Masetti sur le type Grand-Prix de 1914, moyenne 115,7 km/h.

Max Sailer drives the 18/100 PS during the 1914 French Grand Prix. He later becomes Technical Director and Deputy Board Member of Daimler-Benz.

Max Sailer am Lenkrad des 18/100 PS beim Grand Prix de France 1914. Er wird später technischer Direktor und stellvertretender Daimler-Benz-Vorstand.

Max Sailer, sur la 18/100 PS, lors du Grand Prix de France de 1914. Il deviendra plus tard directeur technique et membre adjoint du directoire de Daimler-Benz.

braking system and painted Italian racing red to protect it from attack by over-enthusiastic Sicilians, gains first place for the Florentine count, Giulio Masetti, at the Targa Florio of 1922, with an average speed of 39 mph. The supercharged two-liter, four-cylinder model with which Christian Werner matches the count's achievement in the 1924 event, is even a little bit faster. Professor Ferdinand Porsche is already contributing to the design.

The winning vehicle at the German Grand Prix on 11 July 1926 with which Rudolf Caracciola lays the foundations of his own legend at the Berlin Avus, just two weeks after the fusion of Daimler and Benz, can also boast a supercharged capacity of two liters but sports eight combustion units. It carts three superfluous seats around with it, for on account of an obscure regulation muddle the German Grand Prix has been advertised as a sports car competition.

Indeed it is sports cars – in particular the S to SSKL series known as "White Elephants" because of their voluminous dimensions and hefty weight – that

ihrem Volant siegt am 2. Juli 1903 der kühne belgische Rotbart Camille Jenatzy im irischen Ballyshannon beim vierten Gordon-Bennett-Rennen, benannt nach dem fortschrittlichen Besitzer des *New York Herald,* der die Veranstaltung im Jahre 1900 ins Leben gerufen hat. Als hilfreich erweist sich dabei die Zählebigkeit der neuen Pneus, welche die Continental-Caoutchouc-und-Gutta-Percha-Compagnie Hannover zur Verfügung gestellt hat.

Die schönsten Blüten im Strauß der Mercedes-Erfolge vor dem Ersten Weltkrieg steuert der Magstädter Christian Lautenschlager bei, wieder in Frankreich und sehr zum Verdruss der Grande Nation. Er siegt bei den Grands Prix de France 1908 in Dieppe mit dem Modell 140 PS vor den beiden Benz-Söldnern Victor Héméry und René Hanriot und 1914 in Lyon, gefolgt von seinen Teamkollegen Louis Wagner und Otto Salzer, auf dem 18/100 PS. Zwei dieser knorrigen Kreationen des Entwicklungschefs Paul Daimler sind für weitere glanzvolle Karrieren ausersehen. Mit dem Wagen Lautenschlagers gewinnt Ralph de Palma 1915 das 500-Meilen-Rennen von Indianapolis und Salzers wackerer Veteran, nun von einer Vierradbremse verzögert und in italienischem Rennrot, um ihm die Übergriffe zürnender Sizilianer zu ersparen, verschafft dem florentinischen Grafen Giulio Masetti 1922 Rang eins bei der Targa Florio mit einem Schnitt von 63,1 km/h. Noch eine Idee schneller ist der Zweiliter-Vierzylinder mit Kompressor, mit der es Christian Werner 1924 dem Conte anlässlich der gleichen Veranstaltung gleichtut. Bei seiner Konstruktion hat bereits Professor Ferdinand Porsche die Hand im Spiel gehabt.

Ebenfalls mit aufgeladenen zwei Litern Hubraum, aber acht Verbrennungseinheiten kommt der Siegerwagen des Großen Preises von Deutschland daher, mit dem Rudolf Caracciola am 11. Juli 1926 zwei Wochen nach dem Vollzug der Bindestrich-Ehe zwischen Daimler und Benz auf der Berliner Avus das Fundament zu seinem eigenen Nimbus legt. Er schleppt drei unnütze Sitze mit sich herum, denn angesichts eines undurchsichtigen Regel-Wirrwarrs hat man den deutschen Grand Prix für Sportwagen ausgelobt.

Sportwagen – vornehmlich die Baureihe S bis SSKL, wegen ihrer voluminösen Körpermaße und ihres stattlichen Gewichts auch „Weiße Elefanten" genannt – sind

Leaving a pall of dust behind him, the overall winner of the 1924 Targa Florio is Christian Werner at the wheel of a two-liter supercharged model.

Viel Staub: Den Gesamtsieg bei der Targa Florio 1924 belegt Christian Werner am Volant des Zweiliter-Kompressorwagens.

De la poussière ! La victoire au classement général de la Targa Florio en 1924 revient à Christian Werner, au volant de la deux-litres à compresseur.

Ce furent également des voitures de sport – principalement des séries S à SSKL, surnommées « les éléphants blancs » à cause de leur volume et de leur poids imposants –, qui les sept années suivantes, assirent la réputation sportive naissante de Daimler-Benz. Leur apparition coïncide avec l'ouverture du nouveau Nürburgring, le 19 juin 1927. Caracciola l'emporte ; mais quatre semaines plus tard, lors du Grand Prix d'Allemagne, c'est le triple triomphe de la vieille garde de Mercedes avec Merz, Werner et Walb. En revanche, l'année suivante, Werner et Caracciola se partagent les lauriers, devant Merz et Walb, qui avait couru avec la SS personnelle de Werner. Au début des années 1930, le coursier vieillissant, transformé en SSKL (Super Sport Kurz Leicht), prépare encore une fois un coup double, comme un boxeur ébranlé. La Mille Miglia de 1931 est gagnée par Caracciola, et l'Avus, le 22 mars 1932, par von Brauchitsch, dont la voiture a revêtu cette fois une carrosserie aérodynamique aux courbes arrondies et inhabituelles tracées par le baron Reinhard von Koenig-Fachsenfeld.

1922   1924   1926   1927

Targa Florio: 1st place for Count Giulio Masetti at 39.2 mph average, in the grand prix car of 1914. Winner of the production vehicle class: Max Sailer in the Mercedes 28/95 PS, 37.2 mph average.

Targa Florio: 1. Rang für Graf Giulio Masetti mit einem Durchschnitt von 63,1 km/h , auf dem Grand-Prix-Wagen von 1914. Sieger bei den Serienwagen: Max Sailer mit dem Mercedes 28/95 PS, Durchschnitt 59,9 km/h.

Targa Florio : victoire du comte Giulio Masetti à 63,1 km/h en moyenne, sur la Grand-Prix de 1914. Vainqueur des voitures de série : Max Sailer sur une Mercedes 28/95 PS, moyenne : 59,9 km/h.

Targa Florio and Coppa Florio (336 mi): 1st Christian Werner in a Mercedes two-liter, eight-cylinder with supercharger, 41 mph average, team prize for Werner, Lautenschlager, and Neubauer.

Targa Florio und Coppa Florio (540 km): 1. Christian Werner auf Mercedes 2-Liter-Achtzylinder mit Kompressor, Durchschnitt 66 km/h, Mannschaftspreis für Werner, Lautenschlager und Neubauer.

Targa Florio et Coppa Florio (540 km) : 1er Christian Werner sur une Mercedes 2 litres-8 cylindres avec compresseur, moyenne : 66 km/h, prix de l'équipe pour Werner, Lautenschlager et Neubauer.

First German Grand Prix (for sports cars) at the Avus (243.8 mi), victory for Rudolf Caracciola in the two-liter, eight-cylinder with supercharger at 84 mph average.

Erster Großer Preis von Deutschland (für Sportwagen) auf der Avus (392,3 km), Sieg für Rudolf Caracciola auf dem 2-Liter-Achtzylinder mit Kompressor mit einem Schnitt von 135,2 km/h.

Premier Grand Prix d'Allemagne (pour voitures de sport) sur l'Avus (392,3 km), victoire de Rudolf Caracciola sur la 2 litres-8 cylindres avec compresseur, avec une moyenne de 135,2 km/h.

Opening race at the Nürburgring: win by Rudolf Caracciola in a Mercedes-Benz S, 62.8 mph average. German Grand Prix at the Nürburgring: 1st Otto Merz with an average speed of 63.4 mph, 2nd Christian Werner, 3rd Willy Walb, all in Mercedes-Benz S.

Eröffnungsrennen am Nürburgring: Sieger Rudolf Caracciola auf Mercedes-Benz S, Durchschnitt 101,1 km/h. Großer Preis von Deutschland auf dem Nürburgring: 1. Otto Merz mit einem Durchschnitt von 102 km/h, 2. Christian Werner, 3. Willy Walb, alle auf Mercedes-Benz S.

Inauguration du Nürburgring : Rudolf Caracciola vainqueur sur Mercedes-Benz S, moyenne : 101,1 km/h. Grand Prix d'Allemagne sur le Nürburgring : Otto Merz à la 1re place avec une moyenne de 102 km/h, 2e Christian Werner, 3e Willy Walb, tous sur Mercedes-Benz S.

Manfred von Brauchitsch wins the Avus Race on 22 May 1932 with this somewhat clumsily streamlined SSKL.

Mit diesem SSKL von ungefüger Aerodynamik gewinnt Manfred von Brauchitsch das Avus-Rennen am 22. Mai 1932.

Avec une SSKL à l'aérodynamique encore frustre, Manfred von Brauchitsch gagne la course de l'Avus, le 22 mai 1932.

establish a solid basis for the budding sporting fame of the newly created joint marque over the next seven years. The marque debuts at the premiere of the new Nürburgring on 19 June 1927. Caracciola wins, but a 1-2-3 triumph at the German Grand Prix held four weeks later at the same location is reserved for the older members of the Mercedes team – Otto Merz, Christian Werner and Willy Walb. The following year, however, emerges almost as a joint venture between the changing generations of drivers. Werner and Caracciola share the laurels of first place, in front of Otto Merz and Walb, who has replaced Werner in his own SS. At the beginning of the thirties, the aging warhorse, now refined into the SSKL (Super Sport *Kurz Leicht* [Short, Light]), sets out to land one last one-two like a groggy boxer. The 1931 Mille Miglia is won by Rudolf Caracciola, the Avus Race on 22 March 1932 by Manfred von Brauchitsch, whose vehicle has been dressed with a curiously shaped, rounded streamlining thought up by Baron Reinhard von Koenig-Fachsenfeld.

es denn auch, die in den nächsten sieben Jahren den knospenden Sport-Ruhm der jungen Doppel-Marke auf einen soliden Sockel stellen. Ihr Debüt fällt zusammen mit der Premiere des neuen Nürburgrings am 19. Juni 1927. Caracciola siegt. Der Dreifach-Triumph am gleichen Ort vier Wochen später beim deutschen Großen Preis bleibt den älteren Kräften im Mercedes-Aufgebot Otto Merz, Christian Werner und Willy Walb vorbehalten. Im folgenden Jahr hingegen, gewissermaßen als Joint Venture der wechselnden Generationen, teilen sich Werner und Caracciola den Lorbeer für Platz eins, vor Otto Merz und Walb, der Werner in dessen eigenem SS abgelöst hat. Anfang der Dreißiger holt das alternde Modell, inzwischen zum SSKL (Super, Sport, Kurz, Leicht) sublimiert, noch einmal zum Doppelschlag aus wie ein angeschlagener Boxer. Die Mille Miglia 1931 gewinnt Rudolf Caracciola, das Avus-Rennen am 22. März 1932 Manfred von Brauchitsch, dessen Chassis der Freiherr Reinhard von Koenig-Fachsenfeld einen rundlich-sonderbar geformten Stromlinien-Aufbau übergestülpt hat.

German Grand Prix at the Nürburgring in July 1927: fastest lap and second place in the class for sports cars over three liters for Christian Werner in an S.

Großer Preis auf dem Nürburgring im Juli 1927: schnellste Runde und Rang zwei bei den Sportwagen über drei Liter für Christian Werner im S.

Grand Prix sur le Nürburgring, en juillet 1927 : sur sa S, Christian Werner signe le tour le plus rapide en course et termine deuxième dans la catégorie des voitures de sport de plus de trois litres.

1928

German Grand Prix (for sports cars) at the Nürburgring: 1st Rudolf Caracciola/Christian Werner at an average speed of 64.6 mph, 2nd Otto Merz, 3rd Willy Walb/Christian Werner, all in Mercedes-Benz SS.

Großer Preis von Deutschland (für Sportwagen) auf dem Nürburgring: 1. Rudolf Caracciola/Christian Werner mit einem Schnitt von 103,9 km/h, 2. Otto Merz, 3. Willy Walb/Christian Werner, alle auf Mercedes-Benz SS.

Grand Prix d'Allemagne (pour voitures de sport) sur le Nürburgring : Rudolf Caracciola et Christian Werner 1ers avec une moyenne de 103,9 km/h, 2e Otto Merz, 3e Willy Walb et Christian Werner, tous sur Mercedes-Benz SS.

1929

Nations' Grand Prix for Sports Cars (over 3 liters) at the Nürburgring: 1st August Momberger/Max Arco-Zinneberg, 2nd Willy Rosenstein/Adolf Rosenberger, all in Mercedes-Benz SSK.

Großer Preis der Nationen auf dem Nürburgring für Sportwagen über 3 Liter: 1. August Momberger/Max Arco-Zinneberg, 2. Willy Rosenstein/ Adolf Rosenberger, alle auf Mercedes-Benz SSK.

Grand Prix des Nations sur le Nürburgring pour voitures de sport de plus de 3 litres : 1ers August Momberger et Max Arco-Zinneberg, 2es Willy Rosenstein et Adolf Rosenberger, tous sur Mercedes-Benz SSK.

1930

International ADAC Hillclimb Record Race at Schauinsland near Freiburg: 1st place for Rudolf Caracciola in a Mercedes-Benz SSK, 46.4 mph average (a sports car record). Rudolf Caracciola European Sports Car Champion.

ADAC Bergrekord Schauinsland bei Freiburg: 1. Platz für Rudolf Caracciola auf Mercedes-Benz SSK, Durchschnitt 74,7 km/h (Rekord für Sportwagen). Rudolf Caracciola Europameister bei den Sportwagen.

Record de montagne ADAC à Schauinsland près de Fribourg-en-Brisgau : 1re place pour Rudolf Caracciola sur Mercedes-Benz SSK, moyenne : 74,7 km/h (record pour voitures de sport). Rudolf Caracciola champion d'Europe dans la catégorie voitures de sport.

Under Orders:
Silver in the Service of the System
1934–1939

The thirties have often been bombastically called the era of the Titans, and the long list of Mercedes-Benz racing car and driver successes is indeed immense, to stay with that hyperbolic style. Yet such success is also a double-edged sword. It not only serves the greater glory of the Stuttgart star, it is also bound to a political system that will definitely fall far short of achieving its desired thousand-year reign. "Face off the ... opposition until our superiority is clearly proved," is Adolf Hitler's brief to the design engineers. To freely adapt Clausewitz, sport is the continuation of war by other means. Wheels must turn to achieve victory – including those of racing automobiles.

On 12 October 1932, racing's legislative body, the AIACR (Association Internationale des Automobile Clubs Reconnus), cuts a swathe through the sprawling thicket of vaguely formulated regulations that have been largely to blame for speeds getting out of hand, with the

A final consultation between Rudi Caracciola and Alfred Neubauer before the 1934 world-record breaking runs at the Avus. The vehicle is the W 25 "racing sedan."

Letzte Absprachen zwischen Rudi Caracciola und Alfred Neubauer vor Weltrekordfahrten auf der Avus 1934. Bei dem Fahrzeug handelt es sich um die „Rennlimousine" W 25.

Derniers conciliabules entre Rudi Caracciola et Alfred Neubauer avant la tentative de record du monde sur l'Avus en 1934. Le véhicule est la « berline de course », il s'agit de la W 25.

Macht-Wort:
Silber im Sinne des Systems
1934–1939

Man hat die Dreißiger schwülstig die Ära der Titanen genannt und in der Tat lesen sich die Erfolge der Rennwagen von Mercedes-Benz gigantisch, um in diesem hyperbolischen Stil zu bleiben. Aber sie sind auch ein zweischneidiges Schwert. Denn sie dienen nicht nur dem höheren Ruhm des Stuttgarter Sterns, sondern stehen auch im Zeichen eines politischen Gemeinwesens, das die angestrebten tausend Jahre Lebenserwartung keineswegs erreichen wird. „Dem Gegner solange die Stirn bieten, bis unsere Überlegenheit klar bewiesen ist", lautet Adolf Hitlers Auftrag an die Konstrukteure. Frei nach Clausewitz ist Sport Fortsetzung des Krieges mit anderen Mitteln. Räder müssen rollen für den Sieg – auch die von Rennwagen.

In das wuchernde Dickicht flauschig formulierter Regelwerke, die vor allem die Geschwindigkeiten ausufern lassen, haut die gesetzgebende Rennsport-Körperschaft AIACR (Association Internationale des

La puissance et le mot:
l'argent dans le système
1934–1939

On a qualifié, un peu pompeusement, les années 1930 d'« époque des Titans » et, de fait, les succès des voitures de course de Mercedes apparaissent extraordinaires, pour rester dans l'hyperbole. Mais cette expression est à double tranchant. Car elle ne sert pas seulement à magnifier la renommée de l'étoile de Stuttgart ; elle est également liée à un système politique : « Affronter l'adversaire jusqu'à ce que notre supériorité soit clairement établie », avait déclaré Adolf Hitler aux constructeurs automobiles. Autrement dit, à la manière de Clausewitz, le sport est une autre façon de poursuivre la guerre. Les roues doivent tourner pour la victoire, y compris celles des voitures de course.

Dans le maquis des réglementations, qui avaient favorisé la vitesse, l'autorité de tutelle, l'AIACR (Association internationale des automobile-clubs reconnus), choisit une limite le 12 octobre 1932, avec la formule de 750 kg : pour les trois années suivantes (puis finalement quatre), les voitures de Grand Prix ne devaient pas dépasser ce poids, en excluant le carburant, l'eau de refroidissement, le lubrifiant, les pneus et les roues de secours. Il était également notifié une distance minimale de 500 kilomètres pour un Grand Prix. L'édit de l'AIACR donna le feu vert à l'équipe d'Untertürkheim, d'autant plus qu'il est heureusement accompagné par des subventions d'État à hauteur de 225 000 Reichsmarks par an, à partager avec la rivale Auto Union, auxquels s'ajoutent 20 000, puis 10 000 et 5 000 marks pour les trois premiers. Jusqu'en 1939, 2,58 millions de marks d'aides s'additionneront, ainsi que 330 000 marks de prix supplémentaires, ce qui ne représente cependant qu'environ 10 % des coûts effectifs.

En mai 1934, la W 25 est prête à courir. Son concepteur, Hans Nibel, veille de près au risque de dépassement de poids, comme pour la SSKL, en criblant la voiture de trous comme un gruyère, jusque dans les moyeux des roues avant. La veille de la course de l'Eifel, le 3 juin, la candidate est encore aussi blanche que l'est désormais la livrée de ses pilotes. Comme, avec 752 kg, le véhicule présente un léger excédent de poids, le directeur des courses, Alfred Neubauer, fait poncer dans la

1931

Mille Miglia: victory for Rudolf Caracciola/Wilhelm Sebastian in a Mercedes-Benz SSKL with a new record average speed of 62.8 mph. Eifel Race: 1st place for Rudolf Caracciola in the Mercedes-Benz SSKL, 68.1 mph average. German Grand Prix at the Nürburgring (311.8 mi): won by Rudolf Caracciola in the Mercedes-Benz SSKL at an average speed of 67.3 mph. Avus Race (183 mi): 1st place for Rudolf Caracciola in the Mercedes-Benz SSKL, 115.4 mph average. Rudolf Caracciola again European Sports Car Hillclimb Champion.

Mille Miglia: Sieg für Rudolf Caracciola/Wilhelm Sebastian mit dem Mercedes-Benz SSKL mit dem neuen Rekordschnitt von 101,1 km/h. Eifelrennen: Rang 1 für Rudolf Caracciola auf Mercedes-Benz SSKL, Durchschnitt 109,6 km/h. Großer Preis von Deutschland auf dem Nürburgring (501,8 km): Sieger Rudolf Caracciola auf Mercedes-Benz SSKL mit einem Schnitt von 108,3 km/h. Avus-Rennen (294,4 km): Platz 1 für Rudolf Caracciola auf Mercedes-Benz SSKL, durchschnittlich 185,7 km/h. Rudolf Caracciola erneut Europa-Bergmeister für Sportwagen.

Mille Miglia : victoire de Rudolf Caracciola et Wilhelm Sebastian sur la Mercedes-Benz SSKL avec une nouvelle moyenne record de 101,1 km/h. Course de l'Eifel : 1re place pour Rudolf Caracciola sur Mercedes-Benz SSKL, moyenne : 109,6 km/h. Grand Prix d'Allemagne sur le Nürburgring (501,8 km) : Rudolf Caracciola gagne sur une Mercedes-Benz SSKL à 108,3 km/h en moyenne. Course sur l'Avus (294,4 km) : 1re place pour Rudolf Caracciola sur Mercedes-Benz SSKL, moyenne de 185,7 km/h. Rudolf Caracciola de nouveau champion d'Europe de la montagne pour voitures de sport.

1932

Avus Race (183 mi): won by Manfred von Brauchitsch in a Mercedes-Benz SSKL (streamlined), 120.8 mph average. Hans Stuck Alpine Sports Car Champion in a Mercedes-Benz SSKL.

Avus-Rennen (294,4 km): Sieger Manfred von Brauchitsch auf Mercedes-Benz SSKL (Stromlinie), Durchschnitt 194,4 km/h. Hans Stuck Alpenmeister für Sportwagen im Mercedes-Benz SSKL.

Course sur l'Avus (294,4 km) : Manfred von Brauchitsch la remporte sur une Mercedes-Benz SSKL (profilée), moyenne : 194,4 km/h. Hans Stuck champion des Alpes pour voitures de sport sur Mercedes-Benz SSKL.

750-kilogram formula. For the coming three years (it will in fact be four) grand prix vehicles are not allowed to surpass this weight, excluding fuel, cooling water, lubrication, tires, and spare wheels. A minimal distance of 310.75 miles is also prescribed for a grand prix.

For the Untertürkheim technicians the AIACR edict is like a shot from the starter's gun, especially since it is sweetened by an annual state grant of 225,000 reichsmarks, to be shared with their Auto Union rivals, plus a bonus of 20,000, 10,000 and 5000 marks respectively for any finish in the first three places. This adds up to 2.58 million marks in subsidies by 1939, in addition to 330,000 marks in prize money. Even so, it covers only about a tenth of the actual costs. In May 1934 the W 25 is in the starting blocks. Design engineer Hans Nibel has tackled the problem of overweight, which has always troubled the SSKL, by riddling it with holes like a Swiss cheese, even the front wheel hubs. On the eve of the Eifel Race of 3 June, the contender is still as white as in future only the uniforms of its drivers will be. The 752 kg (1658 lbs) it brings to the scales show a hint of excessive weight, so team manager, Alfred Neubauer, has the paint and filling material sanded down to the bare aluminum overnight. The new German racing color is silver. Manfred von Brauchitsch wins, ringing in a series of five season victories.

The grands prix of that and the following years become a wrestling match between two giants, Mercedes-Benz (ten-foot engine section, auxiliary seat at the rear) versus Auto Union (ten-foot engine section, auxiliary seat at the front). The W 25 is also well suited for record breaking on the straight, after being boosted in the fall of 1934 from its initial 354 hp to 430 hp for that purpose and with a kind of streamlined coupé top customarily fitted. On 10 December, without such a roof, Rudi Caracciola manages to set a new record for the C Class (three to five liters) with 192.58 mph over five miles of the Avus with a flying start. His name is also on everyone's lips the following year, when the competition is humbled by nine victories in ten races, five of them double triumphs. The man from Remagen is well on his way to becoming a superstar. His European championship titles of 1935, 1937, and 1938 are effectively equivalent to the drivers' world championships of today.

Automobile Clubs Reconnus) am 12. Oktober 1932 eine Schneise mit der 750-Kilogramm-Formel: Für die kommenden drei Jahre (de facto waren es vier) durften Grand-Prix-Wagen diesen Wert nicht überschreiten, und zwar ohne Treibstoff, Kühlwasser, Schmiermittel, Reifen und Reserveräder. Ebenfalls angesagt sind 500 Kilometer Minimaldistanz für einen Großen Preis.

Den Untertürkheimer Technikern fährt das AIACR-Edikt wie ein Startschuss in die Glieder, zumal es versüßt wird durch staatliche Beihilfen von jährlich 225 000 Reichsmark, zu teilen mit dem Rivalen Auto Union, plus 20 000, 10 000 und 5000 Mark für die drei ersten Ränge. 2,58 Millionen Mark an Zuschüssen läppern sich bis 1939 zusammen, zuzüglich 330 000 Mark Preisgeld und dennoch nur rund ein Zehntel der tatsächlichen Kosten. Im Mai 1934 ist der W 25 rennbereit. Drohendem Übergewicht ist Konstrukteur Hans Nibel wie am SSKL zu Leibe gerückt, indem er ihn allenthalben durchlöchert hat wie einen Schweizer Käse, sogar in den vorderen Radnaben. Am Vorabend des Eifelrennens am 3. Juni ist der Aspirant noch so weiß wie künftig lediglich die Dienstkleidung seiner Piloten. Da er mit 752 kg auf der Waage zarte Speckansätze zeigt, lässt Rennleiter Alfred Neubauer über Nacht Lack und Bleispachtel herunterschmirgeln bis aufs blanke Aluminium. Die neue deutsche Rennfarbe ist silber. Manfred von Brauchitsch gewinnt und läutet damit eine Serie von fünf Saison-Siegen ein.

Die Grand Prix jenes Jahres wie auch der folgenden werden zum Ringen zweier Riesen, Mercedes-Benz (drei Meter Motortrakt, ein Notsitz hinten) versus Auto Union (drei Meter Motortrakt, ein Notsitz vorn). Auch für Rekorde geradeaus taugt der W 25, im Herbst 1934 von anfänglich 354 PS zu diesem Zweck auf 430 PS erstarkt und meist mit einer Art windschlüpfigem Coupédach ausgestattet. Ohne dieses kommt Rudi Caracciola am 10. Dezember aus, als er auf der Avus mit 311,98 km/h über fünf Kilometer bei fliegendem Start einen Bestwert in der Klasse C (drei bis fünf Liter) setzt. Auch im nächsten Jahr, in dem man die Konkurrenz mit neun Siegen, fünf davon im Doppel, in zehn Rennen demütigt, ist sein Name in aller Munde. Längst ist der Remagener auf dem Weg zum Superstar. Seine Europa-Championate von 1935, 1937

Here the racing team poses for the cameras before the 1938 German GP: von Brauchitsch, Neubauer, Seaman, Lang and Caracciola.

Hier posiert die Rennmannschaft vor dem GP von Deutschland 1938 für den Fotografen: von Brauchitsch, Neubauer, Seaman, Lang und Caracciola.

L'équipe de course pose pour le photographe avant le Grand Prix d'Allemagne de 1938 : von Brauchitsch, Neubauer, Seaman, Lang et Caracciola.

nuit la peinture et les couches de soudure de remplissage, jusqu'à l'aluminium nu. La nouvelle livrée de course de l'Allemagne sera donc le gris argent. Manfred von Brauchitsch l'emporte et inaugure ainsi une série de cinq victoires dans la saison. Chaque année, les Grands Prix tournent au duel de deux géants : Mercedes-Benz (capot moteur de 3 mètres, siège à l'arrière) contre Auto Union (capot moteur de 3 mètres, siège à l'avant). La W 25 bat également des records après avoir été renforcée à l'automne 1934, passant de 354 ch à 430 ch, et dotée la plupart du temps d'une sorte de toit de coupé aérodynamique.

Le 10 décembre, après un départ foudroyant, Rudi Caracciola s'en passe, lorsqu'il établit sur l'Avus, avec 311,98 km/h sur 8 km, un record pour la Classe C (3 à 5 litres). Il fera de même l'année suivante, décourageant la concurrence avec 9 victoires, dont 5 en double ; son nom est alors sur toutes les lèvres. L'homme de Remagen endosse définitivement l'habit de lumière qui lui était destiné. Ses titres de champion d'Europe de 1935, 1937 et 1938 sont pratiquement équivalents à l'actuel championnat du monde des conducteurs.

1934

Eifel Race (212.5 mi): 1st place for Manfred von Brauchitsch in the first outing of the Mercedes-Benz W 25, 76.1 mph average (new record), birth of the Silver Arrows. Klausen International Hillclimb (13.4 mi): winner Rudolf Caracciola with a new record average speed of 52.1 mph. Coppa Acerbo near Pescara (318.8 mi): 1st place for Luigi Fagioli, 80.5 mph average. Italian Grand Prix in Monza (311.4 mi): victory for Caracciola/Fagioli with an average speed of 65.4 mph. Spanish Grand Prix in San Sebastian (322.8 mi): 1st place for Fagioli with the record average speed of 97.1 mph, 2nd Caracciola. International Class C records (3–5 l) for Caracciola in the W 25 in Gyon near Budapest: 197.3 mph for the kilometer and 196.7 mph for the mile with a flying start. International Class C record, again for Caracciola, over 3.1 miles with flying start on the Avus, 193.9 mph average.

Eifelrennen (342 km): Platz eins für Manfred von Brauchitsch beim ersten Auftritt des Mercedes-Benz W 25, Durchschnitt 122,5 km/h (neuer Rekord), Geburt der Silberpfeile. Klausenpass-Bergrennen (21,5 km): Sieger Rudolf Caracciola mit dem neuen Rekordschnitt von 83,9 km/h. Coppa Acerbo bei Pescara (513 km): Rang eins für Luigi Fagioli, Durchschnitt 129,6 km/h. Großer Preis von Italien in Monza (501 km): Sieg für Caracciola/Fagioli mit einem Schnitt von 105,2 km/h. Großer Preis von Spanien in San Sebastian (519,5 km): erster Rang für Fagioli mit dem Rekordschnitt von 156,3 km/h, 2. Caracciola. Internationale Rekorde der Klasse C (3 – 5 l) für Caracciola auf dem W 25 in Gyon bei Budapest: 317,5 km/h für den Kilometer und 316,6 km/h für die Meile mit fliegendem Start. Internationaler Rekord der Klasse C, wiederum für Caracciola, über 5 km mit fliegendem Start auf der Avus, Schnitt 311,98 km/h.

Course de l'Eifel (342 km) : victoire de Manfred von Brauchitsch pour la première apparition de la Mercedes-Benz W 25, moyenne : 122,5 km/h (nouveau record), naissance des Flèches d'argent. Course de Klausenpass en montagne (21,5 km) : Rudolf Caracciola vainqueur avec une nouvelle moyenne record de 83,9 km/h. Coppa Acerbo près de Pescara (513 km) : 1re place pour Luigi Fagioli, moyenne : 129,6 km/h. Grand Prix d'Italie à Monza (501 km) : victoire de Caracciola et Fagioli avec une moyenne de 105,2 km/h. Grand Prix d'Espagne à San Sebastian (519,5 km) : 1re place pour Fagioli avec une moyenne record de 156,3 km/h, 2e Caracciola. Records internationaux de catégorie C (3 à 5 l) pour Caracciola sur la W 25 à Gyon près de Budapest : 317,5 km/h pour le kilomètre et 316,6 km/h pour le mile départ lancé. Record international de catégorie C une fois encore pour Caracciola, 5 km départ lancé sur l'Avus, moyenne : 311,98 km/h.

1937 Avus Race: von Brauchitsch in the streamlined W 25 (12 cylinder) ahead of winner Lang in the W 125 (8 cylinder) and Auto Union's Rudolf Hasse.

Avus-Rennen 1937: von Brauchitsch mit dem W 25 (12 Zylinder) in Stromlinie vor dem Sieger Lang im W 125 (8 Zylinder) und Rudolf Hasse im Auto Union.

Course de l'Avus 1937 : von Brauchitsch avec la W 25 (à 12 cylindres) devant le vainqueur, Lang, sur la W 125 à 8 cylindres, et Rudolf Hasse, sur l'Auto Union.

However, in 1936 his way, and that of the aging W 25, is blocked by the latest development of Auto Union's giant sixteen-cylinder C-type and its driver Bernd Rosemeyer, the young hotspur, hustler, and predominantly sunny-natured popular hero in the four rings' team. Six first places adorn his season, three of them in grands prix, and he takes the European title as a result. The Swabian empire is fundamentally shaken in its confidence, heads roll, the personnel carousel turns and turns again, a self-contained racing division is amalgamated into the development department. Its head, Rudolf Uhlenhaut, is a unique multi-talent, just a fast in a racing car as the full-time squad of drivers: Caracciola, von Brauchitsch, Luigi Fagioli and Hermann Lang. In a veritable marathon at the Nürburgring he mercilessly exposes the weaknesses of the W 25, feeding his findings into his work on the W 125.

It is a born winner. In only one year, it helps its drivers ascend to the winners' platform 27 times in 1937, winning five of that year's ten grands prix,

und 1938 sind praktisch gleichwertig mit der heutigen Fahrer-Weltmeisterschaft.

1936 stellen sich ihm und dem alternden W 25 allerdings die Marke Auto Union mit der jüngsten Evolutionsstufe ihrer riesigen Sechzehnzylinder vom Typ C und der Mann Bernd Rosemeyer in den Weg, der jugendliche Stürmer und Dränger und vorwiegend sonnige Sympathieträger im Aufgebot mit den vier Ringen. Auf sein Konto gehen sieben erste Plätze, drei davon in Grand Prix und folglich der Europa-Titel. Das schwäbische Imperium ist nachhaltig verunsichert, Köpfe rollen, das Personalkarussell rotiert, dem Versuch wird eine eigenständige Rennabteilung angegliedert. Deren Leiter Rudolf Uhlenhaut ist ein einzigartiges Vielfach-Talent, im Rennwagen ebenso schnell unterwegs wie die hauptamtliche Piloten-Riege Caracciola, von Brauchitsch, Luigi Fagioli und Hermann Lang. In einem veritablen Nürburgring-Marathon deckt er gnadenlos die Schwächen des W 25 auf und speist seine Erkenntnisse in den W 125 ein.

Der ist ein geborener Sieger. In nur einem Jahr Verweildauer verhilft er 1937 seinen Lenkern 27 Mal zum Sprung aufs Treppchen und gewinnt fünf der zehn Großen Preise jenes Jahres, in Monaco und Bern unterfüttert durch die beiden nächsten Plätze und am Nürburgring und in Monza durch einen Doppelerfolg. Beim Avusrennen am 30. Mai pendelt Sieger Hermann Lang in einer spektakulären Stromlinien-Version mit einem Stundenmittel von 261,7 km/h zwischen Nord- und Südkurve des Berliner Vollgaskurses. Mit Tempo 310 heult sein Normal-Monoposto am 11. Juli in Spa das Gefälle zwischen Burnenville und Masta hinunter.

Das wird wieder alles viel zu schnell und erneut interveniert die AIACR, verordnet die Grand-Prix-Boliden ein Hubraumlimit von drei Litern mit oder 4,5 Litern ohne Kompressor. Mercedes optiert für die aufgeladene Variante. 646 PS hatte man dem Achtzylinder des W 125 mit 5660 cm³ entlockt. 468 PS leistet der V12 im neuen W 154 anno 1938, bereits 485 PS in dessen Evolutionsstufe W 163 in der folgenden Saison – die Eskalation der Gewalt schreitet zügig voran. Je drei (von fünf) Grand Prix gewinnt Mercedes-Benz in beiden Jahren. Der Europameister von 1939 heißt Hermann Lang.

En 1936, face à lui et à la W 25 vieillissante, se dressent la marque Auto Union, avec la plus récente variante de son énorme seize-cylindres de type C, et le pilote Bernd Rosemeyer, jeune héros romantique, au sourire éblouissant, mobilisé par l'équipe aux quatre anneaux. À son actif, il faut porter plus de cinq premières places, dont 3 en Grand Prix, et, enfin, le titre européen.

La domination souabe vacille, les têtes roulent, les hommes changent et un département courses indépendant est créé. Son directeur, Rudolf Uhlenhaut, a un singulier talent multiforme, aussi rapide en voiture de course que les principaux pilotes de l'équipe, Caracciola, von Brauchitsch, Luigi Fagioli et Hermann Lang. Lors d'un véritable marathon au Nürburgring, il met à nu les défauts de la W 25 et il fait bénéficier la W 125 de ses découvertes. C'est un vainqueur né. En un an seulement, il aide ses pilotes à monter 27 fois sur le podium et gagne 5 des 10 Grands Prix annuels, victoires confortées par les deux places suivantes à Monaco et à Berne, et au Nürburgring et à Monza par un doublé.

Dans la course de l'Avus, le 30 mai, le vainqueur Hermann Lang fait la navette dans une spectaculaire version aérodynamique à la moyenne de 261,7 km/h entre les courbes nord et sud de la piste ultra rapide de Berlin. Atteignant les 310 km/h, le 11 juin à Spa, sa monoplace habituelle à roues découvertes avale en hurlant la descente entre Burnenville et Masta. Tout cela va beaucoup trop vite au goût de l'AIACR qui impose aux bolides de Grand Prix une limite de cylindrée de trois litres avec compresseur, ou de quatre litres et demi sans. Mercedes opte pour la suralimentation. On arrache 646 ch au huit-cylindres de la W 125, avec 5660 cm³. Le V12 de la nouvelle W 154 de 1938 développe 468 ch, et même 485 ch dans sa version W 163 de la saison suivante – l'escalade de la puissance se poursuit sans relâche. Ces deux années-là, Mercedes-Benz gagne 3 Grand Prix sur 5. Le champion d'Europe 1939 est Hermann Lang.

L'homme de Cannstatt, quoique modeste, accomplit ce qu'Alfred Neubauer, dans son autobiographie *Mon Royaume, la Vitesse* appelle « le miracle de Tripoli ». Le 15 mai 1939, il s'impose – pour la troisième fois consécutive – sur le rapide circuit de Mellaha, en Libye, alors colonie italienne. Et le succès africain suit le miracle de Stuttgart. Lassés par l'hégémonie de la livrée argentée, et tenant compte des points forts des

1935

Monaco Grand Prix (197.6 mi): victory for Fagioli, 58.2 mph average (record). Tripoli Grand Prix (325.6 mi): winner Caracciola with the record average speed of 123.1 mph, 3rd Fagioli. Avus Race (182.5 mi): 1st place for Fagioli, 148.2 mph average. Eifel Race (155.9 mi): 1st place for Caracciola, 73.2 mph average. French Grand Prix in Montlhéry (310.8 mi): win for Caracciola at 77.4 mph ahead of Manfred von Brauchitsch. Barcelona Grand Prix (164.7 mi): 1st place for Fagioli, 67 mph average (record), 2nd Caracciola. Belgian Grand Prix in Spa (314.5 mi): victory for Caracciola with the new record average speed of 97.9 mph and new lap record, 2nd Fagioli/von Brauchitsch. Swiss Grand Prix in Berne (316.7 mi): 1st place for Caracciola at 89.7 mph (new record), 2nd Fagioli. Spanish Grand Prix in San Sebastian (322.9 mi): winner Caracciola with the record average speed of 101.9 mph, 2nd Fagioli, 3rd von Brauchitsch. Caracciola is European and German champion.

Grand Prix von Monaco (318 km): Sieg für Fagioli, Durchschnitt 93,6 km/h (Rekord). Großer Preis von Tripolis (524 km): Sieger Caracciola mit dem Rekordschnitt von 198 km/h, 3. Fagioli. Avus-Rennen (293,6 km): erster Platz für Fagioli, Durchschnitt 238,5 km/h. Eifelrennen (250,9 km): Rang eins für Caracciola, Schnitt 117,8 km/h. Grand Prix von Frankreich in Montlhéry (500 km): Caracciola siegt mit 124,6 km/h vor Manfred von Brauchitsch. Grand Prix von Barcelona (265 km): erster Platz für Fagioli, Rekorddurchschnitt 107,8 km/h, 2. Caracciola. Großer Preis von Belgien in Spa (506 km): Sieg für Caracciola mit neuem Rekordschnitt von 157,5 km/h und neuem Rundenrekord, 2. Fagioli/von Brauchitsch. Großer Preis der Schweiz in Bern (509,6 km): Rang eins für Caracciola mit 144,4 km/h (neuer Rekord), 2. Fagioli. Großer Preis von Spanien in San Sebastian (519,5 km): Sieger Caracciola mit dem Rekordschnitt von 164 km/h, 2. Fagioli, 3. von Brauchitsch. Caracciola wird Europameister und Deutscher Meister.

Grand Prix de Monaco (318 km) : victoire pour Fagioli, moyenne : 93,6 km/h (record). Grand Prix de Tripoli (524 km) : Caracciola gagne à une vitesse moyenne de 198 km/h, 3e Fagioli. Course sur l'Avus (293,6 km) : 1re place pour Fagioli, moyenne : 238,5 km/h. Course de l'Eifel (250,9 km) : Caracciola en tête, moyenne : 117,8 km/h. Grand Prix de France à Montlhéry (500 km) : Caracciola gagne avec 124,6 km/h devant Manfred von Brauchitsch. Grand Prix de Barcelone (265 km) : 1re place pour Fagioli, moyenne record de 107,8 km/h, 2e Caracciola. Grand Prix de Belgique à Spa (506 km) : victoire pour Caracciola avec une nouvelle moyenne record de 157,5 km/h et nouveau record du tour, 2es Fagioli et von Brauchitsch. Grand Prix de Suisse à Berne (509,6 km) : 1re place pour Caracciola avec 144,4 km/h (nouveau record), 2e Fagioli. Grand Prix d'Espagne à San Sebastian (519,5 km) : Caracciola victorieux avec une moyenne record de 164 km/h, 2e Fagioli, 3e von Brauchitsch. Caracciola devient champion d'Europe et d'Allemagne.

emphasised in Monaco and Berne where the car also comes second and third, and by a double victory at the Nürburgring and in Monza. The victor of the Avus Race on 30 May, Hermann Lang, shuttles between the northern and southern curves of Berlin's full-throttle course in a spectacularly streamlined model at an average speed of 161.5 mph. On 11 July, at Spa, his usual open-wheeled version screams down the descent between Burnenville and Masta at a speed of 191.3 mph.

This is all much too fast, and the AIACR once again intervenes, and specifies a capacity limit of three liters for grand prix vehicles with a supercharger or 4.5 liters for those without. Mercedes opts for the forced-induction variation. Up to 646 hp had been drawn from the eight-cylinder engine of the W 125 with its 5660 cc capacity. The V12 of the new W 154 of 1938 delivers 468 hp, which has already risen to 485 hp in the W 163 derivative of the following season – the escalation in power continues unabated. In both years, Mercedes-Benz win three (out of five) grands prix. The 1939 European champion is Hermann Lang.

The modest man from Cannstatt also works what Alfred Neubauer calls the "miracle of Tripoli" in his autobiography *Speed Was My Life*, notching up victory for the third time in succession on the high-speed Mellaha course in the Italian colony of Libya on 15 May 1939. The African sensation is preceded by the miracle of Stuttgart. Weary of the silver hegemony and taking into account the strengths of the red Alfa Tipo 158 racer and the Maserati 4 CL, the organizers announce the desert grand prix for racing cars with an engine capacity of one and a half liters. Mercedes responds post haste with the W 165, put together in only eight months and comparatively dainty with a compact 254 hp V8 under the hood. Two cars face the superior force of 28 Italian, French, and British opponents at a ground temperature of 125 degrees Fahrenheit. Achieving an average speed of 122.1 mph Lang surpasses Caracciola and relegates him to second place.

The two W 165s still exist today, owned by the museum and refreshingly new in appearance despite all the rough and tumble of their post-war history. They were built for one race only, and won it – yet another story of success.

Der bescheidene Cannstätter vollbringt auch, was Alfred Neubauer in seiner Autobiographie *Männer, Frauen und Motoren* das „Wunder von Tripolis" nennt, siegt – übrigens zum dritten Mal in Folge – am 15. Mai 1939 auf dem schnellen Kurs von Mellaha in der italienischen Kolonie Libyen. Dem Afro-Mirakel geht das Wunder von Stuttgart voraus. Der Hegemonie in Silber überdrüssig und der Stärken der roten Renner Alfa Tipo 158 und Maserati 4CL eingedenk, haben die Veranstalter den Wüsten-Grand-Prix für Rennwagen mit anderthalb Litern Hubraum ausgeschrieben. Mercedes antwortet postwendend mit dem W 165, der in lediglich acht Monaten auf die Räder gestellt wird, vergleichsweise zierlich, mit einem kompakten V8 von 254 PS unter der Haube. Zwei Wagen stellen sich der Übermacht von 28 italienischen, französischen und englischen Gegnern bei 52 Grad Celsius Bodentemperatur, Lang verweist Caracciola mit einem Schnitt von 197,8 km/h in die Schranken und auf den Platz für den Zweitbesten.

Die beiden W 165 gibt es noch heute, im Besitz des Museums und von jugendfrischem Aussehen – trotz der Irrungen und Wirrungen ihrer Nachkriegsgeschichte. Sie wurden für nur ein Rennen gebaut und das gewannen sie – auch eine Erfolgsgeschichte.

The 1939 Tripoli GP – the W 165s are already in the lead shortly after the start.

GP von Tripolis 1939 – die W 165 führen bereits unmittelbar nach dem Start.

Grand Prix de Tripoli 1939. Dès le départ, les W 165 prennent la tête.

concurrentes en rouge, l'Alfa Tipo 158 et la Maserati 4 CL, les organisateurs ont réservé le Grand Prix du désert à des voitures de course d'un litre et demi de cylindrée maximum.

Mercedes réplique aussitôt avec la W 165, étudiée et construite en huit mois seulement. Elle est comparativement petite, avec un V8 compact de 254 ch sous le capot. Deux voitures dominent leurs 28 concurrentes italiennes, françaises et anglaises, sous un soleil de plomb (52° au sol). Hermann Lang, avec une moyenne de 197,8 km/h, relègue Caracciola à la deuxième place.

Les deux W 165 existent toujours. Elles sont au musée, fraîches comme au premier jour – en dépit des péripéties qu'elles ont connues après la guerre. Elles n'ont été construites que pour une course, et elles l'ont gagnée – tout est bien qui finit bien !

1936

Monaco Grand Prix (197.6 mi): 1st place for Caracciola, 51.7 mph average. Tunis Grand Prix (237 mi): winner Caracciola, 99.6 mph average. International Class B records (5–8 l) on the Frankfurt to Darmstadt autobahn: 226.5 mph and 228 mph for the kilometer and the mile with a flying start, 211.6 mph and 209.3 mph over five kilometers and over five miles with a flying start, 206.3 mph and 207.3 mph over ten kilometers and over ten miles with a flying start, driver: Rudolf Caracciola.

Grand Prix von Monaco (318 km): Rang eins für Caracciola, Schnitt 83,2 km/h. Großer Preis von Tunis (381,4 km): Sieger Caracciola, Durchschnitt 160,3 km/h. Internationale Rekorde der Klasse B (5 – 8 l) auf der Autobahn Frankfurt–Darmstadt: 364,4 km/h und 366,9 km/h für den Kilometer bzw. die Meile mit fliegendem Start, 340,5 km/h und 336,8 km/h für fünf Kilometer bzw. fünf Meilen mit fliegendem Start, 331,9 km/h und 333,5 km/h für zehn Kilometer bzw. zehn Meilen mit fliegendem Start, Fahrer: Rudolf Caracciola.

Grand Prix de Monaco (318 km) : 1re place pour Caracciola, moyenne 83,2 km/h. Grand Prix de Tunis (381,4 km) : Caracciola vainqueur, moyenne : 160,3 km/h. Records internationaux de catégorie B (5 à 8 l) sur l'autoroute Francfort-Darmstadt : 364,4 km/h et 366,9 km/h pour le kilomètre et le mile départ lancé, 340,5 km/h et 336,8 km/h pour 5 kilomètres et 5 miles départ lancé, 331,9 km/h et 333,5 km/h pour 10 kilomètres et 10 miles départ lancé, pilote : Rudolf Caracciola.

The Rebirth of a Phenomenon
1952–1955

The return of the Silver Arrows in the fifties is by no means a reiteration of the events of the thirties, but an achievement that is very much on a par. Initially, the pre-war V12 is brought out of retirement and shipped in February 1951 to Buenos Aires for two Formula Libre races. Things go badly, and not even the recruitment of the great Juan Manuel Fangio is of help as the circuit is not to the liking of the W 154 and cement dust finds its way into its low-installed carburetors. The legend is dented post-humously when the car only achieves second and third places.

The old Formula One (1.5 liters with super-charger, 4.5 liters without) runs out at the end of the season, the new one being a two-year interim solution. As a result, the sights are set on the next season but one for 2.5-liter naturally aspirated engines as of 1954, thus winning a little breathing space.

In the meantime, the marque, to the joy of its expectant followers all over the world,

The triple victory at the Berne Prize Race on 18 May 1952 is honored in a poster, the artist: Hans Liska, who does a lot of work for Mercedes. Special emphasis is given to the fastest lap time achieved by old campaigner Hermann Lang.

Der Dreifacherfolg beim „Preis von Bern" am 18. Mai 1952 wird durch ein Plakat gewürdigt, Künstler: Hans Liska, der viel für Mercedes arbeitet. Besonders hervorgehoben wird die schnellste Runde, die der alte Kämpe Hermann Lang erzielt hat.

Le triplé du « Prix de Berne », le 18 mai 1952, est représenté par une affiche de l'artiste Hans Liska, qui travaille beaucoup pour Mercedes. Il accentue particulièrement le tour le plus rapide en course, effectué par le vieux renard, Hermann Lang.

Wiederkunft eines Phänomens
1952–1955

Die Rückkehr der Silberpfeile in den Fünfzigern ist keinesfalls Nachklapp und Widerhall dessen, was in den dreißiger Jahren geschah, sondern durchaus ebenbürtige Leistung.

Le retour d'un phénomène
1952–1955

Le retour des Flèches d'argent dans les années 1950 est une belle aventure et n'est en aucune manière le prolongement de ce qui s'était passé dans les années 1930. On commence par ressortir de leur cocon les V12 d'avant-guerre pour les expédier dans deux courses de formule libre, à Buenos Aires en février 1951. L'affaire tourne mal, et même le recrutement du grand Juan Manuel Fangio ne sauve pas la situation : la piste ne convient pas aux W 154 et de la poussière de ciment pénètre dans leur carburateur installé très bas. La légende est ébréchée à titre posthume par une 2e et une 3e places.

L'ancienne Formule 1 (un litre et demi avec compresseur, quatre litres et demi sans) termine sa course à la fin de la saison, s'ensuivra une solution intermédiaire pendant deux ans. Par conséquent, on se consacre à la prochaine édition en vigueur à partir de 1954 qui prévoit des moteurs de deux litres et demi, et on se donne ainsi le temps de respirer. Personne ne pense aux petites machines de 750 cm³ à suralimentation, proposées comme alternative, bien que cette technique soit tout à fait éprouvée.

Entre-temps, pour intéresser les fanatiques de la marque dans le monde, la firme se lance dans une nouvelle aventure en catégorie sport – une idée du directeur technique, Fritz Nallinger. En neuf mois seulement, le chef de projet Rudolf Uhlenhaut cisèle la 300 SL (pour sport, léger), à partir de l'austère limousine Mercedes 300 qui, en avril au Salon de Francfort, incarne la réalité du miracle économique allemand. La « sport » emprunte ses suspensions à la limousine, et poussé à 175 ch avec trois carbura-teurs, le six-cylindres de la Mercedes d'Adenauer penche à 50° vers la gauche dans le treillis rigide et ultra-léger d'un châssis multitubulaire. On y entre par des portes qui se relèvent comme des ailes, avec les glaces latérales et une partie du toit, puis, à partir

1937

Tripoli Grand Prix (325.7 mi): first of three consecutive victories for Hermann Lang, 134.4 mph average (record). Avus Race (180.4 mi): won by Lang at 162.6 mph, the fastest average speed achieved in a race until 1959. German Grand Prix at the Nürburgring (311.9 mi): one-two for Mercedes-Benz, 1st Caracciola at 82.8 mph, 2nd von Brauchitsch. Monaco Grand Prix (197.6 mi): new lap and track record by Manfred von Brauchitsch at 63.3 mph, 2nd Caracciola, 3rd Christian Kautz. Swiss Grand Prix in Berne (226.2 mi): won by Caracciola at an average speed of 98.6 mph, 2nd Lang, 3rd von Brauchitsch. Italian Grand Prix in Livorno (224.3 mi): one-two with track and lap records for Caracciola (81.6 mph) and Lang. Masaryk Grand Prix at Brno (271.7 mi): double success with lap and track records for Caracciola at 86 mph followed by von Brauchitsch.

Großer Preis von Tripolis (524 km): erster von drei Siegen in Folge durch Hermann Lang, Durchschnitt 216,3 km/h (Rekord). Avus-Rennen (290,3 km): Sieger Lang mit 261,7 km/h, dem besten erreichten Schnitt in einem Rennen bis 1959. Großer Preis von Deutschland auf dem Nürburgring (501,8 km): Doppelsieg für Mercedes-Benz, 1. Caracciola mit 133,2 km/h, 2. von Brauchitsch. Grand Prix von Monaco (318 km): neuer Runden- und Streckenrekord durch Manfred von Brauchitsch mit 101,8 km/h, 2. Caracciola, 3. Christian Kautz. Großer Preis der Schweiz in Bern (364 km): Sieger Caracciola mit dem Schnitt von 158,6 km/h, 2. Lang, 3. von Brauchitsch. Grand Prix von Italien in Livorno (360,9 km/h): Doppelsieg mit Strecken- und Rundenrekord für Caracciola (131,3 km/h) und Lang. Großer Masarykpreis bei Brünn (437,1 km): Doppelerfolg mit Runden- und Streckenrekord für Caracciola mit 138,4 km/h und von Brauchitsch.

Grand Prix de Tripoli (524 km) : 1re des 3 victoires consécutives d'Hermann Lang, moyenne : 216,3 km/h (record). Course sur l'Avus (290,3 km) remportée par Lang à 261,7 km/h, la meilleure moyenne atteinte dans une course jusqu'en 1959. Grand Prix d'Allemagne sur le Nürburgring (501,8 km) : double victoire pour Mercedes-Benz, 1er Caracciola avec 133,2 km/h, 2e von Brauchitsch. Grand Prix de Monaco (318 km) : nouveaux records du tour et sur piste pour Manfred von Brauchitsch à 101,8 km/h, 2e Caracciola, 3e Christian Kautz. Grand Prix de Suisse à Berne (364 km) : Caracciola gagne à une vitesse moyenne de 158,6 km/h, 2e Lang, 3e von Brauchitsch. Grand Prix d'Italie à Livourne (360,9 km/h) : double victoire avec records du tour et sur piste pour Caracciola (131,3 km/h) et Lang. Grand Prix Masaryk à Brno (437,1 km) : double victoire avec records du tour et sur piste pour Caracciola à 138,4 km/h et von Brauchitsch.

nonetheless re-establishes a presence in sports car racing – an idea prompted by the technical director, Fritz Nallinger. In only nine months, the head of the project Rudolf Uhlenhaut sculpts the 300 SL (for Sport, Leicht) from the staid 300 sedan that debuts at the Frankfurt IAA in April of that year and heralds a reawakening and Germany's germinating *Wirtschaftswunder* (economic miracle). The sports car derives its suspension from the sedan, and delivering 175 hp with the help of three carburetors, the six-cylinder engine of the Adenauer Mercedes is set at an angle of 50 degrees to the left in the rigid, filigree framework of a tubular lattice frame. Access to the vehicle is via gull-wing doors consisting of the side

Zunächst werden gleichwohl noch einmal die Vorkriegs-V12 aus dem Ruhestand geholt und zu zwei formelfreien Rennen im Februar 1951 nach Buenos Aires verschifft. Die Sache geht schief, und nicht einmal die Rekrutierung des großen Juan Manuel Fangio hilft: Die Strecke liegt den W 154 nicht und in ihre tief installierten Vergaser dringt Zementstaub ein. Zweite und dritte Plätze fügen ihrem Nimbus gewissermaßen postum eine Beule zu.

Die alte Formel 1 (1,5 Liter mit Kompressor, 4,5 Liter ohne) läuft mit dem Ende der Saison aus, die neue stellt eine Interimslösung für zwei Jahre dar. Folglich verlegt man sich auf die übernächste ab

du Mans en juin, une partie des flancs. Le cas échéant, on utilisera aussi un roadster.

Mais, une première fois en novembre 1951, hors saison, un châssis nu et performant mené à des allures de course sur le circuit de la Solitude annonce ce qui va suivre. Le 12 mars 1952, le produit achevé est présenté à la presse et, après une 2e place pour Rudolf Caracciola à la Mille Miglia début mai, il commence à récolter des lauriers, à partir du Grand Prix de Berne le 18 du même mois, et cela presque sans discontinuer. Le succès des vainqueurs en Suisse, Karl Kling, Hermann Lang et Fritz Rieß (dans cet ordre) est à jamais inscrit dans les annales. Revers de la médaille : un grave accident au 13e tour met fin à la

Left: Karl Kling and Hans Klenk (dark jacket) enjoy their victory at the III Carrera Panamericana of 1952 in the 300 SL – behind bars …
Above: The young Hans Herrmann in the W 196 R during the French Grand Prix on 4 July 1954 in Reims. He achieves the fastest lap, but retires while in third position.

Links: Karl Kling und Hans Klenk (dunkle Jacke) freuen sich über ihren Sieg bei der III. Carrera Panamericana 1952 im 300 SL – hinter Gittern …
Oben: Der junge Hans Herrmann im W 196 R beim Großen Preis von Frankreich am 4. Juli 1954 in Reims, schnellste Runde, aber Ausfall aus dritter Position.

À gauche : Karl Kling et Hans Klenk (en blazer sombre) se réjouissent de leur victoire à la 3e Carrera Panamericana 1952 sur une 300 SL – derrière des barreaux …
En haut : Le jeune Hans Hermann, sur sa W 196 R lors du Grand Prix de France, le 4 juillet 1954, à Reims. Après avoir fait le tour le plus rapide en course, il doit abandonner alors qu'il occupait la troisième place.

1938

Tripoli Grand Prix (325.7 mi): 1st Lang at an average speed of 127.4 mph, 2nd von Brauchitsch, 3rd Caracciola. French Grand Prix in Reims (311.3 mi): victory for von Brauchitsch with a new lap and track record of 101.2 mph, 2nd Caracciola, 3rd Lang. German Grand Prix at the Nürburgring (311.9 mi): winner Dick Seaman at 80.7 mph, 2nd Caracciola/Lang. Coppa Ciano at Livorno (144.2 mi): victory for Lang, average 86 mph. Coppa Acerbo at Pescara (256.6 mi): 1st place for Caracciola, 83.8 mph average. Swiss Grand Prix in Berne (226.2 mi): win for Caracciola at 89.2 mph, 2nd Seaman, 3rd von Brauchitsch. Class B records (5 – 8 l) in the streamlined car with Caracciola at the steering wheel on the Frankfurt to Darmstadt autobahn: the kilometer with flying start at 268.9 mph, the mile with flying start at 268.7 mph, the fastest speeds recorded until then on a normal public highway and in Europe generally. Caracciola is European champion for the third time.

Großer Preis von Tripolis (524 km): Erster Lang mit einem Durchschnitt von 205 km/h, 2. von Brauchitsch, 3. Caracciola. Grand Prix von Frankreich in Reims (500,9 km/h): Sieg für von Brauchitsch mit neuem Runden- und Streckenrekord von 162,8 km/h, 2. Caracciola, 3. Lang. Großer Preis von Deutschland auf dem Nürburgring (501,8 km): Sieger Dick Seaman mit 129,8 km/h, 2. Caracciola/Lang. Coppa Ciano bei Livorno (232 km): Sieg für Lang, Durchschnitt 138,4 km/h. Coppa Acerbo bei Pescara (412,8 km): Rang eins für Caracciola, Schnitt 134,8 km/h. Großer Preis der Schweiz in Bern (364 km): Sieger Caracciola mit 143,6 km/h, 2. Seaman, 3. von Brauchitsch. Rekorde im Stromlinienwagen der Klasse B (5 – 8 l) mit Caracciola am Lenkrad auf der Autobahn Frankfurt–Darmstadt: fliegender Kilometer mit 432,7 km/h, fliegende Meile mit 432,4 km/h, höchste Geschwindigkeiten bisher auf normalen Verkehrsstraßen und in Europa überhaupt. Caracciola ist zum dritten Mal Europameister.

Grand Prix de Tripoli (524 km) : 1er Lang avec une moyenne de 205 km/h, 2e von Brauchitsch, 3e Caracciola. Grand Prix de France à Reims (500,9 km/h) : victoire pour von Brauchitsch avec nouveaux records du tour et sur piste de 162,8 km/h, 2e Caracciola, 3e Lang. Grand Prix d'Allemagne sur le Nürburgring (501,8 km) : Dick Seaman gagne à 129,8 km/h, 2es Caracciola et Lang. Coppa Ciano à Livourne (232 km) : victoire de Lang, moyenne 138,4 km/h. Coppa Acerbo à Pescara (412,8 km) : 1re place pour Caracciola, moyenne 134,8 km/h. Grand Prix de Suisse à Berne (364 km) : Caracciola victorieux avec 143,6 km/h, 2e Seaman, 3e von Brauchitsch. Records des voitures profilées de catégorie B (5 à 8 l) avec Caracciola au volant sur l'autoroute Francfort-Darmstadt : kilomètre départ lancé à 432,7 km/h, mile départ lancé à 432,4 km/h, plus hautes vitesses jamais atteintes sur un circuit routier normal et par ailleurs en Europe. Caracciola est sacré champion d'Europe pour la 3e fois.

Juan Manuel Fangio is only yards ahead of runner-up Karl Kling in a one-two at the 1954 French Grand Prix, the occasion of Mercedes-Benz's debut in Formula One racing. Kling often later mused that he could have won this key race.

Beim Doppelsieg anlässlich des Grand Prix de France 1954, dem Einstand von Mercedes-Benz in die Formel 1, trennen den Zweiten Karl Kling nur wenige Meter von Juan Manuel Fangio. Er hätte, sinniert Kling später oft, dieses Schlüsselrennen gewinnen können.

Lors du doublé à l'occasion du Grand Prix de France de 1954, qui signe l'arrivée de Mercedes-Benz en Formule 1, quelques mètres seulement séparent le deuxième, Karl Kling, du vainqueur, Juan Manuel Fangio. Plus tard, Kling déclarera à plusieurs reprises qu'il aurait pu remporter cette course décisive.

windows and a section of the roof, with a segment of the flanks being added from Le Mans, in June, onwards. Occasionally a roadster is also deployed.

However, initially, in November 1951, a bare chassis driven at racing speeds on the Solitude circuit just outside the city gates of Stuttgart ushers in the things to come. The finished product is presented to the press on 12 March 1952 and, following a second place for Rudolf Caracciola at the Mille Miglia at the start of May, the

1954 für 2,5-Liter-Sauger und verschafft sich damit gleichzeitig Luft. An die als Alternative angebotenen Maschinen von 750 cm³ mit Aufladung verschwendet niemand einen Gedanken trotz inniger Vertrautheit mit dieser Technik.

In der Zwischenzeit – den Gedanken stößt der technische Direktor Fritz Nallinger an – könnte man sich selbst und die wartenden Jünger der Marke mit dem Sportwagen schadlos halten. In nur neun Mona-

carrière de l'icône de Mercedes, Caracciola, qui, venu au Bremgarten avec toute sa rage de vaincre, n'a plus ses capacités physiques antérieures. Au Mans, quatre semaines plus tard, on assiste à une double victoire : Lang/Rieß devant Theo Helfrich/Helmut Niedermayr. Le 3 août, le résultat de Berne se répète au Grand Prix Anniversaire du Nürburgring pour voitures de sport, sauf que, encore une fois, le vieux jouteur Hermann Lang s'est niché devant Kling.

Dans la 3e Carrera Panamericana, à partir du 19 novembre, sur 3371 épuisants kilomètres, l'homme de Gießen entre dans la légende du sport de compétition comme vainqueur, mais aussi comme héros d'un incident spectaculaire. Dès la première étape, un vautour fracasse le pare-brise, pénètre dans l'habitacle et blesse le copilote Hans Klenk au visage. Les quatre jours suivants, le duo se protège contre d'éventuelles attaques aériennes du même style grâce à des barreaux posés devant le pare-brise.

Deux ans plus tard, ses capacités ayant été mises en évidence en 1952, Kling a l'honneur d'obtenir un volant dans l'équipe de Grand Prix de la firme. En 1954, Mercedes-Benz affiche un retard de deux courses, mais ce retard est vite comblé et la marque écrase, de manière foudroyante, ses rivaux italiens en rouge et français en bleu, jusqu'à l'hégémonie totale. L'instrument de la victoire est la W 196, issue en partie d'une évolution de la 300 SL, avec un châssis en treillis tubulaire, encore plus léger, plus rigide et plus surbaissé. Là encore, le moteur, cette fois un huit-cylindres en ligne avec commande desmodromique des soupapes, est implanté avec une inclinaison un peu plus prononcée, afin de garder une surface frontale réduite. Mais les motivations viennent encore des années 1930. Comme pour les voitures de l'Avus autrefois, une séduisante carrosserie aérodynamique enveloppe les nouveaux bolides, qui dominent comme des éclairs argentés le Grand Prix de l'ACF le 4 juillet, soit à peu de jours près pour le 40e anniversaire du triple triomphe de Lyon. À partir du Grand Prix d'Allemagne, le 1er août, la monoplace W 196 cette fois avec des roues découvertes pour les circuits sinueux, devient le principal protagoniste des Grands Prix pendant deux ans. Les deux types de carrosserie sont interchangeables, car les châssis sont identiques.

Alfred Neubauer a engagé comme fer de lance de son équipe de quatre pilotes le coriace Fangio. Karl Kling,

1939

Pau Grand Prix (172 mi): double success for Lang with a lap and track record of 55.1 mph and for von Brauchitsch. Eifel Race: Lang wins with a lap and track record of 84.2 mph, 3rd Caracciola. Vienna Höhenstraße Hillclimb: victory and course record for Lang at 66.1 mph. Belgian Grand Prix: 1st place for Lang (94.5 mph), 3rd von Brauchitsch. German Grand Prix: Caracciola's last victory, 75.8 mph average. German Hillclimb Grand Prix on the Großglockner: winner Lang with a record of 46.7 mph. Swiss Grand Prix: one-two-three, 1st Lang (96.1 mph), 2nd Caracciola, 3rd von Brauchitsch. Tripoli Grand Prix: one-two for Lang (122.9 mph) ahead of Caracciola. Class D records (2–3 l) for Caracciola in the W 154 on the autobahn near Dessau: 108.8 mph and 127.2 mph for the kilometer and the mile from a standing start, 247.5 mph and 248.4 mph for the kilometer and the mile with a flying start. Lang is European champion and German Hillclimb Champion, Caracciola German Road Racing Champion.

Grand Prix von Pau: Doppelerfolg für Lang mit Runden- und Streckenrekord von 88,7 km/h und von Brauchitsch. Eifelrennen: Sieg für Lang mit Runden- und Streckenrekord von 135,5 km/h, 3. Caracciola. Wiener Höhenstraßenrennen: Sieg und Streckenrekord für Lang mit 106,3 km/h. Großer Preis von Belgien: Platz eins für Lang (152 km/h), 3. von Brauchitsch. Großer Preis von Deutschland: letzter Sieg Caracciolas, Durchschnitt 121,9 km/h. Großer Bergpreis von Deutschland am Großglockner: Sieger Lang mit Streckenrekord von 75,1 km/h. Großer Preis der Schweiz: Dreifachsieg, 1. Lang (154,6 km/h), 2. Caracciola, 3. von Brauchitsch. Großer Preis von Tripolis: Doppelsieg Lang (197,8 km/h) vor Caracciola. Rekorde in der Klasse D (2–3 l) für Caracciola auf W 154 auf der Autobahn bei Dessau: 175,1 km/h und 204,6 km/h für den Kilometer bzw. die Meile mit stehendem Start, 398,2 km/h und 399,6 km/h für den Kilometer bzw. die Meile mit fliegendem Start. Lang wird Europameister und Deutscher Bergmeister, Caracciola Deutscher Straßenmeister.

Grand Prix de Pau : double succès pour Lang avec records du tour et sur piste de 88,7 km/h et pour von Brauchitsch. Course de l'Eifel : victoire de Lang avec records du tour et sur piste de 135,5 km/h, 3e Caracciola. Course de Wiener Höhenstraße : victoire et record sur piste pour Lang à 106,3 km/h. Grand Prix de Belgique : 1re place pour Lang (152 km/h), 3e von Brauchitsch. Grand Prix d'Allemagne : dernière victoire de Caracciola, moyenne : 121,9 km/h. Championnat d'Allemagne de la montagne au Grossglockner : Lang vainqueur avec un record sur piste de 75,1 km/h. Grand Prix de Suisse : triple victoire, 1er Lang (154,6 km/h), 2e Caracciola, 3e von Brauchitsch. Grand Prix de Tripoli : double victoire de Lang (197,8 km/h) devant Caracciola. Records dans la catégorie D (2 à 3 l) pour Caracciola sur la W 154, sur l'autoroute près de Dessau : 175,1 km/h et 204,6 km/h pour le kilomètre et le mile départ arrêté, 398,2 km/h et 399,6 km/h pour le kilomètre et le mile départ lancé. Lang devient champion d'Europe et champion d'Allemagne de la montagne, Caracciola champion sur route.

Stirling Moss, one of the best, but never champion.

Stirling Moss, einer der Besten, aber nie Champion.

Stirling Moss, l'un des plus grands pilotes, ne sera jamais champion.

car begins an absolutely unstoppable triumphal march with the Berne Prize Race on the 18th of that month. On the one hand, the victory of Karl Kling, Hermann Lang and Fritz Rieß (in that order) is forever inscribed in the annals of fame as it heralds the renaissance of the Stuttgart star in post-war racing. The other side of the coin: a serious accident on the 13th lap ends the career of the iconic Mercedes driver Caracciola, who has come to the Bremgarten circuit with the same ambition as of old, but no longer fully in possession of his former abilities. In Le Mans, four weeks later, Mercedes gains a resounding double victory with Lang/Rieß ahead of Theo Helfrich/Helmut Niedermayr. On 3 August, the result from Berne is repeated at the Anniversary Grand Prix for Sports Cars at the Nürburgring, with the sole exception that the old warrior Hermann Lang has once again nestled himself in front of Kling.

Over the 1934 exhausting miles of the IIIrd Carrera Panamericana on 19 November, the man from Gießen

ten lässt Projektleiter Rudolf Uhlenhaut aus dem betulichen Staats-Mobil 300, das auf der Frankfurter IAA im April jenes Jahres von Wiedererwachen und keimendem Wirtschaftswunder kündete, den 300 SL (Sport, Leicht) ziselieren. Seine Aufhängung ist der Limousine entlehnt, und von drei Vergasern zu 175 PS ermächtigt lagert der Sechszylinder des Adenauer-Mercedes um 50 Grad nach links geneigt im rigiden Filigranfachwerk eines Gitterrohrrahmens. Man sitzt auf via Flügeltüren, die aus den Seitenscheiben und einem Teil des Dachs bestehen und ab Le Mans im Juni auch einer Partie der Flanke. Gelegentlich wird ein Roadster eingesetzt.

Zunächst einmal jedoch, im November 1951, kündet ein nacktes rasendes Chassis auf der Solitude von den Dingen, die da kommen werden. Am 12. März 1952 wird der Presse das fertige Produkt vorgestellt und beginnt, nach einem zweiten Rang für Rudolf Caracciola bei der Mille Miglia Anfang Mai, vom Großen Preis von Bern am 18. des Monats an schier unaufhaltsam zu siegen. Dass dies in der Schweiz Karl Kling, Hermann Lang und Fritz Rieß (in dieser Reihenfolge) tun, schlägt sich ruhmreich in den Annalen nieder. Die Kehrseite: Ein schwerer Unfall in Runde 13 beendet das Laufbahn der Mercedes-Ikone Caracciola, der mit dem alten Ehrgeiz an den Start gegangen ist, aber nicht mehr im Vollbesitz seiner einstigen Fähigkeiten. In Le Mans trumpft man vier Wochen später mit einem Doppelsieg auf, Lang/Rieß vor Theo Helfrich/Helmut Niedermayr. Beim Großen Jubiläumspreis für Sportwagen am Ring am 3. August hingegen wiederholt sich das Ergebnis von Bern, nur dass sich noch einmal der alte Kämpe Hermann Lang vor Kling eingenistet hat.

Bei der III. Carrera Panamericana ab 19. November über 3371 strapaziöse Kilometer macht sich der Gießener nicht nur als Sieger um die Rennsport-Folklore verdient, sondern auch als Protagonist eines spektakulären Zwischenfalls. Bereits auf der ersten Etappe dringt ein Geier durch das zersplitternde Glas der Frontscheibe ins Cockpit und verletzt Beifahrer Hans Klenk im Gesicht. Gegen weitere Luftangriffe dieser Art schützt man sich an den verbleibenden vier Tagen durch Gitterstäbe vor dem Fenster.

conducteur chevronné, et Hans Hermann, très prometteur, se voient réserver d'autres places dans le programme sportif. Hermann Lang, l'idole d'avant-guerre, quitte le devant de la scène après un seul Grand Prix, au Nürburgring naturellement. Cependant, l'Argentin gagne encore et encore, à Reims, au Ring, à Berne, à Monza. Kling se met à l'écart du calendrier de la Formule 1 pour tenter sa chance sur le théâtre d'opérations secondaires de l'Avus et se console pour le restant de ses jours avec le sentiment exaltant qu'il aurait pu battre le Maestro sur le circuit de la Champagne le 4 juillet 1954.

À ces deux hommes – Hermann ne débute qu'à l'ouverture de la saison à Buenos Aires – se joint en 1955 le jeune Stirling Moss, âgé de 25 ans, d'ores et déjà considéré comme super talent et futur champion. Cependant, les rêves de lauriers du Britannique sont réduits à néant par l'homme de Balcarce, qui neutralise son cadet avec son charisme, sa maîtrise tranquille du métier et sa volonté inflexible. Il établit son 3e titre de champion (le deuxième pour Mercedes-Benz) par des victoires à Buenos Aires, Spa, Zandvoort et Monza. Moss est moins chanceux : sa première place, chez lui, à Aintree, n'est due qu'à un généreux geste de son aîné qui a déjà une grande carrière derrière lui.

Entre-temps, il peut se lancer sur un autre terrain où il est au moins l'égal de Fangio, si ce n'est plus. L'évolution, sous le signe de l'étoile, a fait naître un autre bolide, la 300 SLR (super, léger, de course), arme ultime en matière de voiture de sport. Le numéro de nomenclature interne W 196 S, ainsi que la parenté physique, témoignent de son affinité avec la voiture de sport de Formule 1 de la marque. Et, comme pour la monoplace, il ne s'agit pas moins que de deux victoires : avec Fangio seul dans la course de l'Eifel, et à Christianstad, en Suède, et avec Stirling Moss au volant, là où cela compte vraiment, dans les parcours de championnat du monde que sont la Mille Miglia (avec Denis Jenkinson comme navigateur), le Tourist Trophy (avec John Fitch) et la Targa Florio (avec Peter Collins).

Une course mythique manque à l'appel : Le Mans. Sur le circuit de la Sarthe, le 12 juin, après une fatale réaction en chaîne, le pilote invité de Mercedes, Pierre Levegh (dont le nom d'état-civil est Bouillon), percute un mur. Sa 300 SLR vole en éclats, des projectiles atteignent la foule et tuent plus de 80 spectateurs. Les autres 300 SLR sont

1952

Mercedes-Benz returns to international racing with the 300 SL sports car (works code W 194). All the listed successes are achieved by this model. Mille Miglia (972 mi): 2nd place for Karl Kling/Hans Klenk with an average speed of 79.4 mph, Rudolf Caracciola/Paul Kurrle in 4th place. Berne Prize Race (81.44 mi): victor Kling, 90.257 mph average, 2nd Hermann Lang, 3rd Fritz Rieß. Le Mans 24 Hour Race: double victory for Lang/Rieß (96.673 mph average) and Theo Helfrich/Helmut Niedermayr. Anniversary Grand Prix for Sports Cars at the Nürburgring (141.8 mi): one-two-three for Lang at an average of 80 mph, Kling and Rieß. IIIrd Carrera Panamericana Mexico over 2095 mi: 1st Kling/Klenk with an average speed of 102.555 mph, 2nd Lang/Erwin Grupp.

Mercedes-Benz meldet sich mit dem Sportwagen 300 SL (Werkscode W 194) im internationalen Rennsport zurück. Alle genannten Erfolge gehen auf sein Konto. Mille Miglia (1564 km): Rang 2 für Karl Kling/Hans Klenk mit einem Schnitt von 127,8 km/h, auf Platz 4 Rudolf Caracciola/Paul Kurrle. Preis von Bern (131,04 km): Sieger Kling, Durchschnittsgeschwindigkeit 145,223 km/h, 2. Hermann Lang, 3. Fritz Rieß. 24-Stunden-Rennen von Le Mans: Doppelsieg für Lang/Rieß (Durchschnitt 155,547 km/h) und Theo Helfrich/Helmut Niedermayr. Großer Jubiläumspreis vom Nürburgring für Sportwagen (228,1 km): Dreifacherfolg für Lang mit einem Schnitt von 129 km/h, Kling und Rieß. III. Carrera Panamericana Mexico über 3371 km: 1. Kling/Klenk mit einer Durchschnittsgeschwindigkeit von 165,011 km/h, 2. Lang/Erwin Grupp.

Mercedes-Benz fait son retour sur les circuits internationaux avec la 300 SL (code d'usine : W 194). Toutes les victoires citées ici lui reviennent. Mille Miglia (1564 km) : 2e place pour Karl Kling et Hans Klenk avec une moyenne de 127,8 km/h, 4e place pour Rudolf Caracciola et Paul Kurrle. Prix de Berne (131,04 km) : Kling vainqueur à une vitesse moyenne de 145,223 km/h, 2e Hermann Lang, 3e Fritz Riess. 24 Heures du Mans : double victoire pour Lang et Riess (moyenne : 155,547 km/h), Theo Helfrich et Helmut Niedermayr. Grand Prix du jubilé du Nürburgring pour voitures de sport (228,1 km) : triple succès pour Lang avec une moyenne de 129 km/h, Kling et Riess. 3e Carrera Panamericana Mexico sur 3371 km : 1ers Kling et Klenk avec une moyenne de 165,011 km/h, suivis de Lang et Erwin Grupp.

not only carves a name in racing folklore as victor, but also as the protagonist in a spectacular incident. During the first stage of the Mexican race a vulture flies into the cockpit through the shattering glass of the front windshield, injuring Hans Klenk, Kling's co-driver, in the face. Protection against such attacks during the remaining four days is provided by bars in front of the window.

Two years later, his 1952 achievement is honored with a place on the firm's grand prix team. Although Mercedes-Benz makes its appearance two races late in 1954, the gap is closed rapidly, crushing the rivals in Italian red and French blue and leading to total command of the field. The secret of this success is the W 196, developed in many respects as a derivative of the 300 SL. Both cars share the concept of a tubular lattice frame, but in the W 196 it is much lighter, more rigid, and lower. As in the 300 SL, the engine, an eight-cylinder with desmodromic valve control, is embedded at an angle, only more so to flatten the front. But impetus from the thirties also makes itself felt: the debutants that turn the French Grand Prix on 4 July into a demonstration of silver dominance, right on cue for the 40th anniversary of the triple triumph at Lyons, are encased in attractively formed streamlined bodies, just like the Avus vehicles of earlier days. As of the German Grand Prix on 1 August, the W 196 monoposto with open wheels for twisty circuits rolls from the transporter as the main protagonist for the next two years. The two bodies are interchangeable, the chassis identical.

Alfred Neubauer has won over the reluctant Fangio as star driver in his team of four. Further seats are reserved for the mature and experienced Karl Kling and the very promising youngster Hans Herrmann. The prewar icon Hermann Lang retires from active service after only a single grand prix – at the Nürburgring, where else? The Argentinian, for his part, goes from victory to victory, at Reims, at the Nürburgring, in Berne, and at Monza. Away from the Formula One calendar, Kling does his bit in a non-championship event at the Avus, consoling himself for the rest of his life with the reassuring thought that he could have beaten the maestro on the Champagne circuit on 4 July 1954.

These two – Herrmann only participates in the season's overture in Buenos Aires – are joined in 1955 by the 25-year-old Stirling Moss, long considered in the busi-

Zwei Jahre später honoriert man seine 1952 gezeigten Leistungen durch einen Platz im Grand-Prix-Aufgebot der Firma. Zwar erscheint Mercedes-Benz 1954 mit zwei Rennen Verspätung zum Dienst, arbeitet jedoch diesen Rückstand zügig und in niederschmetternder Weise für die Rivalen in italienischem Rot und französischem Blau auf bis hin zur totalen Hegemonie. Medium ist der W 196, in evolutionärem Gleiten aus dem 300 SL entwickelt. Mit diesem teilt er die Idee des Gitterrohrrahmens, nur noch leichter, steifer und niedriger. Wie in diesem ist das Triebwerk, ein Achtzylinder mit desmodromischer Ventilsteuerung, im Winkel eingebaut, nur noch stärker, um die Frontfläche flach zu halten. Doch auch aus den Dreißigern dringen Impulse herüber: Den Debütanten, der den Großen Preis von Frankreich am 4. Juli zum Fanal in Silber umwidmet, fast pünktlich zum 40. Jahrestag des Tripel-Triumphes von Lyon, umhüllt wie die Avus-Wagen von einst ein gefällig geformter Stromlinien-Aufbau. Vom Großen Preis von Deutschland am 1. August an entrollt dem Renntransporter als eigentlicher Protagonist für die nächsten beiden Jahren der W 196 Monoposto mit freistehenden Rädern für kurvige Kurse. Die beiden Karosserieformen sind gleichwohl austauschbar, die Chassis identisch.

Als Schlagmann in seinem Fahrer-Vierer hat Alfred Neubauer den widerstrebenden Fangio gewonnen. Weitere Planstellen sind für den reifen und erfahrenen Karl Kling und den viel versprechenden Hans Herrmann reserviert. Die Vorkriegs-Ikone Hermann Lang scheidet nach einem einzigen Grand Prix aus dem aktiven Dienst aus, am Nürburgring, wo sonst. Der Argentinier indessen siegt und siegt, in Reims, am Ring, in Bern, in Monza. Kling kommt abseits des Formel-1-Kalenders auf dem Nebenkriegsschauplatz Avus zum Zuge und tröstet sich zeit seines Lebens mit dem erhebenden Gefühl, dass er den Maestro auf dem Champagne-Kurs hätte schlagen können.

Diesen beiden – Herrmann startet nur bei der Saison-Ouvertüre in Buenos Aires – gesellt sich 1955 der 25-jährige Stirling Moss hinzu, in der Branche längst hoch gehandelt als Supertalent und künftiger Champion. Des Briten Blütenträume zerplatzen indessen an dem Mann aus Balcarce, der die Jungen mit Charisma, gelassener Meisterschaft in seinem Handwerk und

Werner Engel wins the 1955 European Touring Car Championship in the 300 SL, when he is not driving the comparatively more relaxed 220a.

Die Tourenwagen-Europameisterschaft 1955 gewinnt Werner Engel im 300 SL, wenn er nicht im ungleich friedfertigeren 220a unterwegs ist.

Werner Engel, sur une 300 SL, gagne le championnat d'Europe des voitures de tourisme en 1955 … quand il ne choisit pas la plus pacifique 220a.

aussitôt retirées de la course. Ce funeste accident est l'occasion, mais non la cause, du retrait des voitures argentées après une année couronnée de succès sans équivalent, glanant encore le championnat d'Europe des voitures de tourisme (avec Werner Engel en 300 SL) et le championnat des États-Unis pour voitures de sport (où le pilote de la 300 SL était Paul O'Shea).

1954

The Mercedes-Benz grand prix car W 196 is deployed with a streamlined body on fast circuits such as Reims or Monza, or with open wheels. French Grand Prix at Reims (314.73 mi): victory for Juan Manuel Fangio with an average speed of 115.996 mph, 2nd place for Karl Kling. European Grand Prix at the Nürburgring (311.88 mi): won by Fangio with an average speed of 82.8 mph. Swiss Grand Prix in Berne (298.62 mi): win for Fangio at 99.22 mph, 3rd place for Hans Herrmann. Italian Grand Prix in Monza (313.2 mi): 1st place for Fangio with an average speed of 112.006 mph. Berlin Grand Prix at the Avus (309.5 mi): one-two-three for Kling (average 132.7 mph), Fangio, and Herrmann. Spanish Grand Prix in Pedralbes (314.03 mi): 3rd place for Fangio. Juan Manuel Fangio world champion for Mercedes-Benz.

Der Mercedes-Benz Grand-Prix-Wagen W 196 wurde mit Stromlinienkarosserien auf schnellen Strecken wie Reims oder Monza oder mit freistehenden Rädern eingesetzt. Grand Prix von Frankreich in Reims (506,406 km): Sieg für Juan Manuel Fangio mit einem Schnitt von 186,638 km/h, 2. Karl Kling. Großer Preis von Europa am Nürburgring (501,82 km): Sieger Fangio mit einem Stundenmittel von 133,2 km/h. Großer Preis der Schweiz in Bern (480,48 km): Sieg für Fangio mit 159,65 km/h, Platz 3 für Hans Herrmann. Grand Prix von Italien in Monza (504 km): Platz 1 für Fangio mit einem Durchschnitt von 180,218 km/h. Großer Preis von Berlin auf der Avus (498 km): Dreifachsieg für Kling (Schnitt 213,5 km/h), Fangio und Herrmann. Grand Prix von Spanien in Pedralbes (505,28 km): Platz 3 für Fangio. Weltmeister 1954 ist Juan Manuel Fangio auf Mercedes-Benz.

La Mercedes-Benz W 196 Grand-Prix court sur des circuits rapides comme Reims ou Monza avec des carrosseries profilées ou des roues libres. Grand Prix de France à Reims (506,406 km) : victoire pour Juan Manuel Fangio avec une moyenne de 186,638 km/h, 2e place pour Karl Kling. Grand Prix d'Europe sur le Nürburgring (501,82 km) : Fangio vainqueur avec une moyenne de 133,2 km/h. Grand Prix de Suisse à Berne (480,48 km) : victoire pour Fangio à 159,65 km/h, 3e place pour Hans Herrmann. Grand Prix d'Italie à Monza (504 km) : 1er Fangio avec une moyenne de 180,218 km/h. Grand Prix de Berlin sur l'Avus (498 km) : triple victoire pour Kling (moyenne : 213,5 km/h), Fangio et Herrmann. Grand Prix d'Espagne à Pedralbes (505,28 km) : 3e place pour Fangio. Juan Manuel Fangio est champion du monde 1954 sur Mercedes-Benz.

ness to be a super talent and future champion. The Briton's dreams of an early world title are, however, shattered by the man from Balcarce who overshadows him with his charisma, calm mastery of his craft, and sheer relentless willpower. His third championship, the second for Mercedes-Benz, is fashioned from wins in Buenos Aires, Spa, Zandvoort, and Monza. Moss, on the other hand, is plagued more and more by the thought that his sole Mercedes grand prix victory, at home in Aintree, was merely a generous gift from the elderly gentleman whom fate has set before him.

However, in the meantime he is allowed to let off steam on another field, on which he is on a par with Fangio, or even superior. For ongoing development has brought forth another offspring in the guise of the 300 SLR (Super, Leicht, Rennen), the ultimate racing sports car. Already the internal nomenclature W 196 S, notwithstanding its physical attributes, acclaims its affinity to the marque's Formula One vehicles and, as is the case with the grand prix racer, nothing less than first place will do for this two-seater: Fangio's solo at the Eifel Race as well as in Kristianstad, in Sweden, and with Stirling Moss at the wheel where it really counts – at the world championship events Mille Miglia (with Denis Jenkinson as co-driver), Tourist Trophy (with John Fitch) and Targa Florio (with Peter Collins).

One cult name is missing from this list, that of Le Mans. On 12 June, the Mercedes guest driver, Pierre Levegh crashes into a wall on the Sarthe course as a result of a fatal chain reaction. Parts of his 300 SLR shoot into the crowd like a hail of bullets, killing more than 80 spectators. The remaining 300 SLRs are withdrawn from the race. This terrible incident triggers the withdrawal of the silver cars at the end of an unprecedentedly successful year in which the European Championship for Touring Cars (with Werner Engel in a 300 SL) and the American Sports Car Championship (300 SL driver: Paul O'Shea) were also won.

Yet it is not the actual reason. According to the head engineer, Fritz Nallinger, at the traditional end of season party on 12 October 1955, the company's finest minds had been tied up in the racing division. In future, they would be focused where they were most needed – in the firm's main business. There is nothing more to be said, except perhaps, "we'll meet again".

unerbittlichem Willen niederhält. Aus Siegen in Buenos Aires, Spa, Zandvoort und Monza ist sein drittes Championat gezimmert, das zweite für Mercedes-Benz. In Moss dagegen setzt sich die ungute Ahnung fest, bei seinem eigenen ersten Platz in seinem Heim-Grand-Prix zu Aintree handele es sich lediglich um ein generöses Geschenk des älteren Herren, den ihm das Schicksal vor die Nase gesetzt hat.

Mittlerweile darf er sich allerdings auf einer weiteren Spielwiese austoben, auf der er Fangio ebenbürtig oder sogar überlegen ist. Denn als zweites Kind hat die Evolution im Zeichen des Sterns den 300 SLR (Super, Leicht, Rennen) entlassen, mithin den ultimativen Rennsportwagen. Allein schon die interne Nomenklatur W 196 S sowie die physische Ähnlichkeit künden von seiner Affinität zum Formel-1-Wagen der Marke. Und wie der Einsitzer tut's dieser Fall für zwei nicht unter ersten Plätzen: unter Fangio solo beim Eifelrennen und im schwedischen Kristianstad, mit Stirling Moss am Volant aber, wo es wirklich zählt – bei den Weltmeisterschaftsläufen Mille Miglia (mit Denis Jenkinson als Beifahrer), Tourist Trophy (mit John Fitch) und Targa Florio (mit Peter Collins).

Ein Kult-Name fehlt in dieser Aufzählung: Le Mans. Auf dem Sarthe-Circuit rast am 12. Juni nach einer fatalen Kettenreaktion Mercedes-Gastpilot Pierre Levegh (bürgerlicher Name: Bouillon) in eine Mauer. Teile seines 300 SLR spritzen wie Geschosshagel in die Menge, töten mehr als 80 Zuschauer. Die übrigen 300 SLR werden aus dem Rennen genommen. Der schlimme Vorfall wird zum Anlass, nicht aber zur Ursache für den Rückzug der Silbernen am Ende eines beispiellosen Erfolgsjahres, in dem man sich auch noch die Europameisterschaft für Tourenwagen (mit Werner Engel im 300 SL) und das amerikanische Sportwagen-Championat (300 SL-Pilot: Paul O'Shea) verschafft hat.

Die besten Kräfte des Hauses, sagt Chefingenieur Fritz Nallinger bei der traditionellen Abschlussfeier am 12. Oktober 1955, seien bisher in die Rennabteilung eingebunden gewesen. Man werde sie in Zukunft bündeln, wo sie am dringendsten benötigt würden – im Hauptgeschäft des Unternehmens. Dem ist kaum etwas hinzuzufügen – bis zum nächsten Mal.

Professor Dr. Fritz Nallinger is employed by Mercedes-Benz for 42 years as, *inter alia*, testing engineer, technical director and member of the board.

Prof. Dr. Fritz Nallinger ist 42 Jahre für Mercedes-Benz tätig, unter anderem als Versuchsingenieur, technischer Direktor und Vorstandsmitglied.

Le professeur Dr Fritz Nallinger a été au service de Mercedes-Benz pendant 42 ans, notamment comme ingénieur d'essais et membre du directoire.

Aux dires de l'ingénieur en chef Fritz Nallinger, le meilleur des forces de la maison aurait été absorbé par le département des courses (selon son allocution traditionnelle de fin de saison, le 12 octobre 1955). Il fallait les utiliser là où elles étaient le plus nécessaire – dans l'activité principale de l'entreprise. Il n'y a rien à ajouter.

1955

Formula One: Argentinian Grand Prix: won by Fangio, 75.13 mph av. Buenos Aires GP: 1st Fangio (73.48 mph av.), 2nd Moss. Belgian GP: 1st Fangio, 118.86 mph av., 2nd Moss. Dutch GP: 1st Fangio, 89.66 mph av., 2nd Moss. English GP: Moss (86.47 mph av.), 2nd Fangio, 3rd Kling, 4th Taruffi. Italian GP: 1st Fangio, 128.52 mph av., 2nd Taruffi. Fangio is world champion. **Sports Cars** (300 SLR): Mille Miglia: 1st Moss/Jenkinson (97.98 mph av., record), 2nd Fangio. International Eifel Race: 1st Fangio (81.04 mph av.), 2nd Moss. Swedish GP: 1st Fangio (100 mph av.), 2nd Moss. Tourist Trophy: 1st Moss/Fitch, 88.34 mph av., 2nd Fangio/Kling, 3rd von Trips/Simon. Targa Florio: 1st Moss/Collins, 59.85 mph av., 2nd Fangio/Kling, 3rd von Trips/Titterington. Mercedes-Benz wins constructor's championship. **Gran Turismo** (300 SL): Mille Miglia: GT winner Fitch/Gussel, 2nd/3rd also 300 SLs. Coppa Dolomiti: 1st Gendebien, 55.8 mph av. Swedish GP: 1st Kling, 89.43 mph av. Liège-Rome-Liège: 1st Gendebien/Stasse. Mercedes-Benz wins European Touring Car and American Sports Car Championships.

Formel 1: Grand Prix von Argentinien: Erster Fangio, Ø 120,876 km/h. GP Buenos Aires: 1. Fangio (Ø 118,235 km/h), 2. Moss. GP Belgien: 1. Fangio, Ø 191,237 km/h, vor Moss. GP Holland: Sieger Fangio (Ø 144,268 km/h) vor Moss. GP England: 1. Moss (Ø 139,13 km/h), 2. Fangio, 3. Kling, 4. Taruffi. GP Italien: 1. Fangio (Ø 206,791 km/h), 2. Taruffi. Fangio ist Weltmeister. **Rennsportwagen** (300 SLR): Mille-Miglia-Sieger Moss/Jenkinson, Ø 157,65 km/h (Rekord), 2. Fangio. Internationales Eifel-Rennen: 1. Fangio, Ø 130,4 km/h, 2. Moss. GP Schweden: 1. Fangio (Ø 161 km/h), 2. Moss. Tourist Trophy: 1. Moss/Fitch (Ø 142,137 km/h), 2. Fangio/Kling, 3. von Trips/Simon. Targa Florio: 1. Moss/Collins (Ø 96,29 km/h) vor Fangio/Kling und von Trips/Titterington. Mercedes-Benz ist Markenweltmeister. **Gran Turismo** (300 SL): Mille Miglia: GT-Sieger Fitch/Gussel, 2./3. auch 300 SL. Coppa Dolomiti: 1. Gendebien (Ø 89,78 km/h). GP Schweden: 1. Kling, Ø 143,9 km/h. Lüttich-Rom-Lüttich: 1. Gendebien/Stasse. Mercedes-Benz ist europäischer Tourenwagen- und amerikanischer Sportwagenmeister.

Formule 1: Grand Prix d'Argentine: Fangio vainqueur, Ø 120,876 km/h. GP Buenos Aires: Fangio 1er (Ø 118,235 km/h), 2e Moss. GP Belgique: 1er Fangio devant Moss, Ø 191,237 km/h. GP Hollande: 1er Fangio, Ø 144,268 km/h, 2e Moss. GP Angleterre: 1er Moss (Ø 139,13 km/h), 2e Fangio, 3e Kling, 4e Taruffi. GP Italie: 1er Fangio, Ø 206,791 km/h, 2e Taruffi. Fangio est champion du monde. **Voitures de course** (300 SLR): Mille Miglia: 1ers Moss/Jenkinson, Ø 157,65 km/h (record), 2e Fangio. Course internationale de l'Eifel: 1er Fangio, Ø 130,4 km/h, 2e Moss. GP Suède: 1er Fangio, Ø 161 km/h, 2e Moss. Tourist Trophy: 1ers Moss/Fitch (Ø 142,137 km/h), 2es Fangio/Kling, 3es von Trips/Simon. Targa Florio: 1ers Moss/Collins (Ø 96,29 km/h), 2es Fangio/Kling, 3es von Trips/Titterington. Mercedes-Benz est champion du monde des marques. **Grand tourisme** (300 SL): Mille Miglia: victoire GT Fitch/Gussel, 2es/3es aussi 300 SL. Coppa Dolomiti: 1er Gendebien, Ø 89,78 km/h. GP Suède: 1er Kling, Ø 143,9 km/h. Liège-Rome-Liège: 1ers Gendebien/Stasse. Mercedes-Benz champion d'Europe des voitures de tourisme et champion d'Amérique des voitures de sport.

The Road as Test Rig – or Torturing the Product

1956–1980

Sport with touring cars – for Mercedes-Benz in 1956 this means a return to their roots while keeping their gaze firmly set on the future. Both elements of the Mercedes-Benz name can invoke half a century of proud tra-

Charm offensive: the successful Swedish ladies' team of Ewy Rosqvist (right) and Ursula Wirth, 1963.

Offensive des Charmes: das erfolgreiche schwedische Damenteam Ewy Rosqvist (rechts) und Ursula Wirth 1963.

Offensive de charme : l'équipage féminin suédois Ewy Rosqvist (à droite) et Ursula Wirth, qui a remporté de nombreux succès, en 1963.

Prüfstand Straße – oder Schikanen fürs Produkt

1956–1980

Sport mit Tourenwagen – für Mercedes-Benz bedeutet das 1956 eine Rückkehr zu den Quellen, den Blick fest ins Futur gerichtet. Man arbeitet in der Tat mit Tradition und hat beiderseits des Bindestrichs schon ein halbes Jahrhundert zuvor einiges vorzuweisen: Die erste der drei Herkomer-Fahrten zwischen 1905 und 1907 für „praktische, zuverlässige und erschwingliche Reisewagen" zum Beispiel, von dem gleichnamigen deutschen Maler mit einem Wanderpokal und 10 000 Mark Preisgeld bedacht, gewinnt der Münchner Edgar Ladenburg am Volant eines „40 pferdekräftigen Mercedes", wie das *Freisinger Tagblatt* vom 17. August 1905 berichtet. Bei der letzten siegt Benz-Konstrukteur Fritz Erle auf Benz 50 PS. Als hoffnungsvolles Mitglied der „Geländemannschaft" stößt sich in den Dreißigern der künftige Grand-Prix-Heros der Marke Karl Kling bei Langstreckenprüfungen wie der Alpenfahrt oder der 2000-Kilometer-Fahrt durch Deutschland der Hörner ab.

Diesen Faden, nur ins Globale verlängert, nimmt Kling wieder auf, als er 1959 die Rallye Mediterranée–Le Cap mit einem 190 D und 1961, im 220 SE, die Rallye Algier–Zentralafrika gewinnt, beide Male begleitet von dem Journalisten Rainer Günzler. Überdies wirkt der alte Fuchs als Regisseur hinter den Mercedes-Triumphen beim argentinischen Marter-Marathon Gran Premio Internacional de Turismo zwischen 1961 und 1964, im ersten durch Walter Schock/Manfred Schiek (220 SE), 1962 durch das ebenso schnelle wie charmante Damen-Duo Ewy Rosqvist/Ursula Wirth (220 SE). Die nächsten beiden werden zur Beute des Gespanns Eugen Böhringer und Klaus Kaiser mit dem 300 SE. Der Stuttgarter Hotelier hat sich bereits 1962 als Rallye-Europameister um das Unternehmen mit dem Stern verdient gemacht und verschafft sich wie etwa beim „Großen Preis für Tourenwagen" 1964 auf dem Nürburgring auch auf der Rundstrecke Respekt durch herzhaften Zugriff und das brachiale Tempo seiner voluminösen Limousine.

All dem steht sein schwäbischer Landsmann Walter Schock nicht nach, mit den beiden Rallye-Europa-

La route comme banc d'essai – ou comment fouailler le produit

1956–1980

Le sport en voitures de tourisme : pour Mercedes-Benz, cela signifie, en 1956, un retour aux sources, mais sans quitter l'avenir des yeux. En réalité, la firme œuvre dans la tradition, avec, pour les deux marques confondues, un demi-siècle de réalisations à leur actif.

Par exemple, la première des trois coupes Herkomer (du nom du peintre allemand qui offrit la dotation), entre 1905 et 1907, organisée pour des « véhicules de voyage pratiques, fiables et accessibles » et dotée d'une récompense de 10 000 marks, est gagnée par le Munichois Edgar Ladenburg, au volant d'une « Mercedes de 40 chevaux », comme le rapporte le *Freisinger Tagblatt* du 17 août 1905. La dernière est remportée par Fritz Erle, ingénieur chez Benz, sur une Benz 50 PS.

Dans les années 1930, Karl Kling, élément prometteur de l'équipe des tout-terrain et futur héros des Grand Prix de la marque, gagne ses galons dans les épreuves d'endurance comme la coupe des Alpes ou le Rallye des 2000 km à travers l'Allemagne. Kling se retrouve en terrain familier, à l'échelle de la planète cette fois, lorsqu'il gagne en 1959 le rallye Méditerranée–Le Cap avec une 190 D, et, en 1961, avec une 220 SE, le rallye Alger-Centrafrique, accompagné à chaque fois par le journaliste Rainer Günzler.

En outre, ce vieux renard est l'artisan des triomphes de Mercedes dans le redoutable marathon argentin du Gran Premio Internacional de Turismo entre 1961 et 1964, le premier avec Walter Schock/Manfred Schiek (220 SE), et en 1962 avec le duo de dames, aussi rapides que charmantes, constitué d'Ewy Rosqvist et d'Ursula Wirth (220 SE). Les deux suivants reviennent au tandem formé par Eugen Böhringer et Klaus Kaiser avec la 300 SE. L'hôtelier de Stuttgart avait déjà bien porté les couleurs de la firme à l'étoile en 1962, en décrochant le titre de champion d'Europe des rallyes, et forcé le respect sur circuit, comme par exemple au Nürburgring, lors du Grand Prix pour voitures de tourisme en 1964, par son courage, son mordant, et l'allure imposée à sa volumineuse limousine.

Walter Schock, son compatriote souabe, ne cède pas sa place, avec deux titres de champion d'Europe

1956

European Rally title for Walter Schock/Rolf Moll in the 220 and 300 SL, in which Willy Mairesse/Willy Génin are overall victors in the Liège–Rome–Liège marathon. First place in the American Sports Car Championship for Paul O'Shea in a 300 SL.

Rallye-Europameister werden Walter Schock/Rolf Moll im 220 und 300 SL, mit dem auch Willy Mairesse/Willy Génin den Gesamtsieg bei der Fernfahrt Lüttich–Rom–Lüttich holen. Amerikanischer Sportwagenchampion ist Paul O'Shea auf 300 SL.

Championnat d'Europe des rallyes pour Walter Schock/Rolf Moll sur 220 et 300 SL, avec lesquelles Willy Mairesse/Willy Génin sont premiers au classement global du rallye Liège-Rome-Liège. Paul O'Shea gagnant du championnat d'Amérique des voitures de sport sur 300 SL.

1957

1st place for Andrés/Portolés in the Vth Spanish Rally, for Dos Santos/Huertas in the Caracas–Cumana–Caracas race and for O'Shea in the American Championship (all 300 SL).

Rang 1 für Andrés/Portolés in der 5. Rallye rund um Spanien, Dos Santos/Huertas beim Rennen Caracas–Cumana–Caracas und O'Shea bei der amerikanischen Meisterschaft (alle 300 SL).

1re place pour Andrés/Portolés au 5e Tour d'Espagne, Dos Santos/Huertas vainqueurs du rallye Caracas-Cumana-Caracas et O'Shea, du championnat d'Amérique (tous sur 300 SL).

1958

Victories at the French Snow and Ice Rally for René Cotton/André Simon in a 300 SL and at the Hong Kong Rally for Walter Sulke in a 190 SL. 1st place for John Manusss at the East African Coronation Rally in a 219.

Siege bei der französischen Schnee-und Eisrallye durch René Cotton/André Simon auf 300 SL und durch Walter Sulke in der Hongkong-Rallye mit dem 190 SL. Position 1 für John Manussis bei der East African Coronation Rallye im 219.

Victoires au rallye français sur neige et sur glace pour René Cotton/André Simon sur 300 SL et pour Walter Sulke au Rallye de Hongkong sur la 190 SL. 1re place pour John Manussis à l'East African Coronation Rallye en 219.

dition, including the first of the three Herkomer Races between 1905 and 1907 for "practical, dependable, and affordable travelling vehicles," endowed with a challenge cup and a prize of 10,000 marks by the eponymous German painter, is won by Edgar Ladenburg of Munich behind the steering wheel of a "40-horse-powered Mercedes", as the *Freisinger Tagblatt* of 17 August 1905 reports. Benz engineer Fritz Erle wins the last one in a Benz 50 PS. During the thirties, the future grand prix hero Karl Kling wins his spurs on long distance events such as the Alpine or the 2000-Kilometer Trial through Germany as hopeful members of the "cross-country team."

The same thread is taken up by Kling once again, this time at international level, when he wins the 1959 Mediterranée-Le Cap Rally with a 190 D, and the Algeria-Central Africa Rally in 1961 with a 220 SE, accompanied on both occasions by the journalist Rainer Günzler. In addition the old fox also is the guiding hand behind the Mercedes triumphs at the grueling Argentinian marathon Gran Premio Internacional de Turismo between 1961 and 1964, the first by Walter Schock and Manfred Schiek (220 SE) and in 1962 by the as charming as they are fast, female duo of Ewy Rosqvist and Ursula Wirth (220 SE). The next two are seized by the Eugen Böhringer and Klaus Kaiser tandem in a 300 SE. The Stuttgart hotelier has already served the company with the star well as 1962 European Rally Champion and now also gains respect on the circuit with his hearty grasp and the brute speed of his voluminous sedan during the 1964 Touring Car Grand Prix at the Nürburgring for instance.

Walter Schock, his Swabian compatriot, is not to be outdone, either, winning the European Rally Championship in 1956 and 1960, when he also took the Monte Carlo Rally, on all occasions assisted by his permanent partner and friend, Rolf Moll. From 1965, though, Mercedes make the decision to retire from motor racing, not least because of the impression that the future looks bleak for their kind of big, unwieldy dinosaurs. The period of abstinence will last twelve years, although they are briefly, but spectacularly, interrupted in November 1968 by Erich Waxenberger's victory in the 300 SEL 6.3 at the Six-Hour Race in distant Macau. The success of the trio of Andrew Cowan, Colin Mal-

The Hermann Bartscherer/Hans-Heinz Heppekhausen squad and the 220 SE make their tortuous way through the Sahara during the 1961 Algiers–Central Africa Rally. After 7150 grueling miles, Karl Kling/Rainer Günzler win with the same car.

Bei der Rallye Algier–Zentralafrika 1961 quält die Riege Hermann Bartscherer/Hans-Heinz Heppekhausen sich selbst und den 220 SE durch die Sahara. Nach 11 500 strapaziösen Kilometern siegen indessen Karl Kling/Rainer Günzler im gleichen Fahrzeug.

Lors du Rallye Alger-Centrafrique, en 1961, l'équipage Hermann Bartscherer/Hans-Heinz Heppekhausen s'acharnent, eux et leur 220 SE, à traverser le Sahara. À l'issue de 11 500 km de course, éprouvants, ce sont pourtant Karl Kling/Rainer Günzler, sur une voiture identique, qui gagneront.

Championaten 1956 und 1960 sowie einem Sieg bei der Rallye Monte Carlo im selben Jahr, stets assistiert von Dauer-Partner und Freund Rolf Moll.

Nicht zuletzt unter dem Eindruck der Götterdämmerung für die ungefügen Dinosaurier im Automobilsport erlegt man sich ab 1965 für die nächsten zwölf Jahre Abstinenz auf. Sie wird im November 1968 kurz, aber durchaus werbewirksam unterbrochen durch Erich Waxenbergers Sieg im 300 SEL 6.3 beim Sechs-Stunden-Rennen im fernen Macau.

Der Erfolg der Troika Andrew Cowan, Colin Malkin und Mike Broad im 280 SE beim Marathon Lon-

des rallyes en 1956 et 1960, ainsi qu'une victoire dans le rallye de Monte-Carlo la même année, toujours assisté de son fidèle partenaire et ami Rolf Moll.

C'est presque dans une atmosphère de crépuscule des dieux pour les dinosaures du sport automobile que suivra une période de vaches maigres pendant douze ans, à partir de 1965. Période brièvement mais efficacement interrompue en novembre 1968 par la victoire d'Erich Waxenberger en 300 SEL 6.3 dans la course des six heures de Macao, à l'autre bout du monde.

Enfin, le succès de la troïka Andrew Cowan/Colin Malkin/Mike Broad en 280 SE, sur le marathon

1959

Success at the Rallye Mediterranée–Le Cap for Karl Kling and Rainer Günzler in a 190 D, overall victory at the East African Rally for Bill Fritschy/Jack Ellis in a 219. Paulsen/Sommens in the 190 win the South African Winter Rally.

Sieger der Rallye Mediterranée–Le Cap sind Karl Kling/Rainer Günzler im 190 D, Gesamtsieger der East African Rallye Bill Fritschy/Jack Ellis im 219. Paulsen/Sommens im 190 gewinnen die Südafrikanische Winter-Rallye.

Victoire au Rallye Méditerranée-Le Cap pour Karl Kling et Rainer Günzler sur une 190 D, Bill Fritschy/Jack Ellis 1ers au classement global de l'East African Rallye sur une 219. Gagnants du rallye d'hiver sud-africain : Paulsen/Sommens sur une 190.

1960

Success for Fritschy/Ellis (219) at the East African Rally. European Rally title for Schock/Moll in a 220 SE with victories at the Monte Carlo and Acropolis rallies. 1st place at the ADAC 6-Hour Race at the Nürburgring for Leopold von Zedlitz/Rudi Golderer with the 220 SE.

Erfolg für Fritschy/Ellis (219) bei der East African Rallye. Schock/Moll Rallye-Europameister auf 220 SE mit Siegen bei den Rallyes Monte Carlo und Akropolis. Platz 1 beim ADAC-6-Stunden-Rennen auf dem Nürburgring für Leopold von Zedlitz/Rudi Golderer mit dem 220 SE.

Victoire pour Fritschy/Ellis (219) sur l'East African Rallye. Championnat d'Europe du rallye pour Schock/Moll sur 220 SE avec victoires aux rallyes de Monte Carlo et Akropolis. 1re place aux Six Heures de l'ADAC sur le Nürburgring pour Leopold von Zedlitz/Rudi Golderer sur la 220 SE.

1961

Successes for Kling/Günzler at the Algiers–Central Africa Rally and for Manussis/Coleridge/Beckett at the East African Rally, as well as for Walter Schock/Manfred Schiek at the Touring Car Grand Prix in Argentina, all driving 220 SEs. Helen Hough is American Rally Champion.

Erfolge für Kling/Günzler bei der Rallye Algier–Zentralafrika und Manussis/Coleridge/Beckett bei der East African Rallye sowie, beim Großen Preis der Tourenwagen in Argentinien, durch Walter Schock/Manfred Schiek, alle auf 220 SE. Helen Hough amerikanische Rallye-Meisterin.

Plusieurs succès pour Kling/Günzler au rallye Alger-Centrafrique et Manussis/Coleridge/Beckett à l'East African Rallye, de même que pour Walter Schock/Manfred Schiek au Grand Prix de tourisme en Argentine, tous sur 220 SE. Helen Hough est championne américaine des rallyes.

kin and Mike Broad in the 280 SE at the 1977 London to Sydney Marathon provides the spark that relights the factory's commitment anew.

As usual, there is no intention of making do with second best. At the end of the 1978 Vuelta a la America del Sud, five Mercedes cars lead the field, headed by Cowan and Malkin in a 450 SLC. At the 1979 Bandama Rally it is four, led by Hannu Mikola and Arne Hertz in the same model. A year later, at the same event, it is two. The winning team is that of Björn Waldegaard and Hans Thorszelius, the victorious vehicle the 500 SLC.

The Master Tailor, Mr. Clean and the Flying Finns – the Third Quick Silver Generation
1984–2005

From the mid-eighties onward a Mercedes-Benz management decree made on 3 November 1983 commits the company to a new diversification strategy that will also re-animate its competitive involvement in sport once again, and that to an extent that will exceed even the glory year of 1955. Star-bearing automobiles start attacking on many racing fronts, at the DTM and within the scope of the FIA championships for sports and grand touring cars, in the American CART series and in Formulas One and Three. Some of these ventures are independent while others involve joint partners.

The lesson that the Brazilian boy wonder, Ayrton Senna, teaches such grand prix icons as James Hunt, Niki Lauda, and Alain Prost in the opening race at the new style Nürburgring on 5 May 1984, driving a standard series 190 E 2.3-16 in clammy weather on the slippery track will prove to be a good omen, not least because of the way it is achieved – elegantly laid-back, light-footed, and glistening with the utmost promise.

Indeed, a year later the baby Benz has gained entry to Group A, and henceforth romps through the DTM (*Deutsche Tourenwagen Meisterschaft* – German Touring Car Championship) like a trout in a mountain stream, piling up fifty victories by 1993. In 1992, star driver Klaus Ludwig wins the title for the first time, adding a second in 1994. The smallest Mercedes is now called the C Class. The heart of the racing version, deliv-

don–Sydney 1977 schließlich wird zum zündenden Funken für ein erneutes Engagement des Werks.

Dabei mag man sich, wie üblich, mit Kinkerlitzchen nicht abgeben. Am Ende der Vuelta a la America del Sud 1978 liegen fünf Mercedes vorn, allen voran Cowan/Malkin in einem 450 SLC, bei der Bandama-Rallye 1979 vier, angeführt von Hannu Mikola/Arne Hertz mit dem gleichen Modell, bei der gleichen Veranstaltung ein Jahr später zwei. Sieger ist das Team Björn Waldegaard/Hans Thorszelius, siegreiches Fahrzeug der 500 SLC.

Von Schneidermeistern, Saubermännern und Fliegenden Finnen – Quick Silver zum Dritten
1984–2005

Seit Mitte der Achtziger setzt Mercedes-Benz per Management-Dekret vom 3. November 1993 die neue Strategie der Diversifikation auch streitbar im Sport um, viel umfassender noch als im Jahr der Glorie 1955: Autos im Zeichen des Sterns greifen an vielerlei Rennfronten an, bei der DTM und im Rahmen der FIA-Championate für Sport- und Gran-Turismo-Fahrzeuge, in der amerikanischen CART-Serie und den Formeln 1 und 3, eigenständig oder im Verbund mit Partnern.

Als gutes Omen wird sich erweisen, dass und wie der brasilianische Wunderknabe Ayrton Senna beim Eröffnungsrennen auf dem Nürburgring neuer Art am 5. Mai 1984 mit einem serienmäßigen 190 E 2.3-16 bei klammer Witterung auf glitschiger Piste Grand-Prix-Ikonen wie James Hunt, Niki Lauda und Alain Prost eine Lektion erteilt – ungemein locker, leichtfüßig, zu den schönsten Hoffnungen berechtigend.

In der Tat hat sich der Baby-Benz ein Jahr später Zutritt zur Gruppe A verschafft, tummelt sich fortan bei der DTM (Deutsche Tourenwagen Meisterschaft) wie eine Forelle im Gebirgsbach, häuft bis 1993 ein halbes Hundert Siege aufeinander. 1992 ist Stern-Fahrer Klaus Ludwig zum ersten Mal Meister geworden, sattelt 1994 drauf mit seinem zweiten Titel. Der kleinste Mercedes heißt jetzt C-Klasse. Beim über 400 PS starken Herzen der Rennversion handelt es sich allerdings um ein Transplantat aus dem 420 SE, nur

Londres-Sydney, en 1977, est l'étincelle qui annonce le retour de la firme en compétition.

Et pas question de faire dans la dentelle. À la fin de la Vuelta a la America del Sud en 1978, 5 Mercedes sont en tête, avec tout d'abord Cowan/Malkin, dans une 450 SLC. Dans le rallye de Bandama, elles sont quatre, menées par Hannu Mikola/Arne Hertz avec le même modèle, et encore deux dans la même manifestation un an plus tard. L'équipe victorieuse est constituée de Björn Waldegaard/Hans Thorszelius, et le véhicule qui remporte la palme est la 500 SLC.

Le maître tailleur, Monsieur Propre et les Finlandais volants – les Vif-Argent 3e génération
1984–2005

Depuis le milieu des années 1980, Mercedes-Benz a changé de stratégie de diversification dans le sport de manière offensive, par une décision de la direction du 3 novembre 1983. Un changement plus radical encore que celui de la glorieuse année 1955: les véhicules à l'étoile attaquent la compétition sur tous les fronts, dans le championnat d'Allemagne et dans le cadre des championnats de sport et de grand tourisme, dans la série CART américaine et dans les Formules 1 et 3, seuls ou avec des partenaires. Il est réconfortant de voir le jeune prodige brésilien Ayrton Senna, dans la course d'ouverture du Nürburgring rénové, le 5 mai 1984, justifier des espoirs mis en lui, au volant d'une 190 E 2.3-16 de série, par temps humide, sur piste glissante, en donnant une leçon à des légendes des Grands Prix comme James Hunt, Niki Lauda et Alain Prost – avec une exceptionnelle légèreté et une grande virtuosité.

Dans les faits, la petite de Benz se fraie un passage dans le Groupe A et s'ébroue dans le championnat d'Allemagne des voitures de tourisme (DTM), telle une truite dans un torrent de montagne, et accumule jusqu'en 1993 une cinquantaine de victoires. En 1992, c'est le pilote maison, Klaus Ludwig, qui devient champion pour la première fois. En 1994, il récolte son deuxième titre. La plus petite Mercedes s'appelle alors Classe C. Le cœur de la version course, avec ses 400 ch, est en fait

1962

European Rally title for Eugen Böhringer and co-drivers Peter Lang or Herrmann Eger, with victories at the Acropolis, Midnight Sun, Poland, and Liège–Sofia–Liège rallies. Overall victories at the Touring Car Grand Prix in Argentina for Ewy Rosqvist/Ursula Wirth, and at the Tour d'Europe for Becker/Golderer (all in 220 SEs).

Rallye-Europameisterschaft für Eugen Böhringer/Peter Lang bzw. Herrmann Eger, mit Siegen bei Akropolis, Mitternachtssonne, Polen und Lüttich–Sofia–Lüttich. Gesamtsieg beim Großen Tourenwagenpreis in Argentinien für Ewy Rosqvist/Ursula Wirth, bei der Tour d'Europe für Becker/Golderer (alle auf 220 SE).

Championnat d'Europe des rallyes pour Eugen Böhringer/Peter Lang et Herrmann Eger, avec victoires aux rallyes Akropolis, Soleil de minuit, Pologne et Liège-Sofia-Liège. Ewy Rosqvist/Ursula Wirth 1res au classement global du Grand Prix de tourisme en Argentine, victoire au Tour d'Europe par Becker/Golderer (tous sur 220 SE).

1963

Successes for Eugen Böhringer/Klaus Kaiser at the German Rally (300 SE), the Liège–Sofia–Liège Rally (230 SL) and in Argentina (300 SE). 1st place at the Acropolis Rally (300 SE) for Böhringer together with Rolf Knoll. 1st place at the Poland Rally for Dieter Glemser/Martin Baumgart (220 SE).

Erfolge für Eugen Böhringer/Klaus Kaiser bei der Deutschland-Rallye (300 SE), der Fernfahrt Lüttich–Sofia–Lüttich (230 SL) und in Argentinien (300 SE). Erster Platz bei der Rallye Akropolis (300 SE) für Böhringer zusammen mit Rolf Knoll. Rang 1 bei der Polen-Rallye für Dieter Glemser/Martin Baumgart (220 SE).

Plusieurs succès pour Eugen Böhringer/Klaus Kaiser au Rallye d'Allemagne (300 SE), sur le rallye Liège-Sofia-Liège (230 SL) et en Argentine (300 SE). 1re place au rallye Akropolis (300 SE) pour Böhringer avec Rolf Knoll. 1re place au Rallye de Pologne pour Dieter Glemser/Martin Baumgart (220 SE).

1964

One-two-three at the Argentinian Grand Prix for Touring Cars, 1st place for Böhringer/Kaiser in a 300 SE as well as in the Touring Car Grand Prix at the Nürburgring.

Dreifacherfolg beim Großen Straßenpreis von Argentinien, Platz 1 für Böhringer/Kaiser im 300 SE wie auch beim Großen Preis für Tourenwagen auf dem Nürburgring.

Triple succès au Grand Prix d'Argentine sur route, 1re place pour Böhringer/Kaiser sur une 300 SE, de même que pour le Grand Prix du tourisme sur le Nürburgring.

ering more than 400 hp, is, however, transplanted from the 420 SE, except that two cylinders have been excised from the V8 of the gently purring sedan to comply with the rules. Appearances can be misleading, even when officially certified – by definition, racing touring cars only look like the off-the-peg product.

In 1995 the DTM is both autonomous and a part of the ITC (International Touring Car Championship), with five additional races abroad. From this hybrid creation Bernd Schneider emerges as double champion. A year later, it is uprooted from its German soil when the legislative body in Paris transforms it into a full-scale ITC series with races all over the world. When rivals Alfa Romeo and Opel withdraw at the end of 1996, the unloved FIA infant goes to an early grave.

There then follows a mourning period of three years before the DTM rises like a phoenix from the ashes with both a revised set of rules and a new name – *Deutsche Tourenwagen Masters*. With his energy and drive completely unabated, Bernd Schneider is the first to gain a Masters' diploma with six victories in the AMG-Mercedes CLK-DTM, repeating this in 2001 as if for confirmation, having been crowned with the laurels in Spielberg, two races before the end of the series, where he sported a lovingly prepared black tee-shirt with the pert inscription *Schneidermeister* (a word play on his name that literally means "Master Tailor" as well as "Schneider the Champion"). In 2003, the decision is drawn out until the finale in Hockenheim, and once again Schneider is ahead in the final balance – only four points in front of his impetuous, up-and-coming, young Mercedes colleague Christijan Albers.

During the same event a year later, the Saarlander achieves his only victory of the season after a veritable thriller of a race. The dignity of the DTM title passes to the Audi driver, Mattias Ekström, while Schneider's team-mate, Gary Paffett, becomes vice-champion. On 23 October 2005, the young Briton, with Formula One already firmly in his sights, turns the tables in the sold-out Baden motordome in the last of eleven races. Audi man Ekström has to make do with second place. The event itself is won by Bernd Schneider – who else in his two hundredth DTM race. To celebrate, Gary Paffett Master Beer is passed around, the bottles labeled in advance despite the uncertainty.

A posture that has become almost routine for Bernd Schneider during his years at Mercedes: Here the man from the Saarland celebrates his victory at the finale of the 2005 DTM in Hockenheim.

Schöne Routine für Bernd Schneider in seinen Jahren bei Mercedes: Hier zelebriert der Saarländer seinen Sieg beim DTM-Finallauf 2005 in Hockenheim.

Le succès est presque devenu une routine pour Bernd Schneider lorsqu'il a piloté pour Mercedes : Ici, le Sarrois célèbre sa victoire lors de la finale du DTM de 2005 à Hockenheim.

dass man aus dem V8 der sanft säuselnden Limousine reglementskonform zwei Zylinder heraustranchiert hat. Der Schein trügt, wenn auch amtlich beglaubigt – Renntourenwagen sehen per definitionem nur noch so aus wie das Produkt von der Stange.

1995 ist die DTM autonom und zugleich Teilmenge der ITC (International Touring Car Championship), mit fünf zuzüglichen Läufen im Ausland. Aus diesem Hybrid-Konstrukt geht C-Klasse-Pilot Bernd Schneider als Doppel-Champion hervor. Von der gesetzgebenden Körperschaft in Paris zur ITC verfremdet und weltweit ausgetragen, verliert die DTM ein Jahr später gewissermaßen den deutschen Mutterboden unter den Füßen. Als sich Ende 1996 die Konkurrenten Alfa Romeo und Opel zurückziehen, trägt man auch gleich den ungeliebten FIA-Säugling mit zu Grabe.

Drei Jahre Trauerarbeit schließen sich an. Dann ersteht die DTM wie Phönix aus der Asche und mit renoviertem Regelwerk und Namen als Deutsche Tou-

une greffe du 420 SE, sur laquelle on a simplement et conformément au règlement retranché deux cylindres au silencieux V8 de la limousine. L'apparence est trompeuse, même si elle est admise par les autorités – les véhicules de tourisme de compétition doivent simplement ressembler, par définition, aux produits fabriqués à la chaîne.

En 1995, le DTM est à la fois autonome et partie prenante de l'ITC (International Touring Car Championship), avec cinq courses supplémentaires à l'étranger. C'est dans cette compétition hybride que Bernd Schneider, pilote de Classe C, remporte son double titre de champion. Un an plus tard, le DTM, déraciné par les autorités sportives à Paris, est rattaché à l'ITC, étendu au monde entier. Quand, fin 1996, les concurrents Alfa Romeo et Opel se retirent, l'enfant mal aimé de la FIA est enterré sans tambour ni trompette. S'ensuivent trois ans de travail de deuil. Puis le DTM renaît de ses cendres, avec un nouveau règlement, sous le nom de champion-

1968

Victory at the Macau Six Hour Race for Erich Waxenberger in a 300 SEL 6.3.

Sieg beim Sechs-Stunden-Rennen von Macau für Erich Waxenberger mit einem 300 SEL 6.3.

Victoire aux Six Heures de Macao pour Erich Waxenberger sur une 300 SEL 6.3.

1977

One-two at the London to Sydney Marathon for Andrew Cowan/Colin Malkin/Mike Broad ahead of Tony Fowkes/Peter O'Gorman, both in 280 Es.

Doppelsieg beim Marathon London–Sydney für Andrew Cowan/Colin Malkin/Mike Broad vor Tony Fowkes/Peter O'Gorman auf dem 280 E.

Double victoire au marathon Londres-Sydney pour Andrew Cowan/Colin Malkin/Mike Broad devant Tony Fowkes/Peter O'Gorman sur la 280 E.

1978

First five places for Mercedes-Benz at the Vuelta a la America del Sud, led by Cowan/Malkin in a 450 SLC.

Fünffachtriumph für Mercedes-Benz bei der Vuelta a la America del Sud, allen voran Cowan/Malkin mit einem 450 SLC.

Quintuple triomphe pour Mercedes-Benz à la Vuelta a la America del Sud, en 1er lieu pour Cowan/Malkin sur une 450 SLC.

1979

Places 1 to 4 at the Bandama Rally for Mercedes drivers, victory for the Hannu Mikkola/Arne Hertz team in a 450 SLC 5.0.

Rang 1 bis 4 bei der Bandama-Rallye für Mercedes-Piloten, Sieg durch die Mannschaft Hannu Mikkola/Arne Hertz im 450 SLC 5.0.

1re à 4e places au Rallye Bandama pour les pilotes Mercedes, victoire de l'équipe Hannu Mikkola/Arne Hertz sur la 450 SLC 5.0.

The Briton Gary Paffett wins the 2005 DTM title, and earns the place he wanted in the McLaren Mercedes outfit for the following year.

Der Brite Gary Paffett holt sich den DTM-Titel von 2005 und gehört im folgenden Jahr wunschgemäß zum Aufgebot von McLaren Mercedes.

Le Britannique Gary Paffett remporte le titre du DTM 2005 et, l'année suivante, comme désiré, figure parmi les mercenaires de McLaren Mercedes.

A change of scene: the product is as neat as its name suggests, although it is the result of an initially non-commital flirtation. Mercedes staff, on their own initiative and at their own cost, provide help in developing the Group C, wide-wheeled racing sports cars being assembled at a tidy factory in Hinwil near Zurich that belongs to Peter Sauber (whose name means Mr. Clean in German). Both sides sound each other out intensively at an official encounter in October 1983, and, after a two year incubation period, the racing-conditioned V8 of the 450 SLC 5.0 to be found under the rear hood of the Sauber C8 shows that the latent synergy has now taken on a concrete form.

One single victory is achieved in 1986, albeit in the 1000 Kilometer Race at the Nürburgring, with the old campaigner, Henri Pescarolo, and the young but oft-

renwagen Masters. Gänzlich ungebrochen in seinem Schaffensdrang indessen legt Bernd Schneider mit sechs Siegen im AMG-Mercedes CLK-DTM als Erster ein Master-Diplom ab und wiederholt dies 2001 wie zur Bekräftigung, wobei man ihn bereits in Spielberg zwei Rennen vor Schluss mit Lorbeer umkränzt und ein liebevoll vorbereitetes schwarzes T-Shirt mit der schelmischen Aufschrift „Schneider-Meister" unters Volk bringt. 2003 wird die Entscheidung bis zum Finale in Hockenheim vertagt und wieder hat Schneider in der Endabrechnung die Nase vorn – mit nur vier Punkten vor dem rasch aufstrebenden jungen Mercedes-Kollegen Christijan Albers.

Ein Jahr später holt sich der Saarländer bei der gleichen Gelegenheit in einem veritablen Schocker seinen einzigen Saisonsieg. Die Master-Würde geht an Audi-Pilot Mattias Ekström und Vize-Champion wird Schneiders Teamgefährte Gary Paffett. Am 23. Oktober 2005 dreht der junge Brite, die Formel 1 bereits fest im Sinn, beim letzten von elf Läufen in dem ausverkauften badischen Motodrom den Spieß um. Audi-Mann Ekström muss sich mit Rang zwei begnügen. Das Rennen selbst, sein zweihundertstes bei der DTM, gewinnt Bernd Schneider – wer sonst. Zur Feier des Tages reicht man diesmal Gary-Paffett-Meisterbier, mit zartem Risiko im Voraus etikettiert.

Szenenwechsel: Das Produkt ist wie der Name, der Flirt gleichwohl zunächst unverbindlich. Auf eigene Faust und Rechnung leisten Mercedes-Bedienstete Entwicklungshilfe bei den Rennsportwagen für die Gruppe C, die Peter Saubers propere Manufaktur in Hinwil bei Zürich auf die fetten Räder stellt. Bei einer offiziellen Begegnung im Oktober 1983 beschnuppert man einander intensiver und nach zwei Jahren Inkubationszeit zeugt die rennmäßig aufbereitete V8 aus dem 450 SLC 5.0 unter der Heck-Haube des Sauber C8 davon, dass nun latente Synergien konkrete Gestalt angenommen haben.

Ein vereinzelter Sieg, immerhin beim 1000-km-Rennen auf dem Nürburgring, stellt sich 1986 ein, mit dem alten Fuhrmann Henri Pescarolo und dem jugendlichen und doch längst vergeudeten Talent Mike Thackwell am Lenkrad. 1988, nun schon für den Sauber-Mercedes C9 im Dunkelblau des Sponsors AEG und mit Rundum-Sorglos-Betreuung durch das Werk,

nat d'Allemagne des voitures de tourisme – *Deutsche Tourenwagen Masters*. Bernd Schneider, qui ne s'est pas laissé abattre par ces revers de fortune, enlève le premier titre de champion, avec sept victoires sur AMG-Mercedes CLK-DTM. Il renouvelle l'exploit en 2001 et, déjà, au Spielberg, il décroche la victoire par deux fois avant la fin et se voit offrir un tee-shirt noir portant l'inscription « Schneider-Meister », jeu de mot qui signifie « Schneider champion » ou « maître tailleur ». En 2003, rien n'est joué jusqu'au final d'Hockenheim, et là encore, Schneider est en tête – avec seulement quatre points devant son jeune et ambitieux collègue de Mercedes, Christijan Albers.

2004 sera une année noire : le Sarrois ne récolte qu'une seule victoire au cours de toute la saison. Le titre de champion revient à Mattias Ekström, pilote d'Audi, et celui de vice-champion à Gary Paffett, coéquipier de Schneider. Le 23 octobre 2005, le jeune Britannique, pensant déjà fermement à la Formule 1, réplique dans la dernière des onze courses, dans le motodrome badois plein à craquer. Ekström, l'homme d'Audi, doit se contenter de la deuxième place. C'est Bernd Schneider – naturellement – qui gagne la course, sa 200e dans le championnat d'Allemagne. Et pour fêter la victoire, on a étiqueté à l'avance la bière au nom du « champion Gary Paffett ».

Changement de décor. De leur propre initiative, les employés de Mercedes participent au développement des véhicules de sport de compétition pour le Groupe C, mettant ainsi le pied à l'étrier à la manufacture de Peter Sauber (qui signifie « propre » en allemand), à Hinwil, près de Zurich. Lors d'une rencontre officielle en octobre 1983, les deux firmes apprennent à se connaître et, après deux ans d'incubation, le V8 de la 450 SLC 5.0, mis au point pour la compétition, témoigne, sous le capot de la Sauber C8, de la bonne entente et de la synergie engagée par les deux marques.

En 1986, le chevronné Henri Pescarolo et le jeune talent – pourtant longtemps gaspillé – Mike Thackwell remportent une victoire isolée dans les 1000 km de la course du Nürburgring. Quatre autres s'y ajoutent en 1988, dues, déjà, à la Sauber-Mercedes C9 bleu foncé du mécène AEG, avec le soutien inconditionnel de toute l'entreprise. Les modèles C9 et C11 gagnent même,

1980

Double win at the Bandama Rally for Björn Waldegaard/Hans Thorszelius ahead of Recalde/Streimel, in 500 SLCs.

Doppelsieg bei der Bandama-Rallye für Björn Waldegaard/Hans Thorszelius vor Recalde/Streimel, alle im 500 SLC.

Double victoire au Rallye Bandama pour Björn Waldegaard/Hans Thorszelius devant Recalde/Streimel, tous sur 500 SLC.

1988

Return of Mercedes-Benz to racing as a partner of AMG at the German Touring Car Championship (DTM) and of the Swiss Sauber team at the World Sports Prototype Championship, with victories for the Sauber-Mercedes C9 in Jerez, Brno, at the Nürburgring, in Spa, and at Sandown Park.

Rückkehr von Mercedes-Benz in den Rennsport als Partner von AMG bei der Deutschen Tourenwagen Meisterschaft (DTM) und des Schweizer Sauber-Teams bei der World Sports Prototype Championship, mit Siegen für den Sauber-Mercedes C9 in Jerez, Brünn, am Nürburgring, in Spa und in Sandown Park.

Retour de Mercedes-Benz dans la compétition en tant que partenaire d'AMG au Championnat de supertourisme allemand (DTM) et de l'équipe suisse Sauber aux World Sports Prototype Championship, avec victoires de la Sauber-Mercedes C9 à Jerez, à Brno, sur le Nürburgring, à Spa et à Sandown Park.

1989

Constructors' title for the Sauber-Mercedes C9 with victories in Suzuka, Le Mans, Jarama, Brands Hatch, at the Nürburgring, in Donington, Spa, and Mexico City in the prototype category, drivers' championship for Jean-Louis Schlesser. Double victory for Mass/Reuter/Dickens ahead of Baldi/Acheson/Brancatelli in Le Mans.

Konstrukteurswertung für den Sauber-Mercedes C9 in Suzuka, Le Mans, Jarama, Brands Hatch, am Nürburgring, in Donington, Spa und Mexico City bei den Prototypen, Fahrertitel für Jean-Louis Schlesser. Doppelsieg von Mass/Reuter/Dickens vor Baldi/Acheson/Brancatelli in Le Mans.

Classement des constructeurs pour la Sauber-Mercedes C9 à Suzuka, au Mans, à Jarama, Brands Hatch, sur le Nürburgring, à Donington, Spa et Mexico pour les prototypes, Jean-Louis Schlesser champion. Double victoire de Mass/Reuter/Dickens devant Baldi/Acheson/Brancatelli au Mans.

wasted talent, Mike Thackwell, at the wheel. Five more follow in 1988 for the Sauber-Mercedes C9, now in the dark blue of its sponsor AEG and with the all-round support of the firm. The C9 and C11 models win 16 of the 19 events in which they participate in 1989 and 1990, including a double win in the marathon mecca of Le Mans in the first of the two years. They do so in traditional silver at the express wish of Werner Niefer, the chairman of the board of the recently founded Mercedes-Benz AG, who seeks to breathe new life into the legend associated with that color. The title of Sports Car World Champion has also been created, and is won on both occasions by the Frenchman Jean-Louis Schlesser, together with Mauro Baldi in 1990.

Of course, all this is received euphorically. The tumble into depression, however, follows in 1991. The new Group C formula that demands normally aspirated engines of up to 3.5 liter capacity and a minimum weight of 1653 lbs seems tailor-made for the Jaguar with its carbon-fiber body. By contrast, the Mercedes V12 in the rear of the C291 proves to be unusually prone to trouble. The joint venture is granted only one victory, in Autopolis in Japan. Michael Schumacher and Karl Wendlinger take turns behind the steering wheel – both model students of Mercedes-Benz' strikingly named "Flying Classroom". It is not enough: on 26 November 1991 a meeting of the board records in its minutes the decision of the Stuttgart firm to withdraw from Group C.

In 1997, an attractive new forum is found in the form of the FIA GT Championship. At the end, the champion is the veteran figure of Bernd Schneider, while his CLK-GTR sports machine only later gains its certificate of maturity despite six victories from eleven rounds. Initially the homologation as well as the verifiable on-road version are lacking, as is the correct set-up of the suspension and aerodynamics. The series turns into a Mercedes dominion in 1998, with ten victories in ten races, the first two for the previous year's GTR, the remaining eight for its CLK-LM successor. The title is shared by the Brazilian-German combo Ricardo Zonta and Klaus Ludwig. It is of all places Le Mans, for which the model's name stands, that turns into a flop: both vehicles entered retire within the first three hours. Diagnosis: engine failures.

Things get even worse there in 1999, as is impressively documented by the omnipresent television cam-

Le Mans 1989: the two Sauber-Mercedes C9s of Mauro Baldi and Jean-Louis Schlesser have already extricated themselves from the turmoil after the start.

Le Mans 1989: Aus dem Getümmel nach dem Start haben sich bereits die zwei Sauber-Mercedes C9 von Mauro Baldi und Jean-Louis Schlesser gelöst.

Le Mans 1989 : à l'issue de la furie du départ, les deux Sauber-Mercedes C9 de Mauro Baldi et Jean-Louis Schlesser se sont déjà détachées.

schließen sich fünf weitere an. Die Modelle C9 und C11 gewinnen 1989 und 1990 gar 16 der 18 Läufe, in denen sie starten, einbegriffen der Doppelerfolg im Marathon-Mekka Le Mans im ersten der beiden Jahre. Sie tun das in traditionellem Silber, auf besonderen Wunsch von Werner Niefer, dem Vorstandsvorsitzenden der just gegründeten Mercedes-Benz AG, der mit dieser Couleur die Legende wieder zum Leben zu erwecken gedenkt. Neu geschaffen wurde indessen der Titel des Sportwagenweltmeisters, den sich beide Male der Franzose Jean-Louis Schlesser sichert, 1990 zusammen mit Mauro Baldi.

Natürlich wird all das euphorisch aufgenommen. 1991 folgt gleichwohl der Absturz in die Depression. Die neue Gruppe C, die nach Saugmotoren bis zu 3,5 Litern Volumen und einem Mindestgewicht von 750 Kilo-

en 1989 et 1990, 16 des 18 courses dans lesquelles ils s'alignent, y compris un double succès dans la Mecque du marathon, Le Mans, dès la première année. Les véhicules arborent la traditionnelle livrée argent, sur les conseils de Werner Niefer, président du conseil d'administration de la toute nouvelle Mercedes-Benz AG, qui cherche ainsi à faire revivre la légende.

Le titre de champion du monde des voitures de sport, réactivé, est remporté deux fois par le Français Jean-Louis Schlesser, qui le partage en 1990 avec Mauro Baldi.

Naturellement, tout cela crée une certaine euphorie, suivie cependant, en 1991, d'une petite dépression. Le nouveau Groupe C, exigeant des moteurs à aspiration jusqu'à 3,5 litres de cylindrée et un poids minimum de 750 kg, semble taillé pour la Jaguar. En revanche, le

1990

Another victory in both leagues at the World Prototype Championship with wins in Suzuka, Monza, Spa, Dijon, at the Nürburgring, in Donington, Montreal, and in Mexico City, drivers' title for Schlesser and Mauro Baldi in the Mercedes-Benz C9 and, from Monza onward, in the C11. Much attention is given to the Mercedes youngsters Michael Schumacher, Heinz-Harald Frentzen, and Karl Wendlinger.

Erneuter Gewinn beider Wertungen bei der World Prototype Championship mit Siegen in Suzuka, Monza, Spa, Dijon, am Nürburgring, in Donington, Montreal und Mexico City, Fahrerweltmeisterschaft für Schlesser und Mauro Baldi im Mercedes-Benz C9 und, ab Monza, im C11. Hohe Aufmerksamkeit für die Mercedes-Junioren Michael Schumacher, Heinz-Harald Frentzen und Karl Wendlinger.

Nouveau succès aux deux classements lors du World Prototype Championship avec victoires à Suzuka, Monza, Spa, Dijon, sur le Nürburgring, à Donington, Montréal et Mexico, Schlesser et Mauro Baldi champions du monde des pilotes sur Mercedes-Benz C9 et, à partir de Monza, sur C11. Les juniors Mercedes Michael Schumacher, Heinz-Harald Frentzen et Karl Wendlinger suscitent un vif intérêt.

1991

Victory for Schumacher/Wendlinger in Autopolis, Japan, with the C291, before Mercedes concentrates on the DTM and Sauber in Formula One.

Sieg für Schumacher/Wendlinger im japanischen Autopolis mit dem C291, bevor sich Mercedes auf die DTM und Sauber auf die Formel 1 konzentriert.

Victoire pour Schumacher/Wendlinger à l'Autopolis japonais sur la C291, avant que Mercedes ne se concentre sur le DTM et Sauber sur la Formule 1.

1992

DTM titles for Klaus Ludwig and the AMG team with the 190 E.

DTM-Championat für Klaus Ludwig und das AMG-Team mit dem 190 E.

Championnat de supertourisme allemand (DTM) pour Klaus Ludwig et l'équipe d'AMG sur la 190 E.

A shot for a newspaper advert from 1991 featuring the scowling youngsters Fritz Kreutzpointner, Karl Wendlinger and Michael Schumacher.

Teil eines Zeitungsinserats von 1991 mit der finster blickenden Jugendriege Fritz Kreutzpointner, Karl Wendlinger und Michael Schumacher.

En 1991, trois jeunes pilotes au regard sombre et volontaire s'affichent : Fritz Kreutzpointner, Karl Wendlinger et Michael Schumacher.

eras. For Mercedes-Benz the *Vingt-Quatre Heures* quite literally degenerates into a flying disaster. Two of the three CLRs entered take off from the track in flight trajectories of desolate beauty due to poor aerodynamic design: first Mark Webber during the warm-up, and Peter Dumbreck after five hours. The third car is immediately withdrawn from the race. There is no remedy for it. At least this time, in contrast to the 1955 Le Mans disaster, no one is injured.

When Sauber moves up to Formula One in 1993, the Stuttgart firm again gets involved to re-animate the second half of a five-year contract that has been lying fallow. The Sauber V10 at the rear of the C12 is in fact sub-contracted out by Mercedes to the Ilmor engine manufacturers at Brixworth, Northamptonshire. At the end of the year, Mercedes acquires the 25 percent of Ilmor shares previously owned by Chevrolet, and in 1994 openly contributes the engines for the Sauber outfit, as proclaimed by the logo "Concept by Mercedes-Benz." A further 25 percent remains in the hands of former rac-

gramm verlangt, scheint den Jaguar wie auf den Kohlefaser-Leib geschneidert. Als ungewohnt störanfällig erweist sich hingegen der Mercedes V12 im Hinterviertel des C291. Nur ein Erfolg ist dem Joint Venture vergönnt, im japanischen Autopolis. Am Volant wechseln sich Michael Schumacher und Karl Wendlinger ab – beide Musterschüler aus dem plakativ so genannten „Fliegenden Klassenzimmer" von Mercedes-Benz. Das genügt nicht: Am 26. November 1991 protokolliert man auf einer Vorstandssitzung, dass die Stuttgarter aus der Gruppe C aussteigen werden.

1997 findet sich indessen ein attraktives neues Forum in Gestalt der FIA GT Championship. Meister ist am Ende das gestandene Mannsbild Bernd Schneider, während sich sein Sportgerät CLK-GTR trotz sechs Siegen in elf Läufen das Zeugnis der Reife erst später verdient hat. Anfänglich fehlt es an der Homologation, der nachzuweisenden Straßenvariante und auch den richtigen Einstellungen für Fahrwerk und Aerodynamik. 1998 mutiert die Serie zur Mercedes-

Mercedes V12 à l'arrière de la C 291 se révèle anormalement fragile. Ce modèle ne connaîtra qu'un succès, à l'Autopolis du Japon, avec Michel Schumacher et Karl Wendlinger – l'un et l'autre élèves de « l'école de pilotage » de Mercedes-Benz, une dénomination accrocheuse. Cela ne sera pas suffisant : le 26 novembre 1991, il est décidé, lors d'une réunion du conseil d'administration, que l'équipe de Stuttgart se retirera du Groupe C. En 1997, un nouveau théâtre d'opérations intéressant apparaît sous la forme du championnat GT de la FIA. Il est remporté par l'homme fort du moment, Bernd Schneider.

En dépit de 6 victoires en 11 courses, sa machine, la CLK-GTR, ne sera reconnue que plus tard. Au début, elle n'est pas homologuée, la variante routière devant être mise à l'épreuve, de même que les réglages de châssis et l'aérodynamique. En 1998, la série passe sous le contrôle de Mercedes, avec 10 succès sur 11 courses : les deux premiers pour la GTR de l'année précédente, les huit autres pour celle qui prendra le relais, la CLK-LM.

L'équipe germano-brésilienne, constituée de Ricardo Zonta et Klaus Ludwig, se partage le titre. Malheureusement, c'est au Mans (dont le modèle porte le nom) que l'aventure tourne court avec l'arrêt des deux véhicules dans les trois premières heures. Diagnostic : pannes moteur.

1999 est pire encore, comme le montre de façon impressionnante l'omniprésente télévision. Pour Mercedes-Benz, les 24 Heures deviennent littéralement un numéro de haute voltige. En raison d'une mauvaise conception aérodynamique, deux des trois CLR inscrites quittent la piste, réalisant des vols planés d'une beauté tragique : Mark Webber pendant le tour de chauffe, Peter Dumbreck au bout de la cinquième heure. Aussitôt, la troisième voiture est retirée de la course. Diagnostic : mal incurable. Mais tout le monde s'en tire cette fois – à la différence du désastre du Mans en 1955.

En 1993, lorsque Sauber arrive en Formule 1, les hommes de Stuttgart reviennent, afin d'honorer la seconde moitié d'un contrat de cinq ans qui avait été mis en sommeil. Le Sauber V10, à l'arrière de la C 12, est une commande de Mercedes, réalisée par le préparateur de moteurs Ilmor à Brixworth (Northamptonshire). À la fin de l'année, Mercedes acquiert 25 % des parts

1993

50th DTM victory for Mercedes-Benz. Support for the Sauber Formula One team proclaimed by the logo "concept by Mercedes-Benz". Partnership with Roger Penske at the IndyCar Series emerges from the joint venture with the engine specialists, Ilmor Engineering.

50. DTM-Sieg von Mercedes-Benz. Unterstützung für das Sauber-Team in der Formel 1, ersichtlich an dem Logo „concept by Mercedes-Benz". Partnerschaft mit Roger Penske bei der IndyCar-Serie, erwachsen aus dem Joint Venture mit dem Motorenspezialisten Ilmor Engineering.

50e victoire de Mercedes-Benz au DTM. Soutien à l'équipe Sauber en Formule 1, qui se manifeste par le logo « concept by Mercedes-Benz ». Partenariat avec Roger Penske pour les voitures de série Indy, issu du joint-venture avec le motoriste Ilmor Engineering.

1994

1st place for Al Unser jr. in the Penske-Mercedes PC-23 at the Indy 500. Victories in eleven out of 24 DTM races, Klaus Ludwig again winning the title.

Rang 1 für Al Unser jr. im Penske-Mercedes PC-23 beim 500-Meilen-Rennen von Indianapolis. Siege in elf von 24 DTM-Rennen, erneuter Titel für Klaus Ludwig.

1re place pour Al Unser jr. sur la Penske-Mercedes PC-23 aux 500 Miles d'Indianapolis. Victoires dans 11 des 24 courses du DTM, Klaus Ludwig de nouveau champion.

1995

Championship title for Bernd Schneider with the AMG C Class model in both the DTM and in the International Touring Car Championship (ITC). Successes for vehicles with Mercedes engines in the IndyCar Series at Long Beach, Nazareth, Portland, Ohio, and Vancouver.

Championat für Bernd Schneider mit dem AMG C-Klasse-Modell sowohl in der DTM als auch in der International Touring Car Championship (ITC). Erfolge für Fahrzeuge mit Mercedes-Motoren bei der IndyCar-Serie in Long Beach, Nazareth, Portland, Ohio und Vancouver.

Bernd Schneider champion sur le modèle de catégorie C d'AMG au DTM, de même qu'à l'International Touring Car Championship (ITC). Succès des véhicules équipés de moteurs Mercedes aux séries IndyCar à Long Beach, Nazareth, Portland, Ohio et Vancouver.

ing driver and manifold entrepreneur, Roger Penske. From this triangular relationship grows a partnership with Penske at the North American IndyCar series that pays off straight away. The prestigious Indianapolis 500 Mile Race on 29 May 1994 is won by Al Unser jr., the offspring of one of the country's first foot-to-the-floor dynasties, in the Penske-Mercedes PC-23. Ilmor Engineering has put together a V8 from scratch to comply with the regulations of the USAC (United States Auto Club) in only 28 weeks: stock block, 3.43 liters, central camshaft, two valves per cylinder, forced induction.

In the coming year, Unser, known affectionately as "Little Al" by his fans, gains second place in the points table with the new 2.65-liter engine. In 1996, his dreams of a title are only thwarted at the finale in Laguna Seca by an accumulation of mistakes, misfortune, and hitches. In 1997, Mercedes drivers manage to win nine of the 17 races of the CART World Series to gain top position in the constructors' ranking. Despite the hat trick in Nazareth, Rio de Janeiro, and Madison at the start of the season, Penske driver Paul Tracy finds himself only in fifth position in the drivers' ranking. The FedEx CART Championship of 1998 consists of 19 rounds, and the results are quite acceptable for the eight men with Mercedes engines behind their backs: six pole positions, three third places, four seconds, and two first places for the Forsythe mercenary Greg Moore. But when everything is said and done and the points totaled, the Canadian is only in fifth place.

The downturn can no longer be stopped. In the following year, Moore achieves one last victory from pole position at the first race of the season in Homestead. What began hopefully ends in catastrophe: at the last race in Fontana, California on 31 October 1999, the promising 24-year-old is killed in an accident of unsurpassable horror.

Meanwhile, the marriage with Sauber has not survived the 1994 grand prix season and is additionally strained by a serious accident to the Austrian, Karl Wendlinger, in a jet-black C13 during the first practice session for the Monaco Grand Prix on 12 May. There is no change in the constructors' standings, twelve points being achieved as in the previous year. As the urgently hoped-for support from a financially powerful sponsor is not upcoming, a parting of the ways takes place with

Domäne, mit zehn Erfolgen in zehn Rennen, die beiden ersten für den Vorjahres-GTR, die verbleibenden acht durch den Nachfolger CLK-LM. Den Titel teilt sich die brasilianisch-deutsche Combo Ricardo Zonta und Klaus Ludwig. Ausgerechnet Le Mans, für das der Name des Modells ja steht, missrät zum Flop: Ausfall für beide Autos innerhalb der ersten drei Stunden, Diagnose: Motorschäden.

Noch schlimmer, eindrucksvoll dokumentiert durch das allgegenwärtige Fernsehen, kommt es dort 1999. Für Mercedes-Benz werden die „Vingt-Quatre Heures" zur Luft-Nummer, buchstäblich. Denn auf Grund einer aerodynamischen Missbildung verlassen zwei der drei gemeldeten CLR die Piste in Flugbahnen von wüster Schönheit, Mark Webber während des Warmups, Peter Dumbreck am Ende der fünften Stunde. Der dritte wird daraufhin umgehend aus dem Rennen genommen, Therapie: keine mehr. Zu Schaden – und das ist der Unterschied zum Desaster von Le Mans anno 1955 – gelangt niemand.

Als Sauber 1993 in die Formel 1 aufsteigt, bringen sich die Stuttgarter erneut ein, schon um die zweite Hälfte eines brachliegenden Fünf-Jahres-Vertrags mit Leben zu erfüllen. Bei dem Sauber V10 im Heck des C12 handelt es sich um eine Mercedes-Auftragsarbeit, ausgeführt durch die Triebwerks-Manufaktur Ilmor zu Brixworth, Northamptonshire. Ende des Jahres erwirbt Mercedes 25 Prozent jener Ilmor-Anteile, die bislang Chevrolet gehört haben, und steuert 1994 die Motoren für Saubers Aufgebot bei, ausgewiesen durch das Logo „Concept by Mercedes-Benz". Weitere 25 Prozent bleiben im Besitz des ehemaligen Rennfahrers und Vielfach-Entrepreneurs Roger Penske. Aus dieser Dreiecks-Beziehung erwächst eine Partnerschaft mit Penske bei der nordamerikanischen IndyCar-Serie, die sich spornstreichs auszahlt. Das prestigeträchtige 500-Meilen-Rennen am 29. Mai 1994 gewinnt Al Unser jr., Spross einer der ersten Bleifuß-Dynastien des Landes, im Penske-Mercedes PC-23. In lediglich 23 Wochen hat Ilmor Engineering einem V8 nach den Regeln des USAC (United States Auto Club) das Laufen beigebracht: Stock Block, 3,43 Liter, zentrale Nockenwelle, zwei Ventile pro Zylinder, Aufladung.

Im kommenden Jahr wird Unser, von seinen Fans zärtlich „Little Al" genannt, mit dem neuen Trieb-

The winning vehicle during a pit stop at the 1994 Indianapolis 500-Mile Race, a Penske-Mercedes PC-23 with Al Unser Jr. behind the wheel.

Der Siegerwagen der 500 Meilen von Indianapolis 1994, ein Penske-Mercedes PC-23 mit Al Unser jr. am Lenkrad, beim Boxenservice.

La voiture victorieuse aux 500 Miles d'Indianapolis en 1994, une Penske-Mercedes PC-23 avec Al Unser junior au volant, lors d'un arrêt au stand.

d'Ilmor – qui appartenaient jusque-là à Chevrolet – et participe dès lors à l'élaboration des moteurs destinés à Sauber, comme le souligne le logo « Concept by Mercedes-Benz ». Un autre quart des actions reste en la possession de Roger Penske, ancien pilote et entrepreneur aux intérêts diversifiés. De cette relation triangulaire naît un partenariat avec Penske dans la série nord-américaine IndyCar, immédiatement payant. Le 29 mai 1994, la prestigieuse course des 500 Miles d'Indianapolis est gagnée par Al Unser Jr, rejeton d'une des premières dynasties de pilotes du pays, sur Penske-Mercedes PC-23. En vingt-trois semaines seulement, Ilmor Engineering a produit un V8 conforme aux règles de l'USAC (United States Auto Club) : moteur de série, 3,43 litres, arbre à cames central, deux soupapes par cylindre et suralimentation.

L'année suivante, Unser, familièrement appelé « Little Al » par ses fans, est deuxième avec le nou-

Indy driver Greg
Moore in 1997. The
Canadian dies in a
race two years later.

Indypilot Greg
Moore 1997. Zwei
Jahre später stirbt
der Kanadier
den Renntod.

Le pilote d'Indy Greg
Moore en 1997. Deux
ans plus tard, le
Canadien se tuera au
cours d'une course.

effect of 1 January 1995. As is announced on 28 October 1994 in the Untertürkheim museum, a new bride is waiting, groomed, in the wings – the renowned McLaren racing stable, with 104 grand prix victories and seven constructors' titles under its belt, albeit not exactly favored in recent times by the Lady Luck of the tracks.

This lifetime bond is initially limited to five years. Ilmor conjures the Mercedes-Benz FO 110 V10 out of the hat in only 19 weeks, while the MP 4/10 chassis, in the red and white of the Marlboro sponsor and egg-shaped like a hand grenade, is brought to maturity by the hands of Neil Oatley and Henri Durand in the McLaren garrison at Woking. The period of adjustment takes its course more or less inconspicuously with three fourth places in the constructors' standings, but nonetheless with a definite upward tendency. Amazingly, after a horrific crash in November 1995 while practising for the Australian Grand Prix, Mika Häkkinen, in McLaren pay since 1993, once again reaches his old considerable fighting strength.

The McLaren MP 4/12 is sent on its way with a plethora of good wishes during its presentation at the exclusive and prestigious Alexandra Palace in London on 13 February 1997. The classical Mercedes racing colors predominate in its artistically designed livery and indeed, streaks of silver rapidly appear on the horizon, a victory for David Coulthard at the season's opener in Melbourne, and a win for the "Flying Scotsman" in

werk von 2,65 Litern Volumen Zweiter in der Addition. 1996 zerplatzen seine Blütenträume vom Titel erst beim Finale in Laguna Seca, als sich Pleiten, Pech und Pannen ärgerlich emportürmen. 1997 verschaffen sich Mercedes-Piloten in der CART World Series Siege in neun von 17 Rennen und unterbauen damit Platz eins in der Markenwertung. Trotz eines Hattricks gegen Anfang der Saison in Nazareth, Rio de Janeiro und Madison findet sich Penske-Pilot Paul Tracy schließlich nur auf Position fünf in der Rangliste der Fahrer. 19 Raten umspannt die FedEx CART Championship 1998, und die Resultate lesen sich recht günstig für die acht Männer mit Mercedes-Motoren im Nacken: sechs Pole-Positions, drei dritte, vier zweite und zwei erste Plätze, für Forsythe-Söldner Greg Moore. Aber als am Ende zusammengezählt wird, ist der Kanadier Fünfter.

Da ist der Abschwung schon nicht mehr aufzuhalten. Im darauf folgenden Jahr macht sich Moore mit einem letzten Sieg inklusive Startplatz eins um die Bilanz verdient, beim ersten Lauf der Saison in Homestead. Was hoffnungsvoll begonnen hat, endet in Schrecken: Beim letzten, am 31. Oktober 1999 im kalifornischen Fontana, kommt der 24-jährige Sympathie- und Hoffnungsträger bei einem Unfall von nicht zu überbietender Grausamkeit ums Leben.

Die zweite Ehe mit Sauber hat unterdessen die Grand-Prix-Saison 1994 nicht überdauert und wird zudem vergällt von einem schweren Unfall des Österreichers Karl Wendlinger im pechschwarzen C13 beim ersten Training zum Grand Prix von Monaco am 12. Mai. Wie im Vorjahr hat es mit zwölf Punkten im Championat der Konstrukteure sein Bewenden. Die dringlich erhoffte Unterstützung durch potente Sponsoren bleibt aus. Mit Wirkung vom 1. Januar 1995 geht man getrennte Wege. Als neue Braut wartet bereits die renommierte McLaren-Rennstall züchtig in den Kulissen, wie man am 28. Oktober 1994 im Museum zu Untertürkheim der respektvoll erschütterten Fachwelt kund und zu wissen getan hat, im Handtäschlein immerhin 104 gewonnene Grand Prix und sieben Marken-Titel, wenn auch in jüngster Zeit nicht gerade von der Fortuna der Pisten verhätschelt.

Der Bund fürs Leben ist zunächst für fünf Jahre anberaumt. Ilmort zaubert in ganzen 19 Wochen den Mercedes-Benz FO 110 V10 aus dem Hut, während in

veau moteur de 2,65 litres de cylindrée. En 1996, ses rêves de titre s'envolent lors de la finale de Laguna Seca, où s'accumulent fautes, mauvais sort et pannes. En 1997, les pilotes de Mercedes s'emparent de la victoire dans la CART World Series, dans 9 courses sur 17 et prennent ainsi la première place dans le classement par marques. En dépit d'un triple succès en début de saison à Nazareth, Rio de Janeiro et Madison, Paul Tracy, pilote de Penske, termine en 5e position sur la liste des conducteurs. Le championnat FedEx CART de 1998 comprend 19 épreuves, et les résultats sont tout à fait favorables pour les huit hommes pourvus de moteurs Mercedes : 6 pole positions, 3 troisièmes places, 4 deuxièmes et 1 première, pour Greg Moore, représentant Forsythe.

Mais, au final, le Canadien n'est que 5e. On s'enfonce dans la déprime. L'année suivante, à Homestead, lors de la première course de la saison, Moore se montre digne de ce bilan avec une pole position et une victoire. Mais tous les espoirs s'évanouissent lors de la dernière course, le 31 octobre 1999, à Fontana (Californie), lorsque le sympathique pilote de 24 ans meurt dans un cruel accident.

La deuxième période d'association avec Sauber n'a pas survécu à la saison de Grand Prix de 1994, et le souvenir du grave accident de l'Autrichien Karl Wendlinger, dans une C 13 d'un noir de jais, lors de la première séance d'essais au Grand Prix de Monaco, le 12 mai, reste gravé dans les mémoires. Comme l'année précédente, avec 12 points au championnat des constructeurs, on en reste là. Le soutien de mécènes, ardemment espéré, ne vient pas. Le 1er janvier 1995, les chemins de Sauber et de Mercedes se séparent officiellement et chacun reprend sa route. La célèbre écurie McLaren attend déjà en coulisses pour signer un accord, officialisé le 28 octobre 1994 au musée d'Untertürkheim, où le petit monde de l'automobile ému est réuni. Le nouveau partenaire se présente avec 104 victoires en Grand Prix et 7 titres constructeurs, bien qu'ayant été peu favorisé par la chance ces derniers temps.

Ce partenariat pour la vie est tout d'abord limité à cinq ans. Ilmor sort de son chapeau, en 19 semaines bien comptées, le Mercedes-Benz FO 110 V10, tandis que dans l'antre de McLaren, à Woking, le châs-

1999

Second title for Häkkinen in the West McLaren Mercedes MP 4/14 with victories in Brazil, Spain, Canada, Hungary, and Japan, first places for Coulthard in Britain and Belgium. 1st place for Moore in Homestead during the CART Series.

Zweiter Titel für Häkkinen im West McLaren Mercedes MP 4/14 mit Siegen in Brasilien, Spanien, Kanada, Ungarn und Japan, erste Plätze für Coulthard in England und Belgien. Rang 1 für Moore in Homestead bei der CART-Serie.

2e titre pour Häkkinen sur la MP 4/14 de West McLaren Mercedes avec victoires au Brésil, en Espagne, au Canada, en Hongrie et au Japon, 1res places pour Coulthard en Angleterre et en Belgique. 1re place pour Moore à Homestead lors de la série CART.

2000

First places for Häkkinen in the West McLaren Mercedes MP 4/15 in Spain, Austria, Hungary, and Belgium, for Coulthard in Britain, Monaco, and France. Bernd Schneider is champion of the newly created *Deutsche Tourenwagen Masters* (DTM) series with six victories in the AMG-Mercedes CLK-DTM.

Rang 1 für Häkkinen im West McLaren Mercedes MP 4/15 in Spanien, Österreich, Ungarn und Belgien, für Coulthard in England, Monaco und Frankreich. Bernd Schneider Meister bei der neu geschaffenen Serie Deutsche Tourenwagen Masters (DTM) mit sechs Siegen im AMG-Mercedes CLK-DTM.

1re place pour Häkkinen sur la MP 4/15 de West McLaren Mercedes en Espagne, en Autriche, en Hongrie et en Belgique, pour Coulthard en Angleterre, à Monaco et en France. Bernd Schneider champion de la nouvelle série DTM (Championnat de supertourisme allemand) avec 6 victoires sur l'AMG-Mercedes CLK-DTM.

Monza six months later. The "Flying Finn" doesn't take this lying down, but it nevertheless requires a massive foul by the Ferrari driver, Michael Schumacher, on the Williams world championship aspirant, Jacques Villeneuve, as well as a radio message from McLaren boss Ron Dennis before Coulthard reluctantly allows his stable mate to overtake him in the final phase of the Jerez finale. The double victory in the sherry dorado is celebrated by Mercedes boss Jürgen Schrempp, motor sport chieftain Norbert Haug and engine man Mario Illien, enveloped by clouds of blackish smoke from premium Brazilian cigars with a spontaneous bout of singing and supping of fine beverages.

That the shy blond from Helsinki, certainly a late developer by the standards of his trade, can do brilliantly well without management intervention is shown in 1998 and 1999. These are the Mika Häkkinen years – not a gift of a whim of fate, but impressively accomplished in the face of the imperious Ferrari hero, Michael Schumacher, and his own team-mate. 13-3 is the final result in the McLaren drivers' practice duel over the two years. In the first, the Scotsman can only win once to the eight victories of the Finn, in the second, the fraternal strife ends with a comfortable 5-2 for Häkkinen. He enters the history books as twin world champion before the five-year hegemony of Michael Schumacher and Ferrari begins.

Not even the seven first places for the West McLaren Mercedes MP 4/15, three for Coulthard, four for Häkkinen, are of help in 2000. During his penultimate year in Formula One racing, the latter complains about a gnawing burn-out syndrome, but still sets up his victory in Spa with a maneuver of remarkable fearlessness: on the rise preceding Les Combes Schumacher overtakes the BAR-Honda of Ricardo Zonta, while Häkkinen streaks past both on the inside at nearly 190 mph. The result is uncertain. It might have all gone terribly wrong, but it is nevertheless the stuff from which legends are made.

The next two seasons form the counterpoint to the rise of the Silver Arrows at the end of the nineties. The meager diet of three first places for the 2001 MP 4/16 and the lone triumph of David Coulthard and the MP 4/17 in 2002 in Monaco are difficult to digest for the illustrious racing stable so accustomed to suc-

David Coulthard drives for McLaren Mercedes for nine years and 150 grands prix, but always has to fight off a fast Finn.

Neun Jahre, oder 150 Grand Prix, fährt David Coulthard für McLaren Mercedes. Aber immer muss er sich eines schnellen Finnen erwehren.

Pendant neuf ans, ou 150 Grands Prix, David Coulthard pilote pour McLaren Mercedes. Mais il doit toujours s'effacer devant un Finlandais, plus rapide.

der McLaren-Garnison Woking unter den Händen von Neil Oatley und Henri Durand das Chassis MP 4/10 herangereift ist, im Rotweiß des Sponsors Marlboro und geformt wie eine Eierhandgranate. Die Zeit der Anpassung verläuft indessen eher unauffällig mit drei vierten Rängen in der Wertung der Konstrukteure, aber entschieden aufsteigender Tendenz. Nach einem Horror-Crash beim Training zum Großen Preis von Australien im November 1995 läuft Mika Häkkinen, McLaren-Kostgänger seit 1993, wieder zu seiner alten beträchtlichen Kampfstärke auf.

Viele Segenswünsche werden dem McLaren MP 4/12 bei seiner Vorstellung in der Londoner Nobelherberge Alexandra Palace am 13. Februar 1997 mit auf den Weg gegeben. In seiner kunstvoll komponierten Livree überwiegt die klassische Mercedes-Rennfarbe und in der Tat zeichnen sich ganz rasch Silberstreifen

sis MP 4/10 mûrit entre les mains de Neil Oatley et d'Henri Durand, sous la livrée rouge et blanche de Marlboro et sous l'apparence ovoïde d'une grenade. Cependant, la période d'adaptation passe assez inaperçue, avec 3 quatrièmes places au classement des constructeurs, mais avec une tendance nettement ascendante. Après un terrible accident aux essais du Grand Prix d'Australie en novembre 1995, Mika Häkkinen, au service de McLaren depuis 1993, retrouve sa combativité.

De nombreux vœux accompagnaient la McLaren MP 4/12 lors de sa présentation à l'Alexandra Palace de Londres, le 13 février 1997. Sous sa livrée artistiquement dessinée, la couleur de course classique de Mercedes dominait, et dans les faits, très rapidement, on vit réapparaître les Flèches d'argent. Victoire pour David Coulthard au départ de la saison à Melbourne, victoire de « l'Écossais volant », à Monza, six mois plus tard. Le « Finlandais volant » ne voulut pas être en reste. En réalité , il fallut, dans la finale à Jerez, une très mauvaise manœuvre du pilote de Ferrari, Michael Schumacher, face au candidat au titre mondial, Jacques Villeneuve, sur Williams, ainsi qu'un message radio du patron de McLaren, Ron Dennis, avant que Coulthard, à contrecœur, ne laisse passer son coéquipier dans la phase finale. Le double succès est fêté à l'Eldorado du Xérès par le patron de Mercedes, Jürgen Schrempp, le directeur du sport automobile, Norbert Haug, et le spécialiste des moteurs, Mario Illien, au milieu d'un épais nuage de fumée de cigares brésiliens, dans la joie et l'allégresse.

Il apparaît, en 1998 et 1999, que le timide blond venu d'Helsinki, et dont le talent avait mis du temps à se manifester – selon les normes de la Formule 1 –, est capable de briller, sans même qu'on ait à le diriger. Ce sont les années Mika Häkkinen – qui ne sont pas le cadeau d'un destin capricieux, mais qui sont arrachées avec acharnement au héros de Ferrari, Michael Schumacher et à ses propres coéquipiers. Le score final des duels aux essais des pilotes de McLaren ces deux années-là est de 13 contre 3. Aux huit victoires du Finlandais dans la première, l'Écossais ne peut en opposer qu'une, et cette deuxième lutte fratricide débouche sur un 5 contre 2, sans appel. En tant que double champion, Häkkinen entre dans l'Histoire, avant que ne s'installe

2001

Successes for David Coulthard in the MP 4/16 in Brazil and Austria, and in Britain for Mika Häkkinen who has already declared that he will retire in 2002. Bernd Schneider wins a further DTM title in the AMG-Mercedes CLK-DTM in Spielberg, two races before the end of the series.

Erfolge für David Coulthard im MP 4/16 in Brasilien und Österreich, für Mika Häkkinen, der bereits ankündigt, dass er 2002 eine Pause einlegen wird, in England. Weiteres DTM-Championat für Bernd Schneider im AMG-Mercedes CLK-DTM und dies bereits in Spielberg zwei Rennen vor Schluss.

Divers succès pour David Coulthard sur la MP 4/16 au Brésil et en Autriche, en Angleterre pour Mika Häkkinen qui a déjà annoncé qu'il fait une pause en 2002. Bernd Schneider de nouveau champion du DTM sur l'AMG-Mercedes CLK-DTM et cela déjà à Spielberg deux courses avant la fin.

2002

Victory for David Coulthard in the MP 4/17 at the Monaco Grand Prix and fifth position in the overall standings, sixth position for the newcomer Kimi Räikkönen, 3rd place for West McLaren Mercedes in the Formula One constructors' ranking. Successes for Mercedes drivers, including the former grand prix star Jean Alesi, in five of the ten DTM races, team title as well as second place for Bernd Schneider.

Sieg für David Coulthard im MP 4/17 beim Grand Prix de Monaco und Rang fünf in der Endwertung, Position sechs für Neuling Kimi Räikkönen, Platz drei für West McLaren Mercedes bei den Konstrukteuren der Formel 1. Erfolge für Mercedes-Piloten, unter ihnen der ehemalige Grand-Prix-Pilot Jean Alesi, in fünf der zehn DTM-Rennen, Team-Titel für die Marke sowie Vizemeisterschaft für Bernd Schneider.

Victoire pour David Coulthard sur la MP 4/17 au Grand Prix de Monaco et 5e place au classement final, 6e position pour le nouveau venu Kimi Räikkönen, 3e place pour West McLaren Mercedes chez les constructeurs de Formule 1. Succès multiples pour les pilotes Mercedes, parmi lesquels Jean Alesi, l'ancien pilote de Grand Prix, dans 5 des 10 courses du DTM, Bernd Schneider remporte le titre de l'équipe pour la marque ainsi que le vice-championnat.

cess. Mechanical defects begin to mount, as does the disdainful mockery of a popular press that is quick to forget the merits of yesterday in the face of the pressing topicality of the moment. The precious Silver Arrows epithet even becomes the butt of mean word plays and jokes. "Flying Finn" Mika Häkkinen is succeeded by "Flying Finn" Kimi Räikkönen, even more taciturn than his predecessor although every bit as fast. Benefiting from an altered points system of 10/8/6/5/4/3/2/1, he follows the title holder Schumacher into the winter break of 2003 a mere two points behind after 16 races. This photo finish mercifully conceals that only one victory, that of the second race in Sepang, Malaysia, can be found among the multitude of second, third and fourth places. The first at Melbourne was won by Coulthard who in the meantime has become a part of the furniture at McLaren. No more victories, though – as in the previous year, the team has to be content with third place.

Häkkinen and Coulthard celebrate in 1997 their victory in Jerez, flanked by concern boss Schrempp, engine guru Illien and board member Hubbert.

Häkkinen und Coulthard feiern 1997 den Doppelsieg in Jerez, flankiert von Konzernboss Schrempp, Motorenguru Illien und Vorstandsmitglied Hubbert.

Häkkinen et Coulthard fêtent, en 1997, un doublé à Jerez, accompagnés par le Pdg, Schrempp, le gourou des moteurs, Illien, et un directeur, Hubbert.

am Horizont ab, Sieg für David Coulthard beim Saisonauftakt in Melbourne, Sieg für den „Fliegenden Schotten" in Monza ein halbes Jahr später. Da mag der „Fliegende Finne" nicht zurückstehen. Allerdings bedarf es dazu beim Finale in Jerez eines massiven Fouls von Ferrari-Pilot Michael Schumacher an Williams-Pilot Jacques Villeneuve sowie eines Funkspruchs von McLaren-Boss Ron Dennis, ehe Coulthard den Stallgefährten in der Schlussphase widerstrebend vorbeilässt. Den Doppelerfolg im Sherry-Dorado feiern Mercedes-Chef Jürgen Schrempp, Motorsport-Häuptling Norbert Haug und Motoren-Mann Mario Illien, umfächelt vom schwärzlichen Gewölk edler Brasilzigarren, spontan mit Gesang und guten Getränken.

Dass der schüchterne Blonde aus Helsinki, nach den Maßstäben der Branche fraglos ein Spätentwickler, auch ohne solche lenkenden Eingriffe glänzend zurechtkommt, erweist sich 1998 und 1999. Das sind die Jahre des Mika Häkkinen – kein Präsent eines launischen Geschicks, sondern eindrucksvoll durchgesetzt gegen Ferrari-Heros Michael Schumacher und den eigenen Teamgefährten. 13:3 lautet der Endstand im Trainingsduell der McLaren-Piloten in beiden Jahren. Den acht Siegen des Finnen im ersten hat der Schotte lediglich einen entgegenzusetzen, im zweiten mündet der Bruderzwist in einem souveränen 5:2. Als Zwiefach-Champion geht Häkkinen in die Historie ein, bevor die fünf Jahre währende Hegemonie des Mannes Michael Schumacher und der Marke Ferrari einsetzt.

Da helfen 2000 nicht einmal die sieben ersten Plätze für den West McLaren Mercedes Köchelverzeichnis MP4/15, drei für Coulthard, vier für Häkkinen. Der klagt in seinem vorletzten Jahr in der Formel 1 über ein nagendes Burn-out-Syndrom, bereitet aber seinen Sieg in Spa mit einem Manöver von bemerkenswerter Furchtlosigkeit vor: Auf der Steigung vor Les Combes überrundet Schumacher den BAR-Honda von Ricardo Zonta, während Häkkinen innen an beiden vorbeipfeilt, Tempo 300, Ausgang: ungewiss. Die Sache hätte auch schiefgehen können, besteht aber aus dem Stoff, aus dem die Legenden sind.

Die nächsten beiden Saisons bilden gleichsam den Kontrapunkt zum Höhenflug der Silberpfeile Ende der Neunziger. Mit der Schonkost von drei ersten Rängen für den MP4/16 2001 und dem einsamen Triumph

l'hégémonie de Michael Schumacher sur Ferrari pendant cinq ans.

La résistance est entretenue par les 7 victoires obtenues en 2000 par la West McLaren Mercedes, véritable stradivarius de l'automobile, la Köchel MP4/15 : 3 pour Coulthard, 4 pour Häkkinen. Celui-ci souffre, dans son avant-dernière année en Formule 1, mais bâtit sa victoire à Spa sur une manœuvre d'une remarquable hardiesse : dans la côte des Combes, Schumacher double la BAR-Honda de Ricardo Zonta, tandis que Häkkinen les passe comme une flèche, à 300 km/h. Vrai coup de dés. L'affaire aurait pu mal tourner, mais elle est de celles dont on forge les légendes.

Les deux saisons suivantes viennent alourdir l'envolée des Flèches d'argent de la fin des années 1990. Au maigre régime de trois premières places pour la MP4/16 en 2001 et d'un seul triomphe pour David Coulthard et la MP4/17 à Monaco en 2002, il n'y a toujours pas grand-chose à se mettre sous la dent pour une écurie habituée aux sommets. Les incidents mécaniques commencent à s'accumuler, d'où les sarcasmes indignes d'une presse à sensation, toujours prompte à oublier les réussites d'hier devant la brûlante actualité du jour. Les Flèches d'argent, au nom prestigieux, font même l'objet de mauvais jeux de mot. Mika Häkkinen est remplacé par un autre « Finlandais volant », Kimi Räikkönen, encore plus taciturne que son prédécesseur, bien qu'au moins aussi rapide. Favorisé par la modification du système de points 10/8/6/5/4/3/2/1, il suit le tenant du titre, Schumacher, au bout de 16 courses, avec seulement 2 points de retard lors de la pause d'hiver. Cette photo au finish cache toutefois mal que parmi toutes ces 2e, 3e et 4e places, l'on ne trouve qu'une seule victoire dans la deuxième course disputée à Sepang, en Malaisie. La première, à Melbourne, est gagnée par Coulthard devenu le héros de McLaren. C'est la dure réalité : l'équipe doit se contenter du 3e rang, comme l'année précédente.

En 2004, l'alliance anglo-allemande s'affaiblit encore. Et même la victoire de Räikkönen à Spa, où il s'approche le plus de son rival Schumacher, n'est qu'une mince consolation. Le taciturne Finlandais s'impose néanmoins parmi les pilotes, bien qu'un collègue impressionnant soit apparu en 2005 : Juan Pablo Montoya. Sept victoires – autant que pour le champion du

2003

1st place for Coulthard in the MP4/17D in Melbourne and for Räikkönen in Sepang. The Finn is only two points behind the Ferrari driver Michael Schumacher after 16 races, thanks to the new points system. 3rd place once again for the team. Nine out of ten DTM victories for Mercedes drivers and a fourth title for Bernd Schneider. Six victories in the new Formula Three European series in which seven drivers roll onto the grid with Mercedes-Benz engines.

Platz 1 für Coulthard im MP4/17D in Melbourne und für Räikkönen in Sepang. Zwei Zähler Rückstand für den Finnen auf Ferrari-Pilot Michael Schumacher nach 16 Rennen, begünstigt durch das neue Punktesystem. Erneut Rang drei für das Team. Neun von zehn DTM-Siegen durch Mercedes-Fahrer und vierter Titel für Bernd Schneider. Sechs Erfolge in der neuen Euroserie der Formel 3, in welcher sieben Piloten mit einem Mercedes-Benz-Triebwerk starten.

1re place pour Coulthard sur la MP4/17D à Melbourne et pour Räikkönen à Sepang. Au bout de 16 courses, deux points de retard pour le Finlandais sur Michael Schumacher, pilote Ferrari et favorisé par le nouveau classement. L'équipe de nouveau en 3e place. 9 victoires sur 10 au DTM pour les pilotes Mercedes et 4e titre pour Bernd Schneider. 6 succès au nouveau Championnat d'Europe de la Formule 3, où 7 pilotes prennent le départ avec un moteur Mercedes-Benz.

2004

Victory for Räikkönen with the MP4/19B in Belgium. Second position in Silverstone and São Paulo, third in China, while McLaren Mercedes finishes fifth in the constructors' table. Gary Paffett runner-up in the DTM with first places in three championship rounds and at the invitation race in Shanghai. Title for Jamie Green in the Dallara Mercedes in the Formula Three European Series.

Sieg für Räikkönen mit dem MP4/19B in Belgien. Position zwei in Silverstone und São Paulo, dritter Platz in China, während McLaren Mercedes bei den Konstrukteuren als Fünfte abschließen. DTM-Vizemeisterschaft für Gary Paffett mit ersten Plätzen in drei Meisterschaftsläufen und beim Einladungsrennen in Shanghai. Titel für Jamie Green im Dallara Mercedes bei der Formel-3-Euroserie.

Victoire pour Räikkönen sur la MP4/19B en Belgique. 2e place à Silverstone et São Paulo, 3e place en Chine et 7e place pour le Finlandais au classement des pilotes, tandis que McLaren Mercedes arrive en 5e position chez les constructeurs. Gary Paffett est vice-champion au DTM, remporte la 1re place aux 3 étapes du championnat et aux Masters officiels de Shanghai. Titre pour Jamie Green sur la Dallara Mercedes au Championnat d'Europe de la Formule 3.

The eternal aspirant: Kimi Räikkönen is always considered one of the favorites. But major success is elusive for the taciturn Finn.

Der ewige Aspirant: Immer wieder gilt Kimi Räikkönen als Favorit. Aber der ganz große Erfolg entzieht sich dem wortkargen Finnen zäh.

L'éternel aspirant : on ne cesse de voir en Kimi Räikkönen le grand favori. Mais le plus grand succès de tous échappe toujours au taciturne Finlandais.

In 2004 the Anglo-German alliance weakens still further. Even Räikkönen's victory in Spa, where it most hurts archrival Schumacher, is of little comfort. The tight-lipped Finn steadily becomes the dominating driver personality, despite having a strong colleague in the guise of Juan Pablo Montoya, placed at his side in 2005. Seven victories – the same number as world champion Fernando Alonso in his Renault – speak for themselves, but still are not enough to fully reduce and outdo the lead the Spaniard built up during the first half of the season and has cleverly maintained ever since. The Columbian has three to his credit. As if that were not enough, the two achieve best times of the day in twelve of the 19 races and lead in 592 out of the total of 1180 laps covered.

In 2006 radically altered regulations are intended to upset the staid pecking order, specifying V8 engines with a capacity of 2.4 liters. For McLaren Mercedes the hopes are great that the signals are set for victory, at green for silver as so often the case after a new beginning. But the future still lies in the stars.

David Coulthards und des MP 4/17 anno 2002 in Monaco ist für den erfolgsgewohnten Premium-Rennstall allemal Schmalhans Küchenmeister. Mechanische Defekte beginnen sich zu häufen, mithin schnöder Spott seitens der Boulevardpresse, welche die Verdienste von gestern vor der drängenden Tagesaktualität ja immer rasch aus den Augen und aus dem Sinn verliert. Die Hochwert-Vokabel Silberpfeil wird gar zum Gegenstand von fiesen Wortspielen. Den „Fliegenden Finnen" Mika Häkkinen hat der „Fliegende Finne" Kimi Räikkönen abgelöst, noch maulfauler als sein Vorgänger, wenn auch mindestens genauso schnell. Begünstigt durch das geänderte Punktesystem 10/8/6/5/4/3/2/1 folgt er 2003 Titel-Träger Schumacher nach 16 Rennen mit baren zwei Zählern Rückstand in die Winterpause. Dieses Foto-Finish kaschiert fadenscheinig, dass in eine Fülle von zweiten, dritten und vierten Plätzen das Filetstück von lediglich einem Sieg eingelagert ist, im zweiten Lauf im malaysischen Sepang. Den ersten zu Melbourne gewann Coulthard, der inzwischen gleichsam zum lebenden McLaren-Inventar zählt. Das war's – das Team muss sich wie im Vorjahr mit Rang drei zufrieden geben.

2004 schwächelt die anglo-teutonische Allianz weiter. Da ist selbst Räikkönens Sieg in Spa, dort, wo es dem Erzrivalen Schumacher immer am wehesten tut, nur ein schwacher Trost. Der schweigsame Finne wächst immer mehr zur beherrschenden Fahrerpersönlichkeit empor, obwohl ihm 2005 mit Juan Pablo Montoya ein starker Kollege zur Seite gestellt worden ist. Sieben Siege – ebenso viele wie Champion Fernando Alonso im Renault – sprechen für sich, reichen indessen nicht aus, den Vorsprung des Spaniers aufzuzehren, den dieser sich in der ersten Hälfte des Zyklus geschaffen und dann klug verwaltet hat. Der Kolumbianer hat drei vorzuweisen. Damit nicht genug: In 19 Rennen fahren die beiden zwölf Mal Tagesbestzeit und führen in 592 der 1180 Rennrunden insgesamt.

2006 wirbelt ein radikal restauriertes Reglement, Herzstück: V8-Motoren mit 2,4 Litern Volumen, die eingefahrene Hackordnung durcheinander. Für McLaren Mercedes sind – so hofft man – die Signale auf Sieg gestellt, auf Grün für Silber wie so häufig nach einem Neubeginn. Aber noch steht alles in den Sternen.

monde Fernando Alonso, sur Renault – parlent d'elles-mêmes, mais ne suffisent pas à rejoindre l'Espagnol, car celui-ci s'est hissé en tête dans la première moitié de la saison et a bien géré son capital ensuite. Le Colombien a trois points à faire valoir. Cela n'est pas suffisant : dans 19 courses, tous deux réalisent 12 fois le meilleur temps et sont côte à côte dans 592 des 1180 tours de piste.

En 2006, un règlement radicalement différent est édicté pour réanimer la discipline avec des moteurs V8 d'une cylindrée de 2,4 litres. C'est une révolution. Pour McLaren Mercedes, ce sera peut-être – espérons-le – le signal de la victoire. Un feu vert pour les Flèches d'argent, comme souvent après un nouveau départ. Mais tout peut arriver.

Although somewhat overshadowed by his team-mate, Juan Pablo Montoya nevertheless achieves three grand prix victories in 2005.

Stets ein wenig überschattet von seinem Teamkollegen bringt es Juan Pablo Montoya 2005 dennoch auf drei Grand-Prix-Siege.

Toujours un peu dans l'ombre de son coéquipier, Juan Pablo Montoya n'en remporte pas moins trois victoires en Grand Prix en 2005.

2005

Seven victories for Kimi Räikkönen in the MP 4/20 during 19 races, another three for his new team-mate Juan Pablo Montoya. Second place for the team as well as for Räikkönen in the drivers' standings. DTM title for Paffett after five victories in eleven races. Mika Häkkinen rises to the occasion in a new role by notching up a first place in Spa. Constructors' championship for Mercedes-Benz, team title for DaimlerChrysler Bank AMG-Mercedes. The Formula Three European Series is won by Lewis Hamilton in the Dallara Mercedes with 15 victories in 20 races.

Sieben Siege für Kimi Räikkönen in 19 Läufen mit dem MP 4/20, drei für seinen neuen Teamgefährten Juan Pablo Montoya. Rang zwei für das Team wie für Räikkönen bei den Fahrern. DTM-Titelgewinn für Paffett nach fünf Siegen in elf Rennen. Mika Häkkinen empfiehlt sich mit Platz 1 in Spa für seine neue Aufgabe. Konstrukteurstitel für Mercedes-Benz, Teamwertung für DaimlerChrysler Bank AMG-Mercedes. Meister in der Formel-3-Euroserie wird Lewis Hamilton im Dallara Mercedes nach 15 Siegen in 20 Rennen.

Sept victoires pour Kimi Räikkönen sur la MP 4/20 sur 19 manches, trois pour son nouveau coéquipier Juan Pablo Montoya. 2e place pour l'équipe au classement des constructeurs, de même que pour Räikkönen chez les pilotes. Paffett champion du DTM après cinq victoires sur onze courses. Mika Häkkinen se montre à la hauteur de sa nouvelle mission avec une première place à Spa. Championnat des constructeurs pour Mercedes-Benz, classement des équipes pour DaimlerChrysler Bank AMG-Mercedes. Championnat d'Europe de la Formule 3 pour Lewis Hamilton, sur la Dallara Mercedes, avec 15 victoires sur 20 courses.

2006

The MP 4/21 turns out to be fast but fragile. So first places are disputed by others. But there is always the proven mantra never say die.

Der MP 4/21 erweist sich als schnell, aber fragil und so machen andere die ersten Plätze unter sich aus. Es bleibt das bewährte Prinzip Hoffnung.

La MP 4/21 s'avère rapide, mais fragile. Ses rivales se disputent la première place entre elles, mais tout espoir n'est pas perdu.

In the evolution of the racing car – typically represented by members of the extensive Mercedes family – a modern phenomenon can be observed: the tendency to specialize. The polymath, the man for all occasions, was outstripped by history sometime during the 19th century. What is needed is the right man at the right place. The present day variety of competition vehicles is not least the result of an historic process. It has led from the universal usability and many-sidedness of, for example, the Mercedes Simplex to the extreme abstraction of the automobile in the form of the record vehicle, suitable for nothing other than driving in a straight line as fast as possible.

Yet another contemporary phenomenon finds a parallel in the thunderous cosmos of the racing track: the "as-if" tendency. Admittedly, the visual appearance alone of a McLaren-Mercedes MP 4/20 provides the totally unmistakable impression that it is intended to transport a person as fast as possible from point A to point A. A 1991 Mercedes-Benz C 291, on the other hand, was declared by both the regulations and by its appearance as a two-seater, a passenger however, was explicitly undesired and out of place. The 2005 DTM touring car racer only resembles the C-Class production vehicle vaguely in its contours, and taking his girlfriend Lisa, his small son Harvey, and a further passenger on a race would have caused champion Gary Paffett nothing but trouble, to say nothing of the technical problems ...

In der Evolution des Rennwagens – typisch vertreten durch Angehörige der weitläufigen Mercedes-Familie – bildet sich ein modernes Phänomen ab: die Tendenz zur Spezialisierung. Der Polyhistor, der Mann für alle Gelegenheiten, ist irgendwann im 19. Jahrhundert auf der Strecke geblieben, gefragt ist der richtige Mann am richtigen Ort. Die heutige Artenvielfalt beim Wettbewerbsfahrzeug ist nicht zuletzt das Ergebnis eines historischen Prozesses. Er hat geführt von der universellen Verwendbarkeit beispielsweise des Mercedes Simplex bis hin zur äußersten Abstraktion des Automobils in Gestalt des Rekordwagens, zu nichts anderem tauglich, als möglichst schnell geradeaus zu fahren.

Noch eine weitere zeitgenössische Erscheinung findet ein Pendant im tosenden Kosmos der Piste: der Hang zum Als Ob. Gewiss – ein McLaren-Mercedes MP4/20 bringt bereits visuell völlig unmissverständlich zum Ausdruck, dass er eine einzelne Person so rasch als möglich von A nach A befördern soll. Ein Mercedes-Benz C291 von 1991 hingegen war zwar vom Reglement und von seinem äußeren Erscheinungsbild her als Zweisitzer ausgewiesen, ein Passagier jedoch ausdrücklich unerwünscht und fehl am Platze. Der DTM-Renntourenwagen von 2005 schließlich glich dem Serienprodukt C-Klasse nur noch in vagen Umrissen und die Mitnahme von Freundin Lisa, Söhnchen Harvey und einem weiteren Reisenden in einem Rennen hätte Champion Gary Paffett nichts als Ärger eingetragen, von den technischen Schwierigkeiten ganz zu schweigen...

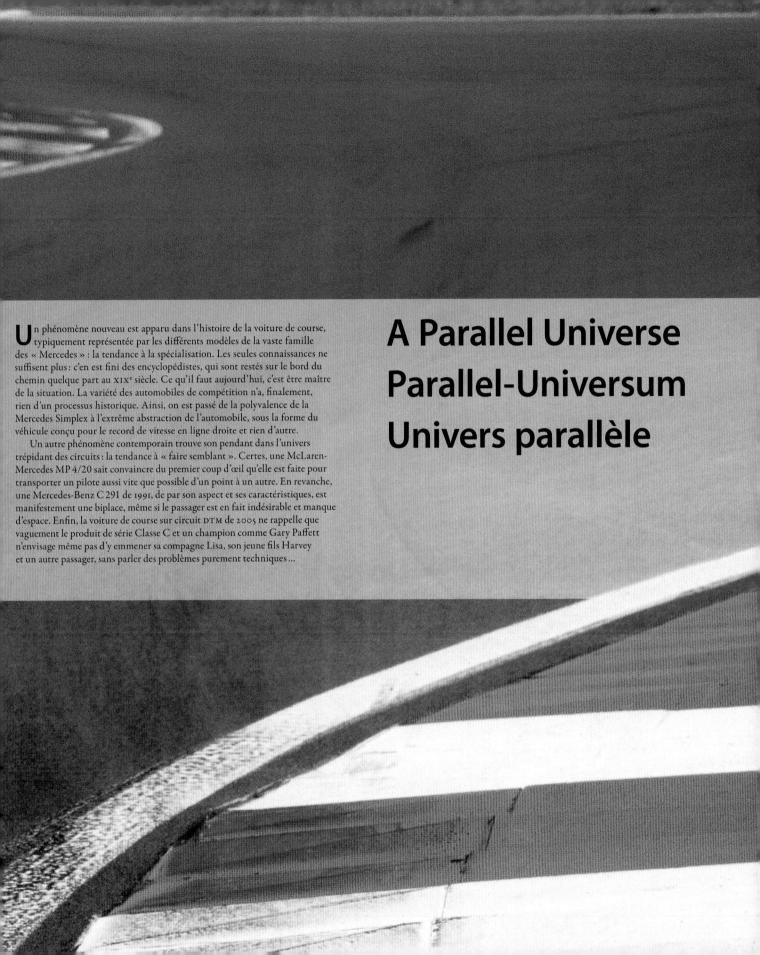

A Parallel Universe

Parallel-Universum

Univers parallèle

Un phénomène nouveau est apparu dans l'histoire de la voiture de course, typiquement représentée par les différents modèles de la vaste famille des « Mercedes » : la tendance à la spécialisation. Les seules connaissances ne suffisent plus : c'en est fini des encyclopédistes, qui sont restés sur le bord du chemin quelque part au XIXᵉ siècle. Ce qu'il faut aujourd'hui, c'est être maître de la situation. La variété des automobiles de compétition n'a, finalement, rien d'un processus historique. Ainsi, on est passé de la polyvalence de la Mercedes Simplex à l'extrême abstraction de l'automobile, sous la forme du véhicule conçu pour le record de vitesse en ligne droite et rien d'autre.

Un autre phénomène contemporain trouve son pendant dans l'univers trépidant des circuits : la tendance à « faire semblant ». Certes, une McLaren-Mercedes MP 4/20 sait convaincre du premier coup d'œil qu'elle est faite pour transporter un pilote aussi vite que possible d'un point à un autre. En revanche, une Mercedes-Benz C 291 de 1991, de par son aspect et ses caractéristiques, est manifestement une biplace, même si le passager est en fait indésirable et manque d'espace. Enfin, la voiture de course sur circuit DTM de 2005 ne rappelle que vaguement le produit de série Classe C et un champion comme Gary Paffett n'envisage même pas d'y emmener sa compagne Lisa, son jeune fils Harvey et un autre passager, sans parler des problèmes purement techniques…

The automobile is just twelve years old and speed is already being used as an incentive to buy, particularly in motor sport obsessed France. It is predominantly French marques such as Peugeot and Panhard that display this virtue, albeit at the cost of a more delicate constitution. Sales of Daimler-Motoren-Gesellschaft products stagnate.

In this precarious situation, decisive impetus comes from one of its customers, Emil Jellinek, born 1853 in Leipzig, a resident of Nice, wealthy, well known to all the in-crowd on the Côte d'Azur, impatient, a speedaholic. A Double Phaeton with six hp and a top speed of 15 ½ mph that he ordered from Cannstatt on the basis of an advert is decidedly too rickety for him. Neither does the model capable of 30 mph, of which he orders four exponents in 1897, fit in with his vision.

More must be achievable, insists Jellinek. During talks in Swabia in the year 1898, he outlines his ideas in no uncertain terms. The cutting-edge vehicle he is thinking of would have to have four cylinders instead of the previous two, and the engine belongs at the front and not under the derrières of the driver and passenger as in the past. Construction engineer Wilhelm Maybach answers his order with a mini edition of six Daimler Phoenixes, named after the masochistic bird of myth that turns itself into fire time and time again in order to be reborn from the ashes. However, the appearance of the automobile phoenix is still quite old-fashioned, tall with a rounded engine hood and rounded radiator.

In this guise it takes part in the Nice Racing Meeting of 1899. Anybody searching through the results of the hill climb in the direction of Castellane, would find a rather mysterious entry – driver: Mercédès, manufacturer: Daimler, Distance: 53 miles, time: 2.27 hours, speed: 21.6 mph can be found under the heading "Touring Cars". As a pseudonym Jellinek has given the name of his favorite daughter. One will hear the name again. A year later, the model participates for the second time, the performance of the vertically installed, 5.5-liter, in-line engine weighing almost 660 lbs, having been raised from 24 to 28 hp. The outlet valves are steered by cams, whereas the inlet valves, as before, are just briefly drawn in on the intake stroke. A leather-covered conical clutch transfers the power to a four-speed transmission, sprockets and chains drive the rear wheels via a differential. The enormous rectangular tubular radiator, in which Maybach has accommodated a self-contained system, is located at the front between the ends of the frame. Front and rear wheels, suspended from rigid axles with longitudinally arranged leaf springs, are roughly of the same size – the carriage origins are disappearing more and more from sight and memory.

The spry sports Daimler, hopelessly top-heavy and uninhibitedly understeering, does little honor to its name. At the La Turbie Hill Climb on 30 March 1900, works driver Wilhelm Bauer goes astray at the first curve, crashes into a wall and dies the following day from the serious injuries incurred.

Das Auto ist gerade mal zwölf Jahre alt, da wird Schnelligkeit schon als Kaufanreiz gehandelt, im motorsportbesessenen Frankreich zumal. Mit dieser Tugend vermögen vor allem französische Fabrikate wie Peugeot und Panhard aufzuwarten, wenn auch um den Preis zarter Konstitution. Der Absatz von Erzeugnissen der Daimler-Motoren-Gesellschaft gerät ins Stocken.

In dieser prekären Situation kommen entscheidende Impulse von einem Kunden, Emil Jellinek, gebürtig 1853 in Leipzig, wohnhaft in Nizza, vermögend, bei der Schickeria an der Côte bekannt wie ein bunter Hund, ungeduldig, temposüchtig. Ein Doppel-Phaeton mit sechs PS und 25 km/h Spitze, den er auf Grund eines Inserats in Cannstatt geordert hat, ist ihm entschieden zu rachitisch. Auch ein Modell, welches er 1897 in vier Exemplaren in Auftrag gibt und das zu 42 km/h fähig ist, passt nicht in seine Vision.

Da müsse, insistiert Jellinek, doch noch mehr drin sein. Bei Gesprächen im Schwabenland anno 1898 skizziert er auch gleich seine Vorstellungen. Vier Zylinder müsse der Neue schon haben anstelle der zwei bisher, und der Motor gehöre nach vorn und nicht unter die Gesäße von Fahrer und Beifahrer wie gehabt. Konstrukteur Wilhelm Maybach antwortet mit der bestellten Mini-Auflage von sechs Daimler Phoenix, benannt nach jenem mythisch-masochistischen Vogel, der sich immer wieder selbst verbrennt und immer wieder neu aus der Asche ersteht. Noch mutet der automobile Phönix gleichwohl altmodisch an, hochbeinig, mit runder Motorhaube und rundem Kühler.

In dieser Form nimmt er an der Rennwoche in Nizza im März 1899 teil. Wer nach den Ergebnissen des Bergrennens Richtung Castellane forscht, wird auf mysteriöse Weise fündig: Fahrer: Mercédès, Marke: Daimler, Distanz: 85 Kilometer, Zeit: 2,27 Stunden, Geschwindigkeit: 34,7 km/h findet sich da unter „Tourenwagen". Jellinek hat als Pseudonym den Namen seiner niedlichen Lieblingstochter angegeben. Man wird noch von ihr hören. Ein Jahr später ist man wieder mit von der Partie, die Leistung des stehend installierten fast 300 kg schweren 5,5-Liter-Reihenmotors von 24 auf 28 PS gesteigert worden. Die Auslassventile werden von Nocken gesteuert, auf der Einlassseite bleibt es bei „Schnüffelventilen", die beim Ansaugtakt kurz nach innen gesogen werden. Eine lederbespannte Konuskupplung reicht die Kraft an ein Zahnrad-Wechselgetriebe weiter, über ein Differential treiben Kettenräder und Ketten die Hinterräder an. Der riesige rechteckige Röhrchenkühler, in dem Maybach ein geschlossenes System untergebracht hat, sitzt vorn zwischen den Enden des Rahmens. Vorder- und Hinterräder, an Starrachsen mit längs angeordneten Blattfedern aufgehängt, sind ungefähr gleich groß – die Urmutter Kutsche verschwindet immer mehr aus Blickfeld und Gedächtnis.

Der hurtige Sport-Daimler, hoffnungslos kopflastig und hemmungslos untersteuernd, macht seinem Namen indessen wenig Ehre. Beim Bergrennen La Turbie am 30. März 1900 kommt Werkspilot Wilhelm Bauer in der ersten Kurve vom rechten Wege ab, knallt gegen eine Mauer und erliegt am folgenden Tag seinen schweren Verletzungen.

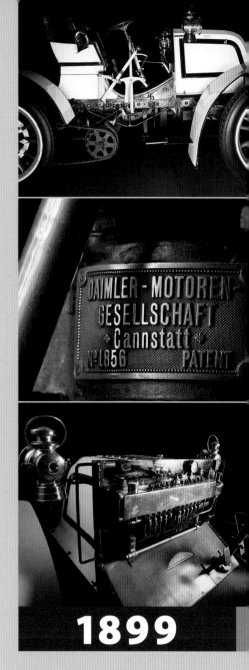

1899

Déjà douze ans d'existence pour l'automobile. La vitesse devient alors un argument de vente, particulièrement en France, pays passionné par le sport automobile. Ce sont surtout les constructeurs français, comme Peugeot et Panhard, qui peuvent vanter cette qualité, mais au prix d'une moindre fiabilité. Les ventes de ce type de produits par Daimler-Motoren-Gesellschaft stagnent. La situation est difficile, la solution viendra d'un client niçois, Emil Jellinek, né en 1853 à Leipzig, diplomate fortuné, très connu dans la bonne société de la Côte d'Azur, impatient et passionné de vitesse. Il a commandé à Cannstatt un double phaéton de 6 ch et d'une vitesse de pointe de 25 km/h vanté par une publicité, mais ce dernier est décidément trop poussif pour lui. Un modèle, qu'il commande en 1897, à quatre exemplaires et qui peut atteindre 48 km/h ne correspond pas non plus à ses attentes.

Daimler Rennwagen Phoenix

Mais pour Jellinek, l'automobile doit offrir davantage. En 1898, il expose très clairement ses desiderata à Daimler. Le nouveau modèle devrait avoir quatre cylindres au lieu de deux jusqu'alors, et le moteur devrait se trouver à l'avant et non sous les sièges du conducteur et du passager comme habituellement. L'ingénieur Wilhelm Maybach répond avec une série limitée de six Daimler Phoenix, ainsi dénommée d'après cet oiseau fabuleux de la mythologie, symbole de l'immortalité, qui se consume et renaît de ses cendres. Cependant, la Phoenix est vite démodée : haute sur pattes, avec son capot rond et son radiateur circulaire.

C'est sous cette forme qu'elle participe à la semaine de compétitions de Nice en 1899. À la lecture des résultats de la course Nice-Castellane, figure le nom d'un mystérieux concurrent – conducteur: Mercédès, marque: Daimler, distance: 85 km, temps: 2,27 heures, vitesse:

34,7 km/h, le tout dans la catégorie « voitures de tourisme ». Jellinek a pris comme pseudonyme le prénom de sa fille préférée. Un an plus tard, il récidive. La puissance du moteur vertical de série de 5,5 litres, qui pèse presque 300 kg, passe de 24 à 28 ch. Les soupapes d'échappement sont commandées par des cames, et du côté de l'admission subsistent des soupapes automatiques qui s'ouvrent sous l'effet de la dépression créée au moment de la phase d'admission. Un embrayage à cône garni de cuir transmet la force à une boîte de vitesses à engrenages et par l'intermédiaire d'un différentiel, à des pignons et des chaînes qui entraînent les roues arrière. Le grand radiateur tubulaire rectangulaire, que Maybach fait fonctionner en circuit fermé, repose à l'avant entre les extrémités du châssis. Les roues avant et arrière, portées par des essieux rigides suspendus par ressorts à lames disposés longitudinalement, sont de taille approxima-

tivement égale … L'héritage hippomobile disparaît peu à peu.

Cependant, la Daimler sport rapide, mais trop lourde à l'avant et toujours aussi sous-vireuse, ne connaîtra pas les honneurs. Dans la course de La Turbie, le 30 mars 1900, le pilote de l'usine, Wilhelm Bauer, sort de route au premier virage, percute une paroi rocheuse et succombe le lendemain à ses graves blessures.

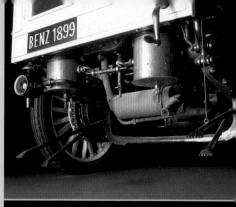

The suspicion that things are not always above-board in motor sport is already burgeoning in France at the end of the 19th century. There are rumors of lovingly trimmed-down works vehicles with clandestinely rebored engines after which courageous private drivers suddenly appear tame.

Karl Benz, whose first vehicles chugged over the streets of Mannheim in 1886, is not burdened with such charges. His attitude toward the new-fangled competition between vehicles is sceptical to the point of being dismissive. A generation conflict breaks out: his sons Eugen and Richard point out that it is impossible to refuse to take part in these races from city to city, if only because of the publicity associated with a good finish. The first racing model of the young marque in 1899 is built in tiers like its production models. Its heavy-set wooden spoked wheels, borrowed from the artillery of the day, are suspended from rigid axles with leaf springs. The frugal bodywork rests on a tubular steel frame into which the racing Benz's "Contra" engine is longitudinally embedded, a two-cylinder horizontally opposed power plant as the name implies, initially with 2280 cc and generating a robust 8 hp at 750 rpm. The fiercest variation with 2827 cc generates 16 hp at 1000 rpm thanks to its larger pistons and cylinders. Its exhaust valves are operated mechanically, the intake valves open automatically with the intake stroke against the gentle pressure of springs.

The fluids that keep the model alive and working quite literally run off into the dust: the fuel certainly does, the oil drips onto the stark-naked, open camshaft and from there onto the road surface below, the water, stored in two containers to the left and right of the engine housing, because it disappears anyway thanks to evaporation cooling. On entering the new century, the Mannheim racer is given a cogwheel-driven water pump. It transports the elixir vitae through perpendicular ribbed pipes that taper forward in the contemporary French fashion and pose a danger for any pedestrians hit by them, but this permits the performance to be rapidly raised from now on.

A flat belt connects the engine and the four-speed transmission, comfortably cushioning the thrusting and chugging. This in turn activates a laterally rotating shaft, on the ends of which sprockets drive the two chains to the rear wheels. Driver and passenger are enthroned on a deck above the engine on either side of the almost vertical steering and control column. The early, and yet somewhat belated, excursion into racing pays off immediately: at the Frankfurt to Cologne long-distance run, a 120-mile roller-coaster over hills and through dales, a friend of the family, Fritz Held, achieves a class victory as well as the Grand Gold Medal with an average speed of 13.9 mph. He is followed over the finishing line by his colleague, Emil Graf, in a second Benz 8 PS.

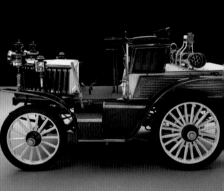

Der Argwohn, es gehe nicht immer mit rechten Dingen zu im Motorsport, keimt in Frankreich bereits Ende des 19. Jahrhunderts auf. Man munkelt von liebevoll abgespeckten Werkswagen mit heimlich aufgebohrten Maschinen, hinter denen wackere Privatfahrer plötzlich ganz alt aussehen.

Karl Benz, dessen erste Autos 1886 über die Straßen von Mannheim getuckert sind, hat mit dergleichen keine Last. Er steht dem neumodischen Wettkampf mit Automobilen skeptisch bis ablehnend gegenüber. Ein Generationenkonflikt bricht auf: Man könne sich, geben seine Söhne Eugen und Richard zu bedenken, diesen Rennen von Stadt zu Stadt überhaupt nicht entziehen, schon wegen der Werbewirkung, die mit einem guten Abschneiden verbunden sei. Das erste Rennfahrzeug der jungen Marke 1899 ist wie ihre Produktionsmodelle in Etagen aufgebaut. Seine überaus stämmigen Holzspeichenräder, der zeitgenössischen Artillerie entlehnt, hängen an Starrachsen mit Blattfedern. Die sparsame Karosserie ruht auf einem Rohrrahmen aus Profilstahl, in den in Längsrichtung der Contra-Motor des Renn-Benz eingelagert ist, ein Zweizylinder-Boxer, wie der Name schon sagt, mit anfänglich 2280 cm³ und acht robusten Pferdestärken bei 750/min. In seiner schärfsten Spielart mit 2827 cm³ schwingt er sich dank größerer Kolben und Zylinder zu 16 PS bei 1000/min auf. Seine Auslassventile werden mechanisch zum Klöppeln angehalten, die Einlassventile öffnen sich automatisch mit dem Ansaugtakt gegen den milden Druck von Federn.

Die Flüssigkeiten, die das Modell am Leben und am Arbeiten erhalten, machen sich allesamt aus dem Staub beziehungsweise in den Staub, der Treibstoff sowieso, das Öl, indem es auf die splitternackt freiliegende Kurbelwelle und von dort auf die Fahrbahn träufelt, das Wasser, gebunkert in zwei Behältern links und rechts des Motorgehäuses, weil es sich durch Verdampfungskühlung verflüchtigt. Mit Eintritt in das neue Jahrhundert erhält der Mannheimer Renner eine zahnradgetriebene Wasserpumpe. Sie befördert das Lebenselixir durch senkrecht stehende gerippte Rohre, die sich nach aktuellem französischem Brauch spitz und für getroffene Fußgänger bedrohlich nach vorn verjüngen, und gestattet, die Leistung von nun an rasch anzuheben.

Ein Flachriemen, der Stöße und Püffe kommod abfedert, stellt die Verbindung zwischen Motor und Viergang-Getriebe her. Dieses hingegen aktiviert eine quer rotierende Welle, an deren Enden Ritzel die beiden Ketten zu den Hinterrädern antreiben. Fahrer und Beifahrer thronen auf einer Abdeckung zu Häupten der Maschine beiderseits der fast vertikalen Lenk- und Kontrollsäule. Die frühe und doch ein bisschen zu spät anberaumte Exkursion in den Rennsport zahlt sich umgehend aus: Bei der Fernfahrt Frankfurt–Köln, 193,2 Kilometer über Berg und Tal, erringt Benz-Pilot und Familien-Intimus Fritz Held einen Klassensieg sowie die Große Goldene Medaille mit einem Schnitt von 22,5 km/h. Hinter ihm kommt sein Markenkollege Emil Graf mit einem weiteren Benz 8 PS ins Ziel.

1899

À la fin du xixe siècle, la rumeur selon laquelle tout ne se passerait pas correctement dans le sport automobile s'amplifie en France. Voitures d'usine allégées, moteurs réalésés en secret: à côté de tout cela, la voiture de Monsieur Tout-le-monde semble soudain dépassée.

Karl Benz, dont les premières voitures automobiles toussotèrent en 1886 dans les rues de Mannheim, ne s'embarrassait pas de ces détails. Les compétitions automobiles, très à la mode, ne lui inspiraient qu'un sentiment allant du scepticisme au refus catégorique. Un conflit de générations éclate alors: on ne pouvait, aux dires de ses fils Eugen et Richard, échapper à ces courses d'une ville à l'autre, n'était-ce que pour des raisons de publicité en cas de victoire. Le premier véhicule de course de la jeune marque, en 1899, est construit comme un modèle de production, *à étages*. Ses roues à rayons en bois, extrêmement solides, empruntées à l'artillerie, sont portées par

Benz Rennwagen 8 PS

des essieux rigides suspendus par des ressorts à lames. La carrosserie, sommaire, repose sur un châssis en tubes d'acier qui reçoit, disposé longitudinalement, le moteur Benz de course à deux cylindres opposés (dit «Contra-Motor»), avec au départ 2280 cm³ et huit robustes chevaux à 750 tr/min. Dans sa version la plus poussée, avec 2827 cm³, il passe grâce à de plus gros pistons et cylindres à 16 ch, à 1000 tr/min. Ses soupapes d'échappement sont commandées mécaniquement et les soupapes d'admission s'ouvrent automatiquement au temps d'admission et sont refermées par de très faibles ressorts.

Les fluides qui permettent au modèle de fonctionner s'écoulent dans la poussière: que ce soit le carburant, l'huile qui graisse goutte à goutte, le vilebrequin à l'air libre tombe ensuite sur la chaussée, ou l'eau contenue dans deux réservoirs à gauche et à droite du corps du moteur, car elle disparaît en s'évaporant pour le refroidis-

sement. Avec l'entrée dans le nouveau siècle, la voiture de course de Mannheim reçoit une pompe à eau entraînée par une roue dentée. Elle fait circuler le précieux fluide dans des tubulures verticales à ailettes qui, selon le style français contemporain, forment un radiateur en pointe à l'avant à l'aspect menaçant pour les piétons, mais qui permet d'élever rapidement la puissance de l'engin.

Une courroie plate, qui amortit les à-coups et les explosions, assure la liaison entre le moteur et la boîte de vitesse à quatre rapports. Celle-ci à son tour active un arbre transversal aux extrémités duquel des pignons entraînent les deux chaînes menant les roues arrière. Conducteur et passager trônent sur un coffre au-dessus du moteur de part et d'autre de la colonne de direction et des commandes presque verticales. L'orientation vers la compétition s'effectue en temps et en heure et les résultats payent immédiatement: dans le long trajet

Francfort–Cologne, soit 193,2 kilomètres d'un parcours accidenté, le pilote de Benz, Fritz Held, ami intime de la famille, obtient une victoire dans sa catégorie, et l'honorifique médaille d'or avec une moyenne de 22,5 km/h. Derrière lui, son collègue de la marque, Emil Graf, franchit la ligne d'arrivée avec une autre Benz 8 PS.

It seems to have been created to achieve greatness and is far ahead of its time. It would probably have made a worthy victor at the first grand prix of all time, which, as we know, was actually won by the Hungarian Ferenc Szisz in Le Mans precisely a century ago – in a Renault. Instead, mean-spiritedness, mobbing, and all that is embarrassing in human nature seem to have been inflamed by it. It apparently does not reach the starting grid once.

The eerie irony of it all is that it is its very progressiveness and manifest qualities that are the cause of the Mercedes 1906 racing car's failure. To start with, its chassis: because the longitudinal beams of its frame are cranked over the front axle, the leaf springs embedded flatter and the radiator set lower, its appearance is unusually low-slung. But most of all, there is the engine, an in-line six-cylinder power unit developed by design engineer Wilhelm Maybach as early as 1905. This is remarkably at odds with a quote of his dating from the same year answering a question about the optimal number of combustion units: "One cylinder would be best. One can put up with two, four are already too many, and I don't even want to think about six." Maybach resorts to a ship's engine that he and the Daimler-Motoren-Gesellschaft had developed in 1902 at the instigation of the Russian, Boris Loutzky, for the navy of his homeland. It has an output of 300 hp – five times more per cylinder than anything that had previously left the Cannstatt works.

The camshaft rotates overhead, the valves are inverted. Cooling jacket and cylinder head are cast in one piece and welded to the steel cylinders that are individually mounted on the light alloy crankcase. The animating spark is provided by a dual high-voltage ignition system. This miracle of technology can draw upon 106 hp at 1500 rpm from the depths of its 11.1-liter capacity. Never before in the history of engine construction had such engine speeds been seen. Maybach made them possible by keeping the weight of all the elements of the valve control light.

It is precisely the sparkplug ignition and overhead camshaft that make the company's management and supervisory board uneasy. What is worse, Emil Jellinek, who is closely connected to the Stuttgart business, is also skeptical. Maybach, he writes after the quarrel has already happened, is "the greatest living designer of gasoline engines," but he should, for heaven's sake, return to the tried and tested magneto ignition.

This is dutifully done by Paul Daimler, the son of the firm's founder, Gottlieb, by returning to the safety of the familiar in the shape of a six-cylinder engine of his own design with a lateral camshaft. Three racing cars apiece are built with Daimler's and with Maybach's engines. However, for the Grand Prix de l'Automobile Club de France on 26 and 27 June 1906 a trio of the previous year's four-cylinder, 14.4-liter, 120-hp engines are entered. History punishes the latecomer: Daimler drivers, Jenatzy und Mariaux, end up in tenth and eleventh place.

Moreover, the atmosphere in the DMG is irreparably damaged.

Er scheint zu Großem geschaffen und ist seiner Zeit weit voraus. Wahrscheinlich hätte er sogar einen würdigen Sieger beim ersten Großen Preis aller Zeiten abgegeben, den bekanntlich vor genau hundert Jahren der Ungar Ferenc Szisz in Le Mans gewann – auf Renault. Statt dessen entzünden sich an ihm Miesmacherei, Mobbing und das peinlich Menschliche. An den Start, so scheint es, ist er nicht ein einziges Mal gegangen.

Die schauerliche Ironie dabei: Es sind just seine Fortschrittlichkeit und seine manifesten Qualitäten, die den Mercedes-Rennwagen von 1906 zu Fall bringen. Diese beginnen mit seinem Chassis. Da die Längsträger seines Rahmens über der Vorderachse gekröpft, seine Blattfedern flacher eingebaut und der Kühler tiefgesetzt sind, kommt er ungewöhnlich niedrig daher. Vor allem ist da jedoch das Triebwerk, ein Reihen-Sechszylinder, den Konstrukteur Wilhelm Maybach schon 1905 entwickelt hat. Das steht in merkwürdigem Kontrast zu einem Zitat, welches für das gleiche Jahr belegt ist, nachdem man ihn nach der optimalen Zahl von Verbrennungseinheiten gefragt hat: „Ein Zylinder wäre das Beste. Zwei lässt man sich noch gefallen, vier sind schon zuviel und von sechs mag ich gar nicht reden." Maybach greift zurück auf eine Schiffsmaschine, die er und die Daimler-Motoren-Gesellschaft 1902 auf Vermittlung des Russen Boris Loutzky für die Marine von dessen Heimatland gebaut haben. Sie ist 300 PS stark – fünfmal soviel pro Zylinder als alles, was bisher das Werk in Cannstatt verlassen hat.

Die Nockenwelle rotiert oben, die Ventile hängen. Kühlmäntel und Zylinderkopf bestehen aus einem gemeinsamen Gussstück, mit den Stahlzylindern verschweißt, die einzeln auf dem Kurbelgehäuse aus Leichtmetall montiert sind. Für den belebenden Funken sorgt eine doppelte Hochspannungs-Kerzenzündung. Aus 11,1 Litern Hubraum schöpft dieses technische Wunderwerk bis zu 106 PS bei 1500/min. Nie zuvor im Motorenbau hat es solche Drehzahlen gegeben. Maybach machte sie möglich, indem er alle bei der Ventilsteuerung beteiligten Massen klein hielt.

Ausgerechnet Kerzenzündung und oben liegende Nockenwelle behagen Firmenleitung und Aufsichtsrat der DMG nicht. Schlimmer noch: Emil Jellinek, dem Unternehmen eng verbunden, ist ebenfalls skeptisch. Maybach, schreibt er, nachdem es bereits zum Eklat gekommen ist, sei „der größte lebende Designer von Benzinmotoren", er solle jedoch, um Gottes willen, zu der bewährten Abreißzündung zurückkehren.

Dies tut pflichtschuldigst Paul Daimler, Sohn des Firmenvaters Gottlieb, indem er mit einem eigenen Sechszylinder mit seitlicher Nockenwelle in die Geborgenheit des Überkommenen zurückkehrt. Je drei Rennwagen mit Daimlers und mit Maybachs Triebwerk werden gebaut. Zum Grand Prix de l'Automobile Club de France am 26. und 27. Juni 1906 aber entbietet man drei der Vorjahres-Vierzylinder mit 14,4 Litern und 120 PS. Wer zu spät kommt, den bestraft die Geschichte: Die Daimler-Piloten Jenatzy und Mariaux landen auf den Plätzen zehn und elf.

Und: Das Atmosphärische in der DMG ist nicht wieder gutzumachen.

1906

Mercedes a vu grand et le véhicule est très en avance sur son temps. Il aurait même donné un vainqueur respectable au premier Grand Prix de tous les temps dont on sait qu'il fut gagné il y a exactement un siècle par le Hongrois Ferenc Szisz au Mans, sur Renault. Mais, dès le début, rien ne se passe comme prévu, le sort s'acharne, laissant place à un certain défaitisme.

Triste paradoxe: ce sont précisément son caractère d'avant-garde et ses qualités manifestes qui furent fatales à la voiture de course Mercedes de 1906. Cela commença par le châssis. Comme les longerons de son châssis sont cintrés au-dessus de l'essieu avant, ses ressorts à lames plus plats et le radiateur surbaissé, elle est inhabituellement basse. Mais l'important est surtout le moteur, un six-cylindres en ligne, mis au point par l'ingénieur Wilhelm Maybach dès 1905. Ce choix contredit totalement une remarque faite la même année concernant une question

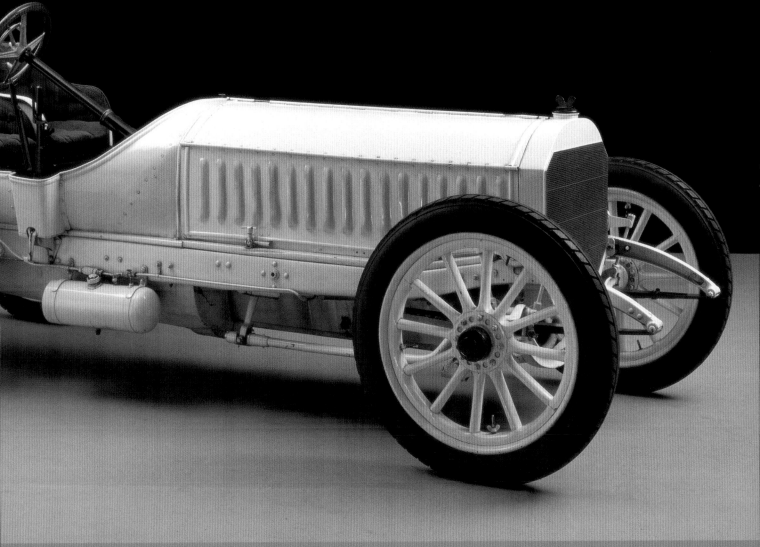

Mercedes Rennwagen

qui lui avait été posée sur le nombre optimal de cylindres : « Un cylindre, c'est le nombre idéal. Deux, cela va encore, quatre, ce serait déjà trop, et je ne peux même pas envisager qu'il puisse y en avoir six. » Maybach se référait à un moteur de bateau qu'il avait construit avec la Daimler-Motoren-Gesellschaft en 1902 par l'entremise du Russe Boris Loutzky pour la marine de son pays. Ce moteur avait une puissance de 300 ch – cinq fois plus par cylindre que tout ce qui était jusqu'alors sorti de l'usine de Cannstatt.

L'arbre à cames est en tête et les soupapes sont inversées. Les chemises d'eau de refroidissement et les culasses des cylindres se composent d'une seule pièce coulée, soudée aux cylindres tournés en acier qui sont montés séparément sur le carter moteur en alliage léger. Un double allumage à bougies à haute tension fournit les étincelles. Cette merveille technique atteint,

à partir d'une cylindrée de 11,1 litres, jusqu'à 106 ch à 1500 tr/min. Jamais une telle vitesse de rotation n'avait été obtenue auparavant par des moteurs. Maybach y parvint en réduisant au minimum la masse des pièces commandant les soupapes. Mais ce furent précisément l'allumage par bougies et l'arbre à cames en tête qui déplurent à la direction de la firme et au conseil d'administration de DMG.

Pire encore : Emil Jellinek, étroitement lié à l'entreprise, était également sceptique. Maybach, écrit-il, après que le différend a éclaté, est « le plus grand concepteur vivant de moteurs à essence », mais il devrait, pour l'amour de Dieu, revenir à l'allumage par rupteur basse tension, qui a fait ses preuves. Ce que fit le consciencieux Paul Daimler, fils de Gottlieb, père de la firme, en revenant aux recettes éprouvées, avec sa six-cylindres à arbre à cames latéral. Trois voitures de chaque type furent construites, avec

le moteur de Daimler et celui de Maybach. Mais au Grand Prix de l'Automobile Club de France, les 26 et 27 juin 1906, ce furent trois des véhicules à quatre cylindres de 1905, de 14,4 litres et 120 ch, qui furent engagés. L'histoire n'est pas tendre pour ceux qui arrivent trop tard : les pilotes de Daimler, Jenatzy et Mariaux, n'obtinrent que les dixième et onzième places.

Et l'atmosphère chez DMG s'en ressentit…

The so-called Ostend Formula of 1908, the third in grand-prix history, dictates a minimum weight (without water, gasoline, tools, protective parts, and reserve tires) of 2425 lbs, and a maximum bore of 6.1" in the case of four combustion units, or the equivalent effective piston surface area with any other number of cylinders. The stroke remains optional, and consequently the relation between the proportions considered correct. Neither the Daimler-Motoren-Gesellschaft nor its German adversary Benz & Cie, can escape the fascination of the wonderful, brand-new cult event that is being called grand prix, as borne out by ever-growing attendance numbers and the patriotic elation evoked by those events, nor do they want to. While Untertürkheim prefers a piston stroke of 7.1" and thereby achieves 140 hp at 1600 rpm, Mannheim decides upon 6.5", which is good for 120 hp at 1400 rpm.

The task of setting a capable racing car onto the twelve-spoke artillery wheels, after a period of somewhat prudish abstinence from top international sport, is undertaken at Benz by a team under head design engineer, Georg Diehl. Hans Nibel and Louis de Groulart assist him. The Belgian, de Groulart, has been with the business since 1903, appointed at the same time as the French design engineer Marius Barbarou, a colleague at his former employer, Albert Clément. His appearance so enraged Carl Benz, the firm's founding father, that he quit active service with "Fa. Benz & Cie. Rheinische Gasmotoren Fabrik AG" on 21 April of that year.

Unlike Barbarou, engine guru de Groulart soon wins the respect of his new colleagues. In conceiving the 1908 grand-prix engine, he is admittedly also receptive to the suggestions of works driver Victor Hémery and Benz designer, racing driver and future head of the racing and trial department, Fritz Erle. At 754 lbs, the hard-edged four-cylinder engine with a mighty 12.4-liter capacity makes up just about a third of the vehicle's weight. Its metabolism is animated via overhead valves set in motion by a lateral camshaft via pushrods and rocker arms. They can be checked or replaced without having to raise the massive cylinder block. The chassis follows conventional design – as is the case with the rival in Stuttgart. The frame consists of U-section pressed-steel elements. The side members, however, are cranked over the rear axle and not at the front as with Mercedes. Archetypal similarities are that both have a leather conical clutch and both are chain driven.

At the French Grand Prix in Dieppe on 7 July 1908, it only suffices for the "Regularity Prize" and the unrewarded honor of a moral victory for the Benz squad of Hémery (second), René Hanriot (third) and Erle (seventh). Leading the field is Mercedes driver Christian Lautenschlager. The Benz racing car had achieved its greatest success on its first deployment five weeks earlier – first place for Hémery in the Moscow to St. Petersburg race, covering over 424 miles in eight hours, thirty minutes and forty-eight seconds, at an average speed of 49.7 mph. The next time it is heard from it will have aged by two years, undergone quite a few metamorphoses, and will now be called the Blitzen-Benz.

Die sogenannte Ostender Formel von 1908, die dritte in der Grand-Prix-Geschichte, schreibt ein minimales Gewicht (ohne Wasser, Benzin, Werkzeug, Schutzteile und Reservereifen) von 1100 kg sowie eine maximale Bohrung von 155 mm bei vier Verbrennungseinheiten vor, bei einer anderen Zahl von Zylindern die gleiche nutzbare Kolbenfläche. Freigestellt ist der Hub, mithin die für richtig erachtete Relation zwischen den Maßen. Der Faszination, den steigenden Einschaltquoten in der Publikumsgunst sowie dem nationalen Identitätsrausch, die von dem herrlich brandneuen Kult-Event Grand Prix ausgehen, mögen und können sich weder die Daimler-Motoren-Gesellschaft noch ihr deutscher Widersacher Benz & Cie. entziehen. Während die Untertürkheimer einem Kolbenweg von 180 mm den Vorzug geben und damit 140 PS bei 1600/min erzielen, entscheiden sich die Mannheimer für 165 mm, was für 120 PS bei 1400/min gut ist.

Die Aufgabe, nach einer Periode eher spröder Enthaltsamkeit vom internationalen Spitzensport einen fähigen Rennwagen auf die Artillerie-Räder mit jeweils zwölf Speichen zu stellen, übernimmt bei Benz ein Team unter Chefkonstrukteur Georg Diehl. Hans Nibel und Louis de Groulart gehen ihm zur Hand. Der Belgier de Groulart gehört dem Unternehmen seit 1903 an, eingestellt zusammen mit dem französischen Konstrukteur Marius Barbarou, einem Kollegen bei seinem früheren Arbeitgeber Albert Clément. Dessen Erscheinen hat Firmen-Vater Carl Benz derartig in Rage versetzt, dass er der „Fa. Benz & Cie. Rheinische Gasmotoren Fabrik AG" am 21. April jenes Jahres den Dienst als aktiver Mitarbeiter aufkündet.

Im Gegensatz zu Barbarou verschafft sich Triebwerks-Guru de Groulart sehr rasch Respekt bei seinen neuen Kollegen. Bei der Konzeption des Grand-Prix-Motors von 1908 hat er allerdings auch ein offenes Ohr für die Anregungen von Werks-Pilot Victor Hémery und Benz-Designer, Rennfahrer und künftigem Leiter der Renn- und Versuchsabteilung Fritz Erle. Mit 342 kg macht der knorrige Vierzylinder mit dem mächtigen Volumen von 12,4 Litern knapp ein Drittel des Wagengewichts aus. Sein Stoffwechsel vollzieht sich über hängende Ventile, in Trab gesetzt von einer unten liegenden Nockenwelle über Stoßstangen und Kipphebel. Sie können ersetzt oder überprüft werden, ohne dass die massiven Zylinderblöcke angehoben werden müssen. Konventionellen Baumustern – wie beim Stuttgarter Konkurrenten – folgt das Chassis. Der Rahmen besteht aus Pressstahlprofilen. Allerdings sind die Längsträger über der Hinterachse gekröpft und nicht vorn wie bei den Mercedes. Archetypische Gemeinsamkeit: Beide haben noch Lederkonuskupplungen und Kettenantrieb.

Beim Grand Prix de France zu Dieppe am 7. Juli 1908 reicht es lediglich zum „Regelmäßigkeitspreis" und die unverbindliche Ehre der moralischen Sieger für die Benz-Riege Hémery (Zweiter), René Hanriot (Dritter) und Erle (Siebenter). Vorneweg fährt Mercedes-Fahrer Christian Lautenschlager. Bei seinem ersten Einsatz fünf Wochen zuvor wurde dem Benz-Renner auch sein größter Erfolg zuteil – Platz eins für Hémery beim Rennen Moskau–Petersburg über 686 Kilometer in acht Stunden, 30 Minuten und 48 Sekunden mit einem Schnitt von 80,6 km/h. Man wird allerdings noch von ihm hören. Aber da hat er fast zwei Jahre mehr auf dem Buckel und etliche Metamorphosen durchlaufen und heißt Blitzen-Benz.

1908

En 1908, la troisième réglementation (dite d'Ostende) dans l'histoire des Grands Prix prescrit un poids minimal de 1100 kg (sans compter l'eau, l'essence, les outils, les éléments de protection et les pneus de secours), ainsi qu'un alésage maximum de 155 mm pour les quatre cylindres et, pour un nombre de cylindres différent, la même surface de piston utile. La course est libre et par conséquent, il en est de même pour le rapport à choisir entre les dimensions. La fascination provoquée par la toute récente vogue de ces épreuves appelées Grand Prix et le nombre croissant de machines engagées sur les circuits, ainsi que par les élans patriotiques générés par ce sport, ne peuvent et ne doivent être contestés ni à la Daimler-Motoren-Gesellschaft, ni à son adversaire allemand Benz & Cie. Tandis que les ingénieurs d'Untertürkheim (Mercedes) donnent la préférence à une course de piston de 180 mm et obtiennent ainsi 140 ch à

Benz Rennwagen 120 PS

1600 tr/min, ceux de Mannheim (Benz) optent pour 165 mm, ce qui donne 120 ch à 1400 tr/min.

Après une période plutôt difficile vécue à l'écart des compétitions internationales de haut niveau, Benz décide de relever le défi consistant à mettre une voiture de course à gros potentiel sur des roues artillerie à 12 rayons. Une équipe est alors constituée, composée de l'ingénieur Georg Diehl, épaulé par Hans Nibel et Louis de Groulart. Le Belge de Groulart travaille dans l'entreprise depuis 1903, il a été embauché en même temps que l'ingénieur français Marius Barbarou, son collègue chez leur précédent employeur commun, Albert Clément. Son embauche mit en rage le fondateur de la firme, Carl Benz, à tel point qu'il annonça le 21 avril de cette année-là qu'il cessait sa collaboration active avec la société Benz & Cie Rheinische Gasmotoren Fabrik AG.

Contrairement à Barbarou, de Groulart, sorcier des moteurs, s'attira rapidement le respect de ses nouveaux collègues. Il faut dire que pour la conception du moteur de Grand Prix de 1908, il sut tenir compte des suggestions de Victor Héméry, pilote d'usine, ainsi que de Fritz Erle, ingénieur et pilote de course chez Benz et futur directeur du département des courses et des essais. Avec 342 kg, le solide quatre-cylindres, d'une généreuse cylindrée de 12,4 litres, représente tout juste un tiers du poids du véhicule. Sa respiration est régulée par des soupapes en tête commandées par un arbre à cames latéral par l'intermédiaire de tiges-poussoirs et de culbuteurs. On peut les remplacer ou les vérifier sans devoir lever le massif bloc-cylindre. Le châssis suit le modèle classique – comme chez le concurrent de Stuttgart. Le cadre est à longerons en tôle d'acier emboutie en U. De plus, les longerons sont coudés au-dessus de l'essieu arrière, et non

à l'avant comme chez Mercedes. Les véhicules des deux marques possèdent néanmoins des points communs : des embrayages coniques en cuir et une transmission par chaîne.

Dans le Grand Prix de l'Automobile Club de France, à Dieppe, le 7 juillet 1908, le résultat de l'équipe Benz ne fut pas à la hauteur des espérances, sans être pour autant désastreux : Héméry finit 2e, René Hanriot 3e, et Erle 7e. Christian Lautenschlager, pilote de Mercedes, était loin devant. Lors de son premier engagement cinq semaines auparavant, l'écurie Benz avait connu son plus grand succès – une première place pour Héméry dans la course Moscou-Saint-Pétersbourg (686 km), en 8 heures, 30 minutes et 48 secondes, avec une moyenne de 80,6 km/h. On en reparlera deux ans plus tard et après quelques métamorphoses : l'engin se nommait désormais Blitzen-Benz : l'Éclair Benz.

Particularly in the United States, it will become the most well-known Benz of all, a sort of automobile pop star that is also accompanied by a little of the aura of the amusement park. A superlative machine capable of outstanding feats in its own right, it is also the fusion of numerous other superlative features. One of these is its gigantic 21.5-liter four-cylinder engine, with its enormous 8" piston stroke, the largest that Daimler and Benz have ever built for a racing or record vehicle, either before of after their fusion. The mixture is ignited by two Bosch spark plugs set at opposing ends to shorten the combustion time. Politeness forbids mention of its fuel consumption.

The initial performance amounts to 184 hp at 1500 rpm, before a whopping 200 hp at 1600 rpm is drawn from this monster of a power plant. Bringing 897 lbs onto the scales, it has been developed on the drawing board of the Belgian Louis de Groulart, who, together with Hans Nibel, shoulders responsibility for the project under head designer Georg Diehl. Important input has been provided by the works driver, Victor Héméry, the Mannheim spearhead at the 1908 French Grand Prix. Benz & Cie have just got really warmed up there by taking second, third and seventh places, when the organizers, tired of German victories, decree a grand-prix pause for thought. That means they will have to look to new horizons for the new vehicle.

Nevertheless, it is based on the 150 PS racer of 1908, and initially looks like one, too. Its profile frame, designed by Diehl, resembles that of the production vehicle but is riddled with holes like a Swiss cheese to reduce weight. While the handbrake acts upon the rear wheels by means of a cable, a separate pedal is responsible for each of the band brakes on the semi-axles of the chain-driven shaft. It is given its sensuous curves, the canopy-like bulging brass nose and the dagger-blade tapered rear in Mannheim, before the first specimen bearing this unmistakable profile is shipped to the USA.

The proud owner is Ernie Moross who has given his 150 PS racing car in part exchange at Benz dealer Froehlich, and paid another 6000 dollars on top. In keeping with its nature, the thunderous white giant is given the fighting name of Lightning Benz. But this soon mutates to the somewhat garbled *Blitzen-Benz*, since the car seems to have something typically German about it. In addition, the ostentatious imagery of an Imperial Eagle refers to the land of its fathers.

It is deployed immediately, but alas, its land-speed record of 16 March 1910 with Barnie Oldfield at the steering wheel is not recognized by the governing body of racing, the AIACR (Association Internationale des Automobile Clubs Reconnus): Oldfield has thundered over the hard beach at Daytona in only one direction, instead of the two the regulations require. Bob Burman then does everything properly on 23 April 1911, achieving 140.44 mph over the kilometer and 139.3 mph over the mile as the crow flies. This makes the Blitzen-Benz the quickest vehicle on earth, twice as fast as contemporary airplanes and 10.8 mph faster than the railroad record holder. The double victory of the Benz duo David Bruce-Brown and Victor Héméry at the American Grand Prix in Savannah on 12 November 1910 shows that it also comes into its own on the racing track.

Vor allem in den Vereinigten Staaten wird er zum bekanntesten Benz überhaupt, einer Art automobiler Popstar, gleichwohl umfächelt von einem Schuss Rummelplatz-Aura. Selbst ein Superlativ und zu extremen Taten fähig, vereinigt er auch zahlreiche Superlative in sich. Einer davon: sein gigantischer Vierzylinder mit 21,5 Litern Volumen, der größte, den Daimler und Benz vor und nach der Fusion jemals für einen Renn- oder Rekordwagen gebaut haben, mit dem schier enormen Kolbenhub von 20 Zentimetern. Das Gemisch wird von zwei an entgegengesetzten Enden angeordneten Bosch-Kerzen entzündet, um die Verbrennungszeit zu verkürzen. Über den Verbrauch schweigt des Sängers Höflichkeit.

Die anfängliche Leistung beläuft sich auf 184 PS bei 1500/min, dann ziseliert man satte 200 PS bei 1600/min aus dieser Viererflak. Sie bringt 407 kg auf die Waage und ist auf dem Reißbrett des Belgiers Louis de Groulart entstanden, der zusammen mit Hans Nibel unter Chefdesigner Georg Diehl für das Projekt verantwortlich zeichnet. Wesentliche Impulse sind von Werksfahrer Victor Héméry ausgegangen, der Speerspitze der Mannheimer beim Großen Preis von Frankreich 1908. Mit Rang zwei, drei und sieben haben sich Benz & Cie dort gerade so richtig warm gefahren, da dekretieren die Veranstalter, deutscher Siege überdrüssig, eine Grand-Prix-Denkpause. Mit dem Neuen wird man zu neuen Ufern aufbrechen müssen.

Dennoch fußt er auf dem Rennwagen 150 PS von 1908 und sieht zunächst auch wie einer aus. Sein Profilrahmen, entworfen von Diehl, gleicht dem der Serienwagen, ist aber durchlöchert wie ein Schweizer Käse, um Gewicht zu sparen. Während die Handbremse per Seilzug auf die Hinterräder wirkt, ist je ein Pedal für die Bandbremsen auf den Halbachsen der Kettenantriebswelle zuständig. Die urig-sinnlichen Rundungen, die dachartig sich vorwölbende Nase aus Messing und das dolchspitz zulaufende Heck werden ihm in Mannheim verpasst, bevor das erste Exemplar mit diesem unverwechselbaren Profil im Januar 1910 in die USA verschifft wird. Stolzer Besitzer ist Ernie Moross und er hat seinen Grand-Prix-Renner 150 PS bei Benz-Händler Froehlich in Zahlung gegeben und 6000 Dollar Aufpreis entrichtet. Seinem Naturell entsprechend erhält der grollende weiße Riese umgehend den Kriegernamen Lightning Benz. Da man an ihm aber irgendwie deutsches Wesen festmacht, mutiert dieser bald zu der etwas verquasten Vokabel Blitzen-Benz. Überdies verweist ein Reichsadler in schöner Symbolik auf das Land seiner Väter.

Er muss auch gleich ran, nur dass seine Rekorde am 16. März 1910 mit Barnie Oldfield am Lenkrad von der Rennsport-Legislative AIACR (Association Internationale des Automobile Clubs Reconnus) nicht anerkannt werden: Oldfield ist nur in einer Richtung über den harten Strand von Daytona gedonnert und nicht hin und zurück. Alles richtig macht dann Bob Burman am 23. April 1911 mit 227,51 km/h über den Fliegenden Kilometer und 225,65 km/h über die Fliegende Meile. Damit ist der Blitzen-Benz das schnellste Fahrzeug überhaupt, zweimal so schnell wie ein zeitgenössisches Flugzeug, 17,51 km/h schneller als der Eisenbahn-Rekordhalter. Der Doppelsieg für das Benz-Duo David Bruce-Brown und Victor Héméry beim American Grand Prix in Savannah am 12. November 1910 beweist überdies, dass er auch auf der Rundstrecke seinen Mann steht.

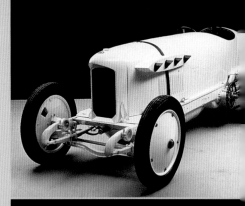

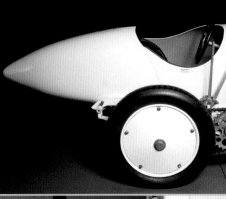

1909

Véritable phénomène de foire, c'est surtout aux États-Unis que ce modèle fit la réputation de Benz, avec cette «pop star» automobile. Capable des plus grands exploits, cette voiture arbore de nombreuses qualités exceptionnelles. Citons d'abord son gigantesque moteur quatre cylindres d'une cylindrée de 21,5 litres, le plus grand jamais construit par Daimler et Benz, avant comme après la fusion, pour une voiture de course destinée aux records, avec sa course de piston de 20 centimètres, absolument énorme. Le mélange est allumé par deux bougies Bosch par cylindre, diamétralement disposées afin de raccourcir le temps de combustion. Par pudeur, sa consommation n'est pas mentionnée.

Sa puissance, qui s'élevait au début à 184 ch à 1500 tr/min, fut poussée à 200 ch à 1600 tr/min sur ce monstrueux bolide à quatre roues. Le groupe, qui pèse 407 kg, est né sur la planche à dessin du Belge Louis de

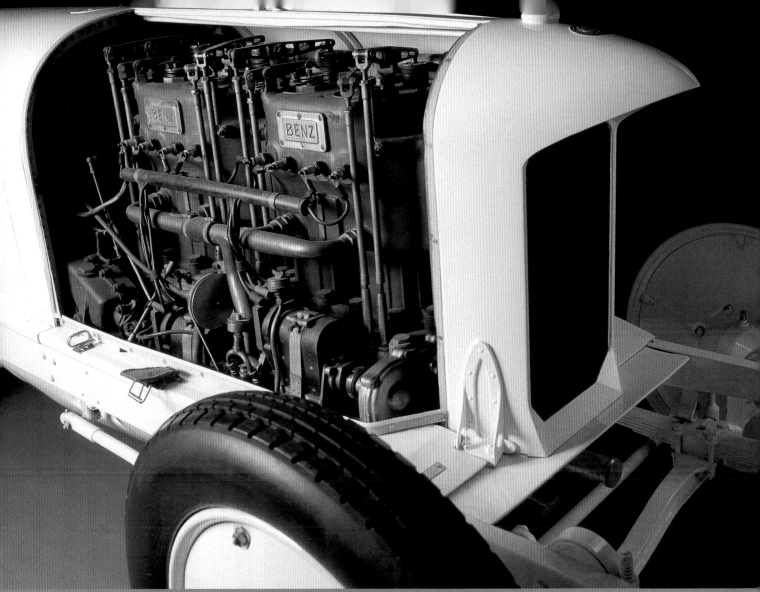

Blitzen-Benz

Groulart, responsable du projet avec Hans Nibel et le concepteur en chef, Georg Diehl. Victor Héméry, pilote officiel et fer de lance de l'équipe de Mannheim au Grand Prix de l'ACF de 1908, avait donné l'impulsion essentielle. Benz et Cie s'était juste réveillée en prenant les deuxième, troisième et septième places. Mais les organisateurs français, lassés par les victoires allemandes, décrétèrent une pause en matière de Grand Prix. Un nouveau type devait ouvrir de nouveaux horizons.

On partit tout de même de la voiture de course de 150 ch de 1908, qui annonçait la couleur. Son châssis profilé, dessiné par Diehl, est semblable à celui de la voiture de série, mais il est percé de trous – tel du fromage suisse – afin de l'alléger. Tandis que le frein à main agit par un câble sur les roues arrière, une pédale actionne les freins à rubans agissant sur les demi-arbres d'entraînement par chaîne. La carrosserie affiche des courbes

sensuelles. Le bec en laiton arrondi au sommet du radiateur et l'arrière en pointe de stylet furent dessinés à Mannheim, avant que le premier exemplaire, présentant ce profil à nul autre pareil, ne fusse expédié aux États-Unis en janvier 1910. Ernie Moross en fut l'heureux propriétaire en faisant reprendre son modèle Grand Prix 150 ch chez Froehlich, le concessionnaire Benz, et en déboursant une soulte de 6000 dollars. Ce colosse blanc rugissant reçut naturellement en retour le nom de guerre de *Lightning Benz*. Mais comme on y associait d'une manière ou d'une autre un caractère germanique, cette dénomination fut rapidement remplacée par l'appellation originale Blitzen-Benz. D'ailleurs, très symbolique, un aigle impérial évoque son pays d'origine. Il faut, de plus, ajouter que ses records, en date du 16 mars 1910 avec Barnie Oldfield au volant, ne furent pas homologués par l'AIACR (Association internationale des Automobiles-Clubs

reconnus), organe de décision en matière de sport automobile: Oldfield ne se lança sur la plage de sable dur de Daytona que dans un sens, en oubliant le retour. Bob Burman, le 23 avril 1911, observa le règlement en réalisant 227,51 km/h sur le kilomètre lancé et 225,65 km/h sur le mile lancé. Ainsi, la Blitzen-Benz fut alors le véhicule le plus rapide sur terre, deux fois plus qu'un avion contemporain et dépassant de 17,51 km/h le record établi en chemin de fer. La double victoire du duo de Benz, David Bruce-Brown et Victor Héméry, au Grand Prix d'Amérique à Savannah, le 12 novembre 1910, prouve qu'elle sait aussi tenir son rang sur circuit.

The grand-prix formula decided upon by the AIACR in September 1913, envisaging a maximum weight of 2425 lbs as well as a maximum engine capacity of 4.5 liters, also becomes the guiding criterion for the Daimler-Motoren-Gesellschaft. With nothing but victory in mind as a matter of principle, a white armada of five works vehicles is sent to the French Grand Prix held on a course near Givors, to the south of Lyon, on 4 July 1914. The drivers are the three Swabians, Christian Lautenschlager, Max Sailer und Otto Salzer, the Frenchman, Louis Wagner, and the Belgian, André Pilette, the founder of a whole dynasty of racing drivers.

The Peugeot EX 5/L 45s shine as the automobile stars among the remaining 27 rivals, benefiting from state-of-the-art knowledge with four valves per cylinder, two overhead camshafts and brakes on all four wheels, while the kings among the drivers are the French folk heroes Georges Boillot and Jules Goux, both from Peugeot.

Progress can be achieved in other ways, though. Two brakes on the rear wheels would also do the job, thinks Karl Schnaitmann, chassis specialist in Paul Daimler's team, at least in Givors, where the aces apply the brakes on average only every three kilometers. In addition, the front wheels can then be kept small and light and consequently the unsprung weight low, which permits the Daimler technicians to instal softer springs at the front. Plus Daimler and his engine man, Eugen Link, contend with confidence that more than one overhead camshaft is not necessary for their own four-valve crown. Driven by a vertical shaft, this operates the two inlet valves via a forked rocker arm for each, while the outlet valves are actuated conventionally. The engine bears the type designation M 93654. This code reveals that it has a 3.7" (93 mm) bore, a 6.5" (165 mm) stroke and four combustion units. Each of these – an idea of DMG employee Ernst Eisemann – is ignited by three spark plugs, two on the inlet and one on the outlet side. The performance achieved amounts to 115 hp at 3200 rpm.

In the run-up to the French Grand Prix, one of these model engines reacts badly to the test speed of 5340 rpm and bursts apart, reason enough to encase the others in wire netting in the interest of safety at work.

A cleverly devised lubrication system, partly activated by the passenger through a pump in the footwell, takes care of the vehicle's physical well-being as well as ensuring a long life expectancy. The wheelbase of 9'4" makes a not insignificant contribution to the desired balanced weight distribution of 50/50.

The French Grand Prix does not bring the planned results from the perspective of its organizers, and neither is the outcome balanced: after 20 laps over 464 miles, three Mercedes are in the lead, Lautenschlager at an average speed of 65.2 mph, followed by Wagner and Salzer. It is only in fourth place that a citizen of the dismayed Grande Nation is to be found in Goux.

The 4.5-liter engine of 1914, Paul Daimler later writes, was supposed to serve as a prototype for future airplane engines. This it actually does, though not as its inventors intended: after the race, one of the victorious vehicles is shipped to England for exhibition purposes and confiscated after the outbreak of World War One. Rolls-Royce goes over the engine with a fine-toothed comb, finds it to be good, and with no false modesty uses it for inspiration. Imitation is indeed the sincerest form of flattery.

Ein Höchstgewicht von 1100 kg sowie das maximale Motorvolumen von 4,5 Litern sieht die Grand-Prix-Formel vor, die von der AIACR im September 1913 beschlossen wird, Richtschnur also auch für die Daimler-Motoren-Gesellschaft. Schon aus Prinzip nur den Sieg im Sinn, entsendet man zum Großen Preis von Frankreich am 4. Juli 1914 auf einem Kurs bei Givors südlich von Lyon die weiße Armada von fünf Werkswagen. Lenker sind die drei Schwaben Christian Lautenschlager, Max Sailer und Otto Salzer, der Franzose Louis Wagner und der Belgier André Pilette, Stammvater einer ganzen Dynastie von Rennfahrern.

Als automobile Stars unter den 27 verbleibenden Konkurrenten glänzen die Peugeot EX 5/L45, aufbereitet nach dem letzten Stand der Erkenntnis, mit vier Ventilen je Zylinder, zwei oben liegenden Nockenwellen und Vierradbremsen, als Könige unter den Piloten die französischen Volkshelden Georges Boillot und Jules Goux, beide Peugeot.

Variationen des Fortschritts: Zwei Bremsen an den Hinterrädern täten es auch, denkt sich Karl Schnaitmann, Chassisspezialist im Team um Paul Daimler, in Givors zumal, wo die Asse im Schnitt nur alle drei Kilometer in die Eisen stiegen. Überdies könne man so die Vorderräder klein und leicht und folglich die ungefederten Massen gering halten und vorn weichere Federn installieren. Und: Mehr als einer oben liegenden Nockenwelle bedürfe es nicht für ihren eigenen Vierventilkopf, bekennen Daimler und Motoren-Mann Eugen Link vergnügt. Angetrieben von einer Königswelle wirkt diese via je einem gegabelten Kipphebel auf die beiden Einlassventile ein, während die Auslassventile auf konventionelle Weise zum Schaffen angehalten werden. Die Maschine trägt die Typenbezeichnung M93654. Darin versteckt sich die verschlüsselte Botschaft, sie habe 93 mm Bohrung, 165 mm Hub und vier Verbrennungseinheiten. Jede davon – eine Idee von DMG-Mitarbeiter Ernst Eisemann – wird befeuert von drei Zündkerzen, zwei auf der Einlass- und eine auf der Auslassseite. Die Leistung beläuft sich auf 115 PS bei 3200/min. Die Testdrehzahl von 5340/min im Vorfeld des Grand Prix de France nimmt eines dieser Modell-Aggregate übel und platzt, Grund genug, die anderen im Interesse von mehr Sicherheit am Arbeitsplatz mit Drahtnetzen zu umhüllen.

Für ihr physisches Wohlergehen sowie eine lange Lebenserwartung sorgt ein fein ausgeklügeltes Schmiersystem, teilweise vom Beifahrer vermittels einer Pumpe im Fußraum aktiviert. Der Radstand von 2850 mm trägt nicht zuletzt zu der erwünschten ausgewogenen Gewichtsverteilung von 50 zu 50 bei.

Nicht wie gewünscht aus der Perspektive der Veranstalter und nicht einmal ausgewogen geht indessen der Grand Prix de France aus: Nach 20 Runden über 752 Kilometer sind drei Mercedes vorn, Lautenschlager mit einem Schnitt von 105,6 km/h vor Wagner und Salzer. Erst auf Rang vier folgt mit Goux ein Bürger der bestürzten Grande Nation.

Der 4,5 Liter von 1914, schreibt Paul Daimler später, habe als Prototyp für künftige Flugzeugmotoren dienen sollen. Das tut er in der Tat, wenn auch durchaus nicht nur im Sinne des Erfinders: Einer der Siegerwagen wird nach dem Rennen zu Ausstellungszwecken nach England verfrachtet und dort nach Kriegsausbruch konfisziert. Bei Rolls-Royce nimmt man sein Triebwerk unter die Lupe, befindet es für gut und lässt sich ohne falsche Scham inspirieren. Nachahmung ist bekanntlich die aufrichtigste Form der Schmeichelei.

1914

La formule Grand Prix, décidée par l'AIACR en septembre 1913, et qui s'imposa donc également à Daimler-Motoren, prévoyait un poids maximum de 1100 kg et une cylindrée maximum de 4,5 litres pour le moteur. Refusant de perdre la course, la firme envoya au Grand Prix de l'ACF, le 4 juillet 1914, sur un circuit situé près de Givors, au sud de Lyon, une armada de cinq voitures d'usine, blanches comme il se doit. Les conducteurs étaient Christian Lautenschlager, Max Sailer et Otto Salzer, tous trois originaires de Souabe, le Français Louis Wagner et le Belge André Pilette, ancêtre de toute une dynastie de pilotes de course.

Parmi les 27 autres concurrents brillaient, comme des stars automobiles, les Peugeot EX 5/L 45 qui bénéficiaient des derniers progrès de la technique avec quatre soupapes par cylindre, deux arbres à cames en tête et des freins sur les quatre roues ... et les rois des pilotes, les héros

Mercedes 18/100 PS Grand Prix

populaires français Georges Boillot et Jules Goux, tous deux sur Peugeot.

Autre conception de la technique : on pouvait aussi n'avoir que deux freins sur les roues arrière, selon Karl Schnaitmann, spécialiste des châssis dans l'équipe de Paul Daimler, particulièrement à Givors, où les pilotes ne refermaient les mâchoires de fonte des freins que tous les trois kilomètres. En outre, on pouvait ainsi conserver des roues avant de petite dimension et légères et donc des masses non suspendues peu importantes, et installer à l'avant des ressorts plus souples. Autre avantage : Eugen Link, spécialiste des moteurs chez Daimler, reconnaissait volontiers que leur culasse à quatre soupapes propre au véhicule n'avait besoin que d'un seul arbre à cames en tête. Commandé par un arbre vertical, celui-ci agit via un culbuteur en forme de fourche sur les deux soupapes d'admission, tandis que les soupapes d'échappement

sont actionnées de façon classique. La machine porte le nom de code M 93654. Cela signifie qu'elle possède un alésage de 93 mm, une course de 165 mm et quatre cylindres. Chaque cylindre – selon une idée d'Ernst Eisemann, collaborateur de DMG – est allumé par trois bougies d'allumage, deux côté admission et une côté échappement. La puissance s'élève à 115 ch à 3200 tr/min. Le régime de rotation de 5340 tr/min atteint, à titre expérimental, lors du rodage en vue du Grand Prix de l'ACF ne convint pas à l'un de ces moteurs qui explosa littéralement, raison suffisante pour entourer les autres d'un grillage métallique, dans le but d'accroître la sécurité sur le poste de travail.

Afin d'assurer son bon fonctionnement et d'augmenter son espérance de vie, un système de graissage ingénieusement étudié était prévu. Il était activé en partie par le mécanicien au moyen d'une pompe commandée par une pédale. L'empattement de 2850 mm n'était

pas l'un des moindres facteurs de la bonne répartition des masses (50–50). Cependant, le Grand Prix de l'ACF ne se déroula pas comme l'espéraient les organisateurs, les résultats n'étant pas ceux escomptés : au bout de 20 tours, sur 752 km, trois Mercedes étaient en tête, Lautenschlager avec une moyenne de 105,6 km/h, devant Wagner et Salzer. La Grande Nation, très déçue, ne plaça son premier représentant, Goux, qu'en quatrième position.

La 4,5-litres de 1914, écrivit plus tard Paul Daimler, aurait dû servir de prototype pour les moteurs d'avions à venir. C'est bien ce qui se passa, mais pas dans le sens où l'entendaient ses créateurs : l'une des voitures gagnantes, expédiée en Angleterre pour y être exposée, y fut confisquée après la déclaration de guerre. Son moteur fut examiné à la loupe chez Rolls-Royce et, jugé excellent, les Anglais s'en inspirèrent sans vergogne. On sait que l'imitation est la forme la plus plus sincère de la flatterie …

The contours of the 18/100 PS – the bodywork is completed on 3 March 1914 – essentially follow those of its 1913 predecessor. The chassis of the vehicle shown here dates from 1919, the engine is from the car of Belgian racing driver and DMG importer Theodor Pilette who dropped out of the 1914 French GP after completing three of the 20 laps.

Die Linienführung des 18/100 PS – seine Einkleidung ist abgeschlossen am 3. März 1914 – folgt im Wesentlichen der seines Vorgängers von 1913. Das Chassis des abgebildeten Exemplars stammt von 1919, das Triebwerk aus dem Wagen des belgischen Rennfahrers und DMG-Importeurs Theodor Pilette, der nach drei von 20 Runden des GP de France 1914 ausfiel.

La ligne de la 4,5 litres Grand Prix 18/100 PS dont la carrosserie est achevée le 3 mars 1914 reprend pour l'essentiel celle du modèle de 1913. Le châssis de l'exemplaire représenté ici date de 1919. Le moteur provient de la voiture du coureur belge et importateur DMG Theodor Pilette, qui abandonna au bout de trois tours sur vingt lors du GP de l'ACF en 1914.

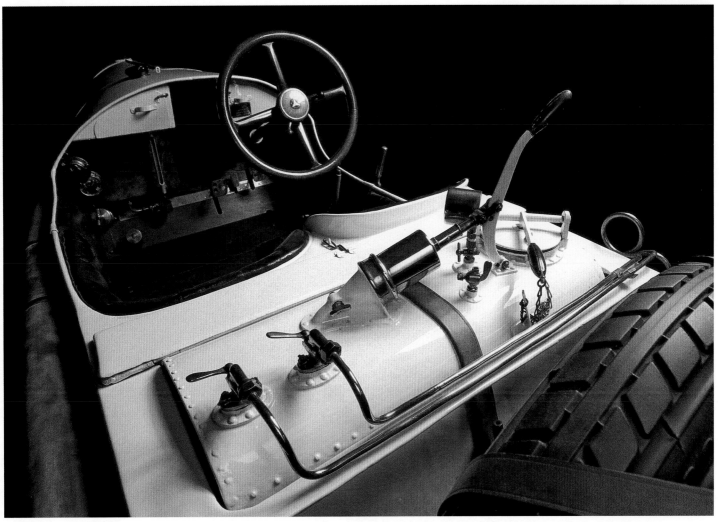

For the 15th Targa Florio on 27 April 1924 Mercedes lines up in Italian racing red. The spruce mimicry not only serves as a homage to the guest country, it is also intended to protect the slim Cannstatt competition vehicles and their drivers from the resentment of irate *tifosi* – including during the transport by road from their Swabian home. The step proves to be appropriate, for the convincing winner of both the Targa and the Coppa Florio will be Daimler driver Christian Werner – almost ten minutes ahead of Conte Giulio Masetti, who had won the Sicilian adventure on the Medio Circuito for Mercedes two years previously, and now lines up at the start for Alfa Romeo.

Werner is accompanied by Karl Sailer. Not the least of the latter's tasks is to constantly maintain the required pressure in the gasoline tank and supply strategically important parts of the motor and chassis with lubrication by means of the relevant pumps. Everything had already been tried out in January, the course rehearsed time and again and a few faults, such as the tendency of the spark plugs to foul, eliminated.

Werner's Targa triumph is a landmark, proving the suitability of the supercharged engine even in the high-speed everyday life of racing. A stop gap solution has come into its own: originally, mechanical supercharging had compensated for the inevitable loss of performance at higher altitudes in the design of airplanes for the First World War. When a new racing formula shrinks the capacity from three to two liters in 1922, design engineer Paul Daimler transfers the same principle to his automobile engines.

But his 1923 Indy unit, known internally as the M7294, is state of the art in other ways too, with up to 125 hp at 4500 rpm from 1989 cc, four valves per cylinder, two overhead camshafts, and a sheet steel cooling jacket. However, it fails its baptism of fire in the Brickyard of Indianapolis. The extra power still surges abruptly, for instance when Christian Lautenschlager fails to apply the correct dose on the 14th lap while rounding the south curve at 100 mph and spins into the wall. The considerable injuries incurred by himself and his co-driver Jakob Kraus are augmented by skepticism and even malice. At first greeted exuberantly, the new principle becomes the subject of much discussion.

But then, Ferdinand Porsche, officially technical director of Daimler-Motoren-Gesellschaft as of 1 April 1923 but already working for the Cannstatt business clandestinely before this date, comes to the rescue. Paul Daimler, the son of the company's founder, Gottlieb, had left his workplace in 1922 in fury and signed on with rivals Horch. Porsche renovates the M7294 from top to bottom, effectively leaving only the basic architecture, dimensions, and valve size untouched. He pays particular attention to the thermal well-being of the potent four-cylinder power plant. As a concession to forced induction, Porsche lowers, for example, the compression ratio by 40 percent to 4.5 : 1, balanced by a more modern and larger Roots supercharger in an impressive ribbed casing. Before it is activated, the power output amounts to 67.5 hp, afterwards a solid 126 hp at 4500 rpm is achieved, rising to 150 hp at 4800 rpm in the further course of the season. M7294 is also a pleasure to hear, or at least a previously unknown experience: its vital resonance is most extraordinary, writes the American magazine *Motor Age*.

Die 15. Targa Florio am 27. April 1924 tritt Mercedes in italienischem Rennrot an. Das schmucke Mimikry dient nicht etwa als Verbeugung vor dem Gastland, sondern soll die schlanken Cannstätter Renner und ihre Piloten gegen den Unmut zürnender *Tifosi* schützen – schon während der Überführung aus dem Schwabenland per Achse. Die Vorkehrung erweist sich als zweckmäßig, denn überlegener Sieger sowohl bei der Targa als bei der Coppa Florio wird Daimler-Lenker Christian Werner – fast zehn Minuten vor dem Conte Giulio Masetti, der das sizilianische Abenteuer auf dem Medio Circuito Madonie 1922 zwei Jahre zuvor für Mercedes gewonnen hat und nun für Alfa Romeo am Start ist.

Begleitet wird Werner von Karl Sailer. Zu dessen Aufgabenkanon gehört nicht zuletzt, ständig den nötigen Druck im Benzintank herzustellen und strategisch wichtige Stellen von Motor und Chassis über entsprechende Pumpen mit Schmierstoff zu versorgen. Im Januar hat man das alles schon mal geprobt, den Streckenverlauf geochst und ein paar Macken ausgemerzt, etwa die Tendenz der Kerzen zu verölen.

Werners Targa-Triumph ist ein Mark- und Meilenstein, beweist er doch die Tauglichkeit des Kompressor-Triebwerks selbst im rasenden Renn-Alltag. Eine Verlegenheitslösung hat sich emanzipiert: Ursprünglich hat man beim Bau von Kampfmaschinen für den Ersten Weltkrieg den unvermeidlichen Leistungsschwund in größerer Flughöhe vermittels mechanischer Aufladung aufgefangen. Als eine neue Rennformel von 1922 das Volumen von drei auf zwei Liter schrumpfen lässt, überträgt Konstrukteur Paul Daimler dieses Prinzip auf seine Fahrzeugmotoren.

Auch sonst ist sein Indy-Triebwerk für 1923, im Hausgebrauch M7294 geheißen, auf dem letzten Stand der Dinge, mit bis zu 125 PS bei 4500/min aus 1989 cm³, vier Ventilen je Zylinder, zwei oben liegenden Nockenwellen und einem Kühlwassermantel aus Stahlblech. Seine Feuertaufe im Brickyard von Indianapolis indessen besteht es nicht. Noch setzt die Mehr-Leistung schlagartig ein, etwa als Christian Lautenschlager in Runde 14 bei Tempo 160 in der Südkurve nicht richtig dosiert und in die Mauer kreiselt. Zu erheblichen Verletzungen für Lautenschlager und Beifahrer Jakob Kraus gesellen sich Skepsis und gar Häme. Das neue Prinzip, zunächst überschwänglich begrüßt, gerät ins Gerede.

Da schafft Ferdinand Porsche Abhilfe, seit dem 1. April 1923 offiziell technischer Direktor der Daimler-Motoren-Gesellschaft, aber bereits vorher klammheimlich für die Cannstätter tätig. Paul Daimler, Sohn des Firmen-Gründers Gottlieb, hat die Stätte seines Wirkens Ende 1922 in schlimmstem Einvernehmen verlassen und beim Konkurrenten Horch angeheuert. Er renoviert M7294 von Grund auf und lässt im Grunde genommen nur Architektur, Maße und Ventilgrößen unangestastet. Sein besonderes Augenmerk gilt dem thermischen Wohlergehen des potenten Vierzylinders. Als Konzession an die Aufladung senkt Porsche zum Beispiel die Kompression um 40 Prozent auf 4,5 : 1, was durch ein moderneres und größeres Roots-Gebläse mit eindrucksvoll gerippter Hülle austariert wird. Bevor es zugeschaltet wird, beläuft sich die Leistung auf 67,5 PS, anschließend auf solide 126 PS bei 4500/min, im weiteren Verlauf der Saison auf bis zu 150 PS bei 4800/min. M7294 ist auch ein Genuss oder zumindest eine bislang unbekannte Erfahrung für das Ohr: Seine Lebensäußerungen, schreibt die amerikanische Zeitschrift *Motor Age*, seien außergewöhnlich gewesen.

1924

Pour la 15e Targa Florio, le 27 avril 1924, Mercedes arriva en Sicile avec une belle voiture parée du rouge italien. Il ne s'agissait pourtant pas là de rendre hommage au pays d'accueil: les fines voitures venues de Cannstatt et leurs pilotes voulaient tout simplement se protéger contre la mauvaise humeur de tifosi en colère – et ce sur tout le trajet. Cette mesure se révéla judicieuse, car la supériorité du vainqueur, Christian Werner, pilote de Daimler, se manifesta aussi bien dans la Targa que dans la Coppa Florio: près de dix minutes d'avance sur le comte Giulio Masetti, qui avait triomphé dans l'aventure sicilienne, sur le Moyen Circuit des Madonies en 1922, deux années auparavant, pour le compte de Mercedes, et qui se présentait alors au départ sur Alfa Romeo. Werner était accompagné de Karl Sailer. Il s'agissait pour ce dernier d'accomplir certaines tâches précises et, surtout, de maintenir constamment la pression nécessaire

Mercedes Rennwagen Targa Florio

dans le réservoir d'essence, et d'alimenter en lubrifiant, au moyen de pompes correspondantes, des points stratégiquement importants du moteur et du châssis. Tout cela avait déjà été répété en janvier, le parcours reconnu à plusieurs reprises et plusieurs défauts corrigés, comme la tendance des bougies à se couvrir d'huile.

Le triomphe de Werner dans la Targa marque une étape, et prouve la bonne adaptation du moteur suralimenté – même pendant une journée de course à grande vitesse. Et d'une contrainte est née une solution : à l'origine, au moyen d'une suralimentation mécanique, on a compensé sur les avions de combat de la Première Guerre mondiale l'inévitable perte de puissance constatée aux grandes altitudes de vol. Lorsqu'une nouvelle formule de course de 1922 réduit le volume de trois à deux litres, l'ingénieur Paul Daimler reprend cette technique sur ses moteurs d'automobile.

Son moteur de 1923 pour Indianapolis, appelé en interne M7294, fait appel au dernier cri de la technique : quatre soupapes par cylindre, deux arbres à cames en tête et une chemise d'eau de refroidissement en tôle d'acier pour obtenir jusqu'à 125 ch à 4500 tr/min avec une cylindrée de 1989 cm³. Mais le véhicule ne résista pas à son baptême du feu sur la piste en briques d'Indianapolis. Le gain de puissance se manifestait de façon encore brutale, par exemple lorsque Christian Lautenschlager fit un mauvais calcul au 14e tour à une vitesse de 160 km/h dans le virage sud et partit dans le mur. Ses graves blessures et celles de son copilote, Jakob Kraus, engendrèrent scepticisme et même discrédit. La nouvelle technique accueillie d'abord avec enthousiasme fut alors décriée.

C'est alors qu'intervint Ferdinand Porsche, directeur technique officiel de Daimler-Motoren-Gesellschaft depuis le 1er avril 1923, mais qui travaillait déjà auparavant

en secret pour l'entreprise de Cannstatt. Paul Daimler, fils du fondateur de la firme, Gottlieb, était parti en 1922, à la suite de désaccords et son concurrent Horch en profitait. Le nouveau directeur rénova de fond en comble le M7294 et ne subsistèrent que l'architecture, les cotes et la taille des soupapes. Il chercha notamment à améliorer le rendement thermique du puissant quatre-cylindres. À titre de concession à la suralimentation, Porsche abaissa, par exemple, la compression de 40% à 4,5:1, en compensant cette diminution par le choix d'un compresseur Roots, plus moderne et plus gros, avec un impressionnant carter nervuré. Avant qu'il ne soit installé, la puissance s'élève à 67,5 ch, puis à un bon 126 ch à 4500 tr/min avant d'atteindre 150 ch en fin de saison. Le M7294 est également un plaisir pour l'oreille, produisant un son jusque-là inédit : sa sonorité caractéristique, écrit la revue américaine *Motor Age,* est des plus extraordinaires.

Birth of the Silver Arrows
Geburt der Silberpfeile
La naissance des Flèches d'argent

Not every high achiever is an immediate success. The same goes for the automobile world: the successful debut of the Mercedes-Benz W 25 at the International Eifel Race on 3 June 1934 is preceded by a veritable chronicle of disappointment and frustration. The project has been taking shape in Untertürkheim since November 1933, veiled in just as much secrecy as the generation of its descendants 70 years later. The first tests are made at Monza at the end of February 1934. The supercharger fails after a few laps. The luckless session is rounded off by an accident involving Manfred von Brauchitsch, probably due to a defective tire. The rebuilt automobile is back in March when the experienced 36-year-old Italian, Luigi Fagioli, spurs it on through the Royal Park and on the Milan to Varese autostrada. In the same month, the motorcycle record-holder, Ernst Henne, takes the recalcitrant novice onto the Nürburgring, complains about some problem or other with the differential that impairs the handling and is taken by surprise by the sudden activation of the supercharger on the Bergwerk section. The result is a spin and further scrapes and bruises on the ravaged body of the test vehicle.

The W 25 appears at the beginning of May in its tentative final form with a shortened tail enveloping the entire gasoline tank, and crowned with a head support that tapers to the rear. The future calendar of events is only set just before its completion. The political caste also gets into the act. Mercedes team manager, Alfred Neubauer, and representatives of Auto Union are joined for a basic discussion on 19 April by

Nicht jeder Überflieger ist ein Senkrechtstarter. Das gilt nicht zuletzt für Automobile: Dem erfolgreichen Debüt des Mercedes-Benz W 25 beim Internationalen Eifelrennen am 3. Juni 1934 geht eine regelrechte Chronologie des Verdrusses voraus. Seit dem November 1933 nimmt das Projekt, umwoben vom Schleier des Geheimnisses wie die Generation der Enkel 70 Jahre später, in Untertürkheim Gestalt an. Ende Februar 1934 begibt man sich zu ersten Tests nach Monza. Nach einigen Runden streikt der Kompressor. Ein Unfall Manfred von Brauchitschs, vermutlich wegen eines defekten Pneus, rundet die unerfreuliche Sitzung ab. Im März ist man mit dem restaurierten Auto zurück, dem der 36-jährige Routinier Luigi Fagioli im Königlichen Park und auf der Autostrada Mailand–Varese die Sporen gibt. Im gleichen Monat versucht sich Motorrad-Rekordfahrer Ernst Henne mit dem widerspenstigen Novizen auf dem Nürburgring, klagt über irgendeine Macke im Differential, die das Handling beeinträchtige, und wird am Ende am Streckenteil Bergwerk vom schlagartigen Einsetzen des Kompressors überrumpelt, Folge: ein Dreher und weitere Blessuren für den geschundenen Testwagen.

Anfang Mai kommt der W 25 in seiner vorläufig endgültigen Form daher mit verkürztem Schwanz, der den gesamten Benzintank umschließt, gekrönt von einer Kopfstütze, die sich nach hinten verschlankt. Erst kurz vor seiner Vollendung ist der künftige Terminkalender festgelegt worden. Auch die politische Kaste mischt mit. Zu Mercedes-Rennleiter Neubauer und Repräsentanten der Auto Union gesellt sich bei einem grundsätzlichen Gespräch am 19. April in

Même les plus grands champions peuvent avoir des débuts difficiles. Remarque qui s'applique particulièrement bien au sport automobile : le début glorieux de la Mercedes-Benz W 25 à la course internationale de l'Eifel, le 3 juin 1934, est l'aboutissement d'une longue série de problèmes et de déceptions. Le projet prend forme depuis novembre 1933 à Untertürkheim, dans le plus grand secret (c'est toujours le cas trois générations et 70 ans plus tard). Fin février 1934, l'équipe part à Monza pour les premiers essais. Le compresseur casse après quelques tours de piste. Un accident de Manfred de Brauchitsch, sans doute dû à un pneu défectueux, met un terme à une séance peu glorieuse. Les Allemands reviennent en mars avec la voiture remise en état qu'un pilote expérimenté de 36 ans, Luigi Fagioli, lance à fond dans le parc royal et sur l'autoroute Milan–Varèse. Le même mois, le champion de moto Ernst Henne qui essaie la W 25 sur le Nürburgring se plaint d'un problème de différentiel qui nuit à la stabilité et se fait piéger par l'action subite du compresseur à la sortie du virage de Bergwerk. Résultat : un tête-à-queue et quelques bosses de plus pour le véhicule expérimental déjà mis à rude épreuve.

Début mai, la W 25 apparaît dans sa forme plus ou moins définitive avec une pointe arrière raccourcie qui enveloppe le réservoir d'essence, surmontée d'un appuie-tête rétréci à l'arrière. Le futur calendrier des compétitions a été établi juste avant son achèvement. La caste politique s'en mêle aussi. Le 19 avril, à Berlin, le commandant de réserve et Obergruppenführer Adolf Hühnlein, un proche d'Hitler et chef des NSKK (organisation qui regroupe des mécaniciens, des conducteurs et des motocyclistes et qui supervise les activités automobiles du Reich sur le territoire national et à l'étranger), se réunit avec Alfred Neubauer, directeur du Département compétition de Mercedes, et les représentants d'Auto Union pour tenir avec eux une conférence importante. Si les initiales NSKK se rapportent au « corps automobile national-socialiste », l'interprétation qu'en donne l'homme de la rue en jouant sur ces mêmes lettres (Nur Säufer, keine Kämpfer – « que des ivrognes, pas des guerriers ») est, à ses yeux, plus proche de la réalité.

La première épreuve internationale à laquelle doit participer Mercedes est celle de l'Avus, le 27 mai. Le jeudi précédent, Rudolf Caracciola, qui s'est grièvement blessé à la jambe droite l'année précédente en s'entraînant pour le Grand Prix de Monaco, arrive dans le plus grand secret. Malgré des souffrances à la limite du tolérable, la superstar fait quelques tours à une vitesse record, plus vite que von Brauchitsch, plus vite que Fagioli. Le dimanche matin, Daimler-Benz annonce néanmoins que l'équipe ne prendra pas le départ, ce qui

Shortly before the start, the vehicle is still surrounded by various people entitled to do so. The keepers of order are also present.

Vor dem Start werden die Wagen von diversen Berechtigten umlagert. Auch die Hüter der Ordnung fehlen nicht.

Juste avant le départ, les spectateurs autorisés – et les nombreux agents de police – entourent encore les voitures.

The future winner, Manfred von Brauchitsch, in the final phase of entering his W 25.

Noch ist der künftige Sieger Manfred von Brauchitsch dabei, sich in seinen W 25 einzufädeln.

Le futur vainqueur, Manfred von Brauchitsch, s'efforce ici de se glisser dans sa W 25.

Reserve Major and Obergruppenführer Adolf Hühnlein, a chum of Hitler and Leader of the National Socialist Motoring Corps (NSKK) responsible for the Reich's motor sport activities both at home and abroad. NSKK actually stands for *Nationalsozialistisches Kraftfahrkorps*, but is subject to the ridicule of the man in the street as a confession that they were *nur Säufer, keine Kämpfer* – "only drunkards and no fighters."

The first event on the 1934 agenda for Mercedes is the International Avus Race of 27 May. Rudolf Caracciola, who had severely injured his right leg in practice for the Monaco Grand Prix the previous year, arrives clandestinely at the crack of dawn on Thursday morning. A martyr to intense pain, the superstar completes several record-breaking laps, faster than von Brauchitsch, faster than Fagioli. Early Sunday morning, Daimler-Benz comes to the verdict that will deprive the Berlin spectators of seeing the popular driver from Remagen and the new car: they will not take part. Something had been wrong with the gasoline supply, Neubauer later writes in his autobiography *Speed Was My Life.*

To trim the W 25 down to the specified weight is no mean task for the engineer responsible, Max Wagner. Under its smooth skin, the frame seems to have been hit by salvos of flak, perforating it with innumerable holes, right down to parts of the suspension. For instance, each of the 14 components of the steering gear has been slimmed down until a total of three pounds in weight have been saved.

Berlin der Major a. D. und Obergruppenführer Adolf Hühnlein, Hitler-Kumpel und Führer des NSKK, das für die motorsportlichen Aktivitäten des Reichs im In- und Ausland verantwortlich ist. NSKK bedeutet Nationalsozialistisches Kraftfahr-Korps, Volkes Stimme indessen lästert, hinter dem Kürzel verberge sich das Geständnis „Nur Säufer, keine Kämpfer".

Als erste Veranstaltung steht für Mercedes das Internationale Avus-Rennen am 27. Mai auf der Agenda. Am Donnerstag davor findet sich klammheimlich in aller Herrgottsfrühe Rudolf Caracciola ein, der sich beim Training zum Grand Prix de Monaco im Jahr zuvor schwer am rechten Bein verletzt hat. Von heftigen Schmerzen gemartert dreht der Superstar einige Rekordrunden, schneller als von Brauchitsch, schneller als Fagioli. Am Sonntag früh fällt Daimler-Benz gleichwohl das Verdikt, das die Berliner um den Auftritt des populären Remageners und des neuen Autos prellt: Man wird nicht starten. Etwas habe mit der Benzinzufuhr nicht gestimmt, schreibt Neubauer später in seiner Autobiographie *Männer, Frauen und Motoren.*

Den W 25 auf das vorgeschriebene Gewicht herunterzutrimmen ist für den zuständigen Ingenieur Max Wagner gar nicht so einfach gewesen. Unter seiner glatten Haut sieht es aus, als hätten Garben aus einem Flugabwehrgeschütz unzählige Löcher in den Rahmen und sogar in Teile der Aufhängung gehackt. Jede der 14 Komponenten des Lenkgetriebes zum Beispiel wird so lange abgespeckt, bis man drei Pfund eingespart hat.

Der Lauf auf der Avus ist formelfrei. Das Eifelrennen eine Woche später hingegen wird nach dem neuen

prive les Berlinois du plaisir d'admirer leur champion et le nouveau bolide. Plus tard, Neubauer écrira dans son autobiographie, *Mon Royaume, la Vitesse,* que le problème venait du carburant.

L'ingénieur Max Wagner a eu bien des problèmes pour imposer à la W 25 une cure d'amaigrissement afin qu'elle ne dépasse pas le poids prescrit. Sous sa carrosserie bien lisse, les innombrables trous percés dans le châssis, et même dans certaines pièces de la suspension, donnent l'impression qu'elle a reçu des rafales de mitraillette. Chacune des 14 pièces du mécanisme de la direction, par exemple, a été rognée jusqu'à ce que la voiture perde trois livres.

La course sur l'Avus (une des premières autoroutes au monde) relève de la Formule libre. Celle de l'Eifel, une semaine plus tard, en revanche, est soumise au nouveau règlement international régissant les courses de Grand Prix. Le pesage sème la consternation : le véhicule dépasse de deux kilos la limite de poids ! Il est impossible de rogner encore sur la matière. À l'époque, le blanc est la couleur des écuries allemandes. L'équipe

Mercedes drivers von Brauchitsch and Fagioli are already leaving the field behind them shortly after the start.

Kurz nach dem Start setzen sich die Mercedes-Piloten von Brauchitsch und Fagioli bereits ab.

Peu après le départ, les pilotes Mercedes, von Brauchitsch et Fagioli, ont déjà une bonne longueur d'avance sur les autres concurrents.

The Avus event is a Formula Libre affair. The Eifel Race, on the other hand, takes place several weeks later and is run according to the new regulations governing grand prix racing. Long faces can be seen when the vehicle is taken to the scales. It is 4½ lbs overweight. To make further cuts in the substance would be irresponsible. The German racing color is still white at this time. So, overnight, the paint and filler used to dress unevenness in the hammered aluminum are scraped, scratched, and polished off the bodywork. Only the spoked wheels remain white. In the end, the scales show exactly the specified 750 kilograms (1653 lbs).

The legend is rather obscure as far as ascertaining who was responsible for the idea. Hermann Lang, who was looking after Luigi Fagioli's vehicle at the time, was always very careful in his remarks. A lot of people had been standing around the automobile. One of them then just had the redeeming idea, he remembers. Alfred Neubauer, however, a gifted self-publicist was keen to take the credit himself. Manfred von Brauchitsch endorsed this view in 1999: Both Neubauer and the racing mechanic, Willy Zimmer, had said to him: "The paint has to go." The catchy fighting name for the racer with the raw natural look, however, was coined by a Berlin newspaper with the headline: "Brauchitsch as fast as a silver arrow".

Even practice goes promisingly, a matter between the Mercedes and the rear-engined Auto Union contender designed by Ferdinand Porsche. On 2 June, a member of the editorial staff of the *Braunschweiger Allgemeiner Anzeiger* who remains anonymous, reports full of patriotic fervor from the Nürburgring, elevating the Auto Union driver, Hans Stuck, to the nobility in the process: "Late in the evening, Manfred von Brauchitsch was able to achieve four consecutive laps

Regelwerk für Grand Prix ausgetragen. Als der Wagen gewogen wird, gibt es lange Gesichter: Er leidet an zwei Kilogramm Übergewicht. Weitere Einsparungen an der Substanz sind nicht zu verantworten. Noch ist die deutsche Rennfarbe weiß. Also schabt, kratzt und poliert man über Nacht den Lack und die Spachtelmasse herunter, welche die Unebenheiten der gehämmerten Aluminiumkarosserie ausgeglichen hat. Weiß bleiben lediglich die Speichenräder. Am Ende zeigt die Waage genau die vorgeschriebenen 750 Kilogramm an.

Wer die Idee hatte – in diesem Punkt verschwimmt die Legende. Hermann Lang, der damals noch Luigi Fagiolis Fahrzeug betreute, äußerte sich stets sehr vorsichtig. Um das Auto hätten viele Leute herumgestanden. Irgendjemandem sei dann der rettende Einfall gekommen. Alfred Neubauer aber, ein begnadeter Darsteller seiner selbst, hätte ihn gern an seine Fahne geheftet. Manfred von Brauchitsch pflichtet ihm noch 1999 bei: Sowohl Neubauer als auch Rennmechaniker Willy Zimmer hätten zu ihm gesagt: "Der Lack muss herunter." Der griffige Kriegername für den Renner im rohen Naturlook sei von einer Berliner Zeitung geprägt worden, mit der Überschrift: Brauchitsch schnell wie ein Silberpfeil.

Schon das Training verläuft verheißungsvoll, eine Angelegenheit zwischen den Mercedes und den Heckmotorwagen der Auto Union, die Ferdinand Porsche konstruiert hat. Ein anonym gebiebenes Redaktionsmitglied des *Braunschweigischen Allgemeinen Anzeigers* berichtet am 2. Juni voll vaterländischen Feuers vom Nürburgring, wobei Auto-Union-Pilot Hans Stuck kurzerhand in den Adelsstand erhoben wird: "Manfred von Brauchitsch konnte am späten Abend vier hintereinanderliegende Runden in einer phantastischen Zeit auf der regennassen Bahn hinlegen. Aber auch Hans von Stuck, der Führer der Porsche-Mannschaft, legte einige Runden

se met donc au travail toute la nuit et ponce, gratte et polit la peinture et le mastic qui masque les irrégularités de la carrosserie en aluminium. Seules les roues à rayons restent blanches. À la fin de l'opération, la balance affiche enfin les 750 kilos réglementaires.

La légende tait le nom de celui qui a eu cette idée. Hermann Lang, qui s'occupait à l'époque du véhicule de Luigi Fagioli, s'est toujours exprimé avec une grande prudence. D'après lui, beaucoup de gens se tenaient autour de l'auto. L'un d'eux eut alors cette idée de génie. Alfred Neubauer, qui a toujours su soigner son image, se serait volontiers attribué cette trouvaille. Manfred von Brauchitsch la lui accorde encore en 1999 : Neubauer, de même que le mécanicien de course Willy Zimmer, lui auraient dit qu'il fallait faire sauter la peinture. C'est un journal berlinois qui donna au bolide privé de sa peinture le nom de guerre qui lui va si bien, en titrant : « Brauchitsch rapide comme une flèche d'argent ».

Les essais, un duel entre la Mercedes et la voiture à moteur central arrière d'Auto Union conçue par Ferdinand Porsche, se déroulent sous de bons auspices. Le 2 juin, un rédacteur anonyme d'un quotidien du Brunswick relate les événements sur le Nürburgring, et, porté par un élan patriotique, va jusqu'à anoblir Hans Stuck, pilote d'Auto Union : « Manfred von Brauchitsch a réussi en fin de soirée à accomplir quatre tours dans un temps fantastique, sur une piste détrempée. Hans von Stuck, le leader de l'équipe de Porsche, a lui aussi fait quelques tours à une vitesse à peu près égale. On peut donc s'attendre à un duel des plus serrés. » Le journal se réjouit à l'idée que le monde entier, de ce fait, remarquera « le courage allemand et le génie technique des Allemands ».

Le 4 juin 1934, Daimler-Benz AG adresse à « tous les points de vente, les représentations et concessionnaires tant en Allemagne qu'à l'étranger » la circulaire 38, qui, sur le même ton grandiloquent, les informe : « La première sortie de notre nouvelle voiture de course fut une brillante victoire qui a dépassé toutes nos espérances. Sous les acclamations passionnées de 250 000 spectateurs, Manfred von Brauchitsch franchit la ligne d'arrivée sur la MERCEDES-BENZ de course 1 ½ minutes avant le numéro deux *(Hans Stuck, note de l'auteur),* dans un temps record. Ainsi, la course la plus rapide que le Nürburgring ait jamais connue a fourni la preuve de notre supériorité en matière de voitures répondant à la formule internationale.

Le départ de la catégorie Grand Prix avait déjà offert un spectacle rare : dès le baisser du drapeau, Manfred von Brauchitsch avait pris un départ fulgurant, suivi de près par son coéquipier Fagioli qui, au départ, en louvoyant avec témérité et en quelques secondes, s'était hissé du troisième au premier rang. Les tours se succédaient et les deux MERCEDES-BENZ gris argent restaient en tête. Von Brauchitsch distançait de plus en plus le troisième concurrent. Au huitième tour, il remplaça ses pneus dans un temps record, puis reprit aussitôt sa course triomphale. Le troisième concurrent en avait profité pour le doubler, mais von Brauchitsch le dépassa dès le tour suivant.

Après une course remarquable, sa pédale d'accélérateur s'étant bloquée, Fagioli dut malheureusement abandonner au treizième tour cette course prometteuse qu'il aurait très certainement terminée à la deuxième place. »

Ce baptême du feu de la W 25 aura duré 15 tours ou 342,1 km. Manfred von Brauchitsch mit deux heu-

of the rain-soaked track within a fantastic time. But Hans von Stuck, leading the Porsche team, covered several laps at about the same speed. One can therefore expect a fierce duel." Such an event, the paper rejoices, will draw the world's attention to "German courage and the German engineering spirit."

Daimler-Benz AG circular number 38 from 4 June 1934 to "all sales outlets, agencies, and distribution outlets, at home and abroad," reports on the race itself in hardly less hyperbolic terms: "The first start of our new racing car was a great victory beyond all expectations. To the jubilant accompaniment of 250,000 paying spectators, Manfred von Brauchitsch steered the MERCEDES-BENZ racing car over the finishing line in record time, 1½ minutes ahead of the second placed *(Hans Stuck, ed.),* providing the public with proof of the superiority of our racing cars built to the international formula in the fastest event the Nürburgring has ever seen.

"Even the start of the premier class race offered a sight hardly ever seen before in this form: as the flag fell, Manfred von Brauchitsch was off as fast as lightning, closely followed by his stable-mate, Fagioli who, after only a few seconds, had worked his way up to the front after starting from the third row with his audacious driving. Lap after lap, the two silver-gray MER-CEDES-BENZs were in the lead, while von Brauchitsch steadily increased his lead over the third placed competitor. During the eighth lap, von Brauchitsch changed tires in an amazingly short time, immediately resuming his triumphal run. During this time he was overtaken by the third competitor, but regained his position only one lap after the tire change.

"After an excellent run, Fagioli had to withdraw from a promising race, in which without question he would have finished second, due to the jamming of his gas pedal on the thirteenth lap."

The W 25's baptism of fire is over 15 laps or 211.2 miles. Manfred von Brauchitsch covers them in 2 hours, 47 minutes and 36 seconds, corresponding to an average speed of 75.6 mph. This is a new record for the Nürburgring, which is seven years old almost to the day, only a year younger than Daimler-Benz AG itself. An English correspondent is deeply impressed by the holistic experience provided by the Mercedes-Benz W 25: its streamlined shape, the insane noise from the exhaust, and the high-pitched whining of the supercharger that could be heard several miles away are all an overwhelming experience for him. The evening edition of the *Kölner Stadt-Anzeiger* of 4 June primarily emphasizes the patriotic aspect: "The test of fire for our fledgling machines against the carefully developed and fully mature foreign vehicles was ventured and passed." The paper closes with the pithy words: "Self-assured confidence, a steel will, and utmost readiness for action" had triumphed in the "merciless struggle over time and space."

But the trajectory of the Silver Arrows has only just begun. They win four of the planned eight events run according to the new formula in 1934, three of them with Fagioli at the wheel: the Coppa Acerbo in Pescara, and the grands prix in Italy and Spain. However, the cornerstone for a legend that steadily grew in luminosity over the years was laid by Manfred von Brauchitsch at the Nürburgring on 3 June 1934.

in etwa demselben Tempo zurück. Man darf sich also auf ein äußerst scharfes Duell ... gefasst machen." Durch der-gleichen, frohlockt das Blatt, werde die Welt aufmerk-sam "auf deutschen Mut und deutschen Technikergeist."

Über den eigentlichen Rennverlauf informiert die Daimler-Benz AG "alle Verkaufsstellen, Vertretungen und Vertriebsstellen im In- und Ausland" im Rund-schreiben 38 vom 4. Juni 1934 kaum weniger bewegt: "Der erste Start unseres neuen Rennwagens war ein alle Erwartungen übertreffender großer Sieg. Manfred von Brauchitsch steuerte den MERCEDES-BENZ-Rennwa-gen unter dem begeisterten Jubel der 250 000 zahlenden Zuschauer mit 1½ Minuten Abstand vor dem nachfol-genden Zweiten *(Hans Stuck, Anm. d. Verf.)* in Rekord-zeit über die Ziellinie und gab so der Öffentlichkeit im schnellsten Rennen, wie es der Nürburgring niemals gesehen hat, den Beweis für die Überlegenheit unseres nach der internationalen Formel gebauten Rennwagens.

Schon der Start der großen Klasse bot ein in die-ser Form kaum jemals gesehenes Bild: nach dem Fallen der Flagge schob Manfred von Brauchitsch blitzschnell davon, dicht gefolgt von seinem Stallgenossen Fagioli, der sich während des Starts in kühner Fahrt nach wenigen Sekunden von der dritten Reihe nach vorn gearbeitet hatte. Runde für Runde lagen die beiden silber-grauen MERCEDES-BENZ an der Spitze, wobei von Brauchitsch seinen Abstand zum dritten Konkur-renten immer mehr vergrößerte. In der achten Runde wechselte von Brauchitsch in erstaunlich kurzer Zeit die Reifen, um sofort wieder die Triumphfahrt fort-zusetzen. Er wurde in dieser Zeit vom dritten Kon-kurrenten überholt, den er aber bereits in der Runde nach dem Reifenwechsel wieder überholt hatte.

Fagioli musste leider nach einer überragenden Fahrt in der dreizehnten Runde wegen Festklemmens seines Gaspedals das aussichtsreiche Rennen aufge-ben, welches er fraglos als Zweiter beendet hätte."

Über 15 Runden oder 342,1 Kilometer geht diese erste Feuertaufe des W 25. Manfred von Brau-chitsch benötigt dafür zwei Stunden, 47 Minu-ten und 36 Sekunden, was einem Schnitt von 122,5 Stundenkilometern entspricht. Das ist neuer Rekord auf dem Nürburgring, der fast auf den Tag genau sieben Jahre alt ist, ein Jahr jünger als die Daimler-Benz AG. Ein englischer Korrespondent zeigt sich tief beeindruckt von dem sinnlichen Ganz-heitserlebnis Mercedes-Benz W 25: seine Stromlinie, das irrsinnige Auspuffgeräusch und das hohe Weinen des Kompressors, das man kilometerweit gehört habe, seien für ihn eine echte Überraschung gewesen. Die Abend-ausgabe des *Kölner Stadt-Anzeigers* vom 4. Juni indes-sen streicht vor allem patriotische Aspekte heraus: "Die Feuerproben unserer blutjungen Maschinen gegen sorg-fältig entwickelte und ausgereifte ausländische Maschi-nen wurden gewagt und bestanden." Mit den markigen Worten, "selbstbewusste Zuversicht, stählerner Wille und höchste Einsatzbereitschaft" hätten triumphiert im "unerbittlichen Wettlauf um Zeit und Raum", schließt das Blatt.

Die Flugbahn des ersten Silberpfeils aber hat just begonnen. Von den acht geplanten Einsätzen nach der neuen Formel im Jahre 1934 gewinnt er vier, drei davon mit Fagioli am Volant: die Coppa Acerbo in Pescara und die Großen Preise von Italien und Spanien. Den Grundstein jedoch für einen Mythos, der im Lauf der Jahre stetig an Leuchtkraft gewann, legt Manfred von Brauchitsch am 3. Juni 1934 auf dem Nüburgring.

res, 47 minutes et 36 secondes, ce qui correspond à une moyenne de 122,5 km/h. C'est un nouveau record sur le Nürburgring, qui fête à quelques jours près son septième anniversaire, soit un an de moins que Daimler-Benz. Un correspondant anglais se montre très impressionné par l'expérience sensorielle que procure la Mercedes-Benz W 125 : son carénage, l'incroyable grondement de l'échappement et les hurlements suraigus du com-presseur, perceptibles à des kilomètres à la ronde, l'ont surpris au plus haut point. L'édition du soir du *Kölner Stadt-Anzeiger,* en revanche, souligne plutôt les aspects patriotiques : « Nos machines encore jeunes ont osé et réussi l'épreuve du feu contre les machines étrangères développées avec soin et parfaitement au point. » L'article

conclut par ces mots bien sentis : « La confiance en soi, une volonté d'acier et une disponibilité totale ont triomphé dans la course impitoyable contre le temps et l'espace. »

La première Flèche d'argent vient juste de débuter sa carrière. Sur les huit courses prévues selon la nou-velle formule en 1934, elle en remporte quatre, dont trois avec Fagioli au volant : la Coppa Acerbo à Pescara et les Grands Prix d'Italie et d'Espagne. C'est néan-moins Manfred von Brauchitsch qui, le 3 juin 1934, sur le Nürburgring, pose la première pierre d'une légende qui, au cours des années, ne va cesser de grandir.

The premiere victory is, as usual, duly advertised.

Der Premierensieg auf dem Nürburgring wird nach Art des Hauses durch die Werbung gebührend herausgestellt.

Selon le style de la maison, la victoire à la première du Nürburgring est fêtée avec liesse, à grand renfort de publicité.

It must be the wish of all with the welfare of Germany at heart to support our government in this respect, too. In doing so, they are rendering a service not least to German sportsmanship, German engineering artistry, and German quality workmanship." With these words in 1933, Daimler-Benz's executive chairman, Wilhelm Kissel, commits the marque's racing activities to the German cause, as it has just been newly defined. The company is about to write one of the most illustrious chapters in grand-prix history.

The Mercedes offensive on the racing battlefield is carried out in three waves over the six years between 1934 and 1939, initially within the framework of the 750-kg formula until 1937. The straight eight of the W25, a four valve engine with twin overhead camshafts, brings 465 lbs to the scales. The supercharger is located at the front, feeding two high-pressure carburetors. Initially, before power outputs start to run completely wild, its 3360 cc capacity translates into 354 hp. The M25 AB version achieves 398 hp with 3710 cc. There then follows a series of upgrades: the M25 B with 3980 cc and 430 hp, the C with 4300 cc and 462 hp, and finally, in the crisis season of 1936, the M25 E version with 4740 cc and 494 hp – all running at 5800 rpm.

Then, however, the 30-year-old Rudolf Uhlenhaut, who has been working for five years in Untertürkheim and is himself a gifted driver, unmasks the weaknesses of the concept: dubious road holding, a tendency to judder, jerky steering, and lengthways flexibility of the pressed-steel frame. His findings are incorporated in the W125 with its stolid oval-tubular frame with four cross members made of special steel. The swing axle at the rear is replaced with a De Dion double-jointed axle, which ensures a constant camber for marginal alteration of the tread width, with longitudinal torsion springs and hydraulic shock absorbers. Lateral links transfer propulsion and braking torque to the chassis.

Uhlenhaut's creation is a miracle of variability, capable of being adapted to the respective course with various transmissions, tanks and fuel mixtures, carburetors, superchargers, tire and wheel rim sizes, tire profiles as well as external measurements. And so, performance, torque, and speed in the individual gears vary. For the Italian Grand Prix on 12 September 1937, the last but two of the season, 592 hp is the power output declared for the 5660 cc powerhouse at 5800 rpm.

The W154 follows in 1938 as the first exponent of the three-liter formula. A V12 is chosen on thermal grounds. It generates 468 hp at 7800 rpm in its maiden year, its aspiration forced by two single-stage superchargers contributing their due to an output of 158 hp per liter (W125: 114 hp per liter). In 1939 a two-stage blower helps to achieve 483 hp at the same engine speed. A quartet of overhead camshafts activates 48 overhead valves via forked cam followers. The architecture of the chassis corresponds to that of the W125.

The W165 of 1939 constitutes only a footnote, and yet it becomes the apotheosis of an era and the precursor of the modern grand prix car. Its 1493 cc V8 engine, a four-camshaft unit with a two-stage supercharger, generates 254 hp at 8250 rpm, which amounts to an output of 170 hp per liter. The happy message of the Mercedes double victory in Tripoli nonetheless soon echoes in oblivion. Sport and politics do not mix well after all.

Es muss für alle, denen es um das Wohl Deutschlands geht, ein Anliegen sein, unserer Regierung auch in dieser Hinsicht unter die Arme zu greifen. Sie machen sich damit nicht zuletzt um deutschen Sportsgeist, deutsche Ingenieurskunst und deutsche Qualitätsarbeit verdient", bindet Daimler-Benz-Vorstandsvorsitzender Wilhelm Kissel 1933 das Engagement seines Unternehmens im Motorsport in die deutsche Sache ein, wie sie just neu definiert worden ist. Zugleich schickt man sich an, eines der glänzendsten Kapitel der Grand-Prix-Geschichte zu verfassen.

In drei Wellen wird die Mercedes-Offensive auf dem Schlachtfeld Rennstrecke in den sechs Jahren zwischen 1934 und 1939 vorgetragen, zunächst im Rahmen der 750-kg-Formel bis 1937. Der Reihen-Achtzylinder des W25, ein Vierventiler mit zwei oben liegenden Nockenwellen, bringt 211 kg auf die Waage. Der Kompressor sitzt vorn und beschickt zwei Druckvergaser. Anfänglich münzt man 3360 cm³ in 354 PS um, bevor die Saat der Gewalt förmlich ins Kraut schießt. Die Variante M25 AB mit 3710 cm³ leistet 398 PS. Es folgen die Ausbaustufen M25 B mit 3980 cm³ und 430 PS, C mit 4300 cm³ und 462 PS und schließlich, in der Saison der Krise 1936, die Version M25 E mit 4740 cm³ und 494 PS – immer bei 5800/min.

Dann aber deckt der 30-jährige Rudolf Uhlenhaut, seit fünf Jahren in Untertürkheim tätig und selbst ein begnadeter Autofahrer, die Schwächen des Konzepts akribisch auf: bedenkliche Straßenlage, Neigung zu störrischen Bocksprüngen, stoßende Lenkung, Flexibilität des Pressstahlrahmens in Längsrichtung. Seine Erkenntnisse fließen ein in den W125. Der hat einen stur-steifen Ovalrohrrahmen mit vier Querträgern aus speziellem Stahl. Die Pendelachse hinten ersetzt man durch eine De-Dion-Doppelgelenkachse, die für konstanten Sturz bei geringfügiger Änderung der Spurweite sorgt, mit längs liegenden Drehstabfedern und hydraulischen Dämpfern. Seitliche Lenker übertragen Schub- und Bremsmomente auf das Fahrgestell.

Uhlenhauts Kreation ist ein Wunder an Variabilität, einzustellen auf den jeweiligen Kurs mit verschiedenen Getrieben, Tanks und Treibstoffmischungen, Vergasern, Ladern, Reifen- und Felgengrößen, Pneu-Profilen sowie äußeren Maßen. Somit schwanken Leistung, Drehmoment und Geschwindigkeiten in den einzelnen Gängen. Für den Grand Prix von Italien am 12. September 1937, den drittletzten der Saison, gibt man für den 5660-cm³-Treibsatz 592 PS bei 5800/min an.

1938 folgt als erster Exponent der Dreiliterformel der W154. Aus thermischen Erwägungen hat man für einen V12 votiert. Mit 468 PS bei 7800/min in seinem Jungfernjahr lohnt er, von zwei Einstufenkompressoren zwangsbeatmet, mit einer Literleistung von 158 PS/l (W125: 114 PS/l). 1939 verhilft ein Zweistufengebläse bei gleicher Drehzahl zu 483 PS. Eine Quadriga von oben liegenden Nockenwellen aktiviert 48 hängende Ventile über gegabelte Schlepphebel. Die Architektur des Fahrwerks entspricht der des W125.

Eigentlich nur eine Fußnote stellt der W165 von 1939 dar und wird doch zur Apotheose einer Ära und zum Vorläufer der Grand-Prix-Moderne. Sein V8 von 1493 cm³, eine Viernockenwellenmaschine mit einem Zweistufenlader, schwingt sich zu 254 PS bei 8250/min auf, was einer Literleistung von 170 PS gleichkommt. Das schöne Signal, das von dem Mercedes-Doppelsieg in Tripolis ausgeht, verliert sich gleichwohl im Leeren. Sport und Politik passen eben doch nicht zueinander.

1934

Ce doit être un objectif pour tous ceux qui se soucient du bien de l'Allemagne que de venir en aide à notre gouvernement. Il s'agit donc d'incarner l'esprit sportif allemand, de mettre l'art de nos ingénieurs au service de notre pays et de prouver la qualité du travail allemand»: Wilhelm Kissel, président du directoire de Daimler-Benz, lie en 1933 l'engagement de son entreprise dans le sport automobile à la cause allemande, telle qu'elle vient d'être redéfinie. En même temps, il s'apprête à écrire l'un des chapitres les plus brillants de l'histoire des Grands Prix.

L'offensive de Mercedes sur les circuits se déploie en trois vagues sur six années, de 1934 à 1939, et tout d'abord dans le cadre de la formule 750 kg jusqu'en 1937. Le huit-cylindres en ligne de la W25, un moteur à quatre soupapes par cylindre, avec deux arbres à cames en tête, pèse 211 kg. Le compresseur est à l'avant et alimente deux carburateurs soufflés. On commence par tirer 354 ch des 3360 cm³ avant

Mercedes-Benz W 25–W 165

d'atteindre des rendements inouïs. La variante M25AB, avec 3710 cm³, offre 398 ch. On a ensuite les étapes suivantes: M25B, avec 3980 cm³ et 430 ch, C avec 4300 cm³ et 462 ch, et enfin, dans la saison critique 1936, la version M25E avec 4740 cm³ et 494 ch – toujours à 5800 tr/min.

Cependant, Rudolf Uhlenhaut, 30 ans, qui travaille depuis cinq ans à Untertürkheim, et lui-même pilote émérite, révèle les faiblesses du concept: tenue de route douteuse, tendance au sautillement, direction floue, manque de rigidité du châssis en acier embouti dans le sens longitudinal. Ses révélations s'appliquent à la W125. Qui possède un châssis en tubes ovales rigide et résistant, avec quatre traverses en acier spécial. Les demi-essieux oscillants à l'arrière sont remplacés par un essieu De Dion à double cardan, qui assure un carrossage constant pour une faible modification de la voie, avec des barres de torsion disposées longitudinalement et des amortisseurs

hydrauliques. Des bras latéraux transmettent au châssis le couple de poussée et absorbent le couple de freinage.

La création d'Uhlenhaut est une merveille de polyvalence susceptible d'être adaptée aux différents circuits par changement des boîtes de vitesses, des réservoirs et des mélanges de carburants, des carburateurs, des compresseurs de suralimentation, de la taille des pneus et des jantes, des profils de pneus et des dimensions extérieures. Ainsi la puissance, le couple et les vitesses varient selon les différents rapports utilisés. Pour le Grand Prix d'Italie, le 12 septembre 1937, presque en fin de saison, il est indiqué pour le moteur de 5660 cm³ une puissance de 592 ch, à 5800 tr/min.

En 1938, apparaît la première formule trois litres avec la W154. En fonction du rendement thermique, on choisit un V12. La voiture tient ses promesses au cours de son année inaugurale, avec 468 ch à 7800 tr/min, avec

admission forcée par deux compresseurs à simple étage, avec un rendement volumétrique de 158 ch/l (W125: 114 ch/l). En 1939, un compresseur à deux étages donne 483 ch pour le même régime. Un groupe de quatre arbres à cames en tête active 48 soupapes commandées par des poussoirs en fourche. L'architecture du châssis complet correspond à celle du W125.

La W165 de 1939 est, en fait, le fruit d'un défi, mais aussi le couronnement de toute une époque et le précurseur de la voiture de Grand Prix de demain. Son V8 de 1493 cm³, à quatre arbres à cames en tête avec son compresseur de suralimentation à deux étages, déverse 254 ch à 8250 tr/min, ce qui équivaut à un rendement volumétrique de 170 ch/l. Mais le puissant signal donné par la double victoire de Mercedes à Tripoli se perd néanmoins dans les sables du désert. Décidément, sport et politique ne font pas bon ménage.

The inline engine of the W 25 consists of two four-cylinder blocks, since a single unit would have led to problems with expansion due to heat. The intake manifold is composed of tubes of varying cross sections to improve the engine's response to the gas pedal. In fact, the overall design from 1933 is predated by preliminary tests with a one-cylinder unit derived from a 1922 Mercedes production engine.

Der Reihenachtzylinder des W 25 besteht aus zwei Blöcken, da eine einzelne Einheit zu Problemen mit ihrer hitzebedingten Ausdehnung geführt hätte. Die Einlassspinne setzt sich zusammen aus Rohren verschiedenen Querschnitts, um das Ansprechverhalten der Maschine auf das Gaspedal zu verbessern. Gleichwohl gehen ihrer Gesamtkonzeption 1933 erste Tests mit einem Einzylindermotor voraus, der sich von einem Mercedes Serien-Aggregat von 1922 herleitet.

Le huit-cylindres en ligne de la W 25 est formé de deux blocs, car un seul aurait entraîné des problèmes dus à la dilatation thermique. Le collecteur d'admission se compose de tubulures de différentes sections afin d'améliorer la réponse du moteur aux sollicitations de l'accélérateur. Sa conception générale découle de premiers tests réalisés en 1933, avec un moteur monocylindre dérivé d'un groupe motopropulseur Mercedes de série de 1922.

1934

The instrumentation of the W 25 is sparse, consisting of indicators for oil and water temperatures as well as gas pressure and a large rev counter. Numerous holes have been bored even into the metal of the gear lever and shifting gate to trim the vehicle's weight to the stipulated 750 kg.

Die Instrumentierung des W 25 ist karg, bestehend aus Uhren für Öl- und Wassertemperatur sowie den Benzindruck und einem großen Drehzahlmesser. Sogar im Umfeld von Ganghebel und Kulisse wurden zahlreiche Löcher ins Metall gedrillt, um den Wagen auf die vorgeschriebenen 750 kg zu trimmen.

Les instruments de la W 25 sont modestes puisqu'ils se composent de cadrans pour la température d'huile et d'eau ainsi que pour la pression d'essence et d'un grand compte-tours. De nombreuses perforations ont été ménagées dans le métal jusqu'à l'entourage du pommeau de vitesse et de la grille afin de ramener la voiture aux 750 kg prescrits.

1934

Following Mercedes' catastrophic 1936, the W 125, the most powerful grand prix racing car until the eighties, returns the firm to the road of success. The shape and positioning of its nose begins a trend towards lower set front air intakes.

Nach dem katastrophalen Mercedes-Jahr 1936 bringt der W 125, bis in die Achtziger stärkster Grand-Prix-Wagen überhaupt, die Firma zurück auf die Straße des Erfolgs. Mit Form und Positionierung seiner Nase beginnt ein Trend zu niedriger angesetzten vorderen Lufteinlässen.

Après une année 1936 catastrophique pour Mercedes, la firme renoue avec le succès grâce à la W 125, la plus puissante de toutes les voitures de Grand Prix jusqu'aux années 1980. La forme et le positionnement de son nez inaugurent une nouvelle tendance, celle des entrées d'air frontales positionnées plus bas.

1934

The most striking characteristics of the W 125 are the
eight-cylinder's monumental exhaust tract, the De Dion
axle, the ends of which can be seen here on the left, the
quickly detachable steering wheel with the deliberately
frugal instrumentation panel behind it, the enormous drum
brakes, and the cranked gear lever in its shifting gate.

Markante Merkmale des W 125 sind der monumentale
Auslasstrakt seines Achtzylinders, die De-Dion-
Achse, deren Ausläufer hier links sichtbar werden,
das schnell abnehmbare Lenkrad mit der bewusst
sparsam instrumentierten Armaturentafel
dahinter, die riesigen Trommelbremsen und der
gekröpfte Ganghebel in seiner Kulisse.

Les principales caractéristiques de la W 125 sont le
monumental échappement de son huit-cylindres,
l'essieu De Dion (que l'on peut distinguer ici à gauche),
le volant à déverrouillage rapide et le tableau de bord
volontairement réduit, les énormes freins à tambour,
ainsi que le sélecteur de vitesse coudé dans sa coulisse.

1934

Compared to the previous year's car, the 1939 W 154 has been considerably modified following extensive tests. It has been made substantially lighter, and the heightened side panels offer the driver improved protection. The times that it achieves on the circuits of Europe are only surpassed in 1955 – by Mercedes racing cars.

Gegenüber dem Wagen des Vorjahres ist der W 154 von 1939 nach extensiven Tests erheblich modifiziert worden. So wurde er kräftig erleichtert, und höher gezogene Seitenverkleidungen bieten dem Piloten besseren Schutz. Die Zeiten, die sie auf den Pisten Europas erreichen, werden erst 1955 übertroffen – von Mercedes-Rennwagen.

Par rapport au modèle de l'année précédente, la W 154 de 1939 subit des modifications considérables à l'issue d'essais très poussés. Elle perd beaucoup de poids et les flancs sont relevés afin d'améliorer la protection du pilote. Les temps effectués par les W 154 sur les circuits européens ne seront dépassés qu'en 1955 – par des bolides Mercedes.

The small instrument panel of the W 154 is fastened directly to the saddle fuel tank. The V12 is revved up to 8200 rpm during test drives. Its angled installation allows the driveshaft to be offset to the left for a lower seating position. In addition to the oval tubular frame, the De Dion axle has also been adopted from the W 125.

Das kleine Armaturen-brett des W 154 ist direkt am Reservetank befestigt. Bei Versuchsfahrten wird der V12 bis zu 8200/min gedreht. Er ist schräg eingebaut, damit der Fahrer neben der Antriebswelle und somit tiefer sitzen kann. Vom W 125 wurde neben dem Ovalrohrrahmen auch die De-Dion-Achse übernommen.

Le petit tableau de bord de la W 154 est fixé directement sur le réservoir de secours. Lors des essais, le V12 atteint 8200 tr/min. Il est monté obliquement afin que le conducteur puisse s'asseoir à côté de l'arbre de transmission, et donc plus bas. Ce modèle reprend le cadre à tubes ovales, mais aussi l'essieu De Dion de la W 125.

The visage of a winner: the front section of the W 165 is
the spitting image of that of its big brother, the W 154. Its
true-to-scale miniaturization is due to the sheer pressure
of time under which the two vehicles are created.

Antlitz eines Siegers: Die Frontpartie des W 165
ist dem großen Bruder W 154 wie aus dem Gesicht
geschnitten. Dessen maßstabsgerechte Verkleinerung
ist bereits bedingt durch den schieren Zeitdruck,
unter dem die zwei Wagen entstehen.

Le visage d'une gagnante : la partie avant de la
W 165 ressemble comme deux gouttes d'eau à celle
de sa grande sœur, la W 154. Cette reproduction
à échelle réduite est due à la précipitation dans
laquelle les deux voitures ont été fabriquées.

As with its paradigm W 154, the W 165's rear wheels are mounted on a De Dion axle with longitudinal torsion-bar springs and hydraulic shock absorbers. The ravages of time have taken something of a toll…

Wie am Vorbild W 154 sind die Hinterräder des W 165 an einer De-Dion-Achse mit längs liegenden Drehstabfedern und hydraulischen Stoßdämpfern geführt. Ein bisschen hat schon der Zahn der Zeit genagt…

Les roues arrière de la W 165, comme celles de son inspiratrice la W 154, sont montées sur un essieu De Dion avec des barres de torsion longitudinales et des amortisseurs hydrauliques. Le temps fait son chemin…

The W 165's potent little V8 has also been mounted at an angle to enable the drivers, Hermann Lang and Rudolf Caracciola, to be better seated.

Auch der potente kleine V8 des W 165 wurde geneigt installiert, damit die Piloten Hermann Lang und Rudolf Caracciola besser sitzen.

Le puissant petit V8 de la W 165 est également installé obliquement, afin que les pilotes Hermann Lang et Rudolf Caracciola soient mieux assis.

The Passing of the Last Titan
Tod des letzten Titanen
Le dernier des Titans

Little had been heard of him for some time when the news of the old man's passing broke that eerie silence. It happened on 5 February 2003: Manfred von Brauchitsch, it was said, had died in his last place of residence Gräfenwarth, in Thuringia. He was 97.

Von Brauchitsch was the last of the pre-war phalanx of Mercedes-Benz drivers, sometimes called "Titans" by a generation whose language and way of thinking was much more flowery. His comrades had long since left us, Rudolf Caracciola as early as 1959, Hermann Lang in 1987. He had made himself scarce since German reunification, to all intents and purposes sealing himself off in the remoteness of his Gräfenwarth estate near the Saale reservoir and the Schleizer Dreieck race track, shielded from journalistic inquisitiveness and curiosity by a friend, and surrounded only by familiar faces. He particularly hated the question of why he hadn't come over to the Golden West now that the borders were open. It was simply that this was his country, the land he had chosen in the mid-fifties, and that was the end of it.

Even when, a couple of years ago, *Stars & Cars* wanted him to provide information about the origins of the Silver Arrows, he only agreed to written communication, answering in a compliant and friendly manner in his old-fashioned Sütterlin handwriting. Von Brauchitsch was every inch a superstar and wanted to be treated as such, even though, in his 1953 book titled *The Struggle for Meters and Seconds,* he offered a polite democratic bow to the anonymous background helpers: "Hardly anyone mentions those whose work created the preconditions for our successes, I mean the men in the pits and production sites. ... And that's why I want others to know all about it."

As opposed to Hermann Lang, who after the war broke radically with his famous past to tend the little garden of his little house in Bad Cannstatt as a green-apron-clad pensioner, von Brauchitsch's celebrity status accompanied his whole life. When, for example, the organizing club issued an invitation to a Meeting of Old Masters as a part of the nostalgic supporting program of the 1974 French Grand Prix in Dijon, he took part as a representative of the communist system of the German Democratic Republic. He looked fantastic with his snow-white hair and his winning and gladly flashed smile, charmingly giving interviews and answering the questions of journalists from all over the world, considering himself to be in no small part an ambassador for socialism. From 1960 onwards, he served that other German state as President of the Society for the Propagation of Olympic Ideals in the GDR, and as a top functionary enjoyed great freedom, even being allowed to regularly travel

Schon eine Zeit lang war es sehr ruhig um ihn geworden, herrschte jene unheimliche Stille, die mit der Nachricht vom Ableben eines alten Menschen endet. Dies geschah am 5. Februar 2003: Manfred von Brauchitsch, so hieß es, sei in seinem letzten Wohnort Gräfenwarth in Thüringen verstorben. Er wurde 97.

Von Brauchitsch war der letzte aus der Phalanx der Vorkriegs-Piloten von Mercedes-Benz, von einer aufgeregter mit dem Wort umgehenden Zeit manchmal „Titanen" genannt. Seine Kameraden waren längst von uns gegangen, Rudolf Caracciola bereits 1959, Hermann Lang 1987. Zumindest seit der Wende hatte er sich rar gemacht, sich regelrecht eingemauert in der Abgeschiedenheit seines Gräfenwarther Anwesens in der Nähe von Saaletalsperre und Schleizer Dreieck, mochte nur von vertrauten Gesichtern umgeben sein, ließ sich von einem Freund abschirmen gegen journalistische Neu- und Wissbegier. Vor allem hasste er die Frage, warum er denn nicht herüberkomme in den goldenen Westen, nun, da die Grenze doch offen sei. Das sei halt sein Land, für das er sich Mitte der Fünfziger entschieden habe, und damit basta.

Selbst als *Stars & Cars* vor ein paar Jahren etwas von ihm wissen wollte über die Entstehung der Saga von den Silberpfeilen, ließ er sich nur auf Schriftliches ein, antwortete gleichwohl freundlich und bereitwillig in seiner Sütterlinschrift. Von Brauchitsch war jeder Zoll ein Superstar und wollte als ein solcher behandelt werden, auch wenn er sich in seinem Buch *Kampf um Meter und Sekunden* von 1953 höflich-

Depuis un certain temps déjà, le silence s'était fait autour de lui. Ce calme étrange qui précède l'annonce du décès d'une personne âgée. Cet événement eut lieu le 5 février 2003. Manfred von Brauchitsch s'éteignit à Gräfenwarth, en Thuringe, à l'âge de 97 ans.

Il était le dernier de la phalange des pilotes Mercedes d'avant-guerre, l'ultime Titan, selon la terminologie en vogue à l'époque. Ses camarades l'avaient déjà quitté depuis longtemps, Rudolf Caracciola dès 1959, Hermann Lang en 1987. Depuis la réunifica-

7. MERCEDES-BENZ-Sieg in diesem Jahre

14. Juli 1935

RUDOLF CARACCIOLA siegt auf MERCEDES-BENZ in der Rekordzeit von 157,5 Std/km Gesamtdurchschnitt im »GROSSEN PREIS VON BELGIEN« und gewinnt den Pokal des Belgischen Königs

MANFRED VON BRAUCHITSCH wird Zweiter und fährt mit 165,767 Std/km die schnellste Runde des Tages

MERCEDES-BENZ führt das schwere, über 500 km gefahrene Rennen vom Start bis zum Sieg ohne Reifenwechsel. Beide Wagen mit Bosch-Kerzen und Continental-Reifen

MERCEDES-BENZ
DIE MARKE DER QUALITÄT UND TRADITION

Caracciola and von Brauchitsch, here together in the advertising of 1935, may be team colleagues of several years' standing, but rivalry is always there.

Von Brauchitsch und Caracciola, hier 1935 in der Werbung vereint, mögen langjährige Teamgefährten sein. Aber immer ist da ihre Rivalität.

Von Brauchitsch et Caracciola, réunis ici pour une publicité en 1935, ont, certes, été coéquipiers pendant de longues années, mais aussi des rivaux acharnés.

tion de l'Allemagne, il s'était retiré, il s'était en quelque sorte enfermé dans la solitude de sa propriété de Gräfenwarth, non loin du barrage sur la Saale et du circuit Schleizer Dreieck, ne voulant plus être entouré que de visages familiers. Un ami le protégeait de la curiosité

to the Monaco Grand Prix – that very Stonehenge of capitalism, carved from the quarry of the franc and the dollar.

His aristocratic name alone made him a figure of public interest. Generals' uniforms were already to be found in the von Brauchitsch family's wardrobes as far back as the old days of Prussia. Field Marshall Walther von Brauchitsch, the 1938 commander-in-chief of the German army, was his great-uncle. This made him officer material, as one would say, no doubt about it. However, things turned out differently. He did indeed join the 100,000-strong army of the Weimar Republic after passing his school leaving exam, that in itself a privilege. But a serious motorcycle accident led to Ensign von Brauchitsch's premature discharge, breaking the family tradition. Although he didn't have much money, there was no lack of benefactors. He won his first race in 1929, the Gaisberg hillclimb on the outskirts of Salzburg, in the Mercedes S of a wealthy relative.

demokratisch vor den namenlosen Helfern im Hintergrund verbeugte: „Von denen aber, deren Arbeiten erst die Voraussetzungen für unsere Leistungen schufen, ich meine die Männer an den Boxen und in den Produktionsstätten, spricht kaum ein Mensch. ... Deshalb möchte ich, dass auch andere davon wissen."

Im Gegensatz zu Hermann Lang, der irgendwann nach dem Krieg radikal mit seiner ruhmreichen Vergangenheit brach und stillvergnügt als Rentner mit grüner Schürze das Gärtlein seines Häuschens in Bad Cannstatt bestellte, begleitete von Brauchitsch sein Star-Status sein ganzes Leben lang. Als etwa der veranstaltende Club im nostalgischen Rahmenprogramm des Großen Preises von Frankreich in Dijon 1974 zum Meeting der alten Meister lud, war er wie Lang mit von der Partie. Er sah glänzend aus mit seinem schlohweißen Haar und seinem gewinnenden Lächeln, das er gerne zeigte, stand den Journalisten aus aller Herren Länder charmant Rede und Antwort, verstand sich aber vor allem als Gesandter des Sozialismus. Seit 1960 diente er

This autograph card shows the high-speed aristocrat from his sunniest side.

Diese Autogrammkarte zeigt den rasenden Aristokraten von seiner sonnigsten Seite.

Cette carte autographe montre l'aristocrate de la grande vitesse sous son meilleur jour.

Dick Seaman follows on the heels of von Brauchitsch in Brno. The name of the gas brand on the advert in the background hardly inspires trust.

In Brünn folgt Dick Seaman von Brauchitsch auf dem Fuße. Der Name der im Hintergrund beworbenen Benzinmarke flößt wenig Vertrauen ein.

À Brno, Dick Seaman talonne von Brauchitsch. À l'arrière-plan, la marque d'essence mentionnée par la publicité incite peu à la confiance.

Von Brauchitsch wins at Monaco in 1937 in front of Caracciola, against the expressed wish of Mercedes team manager Alfred Neubauer.

In Monaco siegt von Brauchitsch 1937 gegen den ausdrücklichen Wunsch von Rennleiter Alfred Neubauer vor Caracciola.

À Monaco, en 1937, von Brauchitsch gagne devant Caracciola ignorant volontairement l'ordre du directeur de course, Alfred Neubauer.

dem anderen deutschen Staat als Präsident der Gesellschaft zur Förderung des olympischen Gedankens in der Deutschen Demokratischen Republik und genoss deshalb als hoher Funktionär jede Freiheit, sogar die, regelmäßig zum Grand Prix nach Monaco ausreisen zu dürfen, jenem aus Franc und Dollar gehauenen Stonehenge des Kapitalismus.

Schon sein Adel verpflichtete, sein bloßer Name machte ihn zur Figur öffentlichen Interesses. In den Garderoben der Dynastie von Brauchitsch hingen bereits zu Zeiten der alten Preußen die Generalsröcke. Feldmar-

des journalistes. La question qu'il détestait par-dessus tout, c'était pourquoi il refusait de s'installer à l'Ouest, dans cet eden, puisque le mur n'existait plus. C'était son pays, celui qu'il avait choisi vers le milieu des années 1950, et voilà tout.

Et même lorsque *Stars & Cars* voulut connaître sa version sur l'origine de la légende des Flèches d'argent, il ne consentit qu'à répondre par écrit. Ce qu'il fit d'ailleurs avec gentillesse et amabilité, de sa plus belle écriture. Il était une star à tous points de vue et voulait être traité en tant que tel. Ce qui ne l'empêcha pas, dans son livre *Kampf um Meter und Sekunden* (« Lutte pour des mètres et des secondes », 1953), de s'incliner très respectueusement devant ces anonymes, ceux qui restent dans l'ombre : « Presque personne n'évoque ceux dont le travail nous permet d'accomplir nos performances, je veux parler des hommes tapis dans les stands et dans les services de production. [...] C'est pourquoi je désire que tout le monde sache qu'ils existent. »

À la différence d'Hermann Lang qui, après la guerre, décida un beau jour de rompre pour toujours avec son passé glorieux, de vivre en retraité heureux et de s'occuper du petit jardin de sa maisonnette de Bad Cannstatt, von Brauchitsch conserva toute sa vie son statut de star. Lorsque le club qui organisait un meeting des anciens champions à Dijon, dans l'esprit des Grands Prix de l'ACF et de France, l'invita en 1974 par exemple, il s'y rendit volontiers. Il était superbe avec ses beaux cheveux blancs comme neige et son sourire sympathique dont il ne se montrait pas avare, il parla et bavarda avec plaisir avec les journalistes du monde entier et, surtout, il était tout à fait conscient de son rôle d'ambassadeur du socialisme. Depuis 1960, il était au service de la République démocratique allemande en sa qualité de président de la Société pour la propagation de l'idéal olympique en RDA et de ce fait, comme tout haut fonctionnaire, jouissait d'une grande liberté, notamment celle de pouvoir se rendre régulièrement au Grand Prix de Monaco, dans ce haut lieu du capitalisme.

Les gens étaient impressionnés par sa particule, son nom prestigieux faisait de lui un personnage d'intérêt public. Dans les garde-robes de la dynastie von Brauchitsch reposaient des uniformes de généraux datant de l'ancienne Prusse. Le maréchal Walther von Brauchitsch, commandant en chef de la Wehrmacht en 1938, était un grand-oncle. Il était donc voué à devenir officier, sans le moindre doute.

Il en fut autrement. Certes, il s'engagea dans l'armée des 100 000 hommes après son baccalauréat, ce qui constituait en soi un privilège. Cependant, à la suite d'un grave accident de moto en 1928, l'aspirant von Brauchitsch quitta l'armée et les traditions familiales. Si l'argent était compté, les bienfaiteurs ne manquaient pas. Il gagna sa première course en 1929, sur la Mercedes S d'un parent fortuné, sur le Gaisberg aux portes de Salzbourg. Avec sa victoire à l'Avus le 22 mai 1934 sur une SSKL qu'un spécialiste de l'aérodynamique, le baron Reinhard von Koenig-Fachsenfeld avait habillée d'une carrosserie profilée assez curieuse, le jeune aristocrate eut droit aux feux de la rampe et aux gros titres. Les Berlinois hurlaient et tapaient des pieds sur les tribunes en bois, tout en maudissant Rudolf Caracciola qui remporta la deuxième place de justesse sur une Alfa Romeo.

Entre 1934 et 1939, il œuvra comme pilote sous le signe de l'étoile, mais aussi, de ce fait, sous celui de la croix gammée. Pendant ces années-là, la politique et le

Von Brauchitsch in the streamlined W25 leads Fagioli's Auto Union (no. 33) at the start of the 1937 Avus Race. He wins the second heat, while the final heat goes to Hermann Lang (no. 37).

Beim Start zum Avus-Rennen 1937 führt von Brauchitsch im Stromlinien-W25 vor dem Auto Union Fagiolis (Nr. 33). Er gewinnt den zweiten Lauf, Hermann Lang (Nr. 37) den Endlauf.

Au départ de la course de l'Avus 1937, von Brauchitsch prend la tête avec la W25 aérodynamique devant l'Auto Union de Fagioli (avec le n° 33). Il gagne la seconde manche et Hermann Lang (n° 37), la finale.

It was with his victory at the Avus on 22 May 1932 in an SSKL given a clumsily streamlined body by the aerodynamic expert Reinhard Baron von Koenig-Fachsenfeld that the drifting aristocrat first hit the limelight and the headlines. The Berliners were jubilant, stamping thunderously on the wooden stands and taunting Rudolf Caracciola, who was narrowly pushed into second place in an Alfa Romeo.

Between 1934 and 1939, he competed as a works driver for the company under the star logo, and of course, automatically, under the banner of the swastika. Politics and sport were inextricably interwoven in those years – a key theme in the life of Manfred von Brauchitsch. Apart from the glorious debut with the W25 at the 1934 Eifel Race, other highlights in his career were the victories at the 1937 Monaco Grand Prix and at the French Grand Prix at Reims in 1938. He wrote in 1999 that he had thoroughly

schall Walther von Brauchitsch, 1938 Oberbefehlshaber der Wehrmacht, war ein Onkel zweiten Grades. Offiziersmaterial also, wie man so sagte, kein Zweifel.

Es kam jedoch anders. Zwar rückte er nach dem Abitur ins 100 000-Mann-Heer ein, schon das ein Privileg. Aber ein schwerer Sturz mit dem Motorrad führte 1928 zur frühen Verabschiedung des Fähnrichs von Brauchitsch, auch aus der Familientradition.

Geld war nicht soviel da, aber an Gönnern fehlte es nicht. 1929 gewann er mit dem Mercedes S eines wohlhabenden Verwandten sein erstes Autorennen, am Gaisberg vor den Toren von Salzburg.

Mit seinem Sieg auf der Avus am 22. Mai 1932 in einem SSKL, dem der Aerodynamiker Reinhard Freiherr von Koenig-Fachsenfeld ein unbeholfenes Stromliniengewand übergestülpt hatte, geriet der driftende Aristokrat erstmals ins Rampenlicht und in die Schlagzeilen. Die Berliner tobten, trampelten dröhnend auf

sport étaient indissociables, ce qui fut d'ailleurs le leitmotiv de la vie de Manfred von Brauchitsch. Les grands moments de sa carrière, à part le glorieux début sur la W25 à la course de l'Eifel en 1934, furent les victoires remportées au Grand Prix de Monaco en 1937 et au Grand Prix de France, en 1938, à Reims. Il écrivit, en 1999, qu'il avait vraiment aimé les 100 tours de Monaco roue dans roue avec Caracciola, qu'il avait vécu là l'apogée de sa carrière. L'homme à la casquette rouge s'était d'ailleurs dressé de sa propre volonté contre l'ordre très strict que faisait régner le tyrannique Neubauer, qui avait prévu la première place pour le Rhénan. Mais cette « Lutte pour des mètres et des secondes » n'avait rien que de très normal et il fallut attendre dix-huit ans pour que le record de von Brauchitsch soit battu.

Les accidents et la malchance qui l'accompagnèrent tout au long de sa carrière ont presque autant contribué à sa célébrité. Son courage n'avait d'égal que sa

Giving his very best in Pescara 1937.
His reward is second place.

Voller Einsatz in Pescara 1937.
Belohnt wird er mit Rang zwei.

Le couteau entre les dents à Pescara en 1937.
Il en sera récompensé par une deuxième place.

den Holztribünen, verhöhnten Rudolf Caracciola, der auf einem Alfa Romeo knapp Zweiter geworden war.

Zwischen 1934 und 1939 trat er als Werksfahrer im Zeichen des Sterns an, damit automatisch zugleich im Namen jenes Kreuzes, das laut Bert Brecht für den kleinen Mann einen großen Haken hatte. Untrennbar waren in jenen Jahren Politik und Sport miteinander verwoben, ein Leitmotiv auch im Leben des Manfred von Brauchitsch. Höhepunkte seiner Laufbahn neben dem glorreichen Einstand mit dem W 25 beim Eifelrennen 1934 waren die Siege 1937 beim monegassischen Grand Prix sowie beim Großen Preis von Frankreich 1938 in Reims. Die 100 Runden von Monaco Rad an Rad mit Caracciola, schrieb er 1999, habe er genossen, sie seien der Gipfel seiner „Carrière" gewesen. Der Mann mit der roten Staubkappe hatte sich allerdings auch eigenmächtig der strikten Stallorder des Des-

folle témérité, il manipulait le matériel avec une grande dureté – à l'opposé de Caracciola, dont la conduite souple ménageait les voitures. Pendant le dernier tour du Grand Prix d'Allemagne, en 1935, von Brauchitsch avait pris une avance de 30 secondes sur Tazio Nuvolari dans son Alfa Romeo P3 vieillissante et de deuxième main. Mais il roulait déjà sur la toile de ses pneus Continental et, sur le tronçon du carrousel, un pneu arrière éclata. Après une danse de Saint-Guy sur trois roues plus une jante nue qui se prolongea sur huit kilomètres jusqu'à la ligne d'arrivée, il dut se contenter de la cinquième place. Von Brauchitsch pleura de rage, tandis que le « Mantouan volant » recueillait les lauriers de la gloire, ce qui déplut fort aux officiels du parti nazi, venus en grand nombre.

Manfred von Brauchitsch et le Nürburgring – cette association ne pouvait que mal se terminer. Pendant les

Mercedes SPORT

A little shop talk at Spa in 1937 with Leopold of Belgium, a fervent fan of automobiles.

Kleine Fachsimpelei 1937 in Spa mit Leopold von Belgien, einem bekennenden Autonarren.

Bavardages entre initiés en 1937 à Spa avec Léopold de Belgique, un authentique amoureux de l'automobile.

enjoyed the 100 laps at Monaco, neck and neck with Caracciola; they had been the peak of his "carrière." The man in the red dust cap had, however, arbitrarily defied the strict stable ranking of the despot Neubauer, who had intended the top spot for the man from Remagen. But this "Struggle for Meters and Seconds" was all above board. After all, von Brauchitsch's lap record was unbeaten for 18 years.

The accidents and adversities that punctuated his life almost contributed more to his fame. He was bold, almost foolhardy, handling the material roughly – quite different to Caracciola, whose smooth driving style was also good for his vehicle. In the last lap of the 1935 German Grand Prix, von Brauchitsch had developed a half-minute lead over Tazio Nuvolari in an obsolete second-hand Alfa Romeo P3. But he was already driving on the canvas of his Continental tires, and at

poten Neubauer widersetzt, der Rang eins für den Remagener vorgesehen hatte. Aber es ging schon mit rechten Dingen zu bei diesem „Kampf um Meter und Sekunden": Immerhin hielt von Brauchitschs Rundenrekord 18 Jahre.

Fast noch mehr trugen zu seinem Ruhm die Unfälle und Missgeschicke bei, die seinen Weg säumten. Er war mutig bis hin zur Tollkühnheit, ging überaus hart mit dem Material um – ganz anders als Caracciola, dessen geschmeidiger Fahrstil auch seinen Autos gut tat. In der letzten Runde des Großen Preises von Deutschland 1935 hatte sich von Brauchitsch einen Vorsprung von einer halben Minute vor Tazio Nuvolari im obsoleten Alfa-Romeo-Gebrauchtwagen P3 erarbeitet. Aber er fuhr bereits auf der Leinwand seiner Continental-Pneus und im Streckenteil Karussell zerbarst ein Hinterreifen in tausend Fetzen. Da blieb nur Platz fünf

essais du Grand Prix de 1934, alors qu'il pensait encore à son triomphe lors de la course de l'Eifel, il quitta la piste et se fit de multiples fractures. Quatre ans plus tard, à la même occasion, c'était à son tour de bénéficier des petits soins du stratège en chef, Neubauer. Ce 24 juillet 1938 devait être son jour, et cela à un endroit et à un moment essentiels. Or, alors qu'il faisait le plein au seizième tour, un peu de carburant tomba sur l'arrière de la W 154. Les flammes jaillirent lorsque le pilote, qui ne se doutait de rien, mit le contact. Neubauer l'arracha de la voiture, tandis que les extincteurs venaient à bout du feu. Marqués par le feu, le pilote et sa voiture reprirent la piste sous les acclamations du public – jusqu'au tronçon de l'aérodrome, quatre kilomètres plus loin, où le parcours de von Brauchitsch dans l'enfer vert s'acheva une fois de plus dans le fossé. Il s'était retrouvé avec le volant détaché à 210 km/h, expliqua-t-il en haussant les

Manfred von Brauchitsch

83

Von Brauchitsch's W154 catches fires at the 1938 German Grand Prix. Fuel has ignited on the hot exhaust.

Beim Großen Preis von Deutschland 1938 ist von Brauchitschs W154 in Brand geraten. Treibstoff hat sich am heißen Auspuff entzündet.

Lors du Grand Prix d'Allemagne 1938, la W154 de von Brauchitsch a pris feu. Le carburant s'est enflammé sur le pot d'échappement brûlant.

the Karussell a rear tire blew to pieces. He was left with third place after a St. Vitus' dance on three wheels and a bare rim over the eight kilometers left to the finishing line. Von Brauchitsch wept with disappointment when the victor's wreath was placed around the shoulders of the "Flying Mantuan", much to the chagrin of the numerous prominent Nazis gathered there.

Manfred von Brauchitsch and the Nürburgring – drama was almost assured by that constellation. With his triumph at the Eifel Race still in mind, he came off the track during practice for the 1934 Grand Prix and broke a number of bones. During the same event, four

nach einem Veitstanz auf drei Rädern und einer blanken Felge über die acht Kilometer bis zur Ziellinie. Von Brauchitsch weinte vor Enttäuschung, während man dem „Fliegenden Mantuaner" den Siegeslorbeer um die Schultern hängte, sehr zum Missvergnügen der reichlich versammelten Nazi-Prominenz.

Manfred von Brauchitsch und der Nürburgring – diese Konstellation programmierte das Drama gewissermaßen schon vor. Beim Training zum Großen Preis 1934 kam er, seinen Triumph beim Eifelrennen noch im Sinn, vom rechten Wege ab und brach sich etliche Knochen. Vier Jahre später bei der gleichen Gelegen-

épaules. Son coéquipier Richard Seaman remporta le Grand Prix d'Allemagne en 1938.

Il suivit avec le plus grand intérêt les exploits de la génération de ses petits-enfants, Mika, David et Kimi et fut parmi les premiers à féliciter le Finlandais Häkkinen pour sa victoire au championnat du monde en 1998. Pourtant, une génération les séparait. « Nous étions des hommes complètement différents, nous avions une autre conception de la vie et un autre rapport avec l'auto », déclara-t-il à l'occasion de son 90e anniversaire. Dans son communiqué de septembre 1999, il résuma une fois de plus cette divergence :

impossible de faire la moindre comparaison entre les
Grands Prix de l'époque et les compétitions modernes
de Formule 1. Il suffisait de penser à « la boîte de vitesse
manuelle contre l'automatique, la calotte en lin contre
le casque, les arbres sur des chaussées normales contre
les glissières de protection, les ampoules sur les mains
et les pieds brûlés à cause des pédales chauffées à blanc,
pas de ceintures de sécurité, une perte de poids de trois
à quatre kilos sans les combinaisons ignifugées actuelles, des pneus étroits d'une adhérence limitée. »

Manfred von Brauchitsch était presque aussi vieux
que tout cela, avait presque tout vu, tout connu de
cette époque mythique, c'était le dernier des Titans,
un témoin du siècle écoulé qui avait voyagé dans le
temps au fil des régimes politiques : l'Empire, la république de Weimar, le Troisième Reich, les vicissitudes
d'après-guerre, puis la jeune République fédérale, la
RDA, pour terminer par l'Allemagne unifiée. Une vie
bien remplie !

years later, it was he who was to benefit from the support of the chief strategist and mastermind, Neubauer.
This 24 July 1938 was to be his day, and at a location
and time which counted most of all. But during refu-
eling on the 16th lap, fuel spilled over the rear of the
W 154. When the driver unsuspectingly switched on
the ignition it burst into flames. Neubauer dragged him
out of the vehicle and rolled him on the ground while
fire extinguishers put an end to the threat. Marked by
traces of the blaze, driver and car continued the race
to the accompaniment of thunderous applause from
the spectators – until reaching the Flugplatz section
four kilometers further on, where von Brauchitsch's
race through the "Green Hell" once again ended in the
ditch. Shrugging his shoulders, he apologized by saying that he suddenly found himself holding the steering
wheel in his hands while hurtling along at 130 mph. The
1938 German Grand Prix was won by his team colleague,
Richard Seaman.

He followed the deeds of Mika, David, and Kimi
very closely, and was one of the first to congratulate
Häkkinen on winning the 1998 world championship.
But there was at the same time a distance born of histor-
ical change. "We were quite different people, had quite
a different view of life, and a different rapport with the
vehicle," he said on his 90th birthday. He once again
summarized this difference in his letter of September
1999, maintaining there was no comparison between
grand prix racing in those days and modern Formula
One events. One only had to consider the following:

"Manual gear switching instead of automatic transmission, linen cap instead of crash helmet, normal
tree-lined roads instead of run-off zones, blisters on
the hands and burnt feet from the red hot pedals, no
safety belts, six to nine pounds loss in weight without
the present-day fireproof suits, narrow wheels with less
road adhesion."

He had seen, experienced and outlived a lot,
Manfred von Brauchitsch, the last of the Titans, an
eye-witness of the previous century and a time traveler
through the various political systems: the Empire, the
Weimar Republic, the Third Reich, post-war chaos, the
early Federal Republic, the GDR and finally a reunified
Germany. What a life!

heit war er es, der sich der Unterstützung des Chef-
strategen Neubauer sicher sein durfte. Dieser 24. Juli
1938 sollte sein Tag sein und dies an einem Ort und zu
einem Zeitpunkt, wo es am meisten zählte. Aber beim
Betanken in der 16. Runde schwappte Treibstoff über
das Heck des W 154. Flammen zuckten empor, als der
Pilot ahnungslos die Zündung einschaltete. Neubauer
zerrte ihn aus dem Auto, wälzte ihn am Boden, während die Feuerlöscher dem Spuk ein Ende bereiteten.
Von Brandspuren gezeichnet setzten Fahrer und Wagen
das Rennen schließlich unter dem tosenden Jubel der
Zuschauer fort – bis zum Streckenabschnitt Flugplatz
vier Kilometer weiter, wo von Brauchitschs Visite in der
„grünen Hölle" ein weiteres Mal im Graben endete. Er
habe, entschuldigte er sich achselzuckend, bei Tempo
210 plötzlich das Lenkrad in den Händen gehalten.
Den Großen Preis von Deutschland 1938 gewann sein
Teamkollege Richard Seaman.

Die Taten der Enkelgeneration Mika, David und
Kimi verfolgte er mit großer Aufmerksamkeit, gehörte
zu den Ersten, die dem Finnen zu seiner Weltmeisterschaft 1998 gratulierten. Aber da war zugleich eine
gleichsam historisch gewachsene Distanz. „Wir waren
ganz andere Menschen, hatten eine ganz andere Lebens-
auffassung und ein anderes Verhältnis zum Auto", sagte
er an seinem 90. Geburtstag. In dem Schreiben vom
September 1999 fasste er diese Andersartigkeit noch
einmal zusammen: Jeder Vergleich der Grand-Prix-
Rennen von damals mit der modernen Formel 1 ver-
biete sich. Man bedenke nur:

„Schaltsystem gegen Automatik, Leinenkappe gegen
Sturzhelm, Bäume an normalen Chausseen gegen
Auslaufzonen, Blasen an den Händen und verbrannte
Füße wegen glühender Pedale, keine Anschnallgurte, drei bis vier Kilogramm Gewichtsverlust ohne
die heutigen feuerfesten Anzüge, schmale Reifen von
minderer Haftfähigkeit."

Fast so alt und schließlich älter als dieses selbst,
war Manfred von Brauchitsch, der letzte der Titanen,
Zeuge des vorigen Jahrhunderts, ein Zeitreisender
durch die Systeme: Kaiserreich, Weimarer Republik,
Drittes Reich, Nachkriegswirrwarr und frühe Bun-
desrepublik, DDR, schließlich das wiedervereinigte
Deutschland. Welch ein Leben!

Hectic activity dominates the racing department of Daimler-Benz during the Christmas season of 1937. A series of attempts at the land speed record has been scheduled for the end of January, only two weeks later and just before the Reich's prestigious Berlin automobile exhibition, with, as usual, a specially prepared version of the current grand prix vehicle. It has not been easy to obtain the date, lying as it does outside the week in October officially envisaged for such events. But Jakob Werlin, a member of the board of directors, flexes his muscles and makes use of his contacts to the fat-cat *bel étage* in Berlin. Adolf Hühnlein, the leader of the NSKK (National Socialist Motoring Corps), who is responsible for motor sport and well disposed to the company, gives his blessing. The date is to be 28 January, the location the same as for the previous attempt on 28 October 1937, a dead straight section of the Frankfurt to Heidelberg autobahn.

Auto Union rival Bernd Rosemeyer had previously taken the record from the company with the star. That must not be allowed to happen again. The W125 once again forms the basis. The earlier vehicle threatened to adopt a ballistic flight path at 247 mph. Head technician, Rudolf Uhlenhaut, reduces the front surface as to a minimum, cutting the airflow to the radiator and the consequent air resistance. Only two small nostrils feed the giant twelve-cylinder engine with air to breathe. To prevent any overheating of the engine even over the short distance in question, the normal radiator of the W125 is immersed in a case filled with 130 gallons of ice and water, an arrangement that has already proved itself at headquarters on the dynamometer. The whole lot weighs about two hundredweight and rests on two supports in front of the engine that also have to shoulder the extra weight of the protuberance at the front. To be on the safe side, they have been tested bearing ten times the weight – the structure proved to be steadfast.

The vehicle's performance and aerodynamic efficiency are tested full-size in the wind tunnel of the DVL (Deutsche Versuchsanstalt für Luftfahrt – German Experimental Institute for Aviation) in Berlin Adlershof. The vehicle's low drawn-out nose is one of the features devised thanks to the institute's artificial storm, as are the hemispherical windshield and the apparently endless length of the teardrop-shaped rear quarter. Under the streamlined shell is concealed, almost untouched, the chassis of the W125, a tubular frame reinforced by four cross members, with double transverse links and coil springs at the front and a De Dion double-joint axle with longitudinal torsion bar springs at the rear. The type MB25 DAB 5.6-liter V12 is force-fed with air by two superchargers, thereby generating a roaring 736 hp at 5800 rpm.

28 January 1938 is an abominable day. A cold wind sweeps through the lowlands of the Rhine and a treacherous layer of ice covers the road surface in the early morning as Mercedes team manager, Alfred Neubauer recalls in his autobiography *Speed Was My Life*. Nevertheless, everything goes according to plan. With a flying start, Caracciola reaches 267 mph over a kilometer and hurtles in a straight line at a top speed of 269.7 mph. It is an international record that is still valid today. However, it will always be overshadowed by the death of Bernd Rosemeyer while trying to regain the record a few hours later.

Um die Weihnachtszeit des Jahres 1937 herrscht in der Rennabteilung von Daimler-Benz hektische Aktivität. Für Ende Januar ein paar Wochen später kurz vor der Berliner Automobil-Ausstellung als prestigeträchtigem Schaufenster des Reichs sind Rekordversuche angesetzt, wie üblich mit einer speziell aufbereiteten Variante des aktuellen Grand-Prix-Wagens. Der Termin außerhalb der offiziell für dergleichen vorgesehenen Woche im Oktober war nicht einfach zu bekommen. Aber dann lässt Vorstandsmitglied Jakob Werlin die Muskeln und seine Beziehungen zur Bonzen-Beletage in Berlin spielen. Korpsführer Adolf Hühnlein, für den Motorsport zuständig und der Firma ohnehin günstig gesonnen, erteilt seinen Segen. Das Datum wird der 28. Januar sein, Schauplatz, wie schon bei einem früheren Anlauf am 28. Oktober 1937, ein schnurgerader Abschnitt der Autobahn Frankfurt–Heidelberg.

Damals wurde der Marke mit dem Stern der Rekord durch den Auto-Union-Rivalen Bernd Rosemeyer abgenommen. Das darf sich nicht wiederholen. Basis ist wiederum der W125. Das frühere Fahrzeug drohte sich bei Tempo 400 auf eine ballistische Flugbahn zu begeben. Technik-Chef Rudolf Uhlenhaut reduziert die Frontfläche auf ein Minimum und stellt damit den Zustrom zum Kühler und den damit verbundenen Strömungswiderstand ab. Zwei kleine Nüstern beschicken lediglich den riesigen Zwölfzylinder mit Atemluft. Um jegliches Überhitzen des Triebwerks selbst über die kurze fragliche Distanz abzustellen, taucht man den normalen Kühler des W125 in einen mit einem halben Kubikmeter Eis und Wasser gefüllten Kasten, ein Arrangement, das sich bereits daheim auf der Bremse bewährt. Das Ganze wiegt rund zwei Zentner und ruht auf zwei Trägern vor der Maschine, die überdies das Mehrgewicht der Protuberanz nach vorn schultern müssen. Vorsichtshalber hat man sie mit dem Zehnfachen belastet – die Struktur erweist sich als unerschütterlich.

Eingebunden wird auch der Windkanal der Deutschen Versuchsanstalt für Luftfahrt (DVL) in Berlin-Adlershof, wo das Fahrzeug in voller Größe auf Herz, Nieren und seine aerodynamische Effizienz hin geprüft wird. Dem Kunst-Sturm des Instituts verdankt es beispielsweise die tief herabgezogene Nase, die als Halb-Beule ausgeformte Windschutzscheibe sowie das schier endlos lange tränenförmige Hinterviertel. Unter dem windschlüpfigen Habit verbirgt sich fast unangetastet das Chassis des W125, ein durch vier Quertraversen bewehrter Ovalrohrrahmen mit doppelten Querlenkern und Schraubenfedern vorn und einer De-Dion-Doppelgelenkachse mit längs liegenden Drehstäben hinten. Der 5,6-Liter-V12 vom Typ MB25 DAB wird von zwei Kompressoren zwangsbeatmet und schwingt sich zu brüllenden 736 PS bei 5800/min auf.

Der 28. Januar 1938 ist ein scheußlicher Tag. Ein kalter Wind fegt durch die Rheinebene und eine tückische Glatteisschicht bedeckt früh morgens die Fahrbahn, wie Mercedes-Rennleiter Alfred Neubauer in seiner Autobiographie *Männer, Frauen und Motoren* berichtet. Dennoch verläuft alles nach Wunsch. Caracciola fährt mit fliegendem Start 432,7 km/h über einen Kilometer und huscht mit einer Spitzengeschwindigkeit von 436,9 km/h in eine Richtung. Das ist ein internationaler Bestwert, der noch heute gilt. Aber für immer überschattet sein wird er vom Tod Bernd Rosemeyers ein paar Stunden später bei dem Versuch, sich seinen Rekord zurückzuholen.

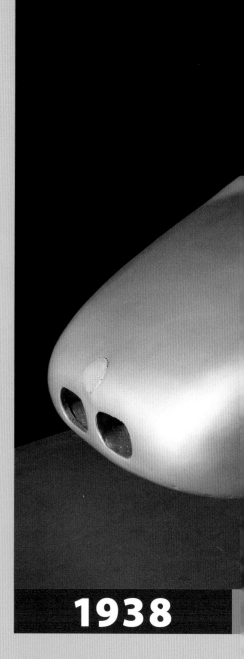

1938

Pendant la période de Noël 1937, une activité fébrile règne dans le département courses de Daimler-Benz. Des tentatives de record sont préparées pour la fin janvier, quelques semaines plus tard, peu avant le Salon de l'Auto de Berlin, vitrine prestigieuse du Reich, avec comme d'habitude une variante spécialement préparée d'une voiture de Grand Prix. Il n'avait pas été facile d'obtenir cette date, qui était en dehors de la semaine officiellement prévue à cet effet en octobre. Mais Jakob Werlin, membre du comité de direction, se démena et joua de ses relations dans le beau monde de la capitale. Le Korpsführer Adolf Hühnlein, responsable du sport automobile, et d'ailleurs bien disposé à l'égard de la firme, donna son feu vert. La date sera le 28 janvier 1938, le site, comme déjà lors d'une occasion antérieure le 28 octobre 1937, une section en ligne droite de l'autoroute Francfort-Heidelberg.

Mercedes-Benz Rekordwagen W 125

La marque à l'étoile s'était fait déposséder du record par sa rivale, l'Auto Union de Bernd Rosemeyer. Il n'était pas question que cela se reproduise. La base de départ est à nouveau la W 125. Le premier véhicule menaçait de suivre une trajectoire de vol balistique à une vitesse de 400 km/h. Le directeur technique, Rudolf Uhlenhaut, réduisit la surface frontale à un minimum et diminua ainsi le flux dans le radiateur et la résistance aérodynamique qui en découlait. Deux petites ouvertures alimentent le gigantesque douze-cylindres en air. Pour éviter toute surchauffe du moteur, même sur la courte distance prévue, on plonge le radiateur normal de la W 125 dans un bac rempli d'un demi-mètre cube de glace et d'eau, système qui a déjà fait ses preuves sur le banc d'essai dynamométrique chez le constructeur. L'ensemble pèse environ 100 kg et repose devant le moteur sur deux traverses qui, en outre, doivent porter le surpoids du bossage à l'avant.

Par précaution, on l'a chargé aux essais d'un poids dix fois supérieur – la structure se révéla inébranlable.

On a également fait appel à la soufflerie de la Deutsche Versuchsanstalt für Luftfahrt (DVL) à Berlin-Adlershof, où le véhicule est testé grandeur nature pour ses performances et pour son efficacité aérodynamique. C'est à la tempête artificielle de l'institut que l'on doit, par exemple, le nez profondément surbaissé, le pare-brise en forme de demi-bulle et la partie arrière ressemblant à une longue goutte d'eau. Sous l'habillage, qui n'offre pas de prise au vent, se cachent, presque intact, le châssis de la W 125, un cadre tubulaire ovale renforcé par quatre traverses avec doubles bras de liaison transversaux et ressorts hélicoïdaux à l'avant et un essieu De Dion à doubles joints avec barres de torsion longitudinales à l'arrière. Le V12 de 5,6 litres du type MB 25 DAB, alimenté par deux compresseurs, s'élance en rugissant de ses 736 ch à

5800 tr/min. Le 28 janvier 1938, le temps est abominable. Un vent froid balaye la plaine du Rhin et une méchante couche de verglas recouvre la piste tôt dans la matinée, comme le rapporte le directeur des courses de Mercedes, Alfred Neubauer, dans son autobiographie *Mon Royaume, la Vitesse*. Cependant, tout se déroule comme sur des roulettes. Caracciola fait un départ lancé foudroyant et atteint 432,7 km/h sur un kilomètre, avec une vitesse de pointe de 436,9 km/h dans un sens. C'est un record mondial, encore inégalé à ce jour. Mais il restera pour toujours endeuillé par la mort de Bernd Rosemeyer quelques heures plus tard, lorsqu'il essaya de reprendre son record.

A view under the outer skin of the fully-covered record vehicle of 1936, a normal W 25 chassis, a V12 with the name MD 25 DAB, its striking feature being the four pressure pipes of the two-barrel carburetors. The small pictures show a swing axle with transversal cantilever springs and friction dampers underneath as well as the 1935 Avus version of Caracciola's "racing sedan".

So sah es unter der Außenhaut des voll umkleideten Rekordwagens von 1936 aus, ein normales W 25-Chassis, der V12 namens MD 25 DAB, auffälliges Merkmal: die vier Druckrohre der Doppelvergaser. Die kleinen Bilder zeigen eine Pendelachse mit unten liegender Viertelelliptikfeder und Reibungsstoßdämpfer sowie Caracciolas „Rennlimousine" in der Avus-Version 1935.

Voici les entrailles de la voiture qui battit un record en 1936, complètement carénée : un châssis de W 25 normal et le V12 matricule MD 25 DAB. Caractéristique la plus flagrante : les quatre tubes de pression des doubles carburateurs. En médaillon : un essieu oscillant avec, en bas, le ressort horizontal en quart d'ellipse et les amortisseurs à friction, ainsi que la « berline de course » de Caracciola dans la version Avus de 1935.

Protocol of a Passion
Protokoll einer Passion
Compte rendu d'une passion

Rudolf Caracciola was the outstanding driver of the late twenties and thirties, a multi-talent. But the Rhinelander with the Italian name was also stigmatized by his fast trade.

Rudolf Caracciola war der überragende Fahrer der späten zwanziger und der dreißiger Jahre, ein Multitalent. Aber der Rheinländer mit dem italienischen Namen war auch stigmatisiert von seinem schnellen Gewerbe.

Dans les années 1920 et 1930, Rudolf Caracciola, le Rhénan au nom à consonance italienne, fut un pilote exceptionnel, plein de talent et polyvalent. Cependant, il dut payer un lourd tribut.

What was Rudolf Caracciola's nationality? Italian? German? Monegasque? French?" This question poses a quandary for the quiz candidate competing for the much coveted million. "Caracciola", he broods, "sounds Italian. But Rudolf?" and so, his final answer is wrong and the contestant clumps out of the program with only the minimum win of 1000 euros. This is no wonder, for the name has long paled from being a household word to a mere trace amid what might have been hoped to be a comprehensive breadth of general knowledge, ranging from the number of Henry VIII's wives to the most populous species of animal on the Galapagos Islands.

For many a year, though, the name is on everyone's lips. "I am sure that of all the great drivers I have known, Rosemeyer, Lang, Nuvolari, Moss or Fangio, Rudolf Caracciola was the greatest," writes Alfred Neubauer, Mercedes' race manager in the thirties and fifties. His rapid rise in the twenties is integrally bound to the K and S models bearing the star emblem, up to and including the SSLK (standing for Super Sport Kurz Leicht) development stage of 1931, also known tenderly as "white elephants" – defiantly monumental automobiles with the half-life of a molybdenum key.

Following a successful intermezzo at Alfa Romeo in 1932, where he has to fend off the massed resentment

Was für ein Landsmann war Rudolf Caracciola? Italiener? Deutscher? Monegasse? Franzose?" Die Frage treibt den Kandidaten im Quiz um die wohlfeile Million in Verlegenheit. „Caracciola", grübelt er, „das klingt italienisch. Aber Rudolf?" Und so ist die Antwort am Ende falsch und der Mann trollt sich mit 1000 Euro Mindestgewinn aus der Sendung. Kein Wunder: Der Name ist verblasst vom Kultwort zum Spurenelement einer möglichst umfassenden Allgemeinbildung von der Anzahl der Ehen Heinrichs VIII bis zur häufigsten Tierart auf den Galapagosinseln.

Lange ist er in aller Munde. „Ich bin mir sicher, dass Rudolf Caracciola von all den großen Fahrern, die ich kannte, Rosemeyer, Lang, Nuvolari, Moss oder Fangio, der größte war", schreibt Alfred Neubauer, Mercedes-Rennleiter in den dreißiger und den fünfziger Jahren. Sein rascher Aufstieg in den Zwanzigern knüpft sich an die K- und S-Modelle im Zeichen des Sterns bis hin zur Ausbaustufe SSKL (Super, Sport, Kurz, Leicht) von 1931, auch zärtlich „weiße Elefanten" genannt – trotzig-monumentale Automobile von der Halbwertzeit eines Molybdänschlüssels.

Nach einem erfolgreichen Intermezzo 1932 bei Alfa Romeo, wo er sich der geballten Missgunst der „drei Musketiere" Tazio Nuvolari, Giuseppe Campari und Baconin Borzacchini erwehren muss, wird Caracciola

Quelle était la nationalité de Rudolf Caracciola ? Italien ? Allemand ? Monégasque ? Français ? » : voilà la question à 1 million d'euros qui plonge le candidat dans l'embarras. Il réfléchit avant de marmonner que Caracciola est un nom à consonance italienne. Mais Rudolf ? Et il finit par répondre à côté, perd et quitte l'émission avec 1000 euros. Faire cette erreur n'a rien d'étonnant, car ce nom, qui était sur toutes les lèvres, n'est plus sur le devant de la scène. Il n'est plus aujourd'hui qu'un élément de culture générale, loin derrière le nombre des épouses d'Henri VIII ou le nom de l'animal le plus répandu sur l'archipel des Galapagos.

Caracciola fut longtemps un héros national. Alfred Neubauer, directeur des courses chez Mercedes dans les années 1930 et 1950, écrit à son propos : « Je suis certain que de tous les pilotes hors pair que j'ai connus, Rosemeyer, Lang, Nuvolari, Moss ou Fangio, Rudolf Caracciola était le plus grand. » Son ascension rapide dans les années 1920 se fait dans le sillage des modèles K et S de la firme à l'étoile, jusqu'aux SSKL (Super, Sport, Court et Léger) de 1931, baptisées les « éléphants blancs » – des monuments quasiment indestructibles.

Après un intermède couronné de succès chez Alfa Romeo en 1932, où il doit affronter l'hostilité des « trois mousquetaires », à savoir Tazio Nuvolari, Giuseppe

Early years: in 1930 with his own Nürburg 460 K and a year later at the start of the Mille Miglia in an SSKL.

Frühe Jahre: 1930 mit seinem privaten Nürburg 460 K und ein Jahr später am Start der Mille Miglia im SSKL.

Les premières années: en 1930 avec sa Nürburg 460 K privée et un an plus tard, au départ des Mille Miglia, au volant de la SSKL.

Caracciola with dachshund Moritz – he, too, is a German celebrity, hinting as he does at the human side of the superstar.

Caracciola mit Dackel Moritz – auch er eine deutsche Berühmtheit. Denn er zeugt vom Menschlichen im Naturell des Superstars.

Caracciola et son teckel Moritz – lui aussi, une célébrité allemande. Il témoigne en effet que la superstar est restée d'un naturel convivial.

of the "Three Musketeers", Tazio Nuvolari, Giuseppe Campari and Baconin Borzacchini, the name Caracciola becomes, over the following decade, almost synonymous with the first generation of the Silver Arrows: the W 25 and W 125 of the 750-kg formula between 1934 and 1937, and the W 154 of the 3-liter class in 1938 and 1939. "Caratsch", as his German fans call him, really is the greatest: he wins the German Grand Prix alone six times, once (1926) at the Avus but on all other occasions at the Nürburgring, once (1932) for Alfa Romeo, otherwise for Mercedes-Benz. His three European championships of 1935, 1937 and 1938 can, by all means, be equated with today's world titles. Thus, he is celebrated as the hero he really is by the sport press of the radio and print media in the bombastically chauvinistic style of the day. Wherever his private taller-than-a-man Mercedes sedans with the IA (for Berlin) 4444 license plate appear, people reverently murmur to each other "Look, it's Caratsch." Only at the Avus Race in 1932 does Caracciola's commitment to a foreign racing stable so arouse the ferocity and malice of the Berliners that Charlotte, his resolute wife, without further ado winds down the window and pokes her tongue out at the grudge-bearing bellyachers outside, while dachshund Moritz, otherwise the nation's favorite cuddly pet, barks angrily.

In the long slipstream of his fame, millions of boys dream of glittering careers à la "Caratsch." One of them actually does inherit the favor of the Germans after the war: the young Count Wolfgang Berghe von Trips. Even as a tot, the high-speed aristocrat roars around the corridors between the 45 rooms of his home, Burg Hemmersbach in Horrem, accurately imitating the shrill engine noises of the supercharged Mercedes. In the nearby "Green Hell" of the Nürburgring, he watches his idol at work and gains childish pleasure from seeing the silver racing car being chauffeured to the start and finish area through the normal traffic of the small hamlet of Nürburg, between the tractors and wandering spectators.

Of course, the National Socialist system, which considers sport, like warfare, to be the continuation of politics by other means, tries to harness Caracciola for their own purposes. But, in contrast to Hans Stuck Snr., who is only too glad to enjoy the pleasures of the opulently laid tables of the Reich's powerful, he is merely paying inescapable and obligatory lip service when, on official occasions, he raises his right arm for the Nazi salute or signs his business letters with "Heil Hitler." That he is by no means a fervent German patriot is shown later, when, in 1946, he adopts Swiss nationality and from 1951 starts with a Swiss license. He has long since moved to his beautiful Lugano villa, the Casa Scania, located with an exquisite view over the lake in the up-

im folgenden Jahrzehnt förmlich zum Synonym für die Silberpfeile der ersten Generation, die W 25 und W 125 der 750-kg-Formel zwischen 1934 und 1937 und die W 154 der Dreiliterklasse 1938 und 1939. „Der Caratsch" ist in der Tat der Größte: Sechsmal gewinnt er allein den Großen Preis von Deutschland, einmal (1926) auf der Avus und sonst immer am Nürburgring, einmal (1932) auf Alfa Romeo und ansonsten stets auf Mercedes-Benz. Seine drei Europachampionate von 1935, 1937 und 1938 lassen sich durchaus gleichsetzen mit den Weltmeisterschaften von heute. Und so feiert ihn die Sportpresse in Radio und Printmedien im schwülstig-chauvinistischen Stil der Zeit als den Helden, der er wirklich ist. Wo immer seine mehr als mannshohen privaten Mercedes-Limousinen mit dem Kennzeichen IA (für Berlin) 4444 auftauchen, murmelt man einander andachtsvoll zu: Schau, der Caratsch. Nur 1932 beim Avus-Rennen erregt Caracciolas Engagement bei einem ausländischen Rennstall Grimm und Häme der Berliner, so dass seine resolute Frau Charlotte kurzerhand das Fenster herunterdreht und den Neidern und Nörglern da draußen die Zunge herausstreckt, während Dackel Moritz, sonst das Schmusetier einer ganzen Nation, wütend kläfft.

Im langen Windschatten seines Ruhms träumen Millionen von Bengels von glänzenden Karrieren à la Caratsch. Einer von ihnen wird ihn nach dem Krieg tatsächlich beerben in der Gunst der Deutschen: der junge Reichsgraf Wolfgang Berghe von Trips. Der rasende Aristokrat braust schon als Dreikäsehoch durch die Gänge zwischen den 45 Räumen der heimischen Burg Hemmersbach in Horrem, die Motorengeräusche der Kompressor-Mercedes schrill und treffend imitierend. In der nahen „Grünen Hölle" hat er sein Idol bei der

Campari et Baconin Borzacchini, Caracciola devient au cours de la décennie suivante le symbole des flèches d'argent de première génération, les W 25 et W 125 de la formule 750 kg entre 1934 et 1937 et la W 154 en catégorie trois litres (1938 et 1939). Caracciola est, en effet, le plus grand : il gagne, à lui seul, à six reprises le Grand Prix d'Allemagne, une fois (1926) sur l'Avus et sinon toujours sur le Nürburgring, une fois sur une Alfa Romeo, les autres fois sur Mercedes.

Ses trois championnats d'Europe de 1935, 1937 et 1938 sont l'équivalent des championnats du monde d'aujourd'hui. C'est pourquoi les médias, presse et radio, l'encensent dans le style chauvin et dithyrambique de l'époque, saluant le héros qu'il incarne. Partout où apparaissent ses limousines Mercedes personnelles, plus hautes qu'un homme et immatriculées IA (pour Berlin) 4444, le public murmure avec admiration : « Regardez, c'est Caratsch. » En 1932, toutefois, Caracciola court sur l'Avus pour une écurie étrangère. Les Berlinois lui en veulent à tel point que son épouse Charlotte ferme sa fenêtre et tire la langue aux badauds en colère, sous les aboiements furieux de Moritz, leur teckel devenu la mascotte de toute la nation.

Des millions de gamins rêvent d'embrasser une carrière à la Caracciola. L'un d'eux lui succèdera après la guerre dans le cœur des Allemands : le jeune comte Wolfgang Berghe von Trips. À peine haut comme trois pommes, le jeune aristocrate fou du volant parcourt les couloirs entre les 45 pièces de son château familial de Hemmersbach à Horrem en imitant à la perfection le son suraigu des moteurs Mercedes à compresseur. Il a observé son idole au travail dans l'enfer vert du Nürburgring tout proche et prend un grand plaisir à contempler

In 1931 Caracciola also wins the Avus Race in an SSKL. Despite the sharp south curve his average speed is 115.4 mph. For that the car deserves its share of the laurels.

1931 siegt Caracciola mit dem SSKL beim Avus-Rennen. Trotz der Enge der Südkurve beträgt sein Schnitt 185,7 km/h. So steht auch dem Auto ein Kranz zu.

En 1931, Caracciola gagne sur l'Avus sur sa SSKL. Malgré le rayon serré du virage Sud, sa moyenne en course est de 185,7 km/h. La voiture mérite donc elle aussi une couronne de lauriers.

market suburb of Ruvigliana, where he suns himself in the afterglow of his fame in the mild climate of a Tessin Indian summer, and is looked after by Alice, his second wife, until his sudden death on 28 September 1959.

Rudolf Caracciola is anything but a mindless roughneck. Rather, he makes use of the whole spectrum of tactics and strategy at his disposal, with a cool head but at incredible speed. Hardly anything can make him lose his composure. How remarkable: in a picture taken by the Bonn court photographer, Jean Baptiste Feilner, he is already looking into the camera's lens with a certain placid arrogance – at the tender age of four. This is surprising as the Italian component of his family tree's roots would suggest a fiery temperament. The Caracciolas are descended from the Neapolitan Caracciolo dynasty of counts, noble blood that, incidentally, their illustrious scion conceals during his lifetime. His ancestor, Bartolomeo, served as commander-in-charge of the Koblenz Ehrenbreitstein fortress during the Thirty Years' War, and later settled in the region. Rudolf himself was born on 30 January 1901, at half past three in the morning, as the fourth child of Maximilian and Mathilde Caracciola, hotel owners in Remagen. Early attempts at driving his father's Mercedes 16/45 PS in no way betray any dormant talent as so often occurs in this line of business, but are accompanied by the juddering and grinding of gears in a tortured sedan. An excursion aboard the aging family yacht *Fürstenberg* also comes to a crashing end.

Nevertheless, his decision in 1923 to become a racing driver is unshakeable. In the meantime, the Dresden

Arbeit beobachtet und sein kindliches Vergnügen daraus bezogen, dass die silbernen Rennwagen durch den normalen Straßenverkehr der kleinen Ortschaft Nürburg zwischen Traktoren und wandernden Zuschauerbeinen zum Start und Ziel chauffiert wurden.

Natürlich versucht das System, das den Sport wie den Krieg als die Fortsetzung der Politik mit anderen Mitteln betrachtet, Caracciola für sich einzuspannen. Aber im Gegensatz zu Hans Stuck dem Älteren, der dem Aufenthalt an den üppig gedeckten Tafeln der Reichs-Größen durchaus seine Freuden abzugewinnen vermag, legt er lediglich die unvermeidlichen Pflichtübungen und Lippenbekenntnisse ab, wenn er bei offiziellen Anlässen die Rechte zum „Deutschen Gruß" reckt oder seine Geschäftsbriefe mit „Heil Hitler" unterschreibt. Dass er keineswegs Deutscher aus Leidenschaft ist, zeigt sich spätestens, als er 1946 die Schweizer Staatsbürgerschaft annimmt und ab 1951 mit einer eidgenössischen Lizenz startet. Da hat er in Lugano im Nobelviertel Ruvigliana in vorzüglicher Aussichtslage oberhalb des Sees längst seine schöne Villa bezogen, die Casa Scania, und sonnt sich bis zu seinem plötzlichen Tod am 28. September 1959 im milden Klima des Tessins im Altweibersommer seines Nachruhms, umhegt von seiner zweiten Gattin Alice.

Rudolf Caracciola ist alles andere als ein hirnloser Haudegen, bespielt vielmehr besonnen und dennoch ungemein schnell die ganze Bandbreite zwischen Taktik und Strategie. Kaum je bringt ihn etwas aus der Fassung. Wie merkwürdig: Auf einer Aufnahme des

les voitures de course argentées qui, pour se rendre sur la piste, traversent le petit village de Nürburg en se frayant un passage entre les véhicules agricoles et les badauds.

Bien sûr, le régime qui considère que le sport n'est qu'un autre moyen politique de poursuivre la guerre, essaie de rallier Caracciola à sa cause. Mais, contrairement à Hans Stuck, qui partage l'excellente table des dignitaires nazis, notre pilote se contente des gestes inévitables et des professions de foi susurrées du bout des lèvres quand il fait le salut hitlérien lors d'événements officiels ou utilise un « Heil Hitler » comme formule de politesse pour conclure ses lettres d'affaires. Il n'éprouve aucune passion pour sa nationalité allemande, ce qu'il démontre du reste en 1946 lorsqu'il devient citoyen suisse, puis en 1951, quand il prend le départ avec une licence helvétique. Il s'est installé à Lugano, dans le beau quartier de Ruvigliana. De sa magnifique villa, la Casa Scania, il jouit d'une vue merveilleuse sur le lac et de sa gloire encore vivante. Il s'y repose au soleil jusqu'à sa mort subite, le 28 septembre 1959, dans le climat doux du Tessin, entouré par les soins attentifs de sa seconde épouse, Alice.

Rudolf Caracciola, loin d'être un baroudeur écervelé, exploite au contraire toute la gamme des possibilités tactiques et stratégiques, de façon sensée et néanmoins à une vitesse incroyable. Il ne perd à peu près jamais sa contenance. Sur une étonnante photographie de Jean-Baptiste Feilner, photographe à la cour de Bonn, dès l'âge de quatre ans, il regarde droit dans l'appareil avec une certaine arrogance tranquille. Certes, la compo-

branch of Daimler-Motoren-Gesellschaft had taken him on as a "sales officer". He must first make his dream a reality: nobody suspects that the determination and ability required lies behind Rudi Caracciola's chubby boyish face. Neubauer, who directs the Mercedes racing stables from 1926 onwards, calls him the "milk boy", teasing him because of his foible for the healthy dairy product.

Perhaps it's due to the milk: no-one can match the calm Rhinelander on a wet surface – such as in 1936 when, at the Monaco Grand Prix, he feels his way with unparalleled dexterity of both hand and foot through the slippery Principality in the 494-hp W 25, or in Bremgarten in 1938. The epithet "Regenmeister" (maestro in the rain) is coined for him – a term that has even been adopted into the English language.

In contrast to the present generation of grand prix drivers who pursue Formula One as a strict monoculture, Caracciola is a veritable quick-change artist behind the steering wheel, and not only there. In his Storm-and-Stress years he manages to win a few motorcycle races on a Garelli. In hill-climbing competition, he doesn't let even the renowned "Bergmeister" (mountain champ), Hans Stuck, put one over on him, notching up three European Championships in 1930, 1931 and 1932. He twice drives respectably well in the Monte Carlo Rally – in 1930 and 1952 – on the first occasion over a distance of 2144 miles starting from the Estonian capital, Tallinn. In 1931, much to his own surprise, at the wheel of the SSKL, together with co-driver Wilhelm Sebastian, he becomes the first foreigner to win the Mille Miglia, against all odds and the leading local boys on the giant figure-8 circuit between Brescia and Rome. In that year, the aftershocks of the Wall Street Crash have shaken even the apparently

Bonner Hoffotografen Jean Baptiste Feilner blickt er bereits als Vierjähriger mit einer gewissen ruhigen Arroganz in die Kamera. Dabei ließe das italienische Einsprengsel in seinem Stammbaum durchaus auf pfeffriges Temperament schließen. Die Caracciolas leiten sich her von dem neapolitanischen Grafengeschlecht Caracciolo, ein Adel, den der illustre Nachfahr übrigens zeit seines Lebens verhohlen hat. Ahnherr Bartolomeo waltete während des Dreißigjährigen Krieges als Kommandant auf der Feste Ehrenbreitstein und wurde dann in der Region sesshaft. Rudolf selber wird am 30. Januar 1901 um halb vier in der Frühe geboren als viertes Kind der Eheleute Maximilian und Mathilde Caracciola, Hotelbesitzer zu Remagen. Frühe Fahr-Versuche am Lenkrad des väterlichen Mercedes 16/45 PS verraten keineswegs das branchenübliche schlummernde Talent, sondern werden von der geschundenen Limousine mit Bocksprüngen und Knirschen der Getriebezähne geahndet. Auch eine Exkursion mit der alternden Familienyacht *Fürstenberg* endet in einer Bruchlandung.

Unverbrüchlich – die Niederlassung Dresden der Daimler-Motoren-Gesellschaft hat ihn inzwischen als „Verkaufsbeamten" eingestellt – steht gleichwohl 1923 sein Entschluss, Rennfahrer zu werden. Das muss erst einmal durchgesetzt werden: Niemand vermutet hinter Rudi Caracciolas pausbäckigem Bubengesicht eine solche Entschlossenheit und derartige Fähigkeiten. Den „Milchbubi" nennt ihn Neubauer, der ab 1926 im Mercedes-Rennstall Regie führt, voller Spott über seine Schwäche für das gesunde Naturprodukt.

Vielleicht macht's die Milch: Auf nasser Fahrbahn kann dem unaufgeregten Rheinländer niemand das Wasser reichen – wie etwa 1936 beim Grand Prix von Monaco, als er sich im 494 PS starken W 25 mit einem Finger- und Fußspitzengefühl sondergleichen seinen

sante italienne de son arbre généalogique inciterait à lui donner un tempérament de feu. Les Caracciola descendent des comtes Caracciolo, de Naples, noblesse que leur illustre descendant n'a jamais étalée. Son ancêtre Bartolomeo fut commandant de la forteresse d'Ehrenbreitstein pendant la guerre de Trente Ans et resta dans la région par la suite. Rudolf lui-même naquit le 30 janvier 1901 à trois heures et demie du matin, quatrième enfant de Maximilian et Mathilde Caracciola, hôteliers à Remagen. Les premières tentatives de conduite au volant de la Mercedes paternelle, une 16/45 PS, ne révèlent en rien ce talent à l'état latent – la berline maltraitée réagit par des sauts de carpe et la boîte de vitesses craque douloureusement. Une excursion sur le yacht vieillissant de la famille, le *Fürstenberg,* se conclut par quelques avaries.

En 1923, devenu « fonctionnaire de vente » à la filiale de Daimler à Dresde, il prend une décision irrévocable : celle de devenir coureur automobile. Il doit tout d'abord s'imposer : personne n'imagine que derrière ce visage poupon se cachent une volonté de fer et de telles aptitudes. Neubauer, qui dirige à partir de 1926 l'écurie de course Mercedes, estime que si on lui tordait le nez, il en sortirait du lait, vu son goût pour cet excellent produit de la nature.

Caracciola spends the autumn of his life with his second wife, Alice, in Lugano. He dies in September 1959. Last respects are paid to him at the works premises in Untertürkheim, flanked by his comrades in white overalls and by his racing cars.

Den Herbst seines Lebens verbringt Caracciola mit seiner zweiten Frau Alice in Lugano. Er stirbt im September 1959. Auf dem Werksgelände in Untertürkheim erweist man ihm die letzte Ehre, flankiert von den Kameraden im weißen Overall und seinen Rennautos.

Caracciola passe l'automne de sa vie avec sa deuxième épouse, Alice à Lugano. Il meurt en septembre 1959. Dans l'enceinte de l'usine d'Untertürkheim, Mercedes lui rend les derniers honneurs, avec la haie formée par ses camarades en combinaison blanche et ses voitures de course.

Alfred Neubauer is a loyal companion of Caracciola. Even later on, he still regards him as the greatest ever. The same goes for his unshakeable liege Moritz, who cannot be cowed even by the piercing howl of supercharged engines.

Alfred Neubauer ist Caracciola ein treuer Wegbegleiter. Er hält ihn selbst viel später noch für den Größten. Das gilt auch für seinen unerschütterlichen Vasallen Moritz, den nicht einmal das Geheul der Kompressormotoren einschüchtert.

Alfred Neubauer est un fidèle compagnon de route de Caracciola. Lui-même le qualifiera encore, bien des années plus tard, comme le plus grand. Cela vaut aussi pour son garde du corps à toute épreuve, Moritz, que pas même les hurlements des moteurs à compresseur ne font ciller.

Pfad durch das glitschige Fürstentum ertastet, oder 1938 in Bremgarten. Man prägt für ihn den Begriff „Regenmeister" – eine Vokabel, die sogar als Fremdwort ins Englische übernommen wird.

Im Unterschied zu seinen Vollgas-Enkeln, welche die Formel 1 in strikter Monokultur betreiben, ist Caracciola ein Verwandlungskünstler am Volant und nicht nur das: In den Jahren seines Sturm und Drangs gewinnt er sogar ein paar Motorradrennen auf einer Garelli. Am Berg lässt er sich nicht einmal von dem anerkannten Spezialisten Hans Stuck die Butter vom Brot nehmen und münzt diesen Hang zum Hang um in die drei Europa-Bergmeisterschaften 1930, 1931 und 1932. Zweimal – 1930 und 1952 – schlägt er sich achtbar auf der Rallye Monte Carlo, das erste Mal von der estnischen Hauptstadt Reval als Ausgangsort über die Distanz von 3474 Kilometern. 1931 gewinnt er zu seiner eigenen Verblüffung zusammen mit Beifahrer Wilhelm Sebastian im SSKL als erster Ausländer die Mille Miglia, allein gegen alle auf der verschnörkelten Riesen-8 zwischen Brescia und Rom. In jenem Jahr erschüttern die Nachbeben des Wall Street Crash selbst das scheinbar felsenfeste Territorium der Daimler-Benz AG in Stutt-

Le lait est peut-être la boisson miracle : sur piste mouillée, personne n'arrive à la cheville du calme Rhénan – ainsi en 1936, lors du Grand Prix de Monaco, où il fonce sous des trombes de pluie dans sa W 25 de 494 chevaux avec un doigté sans pareil ou en 1938 à Bremgarten. On lui décerne la qualité de « maître de la pluie », en allemand Regenmeister, mot que la langue anglaise adoptera d'ailleurs tel quel.

À la différence des pilotes de Formule 1 quelques générations plus tard, qui pratiquent leur profession de façon quasi exclusive, Caracciola a de multiples talents : pendant sa folle jeunesse, il gagne même quelques courses de moto sur une Garelli. En course de côte, il ne se laisse pas intimider par le grand spécialiste, Hans Stuck, et lutte victorieusement contre lui dans la spécialité lors des trois championnats européens de la montagne de 1930, 1931 et 1932. Deux fois, en 1930 et 1952, il remporte le rallye de Monte-Carlo avec les honneurs, la première fois en partant de la capitale estonienne de Tallinn, soit une distance de 3474 km. En 1931, il est le premier étranger à remporter la Mille Miglia, à son grand étonnement et avec son copilote Wilhelm Sebastian, dans une SSKL et seul contre tous sur l'immense tracé en 8

rock-solid territory of the Daimler-Benz AG in Stuttgart-Untertürkheim. Caracciola, however, has managed to raise a semi-official team with help from the factory and Alfred Neubauer as his smart strategist, returning the favor with eight victories and collecting 180,000 reichsmarks in prize money.

On 28 January 1938, jammed into the claustrophobically tight cockpit of the streamlined Mercedes-Benz record breaker, he returns unharmed from the gray zone between life and death with results of 268.862 and 268.656 mph over the flying kilometer and flying mile respectively on the Frankfurt to Darmstadt autobahn. During the first attempt three months previously, the sleek projectile had suffered from lift at the front and suddenly pointed askew up into the blue sky, an incident that Caracciola puts on the record with an almost macabre composure.

Far from the loquaciousness of the modern talk show, he expresses himself plainly, firmly, and succinctly. Usually, these "silly stories turn out okay in the end, with a few cracked ribs and scrapes and bruises on your hero's body", that's all he has to say about the incident. In an accident during the 1934 Coppa Acerbo the W 25 disappears "with a lot of noise into a 13-foot-deep ditch." The Nürburgring of earlier days was a "tremendously difficult track", especially behind the wheel of the Mercedes-Benz SS, "this German oak of a car." The 1926 two-liter, eight-cylinder, winner at the Avus, had the reputation of being a "devious swine" that "goes through sparkplugs by the dozen." In contrast to this, his 1932 Alfa Romeo SC 2300 definitely behaves more reconcilably. It had certainly not been love at first sight with the Italian car, he remembers, "we were still on formal speaking terms." But then affinity and symbi-

gart-Untertürkheim. Mit Hilfe des Werks und Alfred Neubauer als listigem Strategen hat Caracciola ein halb offizielles Team aufgezogen und revanchiert sich mit elf Siegen, nicht ohne 180 000 Reichsmark als Preisgelder zu kassieren.

Eingezwängt im klaustrophobisch engen Cockpit der stromlinienförmigen Rekordwagen von Mercedes-Benz kehrt er etwa am 28. Januar 1938 auf der Autobahn Frankfurt–Darmstadt aus dem Graubereich zwischen Sein und Nichtsein unbeschadet zurück mit Werten von 432,692 und 432,360 Stundenkilometern über den fliegenden Kilometer und die fliegende Meile. Beim ersten Versuch drei Monate zuvor hat das riesige Projektil vorn Auftrieb bekommen und plötzlich schräg in den blauen Himmel gezeigt, ein Vorgang, den Caracciola mit einer ans Makabre grenzenden Gelassenheit zu Protokoll gibt.

Fernab jeglicher Talkshow-Geschwätzigkeit formuliert er griffig, prall und präzise. Meistens gingen ja „diese dummen Geschichten gut aus: ein paar Rippen zerknackt, Prellungen und blaue Flecken am Heldenkörper", das sei alles. Bei einem Unfall 1934 während der Coppa Acerbo sei die W 25 „mit viel Geräusch in einem vier Meter tiefen Graben" verschwunden. Der frühe Nürburgring sei eine „bärig schwere Strecke" gewesen, am Lenkrad des Mercedes-Benz SS zumal, „dieser deutschen Eiche von einem Auto". Der Zweiliter-Achtzylinder, Siegerwagen auf der Avus 1926, habe seinen Ruf weggehabt als „krummer Hund", der „die Kerzen dutzendweise fraß". Da habe sich sein Alfa Romeo SC 2300 von 1932 verträglicher gegeben. Gewiss, anfänglich habe man wie üblich gefremdelt: „Wir standen noch per Sie miteinander." Dann aber hätten sich Sympathie und symbiotische Gewöhnung eingestellt:

entre Brescia et Rome. Cette année-là, le contrecoup du crash de Wall Street se fait sentir jusque chez Daimler-Benz à Stuttgart-Untertürkheim, dont la solidité semblait pourtant à toute épreuve. Avec l'aide de l'usine et d'Alfred Neubauer, stratège astucieux, Caracciola met sur pied une équipe semi-officielle et prend sa revanche en onze victoires, non sans encaisser 180 000 Reichsmarks au passage.

Le 28 janvier 1938, cette période d'incertitude prend fin sur l'autoroute Francfort–Darmstadt où, enfermé dans le cockpit minuscule, à déconseiller aux claustrophobes, de la Mercedes-Benz championne, il atteint des vitesses de 432,692 et 432,360 km/h pour le kilomètre et le mile départ lancé. Lors du premier essai trois mois auparavant, l'immense projectile profilé, sous l'effet de la portance à l'avant, s'est brusquement dressé vers le ciel, incident dont Caracciola rend compte avec indifférence, voire avec humour noir.

Ennemi des bavardages et des boniments, il s'exprime sans déraper, en allant droit au but et avec précision. La plupart du temps, ces « incident idiots se terminent bien : quelques côtes fêlées, des contusions et des bleus sur le corps du héros », c'est tout ! En 1934, à la Coppa Acerbo, sa W 25 disparaît « dans un grand bruit et un fossé profond de quatre mètres ». Il qualifie la première version du Nürburgring de « tracé rude comme un ours », d'autant plus si l'on pilote la Mercedes-Benz SS, « ce chêne allemand de voiture ». L'auto victorieuse lors de l'Avus 1926, une deux-litres à huit-cylindres, a acquis une mauvaise réputation pour avoir « mangé les bougies par douzaines ». Son Alfa Romeo 8C-2300 de 1932 se comportait mieux dans ce domaine. Bien sûr, il faut un certain temps avant que la glace ne fonde entre le pilote et son bolide : « Nous en étions

Caracciola and the Nürburgring are almost synonymous. His greatest triumphs were achieved in its "green hell". Here he is winning the 1935 Eifel Race.

Caracciola und der Nürburgring – das sind fast Synonyme. In der „Grünen Hölle" erringt er viele seiner stolzesten Erfolge. Hier siegt er beim Eifelrennen 1935.

Caracciola et le Nürburgring – ces deux noms sont indissociables. Dans « l'Enfer vert », il remporte beaucoup de ses succès les plus mythiques. Ici, il gagne la course de l'Eifel de 1935.

The Remagener's W 154 being prepared for the start of the 1938 Tripoli adventure. The winner, however, is Hermann Lang.

Der W 154 des Remageners wird in Tripolis 1938 auf den Start vorbereitet. Aber es siegt Hermann Lang.

La W 154 du pilote de Remagen lors des préparatifs du départ à Tripoli en 1938. Mais c'est Hermann Lang qui gagnera.

otic inurement take over: "The Alfa took the curves like a dancer, light and elegant."

What a lot of people do not know is that Caracciola's career conceals a passion in both meanings of the word: fervor and suffering. A man in pain hides behind the victor's smile, the resolve of an irrepressible will. Three serious accidents provide a somber structure to his career. In 1933 he and his Monegasque friend Louis Chiron join forces to form Scuderia CC (for Chiron/ Caracciola). The joint venture ends before it has properly begun. While practising for the first race of the season in Monaco on 20 April, a front wheel of the German's white Alfa Romeo P3 jams in advance of Tobacconist's Corner. The vehicle slams sideways into a stone stairway. Caracciola manages to get out, but then immediately collapses. His right thighbone and hip joint are shattered. Professor Putti, a renowned expert, saves what can be saved during an operation in Bologna. After many months in plaster, Caracciola is left with a right leg four centimeters shorter than the left. Pain will remain his constant companion.

The American Joe Thorne offers his Thorne Engineering Special for his attempted post-war comeback in Indianapolis in 1946. A few laps are absolved for running in and warming up before the signal is given for the qualifying lap. What then happens remains inexplicable and unexplained. Some sense sabotage: for no apparent reason the driver slumps in the cockpit, his hands fall from the steering wheel, and the vehicle races into an exclusion zone. Caracciola is catapulted out and suffers extensive injuries to the head.

„Der Alfa nahm die Kurven wie eine Tänzerin, leicht und elegant."

Was viele nicht wissen: Caracciolas Laufbahn ist Passion im Doppelsinn des Worts als Leidenschaft und Leid. Hinter dem Lächeln des Siegers verbirgt sich ein Schmerzensmann, das „Dennoch" eines unbändigen Willens. Drei schwere Unfälle unterlegen seiner Karriere eine düstere Struktur. 1933 hat er sich mit seinem Freund, dem Monegassen Louis Chiron, zusammengebandelt zur Scuderia CC (für Chiron/Caracciola). Das Joint Venture endet, bevor es begonnen hat. Beim Training zum ersten Rennen der Saison in Monaco am 20. April blockiert am weißen Alfa Romeo P3 des Deutschen vor der Tabakskurve ein Vorderrad. Der Wagen rutscht breitseits in eine Steintreppe. Caracciola steigt noch aus, bricht aber sofort zusammen. Oberschenkelknochen und Gelenkkugel rechts sind zertrümmert. Professor Putti, eine anerkannte Kapazität, rettet bei einer Operation in Bologna, was zu retten ist. Aus vielen Monaten in Gips geht Caracciola mit einem um fünf Zentimeter verkürzten rechten Bein hervor. Der Schmerz bleibt sein ständiger Begleiter.

Für den Versuch eines Nachkriegs-Comebacks 1946 in Indianapolis bietet ihm der Amerikaner Joe Thorne seinen Thorne Engineering Special an. Ein paar Runden zum Einfahren und Aufwärmen sind absolviert, anschließend gibt man das Zeichen zur Qualifikation. Was dann geschieht, bleibt ungeklärt. Manche wittern sogar Sabotage: Der Pilot sackt ohne ersichtlichen Grund zusammen, seine Hände fallen vom Lenkrad, der Wagen rast in einen Sperrbereich. Caracciola wird herausgeschleudert und verletzt sich erheblich am Kopf.

Am 18. Mai 1952 geht er im Mercedes-Benz 300 SL als Trainingsdritter den Preis von Bern auf dem Bremgartenkurs neben dem Zürcher Willy Peter Daetwyler auf einem Ferrari 340 America und seinem eigenen Stallgefährten Karl Kling an. Er kommt am besten vom Start weg, wird in der zweiten Runde von Hermann Lang und in der fünften von Kling überholt. In der 13. Runde rutscht das Heck des dunklen Coupés vor der Forsthauskurve beim Anbremsen weg. Es gerät über den Rand der Piste und fällt einen 20 Zentimeter dicken Baum. Caracciola wird mit einem dreifachen Oberschenkelbruch links aus dem Wrack gehoben – Ende eines Rennens, Ende einer Ambition, Ende einer Erfolgsgeschichte, in die sich rüde der Zweite Weltkrieg einmischte.

Immerhin ist er mit dem davongekommen, was der spätere Mercedes-Star Stirling Moss „a nodding acquaintance with Death" nennt – dem Schwätzchen mit dem Tod über den Gartenzaun. Immer wieder wird er Augenzeuge beim Sterben der anderen: Schon sein Debüt auf der großen internationalen Bühne 1926 auf der Avus ist gesäumt mit tödlichen Unfällen. Seine eigenen Rekorde im Morgengrauen des 28. Januar 1938 sind gerade unter Dach und Fach gebracht, da stirbt der verwegene Bernd Rosemeyer auf der gleichen Strecke in seinem Auto Union bei Tempo 450, als in einer Schneise bei Mörfelden eine Bö einfällt. Am 25. Juni 1939 trifft es beim Regenrennen von Spa seinen jungen Teamgefährten Richard Beattie Seaman. Auch persönliche Tragik bleibt ihm nicht erspart: Von einem Skiausflug am 2. Februar 1934 kehrt Charlotte Caracciola nicht mehr zurück, erschlagen von einer Lawine.

Kein Zweifel: Caracciola wird schon zu Lebzeiten zum Denkmal seiner selbst. Das bedeutet im Rennsport bekanntlich nicht unbedingt, dass man auf die Ehrfurcht der Kollegen und ihr zuvorkommendes „Nach

encore à nous vouvoyer. » Puis viennent la sympathie et l'habitude, la symbiose : « L'Alfa prenait les virages comme une danseuse, avec légèreté et élégance. »

Ce que beaucoup ignorent, c'est que la carrière de Caracciola est une passion aux deux sens du terme : amour et souffrance. Derrière le sourire de vainqueur se cache un homme de douleurs, soutenu par une volonté de fer. Trois terribles accidents donnent un tour tragique à sa carrière. En 1933, il fonde la Scuderia CC (pour Chiron / Caracciola) avec son ami, le Monégasque Louis Chiron. Leur aventure commune prend fin avant d'avoir commencé. Pendant l'entraînement pour la première course de la saison à Monaco, le 20 avril, une roue avant de l'Alfa Romeo P3 blanche conduite par l'Allemand se bloque devant le virage du bureau de tabac. L'automobile dérape et percute un escalier de pierre. Caracciola parvient à s'extraire, mais s'effondre aussitôt. Le fémur droit et la hanche sont en miettes. Le professeur Putti, une sommité, l'opère à Bologne et sauve ce qui peut l'être. Caracciola, au bout de plusieurs mois dans le plâtre, se retrouve avec une jambe droite plus courte de cinq centimètres. La souffrance ne le quittera plus.

En 1946, il essaie de faire un come-back à Indianapolis, l'Américain Joe Thorne lui ayant proposé sa Thorne Engineering Special. Il fait quelques tours pour s'y habituer et s'échauffer, puis l'on donne le signal du tour de qualification. Personne n'a jamais su ce qui s'est passé alors. Le pilote s'effondre sans raison apparente, ses mains tombent du volant, le bolide fonce dans une barrière. Certains soupçonnent un acte de sabotage. Caracciola est éjecté et se blesse grièvement à la tête.

Le 18 mai 1952, il prend le départ du Grand Prix de Berne à Bremgarten après avoir signé le troisième temps aux essais. Il pilote une Mercedes-Benz 300 SL, aux côtés du Zurichois Willy Peter Daetwyler sur Ferrari 340 America et de son compagnon d'écurie, Karl Kling. Il se place en première position dès le départ, est dépassé par Hermann Lang au deuxième tour, puis au cinquième, par Kling. Au treizième tour, l'arrière du coupé décroche avant le virage de la maison forestière, au moment du freinage. Catapulté hors de la piste, il heurte un arbre de 20 cm de diamètre. Caracciola est sorti de l'épave avec une triple fracture du fémur gauche – c'est la fin de la course, la fin d'une ambition, la conclusion d'une fabuleuse carrière qu'avait interrompue la Seconde Guerre mondiale.

Toujours est-il qu'il s'en sort avec ce que Stirling Moss, future star chez Mercedes, nommera « a nodding acquaintance with death » (que l'on pourrait traduire par flirter avec la mort). Les accidents mortels qui fauchent ses collègues parsèment son parcours, notamment dès ses débuts sur la grande scène internationale de l'Avus, en 1926. Le 28 janvier 1938, au petit jour, à peine a-t-il réalisé ses propres records que l'audacieux Bernd Rosemeyer perd la vie sur le même parcours, dans son Auto Union. Il est lancé à une vitesse de 450 km/h lorsqu'une rafale de vent sortie d'un coupe-feu de la forêt près de Mörfelden déstabilise sa voiture. Le 25 juin 1939, la course qui se déroule sous la pluie à Spa est fatale à son jeune coéquipier, Richard Beattie Seaman. Les tragédies personnelles ne lui sont pas non plus épargnées puisque son épouse, Charlotte, est ensevelie sous une avalanche le 2 février 1934, alors qu'elle skiait.

Aucun doute, Caracciola devient de son vivant un véritable mythe. En compétition automobile, cela ne signifie pas forcément que l'on puisse compter sur le

On 18 May 1952, after qualifying into third position on the grid, he tackles the Berne Prize Race at the Bremgarten track in a Mercedes-Benz 300 SL, alongside Willy Peter Daetwyler from Zurich in a Ferrari 340 America, and his own team-mate Karl Kling. He gets away best, is, however, overtaken by Hermann Lang on the second lap, and by Kling on the fifth. On the 13th lap the rear of the dark coupé starts to skid away on braking before the "Forsthauskurve" (Forest Lodge bend). It leaves the track and fells an eight-inch-thick tree. Caracciola is hauled out of the wreckage with a triple fracture of the left thigh – the end of a race, the end of an ambition, the end of a success story that was so dramatically interrupted by the Second World War.

All the same, he gets away with what the later Mercedes star Stirling Moss called "a nodding acquaintance with Death." Time and time again he has witnessed the death of others. Even his 1926 debut on the international stage at the Avus is lined with fatal accidents. His own land speed record, achieved in the early hours of 28 January 1938, is overshadowed when the daring Bernd Rosemeyer dies on the same stretch when a gust of wind blows through a gap in the trees near Mörfelden and hits his Auto Union traveling at 280 mph. On 25 June 1939, it is the turn of his young team-mate Richard Beattie Seaman at the rain-soaked grand prix race at Spa. Neither is he spared from tragedy in his private life. Charlotte Caracciola fails to return from a ski outing on 2 February 1934, having been killed in an avalanche.

There is no doubt about it: Caracciola becomes a living monument to himself during his own lifetime. In racing this doesn't necessarily mean that anyone can count on the awe of colleagues or their politely saying "after you ..." Rivalry keeps smoldering with the experienced Hans Stuck, the beaming and easy-going high-flier Bernd Rosemeyer, and the acknowledged racing genius, Tazio Nuvolari, the "Flying Mantuan". But it is the old axiom that one's bitterest opponent is one's own team-mate that particularly rings true. His relationship with Manfred von Brauchitsch is anything but smooth. In 1935, the choleric Italian, Luigi Fagioli, furiously tries to fend off the dominance of the German, and then, vexed, signs on with rival Auto Union for 1936.

However, from 1937 onwards, the established superstar is subject to the frustrating experience of seeing the inexorable rise of someone else alongside him, at first on a par and then actually faster: the former racing mechanic Hermann Lang. When, at the Eifel Race on 21 May 1939, Lang is given the choice between two W 154s and wins in a vehicle with a staged supercharger and brake pads not made available to Caracciola, the latter's latent unease becomes an obsession. He sees himself as the victim of a pan-Swabian clique and on 27 May voices his grievance in a letter to the chairman of the Daimler-Benz AG board, Dr. Wilhelm Kissel: "Starting with Herr Sailer (*Max S., board member from 1935 through 1942, ed.*), and Neubauer, down to the mechanics, there is an obvious Lang psychosis."

That he puts his "job at the company's disposal" at the end of the letter, remains an empty threat made in the anger of the moment. On 23 July 1939 he achieves his last great victory in the German Grand Prix in the chaotic weather conditions in which he always felt at home, and is given a pension for life, albeit of more or less symbolic value.

But for all that, no price can be put on Rudolf Caracciola's invaluable services to the company.

Ihnen ..." zählen kann. Immer schwelt die Rivalität mit dem routinierten Hans Stuck, dem strahlend-unbekümmerten Senkrechtstarter Bernd Rosemeyer und dem genialen „fliegenden Mantuaner" Tazio Nuvolari. Vor allem aber bewahrheitet sich auch für ihn die Binsenweisheit, der ärgste Gegner sei der eigene Teamkollege. Sein Verhältnis zu Manfred von Brauchitsch ist alles andere als spannungsfrei. Der cholerische Italiener Luigi Fagioli wehrt sich 1935 wütend gegen die Dominanz des Deutschen und heuert schließlich für 1936 vergrätzt bei der Konkurrenz Auto Union an.

Ab 1937 jedoch macht der etablierte Superstar die bittere Erfahrung, dass da jemand unaufhaltsam neben ihm aufsteigt, bald ebenbürtig und schließlich einfach schneller ist: der ehemalige Rennmechaniker Hermann Lang. Als dieser am 21. Mai 1939 beim Eifelrennen zwischen zwei W 154 wählen kann und mit einem Stufenkompressor sowie Bremsbelägen siegt, über die Caracciola nicht verfügt, wird dessen latentes Unbehagen zur Obsession. Er sieht sich als Opfer einer panschwäbischen Seilschaft und macht sich am 27. Mai Luft in einem Brief an den Vorstandsvorsitzenden der Daimler-Benz AG Dr. Wilhelm Kissel: „Von Herrn Sailer (*Max S., Vorstand zwischen 1935 und 1942, Anm. d. Verf.*) angefangen über Neubauer bis zu den Mechanikern besteht die Langpsychose."

Dass er am Ende seinen „Posten zur Verfügung" stellt, bleibt zum Glück eine leere Drohgebärde aus dem Zorn des Augenblicks heraus. Am 23. Juli 1939 erringt er beim Großen Preis von Deutschland seinen letzten großen Sieg im Wetterkuddelmuddel, in dem er sich immer wohl gefühlt hat, und erhält bis zum Ende seiner Tage eine Pension, allerdings von eher symbolischem Wert.

Die Verdienste Rudolf Caracciolas um die Firma sind ohnehin unbezahlbar.

respect des collègues ou sur des attentions particulières. La rivalité couve avec l'habile Hans Stuck, le fonceur épanoui et désinvolte qu'est Bernd Rosemeyer et Tazio Nuvolari, le génial « Mantouan volant ». Que l'adversaire le plus redoutable soit son propre coéquipier s'est révélé exact dans son cas. Ses relations avec Manfred von Brauchitsch sont tout sauf détendues. Luigi Fagioli, l'irascible Italien, s'élève contre la domination de l'Allemand en 1935 et finit par s'engager chez le concurrent Auto Union en 1936.

À partir de 1937, ce grand champion incontesté remarque, non sans amertume, une étoile montante dans son entourage, un pilote qui bientôt le rejoint et au final se révèle plus rapide : l'ancien mécanicien de course Hermann Lang. Le 21 mai 1939, lorsque celui-ci, ayant le choix entre deux W 154, gagne sur celle équipée d'un compresseur à étages et de garnitures de frein dont ne bénéficiait pas Caracciola, le malaise latent de ce dernier tourne à l'obsession. S'estimant victime d'une conjuration des Souabes contre le Rhénan, il exprime ses griefs dans une lettre qu'il adresse le 27 mai au président du directoire de Daimler-Benz AG, Wilhelm Kissel : « Depuis Monsieur Sailer (*Max Sailer, membre du directoire de 1935 à 1942, note de l'auteur*) jusqu'aux mécaniciens en passant par Neubauer, tout le monde est obsédé par Lang. »

Il conclut en mettant son « poste à la disposition de la firme », ce qui heureusement reste un simple mouvement de colère. Le 23 juillet 1939, il remporte, lors du Grand Prix d'Allemagne, sa dernière grande victoire par ce temps de pluie qui lui a toujours tant réussi et reçoit jusqu'à la fin de ses jours une pension, quoique d'un montant plutôt symbolique.

En effet, comment évaluer les services rendus par un pilote comme Rudolf Caracciola à la firme à l'étoile ?

His last race in the 300 SL at the Berne Prize Race on May 18, 1952. It does not end well for Rudolf Caracciola.

Letztes Rennen im 300 SL beim Preis von Bern am 18. Mai 1952. Es geht nicht gut aus für Rudolf Caracciola.

L'ultime course, sur 300 SL, au Prix de Berne, le 18 mai 1952. Les choses ne se présentent pas bien pour Rudolf Caracciola.

All concerned are aware that the affair is enveloped by a hint of déjà-vu. The precedent: in the second half of the twenties the then recently merged Daimler-Benz AG joint venture had decided to strive for prestige on both the road and the track with a sports car derived from a comparatively sedate touring vehicle with a six-cylinder overhead-camshaft engine at its heart.

The normative power of the factual presides over and dictates the choice this time, too. Participating in the recently created Formula One would be outrageously expensive. Apart from which, the rules and regulations are in flux and not exactly tailored to the products from Stuttgart-Untertürkheim. During a management meeting on 15 June 1951 it is decided to risk a comeback with the sports car, if possible. A further meeting takes place at the end of the month. Alfred Neubauer and Wilhelm Prince von Urach, the deputy to the head of passenger car development, Rudolf Uhlenhaut, report on the Le Mans 24-Hour Race a few days earlier. Present are Uhlenhaut himself, the two racing drivers, Hermann Lang and Karl Kling, as well as the designer, Franz Roller. They quickly come to the unanimous decision to orientate themselves towards the winning vehicle, the Jaguar XK 120 C: a lighter frame, a body that is also lightweight and which conceals an engine, a transmission and parts of the suspension that are not all that distant from those of the mass production vehicles.

And so it comes to pass that the team under Uhlenhaut, comprising Wolf-Dieter Bensinger, Manfred Lorscheidt and Ludwig Kraus, as well as Roller himself, creates the legendary 300 SL (three liter, Sport, Light) in only nine months. That it really is a featherweight with its 1918 lbs in contrast to the SSKL of two decades previously, is ensured by an attractive body made from aluminum and its backbone, a sophisticated structure of interwoven steel-tubing triangles the sides of which are subjected to tension and pressure. It also accommodates the suspension, parallel wishbones at the front, a swing axle at the other end, and coil springs all around. Its architecture demands the unconventional method of access granted by gullwing doors that initially end underneath the side windows, but in the case of one of the reserve car at the Mille Miglia and in Le Mans they can also drop lower to cut into the flanks. A roadster version lets fresh air whistle around the heads of the drivers at, for instance, the Grand Anniversary Race at the Nürburgring.

The 584-lb engine, embedded in the tubular lattice of the frame is tilted at 50 degrees to the left and therefore known in Mercedes language as the "Slanting Otto". It is responsible for roughly a third of the vehicle's total weight. The basis is provided by the six-cylinder engine of the top-flight 300 sedan, fitted with a removable aluminum head and three Solex downdraft carburetors. It doesn't exactly radiate muscular strength with its 175 hp at 5200 rpm, but does shine with its rugged longevity. The spartan comfort of the cockpit is surprising, for Uhlenhaut holds the view that the crew should have a comfortable place to work.

The bodies of the fist two 300 SLs of the new generation are created in Untertürkheim over a wooden mold with longitudinal cuts and cross-sections. Afterwards, the model is transported to the experimental department in Sindelfingen where the remaining five are built. The Magnificent Seven then begin an unending trail of victories.

Dass die Sache ein Hauch von Déjà-vu umweht, ist allen Beteiligten bewusst. Schon einmal, in der zweiten Hälfte der Zwanziger, hat das just verbandelte Joint Venture Daimler-Benz AG dafür votiert, sich auf Straße und Piste Prestige zu erarbeiten mit einem Sportwagen, der aus einem vergleichsweise behäbigen Touren-Mobil sublimiert wurde, Herzstück: ein Sechszylinder mit oben liegender Nockenwelle.

Diesmal wie damals waltet und diktiert die normative Kraft des Faktischen. Ein Einstieg in die gerade geschaffene Formel 1 wäre sündhaft teuer. Überdies ist das Regelwerk in Bewegung und nicht gerade auf die Produkte aus Stuttgart-Untertürkheim zugeschnitten. Auf einer Sitzung des Managements vom 15. Juni 1951 beschließt man, gegebenenfalls ein Comeback mit dem Sportauto zu wagen. Ende des Monats kommt es zu einem weiteren Treffen. Alfred Neubauer und Wilhelm Fürst von Urach, der Stellvertreter des Leiters der Personenwagenentwicklung Rudolf Uhlenhaut, erstatten Rapport vom 24-Stunden-Rennen von Le Mans ein paar Tage zuvor. Anwesend sind Uhlenhaut selbst, die beiden Rennfahrer Hermann Lang und Karl Kling sowie Designer Franz Roller. Man könnte sich, wird man sich rasch einig, orientieren am Siegerwagen Jaguar XK 120 C: leichter Rahmen, eine Karosserie, die ebenfalls nur wenig Gewicht auf die Waage bringt und eine Maschine, ein Getriebe und Aufhängungsteile umhüllt, die sich nicht allzu weit von der Serie entfernen.

So kommt es: Ein Team unter Uhlenhaut, das neben Roller Wolf-Dieter Bensinger, Manfred Lorscheidt und Ludwig Kraus umspannt, erschafft in neun Monaten die Legende 300 SL (drei Liter, Sport, Leicht). Dass er mit 870 kg in der Tat ein Federgewicht ist im Gegensatz zum SSKL zwei Jahrzehnte früher, stellen ein gefälliger Aufbau aus Aluminium und sein Rückgrat sicher, ein raffiniertes Flechtwerk aus miteinander verwobenen Stahlrohr-Dreiecken, deren Seiten auf Zug und Druck beansprucht werden. Es nimmt auch die Aufhängung auf, Parallel-Querlenker vorn, eine Pendelachse am anderen Ende, Schraubenfedern ringsum. Seine Architektur verlangt nach dem unkonventionellen Einstieg via Flügeltüren, die zunächst unterhalb der Seitenfenster enden, an einem Reservewagen bei der Mille Miglia und in Le Mans zum Beispiel jedoch auch in die Flanke einschneiden. Etwa beim Großen Jubiläumspreis am Nürburgring lässt eine Roadster-Version den Piloten Frischluft um die Nase pfeifen.

Mit 265 kg für rund ein Drittel des Gesamtgewichts verantwortlich ist in das Rohrgeflecht des Rahmens das Triebwerk eingelassen, um 50 Grad nach links geneigt und deshalb im Mercedes-Speak „Schräger Otto" geheißen. Als Basis musste der Sechszylinder der Edel-Limousine 300 herhalten, aufbereitet mit einem abnehmbaren Kopf aus Aluminium und drei Solex-Fallstromvergasern. Mit 175 PS bei 5200/min glänzt er nicht eben durch strotzende Stärke, dafür jedoch mit knorriger Langlebigkeit. Das Cockpit überrascht durch elementare Wirtlichkeit, da Uhlenhaut der Ansicht ist, dass es die Crew an ihrem Arbeitsplatz auch gut haben soll.

Über einer Holz-Form mit Längs- und Querschnitten entstehen die Karosserien der ersten beiden 300 SL der ersten Generation in Untertürkheim. Dann verfrachtet man das Modell zur Experimental-Abteilung nach Sindelfingen, wo die restlichen fünf hergestellt werden. Und dann hört diese glorreiche Sieben nicht mehr auf zu siegen.

1952

Tous les participants le savent … cette affaire exhale un parfum de déjà vu: dans la seconde moitié des années 1920, la toute récente association Daimler-Benz AG avait pour stratégie d'acquérir du prestige sur les routes et sur les pistes avec une voiture de sport. Le type S, élaboré à partir d'un véhicule de tourisme comparativement plus calme et plus confortable doté d'un six-cylindres avec arbre à cames en tête.

Cette fois encore, les faits sont impitoyables. En 1951, il aurait été terriblement coûteux de s'inviter en Formule 1, tout juste créée. En outre, la réglementation était fluctuante et pas toujours bien adaptée aux produits de l'entreprise de Stuttgart-Untertürkheim. Lors d'une réunion du comité de direction, le 15 juin 1951, il fut décidé de tenter, le cas échéant, de revenir en compétition avec une voiture de sport. Une autre séance de travail eut lieu fin juin. Alfred Neubauer et le prince Wilhelm von Urach (le

Mercedes-Benz 300 SL (W 194)

représentant du directeur du développement des voitures de tourisme, Rudolf Uhlenhaut), avaient rendu quelques jours plus tôt un rapport sur les 24 Heures du Mans. Étaient également présents Uhlenhaut en personne, les deux pilotes Hermann Lang et Karl Kling, ainsi que le styliste Franz Roller. Une idée s'imposa rapidement: on pouvait s'inspirer de la voiture du vainqueur, la Jaguar XK 120 C: châssis léger, carrosserie qui ne surcharge pas la structure et qui abrite un moteur, une boîte de vitesses et une suspension qui ne s'éloignent pas trop des pièces de série.

C'est ainsi qu'une équipe réduite, sous la direction d'Uhlenhaut (elle comprend, outre Wolf-Dieter Bensinger, Manfred Lorscheidt et Ludwig Kraus), crée en neuf mois la légendaire 300 SL (trois litres, sport, légère). Avec 870 kg, il s'agit réellement d'un poids plume, contrairement à la SSKL apparue vingt ans plus tôt. La différence

tient à une intéressante construction en aluminium et à son ossature, un treillis très bien étudié de triangles de tubes d'acier soudés, dont les parois sont sollicitées en traction et compression. La qualité de la suspension intervient également, avec des bras de liaisons transversaux superposés à l'avant, des demi-essieux oscillants à l'autre extrémité et des ressorts hélicoïdaux aux quatre roues. La construction particulière du châssis oblige à pénétrer dans le véhicule d'une façon inhabituelle: des portes s'ouvrant vers le haut comme des ailes, limitées d'abord au bas des glaces latérales, mais qui, sur un véhicule de réserve à la Mille Miglia et au Mans, empiètent sur les flancs.

Une version roadster permet au pilote de respirer l'air frais, comme lors du Grand Prix du Jubilé du Nürburgring. Le moteur, qui représente, avec 265 kg, environ un tiers du poids total, enchâssé dans l'entrelacement des

tubes du châssis et incliné à 50° vers la gauche, est donc surnommé, dans le jargon de Mercedes «Schräger Otto» (Otto penché). On doit prendre obligatoirement comme base le six-cylindres de la berline de luxe 300, amélioré avec une culasse détachable en aluminium et trois carburateurs inversés Solex. Avec 175 ch à 5200 tr/min, il ne brille pas précisément par son énergie, mais plutôt par son endurance. Le – surprenant – cockpit est accueillant, car Uhlenhaut pense que l'équipage doit aussi se sentir à l'aise.

La carrosserie des deux premières 300 SL de première génération à Untertürkheim fut créée sur une forme en bois avec coupes longitudinales et transversales. Puis, le modèle fut expédié au département expérimental de Sindelfingen, où les cinq autres furent fabriquées. Ces sept glorieux bolides volèrent ensuite de victoire en victoire.

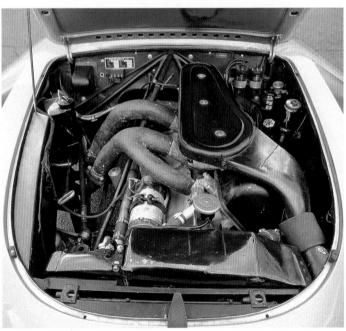

Rudolf Uhlenhaut wants to keep the lattice frame of the 300 SL as low as possible. Doors that open upward are therefore chosen – becoming the trademark of the model and its successors on the road. As is the case with the works cars for the Mille Miglia of 4 May 1952, they originally end at waist level. Since the organizers of the Le Mans 24 Hours voice concerns, and to fulfill not only the letter of the rules but also their spirit, they are extended into the flanks for deployment there and afterwards. The color markings introduced by Alfred Neubauer serve the purpose of differentiation.

Rudolf Uhlenhaut will den Gitterrohrrahmen des 300 SL so niedrig wie möglich halten. Deshalb optiert man für Türen, die sich nach oben öffnen – das Markenzeichen des Modells und seines Nachfolgers für die Straße. Ursprünglich wie bei den Werkswagen für die Mille Miglia am 4. Mai 1952 enden sie auf der Höhe der Gürtellinie. Da die Organisatoren des 24-Stunden-Rennens von Le Mans Bedenken tragen und man nicht nur den Buchstaben, sondern auch dem Geist der Regeln gehorchen möchte, werden sie für den Einsatz dort und später in die Flanken verlängert. Die Farbmarkierungen, von Alfred Neubauer eingeführt, dienen der Unterscheidung.

Rudolf Uhlenhaut a voulu que le cadre à treillis tubulaire de la 300 SL soit le plus bas possible. Ce qui explique le choix de portières s'ouvrant vers le haut – typiques du modèle et de la version routière ultérieure. À l'origine, comme pour les voitures d'usine participant à la Mille Miglia du 4 mai 1952, elles s'arrêtent à la hauteur de la ceinture de caisse. Les organisateurs des 24 Heures du Mans ayant émis des réserves et les Allemands souhaitant respecter le règlement à la lettre ainsi qu'à la volonté, le constructeur les positionne plus bas dans les flancs pour cette course dans un premier temps, puis de façon définitive. Les marquages de couleur, une idée d'Alfred Neubauer, servent à distinguer les voitures.

Even successful racing cars do not usually bear names. Charisma and fascination are sufficiently exuded by the mix of numbers and letters with which they are identified. W 196 R is such a magical code. It stands for Mercedes-Benz's glamorous answer to the new CSI (Commission Sportive Internationale) grand prix formula introduced in 1954: capacity 750 cc with supercharger or 2500 cc without, unrestricted fuel composition, race length 186 miles or at least three hours.

But success does have a name, that of its fathers, which are entered for all eternity in the list of Mercedes legends. The head of the project is Professor Fritz Nallinger, instrumental in realizing it Rudolf Uhlenhaut, the technical mastermind of the racing department since 1 September 1936. They are assisted by Ludwig Kraus, the engineers Dr. Hans Scherenberg and Dr. Manfred Lorscheidt, Hans Gassmann and Karl-Heinz Göschel as well as other hand-picked employees of the company. The finest of contemporary technology can be found in the W 196 R – albeit with precedents in the depths of the past.

Why does this silver phenomenon, with 15 examples produced including one prototype, drive the totally despondent competition into the ground over the next two years? Because of the sheer unadulterated functionality of its ravishingly beautiful streamlined body (a version with free-standing wheels called a monoposto becomes the norm as of the German Grand Prix at the Nürburgring at the beginning of August 1954), because of its light and astutely composed lattice-frame backbone, because of its unconventional suspension with torsion bars and a new single-joint swing axle at the rear and gigantic front brake drums that have been moved inward, because of its potent eight cylinder in-line engine with direct fuel injection into the combustion chambers at 1450 psi, and desmodromically controlled valves, tilted at an angle of 60 degrees to the right and embedded in the skeleton of the frame to lower the center of gravity and diminish the frontal surface. Sustenance comes in the form of the devil's own Esso elixir codenamed RD 1, a mixture whisked together from benzene, methanol, gasoline, acetone, and nitrobenzene. A balanced distribution of weight is assisted by the placing of heavy equipment at the extremities of the W 196 R: water and oil cooler at the very front, fuel and oil tanks at the very rear. In 1955, the front brakes move into the wheels and three wheelbases are available: 7'1", 7'3" and 7'9".

In addition to all this is the military-like preparation and realization of the grand prix project under the Stuttgart star emblem, which on the one hand is reminiscent of the glorious thirties, and on the other foreshadows modern Formula One. And, by no means least of all, team manager, Alfred Neubauer, ensures that the best drivers sit behind the wheel of the best vehicle by securing the services of Juan Manuel Fangio, to whose lieutenant the up-and-coming Stirling Moss is promoted in 1955 – an unbeatable team.

Both configurations of the W 196 are easily interchangeable: chassis number 10, for instance, is deployed in 1955 with open wheels at the grands prix in Argentina (under Hans Herrmann, Moss and Karl Kling, 4th position) and Holland (with Moss driving, 2nd position), and completely dressed as a practice vehicle in Monza. Today it belongs to the inventory of the Mercedes museum.

Selbst erfolgreiche Rennwagen tragen zumeist keine Namen. Charisma und Faszination gehen dann von der Kombination von Zahlen und Buchstaben aus, mit denen sie gekennzeichnet werden. Ein solches magisches Kürzel heißt W 196 R. Es steht für die glanzvolle Replik von Mercedes-Benz auf die neue Grand-Prix-Formel der CSI (Commission Sportive Internationale) ab 1954: Volumen 750 cm³ mit oder 2500 cm³ ohne Kompressor, Zusammensetzung des Treibstoffs frei, Rennlänge 300 Kilometer oder mindestens drei Stunden.

Aber der Erfolg hat einen Namen und jeder seiner Väter, für immer eingetragen im Index der Mercedes-Legende. Projektleiter ist Professor Fritz Nallinger, maßgeblich an der Entwicklung beteiligt Rudolf Uhlenhaut, technischer Chef der Rennabteilung seit dem 1. September 1936. Ihnen arbeiten Ludwig Kraus, die Ingenieure Dr. Hans Scherenberg und Dr. Manfred Lorscheidt, Hans Gassmann und Karl-Heinz Göschel sowie weitere handverlesene Spitzenkräfte des Hauses zu. Im W 196 R findet sich zeitgenössische Technologie vom Feinsten zusammen – wenn auch mit Präzedenzfällen in der Tiefe der Vergangenheit.

Warum dieses Phänomen in Silber, aufgelegt in 15 Exemplaren inklusive eines Prototyps, in den nächsten beiden Jahren die schier verzagende Konkurrenz in Grund und Boden fährt: wegen seiner vor lauter Zweckmäßigkeit bildschönen Stromlinienkarosserie (vom Großen Preis von Deutschland auf dem Nürburgring Anfang August 1954 an wird eine Monoposto geheißene Version mit frei stehenden Rädern zum Normalfall), wegen seines leichten und raffiniert komponierten Gitterrohr-Rückgrats, wegen seiner unkonventionellen Aufhängung mit Drehstäben und einer neuen Eingelenk-Pendelachse hinten und riesigen nach innen ausgelagerten vorderen Trommelbremsen, wegen seines potenten Reihenachtzylinders mit direkter Einspritzung, die den Treibstoff mit 100 bar direkt in die Brennräume impft, und desmodromisch gesteuerten Ventilen, im Winkel von 60 Grad nach rechts geneigt in das Rahmenfachwerk eingepflanzt, um den Schwerpunkt abzusenken und die Stirnfläche zu verkleinern. Als Nahrung dienen die Esso-Elixire des Teufels mit dem Code RD 1, zusammengequirlt aus den Substanzen Benzol, Methylalkohol, Gasolin, Aceton und Nitrobenzol. Zu einer ausgewogenen Verteilung der Massen trägt die Ansiedlung von Gewichtigem in die Extreme des W 196 R bei, von Wasser und Ölkühler ganz nach vorn, von Treibstoff- und Öltank ganz nach hinten. 1955 sind die Bremsen vorn in die Räder gewandert und drei Radstände stehen zur Verfügung: 2150 mm, 2210 mm und 2350 mm.

Dazu kommen die pingelig-generalstabsmäßige Vorbereitung und Durchführung des Projekts Grand Prix im Zeichen des Stuttgarter Sterns, die einerseits an die ruhmreichen Dreißiger erinnern und zum anderen die Formel-1-Moderne vorwegnehmen. Und nicht zuletzt: Damit das beste Fahrzeug auch vom besten Fahrer gelenkt wird, hat sich Rennleiter Alfred Neubauer die Dienste von Top-Pilot Juan Manuel Fangio gesichert, zu dessen Leutnant 1955 der aufstrebende Stirling Moss befördert wird – ein unschlagbares Gespann.

Die beiden Konfigurationen des W 196 sind unschwer gegeneinander austauschbar: Chassis Nummer zehn etwa wird 1955 mit offenen Rädern eingesetzt bei den Grand Prix von Argentinien (unter Hans Herrmann, Moss und Karl Kling, Platz 4) und Holland (mit Moss am Lenkrad, Rang 2) und voll verkleidet als Trainingswagen in Monza. Es gehört heute zum Bestand des Mercedes-Museums.

1954

La plupart du temps, les voitures les plus fabuleuses n'ont pas de nom. Le charisme et la fascination viennent alors d'une combinaison de chiffres et de lettres : ainsi la W 196 R possède cette magie. Il s'agit d'une brillante réplique de Mercedes-Benz à la nouvelle formule de Grand Prix de la CSI (Commission sportive internationale) en vigueur à partir de 1954 : cylindrée, 750 cm³ avec compresseur ou 2500 cm³ en atmosphérique, carburant libre et longueur de course minimale de 300 km ou au moins trois heures.

Mais le succès, lui, porte un nom et chacun de ses créateurs est pour toujours inscrit dans le grand livre de la légende de Mercedes. Le directeur du projet, le professeur Fritz Nallinger, et Rudolf Uhlenhaut, directeur technique du département courses depuis le 1er septembre 1936, participent au développement. Leurs collaborateurs sont Ludwig Kraus, les ingénieurs Hans

Mercedes-Benz W196 R

Scherenberg et Manfred Lorscheidt, Hans Gassmann et Karl-Heinz Göschel, ainsi que d'autres experts maison triés sur le volet. Dans la W196 R, est rassemblée la technologie contemporaine la plus avancée, même s'il existe des précédents dans un passé plus lointain.

Pourquoi donc ce phénomène argenté, fabriqué à 15 exemplaires y compris un prototype, réduit-il à néant, pendant les deux années suivantes, la concurrence, au point de la décourager ? À cause de sa carrosserie aérodynamique, belle par sa fonctionnalité même (à partir du Grand Prix d'Allemagne au Nürburgring, début août 1954, la version monoplace avec roues découvertes devient la plus utilisée) ? À cause de sa structure en treillis tubulaire, légère et très élaborée ? À cause de ses suspensions non conventionnelles avec barres de torsion, un nouveau essieu brisé à demi-arbres oscillants à l'arrière et d'énormes freins à tambour à l'avant reportés dans le

châssis ? À cause de son puissant huit-cylindres en ligne à injection directe, qui pulvérise le carburant à 100 bars directement dans les chambres de combustion, et de ses soupapes à commande desmodromique, de son moteur installé obliquement dans le châssis et incliné selon un angle de 60° vers la droite, afin d'abaisser le centre de gravité et de réduire la surface frontale ? Pour l'alimenter, on a recours aux élixirs du diable d'Esso, de nom de code RD1, concoctés à partir de diverses substances : benzène, alcool méthylique, essence, acétone et nitrobenzène. Le report des masses principales aux extrémités de la W196 R contribue à les répartir de façon équilibrée, entre l'eau et le radiateur d'huile à l'avant, et les réservoirs de carburant et d'huile à l'arrière. En 1955, les freins reviennent à l'avant dans les roues, et l'on dispose de trois empattements, 2150 mm, 2210 mm et 2350 mm. À cela s'ajoutent la préparation et la réalisation minutieu-

ses du projet Grand Prix sous le signe de l'étoile de Stuttgart, rappelant, d'une part, les glorieuses années 1930, et, d'autre part, anticipant la Formule 1 moderne.

Autre point, non des moindres : pour que ce soit le meilleur pilote qui conduise le meilleur véhicule, le directeur des courses Alfred Neubauer s'est assuré les services du champion Juan Manuel Fangio, en lui adjoignant comme lieutenant en 1955 le jeune Stirling Moss – une équipe imbattable.

Les deux configurations de la W196 sont facilement interchangeables. Le châssis numéro 10, par exemple, est employé en 1955 avec roues découvertes pour le Grand Prix d'Argentine (avec Hans Hermann, Moss et Karl Kling, 4e place) et pour celui de Hollande (avec Moss au volant, deuxième place) et entièrement carrossé pour les essais à Monza. Il appartient aujourd'hui à la collection du musée Mercedes.

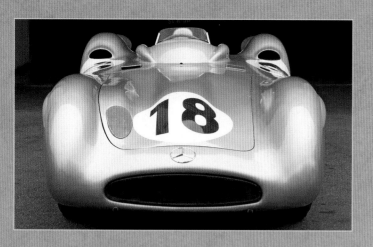

"When finally I sat behind the wheel, I was very excited. It was magificently streamlined and, from the very first tests, I was sure that I had in my hands the perfect car, the sensational machine that drivers dream about all their lives," says Fangio about the W 196 in its original shape. Number 18 is the car with which he won the 1955 Italian Grand Prix in Monza.

„Ich war sehr aufgeregt, als ich endlich hinter seinem Lenkrad saß. Seine Stromlinie war prachtvoll. Von den ersten Tests an hatte ich das Gefühl, dass ich den perfekten Wagen lenken durfte, das sensationelle Fahrzeug, von dem Rennfahrer ihr ganzes Leben träumen", sagt Fangio über ihn. Nummer 18 ist sein Siegerauto vom Gran Premio d'Italia 1955 in Monza.

« J'étais très excité quand je me suis enfin assis derrière le volant. Son profil aérodynamique était superbe. Dès les premiers essais, j'ai eu le sentiment que je pouvais conduire la voiture idéale, le véhicule sensationnel dont les pilotes rêvent toute leur vie », déclarait Fangio. C'est sur la voiture n° 18 qu'il remporta le Gran Premio d'Italia 1955 à Monza.

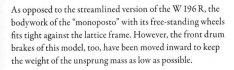

As opposed to the streamlined version of the W 196 R, the bodywork of the "monoposto" with its free-standing wheels fits tight against the lattice frame. However, the front drum brakes of this model, too, have been moved inward to keep the weight of the unsprung mass as low as possible.

Im Gegensatz zu der Stromlinienversion des W 196 R liegt die Karosserie des „Monoposto" mit frei stehenden Rädern eng am Gitterrohrrahmen an. Wie bei jener sind die vorderen Trommelbremsen innen angesiedelt, um das Gewicht der ungefederten Massen so gering wie möglich zu halten.

Contrairement à la version carénée de la W 196 R, la carrosserie de la version monoplace à roues découvertes colle au châssis tubulaire. Comme sur la première, les freins à tambour avant sont reportés à l'intérieur *(in-board)*, afin de réduire autant que possible le poids des masses non suspendues.

The use of an in-line
eight-cylinder engine
in the W 196 R is
unusual as more and
more space-saving
V-configuration units
have become fashionable
in the mid-fifties.

Da Mitte der fünfziger
Jahre immer mehr Raum
sparende V-Maschinen
in Mode kommen, ist
die Verwendung eines
Reihenachtzylinders im
W 196 R ungewöhnlich.

En 1954, en pleine
vogue des moteurs à
cylindres en V – moins
encombrants –, l'emploi
d'un huit-cylindres en
ligne sur la W 196 R est
pour le moins surprenant.

1954

Mercedes-Benz W 196 R

Mercedes-Benz 300 SLR

The Mercedes comeback in the fifties of the last century is a hop, skip and jump – only that the technique (and technology as well) is constantly improving. In many regards it peaks in 1955 with the 300 SLR (works identification code W 196 S), the perfect medium for long distance racing. The eloquent American, John Fitch, who drives it at the Tourist Trophy in Irish Dundrod and at the Targa Florio, is succinct in his summary: even with the worst of treatment, such as in Sicily, the 300 SLR has functioned perfectly, as robust as a tank and yet with the smooth agility of a jungle cat. The family resemblance to the 300 SL of 1952 is somewhat faded, while the genes of the W 196 R grand prix car are evident everywhere.

The latter went into action six months previously. It is the engine of the SLR, with the "square" cylinder dimensions of 3" x 3" and a capacity of 2982 cc and sunk into the lattice frame at an angle of 33 degrees to the horizontal,

which benefits most from this. With regards to its architecture, all the central features of the predecessor are taken up, an in-line engine with two banks of four combustion units, heads and blocks (now cast from silumin and no longer made of steel) integrated in one housing. Two overhead camshafts keep the sixteen valves working via cams and rocker arms, thanks to which the irritation of burst valve springs is no longer present.

The desmodromic principle bestows strapping good health, particularly when the recommendation of its fathers on the package insert is followed: no more than 7000 rpm, when endurance is required as in Le Mans and during the Mille Miglia, 7600 rpm during 1000-kilometer races or sprint events such as the Eifel Race, or 7800 rpm when absolutely necessary. On one occasion, the unerring follow-up pointer registers 8400 rpm. Not once during the Brescia 1000-Mile Race is the engine hood of

the winning vehicle of Moss and Jenkinson raised. Its engine generates 296 hp before the giant loop through Italy, and 296 hp afterwards during servicing. Another of those sturdy power units endures 10,000 kilometers and 32 hours on the dynamometer without complaint. It is merely necessary to a replace the oil scrapper rings every 6000 kilometers.

This impressive balance sheet mirrors the robust constitution of the entire vehicle: at the Targa Florio on 16 October of that year, the winning car of the elite team Stirling Moss and Peter Collins still manages record laps even after various excursions into the rocks and crumbling walls that line the track. In Le Mans and at the Swedish Grand Prix the Mercedes drivers are provided with additional air brakes above the rear that can be raised into the air stream and retracted again hydraulically. During his initial duel with Fangio on the Sarthe course,

Jaguar driver Mike Hawthorn notices that the Argentinian has the same braking point with this configuration as his own D-Type, which has already been fitted with disk brakes. Proof of the variability of the 300 SLR concept is provided to no small degree by the roofed version with which, for example, Count Wolfgang Berghe von Trips travels to the Swedish race at Kristianstad on 7 August 1955 in order to acquaint himself with the SLR. The vociferous, 175-mph coupé is a cross between the affability of the off-the-peg 300 SL and the ferocious bite of a racing car. It is Uhlenhaut's private sedan, taunts Moss, nothing but a toy. And so, only two specimens are built.

Das Mercedes-Comeback in den fünfziger Jahren des vorigen Jahrhunderts ist ein Dreisprung – nur dass die Technik immer besser wird. In vieler Hinsicht gipfelt sie 1955 im 300 SLR (Werkscode W 196 S), dem perfekten Medium für die lange Strecke. Der beredte Amerikaner John Fitch, der ihn bei der Tourist Trophy im irischen Dundrod und bei der Targa Florio fährt, bringt es auf den Punkt: Selbst bei miesester Behandlung wie in Sizilien habe der 300 SLR perfekt funktioniert, robust wie ein Panzer und doch von der geschmeidigen Behändigkeit einer Dschungelkatze.

Schon ein wenig verblasst ist die Familienähnlichkeit zum 300 SL von 1952, während die Gene des Grand-Prix-Wagens W 196 R überall zutage treten.

Der ist ein halbes Jahr früher in Angriff genommen worden. Dies kommt vor allem dem Motor des SLR mit den „quadratischen" Zylindermaßen 78 x 78 mm und einem Hubraum von 2982 cm³ zugute, im Winkel von 33 Grad zur Horizontalen in den Gitterrohrrahmen versenkt. Hinsichtlich seiner Architektur wurden alle zentralen Motive des Vorgängers aufgegriffen, ein Reihentriebwerk mit zwei Bänken à vier Verbrennungseinheiten, Köpfe und Blöcke (nun aus Silumin gegossen und nicht mehr aus Stahl) in einem Gehäuse vereint. Zwei oben liegende Nockenwellen halten die sechzehn Ventile via Nocken und Schlepphebel zur Arbeit an, womit der Störfaktor berstender Ventilfedern entfällt.

Das desmodromische Prinzip verleiht ihm dralle Gesundheit, vor allem, wenn die Empfehlungen seiner Väter auf dem Beipackzettel befolgt werden: nicht mehr als 7000/min, wenn Ausdauer gefragt ist wie in Le Mans und bei der Mille Miglia, 7600/min bei 1000-Kilometer- oder Sprintveranstaltungen wie dem Eifelrennen, notfalls mal 7800/min. In einem Fall meldet der unbestechliche Schleppzeiger 8400/min. Nie wird während der 1000 Meilen von Brescia am siegreichen Fahrzeug von Moss/Jenkinson die Motorhaube aufgeklappt. 296 PS leistet seine Maschine vor der italienischen Riesenrunde, 296 PS anschließend bei einer Überprüfung im Werk. 10000 Kilometer und 32 Stunden auf dem Dynamometer übersteht ein anderes Aggregat klaglos. Lediglich die Ölabstreifringe müssen alle 6000 Kilometer ersetzt werden.

Diese eindrucksvolle Bilanz spiegelt die robuste Konstitution des gesamten Fahrzeugs: Bei der Targa Florio am 16. Oktober jenes Jahres ist der Siegerwagen der Elite-Riege Stirling Moss/Peter Collins noch nach diversen Exkursionen in das felsige oder von bröckelnden Mäuerchen gesäumte Umfeld der Piste zu Rekordrunden fähig. In Le Mans und beim Großen Preis von Schweden verfügen die Mercedes-Fahrer über zusätzliche Luftbremsen über dem Heck, die hydraulisch in den Fahrtwind gereckt und wieder gesenkt werden können. Während seines anfänglichen Duells mit Fangio auf dem Sarthe-Kurs stellt Jaguar-Pilot Mike Hawthorn fest, dass der Argentinier mit dieser Konfiguration die gleichen Bremspunkte hat wie sein eigener D-Type, der bereits mit Scheibenbremsen ausgerüstet ist. Von der Variabilität des Konzepts 300 SLR zeugt nicht zuletzt die geschlossene Version, mit der etwa Wolfgang Graf Berghe von Trips zu dem Lauf im schwedischen Kristianstad am 7. August 1955 anreist, um sich mit dem SLR vertraut zu machen. In dem lärmenden und 284 km/h schnellen Coupé kreuzen sich die Umgänglichkeit des 300 SL von der Stange mit dem Biss des Rennsportwagens. Das sei, spottet Moss, Uhlenhauts private Limousine, ein richtiges Spielzeug. Und so bleibt es bei zweien.

Dans les années 1950, Mercedes effectue une jolie pirouette et revient sur le devant de la scène, sachant que chaque fois la technique et la technologie s'améliorent. À de nombreux égards, en 1955, la 300 SLR (code usine W 196 S) culmine : c'est la voiture idéale pour les épreuves sur longue distance. John Fitch, un Américain expansif, qui la conduisit dans le Tourist Trophy sur le circuit irlandais de Dundrod, ainsi qu'à la Targa Florio, le confirme : même mal utilisée, comme en Sicile, la 300 SLR fonctionnait parfaitement, robuste comme un char d'assaut et maniable à la fois, avec la souplesse d'un félin sauvage. L'air de famille avec la 300 SL de 1952 s'estompe déjà un peu, tandis que les gènes de la voiture de Grand Prix W 196 R sont, eux, présents partout. Celle-ci était apparue un semestre plus tôt. Ce dont bénéficie surtout le moteur de la SLR avec des cotes « carrées » de 78 x 78 mm et une cylindrée de 2982 cm³, installé selon un angle de 33° par rapport à l'horizontale dans le châssis tubulaire en treillis. Quant à son architecture, toutes les caractéristiques du modèle précédent sont reprises : un moteur en ligne avec deux blocs à quatre cylindres et culasses et blocs (désormais coulés en silumin et non plus en acier soudé) réunis sur un carter commun. Deux arbres à cames en tête permettent de faire fonctionner seize soupapes par l'intermédiaire de cames et de culbuteurs, sans risque de casser les ressorts.

La commande desmodromique lui confère une solide santé, surtout lorsqu'on suit les recommandations de son constructeur : pas plus de 7000 tr/min lorsqu'il s'agit d'endurance comme au Mans ou à la Mille Miglia, 7600 tr/min dans des épreuves sur 1000 km au maximum ou des courses de sprint comme celle de l'Eifel, et si nécessaire 7800 tr/min. En une occasion l'incorruptible aiguille du mouchard a indiqué 8400 tr/min. Jamais, au cours de la Mille Miglia de Brescia, le capot de la voiture victorieuse de Moss/Jenkinson n'a été ouvert. Avant ce grand tour de l'Italie, son moteur qui fournissait 296 ch les délivrait encore lors d'une vérification en usine. Un autre groupe survit sans dommage à 10000 kilomètres et 32 heures au banc dynamométrique. Seuls les segments râcleurs sont à changer tous les 6000 km.

Ce bilan impressionnant reflète la robuste constitution de l'ensemble du véhicule : à la Targa Florio, le 16 octobre de cette même année, l'auto victorieuse de l'équipage de choix Stirling Moss/Peter Collins est encore capable, après quelques écarts sur les bas-côtés rocheux ou parsemés de petits murets écroulés, de reprendre la piste pour effectuer des tours records. Au Mans et dans le Grand Prix de Suède, les pilotes de Mercedes disposent à l'arrière d'un volet aéro-frein supplémentaire à commande hydraulique qui se relève au freinage et s'abaisse ensuite automatiquement. Au début de son duel avec Fangio sur le circuit de la Sarthe, le pilote de Jaguar, Mike Hawthorn, constate que l'Argentin possède avec cette configuration les mêmes valeurs de freinage que son propre D-Type, déjà équipé de freins à disque. La version fermée, avec laquelle par exemple le comte Wolfgang Berghe von Trips va courir à Kristianstad, en Suède, le 7 août 1955, pour se familiariser avec la SLR, n'est pas la dernière à témoigner de la polyvalence du concept de la 300 SLR. Dans le bruyant coupé, qui atteint 284 km/h, la convivialité de la 300 SL de production se combine au mordant d'une voiture de course. C'est, ironise Moss, la limousine personnelle d'Uhlenhaut, un vrai jouet. Et c'est la vérité. Elle n'a été construite qu'à deux exemplaires.

Previous double page:
The openings in the
300 SLR's air brake
provide vision to the
rear in the rearview
mirror. Team manager,
Neubauer, considered
one to be sufficient,
but the organizers at
Le Mans wanted two.

Vorige Doppelseite:
Die Öffnungen in der
Luftbremse des 300 SLR
dienen dem Blick nach
hinten durch den Rück-
spiegel. Eine genüge, sagt
Rennleiter Neubauer.
Aber die Veranstalter von
Le Mans wollen zwei.

Double-page précédente:
Les découpes de
l'aérofrein de la 300 SLR
permettent de voir
dans le rétroviseur.
Neubauer, directeur
d'équipe, déclare qu'un
seul suffit. Mais les
organisateurs du Mans,
eux, en imposent deux.

The brakes of the robust racing sports car lie inboard at both ends. A notorious weak point of the model, they could thus be made as large as possible.

Die Bremsen des robusten Rennsportwagens liegen an beiden Enden innen. Eine notorische Schwachstelle des Modells, können sie auf diese Weise so groß wie irgend möglich gemacht werden.

Les freins de la rapide monoplace sont logés à l'intérieur sur les deux trains. Points faibles notoires du modèle, ils peuvent ainsi être fabriqués aussi gros que possible.

A rarity though not quite unique: two examples existed of the roadworthy so-called Uhlenhaut Coupés. One is used by Count Wolfgang Berghe von Trips to travel to the Swedish Grand Prix in Kristianstad in order to get used to the 300 SLR.

Ein Unikum, wenn auch kein Unikat: Es gab zwei Exemplare des straßentauglichen so genannten Uhlenhaut-Coupés. Eines benutzt etwa Wolfgang Graf Berghe von Trips bei seiner Anreise zum Großen Preis von Schweden in Kristianstad, um sich an den 300 SLR zu gewöhnen.

Pièce exceptionnelle, mais en deux exemplaires, voici la version routière du coupé dit Uhlenhaut. Le comte Wolfgang Berghe von Trips pilote l'une de ces voitures pour se rendre au Grand Prix de Suède à Kristianstad, afin de s'habituer à la 300 SLR.

Fearless and Beyond Reproach
Einer ohne Furcht und Tadel
Sans peur et sans reproche

They may be thin on the ground, but they do exist: people about whom only good things can be said. In the case of qualified engineer Rudolf Uhlenhaut, technical head of Mercedes-Benz's racing department from 1 September 1936 and genius behind the Silver Arrows' triumphal success in the first half of the fifties, not even the transfiguring hindsight of posterity is necessary. His contemporaries are full of praise for him regardless of whether they are his colleagues, superiors, or subordinates. "A fine man and excellent engineer," raves Karl Kling, himself, like Uhlenhaut, one of the early cornerstones in the history of the "firm" and also in its grand prix team in 1954 and 1955. "He was very elegant in all respects, almost British. The only thing that was missing for a perfect gentleman was his appearance. He never attached much importance to his clothes and his looks."

Rudolf Uhlenhaut's Britishness is not without grounds: born in London on 15 July 1906, the son of a director of the Deutsche Bank and his British wife, he speaks perfect and accentless English. This will in future make him a favorite interviewee for that country's journalists. They treat him as one of their

Sie sind dünn gesät, aber es gibt sie: Menschen, über die sich nur Gutes berichten lässt. Im Falle des Diplomingenieurs Rudolf Uhlenhaut, als technischer Leiter der Rennabteilung von Mercedes-Benz seit dem 1. September 1936 und in der ersten Hälfte der Fünfziger der konstruktive Genius hinter dem Siegeszug der Silberpfeile, bedarf es dabei noch nicht einmal der verklärenden Sicht der Nachwelt. Schon die Zeitgenossen sind voll des Lobes, Mitarbeiter, Vorgesetzte und Untergebene gleichermaßen. „Ein feiner Mann und hervorragender Ingenieur", schwärmt Karl Kling, wie einst Uhlenhaut selber Urgestein in der Geschichte der „Firma" und 1954 und 1955 auch in ihrem Grand-Prix-Aufgebot. „Er war in jeder Hinsicht sehr elegant, fast britisch. Zum perfekten Gentleman fehlte nur das Äußere. Auf Kleidung und sein Erscheinungsbild hat er nie allzu großen Wert gelegt."

Das Britische in Rudolf Uhlenhaut kommt nicht von Ungefähr: Am 15. Juli 1906 in London als Sohn eines Direktors der Deutschen Bank und dessen einheimischer Gattin geboren, spricht er perfekt und akzentfrei Englisch. Das macht ihn künftig zum beliebten Ansprechpartner der Journalisten von der Insel. Sie

Ils se comptent sur les doigts de la main mais ont le mérite d'exister, ces hommes dont on ne peut dire que du bien. Dans le cas de l'ingénieur Rudolf Uhlenhaut, directeur technique du Département compétition chez Mercedes-Benz depuis le 1er septembre 1936 et, dans la première moitié des années 1950, concepteur de génie à qui les Flèches d'argent doivent leur carrière triomphale, il n'aura pas été nécessaire d'attendre les hommages dus à la postérité. Ses contemporains, en effet, ne tarissent pas d'éloges sur son compte: collaborateurs, supérieurs hiérarchiques aussi bien que subordonnés. « Un homme de qualité et un ingénieur exceptionnel », déclare Karl Kling, lui aussi l'un des piliers dans l'histoire de la firme et qui travaillera également avec le Département compétition en 1954 et 1955. « Il était d'une grande élégance, presque britannique. Il ne lui manquait que l'apparence du parfait *gentleman*. Il n'a jamais accordé une importance excessive à sa tenue vestimentaire ni à son image. » Ce côté britannique chez Rudolf Uhlenhaut n'est pas le fruit du hasard. Né le 15 juillet 1906 à Londres, il est le fils d'un directeur de la Deutsche Bank et d'une Anglaise. Il parle anglais à la perfection et sans accent. Plus tard, cela lui vaut de devenir l'un des interlocuteurs favoris des journalistes insulaires. Ils continueront à le considérer comme l'un de leurs compatriotes alors qu'Uhlenhaut travaille déjà pour la firme à l'étoile et, donc, dans une certaine mesure, pour la gloire du parti nazi au pouvoir.

Seulement voilà, son éducation libérale à Londres et à Bruxelles, où sa famille séjourne pendant la Première Guerre mondiale avant de rentrer en Allemagne, et où il apprend le français, le flamand, l'allemand et le latin, lui rend insupportables les préjugés, l'intolérance, l'ineptie idéologique et l'étroitesse d'esprit. Il fait ses études à Munich et, pendant les vacances, travaille en tant qu'« assistant machiniste surnuméraire sans solde » dans une compagnie chrétienne de transport maritime. Sans aucun doute, l'existence difficile que menait le petit personnel dans cette société aux structures rigides qui voyageait sur les paquebots à vapeur ne pouvait qu'inculquer l'humilité. « Il était modeste, calme et franc, rayonnait d'une autorité tranquille. » C'est en ces termes que Hans Herrmann, qui travailla pour les voitures de sport et de course chez Mercedes-Benz en 1954 et 1955, poursuit la liste des louanges entamée par Kling. Il parlait d'une voix sonore et avec animation, mais sans jamais élever le ton.

Rudolf Uhlenhaut et le directeur des courses Alfred Neubauer sont des pôles opposés, des personnages complémentaires un peu à la Laurel et Hardy. L'un, le gros comme on le surnomme dans son dos, est un organisateur de premier plan, autoritaire, tapageur, amoureux de sa personne à l'excès et avide de publicité. L'autre,

Temporarily open to the elements: during the first test drives in the W 154 at Monza in 1938.

Zeitweise geöffnet: 1938 bei ersten Versuchsfahrten mit dem W 154 in Monza.

Temporairement ouvert: en 1938, lors des premiers essais routiers de la W 154 à Monza.

Creator and creation – Rudolf Uhlenhaut with one of the two Uhlenhaut Coupés that served as his private transport despite being horribly loud, a fact that contributed to his later deafness.

Schöpfer und Geschöpf – Rudolf Uhlenhaut mit einem der beiden Uhlenhaut-Coupés. Es diente seinem privaten Transport und war enorm laut, ein Grund für seine spätere Schwerhörigkeit.

Le créateur et son œuvre – Rudolf Uhlenhaut avec l'un des deux coupés Uhlenhaut. Il l'utilisait pour ses déplacements privés, mais il était incroyablement bruyant, ce qui explique sa surdité ultérieure.

compatriots, even when he is already working for the company with the star emblem, and, in doing so, inevitably under the banner of the swastika. But thanks to his liberal upbringing in London and Brussels, where the Uhlenhaut family spent some time while returning to Germany during the First World War and where he increased his repertoire of languages to include French, Flemish, German, and Latin, he completely loses any trace of prejudice, intolerance, ideological stubbornness, and bigotry. While studying in Munich, Uhlenhaut jobs during the semester breaks as an "unpaid supernumerary machinist's assistant" in the merchant marine. No doubt the meager existence as one of lower orders in the rigid class structure of society aboard the passenger steamships of the day is an excellent way of learning humility and nipping any tendency to pomposity in the bud. "He was modest, quiet, and honest; and exuded authority in a calm manner," says Hans Herrmann, actively involved with Mercedes-Benz racing and sports cars in 1954 and 1955, expanding upon Kling's catalog of Uhlenhaut's virtues. He spoke with a bright and vivid voice but never shouted, he adds.

Rudolf Uhlenhaut and Mercedes team manager, Alfred Neubauer, are opposite poles, complementary characters like Faust and Mephisto. On the one side is the "fat man," as he is called behind his back, a splendid organizer, authoritarian, blustering, deeply in love with himself and craving for publicity.

gehen selbst dann noch mit ihm wie mit einem Landsmann um, als er bereits im Zeichen des Sterns wirkt und damit gewissermaßen auch im Namen jenes Kreuzes, das laut Bert Brecht für den kleinen Mann einen großen Haken hat. Nur: Durch seine liberale Erziehung in London und Brüssel, wo die Familie auf dem Rückweg nach Deutschland während des Ersten Weltkriegs verweilt und er Französisch, Flämisch, Deutsch und Latein dazulernt, kommen ihm Vorurteil, Intoleranz, ideologische Verbohrtheit und Engstirnigkeit gänzlich abhanden. In den Semesterferien seines Studiums in München jobbt Uhlenhaut als „überzähliger Maschinenassistent ohne Besoldung" bei der christlichen Seefahrt. Zweifellos ist das karge Dasein im Fußvolk der rigiden Klassengesellschaft auf den Passagierdampfern jener Jahre hervorragend dazu angetan, Demut zu lehren und alles Hochgestochene im Keim zu unterbinden. „Er war bescheiden, ruhig und ehrlich, strahlte Autorität in stiller Weise aus", wird Klings Tugendkatalog verlängert durch Hans Herrmann, 1954 und 1955 für Mercedes-Benz im Renn- und Sportwagen tätig. Er habe mit einer hellen und lebhaften Stimme gesprochen, sei dabei aber nie laut geworden.

Rudolf Uhlenhaut und Rennleiter Alfred Neubauer – das sind Gegenpole, Komplementärfiguren wie Faust und Mephisto. Da ist der „Dicke", wie sie ihn hinter seinem Rücken nennen, ein glänzender Organisator, autoritär, polternd, heillos in sich selbst verliebt und publicitygeil.

son partenaire qui reste dans l'ombre, est un partisan du travail d'équipe, qui tient les rênes d'une main douce mais ferme. D'innombrables photos le montrent plongé dans une conversation animée avec ses collaborateurs. Kling s'en souvient : « Uhlenhaut était le véritable directeur des courses, il était par exemple bien plus efficace que Neubauer quand il s'agissait de calculer les arrêts, par exemple pour changer les pneus. » D'une loyauté à toute épreuve, il prônait l'harmonie et cela avec des manières polies et soignées, tout en laissant transparaître ce petit quelque chose d'indéfinissable qui fait une personnalité.

Herrmann, qui est bien d'accord sur ce point, rapporte un incident dont il fut le protagoniste. C'était en 1955, lors de la Mille Miglia. L'équipe de Mercedes s'était entraînée à fond pendant des semaines, sur la 300 SL et la 300 SLR. Un soir, à Montefiascone, Herrmann s'étant accordé un peu de liberté, était rentré tard. Ce qui avait mis dans une colère noire Don Alfredo, alias Neubauer, lequel avait demandé à l'hôtelier de le réveiller dès le retour de son pilote. Tel un fantôme grassouillet, il avait bondi hors de sa chambre sur ses jambes maigres et, tout à la fois bleu et rouge de colère, avait hurlé : « Herrmann, qu'est-ce qui vous a pris ? Vous mettez en péril toute l'expédition ! Vous êtes viré ! » Le coupable était au désespoir, malgré les tentatives d'apaisement de Walter Kostelezky, chef du département compétition. Finalement, Uhlenhaut lui fit un clin d'œil et mit fin au drame en disant : « Herr-

On the other, in the background, is his counterpart, an exponent of a sense of "all for one and one for all" and teamwork, who in a gentle and unassuming way tightly holds all the threads in his hands. In numerous photographs he is seen in deep conversation with his colleagues. "Uhlenhaut was the real race organizer, much better than Neubauer, for instance, when it came to scheduling the workflow, things like the timing of tire changes," Kling remembers. He conducted himself with unconditional loyalty, an even-tempered individual with polite and cultivated manners, and yet emanating that indefinable quality we call personality.

Herrmann agrees, and adds an example from his own experience. It was at the Mille Miglia in 1955. For weeks they had extensively practised in the 300 SL and 300 SLR. One evening, he took the liberty of staying out a little late in Montefiascone. This infuriated "Don Alfredo." Neubauer made a point of telling

Und da ist sein Widerpart im Hintergrund, ein Exponent des „Wir" und der Teamarbeit, der auf sanfte Art die Fäden fest in der Hand hält. Auf zahlreichen Fotos sieht man ihn in intensivem Gespräch mit Mitarbeitern. „Uhlenhaut war der eigentliche Renneinteiler, zum Beispiel dann viel besser als Neubauer, wenn es darum ging, Abläufe festzulegen, etwa den Zeitpunkt des Reifenwechsels", erinnert sich Kling. Unbedingt loyal habe er sich verhalten, ein Mann des Ausgleichs mit einem höflichen, gepflegten Umgangston, und dennoch das Undefinierbare ausgestrahlt, das man Persönlichkeit nennt.

Dem pflichtet Herrmann bei und führt auch gleich ein Beispiel aus eigenem Erleben an. Bei der Mille Miglia 1955 sei es gewesen. Da habe man wochenlang ausgiebig trainiert, im 300 SL und im 300 SLR. Und an einem Abend in Montefiascone habe er sich halt die Freiheit genommen und sei ein wenig spät nach Hause gekommen. Das habe „Don Alfredo" irrsinnig aufge-

mann, évitez ce type et continuez à piloter. » Quoiqu'il en soit, tous deux, le commandant et le stratège, s'estimaient. « La saison 1937 commence. Chez Mercedes, nous avons constaté entre-temps que nos échecs de l'an passé provenaient en grande partie de défauts de conception. Un jeune homme de génie a donné à nos voitures un nouveau coup de fouet. Uhlenhaut – c'est son nom – est l'unique ingénieur qui ait jamais su piloter lui-même une lourde voiture de Grand Prix sur piste et dans un temps record. Il n'a pas besoin d'écouter les jugements des pilotes. Ses propres expériences lui suffisent pour apprendre. Il inaugure une ère nouvelle dans la conception des voitures de course », écrit Neubauer dans son autobiographie, *Mon Royaume, la Vitesse*.

Uhlenhaut s'exprimera beaucoup plus tard en des termes élogieux sur son collègue, qui, d'après lui, savait parfaitement montrer ce dont il était capable. Il le trouvait amusant. Et ajoute que tous deux s'entendaient bien et n'ont jamais eu de conflits. Arthur Keser, chef du ser-

Always in discussion: Uhlenhaut conferring with team manager Neubauer before the record-breaking attempts on the Dessau to Bitterfeld autobahn in February 1939, and discussing the situation with Hermann Lang and mechanic Willy Zimmer in Reims, the same year.

Immer im Gespräch: Vor Rekordfahrten auf der Autobahn Dessau–Bitterfeld im Februar 1939 berät sich Uhlenhaut mit Rennleiter Neubauer, im gleichen Jahr in Reims mit Hermann Lang und Mechaniker Willy Zimmer über den Stand der Dinge.

Toujours en grande conversation: avant les tentatives de records sur l'autoroute Dessau-Bitterfeld, en février 1939, Uhlenhaut s'entretient avec le directeur de course Neubauer. La même année, à Reims, avec Hermann Lang et son mécanicien Willy Zimmer, ils font un point sur la situation.

the hotel manager to wake him and let him know when Herrmann returned. He came rushing out on his thin legs like a fat ghost, blue and red with anger and shouted: "Herrmann, what do you think you're doing? You're endangering the whole expedition! You're fired!" He was inconsolable, despite attempts by Walter Kostelezky, the head of the racing division, to steady his nerves. Then Uhlenhaut winked and sorted everything out by saying: "Herrmann, keep out of his way, and carry on driving."

Nevertheless, they both appreciate one another, the commander and the strategist. "The 1937 season is beginning. We at Mercedes have in the meantime found out that the reasons for our failures the previous year were mostly design faults. A young genius has now given our vehicle a new cut. His name is Uhlenhaut and he is the only design engineer ever to be capable of steering a heavy grand prix car around the track at racing speed himself. He doesn't need to depend on the

bracht. Neubauer habe extra den Hotelwirt beauftragt, ihn zu wecken und ihm seine Rückkunft zu melden. Wie ein dicker Geist sei er herausgeschossen gekommen auf seinen dünnen Beinen, sei blau und rot geworden und habe geschrien: „Herrmann, was erlauben Sie sich? Sie gefährden die ganze Expedition! Sie sind entlassen!" Er sei untröstlich gewesen, trotz der Versuche des Chefs der Rennabteilung Walter Kostelezky, ihm Mut einzuflößen. Schließlich habe Uhlenhaut ein Auge zugekniffen und die Sache wieder ins Lot gebracht, indem er sagte: „Herrmann, gehen Sie dem da aus dem Weg und fahren Sie weiter."

Gleichwohl schätzten die beiden einander, der Kommandeur und der Stratege. „Die Saison 1937 beginnt. Wir von Mercedes haben inzwischen festgestellt, dass die Gründe des Versagens im letzten Jahr zum größten Teil Konstruktionsfehler waren. Ein genialer junger Mann hat nun unseren Wagen einen neuen Schliff gegeben. Er heißt Uhlenhaut und ist der

vice de presse chez Daimler-Benz dans les années 1950, met néanmoins le doigt sur l'antagonisme latent entre les deux hommes le jour où il conseille à des reporters: « Vous ne pouvez pas photographier seulement des ventres, il vous faut prendre des têtes en photo ! »

La citation tirée des mémoires de Neubauer prouve deux choses. D'une part, Uhlenhaut a une tête bien faite. Au cours de la troisième année de la formule 750 kg, en 1936, la Flèche d'argent numéro un, la W 25, est en pleine crise: technique dépassée, pression trop forte exercée par le rival Auto Union et Bernd Rosemeyer, son jeune champion. Uhlenhaut révise avec le plus grand soin la W 25 de 1937 et imagine déjà de lui faire subir des réglages en fonction des courses prévues: boîte de vitesses, capacité du réservoir, carburateur, compresseur, jantes et dimensions des pneus, couple moteur et vitesses atteintes sur les différents rapports. Les innovations concernent la transmission, les demi-arbres à double articulation qui assurent un carrossage

Accompanied by two famous vehicles to the creation of which he contributed: 1953 with the 300 SL (W 194) at Stuttgart's Rotenberg track and a year later beside the racing department's rapid transporter, carrying a W 196 after tests at Hockenheim. Amazingly, the engines are almost the same ...

In Gesellschaft zweier berühmter Automobile, die unter seiner Mitwirkung entstanden: 1953 mit dem 300 SL (W 194) auf dem Stuttgarter Rotenberg, ein Jahr später neben dem blauen Schnelltransporter der Rennabteilung, der nach Versuchsfahrten in Hockenheim einen W 196 geschultert hat. Ihre Motoren sind fast die gleichen ...

En compagnie de deux célèbres automobiles nées avec son concours : en 1953 avec la 300 SL (W 194) au Rotenberg de Stuttgart et, un an plus tard, à côté du fameux porte-voitures rapide bleu du service course, sur lequel on a chargé la W 196 à l'issue d'essais à Hockenheim. Les moteurs sont quasiment identiques ...

drivers' evaluation. He learns from his own experience. He heralds a whole new era in racing car design," writes Neubauer about Uhlenhaut in his autobiography entitled *Speed Was My Life*. And the latter much later expresses a complimentary view about the "fat man," pointing out he could project himself in an extremely skilful way. He found him amusing. He carries on to say that they got on well together and never quarreled. However, Arthur Keser, the chief press officer at Daimler-Benz AG in the fifties, cuts to the quick of the latent antagonism between the two when, on one occasion he gives photo journalists the advice: "Don't just take snaps of bellies, you have to photograph the heads."

Two things are substantiated by the quote from Neubauer's memoirs. One is the fact that an unusu-

einzige Konstrukteur, der es je verstanden hat, einen schweren Grand-Prix-Wagen eigenhändig im Renntempo über eine Bahn zu steuern. Er braucht sich nicht auf die Urteile der Fahrer zu verlassen. Er lernt aus eigener Erfahrung. Er leitet eine völlig neue Epoche im Rennwagenbau ein", schreibt Neubauer in seiner Autobiographie *Männer, Frauen und Motoren* über Uhlenhaut. Und dieser äußert viel später artig über den „Dicken", der habe sich außerordentlich geschickt produzieren können. Er habe ihn amüsant gefunden. Man sei gut miteinander klargekommen und habe nie Krach gehabt. Arthur Keser jedoch, in den Fünfzigern Pressechef bei der Daimler-Benz AG, bringt den latenten Antagonismus zwischen den beiden auf den Punkt, als er einmal Bildjournalisten den Ratschlag gibt: „Ihr

constant au prix d'une variation de voie minime. Mais Uhlenhaut reste toujours à la hauteur des défis du moment, improvise avec promptitude et, à l'occasion, imagine des solutions très originales. Lors d'une course en Argentine deux semaines après le torride Grand Prix de Buenos Aires, en janvier 1955, le frein de la roue avant droite de la W 196 pilotée par Stirling Moss se bloque pendant la première manche. Il ne reste plus assez de temps pour une intervention d'envergure avant la deuxième manche. Avec une seringue, Uhlenhaut fait injecter deux litres d'huile dans le tambour. Résultat : même sur un freinage fort, la voiture garde son cap et Moss remporte la deuxième manche.

Lors de la phase précédant la conception de la W 125, l'ingénieur avale des milliers de kilomètres au

ally gifted brain is at work here. In the third year of the 750-kilogram formula, 1936, the first Silver Arrow, the W 25, is in crisis. Its technology is dated and it is under pressure from rival Auto Union and its young superstar Bernd Rosemeyer. The W 125 of 1937, painstakingly reworked by Uhlenhaut, can already be specifically fine-tuned to the respective racing track in terms of transmission, tank volume, carburetors, wheel rims and tire size, as well as torque and speeds achievable in the individual gears. The control of the rear wheels is new, a double joint axle that guarantees a constant camber, allowing only slight changes in tracking width.

But Uhlenhaut is also at all times a match for the demands of the moment, quick-wittedly impro-

dürft nicht nur Bäuche aufnehmen, ihr müsst Köpfe fotografieren."

Zwei Dinge belegt das Zitat aus Neubauers Memoiren. Zum einen ist hier ein begnadeter Kopf am Werk. Im dritten Jahr der 750-Kilogramm-Formel 1936 ist der Silberpfeil Nummer eins, der W 25, in die Krise gerutscht: verstaubt seine Technik, zu hoch der Druck durch den Rivalen Auto Union und seinen jungen Superstar Bernd Rosemeyer. Der W 125 von 1937, akribisch überarbeitet durch Uhlenhaut, lässt sich bereits gezielt auf die jeweilige Rennstrecke einstellen, hinsichtlich Getriebe, Tankvolumen, Vergaser, Lader, Felgen und Reifengrößen, Drehmoment und erreichbare Geschwindigkeiten in den einzelnen Gängen. Neu ist die Führung der Hinterräder, eine Doppelgelenkachse,

volant de la W 25 sur les bosses et les saignées du Nürburgring. Il acquiert ce faisant une aptitude remarquable, celle non pas de conduire mais de « bomber », selon sa propre expression. Autrement dit, il parvient à conduire aussi vite que les plus grands pilotes de l'écurie Mercedes. Il lui arrive même à l'occasion de donner une leçon au grand Fangio. En 1954, par exemple, à la suite d'un déjeuner trop copieux, il a l'idée de faire quelques tours sur le Nürburgring pour faciliter sa digestion. Lors de cette promenade digestive à une allure de Grand Prix, Uhlenhaut gagne trois secondes sur le meilleur temps de l'Argentin. Un an plus tard, Fritz Nallinger, ingénieur en chef, et Hans Scherenberg, qui dirige le bureau d'études central, critiquent la façon qu'a Fangio de « cisailler » dans les virages. Ils esti-

New faces: Stirling Moss and John Fitch listen attentively to him in 1955 during practice at the old Hockenheimring for the Mille Miglia.

Neue Gesichter: Stirling Moss und John Fitch sind ihm 1955 beim Training für die Mille Miglia auf dem alten Hockenheimring aufmerksame Zuhörer.

Nouveaux visages: Stirling Moss et John Fitch l'écoutent attentivement, en 1955, lors des entraîne-ments en vue des Mille Miglia, sur l'ancien circuit de Hockenheim.

vising and sometimes coming up with most unconventional solutions. Two weeks after the swelter of the grand prix at Buenos Aires in January 1955, the brake on the front right wheel of Stirling Moss' W 196 jams during the first heat of another race in Argentina. There is not enough time for extensive repairs before the second one. So he has two liters of oil pumped into the drum with a syringe. And lo and behold! The car unwaveringly holds course even when heavily decelerating, and Moss goes on to win the second heat.

Preliminary to the conception of the W 125, Uhlenhaut hounds the W 25 more than a thousand kilometers around the gullies and humps of the Nürburgring. In this, he is helped by a remarkable capability that he himself impishly plays down as "roaring around" or, more appropriately, "roaring around swiftly." In fact, it means driving just as fast as the top drivers in the Mercedes team. Occasionally he can even teach the great Fangio a thing or two. For example at the Nürburgring in 1954, he later recounts, he had eaten rather a lot for lunch. Then it occurred to him if he just drove a couple of laps everything would settle better. During the following "digestive run" at grand prix speed Uhlenhaut cut more than three seconds from the Argentinian's best time. A year later, head engineer Fritz Nallinger and Hans Scherenberg, the boss of the central construction department, find fault in Monza with Fangio's "sawing" at the steering wheel. It was not necessary with the W 196, they tell the maestro, and only cost time. Uhlenhaut then spontaneously sets to work behind the wheel and smoothly drives faster than

die einen konstanten Sturz bei nur geringer Änderung der Spurweite garantiert.

Aber auch der Herausforderung des Augenblicks ist Uhlenhaut stets gewachsen, improvisiert schlagfertig und wartet gelegentlich mit höchst unkonventionellen Lösungen auf. Bei einem Rennen in Argentinien zwei Wochen nach dem Hitze-Grand-Prix von Buenos Aires im Januar 1955 blockiert während des ersten Laufs die rechte Vorderradbremse am W 196 von Stirling Moss. Zu irgendwelchen größeren Eingriffen vor dem zweiten reicht die Zeit nicht mehr. Also lässt er mit einer Spritze zwei Liter Öl in die Trommel pumpen. Und siehe: Der Wagen hält selbst bei starkem Verzögern stur Kurs und Moss gewinnt den zweiten Lauf.

Im Vorfeld der Konzeption des W 125 hat Uhlenhaut den W 25 mehr als tausend Kilometer über die Buckel und Rinnen des Nürburgrings gescheucht. Dabei kommt ihm eine bemerkenswerte Fähigkeit zustatten, die er selber schelmisch verharmlosend „brausen" oder deutlicher „sauschnell brausen" nennt, im Klartext: ebenso zügig fahren zu können wie die Spitzenpiloten im Mercedes-Aufgebot. Gelegentlich vermag er sogar dem großen Fangio eine Lektion zu erteilen. 1954 zum Beispiel auf dem Nürburgring, erzählt er später einmal, habe er ziemlich viel zu Mittag gegessen. Da sei ihm der Gedanke gekommen: „Wenn du jetzt ein paar Runden fährst, verteilt sich das alles besser." Beim folgenden Verdauungsspaziergang im Grand-Prix-Tempo unterbietet Uhlenhaut des Argentiniers Bestzeit um mehr als drei Sekunden. Ein Jahr später bemäkeln Chefingenieur Fritz Nallinger und Hans Scherenberg, Leiter der Zentralen Konstruktionsabteilung, in Monza Fangios „Sägen" am Lenkrad in Kur-

ment que cela est inutile sur la W 196, et que c'est une perte de temps. Et de fait, Uhlenhaut s'assied au volant et, avec son attitude nonchalante, roule plus vite que le champion. En 1955 également, il donne à des journalistes admis en passagers de la 300 SLR une idée de ce qu'est la haute école de la conduite à très vive allure sur le Daytona International Speedway. À 210 km/h, dans l'un des virages relevés de l'anneau, le véhicule fait brusquement une embardée terrible. Uhlenhaut le redresse avec un calme parfait et commente froidement: « Un pneu a déchapé. C'est bien ce qui me semblait, ce lot de pneus ne vaut rien. »

Il ne cesse pas pour autant de respecter ceux qui font de la conduite ultra-rapide leur gagne-pain. Et déplore que son grand favori, Rosemeyer, soit employé par la concurrence. Vers 1985, il déclara que ce pilote était le Boris Becker de son époque, une lumière, qui malheureusement s'éteignit trop vite. Par temps de pluie, il considérait Rudolf Caracciola comme imbattable. Mais par temps sec, sa hanche pulvérisée à Monaco en 1933 ne lui laissait pas de répit. Enfin, Uhlenhaut voyait dans Fangio le meilleur de l'après-guerre, tandis que Moss, s'il était vraiment un as, s'intéressait un peu trop à l'argent.

Il commente avec une ironie toute britannique ce don de piloter les bolides, qu'il aurait reçu dès le berceau. Certes, il n'a pas tardé à apprendre à piloter, lors des rallyes de 2000 km au milieu des années 1930 ou à l'occasion des visites éclairs qu'il rendait à sa fiancée et future épouse le samedi, après le travail, au volant de la 500 K. Elle habitait alors à Berlin, ce qui n'est pas tout près de Stuttgart, d'autant plus que les autoroutes n'existaient pas encore. Karl Kling raconte qu'Uhlen-

the champion. Also in 1955, he provides journalists in the passenger seat of the 300 SLR with an insight into the high art of high-speed chauffeuring during demonstration laps on the Daytona International Speedway. At a speed of 130 mph, the vehicle suddenly swerves wildly on one of the banked corners of the oval. Uhlenhaut calmly regains control and coolly comments: "One of the tires has lost its tread. Looked a bit fishy to me anyway. This rubber is a waste of time here."

However, he never loses his respect for those who "roar around swiftly" as their main job. His personal favorite, Rosemeyer, has unfortunately been employed by the competition. He explains in the mid-eighties that the latter was the Boris Becker of his day, a shining light that was extinguished much too early. Rudolf Caracciola, he recalls, was unbeatable in the rain. His hip joint smashed in Monaco in 1933 gave him a great deal of trouble in dry conditions. Fangio was the best of the post-war drivers, Moss an ace in a sports car, "but by Jesus, after the money like the devil after some poor soul."

With British understatement he readily plays down the godsend of being able to keep up with them: it was somehow instilled in the cradle. Nevertheless it is also something he himself trained early on: during the 2000-kilometer runs of the mid-thirties, for instance, or his Saturday to Tuesday flying visits in the 500 K to his girlfriend, and later wife, in Berlin although there is no autobahn linking the capital with his place of work in Stuttgart at this time. Karl Kling recounts that he never used protective equipment like earplugs, leading to a major part of his hearing ability being lost in the screams of the eight and twelve-cylinder racing engines of the marque. One had to speak just as loudly to the aged Rudolf Uhlenhaut as, for instance, to the three-time Formula One world champion Jack Brabham, who was made almost deaf by 15 years of engine din behind his back.

It is strange but true that Uhlenhaut's unique career in motor sport is by no means fueled by the passion so common in the trade: "I'm not a racing fan," he would readily admit. He doesn't even particularly like driving automobiles. To tour around by motorcycle is actually a lot nicer, even with a sidecar. Karl Kling corroborates this: he was a passionate motorbike fan, particularly before his time at Mercedes. The irony of fate is that the emotional diversion of automobiles was to completely fill his 41 years of service at Daimler-Benz from 1931 onwards, particularly during his second spring from 1948. For his major task up to his retirement involved the development of the road cars. The 170 V of 1936 bears his mark, as do whole generations of post-war diesels, the 300 SEL 6.3 or the C 111, half a tool for driving and half a dream car with a rotary engine behind the passengers that as a revolutionary stroke of genius may whet the appetite of prospective customers, but will never be permitted to still it.

Among the extensive community of mourners that attends his interment in Stuttgart-Sillenbuch in May 1989, there is unanimity in one point that transcends all the other phrases usually voiced on such occasions: without Rudolf Uhlenhaut, the world that the star of Untertürkheim had illuminated has grown a trifle dimmer.

ven. Im W 196 sei das nicht nötig, es koste nur Zeit. In der Tat: Uhlenhaut setzt sich ans Volant und fährt mit ruhiger Haltung schneller als der Champion. Ebenfalls 1955 gewährt er bei Demonstrationsrunden auf dem Daytona International Speedway Journalisten auf dem Passagiersitz des 300 SLR Einblicke in die hohe Schule des schnellen Chauffierens. Bei Tempo 210 in einer der Steilkurven des Ovals macht der Wagen urplötzlich einen wilden Schlenker. Uhlenhaut fängt ihn gelassen ab und kommentiert kühl: "Ein Reifen hat den Protektor verloren. Kam mir sowieso verdächtig vor. Diese Pneus taugen hier nichts."

Den Respekt vor denen, die das sauschnelle Brausen hauptberuflich ausüben, verliert er gleichwohl nicht. Sein persönlicher Favorit Rosemeyer steht zu seinem Bedauern im Sold der Konkurrenz. Der sei, erklärt er Mitte der achtziger Jahre, der Boris Becker seiner Zeit gewesen, eine Lichtgestalt, aber natürlich auch ein allzu früh Vollendeter. Rudolf Caracciola sei im Regen unschlagbar gewesen. Bei Trockenheit habe ihm sein 1933 in Monaco zertrümmertes Hüftgelenk zu schaffen gemacht. Fangio sei der Beste nach dem Krieg gewesen, Moss ein As im Sportwagen, aber, Jesus, hinter dem Geld her wie der Teufel hinter der armen Seele.

Die Gottesgabe, da mithalten zu können, spielt er in britischem Understatement gerne herunter: Das sei ihm halt irgendwie in die Wiege gelegt worden. Geschult wird sie dennoch frühzeitig: auf den 2000-Kilometer-Fahrten der Mittdreißiger etwa oder anlässlich der Stippvisiten samstags nach Dienst mit dem 500 K bei seiner damaligen Freundin und späteren Frau in Berlin, das mit seinem Dienstort Stuttgart noch keineswegs durch Autobahnen verbunden ist. Irgendeine Prophylaxe wie Ohropax habe er nicht benutzt, berichtet Karl Kling, und so erstirbt im Schrei der Acht- und der Zwölfzylinder ein großer Teil seiner Hörfähigkeit. Mit dem alten Rudolf Uhlenhaut muss man ebenso laut reden wie mit dem dreifachen Formel-1-Weltmeister Jack Brabham, den 15 Jahre Motorengebrüll in seinem Nacken fast taub gemacht haben.

Merkwürdig: Hinter Uhlenhauts einzigartiger Karriere im Motorsport brennt keineswegs die branchenübliche Leidenschaft. "Ich bin", wiegelt er gerne ab, "kein Rennfan." Er fährt nicht einmal sonderlich gerne Auto. Mit dem Motorrad unterwegs zu sein sei eigentlich viel schöner, sogar mit Seitenwagen. Karl Kling bestätigt das: Vor allem vor seiner Zeit bei Mercedes sei er ein verrückter Motorradfahrer gewesen. Ironie des Schicksals: Die emotionale Nebensache Automobil füllt seine 41-jährige Dienstzeit bei Daimler-Benz ab 1931 restlos aus, vor allem während seines zweiten Frühlings ab 1948. Denn seine Hauptaufgabe bleibt bis zu seiner Pensionierung die Entwicklung der Personenwagen. Der 170 V von 1936 trägt ebenso seinen Stempel wie nach dem Kriege ganze Diesel-Generationen, der 300 SEL 6.3 oder der C 111, halb Fahrmaschine und halb Traumauto mit einem Wankelmotor rücklings hinter den Passagieren, das als Entwicklungsträger den Mund möglicher Kunden wässern macht, aber nie ihren Appetit stillen wird.

Für die umfangreiche Trauergemeinde, die seiner Beisetzung in Stuttgart-Sillenbuch im Mai 1989 beiwohnt, besteht in einem Punkt Einmütigkeit jenseits aller Phrasen, die sonst bei solchen Gelegenheiten gedroschen werden: Ohne Rudolf Uhlenhaut ist die Welt, die der Untertürkheimer Stern überstrahlt, ein wenig dunkler geworden.

Director Rudolf Uhlenhaut during a test drive in 1959. He is relaxed and yet concentrated behind the wheel, at one with the vehicle.

Direktor Rudolf Uhlenhaut während einer Testfahrt im Jahre 1959. Er ist entspannt und dennoch konzentriert unterwegs, eine Einheit mit dem Fahrzeug.

Le directeur Rudolf Uhlenhaut au cours des essais en 1959. Détendu, il n'en pilote pas moins avec une grande concentration, il fait corps avec son engin.

haut n'utilisait pas de protection pour les oreilles, du genre boules Quiès, et que le vacarme des huit et douze-cylindres lui fit perdre une grande partie de ses facultés auditives. Quand il atteignit un âge avancé, il fallait lui parler en élevant autant la voix qu'avec Jack Brabham, trois fois champion du monde de Formule 1, que quinze années de métier avaient rendu presque sourd.

Il est étonnant qu'ayant accompli une carrière aussi originale dans la course automobile, Uhlenhaut n'ait pas ressenti cette passion si fréquente dans ce domaine. Il admettait volontiers qu'il n'était pas un fan de course. En fait, il n'aimait pas tant conduire. Il préférait de loin la moto, et même avec un side-car. C'est ce que confirme Karl Kling: notre héros était un motard passionné, surtout avant de rejoindre Mercedes. Ironie du sort: l'automobile et l'intérêt assez secondaire qu'elle éveille en lui occuperont totalement ses 41 années passées chez Daimler-Benz à partir de 1931, et surtout lors du grand retour de la marque, après 1948. En effet, sa tâche consiste avant tout à développer des voitures particulières.

La 170 V de 1936 est frappée de son sceau, tout comme des générations entières de diesels après la guerre, la 300 SEL 6.3 ou la C 111, moitié véhicule et moitié voiture de rêve, équipée d'un moteur Wankel placé derrière les passagers, progrès qui fait saliver les clients potentiels, mais n'apaisera jamais leur appétit.

Pour l'immense foule qui assiste à ses funérailles à Stuttgart-Sillenbuch en mai 1989, un chose est certaine par-delà toutes les banalités que l'on prononce en de telles occasions: sans Rudolf Uhlenhaut, l'étoile d'Untertürkheim ne scintille plus autant.

In 1982, racing's legislative body, the FISA (Fédération Internationale du Sport Automobile), creates liberal Group C rules for sports cars in what is a consumption formula, a dutiful bow to the energy crisis: the tank volume is restricted to a maximum of 26 gallons, the consumption to four miles per gallon. Various dimensions are stipulated, the engine architecture and capacity are unrestricted but must be supplied by an approved manufacturer. The vehicle weight is in flux, set initially at 1764 lbs and at 1874 lbs in 1984, with an extra 110 lbs prescribed from 1989.

As early as August 1982, Peter Sauber, the boss of the racing car factory of the same name in Hinwil, Switzerland, renowned for its products of irreproachable quality, knocks on Mercedes' door. Does the company have a suitable engine for him? His request is met with sympathy, but nevertheless rejected – the time is not yet ripe.

In 1985, the general climate is more friendly. As a result, a V8 engine (code M 117) whose 700 hp during the first tests make it a likely candidate and are then continuously increased from the 720 hp of the C9 up to the 730 hp of the C 11 in 1990, soon roars from the rear of the Sauber C8 and its successor the C9 (from May 1987 up until the first championship race of 1990 in Suzuka, Japan). In 1989, it is redesigned as the M 119 HL, a four-valve power plant that can briefly surge to a comparatively healthy 929 hp from the same capacity. The "organ donor", originally the 450 SLC 5.0, is the 500 SL this time. Up until 1989, the monocoques of the robust Swiss two-seaters consist of the traditional material, aluminum. From the C 11 onwards, Sauber's design engineer, Leo Ress, bakes them from carbon fiber.

The joint venture initially garners attention with an almighty double somersault, with which the Danish driver, John Nielsen, hurtles out of practice for the 1985 Le Mans 24 Hours due to aerodynamic inconsistencies. The first presentable results are achieved at the 1986 1000 Kilometer Race at the Nürburgring, with Henri Pescarolo and Mike Thackwell at the steering wheel of the C8. Mercedes-Benz still remains discreetly in the background during the debut of the C9 in the Autoglass 1000 Kilometer Race at Silverstone in May 1987. The victory of Sauber's Jean-Louis Schlesser at the prestigious Supercup Final at the Nürburgring provides the impetus for the marque's return to premier racing after a 33-year absence. Sauber will be the official works team in 1988 – a most welcome all-round backup for the ambitious Swiss. Thereafter, the achievements, courtesies, and signs of confidence escalate. The first deployment at the Jerez 1000 Kilometer Race on 6 March 1988 immediately results in first place. In 1989, the Sauber C9 is permitted to start in the sacred silver livery of the early years, while the C 11 goes to the whole step of adopting the name Mercedes-Benz. The results leave hardly anything to be desired.

1991, however, is like an ice-cold shower. The C 291 is tailored to the new regulations that stipulate a naturally aspirated 3.5-liter engine and a curb weight of at least 1653 lbs. Mercedes contributes its M 291 engine, a 700-hp V12 set at the extreme angle of 180 degrees. The project flops. Its only victory is achieved at the finale on the Autopolis track in Japan, a small consolation after a calamitous season. At least that is a promising herald for the two drivers, Karl Wendlinger and Michael Schumacher.

Die Renn-Legislative FISA (Fédération Internationale du Sport Automobile) kreiert 1982 eine freizügige Gruppe C für Sportwagen, als Verbrauchsformel ein artiger Knicks vor der Energiekrise: Das Tankvolumen darf höchstens 100 Liter, der Verbrauch nicht mehr als 60 Liter auf 100 Kilometer betragen. Diverse Maße werden festgelegt, das Triebwerk – Architektur und Volumen sind frei – muss von einem anerkannten Hersteller kommen. Im Fluss ist das Wagengewicht, zunächst mindestens 800 kg, von 1984 an 850 kg, ab 1989 noch einmal 50 kg mehr.

Schon im August 1982 klopft Peter Sauber, Chef der gleichnamigen und für die untadelige Qualität ihrer Produkte bekannte Rennwagen-Manufaktur im eidgenössischen Hinwil, bei Mercedes an: Ob die Marke mit dem Stern nicht einen geeigneten Motor für ihn habe? Man begegnet seinem Anliegen mit Sympathie, bescheidet das Gesuch jedoch abschlägig – die Zeit sei noch nicht reif.

1985 ist die Großwetterlage freundlicher. Folglich röhrt im Heck des Sauber C8 wie auch seines Nachfolgers C9 (ab Mai 1987 bis hin zum ersten Meisterschaftslauf 1990 im japanischen Suzuka) Mercedes-Opus M 117 HL (Hochleistung), ein V8, der sich bei ersten Tests bereits mit 700 PS für höhere Weihen empfiehlt und dann kontinuierlich zulegt, über 720 PS im C9 bis hin zu 730 PS im C 11 von 1990. Seit 1989 ist er umgewidmet zum M 119 HL, einem Vierventiler, der sich bei gleichem Volumen kurzfristig zu vergleichsweise genügsamen 929 PS aufschwingt. Organspender, ursprünglich der 450 SLC 5.0, ist diesmal der 500 SL. Die Monocoques der soliden Boliden nach Schweizer Art bestehen bis 1989 aus dem Traditions-Werkstoff Aluminium. Vom C 11 an backt sie Sauber-Konstrukteur Leo Ress aus dem schwarzen Gold Kohlefaser.

Das Joint Venture tut sich zunächst einmal durch die mächtige Doppel-Rolle hervor, mit der sich wegen einer aerodynamischen Ungereimtheit der dänische Pilot John Nielsen aus dem Training zum 24-Stunden-Rennen von Le Mans 1985 verabschiedet. 1986 stellt sich beim 1000-Kilometer-Rennen auf dem Nürburgring das erste Vorzeigeergebnis ein, mit Henri Pescarolo und Mike Thackwell am Volant des C8. Beim Debüt des C9 anlässlich der Autoglass 1000 Kilometres in Silverstone im Mai 1987 hält sich Mercedes-Benz noch diskret im Hintergrund. Dafür wirkt der Triumph des Sauber-Piloten Jean-Louis Schlesser beim prestigeträchtigen Supercup-Finale am Nürburgring als Impetus für die Rückkehr der Marke in den großen Rennsport nach 33 Jahren. Sauber, lässt man verlauten, werde 1988 offizielles Werksteam – für den ehrgeizigen Schweizer eine höchst willkommene Rundum-Sorglos-Unterstützung. Dann aber eskalieren die Erfolge, Höflichkeiten und Vertrauensbeweise. Bereits der erste Einsatz bei den 1000 Kilometern von Jerez am 6. März 1988 mündet in Rang 1. Der Sauber C9 darf 1989 im geheiligten Silber der frühen Jahre starten, der C 11 heißt mit vollem Namen Mercedes-Benz. Die Resultate lassen kaum noch Wünsche offen.

1991 kommt da wie eine eisige Dusche. Auf das neue Regelwerk, das Saugmotoren mit 3,5 Litern und ein Trockengewicht von mindestens 750 kg stipuliert, ist der C 291 zugeschnitten. Mercedes steuert das Triebwerk M 291 bei, einen 700 PS starken V12 im Extremwinkel von 180 Grad. Das Projekt floppt, sein einziger Sieg beim Finale auf dem japanischen Kurs von Autopolis: Trost nach einer verpatzten Saison – und Ausblick für die beiden Fahrer Karl Wendlinger und Michael Schumacher.

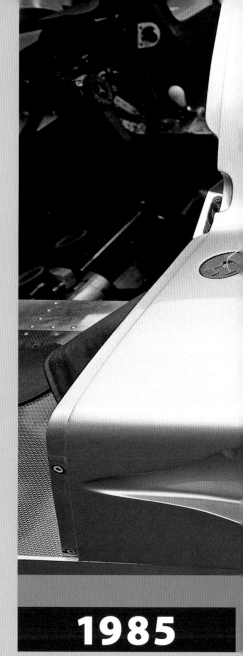

1985

En 1982, l'organe législatif de la FISA (Fédération internationale du sport automobile) en matière de courses crée un Groupe C libre pour voitures de sport sur la base d'une consommation mesurée, sage recette pour temps de crise de l'énergie : le volume du réservoir ne doit ainsi pas dépasser 100 litres, et la consommation 60 litres aux 100 km. Diverses mesures sont édictées, le moteur – architecture et cylindrées sont libres – doit provenir d'un fabricant reconnu. Le poids du véhicule varie de 800 kg minimum au début à 850 kg à partir de 1984, et 50 kg supplémentaires sont autorisés à partir de 1989.

Dès le mois d'août 1982, Peter Sauber, directeur de l'entreprise de voitures de course du même nom, connue pour la qualité irréprochable de ses produits, et située à Hinwil, en Suisse, frappe à la porte de Mercedes : la marque à l'étoile n'aurait-elle pas un moteur qui lui

J. MASS
M. REUTER
S. DICKENS

Sauber-Mercedes C 8 – Mercedes-Benz C 291

conviendrait ? Sa demande est accueillie avec courtoisie, mais sa visite reste sans suite. Son heure n'a pas encore sonné.

En 1985, le climat est plus favorable. En conséquence, on entend rugir à l'arrière de la Sauber C8, comme de celle qui la suit, la C9 (à partir de mai 1987 jusqu'au premier championnat de 1990, à Suzuka, au Japon), le V8 Mercedes M117 HL (haut rendement), un groupe qui se distingue dès le premier essai avec 700 ch et de grandes ambitions, puis monte en puissance à 720 ch dans la C9 et jusqu'à 730 ch dans la C11 de 1990. Depuis 1989, il devient le M119 HL, un quatre-soupapes, qui, pour une même cylindrée, atteint rapidement le niveau comparativement modeste de 929 ch. Le donneur d'organes, à l'origine la 450 SLC 5.0, est cette fois la 500 SL. Les carrosseries monocoques des robustes bolides de fabrication suisse conservent jusqu'en 1989 ce matériau traditionnel

qu'est l'aluminium. À partir de la C11, Leo Ress, ingénieur chez Sauber, les construit en fibres de carbone.

Ce partenariat est d'abord une réussite, malgré le double tonneau spectaculaire que fait, à cause d'une aérodynamique défectueuse, le pilote danois John Nielsen lors des essais avant les 24 Heures du Mans en 1985.

En 1986, le premier résultat présentable est obtenu dans la course de 1000 kilomètres du Nürburgring, avec Henri Pescarolo et Mike Thackwell au volant de la C8. Au début de la C9, à l'occasion des 1000 kilomètres Auto-glass de Silverstone en mai 1987, Mercedes-Benz reste encore discrètement tapie dans l'ombre. Le triomphe de Jean-Louis Schlesser, pilote de Sauber, lors de la finale Supercup au Nürburgring, donne une impulsion positive en faisant revenir la marque dans la course au plus haut niveau au bout de trente-trois ans. Sauber, dit-on, devait devenir en 1988 l'équipe officielle de l'usine – appui

bienvenu pour l'ambitieux Suisse, qui le débarrassait ainsi de tout souci. Mais bientôt s'accumulèrent les succès, les gestes bienveillants et les preuves de confiance. Dès sa première sortie aux 1000 kilomètres de Jerez le 6 mars 1988, c'est un succès. La Sauber C9 peut démarrer en 1989 sous la livrée argent historique tandis que la C11 a la permission de s'appeler Mercedes-Benz. Les résultats ne laissent plus rien à désirer.

Alors en 1991, c'est la douche froide. La C291 est taillée pour la nouvelle réglementation, qui stipule des moteurs aspirés de 3,5 litres et un poids à sec d'au moins 750 kg. Mercedes fournit le moteur M291, un V12 d'une puissance de 700 ch avec un angle extrême de 180° (à plat). Le projet échoue : sa seule victoire est obtenue lors de la dernière manche, sur le circuit japonais d'Autopolis : petit réconfort après une saison manquée – et consolation pour les deux pilotes, Karl Wendlinger et Michael Schumacher.

Le Mans 1989: still relatively calm before the storm.

Le Mans 1989: Noch herrscht relative Ruhe vor dem Sturm.

Le Mans 1989 : le calme avant la tempête.

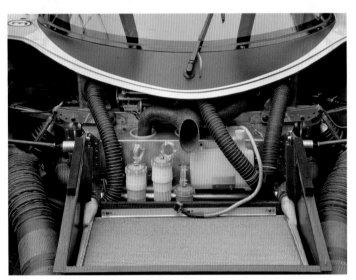

The winning Sauber-Mercedes C9 at its last pit stop, with Jochen Mass behind the wheel. An easy-going party spirit dominates the background.

Der siegreiche Sauber-Mercedes C9 bei seinem letzten Boxenstopp, am Lenkrad Jochen Mass. Im Hintergrund überwiegt gelassene Partystimmung.

La Sauber-Mercedes C9 victorieuse lors de son dernier arrêt aux stands, au volant Jochen Mass. À l'arrière-plan, c'est l'euphorie.

Sauber-Mercedes C 9

In 1991, the Sarthe circuit sees the Mercedes-Benz
C 11 at the starting block with a five-liter, 730 hp,
dual KKK turbo-charged V8 behind the driver's back.
The five-speed transmission is kept happy by an oil
cooler of its own. The cockpit exudes the austere
charm of bare metal. Both windshield and roof are
narrower than those of the C9 so that the airstream
can flow better against the large rear airfoil.

1991 geht man auf dem Sarthe-Kurs mit dem Mercedes-Benz
C 11 an den Start, im Nacken der Piloten ein Fünfliter-V8,
730 PS stark, von zwei KKK-Turboladern zwangsbeatmet.
Das Fünfganggetriebe wird von einem eigenen Ölkühler
bei Laune gehalten. Das Cockpit atmet den spröden
Charme von nacktem Metall. Windschutzscheibe
und Dachpavillon sind schmaler als am C9, damit der
Fahrtwind den großen Heckflügel besser anströmen kann.

En 1991, la Mercedes-Benz C 11 prend le départ sur le
circuit du Mans. Dans le dos du pilote, un V8 de cinq
litres développe 730 ch assistés par 2 turbos KKK. La
boîte de vitesses à cinq rapports possède son propre
radiateur d'huile. L'habitacle est empreint du charme
austère du métal nu. Le pare-brise et le pavillon
sont plus étroits que sur la C9, afin que le flux d'air
s'écoule mieux vers l'imposant aileron arrière.

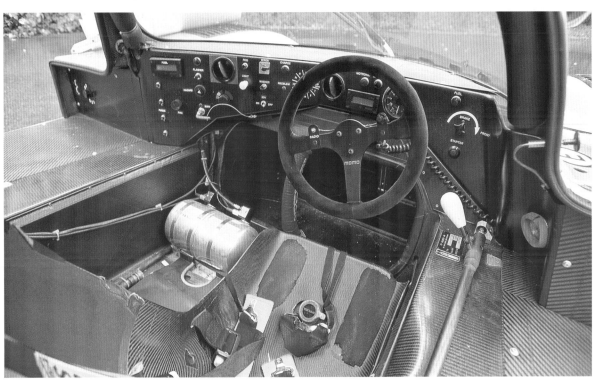

Mercedes-Benz C 11

Shortly before 1 pm on Sunday, the C 11 with the starting number 1 is called to the pit by radio. It is leading
the field by a margin of three laps with Alain Ferté at the
wheel. The temperature gauge signals danger, smoke is
billowing from the rear. After half an hour of hectic work
the Frenchman once again sets out on an exploratory
lap, returns, and gets out. It's all over – engine failure.

Am Sonntag kurz vor 13 Uhr ruft man per Funk den C 11 mit der Startnummer 1 an die Box. Er führt das Feld mit drei Runden Vorsprung an, am Volant Alain Ferté. Der Temperaturmesser meldet Bedrohliches, aus dem Heck wölkt Qualm. Nach einer halben Stunde hektischer Arbeit bricht der Franzose noch einmal zu einem Probedurchgang auf, kehrt zurück und steigt aus. Das war's – Motorschaden.

Le dimanche, peu avant 13 heures, on rappelle au stand la C 11 n° 1 par radio. Pilotée par Alain Ferté, elle mène la course avec 3 tours d'avance. Le thermomètre a donné l'alerte, un nuage de fumée se forme à l'arrière. Au bout d'une demi-heure de réparations acharnées, le Français refait un essai, revient et sort du véhicule. C'est l'abandon en raison d'une panne de moteur.

The V12 of the Mercedes-Benz C 291, with its cylinder banks at the extreme angle of 180 degrees, is carefully adjusted to the vehicle's advanced aerodynamic concept. It has already been mounted on the dynamometer with an upward slope as it would be fastened to the monocoque structure of the group C vehicle. The sophisticated exhaust system overshadows everything else. However, the Mercedes engine cannot keep pace with the qualities of the chassis.

Der V12 des Mercedes-Benz C 291 im Extremwinkel von 180 Grad ist sorgfältig auf das fortschrittliche aerodynamische Konzept des Wagens zugeschnitten. Bereits auf das Dynamometer wurde er im gleichen Winkel montiert wie künftig an die Monocoque-Struktur des Gruppe-C-Wagens. Das raffinierte Auslasssystem überwuchert alles. Das komplexe Mercedes-Triebwerk kann indessen nicht Schritt halten mit den Qualitäten des Chassis.

Le V12 de la Mercedes-Benz C 291 ouvert à l'angle extrême de 180° (à plat) a été adapté avec soin au concept aérodynamique ultramoderne de la voiture. La position inclinée, déjà adoptée sur le banc dynamométrique, respecte l'angle qu'il aura plus tard dans la structure monocoque de la voiture groupe C. Le système d'échappement sophistiqué envahit tout. Mais le moteur Mercedes ne se montrera pas à la hauteur des qualités du châssis.

Mercedes-Benz C 291

Mercedes 190 E 2.3-16 is the name of the medium with which such racing legends as Hans Herrmann, James Hunt, Niki Lauda, Alain Prost, Keke Rosberg or John Surtees, spark a war of the generations in the opening race at the new Nürburgring on an icy Sunday in May 1984. A youngster prevails: the winner is the up-and-coming Ayrton Senna da Silva.

The cutely compact and agile baby Benz disseminates a cheerful optimism. A year later, it is homologated for Group A. This means the green light for a superlative career during which it will pile up a whopping 50 victories in races for the DTM (*Deutsche Tourenwagen-Meisterschaft* – German Touring Car Championship) before the end of 1990. At the same time, the good assets it has brought with it are molded in a most dynamic fashion. The 190 E 2.5-16 Evo I upgrade version at the 1989 Geneva motor show is a herald of things to come; under the engine hood is a newly developed, 2.5-liter, short-stroke engine capable of 195 hp. Both chassis and brake system have been modified and the Evo also goes on the warpath visually with 16-inch wheels, a striking front spoiler, larger rear spoiler with triangular wedge, expanded wheel housing and flared fenders. The 500 specimens (plus 2) necessary for homologation are produced in the Bremen works within three months, all of them painted metallic blue-black, and sold to sport-fanatic customers. While they are embedded in the usual comfort, the DTM model, 330 hp at 8500 rpm and 199 lb-ft at 7500 rpm, has to lose 617 lbs to meet the stipulated weight of 2293 lbs. And so all the interior fittings are left by the roadside although a massive roll cage ensures further weight is added. Kevlar is fallen back upon for bodywork parts such as motor hood, spoiler and rear trunk lid.

A year later, once again in Geneva, the Evolution II model is proof of the inexorability of progress. The driver of this automotive *enfant terrible* now has 235 hp at his command, although chassis and brakes remain essentially unchanged. The Evo II travels on 17-inch wheels and obvious modifications on the bodywork serve to further reduce the wind resistance as well as to increase downforce at the front and rear. Its militant appearance is underlined by newly designed bumpers with fluidly integrated broadening of the fenders as well as a threateningly extended large wing. Work had begun on the second stage of development in August 1989, and by May of the following year, the last of another 502 units again leaves the production lines at Bremen. Of course, everything is taken a mighty step further in the racing version that now roars around the DTM tracks with 373 hp at 9500 rpm and a strapping 221 lb-ft at 7750 rpm.

1989 is the year of the Evo I, with eight victories for the drivers Klaus Ludwig, Roland Asch and Kurt Thiim. In 1990 – the Evo II makes its debut in Diepholz – the resulting five victories, three of which are due to a hat trick at the beginning of the season, are somewhat lean by comparison. In 1991 the racing stables supported by Mercedes secure the constructors' ranking for themselves, the team championship being won by AMG. But in the end, Mercedes man Klaus Ludwig must bow to Audi rival Frank Biela. The hot 190-derivative's real hour of glory comes in 1992: 16 victories in 24 races, constructors' championship, again team triumph for AMG, and the title for Ludwig. After this, things begin to go somewhat downhill.

Mercedes 190 E 2.3-16 heißt das Medium, mit dem Renn-Denkmäler wie Hans Herrmann, James Hunt, Niki Lauda, Alain Prost, Keke Rosberg oder John Surtees beim Eröffnungslauf auf dem neuen Nürburgring an einem eisigen Maisonntag des Jahres 1984 einen Krieg der Generationen anzetteln. Die Jugend setzt sich durch: Sieger wird der junge Ayrton Senna da Silva.

Auch der knuffig-kompakte flinke Baby-Benz verbreitet vergnügte Aufbruchstimmung. Ein Jahr später wird er für die Gruppe A homologiert. Das bedeutet grünes Licht für eine Laufbahn der Superlative, während der sich bis Ende 1990 satte 50 Siege in Rennen um die DTM (Deutsche Tourenwagen-Meisterschaft) anhäufen werden. Zugleich formt man überaus dynamisch die guten Anlagen aus, die er mitgebracht hat. Auf dem Genfer Salon 1989 kündet die Ausbaustufe 190 E 2.5-16 Evo I von den Dingen, die da kommen werden, unter der Fronthaube einen neu entwickelten Kurzhuber von 2,5 Litern mit 195 PS. Fahrwerk und Bremsanlage sind modifiziert und auch visuell wandelt der Evo auf dem Kriegspfad, mit 16-Zoll-Felgen, einem markanten Bugflachspoiler, größerem Heckflügel mit Dreieckkeil, erweiterten Radkästen und Kotflügelverbreiterungen. Innerhalb von drei Monaten werden im Werk Bremen die zur Homologation notwendigen 500 Exemplare (plus 2) hergestellt, alle blauschwarz-metallic lackiert, und an den sportlich interessierten Kunden gebracht. Während dieser in den üblichen Komfort eingebettet ist, müssen bei der DTM-Version, 330 PS bei 8500/min und 270 Nm bei 7500/min stark, 280 kg abgespeckt werden, um auf die vorgeschriebenen 1040 kg zu kommen. Dabei bleibt die gesamte Innenausstattung auf der Strecke, während ein massiver Überrollkäfig für weitere Pfunde sorgt. Für Karosserieteile wie Motorhaube, Spoiler und Kofferraumdeckel greift man auf Kevlar zurück.

Ein Jahr später wiederum in Genf zeugt die Variante Evolution II von der Unaufhaltsamkeit des Fortschritts. Über 235 PS gebietet nun der bürgerliche Pilot dieses Bürgerschrecks, wogegen Fahrwerk und Bremsen im Wesentlichen unverändert sind. Der Evo II rollt auf 17-Zoll-Rädern und unübersehbare Modifikationen an der Karosserie dienen der weiteren Verringerung des Luftwiderstands sowie einem erhöhten Abtrieb vorn und hinten. Sein militanter Auftritt wird untermalt von neu gestalteten Stoßstangen mit flüssig integrierten Verbreiterungen der Kotflügel sowie einem drohend gereckten großen Flügel. Im August 1989 haben die Arbeiten an der zweiten Entwicklungsstufe begonnen, im Mai des nächsten Jahres verlässt die letzte von wiederum 502 Einheiten die Bremer Bänder. Natürlich wird noch einmal kräftig draufgesattelt bei der Rennversion, die nun mit 373 PS bei 9500/min und strammen 300 Nm bei 7750/min über die DTM-Pisten pfeilt.

1989 ist das Jahr des Evo I, mit acht Siegen für die Piloten Klaus Ludwig, Roland Asch und Kurt Thiim. 1990 – der Evo II macht in Diepholz seine Aufwartung – fällt die Ausbeute mit fünf Erfolgen, drei davon durch einen anfänglichen AMG-Hattrick, vergleichsweise mager aus. 1991 sichern sich die von Mercedes unterstützten Rennställe die Markenwertung, das Championat der Teams geht an AMG. Aber am Ende muss sich Mercedes-Mann Klaus Ludwig dem Audi-Rivalen Frank Biela beugen. Die eigentliche Stern-Stunde der scharfen 190-Derivate schlägt 1992: 16 Siege in 24 Rennen, Markenmeisterschaft, erneuter Team-Triumph für AMG, Titel für Ludwig. Dann geht's ein bisschen bergab.

1990

À cause d'elle, la Mercedes 190 E 2.3-16, des noms légendaires de l'histoire de la course automobile comme Hans Hermann, James Hunt, Niki Lauda, Alain Prost, Keke Rosberg ou John Surtees, se firent ravir la vedette par la jeune génération, lors de la course d'ouverture sur le nouveau Nürburgring, un dimanche glacé de mai 1984. Le jeune et prometteur Ayrton Senna da Silva arrive en tête.

La plus petite Benz, agile quoique d'aspect compact, incite à l'optimisme. Un an plus tard, elle est homologuée pour le Groupe A. C'est le feu vert donné à une carrière exceptionnelle, tandis que jusqu'à fin 1990 les succès s'accumulent jusqu'à satiété (50) dans les courses du championnat allemand des voitures de tourisme (DTM). Simultanément, elle accentue dans un sens extrêmement dynamique les tendances favorables qu'elle avait induites. Au Salon de Genève en 1989, la 190 E 2.5-16 Evo I

Mercedes-Benz 190 E 2.5-16 Evolution II

exposée annonce ce qui va suivre. Sous le capot avant, un moteur à faible course de 2,5 litres avec 195 ch nouvellement mis au point. Châssis et système de freinage sont modifiés, et l'Evo, manifestement, part également sur le sentier de la guerre, avec des jantes de 16 pouces, un becquet plat prononcé à l'avant, de grandes ailes arrière avec partie triangulaire, des passages de roues élargis et des ailes plus gonflées. En trois mois, les 500 exemplaires nécessaires à l'homologation (plus 2) sont fabriqués à l'usine de Brême, tous laqués d'un bleu noir métallisé et livrés aux clients passionnés de sport. Tandis que ceux-ci bénéficient du confort habituel, dans la version DTM (330 ch à 8500 tr/min et un couple de 270 Nm à 7500 tr/min), il faut enlever 280 kg pour arriver aux 1040 kg prescrits. Dans cette opération, toutes les finitions intérieures sont supprimées, tandis qu'un solide arceau-cage de sécurité ajoute du poids. Pour les pièces de carrosserie

telles que le capot, le becquet et le couvercle du coffre à bagages, on a recours au Kevlar.

Un an plus tard, retour à Genève : la variante Evolution II témoigne de la marche incessante du progrès. Le pilote de cet enfant terrible dispose maintenant de 235 ch, tandis que le châssis et les freins restent pour l'essentiel tels qu'ils étaient. L'Evo II roule sur des roues de 17 pouces ; de très importantes modifications de la carrosserie diminuent encore la résistance à l'air et accroissent l'appui à l'avant et à l'arrière. Son aspect de militante est mis en valeur par des pare-chocs redessinés et des ailes élargies plus fluides et mieux intégrées, ainsi qu'un grand aileron menaçant. En août 1989, les travaux de la deuxième étape du développement ont commencé et en mai 1990, la dernière des 502 nouvelles unités quitte les chaînes de production de Brême. Naturellement, on travaille encore fébrilement à la version course, qui dispose

maintenant sur les circuits du DTM de 373 ch à 9500 tr/min et d'un robuste couple de 300 Nm à 7750 tr/min.

1989 est l'année de l'Evo I, avec huit victoires pour les pilotes Klaus Ludwig, Roland Asch et Kurt Thiim. En 1990 – l'Evo II fait ses débuts à Diepholz –, le rendement baisse avec cinq succès, dont trois consécutifs au début avec AMG. En 1991, les écuries aidées par Mercedes soutiennent la réputation de la marque, et le championnat par équipes revient à AMG. Cependant, en fin de compte, le représentant de Mercedes, Klaus Ludwig, doit s'incliner devant son rival d'Audi, Frank Biela.

1992 marque l'apogée de la gloire des dérivés de la 190 : 16 victoires en 24 courses, le championnat des marques, un nouveau triomphe par équipes pour AMG et le titre pour Ludwig. Puis sera la désescalade.

In 1992 the Mercedes Evo II wins 16 out of 24 races. Mercedes takes the constructors' championship, with AMG notching up the team championship while Klaus Ludwig secures the driver's title. A welcome new addition is the former Formula One star and 1982 world champion Keke Rosberg whose vehicle is shown here.

1992 gewinnt der Mercedes Evo II 16 von 24 Rennen. Mercedes wird Markenmeister, AMG Teammeister, Klaus Ludwig DTM-Champion. Ein willkommener Neuzugang ist der ehemalige Formel-1-Star und Weltmeister 1982 Keke Rosberg, dessen Fahrzeug hier abgebildet ist.

En 1992, la Mercedes Evo II remporte 16 victoires sur 24. Mercedes devient champion des marques, AMG des équipes, Klaus Ludwig du supertourisme allemand. Un excellent accueil est fait à Keke Rosberg, ex-star de la Formule 1 et champion du monde 1982 dont la voiture est représentée ici.

1990

The sixteen-valve engine of the racing Evo II is capable of up to 373 hp at 9500 rpm and can be pushed to over 10,000 rpm without any problem. Exquisitely meager is the instrument panel. The driver is only provided with the information he has to be given by a rev counter and a warning lamp that lights up on reaching the engine speed limit.

Das Sechzehnventiler-Triebwerk des Renn-Evo-II leistet bis zu 373 PS bei 9500/min und kann problemlos bis über 10 000/min belastet werden. Ungemein karg ausgestattet: die Armaturentafel. Der Pilot erfährt nur, was er erfahren muss, durch den Drehzahlmesser und eine Warnlampe, die am Drehzahllimit aufleuchtet.

Le moteur seize-soupapes de l'Evo II de course, qui développe jusqu'à 373 ch à 9500 tr/min, atteint plus de 10 000 tr/min sans problème. Le tableau de bord est des plus sobres. Le pilote n'apprend que l'indispensable grâce au compte-tours et à une lampe témoin qui s'allume lorsque le régime maximal autorisé est atteint.

The owner of an Evo II purchased for the road must by no means forego the comforts that the 201 series has to offer. The influence of the wind tunnel is visible and palpable all over, epitomized by the gigantic rear wing and the shaping of the fender extensions that are fluently reintegrated into the bodywork.

Der Besitzer eines käuflichen Evo II für die Straße muss keineswegs auf die Annehmlichkeiten verzichten, welche die Baureihe 201 zu bieten hat. Überall sichtbar und spürbar: der Einfluss des Windkanals, etwa beim riesigen Heckleitwerk und der Durchformung der Kotflügelverbreiterungen, die flüssig wieder in die Karosserie integriert werden.

Le propriétaire d'une Evo II commercialisée pour la route ne doit renoncer en rien aux avantages offerts par la série 201. Partout l'influence des études en soufflerie est visible, par exemple avec l'énorme aileron arrière et la forme des extensions d'ailes qui s'intègrent ensuite avec fluidité dans la carrosserie.

The martial appearance of the 500 Evo IIs produced for the speedy buyer leaves no room for doubt that this Mercedes-Benz 190 E 2.5-16 is up to no good. Its 119,717.10 DM price tag nevertheless ensures that it doesn't fall into inexperienced juvenile hands.

Das militante Erscheinungsbild der 500 produzierten Evo II für den flotten Bürger lässt keinen Zweifel darüber aufkommen, dass dieser Mercedes-Benz 190 E 2.5-16 nichts Gutes im Schilde führt. Sein Preis von DM 119 717,10 verhindert gleichwohl, dass er in halbstarke Hände kommt.

L'allure déterminée des 500 Evo II fabriquées pour une clientèle avide de performances laisse deviner ce dont est capable la Mercedes-Benz 190 E 2.5-16. À 119 717,10 DM pièce, ce n'est certes pas une voiture à mettre entre toutes les mains.

Dressed in coffin black – the color of carbon fiber –, the Sauber C12 of the eponymous company based in Hinwil near Zurich reports in 1993 for Formula One service. It has been designed by doctor of philosophy Harvey Postlethwaite, one of the leading lights in the field. Sauber engineer Leo Ress takes over responsibility for further development when the creative Briton turns his back on the team in the same year. In its low and compact form, an edition of eight specimens of the C12 is baked by DPS Composites at Great Bookham in southern England.

Silver – one remembers – came into view as the natural color of aluminum, when the classic German racing white was scraped off the Mercedes-Benz W25 before the Eifel race of 1934. The comparison is only partially flawed: following the abrupt end in 1991 of the joint venture between the Swabians and the Swiss in the sports car sector, it is essential to bring life to an ongoing contract. Mercedes boss, Werner Niefer, leaves the field free for Sauber to enter the grand prix business with help from Stuttgart and the Ilmor engines being produced by Peter Sauber's compatriot, Mario Illien, at Brixworth, Northamptonshire.

So, Ilmor contributes its V10 bearing the model designation 2175 A, the cylinder banks of which open at an angle of 72 degrees. It matches the concept perfectly with its slender measurements, weight of only 126 kg, and general philosophy. A six-speed semi-automatic transmission is provided. The Formula One venture starts well. The black Swiss racers make a faultless impression during winter practice. There are even two world championship points for Sauber driver J. J. Lehto in their inaugural appearance at Kyalami on 14 March 1993. But then the Finn ends up only 13th in the championship, while his team-mate, Karl Wendlinger, manages eleventh place. More than anything else, the Sauber is lacking one necessity of that season: an active chassis. As of the Italian Grand Prix on September 12, one of the most powerful engines in the field is nevertheless available – the Ilmor 2175 B, with less bore and more stroke than its predecessor, 730 hp at 13,500 rpm and in practice up to 745 hp at 14,000 rpm. A total of 25 units are delivered, five with pneumatic valves.

On November 3 of that year, Mercedes decides to renew its presence in Formula One. The Swiss protégé is supplied with the Brixworth products free of charge. *Mercedes-Benz* is the name etched on the cylinder heads, *concept by Mercedes-Benz* is the logo for the whole 1113-lb C13. The chassis has been developed by Leo Ress. The seven monocoque bodies, each a light 88 lbs, emerge from the autoclaves of specialist Ian Thomson. Technical director is André de Cortanze. But the black color and the model number 13 prove to be bad omens of a season that will forever be overshadowed by the deaths of Roland Ratzenberger and Ayrton Senna at Imola. Sauber driver Karl Wendlinger suffers almost fatal injuries from an accident during practice in Monaco. Only eighth position is possible in the constructors' championship, and the Sauber squad of Wendlinger, Heinz-Harald Frentzen, Andrea de Cesaris and J. J. Lehto finish in positions that are best left unmentioned.

In addition, promised sponsoring means fail to materialize. An ultimatum set by Mercedes passes, and the contract between the unequal partners expires punctually at the end of the season.

In Sargschwarz – der Couleur von Kohlefaser – meldet sich der Sauber C12 des in Hinwil bei Zürich beheimateten Unternehmens 1993 in der Formel 1 zum Dienst. Entworfen hat ihn der Doktor der Philosophie Harvey Postlethwaite, eine der ersten Adressen in der Branche. Als der kreative Brite dem Team noch im gleichen Jahr den Rücken zukehrt, ist Sauber-Ingenieur Leo Ress für die weitere Evolution zuständig. In seine niedrige und kompakte Form gebacken wird der C12 in einer Auflage von acht Exemplaren bei DPS Composites im südenglischen Great Bookham.

Silber – man erinnere sich – kam als natürliche Farbe des Aluminiums zum Vorschein, als man beim Eifelrennen 1934 vom Mercedes-Benz W25 das klassische deutsche Rennweiß herunterschabte. Der Vergleich hinkt nur bedingt: Nachdem das Joint Venture zwischen den Schwaben und den Schweizern auf dem Sportwagensektor 1991 jäh beendet worden ist, gilt es noch einen angebrauchten Vertrag mit Leben zu erfüllen. Sauber möge doch, stellt Mercedes-Boss Werner Niefer anheim, mit Beihilfen aus Stuttgart und den Ilmor-Triebwerken ins Grand-Prix-Geschäft einsteigen, die Peter Saubers Landsmann Mario Illien in Brixworth in Northamptonshire herstellt.

So kommt es: Ilmor steuert seinen V10 mit dem Typen-Sigel 2175 A bei, dessen Zylinderbänke sich im Winkel von 72 Grad öffnen. Er passt von seinen knappen Maßen, dem Gewicht von nur 126 kg und der gesamten Philosophie her genau ins Konzept. Als Getriebe ist ein Sechsgang-Halbautomat vorgesehen. Das Wagnis Formel 1 lässt sich auch gut an. Beim Wintertraining hinterlassen die schwarzen Schweizer Renner einen tadellosen Eindruck. Zum Einstand in Kyalami am 14. März 1993 gibt es gar zwei WM-Punkte für Sauber-Pilot J. J. Lehto. Aber dann landet der Finne doch nur auf Rang 13 im Championat, Teamkollege Karl Wendlinger auf dem elften Platz. Vor allem fehlt dem Sauber ein Muss in jener Saison: das aktive Fahrwerk. Vom Großen Preis von Italien am 12. September an verfügt man mit dem Ilmor 2175 B gleichwohl über eine der stärksten Maschinen im Feld, mit weniger Bohrung und mehr Hub als der Vorgänger, 730 PS bei 13 500/min, im Training bis zu 745 PS bei 14 000/min. Insgesamt werden 25 Motoren geliefert, fünf davon mit pneumatischen Ventilen.

Am 3. November des Jahres beschließt Mercedes die erneute Präsenz in der Formel 1. Der Schweizer Schützling wird gratis mit den Produkten aus Brixworth versorgt. *Mercedes-Benz* steht auf ihren Zylinderköpfen, *concept by Mercedes-Benz* auf dem ganzen 505 kg schweren C13. Leo Ress hat dazu das Chassis entwickelt. Die sieben Monocoques, jedes 40 kg leicht, entstehen in den Autoklaven von Spezialist Ian Thomson. Technischer Leiter ist André de Cortanze. Aber dann erweisen sich die schwarze Farbe und die Werk-Nummer 13 als böse Omina in einer bösen Saison, die für immer durch den Tod Roland Ratzenbergers und Ayrton Sennas in Imola überschattet sein wird. Beim Training in Monaco erleidet Sauber-Söldner Wendlinger fast letale Verletzungen bei einem Unfall an der Schikane. Im Championat der Konstrukteure ist nur Position acht drin, die Sauber-Riege Wendlinger, Heinz-Harald Frentzen, Andrea de Cesaris und J. J. Lehto landet auf Plätzen, über die man nicht so gerne spricht.

Überdies bleiben verheißene Sponsor-Zuwendungen aus. Ein Mercedes-Ultimatum verstreicht und mit dem Ende der Saison läuft der Kontrakt der ungleichen Partner fristgemäß aus.

1994

D'un noir funèbre, de la couleur des fibres de carbone: c'est ainsi que se présente la Sauber C12 de l'entreprise d'Hinwil, près de Zurich, en 1993, pour son entrée en Formule 1. L'homme qui l'a élaborée n'est autre que Harvey Postlethwaite, l'un des meilleurs spécialistes. Et lorsque ce Britannique créatif quitte l'équipe, un peu plus tard cette année-là, c'est Leo Ress, ingénieur chez Sauber, qui prend le relais. La C12, basse et compacte, est fabriquée en 8 exemplaires chez DPS Composites à Great Bookham, dans le sud de l'Angleterre.

La couleur argent – mémorable! – s'imposa avec l'aluminium lorsque, dans la course de l'Eifel, en 1934, la Mercedes-Benz W25 abandonna le blanc, qu'arboraient traditionnellement les Allemands en compétition. La comparaison est risquée: après que les Souabes et les Suisses ont brusquement cessé de collaborer dans le secteur des voitures de sport, en 1991, Sauber voulait encore

Sauber C 13

relever un défi. Il souhaitait – et Werner Niefer, patron de Mercedes, voulait le laisser faire – participer à l'aventure du Grand Prix, avec l'aide de Stuttgart et des moteurs d'Ilmor, produits par son compatriote, Mario Illien, à Brixworth, dans le Northamptonshire.

En fin de compte, Ilmor fournit son V10 type 2175 A, dont les rangées de cylindres forment un angle de 72°. Il y avait adéquation parfaite à l'ensemble du concept avec ses dimensions réduites et sa masse de 126 kg seulement. Pour la transmission, il était prévu une boîte à six vitesses semi-automatique. L'aventure en Formule 1 se présenta également bien. Lors des essais d'hiver, les voitures suisses toutes noires laissèrent une impression de sans faute. Au début de la saison, à Kyalami, le 14 mars 1993, le pilote de Sauber, J.J. Lehto marqua deux points au championnat du monde. Mais le Finlandais ne termina qu'au 13e rang dans le championnat, et Karl Wendlinger,

son collègue au sein de l'équipe, à la 11e place. Ce qui manquait surtout à Sauber cette saison-là, c'était un élément indispensable : un châssis actif. Toutefois, à partir du Grand Prix d'Italie, le 12 septembre, ce défaut fut compensé par l'Ilmor 2175 B, l'un des plus puissants moteurs en piste, avec un alésage réduit et une course allongée par rapport à son prédécesseur et 730 ch à 13 500 tr/min et aux essais jusqu'à 745 ch à 14 000 tr/min. Au total, 215 moteurs furent livrés, dont cinq avec soupapes à rappel pneumatique.

Le 3 novembre de cette année-là, Mercedes décida de revenir à la Formule 1. Le protégé suisse reçut gratuitement les produits de Brixworth. «Mercedes-Benz» est affiché sur les culasses, «concept by Mercedes» sur le revêtement pour l'ensemble de la C 13, d'un poids de 505 kg. Leo Ress mit au point le châssis adéquat. Les sept monocoques, toutes allégées de 40 kg, sortirent des

fours autoclaves du spécialiste Ian Thomson. Le directeur technique était André de Cortanze.

Mais la couleur noire et le numéro d'usine 13 se révélèrent de mauvais augure, dans une saison d'ores et déjà défavorable, et qui sera endeuillée à jamais par la mort de Roland Ratzenberger et d'Ayrton Senna à Imola. Lors de l'entraînement à Monaco, Wendlinger, pilote de Sauber, est grièvement blessé lors d'un accident à la chicane. Au championnat des constructeurs, l'écurie ne termine qu'à la huitième place, et l'équipe Sauber, constituée de Wendlinger, Heinz-Harald Frentzen, Andrea de Cesaris et J.J. Lehto, finit à des places que l'on préfère taire. En outre, l'aide promise par d'autres sponsors n'arriva pas. L'ultimatum de Mercedes expira et le contrat entre les deux partenaires inégaux cessa comme prévu à la fin de la saison.

1994

The clear lines of the carbon fiber monocoque produced in England are largely determined
by the compact dimensions of the 271-lb Ilmor V10 and the longitudinally fitted transaxle.

Die sauberen Linien des in England gebackenen Kohlefaser-Monocoques sind weitgehend
mitbestimmt von den kompakten Ausmaßen seines 123 kg schweren Ilmor-V10 und dem längs
eingebauten Transaxle.

Les lignes pures de la monocoque en fibres de carbone fabriqué en Angleterre
sont essentiellement déterminées par les dimensions compactes de son
Ilmor-V10 de 123 kg et de son transaxle monté longitudinalement.

The project is conducted in the shadow of a somewhat barren and hesitant Indianapolis tradition for the company with the star emblem, which peaked in the early days with Ralph de Palma's victory in 1915 in a Mercedes 18/100 PS that had created a furor at the French Grand Prix in Lyon a year earlier. A failed works' offensive in 1923 also belongs to that tradition, as does the circumspect withdrawal from the American classic in 1938 and 1939 with the current grand prix vehicle.

An initiative of Rudi Caracciola's to participate in 1946 with the 1939 Tripoli winner, the W 165, fails to materialize, and following the debacle with the W 154, famous but covered in the patina of old age, in Buenos Aires at the beginning of 1951, the trip to Indiana envisaged for that year is shelved. Schemes to reactivate the only recently mothballed W 196 and ship it, boosted by a supercharger, to the USA, get no further than the planning stage.

However, the time appears ripe at the beginning of the nineties. The Mercedes management announces on 3 November 1993 the future racing participation of the company in the DTM, Formula One, and IndyCar Series, in the latter two as supplier of engines. The ace up its sleeve is that these are practically already existent in real terms and, moreover, various business interests thereby come together advantageously.

Northamptonshire's Brixworth-based engine manufacturer Ilmor, with its partners: the Swiss Mario Illien, the Briton Paul Morgan, and Roger Penske, American racing legend and tireless entrepreneur, have served the IndyCar scene well with their products since the mid-eighties. From 1987 onward, the trio's successes with the Chevrolet Indy V8 mount, culminating in the Indianapolis triumphs of 1988, 1989, 1991 and 1993. The client Chevrolet, and consequently the mother concern, General Motors, already appears to be weary of winning. The expiry of the partnership at the end of 1993 is looming, as is the increasing interest of Daimler-Benz AG, brokered through a complicated web of contacts. Mercedes partner Sauber is part of it, and Roger Penske is associated with the people from Stuttgart through his Detroit Diesel business.

In the midst of this situation, Mario Illien develops under the strictest secrecy his 500I pushrod engine that conforms to the Indy regulations of the USAC (United States Auto Club), in this case with eight cylinders, 3430 cc capacity, and 16 valves – the typical, off-the-rack layout of the American V8, albeit with turbocharged aspiration. As an alternative to the equally allowable but technically more elaborate engines with a capacity of 2650 cc and overhead camshafts, this solution promises a minimum of 940 hp as opposed to the alternate maximum of 780 hp, at least in Indianapolis, for a ten percent higher boost pressure is permitted on the Brickyard, 22 percent more than for the smaller propulsion unit.

The announcement of November 1993 provides the requisite clarity. On 13 April 1994, the latest Ilmor opus is presented to an amazed racing world at a press conference in the Speedway Museum. Mercedes-Benz stands on the cylinder head covers. Only 23 weeks lay between concept and product. As was the case with the M 165 more than half a century earlier, it has been built for only one race, and it wins that race: on 29 May the venture is crowned by Al Unser Jr.'s Indy victory in the Penske-Mercedes PC-23.

Das Projekt steht in einer meist verhohlenen und nur zögerlich vorangetragenen Indianapolis-Tradition des Unternehmens mit dem Stern, früh gipfelnd im Sieg Ralph de Palmas 1915 in einem der Mercedes 18/100 PS, die im Jahr zuvor beim Großen Preis von Frankreich in Lyon Furore gemacht haben. Eine gescheiterte Werks-Offensive 1923 gehört da ebenso hinein wie die vorsichtigen Rückzieher 1938 und 1939 mit den jeweils aktuellen Grand-Prix-Wagen.

Eine Initiative Rudi Caracciolas zur Teilnahme 1946 mit dem Tripolis-Gewinner W 165 von 1939 versandet und nach dem Debakel Anfang 1951 in Buenos Aires mit dem ruhmreichen, aber mit der Patina würdigen Alters behafteten W 154 legt man den angedachten Trip nach Indiana im gleichen Jahr zu den Akten. Die Überlegung, den just Ende 1955 eingemotteten W 196 noch einmal zu reaktivieren und kompressorgestärkt in die USA zu verschiffen, kommt über das Planungsstadium nicht hinaus.

Anfang der Neunziger scheint die Zeit wiederum reif. Am 3. November 1993 verkündet das Mercedes-Management den künftigen Renn-Einsatz der Firma auf den Feldern der Ehre DTM, Formel 1 und IndyCar-Serie, bei den letzteren als Lieferant von Triebwerken. Als As schüttelt man aus dem Ärmel, dass diese praktisch bereits real vorhanden sind und sich überdies vielerlei Geschäftsinteressen günstig zusammenfinden.

Seit Mitte der achtziger Jahre hat sich die in Brixworth bei Northampton ansässige Motor-Manufaktur Ilmor – Teilhaber: der Schweizer Mario Illien, der Brite Paul Morgan sowie Roger Penske, amerikanische Renn-Legende und ruheloser Entrepreneur – mit ihren Produkten verdient gemacht um die IndyCar-Szene. Ab 1987 häufen sich die Erfolge des Trios mit dem Chevrolet Indy V8 und kulminieren in den Indianapolis-Triumphen 1988, 1989, 1991 und 1993. Da scheint Auftraggeber Chevrolet, mithin der Mutterkonzern General Motors, bereits des Siegens müde. Das Auslaufen der Connection Ende 1993 zeichnet sich ab, desgleichen zunehmendes Interesse der Daimler-Benz AG, vermittelt durch ein kompliziertes Netzwerk. Auch Mercedes-Partner Sauber webt daran und Roger Penske, mit den Stuttgartern verbandelt durch sein Unternehmen Detroit Diesel.

In diese Situation hinein entwickelt Mario Illien unter strengster Geheimhaltung sein Stoßstangen-Triebwerk 500 I, konform mit den Indy-Regeln des USAC (United States Auto Club), die in diesem Falle acht Zylinder, 3430 cm³ Hubraum und zwei Ventile, also das typische Layout des amerikanischen V8 von der Stange postulieren, allerdings mit Turbo-Zwangsbeatmung. Als Alternative zu den ebenfalls zugelassenen technisch aufwändigeren Aggregaten mit 2650 cm³ und oben liegenden Nockenwellen verspricht diese Lösung zumindestens in Indianapolis mindestens 940 PS gegenüber deren maximal 780 PS, da auf dem Brickyard ein um zehn Prozent höherer Ladedruck gestattet ist, 22 Prozent mehr als für den kleineren Treibsatz.

Die Ankündigung vom November 1993 schafft die ersehnte Klarheit. Am 13. April 1994 stellt man das jüngste Ilmor-Opus der verblüfften Rennwelt anlässlich einer Pressekonferenz im Speedway-Museum vor. Mercedes-Benz steht auf den Zylinderkopfdeckeln. Nur 23 Wochen lagen zwischen Konzept und Produkt. Wie einst der M 165 mehr als ein halbes Jahrhundert zuvor wurde es für nur ein Rennen gebaut und das gewinnt es: Am 29. Mai krönt der Indy-Sieg von Al Unser jr. im Penske-Mercedes PC-23 das Wagnis.

1994

La participation de Mercedes aux courses d'Indianapolis relève d'une tradition le plus souvent secrète. C'est pourquoi le projet de la Penske-Mercedes PC-23 eut du mal à voir le jour. Pourtant, Ralph de Palma s'était imposé dès 1915 sur une Mercedes 18/100 PS, qui avait fait sensation l'année précédente au Grand Prix de l'ACF, à Lyon. Mais une offensive avortée en 1923, tout comme les précautions prises en 1938 et 1939 avec les voitures de Grand Prix du moment, relèvent de la même prudence.

Une initiative de Rudi Caracciola en vue d'une participation en 1946 avec le véhicule vainqueur de Tripoli, la W 165 de 1939, resta lettre morte. Et après la débâcle, début 1951, à Buenos Aires, de la W 154, certes glorieuse, mais d'un autre âge, il ne fut plus question de participer aux 500 Miles d'Indianapolis cette année-là. Quant à l'idée d'aligner une fois encore la W 196, qui venait pourtant d'être mise de côté fin 1955, et de l'expédier aux États-

Penske-Mercedes PC-23

Unis équipée en l'occurrence d'un compresseur, elle ne dépassa pas le stade du projet.

Au début des années 1990, les temps semblaient enfin plus favorables. Le 3 novembre 1993, Mercedes annonça sa prochaine participation au championnat d'Allemagne des voitures de tourisme, à la Formule 1 et à la série IndyCar (en tant que fournisseur de moteurs uniquement pour cette compétition). La firme possédait plusieurs atouts : les véhicules étaient déjà prêts et de nombreux intérêts commerciaux appelaient cette initiative.

Depuis le milieu des années 1980, la manufacture de moteurs Ilmor, basée à Brixworth, près de Northampton – qui associait le Suisse Mario Illien, le Britannique Paul Morgan, ainsi que Roger Penske, pilote américain de légende et infatigable promoteur sportif – avait bien mérité de la scène IndyCar avec ses produits. À partir de 1987, les succès du trio avec la Chevrolet Indy V8 se

multiplièrent, pour culminer à Indianapolis avec des victoires en 1988, 1989, 1991 et 1993. C'est alors que le donneur d'ordres, Chevrolet, et par conséquent la société mère General Motors, se lassa de ces succès. La collaboration Chevrolet/Ilmor se termina fin 1993, parallèlement à l'intérêt croissant de Daimler-Benz AG, suscité par l'intermédiaire d'un réseau de relations compliqué. Sauber, partenaire de Mercedes, se glissa dans le projet, ainsi que Roger Penske, associé à la firme de Stuttgart par le biais de son entreprise Detroit Diesel.

C'est dans ce contexte que Mario Illien mit au point, dans le plus grand secret, son moteur à culbuteurs 500 I, conforme au règlement Indy de l'USAC (United States Auto Club) avec ses huit cylindres, ses 3430 cm³ de cylindrée et ses 16 soupapes – soit la disposition typique du V8 américain, avec une suralimentation par turbocompresseur. Comme alternative aux groupes technique-

ment plus coûteux également admis, avec 2650 cm³ et des arbres à cames en tête, cette solution promit déjà à Indianapolis au moins 940 ch par rapport à son maximum de 780 ch. En effet, sur la piste d'Indy, une pression de suralimentation plus élevée de 10 % est admise, soit 22 % de plus que pour le moteur le plus petit.

L'annonce de 1993 apporte la clarification souhaitée. Le 13 avril 1994, à l'occasion d'une conférence de presse au Speedway-Museum, le dernier produit d'Ilmor est présenté à la stupéfaction du monde des courses automobiles. Mercedes-Benz figure sur les couvre-culasses. Vingt-trois semaines seulement séparent l'élaboration du concept de la réalisation du produit. Comme autrefois avec la M165, plus d'un demi-siècle auparavant, le véhicule a été construit pour une seule course, qu'il remporte : le 29 mai, Al Unser Jr. arrache la victoire à Indy au volant de la Penske-Mercedes PC-23.

The excellent finish is always a typical feature of Penske racing cars. The suspension of the front wheels follows the usual custom: double wishbones with inward-lying spring/shock absorber units operated via pushrods. The steering wheel is remarkably large.

Typisches Merkmal der Penske-Rennwagen ist von jeher ein hervorragendes Finish. Die Aufhängung der Vorderräder folgt eingefahrenen Bräuchen: Doppelquerlenker mit innen liegenden Einheiten von Federn und Dämpfern, über Schubstreben betätigt. Bemerkenswert groß: das Volant.

Depuis toujours, la Penske est une voiture de compétition qui se distingue par ses finitions remarquables. La suspension des roues avant se fait, comme d'habitude, grâce à des doubles bras transversaux avec combinés ressorts / amortisseurs *in-board,* actionnés par des poussoirs. La taille du volant est impressionnante.

The large valve protruding from the high back of the PC-23 above the Mercedes star relieves the surplus pressure of the turbocharged engine – in compliance with USAC (United States Auto Club) rules. One member of the pool of sponsors: the Penske subsidiary Detroit Diesel. Mercedes has held a 21.3 percent stake in the diesel engine manufacturer from 1993 onwards.

Das große Ventil, das oberhalb des Mercedes-Sterns aus dem hohen Rücken des PC-23 ragt, entlässt den Überdruck des aufgeladenen Aggregats – konform mit den Vorschriften des USAC (United States Auto Club). Mitglied im Sponsor-Pool: die Penske-Tochter Detroit Diesel. Seit 1993 ist Mercedes mit 21,3 Prozent an der Selbstzünder-Manufaktur beteiligt.

Le grand clapet qui dépasse du dos surélevé de la PC-23, au-dessus de l'étoile Mercedes, libère la surpression du moteur suralimenté – conformément aux prescriptions de l'USAC (United States Auto Club). Detroit Diesel, filiale de Penske, fait partie du groupe des sponsors. Mercedes participe au capital de ce constructeur de moteurs à hauteur de 21,3 % depuis 1993.

As of 1995 an alliance between McLaren and Mercedes has been looming for some time, and the conjunction makes sense. Following their triumphal procession through the touring car and IndyCar scene, the people from Stuttgart are seeking to rise to the ultimate challenge of Formula One. A two-year apprenticeship has been absolved with the Swiss Sauber racing stable. Now only a first-class racing stable is needed. McLaren International has been looking for a way out of the trough in which it has eked out a bleak existence since Ayrton Senna's desertion to Williams in 1994. The engine supplier has been changed twice in four years, from Honda in 1992 to Ford a year later, and finally to Peugeot. Mercedes is a logical choice. The common denominator: ambition, backed by a magnificent past.

McLaren boss, Ron Dennis, finds a congenial partner in the Mercedes Brixworth subsidiary Ilmor (a portmanteau word combining its two founders' names, Mario Illien and Paul Morgan). In the company's own site at Woking, the chassis MP 4/10 matures under the hands of Neil Oatley and Henri Durand, a problematic design as the season will reveal, although it is in keeping with the fashion: its high nose, like that of its Benetton counterparts, is advantageous for the effectiveness of the front spoiler lying beneath. The most striking feature is a small middle wing atop the rear of the peaked air intake to favorably channel the air in the direction of the rear wing.

Meanwhile, a hundred miles further north, Dennis' wishes are readily agreed to. The season's regulations stipulate a staggered underfloor. This leaves little space for the three pumps for oil, water, and hydraulics as well as the exhaust manifold. Illien therefore increases the angle between the cylinder banks of his new, three-liter FO 110 engine to 75 degrees – three degrees more than the previous 3.5-liter engine. The hydraulic pump then finds its place in the valley of the V10, while a spiral shaped manifold in the basement frees up room for the other two. The newcomer is put to the test on 26 January 1995, the first test drives take place mid-February.

A media sensation is caused by the man occupying the second drivers' seat alongside Mika Häkkinen, that is, who has been a member of the McLaren outfit since 1993. The sponsor, Marlboro, pushes through the established star Nigel Mansell as a counterweight to the new hero Michael Schumacher, although it is well known that the 1992 world champion and Ron Dennis do not particularly like each other. And then the shocked racing community witnesses how the Mansell monument rapidly crumbles away. His stout figure doesn't fit the MP 4/10, and things do not improve, even after a cockpit is tailor-made for him in only 33 days. The aging "Lion" ends up, plagued by problems, far behind in the middle field in his McLaren debut at Imola. He throws in the Formula One towel after a spectacular spin while practising in Barcelona – for ever. As at the start of the season, his place is subsequently taken by his jovial compatriot Mark Blundell.

The Italian Grand Prix in Monza becomes the cheerless highlight of the year: second place for the Finn, fourth for Blundell – but only after Schumacher's Benetton, both Ferraris and both Williamses have all dropped out. Finally, Häkkinen luckily escapes without consequences for the tall blond's considerable virtuosity at the wheel following a serious practice accident during the season's finale in Adelaide.

Schon eine Zeit lang hat sich eine Verbindung von McLaren und Mercedes ab 1995 abgezeichnet und die Sache macht Sinn. Nach ihrem Siegeszug durch die Tourenwagenszene und bei den IndyCars wollten sich die Stuttgarter der ultimativen Herausforderung durch die Formel 1 stellen. Zwei Lehrjahre brachte man mit dem Schweizer Sauber-Rennstall zu. Nun kommt nur noch eine erste Adresse in Frage. McLaren International sucht einen Weg aus der Talsohle, in der man seit Ayrton Sennas Kündigung Ende 1993 ein freudloses Dasein gefristet hat. In vier Jahren wechselte man zweimal den Motorenlieferanten, von Honda 1992 zu Ford ein Jahr später und anschließend zu Peugeot. Mercedes bietet sich an. Der gemeinsame Nenner: Ehrgeiz, gespeist aus großer Vergangenheit.

Mit der Mercedes-Filiale Ilmor (das Kürzel verquickt die Namen der beiden Gründer Mario Illien und Paul Morgan) in Brixworth findet McLaren-Boss Ron Dennis eine kongenialen Partner. Im eigenen Standort Woking reift unter den Händen von Neil Oatley und Henri Durand Chassis MP 4/10 heran, eine Fehlkonstruktion, wie sich weisen wird, obwohl man mit der Mode geht: Es trägt die Nase hoch wie die Benetton-Boliden, was sich für den darunter liegenden Frontspoiler günstig auswirkt. Auffälligstes Merkmal ist ein kleiner Mittelflügel, hinten an der spitz auslaufenden Ansaughutze befestigt, um den Luftstrom in Richtung auf das Heck-Luftleitwerk günstig zu kanalisieren.

Unterdessen geht man 100 Meilen weiter nördlich gern auf Dennis' Wünsche ein. Das Regelwerk für diese Saison schreibt einen gestuften Boden vor. Dieser lässt den drei Pumpen für Öl, Wasser und Hydraulik sowie dem Auspuffkrümmer wenig Spielraum. Deshalb erweitert Illien den Winkel zwischen den Zylinderbänken seines neuen Dreiliters Typ FO 110 auf 75 Grad – das sind drei mehr als beim bisherigen Aggregat mit 3,5 Litern. So findet die Hydraulikpumpe ein Plätzchen im Tal des V10 und ein spiralförmiger Krümmer im Souterrain schafft Platz für die beiden anderen. Am 26. Januar 1995 tut der Neue seinen ersten Brüller auf dem Prüfstand, Mitte Februar gibt es erste Probefahrten.

Mächtigen Medienwirbel löst die Besetzung der Planstelle neben Mika Häkkinen aus, im McLaren-Aufgebot seit 1993. Sponsor Marlboro setzt den etablierten Star Nigel Mansell als Gegengewicht gegen den neuen Fixstern Michael Schumacher durch, obwohl sich der Weltmeister von 1992 und Ron Dennis wie allgemein bekannt nicht sonderlich mögen. Und dann wird die erschütterte Branche Zeuge, wie das Monument Mansell zügig wegoxidiert. Seine stämmige Statur passt nicht in den MP 4/10 und selbst nachdem man ihm in nur 33 Tagen ein Cockpit nach Maß geschneidert hat, werden die Dinge nicht besser. Bei seinem späten McLaren-Debüt in Imola landet der alternde „Löwe" von Problemen gebeutelt abgeschlagen im Mittelfeld. Beim Training in Barcelona wirft er nach einem spektakulären Dreher das Formel-1-Handtuch – für immer. Seine Stelle nimmt anschließend wie schon zu Beginn der Saison sein jovialer Landsmann Mark Blundell ein.

Zum trüben Highlight des Jahres gerät der Gran Premio d'Italia in Monza: Rang zwei für den Finnen, Platz vier für Blundell – aber erst nach dem Ausfall von Schumachers Benetton, der beiden Ferrari und der beiden Williams. Ein schwerer Trainingsunfall Häkkinens beim Saisonfinale in Adelaide geht am Ende zum Glück glimpflich und ohne Folgen für die beträchtliche Schaffenskraft des großen Blonden aus.

1995

En 1995, une association entre McLaren et Mercedes est l'aboutissement logique d'un projet qui se dessinait depuis longtemps. Après leur triomphe sur la scène des voitures de tourisme et dans l'IndyCar, les hommes de Stuttgart voulaient se lancer un dernier défi avec la Formule 1. Il aura fallu deux années d'apprentissage avec l'écurie suisse Sauber. Il n'est alors question que d'une première tentative. McLaren International cherche à sortir de l'ornière où elle végète dans une situation peu enviable, depuis la disparition d'Ayrton Senna fin 1993. En quatre ans, elle change deux fois de fournisseur de moteurs, de Honda en 1992, à Ford un an plus tard, puis Peugeot. Mercedes semble jouable. Dénominateur commun : l'ambition enracinée dans un passé glorieux.

Avec la filiale de Mercedes Ilmor (l'abréviation amalgame les noms des deux fondateurs Mario Illien et Paul Morgan), à Brixworth, le patron de McLaren, Ron Dennis,

McLaren-Mercedes MP 4/10

trouve un partenaire compréhensif. Sur le site même de Woking naît, sous la direction de Neil Oaltley et d'Henri Durand, le châssis MP 4/10, qui se révèlera au cours de la saison être un concept défectueux, mais qui suit la mode : nez haut comme pour les machines de Benetton, ce qui a un effet favorable sur l'effet du spoiler avant fixé en dessous. La caractéristique la plus frappante est un petit aileron médian, fixé à l'arrière de la prise d'air de forme pointue, afin de bien canaliser le courant d'air en direction de l'aileron arrière.

Entre-temps, à cent miles vers le nord, les souhaits de Dennis sont exaucés. Le règlement, cette saison-là, prescrit un fond en gradins. Celui-ci laisse peu d'espace aux trois pompes pour l'huile, l'eau et le fluide hydrau-lique, ainsi que pour le collecteur d'échappement. C'est pourquoi Ilien élargit l'angle entre les rangées de cylin-dres de sa nouvelle trois-litres type FO 110 à 75° – c'est-à-

dire trois degrés de plus que sur le moteur précédent de 3,5 litres. Ainsi, la pompe hydraulique trouve une petite place dans le creux du V10, et une tubulure en spirale au bas du groupe crée de la place pour les deux autres. Le 26 janvier 1995, la nouvelle voiture pousse son premier rugissement au banc d'essai, et mi-février se déroulent les premières séances d'essais sur piste.

Le choix du co-équipier de Mika Häkkinen, au service de McLaren depuis 1993, déclenche un puissant tourbillon médiatique. Le sponsor Marlboro fait accepter la star confirmée qu'est Nigel Mansell comme contrepoids à la nouvelle étoile, Michael Schumacher, bien que le cham-pion du monde de 1992 et Ron Dennis, ce n'est un secret pour personne, ne s'apprécient pas particulièrement. Et le monde de la Formule 1 assiste avec effarement à la fin de la légende Mansell. Il est trop grand pour la MP 4/10, et même avec un cockpit sur mesure taillé en trente-trois

jours seulement, les choses ne s'améliorent pas. Lors des débuts de McLaren à Imola, le «lion vieillissant» finit avec des problèmes loin derrière le peloton. Lors de l'entraîne-ment à Barcelone, après un spectaculaire tête-à-queue, il abandonne définitivement la Formule 1. C'est son jovial compatriote Mark Blundell qui prend sa place, comme il l'avait fait au début de la saison.

Le Grand Prix d'Italie à Monza cette année-là est enfin l'occasion d'afficher un résultat marquant, mais sans panache : la deuxième place pour le Finlandais, la qua-trième pour Blundell – mais seulement après le retrait de la Benetton de Schumacher, des deux Ferrari et des deux Williams. Häkkinen se tire à bon compte d'un grave acci-dent en fin de saison aux essais à Adelaïde, sans consé-quences fâcheuses sur le tonus reconnu du «grand blond».

The prominent features of the McLaren-Mercedes
MP 4/10, shown approaching the Portier Bend at
Monaco in the large photo, are the extremely high
and pointed nose as well as the rudimentary small
wing squatting on the rear of the bodywork.

Ungewöhnliche Merkmale des McLaren-Mercedes
MP 4/10, auf dem großen Foto im Anmarsch auf
die Portier-Kurve von Monaco, sind die extrem
hohe und spitze Nase sowie das rudimentäre
Flügelchen am Ende der hinteren Verkleidung.

La MP 4/10 de McLaren-Mercedes, qui aborde sur la grande
photo le virage du Portier à Monaco, se démarque par son
avant extrêmement haut et pointu, ainsi que par son petit
aileron rudimentaire à l'extrémité du carénage arrière.

The engine of the MP 4/10 is the only one in the grand prix field to have been completely newly conceived and designed. It was built in only 18 weeks. Its TAG 2000 management system had been developed from that of the 1991 Group C car, the C 291.

Das Triebwerk des MP 4/10 wurde als einziges Aggregat im Grand-Prix-Feld völlig neu konzipiert und konstruiert. Gebaut wurde es in lediglich 18 Wochen. Sein Motormanagement TAG 2000 hat man aus dem des Gruppe-C-Wagens C 291 von 1991 entwickelt.

Le moteur de la MP 4/10 fut le seul à être entièrement conçu et étudié en fonction du nouveau règlement. Il fut fabriqué en dix-huit semaines seulement. La gestion de son moteur TAG 2000 dérive de celle de la C 291 de 1991, une voiture du groupe C.

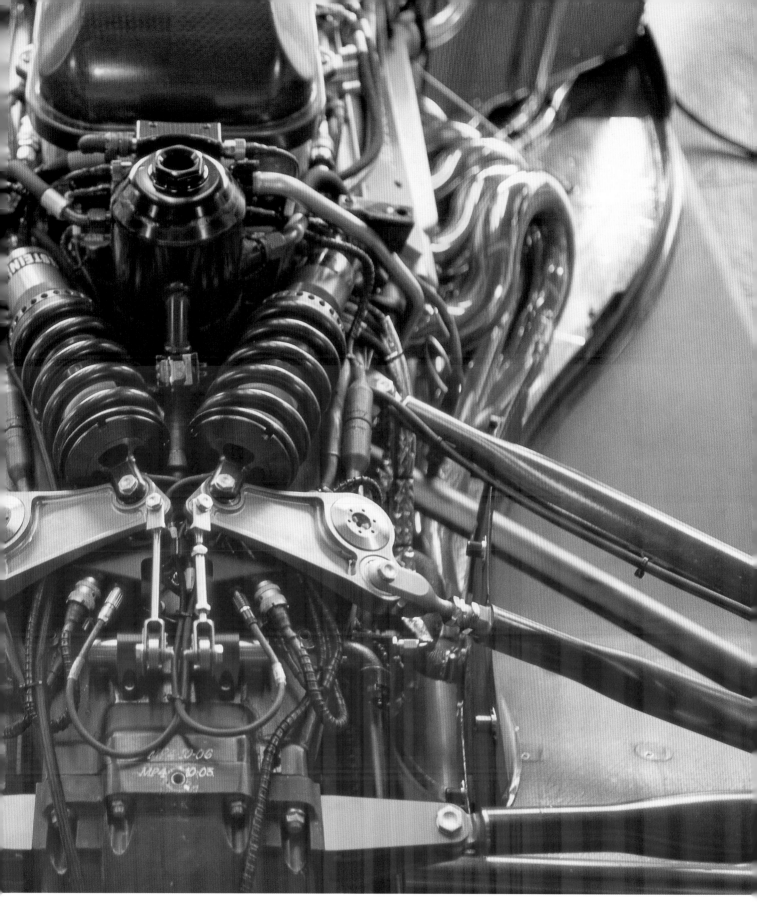

"The vehicle transports the driver into a surreal world in which the laws of physics do not seem to apply," raves John Watson, the former McLaren grand prix driver, after a test round. He is talking about the most recent stage in the development of the AMG-Mercedes C-Class, entered in the 13 races of the 1995 Deutsche Tourenwagen-Meisterschaft. In addition, five races abroad augment them to constitute the ITC (International Touring Car Championship).

The swift sedan is tailored to the liberal regulations already decided upon on 24 February 1992. The breeding of wolves in sheep's clothing is specifically allowed: the external habitus, close to that of a mass-production vehicle, cloaks the most advanced racing technology. The C-Class is so predominant with this concept that even a self-inflicted harm can be afforded. Following the race in Donington, England, at the beginning of July, an agreement is signed intended to address the imbalance between all-wheel and rear-wheel driven vehicles: 44 lbs less for the former, 44 lbs more for the latter. The standard weight is 2293 lbs.

Whatever the C-Class of 1995 could do as its best, the 1996 ITC version can do even better. It is stronger, lighter, more rigid and faster. Neither is it visually disguised that this Mercedes, as opposed to its more peaceable production relatives, is on the warpath. Numerous air shafts furrow the landscape of the bodywork to harness the wind to its purpose. The doors are made from sheet steel at the front and carbon fiber at the rear, their bottom edges at the same height as the wheel axles. The driver is set in a carbon composite bucket seat almost in the middle. He is thereby protected by plenty of space, head restraints with widely extended flanks, cushioning, sturdy longitudinal bracing, and crashpads in the entry area as protection against the effects of external force. His safety is additionally served by an efficient airbag, wide belt, and a tough roll cage.

The Group 1 racing car consists of three elements in a maintenance friendly modular method of construction. After uncoupling a few connections and links, the engine complete with front axle, steering and cooler can be removed from the midsection. The same is true for the rear axle and differential.

The regulations also do not object to two cylinders either being added to or removed from an existing engine. The surgeons of Mercedes and AMG elevate in only eight months the comparatively sedate V8 of the S 420 and E 420 series models into an agile and compact 2.5-liter V6 that first fulfils its task in 1994 in the AMG and Zakspeed team vehicles. In order to absorb the high operating pressures and forces of inertia incurred in racing deployment, the rigidity of the cast parts has been increased, the usual steel valve springs being replaced by a pneumatic closing mechanism. By 1996, the powerful and expressive prototype engine is 243 lbs in weight and delivers 500 hp. This power is transmitted to the rear axle by a sequential six-speed semi-automatic transmission, turned at a right angle and operated by buttons on the steering wheel. As well as the engine, the drive train, too, must be shifted a little to the right to enable the driver to assume his central sitting position.

It seems as if nothing is capable of withstanding this paragon of power and virtue. Nevertheless, the title is won by the Opel driver, Manuel Reuter, who particularly benefits from his four-wheel drive.

1996

Das Auto transportiert den Fahrer in eine surreale Welt, in der die Gesetze der Physik aufgehoben zu sein scheinen", schwärmt der ehemalige Grand-Prix- und McLaren-Pilot John Watson nach einer Proberunde. Die Rede ist von der jüngsten Ausbaustufe der AMG-Mercedes C-Klasse, eingesetzt bei 13 Läufen der Deutschen Tourenwagen-Meisterschaft 1995 sowie den fünf Auswärtsrennen, die sich mit diesen zur ITC (International Touring Car Championship) ergänzen.

Zugeschnitten ist die hurtige Limousine auf ein bereits am 24. Februar 1992 beschlossenes liberales Regelwerk. Es gestattet ausdrücklich die Aufzucht von Wölfen im Schafspelz: Der seriennah anmutende äußere Habitus verhüllt Hohe Technologie vom Feinsten. So überlegen ist die C-Klasse im Rahmen dieses Konzepts, dass man sich sogar eine selbst auferlegte Grausamkeit leisten kann. Nach dem Rennen im englischen Doning-

ton Anfang Juli unterzeichnet man eine Vereinbarung, die das Gefälle zwischen Allrad- und heckgetriebenen Autos austarieren soll: 20 kg weniger für jene, 20 kg mehr für diese. Das Einheitsgewicht beträgt 1040 kg.

Was immer die C-Klasse Jahrgang 1995 vermag, die ITC-Version 1996 kann es noch besser, ist noch stärker, leichter, steifer und schneller. Dass dieser Mercedes im Gegensatz zu seinen friedfertigen Serien-Brüdern auf dem Kriegspfad wandelt, wird natürlich auch visuell nicht verhohlen. Zahlreiche Luftschächte durchfurchen die Karosserielandschaft, um den Wind in seine Absichten einzubinden. Die Türen, vorn aus Stahlblech, hinten aus Kohlefaser gefertigt, enden unten auf der Höhe der Radachsen. Der Pilot lagert in einer Sitzschale aus Karbon-Verbundstoff fast mittig. So schützen ihn viel Raum, Kopfstützen mit weit vorgezogenen Wangen, Polsterungen, stämmige Längsverstrebungen und Crashpads

AMG-Mercedes C-Klasse

im Eingangsbereich gegen Gewalteinwirkung. Seiner Sicherheit dienen darüber hinaus ein effizienter Airbag, breite Gurte sowie ein knorriger Überrollkäfig.

In wartungsfreundlicher modularer Bauweise ist der Klasse-1-Rennwagen von Mercedes aus drei Elementen zusammengegeben. Nach dem Lösen weniger Verbindungen und Anschlüsse lassen sich Motor samt Vorderachse, Lenkung und Kühler aus dem Mitteltrakt herauslösen. Dasselbe gilt für Hinterachse und Differential.

Das Reglement hat auch gegen Triebwerke nichts einzuwenden, denen zwei Zylinder entnommen oder hinzugefügt wurden. In nur acht Monaten sublimierten die Chirurgen von Mercedes und AMG aus dem vergleichsweise behäbigen V8 der Serienmodelle S 420 und E 420 einen agilen und kompakten V6 mit 2,5 Litern Volumen, erstmalig 1994 in den Wagen der Teams von AMG und Zakspeed unterwegs. Um die hohen Arbeitsdrücke und Massenkräfte im Renneinsatz aufzufangen, hat man die Rigidität der Gussteile erhöht und die herkömmlichen stählernen Ventilfedern durch pneumatische Schließmechanismen ersetzt. 1996 ist das kraftvoll sich artikulierende Muster-Aggregat 110 kg schwer und 500 PS stark. Diese werden an die Hinterachse weitervermittelt von einer sequentiellen Sechsgang-Halbautomatik, im rechten Winkel gedreht und via Tasten am Lenkrad geschaltet. Wie die Maschine musste auch der Antriebsstrang ein wenig nach rechts ausweichen, um dem Fahrer seine zentrale Sitzposition zu ermöglichen.

Gegen diesen Ausbund von Kraft und Tugend ist, so scheint es, kein Kraut gewachsen. Den Titel holt sich indessen Opel-Pilot Manuel Reuter. Ihm kam vor allem sein Vierradantrieb zustatten.

C ette automobile transporte son conducteur dans un autre monde, là où les lois de la physique semblent être suspendues », s'extasie l'ancien pilote de Grand Prix de McLaren, John Watson, après un tour d'essai. Il s'agit de la dernière version de l'AMG-Mercedes Classe C, utilisée dans 13 courses du DTM de 1995, ainsi que dans cinq courses à l'extérieur, qui les complètent dans le cadre de l'ITC (International Touring Car Championship).

Cette limousine rapide est taillée en fonction selon une réglementation assouplie du 24 février 1992, qui permet de faire courir des loups déguisés en agneaux : son aspect extérieur séduisant, tout en étant proche des modèles de série, dissimule une technologie de pointe. La Classe C est d'ailleurs tellement supérieure qu'elle peut même s'infliger un certain excès de rigueur. Après l'épreuve de Donington en Angleterre, début juillet, un accord est signé, qui supprime la différence entre les véhicules à quatre roues motrices et les véhicules à propulsion : 20 kg de moins pour les unes, 20 kg de plus pour les autres. Le poids de référence est de 1040 kg.

Ce que peut faire la Classe C de 1995, la version ITC de 1996 le réussit encore mieux : elle est plus résistante, plus légère, plus rigide et plus rapide. Son aspect extérieur, déjà, ne cache pas que cette Mercedes-là, contrairement à ses pacifiques sœurs de série, est partie sur le sentier de la guerre. De nombreuses prises d'air trouent sa carrosserie, afin de mettre le vent de son côté. Les portes, en tôle d'acier à l'avant, en fibre de carbone à l'arrière, descendent jusqu'à la hauteur des moyeux des roues. Le pilote est assis presque au centre dans un baquet en composite de carbone. Il est donc protégé par un espace plus important, un appuie-tête à retours latéraux plus étendus, des capitonnages, des entretoises longitudinales robustes et des rembourrages de sécurité sur les points de choc éventuels. Sa sécurité est encore assurée par un coussin gonflable efficace, une large ceinture et un solide arceau-cage.

La Mercedes de course Groupe 1 est constituée de trois éléments, assemblés de façon modulaire pour faciliter l'entretien. Après avoir défait quelques liaisons et connexions, on peut séparer le moteur de la partie centrale avec l'ensemble de l'essieu avant, de la direction et du radiateur. Il en va de même de l'essieu arrière et du différentiel.

Le règlement n'empêche pas non plus d'enlever ou d'ajouter deux cylindres à un moteur existant. En huit mois seulement, les chirurgiens de Mercedes et d'AMG, à partir du modèle V8, assez tranquille, du modèle des séries S 420 et E 420, ont créé un V6 vif et compact, d'une cylindrée de 2,5 litres, mis en circulation pour la première fois en 1994 dans les voitures des équipes AMG et Zakspeed. Afin de résister aux très hautes pressions de fonctionnement et aux forces d'inertie élevées lors des courses, on a augmenté la rigidité des pièces coulées et remplacé les ressorts de soupape en acier habituels par des systèmes de rappel pneumatiques. En 1996, le moteur pèse 110 kg pour une puissance de 500 ch. Cette cavalerie est transmise à l'essieu arrière par une boîte semi-automatique séquentielle à six vitesses disposée transversalement et commandée au moyen de touches au volant de direction. De même que le moteur, l'axe de la transmission doit également être décalé un peu vers la droite, afin de permettre au pilote d'être assis au centre.

Rien ne paraît résister à ce concentré de puissance et d'efficacité. Cependant, le titre revient au pilote d'Opel Manuel Reuter, qui exploite pleinement ses quatre roues motrices.

The contours and details of the C-Class Mercedes of 1996 bear witness all round to work on and with the wind. It appears unbeatable. Yet in the end, the champion drives another car and the DTM is forced to take a pause.

Konturen und Details des C-Klasse-Mercedes von 1996 zeugen überall von der Arbeit am und mit dem Wind. Er wirkt unbesiegbar. Doch Champion ist am Ende jemand anders, und dann muss die DTM erst einmal pausieren.

Les lignes et les détails de la Mercedes Classe C millésimée 1996 témoignent en tous points du travail effectué en soufflerie. Le bolide semble invincible. Pourtant, un autre pilote remporte le titre et il faudra attendre pour remporter le DTM.

The McLaren-Mercedes MP 4/12 is rolled out twice, for the first time on 14 January 1997 in front of hand-picked representatives of the media at the McLaren headquarters in Woking, in the unembellished orange of the early years but already bearing the logo of Reemtsma subsidiary West. After 23 years in the red and white of Marlboro, it has come to an amicable separation from the Philip Morris brand.

The Anglo-German racing machine is resplendent in the full livery of its new sponsor at its second presentation in the luxury setting of Alexandra Palace, London, on 13 February. The composition promptly endears itself: the racing car as a high-speed work of art. Such an event is celebrated in the late nineties like the entrance of a boxer before a fight, given the right flavor by cult personalities from the pop scene such as the Spice Girls, a fitting backdrop for the drivers Mika Häkkinen and David Coulthard in their sudorific workwear. Perhaps the most beautiful vehicle in the field, the MP 4/12 does not disguise the shaping influence of the wind tunnel. Externally, it hardly differs from its predecessors, but under the carbon fiber skin things are thoroughly different: the work of the McLaren technicians Neil Oatley, Steve Nichols, Patrick Lowe and Dieter Grundel, as well as the specialist for wind-tunnel work, Henri Durand. There is still leeway for modification: on 1 August, McLaren engages the guru of aerodynamics, Adrian Newey, who has made a considerable contribution to the success of the Williams team.

The latest creation of Mercedes partner Ilmor in Brixworth is also the subject of conversation. The E development stage of Mario Illien's FO 110 engine with its included angle of 75 degrees is the smallest and lightest V10 in Formula One racing, as well as the most powerful. The F version, deployed in practice in Barcelona in May and in racing three weeks later in Montreal, is said to generate more than 740 hp at more than 16,000 rpm. That silver dominates the color scheme of the MP 4/12 seems to suggest that an attempt is being made to carry on the sacred Untertürkheim tradition, especially since Mercedes legend, Manfred von Brauchitsch, affably and loquaciously attends the launch. Both public and press promptly bring the term Silver Arrows back out of the drawers of history. But Mercedes sport director, Nobert Haug, dismisses speculation: such an honored title must first be earned.

And indeed, the team is not spared blows of fate below the belt this time either, sometimes to an absurd extent. For instance in Monaco: hoping for an improvement in the weather, Häkkinen is sent out onto the rain-soaked avenues of the Principality with slick tires and Coulthard with intermediates. On the second lap, the Scotsman spins on braking at the harbor chicane and his engine cuts off. The Finn tries to avoid him, bounces off the safety barrier and collides with Jean Alesi's Benetton. Or at the Nürburgring during the Luxembourg Grand Prix, both vehicles suffer calamity due to the same oil spill after confidently leading a lap ahead of the field.

But McLaren is also on the road to victory. Coulthard wins the prelude in Melbourne and prevails again in Monza. A one-two is even achieved at the finale in Jerez, McLaren front man Ron Dennis influencing the outcome by radio communication when he asks Coulthard to let his stablemate pass.

The Scotsman gives in, but his body language after the race speaks volumes.

1997

Das Rollout des McLaren-Mercedes MP 4/12 für die Saison 1997 findet zweimal statt, zum ersten Mal am 14. Januar 1997 vor handverlesenen Medienvertretern in der McLaren-Garnison Woking, im schmucklosen Orange der frühen Jahre, aber bereits mit dem Logo der Reemtsma-Tochter West. Nach 23 langen Jahren im Marlboro-Rotweiß ist es zur gütlichen Trennung von der Philip-Morris-Brand gekommen.

Bei der zweiten Präsentation am 13. Februar in der Londoner Luxusherberge Alexandra Palace hat die deutsch-britische Kampfmaschine bereits die volle Livree des neuen Sponsors angelegt. Die Komposition schmeichelt sich umgehend ein: der Rennwagen als rasendes Kunstwerk. In den Spätneunzigern zelebriert man so etwas wie den Auftritt eines Faustkämpfers vor dem Fight. Dem Spektakel gibt Kultpersonal der Popszene wie die Spice Girls die rechte Würze, ein würdiger Rah-

men für die Piloten Mika Häkkinen und David Coulthard in ihrer schweißtreibenden Dienstkleidung. Vielleicht das schönste Fahrzeug im Feld, vermag der MP 4/12 die gestaltende Kraft des Windkanals nicht zu verleugnen. Äußerlich ist er kaum verschieden vom Vorgänger, aber durch und durch anders unter der Kohlefaser-Haut, ein Werk der McLaren-Techniker Neil Oatley, Steve Nichols, Patrick Lowe und Dieter Grundel sowie des Spezialisten für die Arbeit am Wind Henri Durand. Spielräume bleiben: Ab 1. August verpflichtet McLaren den Aerodynamik-Guru Adrian Newey, der ein nicht unbeträchtliches Scherflein zum Erfolg des Williams-Teams beigesteuert hat.

Auch die jüngste Kreation des Mercedes-Partners Ilmor in Brixworth macht von sich reden. Die Ausbaustufe E von Mario Illiens Triebwerk FO 110, Gabelwinkel 75 Grad, gilt als der kleinste und leichteste V10 in der

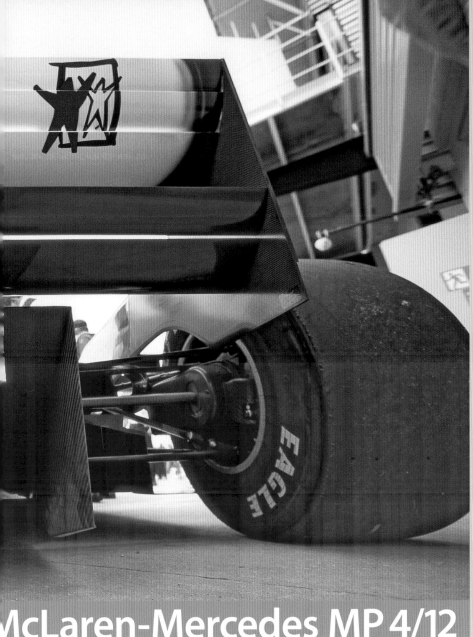

McLaren-Mercedes MP 4/12

Le lancement de la McLaren-Mercedes MP 4/12 pour la saison 1997 se fait en deux temps. Tout d'abord, le 14 janvier 1997, devant un parterre de journalistes triés sur le volet, à Woking, base de McLaren, où flotte encore la couleur orange peu flatteuse des années antérieures, mais où apparaît déjà le logo de West, la marque de Reemtsma. Après vingt-trois années passées sous le règne du rouge et du blanc de Marlboro, la séparation avec la marque de Philip Morris s'est faite à l'amiable.

Lors de la seconde présentation, le 13 février 1997, à l'Alexandra Palace de Londres, la machine de guerre anglo-allemande a déjà revêtu la livrée complète du nouveau mécène. Sa composition attire l'œil immédiatement, une véritable œuvre d'art cinétique. Vers la fin des années 1990, un tel événement est célébré comme l'entrée en scène d'un boxeur avant le combat. Le spectacle est encore relevé par des stars de la pop, telles que les Spice Girls, digne escorte pour les pilotes Mika Häkkinen et David Coulthard, transpirant dans leurs combinaisons.

La MP 4/12, peut-être le plus beau véhicule du plateau, ne peut démentir la puissance de la soufflerie aérodynamique qui l'a modelée. En outre, bien qu'apparemment très proche de la précédente version, elle s'en distingue totalement sous son enveloppe de fibre de carbone, œuvre des techniciens de McLaren, Neil Oatley, Steve Nichols, Patrick Lowe et Dieter Grundel, ainsi que du spécialiste de l'aérodynamique, Henri Durand. Mais McLaren veut plus et engage, à partir du 1er août, Adrian Newey, autre gourou de cette spécialité, qui a contribué de façon notable au succès de l'équipe Williams.

La dernière création d'Ilmor, partenaire de Mercedes à Brixworth, fait également parler d'elle. La version E du moteur FO 110 de Mario Illien, angle du V de 75°, représente le V10 le plus compact et le plus léger de la Formule 1, et aussi le plus puissant. On dit de la variante F, enfin utilisée en course à Barcelone au mois de mai, aux essais, puis à Montréal trois semaines plus tard, qu'elle développe 740 ch, à plus de 16 000 tr/min. Le fait que l'argenté domine la palette des couleurs de la MP 4/12 alimente les rumeurs selon lesquelles il s'agirait de se rattacher à la sacro-sainte tradition d'Untertürkheim. Supposition renforcée par la présence au lancement d'une légende de Mercedes, Manfred von Brauchitsch, affable et loquace. Le public et la presse ont tôt fait d'exhumer de la poussière le mythe des Flèches d'argent. Mais Norbert Haug, directeur des sports chez Mercedes, calme le jeu : un tel titre honorifique doit être mérité.

En fait, une fois encore, l'équipe n'échappa pas à quelques funestes coups du destin, frôlant quelquefois le ridicule. Ainsi, à Monaco : dans l'espoir que le temps s'améliorerait, on envoie Häkkinen avec des pneus lisses et Coulthard avec des intermédiaires sur le bitume détrempé de la Principauté. Au deuxième tour, l'Écossais se retourne en freinant dans la chicane du port et le moteur cale. Le Finlandais cherche à l'éviter, rebondit sur la glissière de sécurité et entre en collision avec la Benetton de Jean Alesi. Même chose au Nürburgring, dans le Grand Prix du Luxembourg : là, les deux véhicules sont victimes de la même flaque d'huile alors qu'ils sont en tête, avec un tour d'avance sur leurs poursuivants.

Mais McLaren est à nouveau capable de vaincre. Coulthard gagne au début à Melbourne, et s'impose encore à Monza. Lors de la finale à Jerez, on assiste même à un doublé, après que le patron de l'écurie McLaren, Ron Dennis, a dirigé par radio la fin de la course : Coulthard dût laisser passer son coéquipier. L'Écossais obéit, mais son commentaire d'après course fut éloquent.

Formel 1 und wohl auch der stärkste. Über die Variante F, in Barcelona im Mai im Training und in Montreal drei Wochen später schließlich im Rennen eingesetzt, wird kolportiert, sie gebe über 740 PS bei mehr als 16 000/min ab. Dass im Farbschema des MP 4/12 Silber überwiegt, nährt die Vermutung, man wolle an geheiligte Untertürkheimer Bräuche anknüpfen, zumal Mercedes-Legende Manfred von Brauchitsch dem Launch leut- und redselig beiwohnt. Und prompt holen Publikum und Presse den Begriff Silberpfeil aus den Schubladen der Geschichte. Aber Mercedes-Sportchef Norbert Haug wiegelt ab: diesen Ehrentitel müsse man sich erst einmal verdienen.

In der Tat bleiben dem Team auch diesmal etliche Schicksals-Schläge unter die Gürtellinie nicht erspart, manchmal bis hin zum Absurden. So etwa in Monaco: In der Hoffnung auf besseres Wetter schickt man Häkkinen mit Slicks und Coulthard mit Intermediates auf die regennassen Avenuen des Fürstentums. In der zweiten Runde dreht sich der Schotte beim Anbremsen der Hafenschikane und erwürgt den Motor. Der Finne möchte ihm ausweichen, prallt von der Leitplanke ab und kollidiert mit Jean Alesis Benetton. Oder am Nürburgring beim Großen Preis von Luxemburg: Da verbluten beide Wagen nach souveräner Führung mit einer Runde Abstand in derselben Öllache.

Aber McLaren kann auch wieder siegen. Den Auftakt in Melbourne gewinnt Coulthard und setzt sich in Monza erneut durch. Beim Finale in Jerez landet man gar einen Doppelerfolg, nachdem McLaren-Frontmann Ron Dennis per Funk Einfluss auf den Rennausgang genommen hat – Coulthard möge seinen Stallgefährten vorbeilassen.

Der Schotte pariert, aber seine Körpersprache nach dem Rennen spricht Bände.

1997

During the first tests in Jerez in February 1997 with David Coulthard at the wheel, the MP 4/12 still bears the neutral McLaren orange of previous years. However, the model designation is obvious. The driver combo of David Coulthard and Mika Häkkinen again take the plaudits for a one-two at the European Grand Prix in Jerez, won by Häkkinen, and will form the most durable partnership in Formula One.

Bei ersten Tests im Februar 1997 in Jerez mit David Coulthard am Lenkrad trägt der MP 4/12 noch das neutrale McLaren-Orange der frühen Jahre. Allerdings wird ersichtlich, dass das Kind auch einen Namen hat. Die Piloten-Crew David Coulthard und Mika Häkkinen, die sich mit einem Doppelsieg in umgekehrter Reihenfolge beim Großen Preis von Europa wieder in Jerez empfiehlt, wird sich zur längsten Partnerschaft in der Branche zusammenfinden.

Lors des premiers essais en février 1997 à Jerez, avec David Coulthard au volant, la MP 4/12 arbore encore la couleur orange des débuts de McLaren. Mais sa désignation est sans équivoque. L'équipe de pilotes formée par David Coulthard et Mika Häkkinen, qui s'impose à Jerez avec un doublé dans l'ordre inverse au Grand Prix d'Europe, constituera le plus long partenariat dans la spécialité.

In 1997 the Scotsman David Coulthard maintains his lead over his Finnish team-mate Häkkinen, as in this combat scene from Imola, in both points and races won. That is to change radically the following year ...

1997 behält der Schotte David Coulthard nach Punkten wie nach Siegen, wie in dieser Kampfszene aus Imola, die Nase vorn gegenüber seinem finnischen Teamgefährten Häkkinen. Das wird sich ein Jahr später gewaltig ändern ...

1997

En 1997, l'Écossais David Coulthard l'emporte sur son
co-équipier Häkkinen, par les points et par le nombre
de victoires, comme ici dans ce duel à Imola. Cette
situation changera du tout au tout un an plus tard...

At the end of the nineties of the last century, nothing is more dated than yesterday's racing car. The McLaren-Mercedes MP 4/12 of 1997 is barely standing on its fat wheels when work begins on its successor. An extensive rewrite of the regulations is pending, the most drastic for 15 years. The maximum width of a Formula One single-seater is narrowed from the previous 6'7" to 5'11", the front tires must be at least 305 mm wide while a maximum width of 380 mm is permitted for the rear tires. Three grooves relieve a little of their frightening adhesive power in the curves.

McLaren-Mercedes prepares for all this with the MP 4/13, a slim projectile, every inch of it a winner, as will soon be seen. To improve the weight distribution, the cockpit is set further back and the wheelbase lengthened from 9'7" to 10'2". In this respect, some welcome elbow-room is created by the FO 110 G engine and its ancillaries bringing only a bare 236 lbs to the scales. The shortfall in weight from the stipulated 1323 lbs has to be made up with ballast that can be relocated to the rear on slow tracks like Monaco, and to the front for fast tracks such as Monza. The newcomer makes its timely debut on 5 February 1998 at McLaren's residence in Woking.

The season develops into a fight between a man and a marque: the Ferrari driver Michael Schumacher against the West-McLaren-Mercedes team. Others stylize it as a duel between two giants, wrestling for the same cause in different fields: leadfoot genius Schumacher versus McLaren aerodynamicist Adrian Newey.

This should in no way detract from the merits of the drivers in silver and black. David Coulthard cuts a much better figure than his sole victory in Imola would suggest. Mika Häkkinen, on the other hand, overwhelmingly outdriving the Scot to a ratio of 13:3 in the always telltale practice duels, is borne into the Olympus of the greats of this sport by his nine pole positions, eight first, three second, and four third places.

Which victory gave him the greatest satisfaction? The one at the Nürburgring, of course, which until then had not been exactly fertile terrain for the pact between McLaren and Mercedes. This time, Häkkinen beats his rival in the Ferrari F 300 in open battle, as it were, with no ifs and buts. Nevertheless, things are not completely a bed of roses for the big blond, for instance the chaotic race in Spa, when he goes astray on intermediates at La Source and strips off the front wing and right front wheel of the McLaren. Or Monza: on the 46th lap, Häkkinen suddenly spins through the second chicane at a speed of 170 mph due to a front-left brake defect – he nevertheless achieves fourth place in the Silver Arrow with the start number 8.

However, the McLarens are never more superior than at the beginning of the season, not least thanks to the perfect interaction between the MP 4/13 running gear and the grooved tires of the new supplier, Bridgestone. In Melbourne, Häkkinen and Coulthard share between them the top two places in both practice and in the race itself, and at Interlagos, Schumacher, in third place, has to accept the ignomy of being lapped by a hair's breadth by the McLaren duo. And yet, the year still has a lot up its sleeve – the boring season that people had feared peaks at the end to become an unprecedented thriller.

Ende der neunziger Jahre des vorigen Jahrhunderts ist nichts älter als der Rennwagen von gestern. Kaum hat der McLaren-Mercedes MP 4/12 Jahrgang 1997 auf den feisten Rädern gestanden, da begann auch schon die Arbeit an seinem Nachfolger. Energische Retuschen am Regelwerk standen an, die drastischsten seit 15 Jahren. Die Höchstbreite eines Formel-1-Monoposto wurde von bislang 2000 auf 1800 mm eingegrenzt, die Reifen vorn müssen mindestens 305, die hinteren dürfen maximal 380 mm breit sein. Drei Rillen nehmen ihnen ein wenig von ihrer schier beängstigenden Haftfähigkeit in Kurven.

Auf all das richtet sich McLaren-Mercedes mit dem MP 4/13 ein, einem schlanken Projektil, jeder Zoll ein Sieger, wie sich rasch herausstellen wird. Zur besseren Gewichtsverteilung wurde das Cockpit weiter hinten angesiedelt, der Radstand von 2930 mm auf 3100 mm verlängert. In dieser Hinsicht werden überdies höchst willkommene Spielräume geschaffen, weil das Triebwerk FO 110 G nebst seinen Trabanten nur noch blanke 107 Kilogramm auf die Waage bringt. Das Minus gegenüber den vorgeschriebenen 600 kg muss nämlich durch Ballast ausgeglichen werden, der sich verlagern lässt, auf langsamen Kursen wie Monaco nach hinten, auf schnellen wie Monza nach vorn. Vorgestellt wird der Neue zeitgerecht am 5. Februar 1998 in der McLaren-Residenz Woking.

Die Saison entwickelt sich zum Kampf eines Mannes gegen eine Marke, des Ferrari-Fahrers Michael Schumacher gegen das Team West McLaren Mercedes. Andere stilisieren sie zum Duell zweier Giganten, die auf verschiedenen Feldern um die gleiche Sache ringen: Bleifuß-Genius Schumacher versus McLaren-Aerodynamiker Adrian Newey.

Damit sollen die Verdienste der Piloten in Schwarz-silber keineswegs geschmälert werden. David Coulthard macht ihm viel bessere Figur, als sein einziger Sieg in Imola vermuten lässt. Mika Häkkinen hingegen, im stets verräterischen Trainingsduell mit dem Schotten im Verhältnis 13:3 erdrückend überlegen, entrücken seine neun Pole-Positions, acht erste, drei zweite und vier dritte Plätze in den Olymp der Großen dieses Sports.

Welcher Erfolg ihm die größte Befriedigung schenkte? Der am Nürburgring natürlich, bis dahin nicht eben ein ergiebiges Forum für das Bündnis zwischen McLaren und Mercedes. Diesmal schlägt Häkkinen den Rivalen im Ferrari F 300 gleichsam in offener Feldschlacht ohne irgendein Wenn oder Aber. Dennoch ist der große Blonde nicht durchweg auf ein Bett aus Rosen gebettet, beim Chaosrennen in Spa zum Beispiel, als er in der ersten Kurve La Source auf Intermediates vom rechten Wege abkommt und den Frontflügel sowie das rechte Vorderrad des McLaren abstreift. Oder in Monza: In der 46. Runde kreiselt Häkkinen plötzlich mit Tempo 280 durch die zweite Schikane, Bremsdefekt vorn links – dennoch Rang vier für den Silberpfeil mit der Startnummer 8.

Nie indessen sind die McLaren überlegener als zu Beginn der Saison, nicht zuletzt wegen des perfekten Zusammenspiels zwischen dem Chassis MP 4/13 und den Rillen-Reifen des neuen Lieferanten Bridgestone. In Melbourne machen Häkkinen und Coulthard im Training wie im Rennen die beiden besten Plätze untereinander aus und in Interlagos muss sich Schumacher als Dritter um ein Haar die Schmach der Überrundung durch das McLaren-Tandem bieten lassen. Dennoch hält das Jahr noch einiges in petto –am Ende steigert sich der befürchtete Langweiler zum Schocker ohne Beispiel.

1998

À la fin des années 1990, à peine les voitures de course avaient-elles vu le jour qu'elles étaient déjà dépassées. Ainsi, à peine la McLaren-Mercedes MP 4/12 était-elle sortie de l'atelier en 1997 que le travail sur le modèle suivant commençait. La réglementation fut sévèrement retouchée : les plus spectaculaires modifications de la Formule 1 en quinze ans ! La largeur hors tout d'une monoplace de Formule 1 est réduite de 2000 à 1800 mm, la largeur des pneus avant doit être d'au moins 305 mm et celle des pneus arrière d'au maximum 380 mm. Trois rainures diminuent un peu leur adhérence en courbe presque inquiétante.

Dans ce contexte, McLaren-Mercedes s'aligne avec la MP 4/13, projectile effilé, conçue d'un bout à l'autre pour la victoire, comme on le voit du premier coup d'œil. Pour mieux répartir le poids, le cockpit est implanté plus à l'arrière, l'empattement est allongé de 2930 mm à 3100 mm.

McLaren-Mercedes MP 4/13

De ce point de vue, on crée en outre un espace extrêmement appréciable, car le moteur FO110G, avec ses accessoires, n'affiche sur la balance que 107 kg. Le gain par rapport aux 600 kg prescrits doit, en effet, être compensé par du lest qui peut être déplacé vers l'arrière sur les circuits lents comme Monaco, ou vers l'avant sur les circuits rapides comme Monza. Le nouveau modèle est présenté comme prévu le 5 février 1998 à Woking, siège de McLaren.

La saison prend l'allure d'un combat entre un homme et une marque : avec d'un côté, Michael Schumacher, pilote de Ferrari, et, de l'autre, l'équipe West McLaren Mercedes. Certains la résument à un duel entre deux géants, qui luttent pour le même enjeu sur différents terrains : Schumacher, la semelle de plomb sur l'accélérateur, contre Adrian Newey, spécialiste de l'aérodynamique de McLaren. Il ne s'agit ici aucunement de minimiser

le mérite des pilotes en noir argenté. David Coulthard fait bien meilleure figure que son unique victoire à Imola ne le laisse supposer. En revanche, Mika Häkkinen, d'une supériorité écrasante, d'un rapport de 13 à 3, dans son duel trompeur avec l'Écossais aux essais, enlève ses 9 *pole positions*, 8 premières places, 3 deuxièmes et 4 troisièmes et rejoint l'Olympe des grands de ce sport.

Quelle victoire lui a apporté la plus grande satisfaction ? Celle du Nürburgring naturellement, qui n'avait jusqu'alors que peu souri à l'association McLaren Mercedes. Cette fois-ci, lors d'une bataille rangée, Häkkinen bat son rival sur Ferrari F300 de façon indiscutable. Mais le grand blond n'a pas toujours la vie facile. C'est ainsi que dans la course chaotique de Spa, lors du premier virage, la Source, il quitte sa trajectoire avec ses pneus intermédiaires et arrache une aile et la roue avant droite de la McLaren. Ou encore à Monza : au 46e tour, Häkkinen part

en toupie subitement à 280 km/h à travers la deuxième chicane, avec un défaut de freinage à l'avant gauche – mais signe quand même une quatrième place pour la flèche d'argent partie en huitième position.

Cependant, jamais les McLaren ne montrent autant leur supériorité qu'en début de saison, notamment grâce au parfait accord entre le châssis MP 4/13 et les pneus rainurés du nouveau fournisseur, Bridgestone. À Melbourne, Häkkinen et Coulthard arrachent, aux essais comme en compétition, les deux meilleures places ; à Interlagos, Schumacher, 3e, subit l'affront d'être doublé d'un cheveu par le tandem de McLaren. Cependant, la saison est riche en rebondissements et, finalement pour les spectateurs l'ennui tant redouté s'est transformé en véritable film à suspense.

A champion in a hurry: at Silverstone Mika Häkkinen seems to suddenly emerge from nowhere in his MP 4/13. Characteristic of the 1998 McLaren is the nose which curves downwards and extends just beyond the front wing. A significant contributory factor to its success is Mario Illien's light 236-lb FO 110 G V10.

Ein Champion in Eile: In Silverstone scheint Mika Häkkinen mit seinem MP 4/13 schlagartig aus dem Nichts emporzuwachsen. Charakteristisch für den McLaren Jahrgang 1998 ist die tief nach unten gezogene Nase, die knapp über dem vorderen Flügel endet. Maßgeblich am Erfolg beteiligt: Mario Illiens Opus FO 110 G, 107 kg leicht.

Un champion pressé : à Silverstone, Mika Häkkinen acquiert un statut de champion avec sa MP 4/13. La McLaren millésimée 1998 se caractérise par son nez très abaissé, qui dépasse très peu de l'aileron avant. La victoire est due en grande partie au moteur FO 110 G mis au point par Mario Illien et qui ne pèse que 107 kg.

Just as Häkkinen
succeeds in opening up
a lead over that year's
main rival, Michael
Schumacher in a Ferrari,
near the chapel of
Sainte-Dévote during the
turmoil of the opening
lap at Monaco, he also
maintains the upper hand
during the 1998 season
overall, celebrated with a
group photo in Suzuka.

So wie sich Häkkinen
im Getümmel der
Startrunde von Monaco
auf Höhe des Kirchleins
Sainte-Dévote von seinem
Hauptkonkurrenten
jenes Jahres Michael
Schumacher im Ferrari
absetzen kann, behält
er auch in der Saison
1998 insgesamt die
Oberhand. Gefeiert
wird's mit großem
Gruppenfoto in Suzuka.

De même que Häkkinen
parvient à distancer
son principal adversaire
de l'année, Michael
Schumacher sur Ferrari,
dès le premier tour de
Monaco à la hauteur
de Sainte-Dévote, il
conserve dans l'ensemble
son avance pendant la
saison 1998. L'événement
est immortalisé par
une grande photo de
groupe à Suzuka.

McLaren-Mercedes MP 4/14

Once the radical changes demanded by a rigorous set of regulations have been settled in the run-up to the 1998 season, a gentler retouching of the rules for the coming year lets the engineers hone the fine details. Four grooves per tire reduce grip even further, the seat, including driver, can be hoisted out of the cockpit following a crash, in an accident the wheels are bound to the chassis by polymer ropes – a precaution which is still not absolutely reliable. The McLaren-Mercedes MP 4/14 appears to be the spitting image of its predecessor. But much has been changed under its fine, snappy habitus. The new seven-speed transmission cloaked in a magnesium housing is lighter than the previous six-speed one. Torsion bars all around have replaced the coil springs.

The old sovereign still rules while the future of the successor is being established: work on the MP 4/14 started in June 1998. The H derivative of the Mercedes-Benz FO 110 engine roared into action for the first time on the dynamometer on 4 November, three days after the season's finale in Suzuka. The previous version had already shone with its virtues – strong, light, compact, and frugal. In addition, Mario Illien's latest V10 provides the driver with the comfort of 10,000 usable rpm. Emphasis on continuity and continuous evolution is also demonstrated in other ways, too. The pact between Mercedes-Benz and McLaren International is extended to the end of 2002 at the beginning of 1998. Mika Häkkinen's and David Coulthard's contracts are renewed for a further season halfway through the preceding year's cycle. A cheerful message spreads from behind the façade of a perfect corporate identity in silver and black: the human factor, too, is fully appreciated and the multinational patchwork bearing the name West McLaren Mercedes even projects a happy image of familial congeniality.

Up until mid-June, the trial of strength with the arch rival Ferrari is undecided, with a certain peculiar symmetry. Three times the McLarens start from the front row: in Melbourne, Interlagos and Imola. Then, in Monaco, Barcelona and Montreal, McLaren silver and Ferrari red find themselves interwoven on the starting grid. Not before Canada does the Red Knight, Michael Schumacher, draw attention to himself as a troublemaker. Häkkinen has previously always had his nose ahead, even at the San Marino Grand Prix where the duel with team-mate Coulthard goes down to a few thousandths of a second. What is impressive is not only the results he gets but the way he gets them, often driving his best lap in the final minutes of qualification.

The prelude in Australia degenerates into a washout for the champions of the previous year, not least because their machine still has a delicate constitution. The Ferrari

1999

of Eddie Irvine, himself not in the least perturbed, is up front. Häkkinen wins in Brazil, Schumacher in Imola. McLaren-Mercedes counters the historic Ferrari one-two at Monaco with a one-two in Spain. In Montreal it's once again the Finn's turn, when the German smashes his Ferrari F 399, a seemingly assured victory, and his lead in the championship, against the wall at the start of the home straight on the 30th of 69 laps – a driver error.

Parallels without end: something very similar happened to Häkkinen in Imola. But, in the end, he is once again champion, whereas, by contrast, Schumacher's season is thrown completely out of kilter by his serious accident at Silverstone.

Nachdem man das Radikale, von einem rigorosen Reglement gefordert, bereits im Vorfeld der Saison 1998 erledigt hat, lassen eher behutsame Retuschen an den Vorschriften fürs kommende Jahr die Ingenieure am Detail feilen. Vier Rillen je Reifen sollen die Haftfähigkeit weiter reduzieren, die Sitze sich nach einem Crash mitsamt den Piloten aus dem Cockpit hieven lassen, die Räder im Falle eines Unfalls an Polymerseile gebunden am Chassis festgehalten werden – was dann durchaus noch nicht immer verlässlich geschieht. Der McLaren-Mercedes MP 4/14 scheint seinem Vorgänger wie aus dem Gesicht geschnitten. Doch unter seinem schmissig-schönen Habitus hat sich manches gewandelt. Das neue Getriebe mit sieben Fahrstufen, umgeben von einem Gehäuse aus Magnesium, ist leichter als das frühere mit sechs. Drehstäbe ringsum haben die bisher zuständigen Schraubenfedern abgelöst.

Der alte König regierte noch, da baute man bereits den neuen auf: Die Arbeiten am MP 4/14 fingen im Juni 1998 an. Die Ausbaustufe H des Mercedes-Benz-Triebwerks FO 110 kreischte auf dem Dynamometer zum ersten Mal am 4. November auf, drei Tage nach dem Saisonfinale in Suzuka. Schon die vorige glänzte durch Tugenden im Viererpack, stark, leicht, kompakt und sparsam. Überdies päppelt Mario Illiens jüngster V10 seine Piloten durch ein komfortabel nutzbares Drehzahlband von 10 000/min. Auch sonst setzt man allseits auf Kontinuität und kontinuierliche Evolution. Der Pakt der Partner Mercedes-Benz und McLaren International wurde schon zu Beginn des Jahres 1998 bis Ende 2002 verlängert. Die Verträge für Mika Häkkinen und David Coulthard stockte man bei Halbzeit des letztjährigen Zyklus um eine weitere Saison auf. Hinter der Fassade einer perfekten Corporate Identity in Schwarzsilber stimme sogar das Menschliche bis hin zu wohliger Kuschelwärme im multinationalen Patchwork namens West McLaren Mercedes, dringt als frohe Botschaft nach draußen.

Bis Mitte Juni geht das Ringen gegen den Erzrivalen Ferrari unentschieden aus, bei einer gewissen eigentümlichen Symmetrie. Dreimal stehen anfänglich die McLaren in der ersten Reihe, in Melbourne, Interlagos und Imola. Dann, in Monaco, Barcelona und Montreal, verschränken sich McLaren-Silber und Ferrari-Rot schon in der Startaufstellung. Erst in Kanada macht sich der rote Ritter Michael Schumacher als Störenfried bemerkbar. Vorher hat Häkkinen stets die Nase vorn, beim Gran Premio di San Marino sogar nach einem Zwist um Tausendstelsekunden mit seinem Teamkollegen Coulthard. Eindrucksvoll ist nicht nur, dass er dies tut, sondern vor allem wie – in aller Regel in den letzten Minuten der Qualifikation.

Der Auftakt in Australien gerät gleichwohl zur Nullrunde für die Champions vom Vorjahr, nicht zuletzt weil ihr Arbeitsgerät noch von delikater Konstitution ist. Vorn fährt der Ferrari des nicht einmal verdutzten Eddie Irvine. In Brasilien gewinnt Häkkinen, in Imola Schumacher. Den historischen Ferrari-Doppelsieg von Monaco kontert McLaren-Mercedes mit dem historischen Doppelsieg in Spanien. In Montreal ist wieder der Finne an der Reihe, während der Deutsche in der 30. von 69 Runden seinen Ferrari F 399, den schon sicher geglaubten Sieg und seine Führung in der Meisterschaft eingangs der Zielgeraden an der Mauer zerschellen lässt, ein Fahrfehler.

Parallelen ohne Ende: Etwas ganz Ähnliches passierte Häkkinen in Imola. Aber der ist am Ende wieder Champion, wogegen Schumachers Saison durch seinen schweren Unfall in Silverstone völlig aus dem Lot gerät…

Une fois les modifications radicales effectuées au début de la saison 1998 (exigées par un règlement rigoureux), les ingénieurs fignolent les détails, procédant à de prudentes retouches, selon les prescriptions de l'année à venir. Quatre rainures par pneu doivent encore diminuer l'adhérence; les sièges doivent pouvoir être extraits du cockpit avec le pilote après un choc; les roues, en cas d'accident, doivent être retenues par des câbles en polymères fixés au châssis – ce qui n'est certes pas toujours facile à réaliser de façon fiable. La McLaren-Mercedes MP 4/14 ressemble trait pour trait à sa devancière. Cependant, son allure chic et soignée cache beaucoup de modifications. La nouvelle transmission, avec sept vitesses logées dans un carter en magnésium, est plus légère que l'ancienne, qui en comportait six. Des barres de torsion aux quatre roues ont remplacé les ressorts hélicoïdaux jusqu'alors de rigueur.

Le vieux roi règne encore, mais on prépare son successeur: le travail sur la MP 4/14 commence dès juin 1998. La version H du moteur Mercedes-Benz FO 110 gronde pour la première fois au banc dynamométrique le 4 novembre, trois jours après l'épreuve finale de la saison à Suzuka. Déjà, la précédente voiture, compacte et sobre, brillait de par sa robustesse et sa légèreté. En outre, le dernier V10 de Mario Illien offre à ses pilotes une confortable marge de régime utile de 10 000 tr/min. On joue la continuité et l'évolution permanente. L'accord entre les partenaires, Mercedes-Benz et McLaren International, est prolongé, dès le début de l'année 1998 et jusqu'à la fin 2002. Les contrats de Mika Häkkinen et de David Coulthard sont prorogés, au milieu de l'année précédente, pour une saison supplémentaire. Derrière la façade d'un groupe en noir et argent parfaitement uni, le facteur humain compte même dans ce patchwork multinational nommé West McLaren Mercedes et transmet au monde un message d'optimisme.

Jusqu'à la mi-juin, rien n'est joué dans la lutte qui l'oppose au rival de toujours, Ferrari. Au début, les McLaren prennent trois fois la première place, à Melbourne, Interlagos et Imola. Puis, à Monaco, Barcelone et Montréal, c'est le tour des Ferrari. Ce n'est qu'au Canada que le chevalier rouge, Michael Schumacher, joue les trouble-fête. Auparavant, Häkkinen était toujours en tête et ce même au Grand Prix de Saint-Marin, après une contestation portant sur quelques millièmes de seconde avec son coéquipier Coulthard. Ce qui est impressionnant, ce n'est pas seulement qu'il y parvienne, mais c'est surtout la manière dont il y parvient: toujours dans les dernières minutes des qualifications.

L'ouverture, en Australie, équivaut néanmoins à un match nul pour les champions de l'année précédente, principalement parce que leur outil de travail est encore de constitution délicate. À l'avant court la Ferrari d'Eddie Irvine, qui ne doute de rien. Au Brésil, c'est Häkkinen qui gagne, et à Imola, Schumacher. McLaren-Mercedes contre la double victoire historique de Ferrari à Monaco avec une double victoire historique en Espagne. À Montréal, c'est à nouveau le tour du Finlandais, tandis que l'Allemand, au 30e tour sur 69, sur sa Ferrari F 399, commet une faute de conduite qui l'envoie dans le muret et fait voler en éclats sa victoire, qu'il croyait assurée, et son avance dans le championnat.

On prend les mêmes et on recommence: Häkkinen connaît une mésaventure un peu analogue à Imola. Mais, à la fin, il est toujours champion, tandis que la saison de Schumacher est entièrement compromise par son grave accident à Silverstone …

At first sight, it is difficult to tell the McLaren-Mercedes MP 4/14 apart from its predecessor. Nevertheless, the differences in detail all add up. One of them is that its silver nose snuffles closer to the ground to lower the center of gravity even further. Of course, that cannot prevent small skids such as that shown here by Coulthard in Barcelona.

Auf den ersten Blick ist der McLaren-Mercedes MP 4/14 nur schwer von seinem Vorgänger zu unterscheiden. Dennoch summieren sich die Unterschiede im Detail. Einer davon: Seine silberne Nase schnüffelt noch tiefer am Boden, um den Schwerpunkt erneut abzusenken. Kleine Ausrutscher wie hier von Coulthard in Barcelona verhindert das natürlich nicht.

Au premier abord, il est difficile de distinguer la McLaren-Mercedes MP 4/14 du modèle précédent. Pourtant, d'infimes différences apparaissent, par exemple son nez argenté a été rapproché du sol pour abaisser encore le centre de gravité. Ce qui bien sûr n'empêche pas quelques petits dérapages, comme celui de Coulthard, ici à Barcelone.

1999

Mika Häkkinen is processed quickly during the decisive tire change in the finale at Suzuka. He wins in the end and once again becomes world champion. Both, as always, are the result of perfect cooperation between an outstanding driver and his team. Their joy at victory is therefore collective.

Beim entscheidenden Reifenwechsel im Finale von Suzuka wird Mika Häkkinen zügig abgefertigt, siegt am Ende und ist wieder Champion. Beides erwächst, wie immer, aus dem Miteinander des überragenden Einzelnen und seines Teams. Und so ist die Freude kollektiv.

Le décisif changement de pneu lors de la finale de Suzuka est effectué rapidement pour Häkkinen, qui gagne à la fin et redevient champion du monde. Les deux succès, naturellement, découlent de l'ensemble formé par un pilote d'exception et par son équipe. De ce fait, la joie est collective.

The officially decreed revolution with regards to grooved tires and a reduction in vehicle width occurred in 1998. Aftershocks, for example the introduction of a fourth furrow, were still shaking the Formula One community a year later. Continuity reigns in the 2000 season, with the exception of a detailed regulation concerning the size of the head protectors to the left and right of the cockpit, triggered by Karl Wendlinger's serious accident in Monaco in 1994.

This means the way to go is predetermined: to optimize the achievements. The capable head of technology at McLaren, Adrian Newey, essentially polishes and refines the concept behind the extremely successful MP 4/14 of the previous season. The wheelbase and distribution of weight remain almost untouched. Everywhere is slimmed down – not least the latest J derivative of Mario Illien's V10 codenamed FO 110 – to enable the ballast carried along to be better distributed according to the characteristics of the respective racing track. The nose of the MP 4/15 is shorter than its predecessor's and keeps a somewhat greater distance to the road surface. Relocated further to the front and striking with their narrow flanks are the coke-bottle shaped hips of the model. Since the engine cover has become a lot lower in its rear section, the bulges concealing the wheel suspension can be seen more easily. The torsion bars of the suspension have been accommodated in the cast housing of the transmission.

The most striking innovation consists of the cooling chimneys in front the rear wheels, about 8" high, instead of the usual outlets for hot air. The air is deflected to the negative pressure region below the rear wing without impinging on its operation. As far as the emission discharge is concerned, Newey has decided upon internal exhaust pipes, deeply embedded in a tight shaft. They open out in the area of the central diffuser channel. This is covered by an angular surface, the extension of the seven-speed transmission jointly developed with Mercedes-Benz.

Once again, the season becomes a trial of strength between Mika and Michael, the popular McLaren-Mercedes man against the no less folksy Ferrari driver. But the silver and blacks suffer from the fragility of a ten-cylinder engine weighing only 203 lbs, while its screaming counterpart at the rear of the red competitor enjoys sturdy robustness. The reigning champion, Häkkinen, finally has to bury the dream of a hat trick at Suzuka, a race before the season's finale, as Schumacher wrestles his rival to the floor with an ingenious strategy. Things at first appeared hopeless: the Finn travels to the ninth race of the season at Magny-Cours a massive 22 points behind. The German is then hit by a streak of bad luck in dropping out of the following three grands prix without gaining a single point. Häkkinen suddenly ends up four points ahead following the Hungarian Grand Prix. He is able to add a further four points in Spa a fortnight later, and the big blond enters the golden book of this sport's acts of heroism by succeeding at more than 185 mph in bringing the lapped BAR driver, Ricardo Zonta, between himself and his opponent in red before Les Combes. By contrast, he drops out of the following round at Indianapolis, and all the remaining races are won by Michael Schumacher.

The idea of retirement begins to take root in Mika Häkkinen's thoughts.

Die behördlich verordnete Revolution hinsichtlich Rillenreifen und einer Reduzierung der Fahrzeugbreite hat 1998 stattgefunden. Nachbeben, zum Beispiel die Einführung der vierten Furche, erschütterten die Formel-1-Branche ein Jahr später. In der Saison 2000 herrscht Kontinuität, abgesehen von einer genauen Festlegung der Maße für den seitlichen Kopfschutz links und rechts des Cockpits, angestoßen durch Karl Wendlingers schweren Unfall in Monaco 1994.

Damit ist allenthalben das Prozedere vorgegeben: das Erreichte optimieren. Im Wesentlichen glättet und verfeinert der fähige McLaren-Technikchef Adrian Newey das Konzept hinter dem überaus erfolgreichen MP 4/14 der vergangenen Saison. Fast unangetastet bleiben Radstand und Verteilung der Massen. Überall – nicht zuletzt an der jüngsten Ausbaustufe J von Mario Illiens V10 namens FO 110 – wird auf aufwändige Weise abgespeckt, so dass sich der mitgeführte Ballast je nach Streckencharakteristik besser umverteilen lässt. Die Nase des MP 4/15 ist kürzer als die des Vorgängers und hält auch etwas mehr Distanz zur Fahrbahn. Weiter nach vorn verlagert und auffällig durch schmalere Flanken ist der wie eine Coca-Cola-Flasche geformte Hüftbereich des Modells. Da die Abdeckung der Maschine in ihrem hinteren Bereich viel niedriger geworden ist, sind auch die Ausbuchtungen besser erkennbar, unter denen sich die Aufhängung verbirgt. Deren Drehstäbe sind neuerdings im Gussgehäuse des Getriebes untergebracht.

Die auffälligste Neuerung besteht in den rund 200 mm hohen Kühlkaminen vor den Hinterrädern anstatt der üblichen Auslässe für die heiße Luft. Diese wird in den Unterdruckbereich unter dem Heckflügel abgeleitet, ohne seine Funktion zu schmälern. Was die Führung der Emissionen anbelangt, hat sich Newey für innen liegende, in einem engen Schacht tief angesiedelte Auspuffrohre entschieden. Sie münden im Bereich des zentralen Diffusorschachts. Dieser wird abgedeckt durch eine eckige Fläche, Ausläufer des Siebengang-Getriebes, das man zusammen mit Mercedes-Benz entwickelt hat.

Wieder gerät die Saison zum Kräftemessen von Mika und Michael, des populären McLaren-Mercedes-Mannes gegen den nicht minder volkstümlichen Ferrari-Fahrer. Aber bei den Schwarzsilbernen krankt man an der Fragilität des nur 92 kg schweren Zehnzylinders, während sich dessen Pendant im Heck der Roten stämmiger Robustheit erfreut. Den Traum vom Hattrick muss der regierende Champion Häkkinen bereits in Suzuka ein Rennen vor Saisonschluss begraben, als Schumacher den Rivalen mit einer ausgeklügelten Strategie niederringt. Zunächst sahen die Dinge aussichtslos aus: Zum neunten Lauf in Magny-Cours reist der Finne mit dem riesigen Rückstand von 22 Punkten an. Dann jedoch beginnt eine Pechsträhne des Deutschen, der in den drei folgenden Grand Prix ohne Punkte ausgeht. Nach dem Großen Preis von Ungarn hat Häkkinen plötzlich mit vier Punkten die Nase vorn. In Spa 14 Tage später kommen noch einmal vier dazu und der große Blonde geht in das Goldene Buch mit den Heldentaten dieses Sports ein, als es ihm bei über 300 km/h vor Les Combes gelingt, den überrundeten BAR-Piloten Ricardo Zonta zwischen sich und den Widersacher in Rot zu bringen. In Indianapolis folgt als Kontrapunkt ein Ausfall und alle verbleibenden Rennen gewinnt Michael Schumacher.

Da beginnt sich bereits der Gedanke an Rücktritt in Mika Häkkinens Kopf festzusetzen.

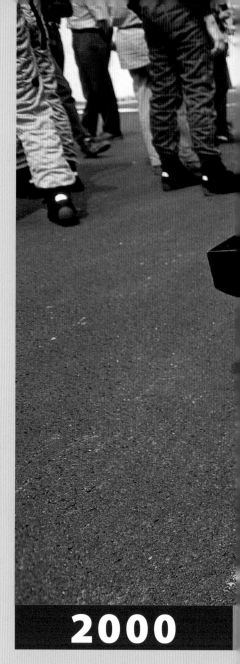

2000

En 1998, les décisions prises par les autorités sportives concernant les pneus à rainures et la réduction de la largeur du véhicule sont une véritable révolution. Un an plus tard, elles secouent encore le monde de la Formule 1. Pour la saison 2000, c'est le règne de la continuité, à l'exception d'une formulation précise des dimensions des protecteurs de tête latéraux à gauche et à droite du cockpit, imposés à la suite du grave accident de Karl Wendlinger, à Monaco, en 1994.

Par ailleurs, le mode opératoire reste identique : optimiser les réussites. Pour l'essentiel, Adrian Newey, compétent directeur technique de McLaren, polit et raffine la conception de base de la MP 4/14 couronnée de succès lors de la saison précédente. Empattement et répartition des masses restent presque identiques. Partout – et principalement sur la dernière version (J) du V10 de Mario Illien désigné FO 110 –, on affine tout ce que l'on peut, si

McLaren-Mercedes MP 4/15

bien que l'on peut mieux répartir le lest ajouté, en tenant compte des caractéristiques du circuit. Le nez de la MP 4/15 est plus court que celui du modèle précédent et est un peu plus haut par rapport au sol. La partie centrale de la voiture, en forme de bouteille de Coca-Cola, semble avoir été avancée, avec des flancs nettement plus étroits. Étant donné que le capot moteur est beaucoup plus bas dans sa partie arrière, les bossages sous lesquels se cachent les suspensions sont plus apparents. Les barres de torsion sont ancrées dans le carter coulé de la transmission.

La nouveauté la plus frappante se trouve dans les goulottes d'air de refroidissement en avant des roues arrière, d'environ 200 mm de hauteur au lieu des traditionnelles sorties d'air chaud. L'air chaud est dirigé dans la zone de dépression sous l'aileron arrière, sans perte d'efficacité. En ce qui concerne les échappements, Newey s'est décidé en faveur de tubulures à l'intérieur, implantées en profondeur dans un creux étroit. Elles débouchent dans la zone du diffuseur central. Celui-ci est recouvert par une surface en dièdre, une extension de la boîte à sept vitesses mise au point en coopération avec Mercedes.

Encore une fois, la saison vire à l'épreuve de force entre Mika et Michael, entre le populaire représentant de McLaren-Mercedes et le pilote de Ferrari, non moins idolâtré. Mais dans l'équipe noir et argent, on souffre de la fragilité du dix-cylindres, pesant 92 kg seulement, tandis que son homologue à l'arrière des voitures rouges offre une grande robustesse. Häkkinen, champion en titre, enterre son rêve de triplé à Suzuka, soit une course avant la fin de la saison, lorsque Schumacher, son rival à la stratégie imaginative, le terrasse. Les choses semblent tout d'abord sans espoir : à la neuvième course, à Magny-Cours, le Finlandais part avec un gigantesque handicap de 22 points. Mais ensuite commence une série noire pour l'Allemand, qui ne récolte aucun point lors des trois Grands Prix suivants. Après le Grand Prix de Hongrie, Häkkinen reprend soudain l'avantage avec 4 points. À Spa, quatorze jours plus tard, 4 autres s'y ajoutent, et le grand blond s'inscrit dans le Livre d'or avec une nouvelle prouesse. Avant Les Combes, il réussit – à plus de 300 km/h–, à mettre le pilote de BAR Ricardo Zonta, qu'il a doublé en lui prenant un tour, entre lui et son adversaire en rouge. À Indianapolis, en revanche, il doit abandonner, et Michael Schumacher gagne toutes les courses restantes. Mika Häkkinen envisage alors de se retirer.

In 2000 the tide changes in favor of Michael Schumacher, Ferrari's Red Knight. The result of the San Marino Grand Prix (large photo) mirrors the outcome of the championship: Schumacher ahead of Häkkinen and Coulthard.

2000 wendet sich das Blatt zugunsten des roten Ritters Michael Schumacher im Ferrari. Das Resultat des Großen Preises von San Marino (großes Bild) spiegelt den Ausgang der Meisterschaft: Schumacher vor Häkkinen und Coulthard.

En 2000, le vent tourne en faveur du chevalier rouge Michael Schumacher sur Ferrari. Le résultat du Grand Prix de Saint-Marin (grande photo) reflète l'issue du championnat : Schumacher devant Häkkinen et Coulthard.

McLaren-Mercedes MP 4/15

The chassis of the MP 4/15 is composed of 4000 individual parts. Only about 800 could be adopted from the previous year's vehicle. The nose is flatter, the air stream that whooshes through the water coolers in the sidepods is routed outside earlier, and the rear declines more gently as the engine is ¾" shorter.

Aus 4000 Teilen besteht das Chassis des MP 4/15. Nur etwa 800 können vom Wagen des Vorjahres übernommen werden. Die Nase ist flacher, der Luftstrom, der in den Seitenkästen durch die Wasserkühler zischt, wird früher nach außen geleitet, das Heck fällt sanfter ab, da der Motor um zwei Zentimeter kürzer ist.

Le châssis de la MP 4/15 compte 4000 pièces. Il n'est possible d'en reprendre qu'environ 800 sur la voiture de l'année précédente. Le nez est plus aplati, le flux d'air qui passe par les radiateurs dans les pontons latéraux ressort plus tôt, l'arrière s'incline plus doucement, car le moteur a été raccourci de 2 cm.

Flying Finnish

Flying Finnish

Le Finlandais volant

He has long been accepted into the family circle. His media presence is almost all-pervading and the man comes across as disarmingly pleasant – Mika Häkkinen, cheekily kidding that nice, shy, young girl, and, instead of his own, pressing the telephone number of a smart team member into her hand. Mika and Boris Becker as wealthy pensioners on a golf course in the year 2029, dramatically aged by the masterful hands of the makeup artist. Mika and Erja Häkkinen in a cozy but appropriately networked lawnmower idyll amid a landscape of choice Scandinavian flair. The flood of pictures feed the image we have of him, a taciturn Norseman, an exceptionally nice guy. And those who know him a bit better confirm this. That's how he is.

But it's not that easy to gain your own picture of the tall blond. It is quite possible to hide the real man behind the proud motif of being more than one seems, achieving great things with the minimum of fuss. Working wonders in the carbon-fiber-wrapped solitude of a silver-gray single-seater is one thing. To be scrutinized in doing so by millions, with cameras and microphones lurking in wait as the eyes and ears of public curiosity, is another. Mika Häkkinen has long built a wall around himself as protection against this collective thirst for knowledge, like well-fortified Troy braving the onrush of the Greek armies. To smuggle in a wooden horse is almost impossible. First of all, Mika would like to know exactly who is sitting inside. Since his double championship win, at the latest, the besieging hordes have increased ten-fold. The customary group interviews have no chance of achieving the face-to-face intimacy that leads to more personal utterances, let alone unexpected revelations that might inspire the headline, "The Mika Häkkinen nobody knows."

Luckily, such a Troy exists in the guise of the VIP refuge of Monaco, shielded from the outside world by the fortress walls of its exclusivity. From their apartment in the harbor quarter of La Condamine, the Häkkinens and their young son Hugo can enjoy the mild climate and the view over the Mediterranean to where the blue of the water and the azure of the sky flow into one another and the chance to look down on places where he once plied his trade, such as Ste. Dévote or the gently curving home straight with the gentrified name of Boulevard Albert 1er for the rest of the year. Here he is among his own and reasonably safe from the sticky touch of the masses. To put it in concrete terms: in this noble haven, his silver-gray SL 500 of the newest generation will not be fumbled and covered with hundreds of fingerprints. And here, Mika can undertake, unmolested and unobserved, the little things that he so likes to do, such as drinking an espresso on the terrace of the Café de Paris, training in the fitness studio of the Grand Hotel (for-

Eigentlich haben wir ihn längst in den Familienhalbkreis aufgenommen. Seine Medienpräsenz tendiert ja gegen die Allgegenwärtigkeit und der Mann kommt geradezu entwaffnend sympathisch herüber. Mika Häkkinen, wie er schlitzohrig dieses nette schüchterne Mädel foppt und ihr die Telefonnummer des smarten Mitarbeiters in die Hand drückt. Mika und Boris im Jahre des Herrn 2029 auf dem Golfplatz, unter den Meisterhänden der Maskenbildnerin zu rüstigen Luxusrentnern vergreist. Mika und Erja Häkkinen in traulichem, aber trefflich vernetztem Rasenmäheridyll inmitten einer Landschaft von ausgewählt skandinavischem Flair. Die Flut von Bildern füttert das Image, das wir von ihm haben, ein wortkarger Nordmann, ein unheimlich lieber Kerl. Wer ihn näher kennt, bestätigt es. So ist er.

Nur: Sich von dem großen Blonden ein eigenes Bild zu machen ist gar nicht so einfach. Hinter dem noblen Leitsatz „Mehr sein als scheinen" etwas ganz Großartiges hinzustellen, aber kein Gedöns darum zu machen, kann sich jemand nämlich auch ganz schön verstecken. In der kohlefasergepanzerten Einsamkeit eines silbergrauen Monoposto wahre Wunder zu verrichten ist eine Sache. Dass einem dabei Millionen auf die Finger schauen, überall Kameras und Mikrofone lauern gewissermaßen als Augen und Ohren der öffentlichen Neugierde, ist eine andere. Mika Häkkinen hat längst seine Mauern hochgezogen wider diese kollektive Wissbegier wie einst das wehrhafte Troja gegen den Ansturm der griechischen Heere. Da ein hölzernes Pferd hineinzuschmuggeln ist fast ein Ding der Unmöglichkeit. Zumindest möchte Mika ganz genau wissen, wer drinnen sitzt. Spätestens seit seinem Doppelchampionat haben sich die Belagerungsringe verzehnfacht. Bei den üblichen Gruppeninterviews jedoch kommt die verschwörerische Intimität unter vier Augen erst gar nicht zustande, auf deren Nährboden die besondere Aussage gedeiht, vielleicht sogar die überraschende Enthüllung: „Mika Häkkinen, wie ihn keiner kennt."

Ein solches Troja, nach außen abgeschirmt von den Ringmauern seiner Exklusivität, existiert zum Glück in Gestalt der Prominentenherberge Monaco. Von ihrer Wohnung im Hafenviertel La Condamine aus genießen das Ehepaar Häkkinen und Söhnchen Hugo das milde Klima, den Blick über das Mittelmeer bis zu der Linie, wo das Blau des Wassers und das Azur des Himmels ineinanderfließen, aber auch die Draufsicht auf Teile seines zeitweiligen Arbeitsplatzes wie Ste. Dévote oder die sanft gebogene Zielgerade, die mit bürgerlichem Namen Boulevard Albert 1er heißt. Hier ist man unter seinesgleichen und halbwegs sicher vor dem Zugriff der Menge. Ganz konkret: Hier wird sein silbergrauer SL 500 der neuesten Generation nicht begrabscht und mit Hunderten von Fingerabdrücken übersät. Und hier

Mika Häkkinen semble un peu faire partie de la famille. Ses apparitions fréquentes dans les médias relèvent plutôt de l'omniprésence et cet homme est sympathique, cela ne fait pas le moindre doute. Dans une publicité que connaissent les adeptes du câble, le champion sourit jusqu'aux oreilles en donnant à cette charmante jeune fille rougissante le numéro de téléphone d'un collaborateur très smart au lieu du sien. Dans un autre spot, en l'an 2029, Mika et Boris Becker, spectaculairement vieillis par les soins d'un maître du maquillage sont les heureux sociétaires d'un club de golf. On peut encore voir Mika et Erja Häkkinen nageant dans le bonheur et passant la tondeuse dans un paysage au charme indéniablement scandinave. Nous sommes inondés d'images qui soignent la sienne. Mais a-t-on affaire à un Scandinave taciturne ou à un champion sympathique? Ceux qui le connaissent bien le confirment: il est super sympa.

Seulement voilà, se faire une idée personnelle du grand blond n'a rien d'évident. En effet, un homme peut parfaitement cacher sa personnalité lorsqu'il affiche pour principe « Être plus que ce que l'on paraît » c'est-à-dire réaliser des exploits, mais sans tapage. Accomplir des miracles dans la solitude d'une monoplace gris argent revêtue de carbone est une chose. C'en est une autre que d'être observé par des millions de téléspectateurs et d'être la proie des paparazzi afin de satisfaire la soif de curiosité du public. Mika Häkkinen s'est depuis longtemps entouré de remparts comme autrefois la ville fortifiée de Troie contre l'assaut des armées grecques. Il est à peu près impossible d'introduire un cheval de bois dans ses retranchements. Mika, du moins, voudrait savoir très exactement qui est à l'intérieur. Depuis son double titre de champion, les assiégeants ont vu leurs rangs décupler. Les interviews n'ont lieu qu'en groupe excluant l'intimité, le contact les yeux dans les yeux qui permettrait d'arracher une déclaration particulière, un scoop du genre: « Mika Häkkinen, tel que personne ne le connaît. »

Cette Troie protégée de l'extérieur par les murailles d'enceinte de son exclusivité, c'est Monaco, séjour des grands de ce monde. Depuis leur appartement dans le quartier du port, La Condamine, les Häkkinen et leur jeune fils Hugo profitent du climat doux, de la vue sur la Méditerranée jusqu'à l'horizon où le bleu de la mer rejoint l'azur du ciel, mais aussi d'une perspective plongeante sur le lieu de travail occasionnel du père, comme le virage de Sainte-Dévote ou la ligne d'arrivée légèrement incurvée qui, dans le civil, s'appelle boulevard Albert 1er. Ici, on se trouve entre gens du même monde et plus ou moins à l'abri de l'emprise

Estoril 1994: Mika's Formula One career already spans 44 grands prix, but it has actually only just begun. His body language signals his determination.

Estoril 1994: Mikas Karriere in der Formel 1 ist schon 44 Grand Prix alt, aber eigentlich hat sie noch gar nicht begonnen. Seine Körpersprache signalisiert Entschlossenheit.

Estoril 1994: la carrière de Mika en Formule 1 compte déjà 44 Grands Prix. Et, pourtant, elle n'a pas encore réellement commencé. Il affiche ici sa détermination.

merly known as Loews), or simply going for a meal in the evening with his manager, mentor, and friend, Keke Rosberg, to his favourite restaurant, Stars and Bars, situated near the Monegasque Yacht Club. Or, occasionally meeting a handpicked journalist.

Even then, he will only divulge what he categorically wishes to reveal.

Mika Pauli Häkkinen, born on 28 September 1968 in Vantaa, roughly six miles to the north of the Finnish capital, draws his strength primarily from his iron self-discipline. It is also this that allows him to maintain his cool control during the wild dance for thousandths of a second around the curbs of Monaco or Monza. It is the prerequisite for his verifiably making the least number of mistakes of all his colleagues when under pressure. It enabled him to wait patiently until his great hour had come, until the many victories since the European Grand Prix at Jerez in 1997, and the two championships of 1998 and 1999, are his. The calm, pure flame of belief in himself is always burning.

His self-discipline is not least a product of his upbringing: "Never let it show if you're upset or displeased," his father Harri advised the promising youth. "Simply go into the woods and kick the trees." Perhaps that's the reason, Mika conjectures jokingly, why so many trunks in the Helsinki region bear scars at knee

kann Mika unangestarrt und unbehelligt die kleinen Dinge unternehmen, die er gerne tut, einen Espresso auf der Terrasse des Café de Paris trinken, sich im Fitnessraum des Grand Hotel (vormals Loews) ertüchtigen, mit Manager, Mentor und Freund Keke Rosberg zum Abendessen in seinem Lieblingsrestaurant Stars and Bars in der Nähe des monegassischen Yachtclubs einfallen. Oder sich gelegentlich mit handverlesenen Journalisten treffen.

Selbst dann wird er sich nur so weit einlassen, als er etwas unbedingt preisgeben will.

Dabei schöpft Mika Pauli Häkkinen, geboren am 28. September 1968 in Vantaa zehn Kilometer nördlich der finnischen Hauptstadt, seine Stärke vor allem aus eiserner Selbstdisziplin. Sie ist es auch, die ihn kühle Kontrolle bewahren lässt beim wilden Tanz um die Tausendstel über die Kerbs von Monaco oder Monza. Sie ist die Voraussetzung dafür, dass er von allen Kollegen unter Druck nachweisbar die wenigsten Fehler macht. Sie hat ihn geduldig warten lassen, bis seine große Stunde schlägt, sich die vielen Siege seit Jerez 1997 und die zwei Weltmeisterschaften 1998 und 1999 endlich eingestellt haben. Immer brennt da die stille, reine Flamme des Glaubens an sich selbst.

Seine Selbstzucht ist nicht zuletzt ein Produkt seiner Erziehung: „Wenn du dich aufregst oder verstimmt

de la foule. Pour être concret : ici, sa SL 500 gris argent de la dernière génération échappe aux mains baladeuses, aux traces de doigts par centaines. Et ici, loin des regards indiscrets et des badauds, Mika peut vaquer à ses occupations favorites, par exemple boire un expresso à la terrasse du Café de Paris, travailler sa musculature dans la salle de fitness du Grand Hôtel (l'ancien Loews), aller dîner dans son restaurant préféré, Stars and Bars, en compagnie de son manager, mentor et ami Keke Rosberg. Ou à l'occasion rencontrer des journalistes triés sur le volet.

Et même dans ce cas, il ne se laissera aller que dans la mesure où il veut vraiment révéler quelque chose.

Pour cela, Mika Pauli Häkkinen, né le 28 septembre 1968 à Vantaa, à dix kilomètres au nord de Helsinki, puise sa force avant tout dans une discipline de fer. C'est elle aussi qui lui permet de garder son sang-froid lorsqu'il fonce dans les virages de Monaco et de Monza pour gagner quelques millièmes de secondes. Grâce à cette discipline, il est prouvé que c'est lui qui, de tous les pilotes, fait le moins d'erreurs quand il est sous pression. C'est elle qui lui a fait prendre patience jusqu'à ce que son heure sonne, avec les nombreuses victoires depuis Jerez en 1997 et les deux titres de champion du monde en 1998 et en 1999. La flamme

While the others are hurtling around on the circuit, the screen keeps him informed how things are going.

Während die anderen auf der Strecke unterwegs sind, hält er sich via Bildschirm auf dem Laufenden.

Alors que les autres sont au contact de la piste, lui se tient au courant par écran interposé.

level. Occasionally, when emotions win the upper hand, he does lose his composure. "The man of ice thaws," mocks the press. Yet, strangely enough, it is the media that provides us with such deep insights. Monza 1999: he crouches, weeping, in the woods next to the track following one of his rare blunders – how moving and how human, and how foolish to ridicule such behavior as unworthy of a Formula One driver and world champion. And, also in Monza, a year later: in a spontaneous gesture, Mika puts his arm around Michael Schumacher, who is suddenly speechless from emotion at the press conference after the race.

Strictness and severity in dealing with himself become an integral part of his character from an early stage, reaching to the very marrow of his bones. A pupil at a circus school as a boy, there he learns the alphabet and multiplication tables as well as artistic feats, putting them to immediate use in his everyday life. For example, he covers the route to the school, downhill for miles and covered in ice in winter, on a unicycle. This develops at an early age a feeling for balance in respect of body, soul, and vehicle, and not least teaches the experience that the return journey will take him uphill again. Then, suddenly, the transition from the circus to the grand prix circus seems simply logical. From time to time, Häkkinen still performs some of the tricks he learned back in those days, although rather these days for the benefit of charity. He still feels the magic attraction of the itinerant profession: during his own guest performance in Montreal in June 1999, he uses his scant leisure time for a flying visit to the manege of the renowned Cirque du Soleil, strolling on a giant wooden ball without making a false step, juggling with balls, and assuring the trapeze artists of his wholehearted admiration, from artist to artist, during a chat.

Augmenting his determination to create and maintain a personal and private sphere for himself is a natu-

bist, darfst du es nie zeigen", rät sein Vater Harri dem viel versprechenden Sprössling. „Geh einfach in den Wald und tritt gegen die Bäume." Vielleicht sei das der Grund, mutmaßt Mika manchmal im Scherz, dass so viele Stämme im Großraum Helsinki Narben in Kniehöhe trügen. Gelegentlich, wenn die Emotionen einfach überborden, verliert er aber doch die Fassung. „Der Eismann taut", frohlockt dann die Presse und merkwürdigerweise sind es die Medien, die solche tiefen Einblicke gewähren. Monza 1999: Da kauert er weinend im Wald neben der Piste nach seinem Ausrutscher, wie bewegend und wie menschlich – und wie dumm, so etwas als eines Formel-1-Piloten und eines Weltmeisters unwürdig zu schmähen. Und ein Jahr später, wieder in Monza: Da legt Mika in einer spontanen Geste den Arm um Michael Schumacher, der bei der Pressekonferenz nach dem Rennen plötzlich in sprachloser Rührung verstummt ist.

Strenge und Unnachsichtigkeit im Umgang mit sich selbst gehen ihm schon früh in Fleisch und Blut über. Als Knabe Zögling einer Zirkusschule, lernt er dort neben Alphabet und Einmaleins artistische Kunststückchen und setzt sie umgehend in seinen Alltag um. So legt er beispielsweise den Weg zur Schule, der kilometerlang bergab führt und im Winter vereist ist, auf dem Einrad zurück. Da prägt sich schon früh ein Gefühl für Balance aus, hinsichtlich des Leibes, der Seele und des Fahrzeugs, die Erfahrung schließlich, dass es auf dem Rückweg wieder bergauf geht. Und im Übrigen erscheint der Übergang vom Zirkus zum Grand-Prix-Zirkus einfach logischer. Noch heute tritt Häkkinen gelegentlich mit den Nummern von einst auf, allerdings eher zu karitativen Zwecken. Noch immer fühlt er sich magisch angezogen vom Metier der anderen fahrenden Gesellen: Bei seinem eigenen Gastspiel in Montreal im Juni 1999 nutzt er seine karg bemessene Freizeit für eine Stippvisite in der Manege des renommierten Cirque du Soleil, wandelt ohne zu straucheln auf einer riesigen Holzkugel, jongliert mit Bällen und versichert die Trapezkünstler in einem Schwätzchen gleichsam von Artist zu Artist seiner rückhaltlosen Bewunderung.

Zu der Entschlossenheit, sich einen persönlichen und privaten Freiraum zu schaffen und zu erhalten, kommt eine natürliche Scheu, aus der er überhaupt keinen Hehl macht. Eine Gelenkstelle in Leben und Laufbahn des „fliegenden Finnen" ist zweifellos der Große Preis von Portugal 1993 in Estoril. Wir entsinnen uns: Michael Andretti hat sich nach einem katastrophalen Intermezzo in der Formel 1 und bei McLaren vorzeitig bestürzt zu den Rockzipfeln der IndyCar-Serie zurückgeflüchtet. Auf den vakanten Platz neben Ayrton Senna holt Ron Dennis für die letzten drei Rennen der Saison Mika Häkkinen. Seit dem Formel-Ford-2000-Testtag in Donington im Herbst 1987, wo Dennis zusammen mit James Hunt als Juror wirkte, steht Mika auf seiner Wunschliste. Überdies hat der Brite ein ungemein gut funktionierendes Langzeitgedächtnis für keimendes Talent. Und dann passiert dies: Der junge Mann verstößt in der Qualifikation das Naturdenkmal Senna so mir nichts, dir nichts auf den vierten Rang, um ein paar tausendstel Sekunden zwar nur, aber das ist nun mal die Münze, mit der in der Formel 1 gehandelt wird. Unversehens und völlig verdattert findet sich im Kreuzfeuer der Fragen und der Blitzlichter auf der Pressekonferenz für die drei Trainingsschnellsten wieder, errötet wie einst der frühe Gilles Villeneuve, weiß kaum, wohin er sehen, was er sagen soll. Das schiefe Grinsen von damals ist geblieben, nur dass heute ein Schalk dahintersteckt

tranquille et pure de la confiance en soi n'a pas fini de briller.

Sa maîtrise de soi est avant tout le fruit de son éducation. Son père, Harri, avait conseillé à ce fils si prometteur : « Si tu t'énerves ou si tu es de mauvaise humeur, il ne faut jamais le montrer. Va tout simplement faire un tour dans la forêt et donne des coups de pied dans les arbres. » Peut-être est-ce la raison de l'état lamentable dans lequel se trouvent tant d'arbres dans la région de Helsinki, raconte Mika en souriant. Parfois, quand l'émotion le submerge, il lui arrive tout de même de perdre sa contenance. « L'homme de glace a fondu », se réjouissent les journalistes et il est étonnant que ce soit les médias qui nous mettent au courant. Monza 1999 : on nous le montre recroquevillé et en larmes dans le bois près de la piste après son dérapage – ce qui est émouvant et humain. Mais à quel point il est stupide de critiquer cette réaction et de la déclarer indigne d'un pilote de Formule 1 et d'un champion du monde. Un an plus tard, de nouveau à Monza : dans un geste spontané, Mika entoure de son bras Michael Schumacher, qui lors de la conférence de presse après la course s'est brusquement tu, pris par l'émotion.

Dès son plus jeune âge, il exerce sa rigueur et sa volonté de fer. Élève d'une école de cirque, il apprend là, à côté de la lecture et du calcul, des numéros artistiques qu'il transpose dans sa vie quotidienne.

Par exemple, il se rend à l'école en monocycle, sur une distance de plusieurs kilomètres, avec une descente verglacée en hiver. Donc, dès son âge le plus tendre, il acquiert le sens de l'équilibre, celui du corps, de l'esprit et du véhicule, mais aussi la conviction que la route du retour sera plus facile. Et pour le reste, la transition du vrai cirque à celui des Grands Prix semble plus logique. Aujourd'hui encore, Mika présente de temps à autre l'un de ses vieux numéros, mais plutôt à des fins caritatives. Le métier de saltimbanque semble exercer un attrait magique sur lui. Lors de l'une de ses représentations à Montréal en juin 1999, il prend le temps d'aller faire une visite éclair au célèbre Cirque du Soleil, se déplace sans perdre son équilibre sur une énorme boule en bois, jongle avec des balles et assure les trapézistes de son admiration inconditionnelle, en parlant avec eux d'artiste à artiste.

Sa décision de se créer et de préserver une sphère personnelle et privée se renforcée par sa timidité naturelle, dont il ne se cache nullement. Le Grand Prix du Portugal à Estoril en 1993 représente sans aucun doute une charnière dans la vie et la carrière du « Finlandais volant ». Rappelons les faits : Michael Andretti, après un intermède catastrophique dans la Formule 1 et chez McLaren, fait une retraite aussi anticipée que précipitée et court se réfugier dans les jupons du championnat Indycar. Ron Dennis engage Mika Häkkinen à la place devenue vacante auprès d'Ayrton Senna, pour les trois dernières courses de la saison.

Depuis la journée d'essais de la Formule Ford 2000 à Donington à l'automne 1987, où Dennis était dans le jury en compagnie de James Hunt, il souhaitait recruter Mika. Le Britannique a une mémoire d'éléphant quant il s'agit de dénicher des talents naissants. Et il se passe la chose suivante : le jeune homme, au cours des qualifications, repousse le monumental Senna à la quatrième place comme si de rien n'était, de quelques millièmes de secondes certes, mais c'est la norme dans la Formule 1. Pris au dépourvu et complè-

Häkkinen's signature is much in demand, as here during the official autograph session at Silverstone in 1997. The thronging of the crowd is fun to experience but it's still a relief when it's over.

Häkkinens Signatur – hier 1997 in Silverstone beim offiziellen Autogrammstündchen – ist ein begehrter Artikel. Er mag das Bad in der Menge, ist aber auch froh, wenn es wieder vorüber ist.

La signature de Häkkinen est un article désiré, comme ici, en 1997 à Silverstone lors de la séance officielle d'autographes. Il apprécie les bains de foule, mais il est aussi heureux quand il en a fini avec eux.

ral shyness about which he makes no bones. A turning point in the life and career of the Flying Finn is without doubt the Portuguese Grand Prix of 1993 in Estoril. The background: Michael Andretti has fled back to the skirt tails of the IndyCar series following a catastrophic intermezzo in Formula One with McLaren. Ron Dennis fetches Mika Häkkinen to fill the vacant position beside Ayrton Senna for the last three races of the season. Mika has been on his wish list since the Donington Formula Ford 2000 test day in the fall of 1987, where Dennis had acted as juror together with James Hunt. In addition, the cool Briton has an uncommonly well functioning long-term memory for up-and-coming talent. Then the following happens. In the qualification, the young man quite simply relegates the monumental Senna into fourth place, by only a few thousandths of a second, but then they are the currency with which Formula One operates. Unawares and fully in a dither he finds himself in the crossfire of questions and photoflashes at the press conference for the three

und manchmal ein kleiner maliziöser Hintergedanke. Schein und Sein: Was an jenem Samstag im Oktober in ihm vor sich ging? „Das war ein irres Gefühl. Ayrton war für mich nicht nur Teamkollege und Konkurrent, sondern mein Vorbild. Ihn im Qualifying im gleichen Auto zu schlagen war für mich das Größte." Dem Brasilianer indessen, seit 1991 bereits mit dem Phänomen Michael Schumacher konfrontiert, schwant offensichtlich, dass die jungen Löwen nach seinen Fersen zu schnappen beginnen: Mika habe im siebenten Himmel geschwebt, erinnert sich Jo Ramirez, der nach 18 Jahren bei McLaren just verrentet worden ist. Er habe einfach nicht aufhören können zu grinsen. Senna habe zu ihm gesagt: „Warum grinst du? Wie viele Rennen hast du gewonnen? Wie viele Meisterschaften hast du vorzuweisen?" Und je zorniger er geworden sei, desto breiter sei Mikas Grinsen geworden.

Kein Wunder, soeben hat sich aufs Schönste ein anderer seiner Grundsätze ausgezahlt: „Wenn du etwas wirklich haben willst, bekommst du es auch." Natür-

tement ahuri, il se retrouve sous le feu croisé des questions et des flashes à la conférence de presse des trois pilotes les plus rapides à l'entraînement, rougit comme autrefois le jeune Gilles Villeneuve, ne sait pas quoi dire ni où regarder. Le sourire en biais de l'époque lui est resté, mais aujourd'hui c'est un homme malicieux qui se cache derrière, à qui il arrive de temps à autre d'avoir une pensée espiègle. Être et paraître : qu'a-t-il ressenti ce samedi d'octobre ? « C'était un sentiment fou. Ayrton était pour moi non seulement mon coéquipier et concurrent, mais mon héros. Le dépasser à la qualification avec la même voiture, c'était géant. » Quant au Brésilien, qui depuis 1991 est confronté à un phénomène nommé Michael Schumacher, il a un vague pressentiment que les jeunes loups commencent à lui mordiller les chevilles. Mika était au septième ciel, se souvient Jo Ramirez, qui vient juste de prendre sa retraite après dix-huit ans passés chez McLaren. Il n'arrêtait plus de sourire. Senna lui demandait : « Qu'est-ce que tu as à sourire comme ça ? Tu as gagné

fastest drivers during practice, blushing like Gilles Villeneuve in his day, not knowing where to look, or what
to say. The lopsided grin of those days is still there, but
today a certain waggishness and sometimes even a hint
of malicious wit lies behind it. Appearance and reality:
what was going through his mind on that Saturday in
October? "It was an amazing feeling. Ayrton was not
only my team-mate and rival, he was also my idol. To
beat him with the same vehicle was for me fantastic."
The Brazilian, for his part, confronted since 1991 with
the phenomenon of Michael Schumacher, clearly senses
that the young lions are beginning to snap at his heels:
Mika was floating in seventh heaven, recalls Jo Ramirez,
who has just retired after 18 years with McLaren. He
simply could not stop grinning. Senna asked him:
"Why are you grinning? How many races have you won?
How many championship titles?" And the angrier he
got, the wider Mika's grin became.

And no wonder, for another of his basic principles has
just paid off most handsomely: "If you really want something, you'll get it." Of course, he has already tasted the
drug of success, remaining uncowed by two bitter, barren years at Lotus. In 1990 for example: with eleven pole
positions, eleven wins, and 121 points he becomes British Formula Three champion, in front of Mika Salo with
98 points. The series has been nicknamed "the Mika and
Mika Show," because the Flying Finns always appeared

lich hat er – uneingeschüchtert von zwei Saure-Gurken-
Jahren bei Lotus – bereits von der Droge Erfolg gekostet.
1990 zum Beispiel: Da ist er mit elf Poles, elf Siegen und
121 Punkten englischer Formel-3-Meister geworden vor
Mika Salo mit 98 Zählern. Die MikaMika-Show hat
man die Serie genannt, weil die „fliegenden Finnen"
gleich im Doppelpack aufgetreten sind. Nach Estoril
1993 wird ihm indessen wieder diese zähe Geduld abver-
langt, muss er den tödlichen Unfall Sennas 1994 in Imola
und seine eigene flüchtige Begegnung mit dem Tod 1995
in Australien sowie vier Saisons in Fahrzeugmaterial
aussitzen, das lediglich für die Warteschleife des Siegens taugt. Aus der Horrorerfahrung von Adelaide geht
er gestärkt hervor: „Ich weiß nicht, was es war", staunt
Keke Rosberg noch heute. „Aber die Sache hat seinen
Reifeprozess unglaublich beschleunigt, in geschäftlicher
Hinsicht, als Familienmensch, als Fahrer." Das Verhältnis zwischen den beiden so ungleichen finnischen Welt-
meistern ist geprägt von gegenseitiger Hochachtung, ja
Bewunderung: „Mika ist besser, als ich jemals gewesen
bin, vielleicht sogar der Beste unter den heutigen Fahrern", räumt Rosberg neidlos ein.

Wir definieren uns ja auch an unseren Freunden, Kollegen, Gegnern und Feinden, gewinnen Profil vor dem
Hintergrund unseres Umfelds. Da ist zunächst einmal
David Coulthard, die andere Hälfte in der am längsten
andauernden Partnerschaft in der Formel-1-Geschichte,

combien de courses ? Tu détiens combien de titres de
champion ? » Et plus il se mettait en colère, plus le
sourire de Mika s'élargissait.

Ce qui n'a rien d'étonnant, car un autre de ses
principes venait de se vérifier : « Quand tu veux vraiment avoir quelque chose, tu l'obtiens. » Bien sûr, il
avait déjà goûté à la drogue du succès – sans se laisser perturber par deux années de vaches maigres chez
Lotus. En 1990 par exemple : avec onze *pole positions*,
onze victoires et 121 points, il est devenu champion
britannique de Formule 3, devant Mika Salo qui se
contente d'un score de 98 points. La série a été baptisée le « Mika-Mika Show », les « Finlandais volants »
s'étant présentés en duo. Après Estoril en 1993, en
revanche, il lui faudra de nouveau être patient. Il subit
deux épreuves difficiles, l'accident mortel de Senna
en 1994 à Imola et sa propre rencontre brève avec la
mort en Australie en 1995, puis quatre saisons sur des
machines sans le moindre avenir. Il sort renforcé de
son expérience effroyable à Adelaide. « Je ne sais pas
ce que c'était, s'étonne Keke Rosberg aujourd'hui
encore. Mais cet accident a incroyablement accéléré
son processus de maturation, en affaires, comme père
de famille et comme pilote. » Les relations entre les
deux champions du monde finlandais si différents
sont empreintes de respect mutuel et même d'admiration. Rosberg, sans la moindre jalousie, concède que

in tandem. Following Estoril in 93, his dogged patience is once again put to the test when he has to sit out Senna's fatal accident in Imola in 1994, his own fleeting acquaintance with death in Australia in 1995, and four further seasons in vehicles that leave him perpetually waiting for victory. Surprisingly, he is strengthened by the horrific experience at Adelaide: "I don't know what it was," Keke Rosberg still marvels today, "but the affair incredibly accelerated his maturing process, with regards to business, as a family man, and as a driver." The relationship between the two so very disparate Finnish world champions is characterized by mutual respect, even admiration: "Mika is better than I ever was, perhaps even the best of today's drivers," Rosberg concedes without envy.

A person can also be defined by his friends, colleagues, rivals, and enemies, his profile focused by the backdrop of his environment. First of all, there is

über sechs Jahre und fast 100 Grand Prix: „Er hat mich immer wieder zu Höchstleistungen angestachelt und wir waren sicher ein gutes und sehr erfolgreiches Team. Wenn es nötig war, konnte ich mich auf Davids Unterstützung absolut verlassen. Und er war immer offen und ehrlich."

Dabei gleichen die beiden den Figuren aus dem Wetterhäuschen – wenn der eine sich sonnt, verschwindet der andere im Schatten. Dies wurzelt nicht zuletzt in ihren unterschiedlichen Neigungen hinsichtlich des Setups ihrer Wagen. Vor allem zu Beginn der Saison 2001 hat der West McLaren Mercedes MP 4/16 vorn zu wenig Abtrieb. So etwas spielt dem Schotten in die Karten, während Häkkinen Autos bevorzugt, die im Grenzbereich mit dem Heck wegwischen, mit Fundamentalisten des Driftwinkels wie Jochen Rindt oder Ronnie Peterson als geistigen Vätern. Des einen Ul wird so zwangsläufig

« Mika est meilleur que je n'ai jamais été, peut-être même le meilleur de tous les pilotes actuels. »

Nous nous définissons aussi d'après nos amis, collègues et ennemis, notre milieu forme un arrière-plan qui met en valeur notre profil. Mika évoque ainsi David Coulthard, son équipier dans le partenariat le plus long de toute l'histoire de la Formule 1, plus de six ans et presque une centaine de Grands Prix. « Il n'a cessé de m'aiguillonner pour que je batte des records et nous formions une bonne équipe, qui réussissait. En cas de besoin, je pouvais tout à fait faire confiance à David. Il a toujours été ouvert et sincère. »

Ils ont partagé les échecs et les succès, mais à tour de rôle. Sans doute à cause de leur conception diamétralement opposée du réglage de leurs bolides. Au début de la saison 2001 notamment, la MP 4/16 de West McLaren Mercedes a trop peu d'appui à

This discussion with McLaren technical guru Adrian Newey results in Mika's 1998 success at the Nürburgring.

Diese Diskussion mit McLaren-Technik-Guru Adrian Newey mündet in Mikas Erfolg 1998 am Nürburgring.

Cette discussion avec le gourou de la technique chez McLaren, Adrian Newey, se traduit par la victoire de Mika au Nürburgring en 1998.

David Coulthard, the other half of the longest continuous partnership in Formula One history, lasting for six years and more than 100 grands prix: "He has spurred me on time and time again to achieve the very highest performance, and we were definitely a good and very successful team. When necessary, I could always rely absolutely on David's support. He was always open and honest." In this, the two of them are like the figures of one of those weather barometers, where the one comes out into the sunshine while the other waits inside. The reason lies not least in their differing dispositions in regard to the set-ups of their vehicles. Particularly at the beginning of the 2001 season, the West McLaren Mercedes MP 4/16 suffers from too little front downforce. This plays into the hand of the Scotsman, while Häkkinen prefers cars that oversteer when pushed to the limit, with such fundamentalists of drift angle as Jochen Rindt or Ronnie Peterson as his spiritual fathers. What benefits the one is inevitably to the other's detriment. For instance, in Hockenheim Coulthard complains about "unbelievable oversteer". Häkkinen on the other hand is delighted: the balance of the vehicle has never been so perfect, he rejoices.

Then there is Ron Dennis, a fatherly and kindhearted tutor, as well versed in Mika's innermost psyche as no other: "Ron recognized my talents at an early stage and has supported and encouraged me from the very beginning. I have a lot to thank him for. He is not only my team boss, he is first and foremost a friend who understands me." Dennis is the thermostat for that hard-to-regulate hothouse in which Mika either flourishes or not, according to one insider. Nevertheless the Finn's retirement request comes as a shock for the McLaren boss: "He didn't try to persuade me to change my mind, as always he just wanted to know exactly why I had come to this decision."

Then there is Michael Schumacher, the eternal rival in red. The history of Formula One in the eighties and nineties abounds with seething rivalries. Nelson Piquet versus Nigel Mansell, Alain Prost versus Ayrton Senna, Michael Schumacher versus Damon Hill – hardly the material of which lasting male friendships are cast. The

des anderen Nachtigall. In Hockenheim beispielsweise beschwert sich Coulthard über „unglaubliches Übersteuern". Häkkinen indessen frohlockt: Noch nie sei die Balance dieses Wagens so vorzüglich gewesen.

Da ist Ron Dennis, ein väterlicher und einfühlsamer Tutor, der in Mikas Seelenlandschaften bewandert ist wie kein Zweiter: „Ron hat meine Gaben frühzeitig erkannt und mich von Anbeginn an unterstützt und gefördert. Ich verdanke ihm viel. Er ist nicht nur mein Teamchef, sondern vor allem ein Freund, der mich versteht." Dennis, kleidet es ein Insider ins Bild, sei der Thermostat für das manchmal schwierig zu klimatisierende Gewächshaus, in dem Mika floriere oder auch nicht. Gleichwohl kommt für den McLaren-Boss des Finnen Rücktrittsgesuch wie ein Schock: „Er versuchte nicht, mich umzustimmen, wollte aber wie immer ganz genau wissen, warum ich diese Entscheidung gefällt hatte."

Da ist Michael Schumacher, der ewige Rivale in Rot. Die Historie der Formel 1 in den achtziger und neunziger strotzt von brodelnder Rivalitäten. Nelson Piquet versus Nigel Mansell, Alain Prost versus Ayrton Senna, Michael Schumacher versus Damon Hill – all das ist kaum die Materie, aus der bleibende Männerfreundschaften gegossen werden. Die Zweikämpfe Mika Häkkinen versus Michael Schumacher sind längst in die Legende dieses Sports eingegangen, der verwegene Überholvorgang des „fliegenden Finnen" in Spa 2000 auf der langen Steigung vor Les Combes zählt gewiss zu seinen zeitlosen Schmankerln. Und dennoch fasst man sich mit Samthandschuhen an, zumindest verbal, bezieht ganz bewusst die eigene Größe aus dem Sieg über den jeweils anderen: „Wir haben großen Respekt vor einander. Er stellte für mich immer die eigentliche sportliche Herausforderung dar. Ihn zu schlagen gab mir am meisten Befriedigung. Nie empfand ich ihn als unfair."

Und da sind schließlich seine Wagen. Ein anderer Spot zeigt Mika, wie er gutmütig den McLaren tätschelt, der schon seine Nachtruhe in der Garage bezogen hat. Da ist etwas Wahres dran, er hat es ja auch schon im wirklichen Leben getan. Sein Verhältnis zu seinen Fahrzeugen ist kollegial, fast symbiotisch. Aber sie müssen ebenbürtig sein: Auto gut, alles gut. Wenn nicht, ver-

l'avant. Cela convient tout à fait à l'Écossais, tandis que Mika préfère les voitures plus survireuses, ayant eu pour pères spirituels des fondamentalistes de la dérive tels que Jochen Rindt ou Ronnie Peterson. Dans ce cas, le bonheur de l'un fait forcément le malheur de l'autre. À Hockenheim, par exemple, Coulthard se plaint que sa voiture « survire d'une façon incroyable ». Mika, en revanche, est aux anges et estime que l'équilibre de cette auto n'a jamais été aussi remarquable.

Autre ami, Ron Dennis, tuteur paternel et sensible, qui connaît mieux que personne les tréfonds de l'âme de Mika. « Ron a détecté très tôt mes dons et dès le début il m'a appuyé et encouragé. Je lui dois beaucoup. Il n'est pas seulement le directeur de mon équipe, mais surtout un ami qui me comprend. » Selon un intime, Dennis peut être comparé au thermostat qui règle la climatisation parfois délicate de la serre dans laquelle Mika fleurit ou s'étiole. Quoi qu'il en soit, le directeur de McLaren tombe des nues le jour où il reçoit la lettre de démission du Finlandais : « Il n'a pas essayé de me faire changer d'avis, mais, comme toujours, il voulait connaître très précisément les raisons de ma décision. »

Michael Schumacher représente le rival éternel en rouge. L'histoire de la Formule 1 dans les années 1980 et 1990 regorge de rivalités terribles. Nelson Piquet contre Nigel Mansell, Alain Prost contre Ayrton Senna, Michael Schumacher contre Damon Hill – tout cela n'est pas vraiment la matière dont on forge de durables amitiés. Les duels entre Mika Häkkinen et Michael Schumacher sont entrés depuis longtemps dans la légende du sport. À Spa, en 2000, lorsque le téméraire « Finlandais volant » dépasse l'Allemand sur la longue montée avant Les Combes, il l'enrichit sans aucun doute de l'un de ses plus beaux épisodes. Et pourtant les deux hommes font preuve d'une grande politesse l'un envers l'autre, du moins verbalement, et sont très conscients de tirer leur grandeur des victoires remportées sur l'autre. « Nous avons un grand respect l'un pour l'autre. Pour moi, il a toujours représenté le véritable défi sportif. Le battre m'a toujours procuré la plus grande joie. Je ne l'ai jamais estimé déloyal. »

Parlons enfin des voitures de Mika. Sur un autre spot publicitaire, Mika tapote gentiment la McLaren qui a déjà regagné son garage. Mais ce n'est plus de la fiction mais une réalité puisqu'il l'a aussi fait dans la vraie vie. Il a une relation presque fusionnelle avec ses voitures. Mais il faut être à la hauteur : si la voiture est bien, tout va bien. Sinon, il lui arrive comme à Imola en 2001 de passer plus d'une demi-heure à étudier à fond l'aileron arrière de la Jordan de Jarno Trulli : « Ce qui est dur, c'est de rester motivé quand il faut escalader une montagne géante. » Puis, d'un coup, la

duels between Mika Häkkinen and Michael Schumacher have long become legendary in this sport, the
bold overtaking maneuver of the Flying Finn at Spa
in 2000, on the long uphill section before Les Combes
certainly being one of the timeless Formula One feats.
And yet they handle each other with velvet gloves, at
least verbally, the one quite consciously deriving kudos
from victory over the other and vice versa: "We have
great respect for one another. For me he always person-
ified the real sporting challenge. Beating him gave me
most pleasure. I never considered him to be unfair," is
what Schumacher has to say about Häkkinen, and pos-
sibly vice versa.

Then there are his racing cars. One advert shows
Mika good-naturedly stroking the McLaren, which
has already been put to bed in the garage. There is more
than a grain of truth in it; he really used to do this. His
relationship to his cars is collegial, almost symbiotic.
But they must be on a par. If the car is good, everything is good. If not, for example at Imola in 2001, he
spends more than half an hour particularly studying
the wing of Jarno Trulli's Jordan. "Staying motivated
when you have an enormous mountain to climb is terribly difficult." And then, everything simply falls into
place, like in Silverstone and Indianapolis, and Mika
Häkkinen is there again almost from nowhere, as
unbeatable as ever. With his Indy victory in September
2001 he sends a cheerful farewell greeting, in particular to all those who have already written him off and
suspect that Mika Häkkinen is no longer the driver he
used to be.

Time to call it a day, he says in the advert mentioned
above, with that husky Finnish accent. And now it's
time for him, too, to call it a day. Whether in provi-
sional retirement or for good, not even Mika knows for
sure. What has put him off his previous occupation is
all the fuss and hype about him personally, racing cars
with which he could not harmonize, the rigid sched-
ules, the tedious petty routine, and a certain tiredness.
What attracts him to the new phase in his life that is
also a journey into the unknown, listening to the still-
ness, being free from compulsion, watching Hugo
Häkkinen grow up. What could lead him to regret his
choice in the short or long term? Withdrawal symp-
toms, for the drug success is no longer there, his pure
joy at seeing the team's smiles when he once again
wrestled pole position from Michael Schumacher.
And in 2005 he actually does start working for Mercedes-Benz again, this time with its racing touring car
in the DTM.

There are many reasons why he has been missed in
the intervening period, even by us journalists. One of
them is Mika Häkkinen's truly sparkling eloquence
when compared to his successor, Kimi Räikkönen, the
next Flying Finn...

bringt er schon mal wie in Imola 2001 über eine halbe
Stunde damit, angelegentlich den Heckflügel von Jarno
Trullis Jordan zu studieren: „Motiviert zu bleiben, wenn
du einen Riesenberg erklimmen musst, das ist voll die
Härte." Und dann stimmt plötzlich alles zusammen,
wie in Silverstone und in Indianapolis, und Mika Häkkinen ist wie aus dem Nichts wieder da, unschlagbar wie
einst. Insbesondere mit dem Sieg in Indy sendet er einen
vergnügten Abschiedsgruß an alle, die ihn bereits abge-
schrieben haben und argwöhnen, Mika Häkkinen sei
nicht mehr der Alte.

Feierabend, sagt er in dem eben angesprochenen
Werbespot, mit diesem grollenden finnischen Akzent.
Feierabend heißt es nun auch für ihn selbst. Ob im einst-
weiligen Ruhestand oder für immer, das weiß nicht einmal Mika so ganz genau. Was ihn an seinem bisherigen
Gewerbe abgestoßen hat: das Getue und der Rummel
um seine Person, Rennwagen, mit denen er nicht harmo-
nierte, die rigiden Zeitpläne, die nervtötende Routine
des Nebensächlichen, eine gewisse Müdigkeit. Was ihn
an seinem neuen Lebensabschnitt anzieht, auch einer
Reise ins Unbekannte: in die Stille zu horchen, frei von
Zwängen zu sein, Hugo Häkkinen wachsen zu sehen.
Was dazu führen könnte, dass er seinen Entschluss über
kurz oder lang bereut: Entzugserscheinungen, weil die
Droge Erfolg ausbleibt, die helle Freude am Lachen des
Teams, wenn er Michael Schumacher mal wieder die
Pole Position entrungen hat. Und in der Tat ist er 2005
wieder für Mercedes-Benz tätig, diesmal im Renntou-
renwagen bei der DTM.

Es gibt viele Gründe, weshalb er uns gefehlt hat in
der Zwischenzeit, auch uns Journalisten. Einer davon:
Gemessen an seinem Nachfolger Kimi Räikkönen
ist Mika Häkkinen von einer wahrlich sprudelnden
Beredsamkeit.

forme revient, comme à Silverstone et à Indianapolis, et Mika Häkkinen, de nouveau imbattable, fait
un retour fulgurant. Sa victoire à Indy, en particulier,
représente ses adieux chaleureux *avec un pied de nez* à
tous ceux qui le croyaient fini et ne voyaient plus en lui
qu'un *has-been*.

« Fini le travail », dit-il dans le spot publicitaire
dont nous venons de parler, avec son rude accent fin-
nois. C'est désormais le cas pour lui. Retraite tempo-
raire ou définitive ? Il ne le sait pas lui-même. Plusieurs
choses l'ont rebuté dans sa profession : tout le battage
fait autour de sa personne, les voitures de course avec
lesquelles il ne s'accordait pas, les calendriers rigides,
la routine exaspérante des détails, une certaine lassi-
tude. Ce qui l'attire dans la nouvelle ère qui s'ouvre
à lui, qui est d'ailleurs un grand pas vers l'inconnu :
écouter dans le silence, ne plus subir de contraintes,
regarder grandir son fils Hugo. Il pourrait lui arriver de regretter sa décision à plus ou moins longue
échéance. On ne se défait pas si vite du vertige du succès, il aura du mal à se passer de la joie de son équipe
quand il arrache une nouvelle fois la *pole position* à
Michael Schumacher. Et, en effet, il est de nouveau
chez Mercedes-Benz en 2005, cette fois-ci dans un
engin conçu pour le championnat de supertourisme
allemand (DTM).

S'il nous a manqué pour plusieurs raisons, y
compris à nous les journalistes, c'est qu'entre autres,
comparé à son successeur Kimi Räikkönen, l'autre
Finlandais volant, Mika Häkkinen est un véritable
moulin à paroles...

In the last DTM season of 1995 alone the popular series attracts around 70,900 spectators per round to the tracks, a total of 851,000. Television coverage is more than 120 hours, with a viewing public of 353 million.

These are arguments that five years later simply can no longer be ignored. A 40-page document of technical regulations containing obligation and liberties is negotiated under the auspices of the *Internationale Tourenwagen-Rennen e.V.* (ITR). It is supposed to keep costs within manageable limits and ensure a level playing field. The abbreviation remains, but now stands for *Deutsche Tourenwagen Masters* (German Touring Car Masters). Vehicle minimum weight is 2205 lbs; with the driver on board it must reach 2381 lbs on the scales. The maximum length is limited to 15'5" and the width to 6'1" – without the wing mirrors. The engine has to fulfill numerous requirements, such as its precisely defined position regarding the middle of the wheelbase. Further parameters: a V8 with a capacity of up to 4000 cc, an included angle of 90 degrees, and a weight of 364 lbs or more. Two air restrictors displaying a diameter of 11/8" over a length of 1/8" counteract excessive horsepower. The engine is sealed before the start of the season, the removal of the seal during the season being punished harshly: the driver must start from the last row at the next race.

Only the six-speed transmission of the English producer X-Trac is allowed. Power assisted steering is permitted, but more elaborate technology such as ABS and traction control is forbidden. The brake disks of at least 13/8" thickness must, on the other hand, be made of carbon. No more than three sets may be worn out per season. The safety of the driver has been embraced with plenty of commitment.

The technicians of HWA GmbH (named after its boss, Hans Werner Aufrecht), the former racing department of AMG Mercedes in Affalterbach, refine the CLK series to create eight completely new DTM versions to supply the AMG Mercedes (4), Persson Motorsport and Rosberg (2 each) teams. According to Gerhard Ungar, HWA's head racing engineer, summer 1999 starts with a blank sheet of paper, but the experience gained with the C-Class in the ITC and the CLK-GTR and CLK-LM in the FIA GT-Championship soon comes into play. As is the case with the off-the-peg CLK, roof, side panels and doors are of steel in accordance with the regulations. Also made of steel is the otherwise state-of-the-art double wishbone wheel suspension, with forces transferred to the spring/shock absorber units via a pushrod system. The regulations offer one small freedom – the liberty to adjust the racing CLK's driving behavior by fine-tuning them as well as the stabilizers under the car to suit the respective course. Although the six-gear transmission is predetermined, similar adaptation can be achieved by using one of the nine intermediate transmissions available.

This time, the DTM's engine, with a fighting strength of roughly 450 hp, displays no affinity to any other Mercedes motor. It sheds its emissions to the side. This ensures that no hot exhaust pipe is in the way at the rear should the transmission – mounted directly in front of the rear axle in accordance with the transaxle principle – need to be replaced. Concept and implementation bear fruit: in the DTM season of 2000, Mercedes driver, Bernd Schneider, once again has little problem in dealing with his competitors.

In der letzten DTM-Saison 1995 allein lockte die populäre Serie pro Lauf rund 70 900 Zuschauer an die Piste, insgesamt 851 000. Über 120 Stunden berichtete das Fernsehen, mit einer kumulierten Einschaltquote von 353 Millionen.

Das sind Argumente, denen man sich fünf Jahre später einfach nicht mehr verschließen mag. Unter dem Dach der Internationalen Tourenwagen-Rennen e.V. (ITR) wird ein 40-seitiges technisches Regelwerk aus Freiheiten und Bindungen ausgehandelt. Es soll die Kosten in einem überschaubaren Rahmen halten und für gleiche Chancen sorgen. Das Kürzel bleibt, steht nun indessen für Deutsche Tourenwagen Masters. Das Mindestgewicht des Fahrzeugs beträgt 1000 kg, mit dem Piloten muss es 1080 kg auf die Waage bringen. Maximal darf es 4700 mm lang und 1850 mm breit sein – abzüglich der Außenspiegel. Zahlreiche Vorgaben hat das Triebwerk zu erfüllen, etwa seine genau definierte Position hinsichtlich der Mitte des Radstands. Weitere Parameter: V8 mit bis zu 4000 cm³ bei einem Gabelwinkel von 90 Grad und Gewicht von 165 kg oder mehr. Zwei Air-Restriktoren, die auf drei Millimeter Länge einen Durchmesser von 28 mm aufweisen, wirken ausufernden PS-Zahlen entgegen. Vor Beginn des Zyklus wird der Motor verplombt, sein Wechsel während der Saison harsch geahndet: Der Fahrer muss beim nächsten Rennen aus der letzten Reihe starten.

Erlaubt sind lediglich Sechsganggetriebe des englischen Herstellers X-Trac. Servounterstützung der Lenkung ist zulässig, aufwändigere Technologie wie ABS und Traktionskontrolle verboten. Die Bremsscheiben, mindestens 35 mm dick, müssen hingegen aus Karbon bestehen. Nicht mehr als drei Sätze je Saison dürfen verschlissen werden. Mit viel Hingabe hat man sich der Sicherheit des Piloten angenommen.

Aus dem Serien-CLK sublimieren die Techniker der HWA (benannt nach ihrem Chef Hans Werner Aufrecht) GmbH, vormals Rennabteilung von AMG Mercedes in Affalterbach, acht komplett neue DTM-Versionen, mit denen die Teams AMG Mercedes (4), Persson Motorsport und Rosberg (je 2) versorgt werden. Man habe, berichtet Gerhard Ungar, leitender HWA-Renningenieur, im Sommer 1999 auf einem leeren Blatt Papier begonnen, aber die Erfahrung mit der C-Klasse aus der ITC und den CLK-GTR und CLK-LM in der FIA-GT-Meisterschaft eingespeist. Wie beim CLK von der Stange besteht die Karosserie mit Dach, Seitenwänden und Türen vorschriftsgemäß aus Stahl. Ebenfalls aus Stahl sind die Radaufhängungen, ansonsten jedoch auf dem letzten Stand der Dinge, doppelte Dreieckslenker, die Kräfte über ein Pushrod-System auf die Feder-Dämpfer-Einheiten übertragen. Eine kleine Freiheit bietet deren Anordnung – das Fahrverhalten des Renn-CLK durch deren Abstimmung und der darunter liegenden Stabilisatoren auf die jeweilige Strecke einzurichten. Obwohl die Übersetzung der sechs Gänge festliegt, gilt dies auch für das Getriebe und zwar vermittels eines der neun zur Verfügung stehenden Vorgelege.

Diesmal weist die DTM-Maschine, Kampfstärke ungefähr 450 PS, keinerlei direkte Verwandtschaft mit irgendeinem anderen Mercedes-Aggregat auf. Ihre Emissionen werden seitlich entsorgt. Falls das Getriebe – nach dem Transaxle-Prinzip direkt vor der Hinterachse angesiedelt – ausgetauscht werden muss, stört so kein heißes Endrohr im Heckbereich. Konzept und Realisierung gehen auf: In der DTM-Saison 2000 macht Mercedes-Fahrer Bernd Schneider mit der Konkurrenz wenig Federlesens, wieder einmal.

2000

Lors de la dernière saison du championnat DTM, en 1995, la série populaire a attiré autour de 70 900 spectateurs par course sur les circuits, pour un total de 851 000. La télévision a retransmis plus de 120 heures de course, soit une audience cumulée de 353 millions de téléspectateurs.

Ce sont là des arguments auxquels, cinq ans plus tard on ne peut rester insensible. Sous l'égide de l'association *Internationale Tourenwagen-Rennen e.V.* (ITR) est constituée une réglementation technique de 40 pages qui définit les obligations et les autorisations. Il s'agit de maintenir les coûts dans des limites raisonnables et d'assurer l'égalité des chances. Le sigle du championnat allemand des voitures de tourisme, DTM, inchangé, désormais *Deutsche Tourenwagen Masters*. Le poids minimum du véhicule est de 1000 kg, soit 1080 kg avec le pilote. La longueur ne doit pas dépasser 4700 mm et la largeur

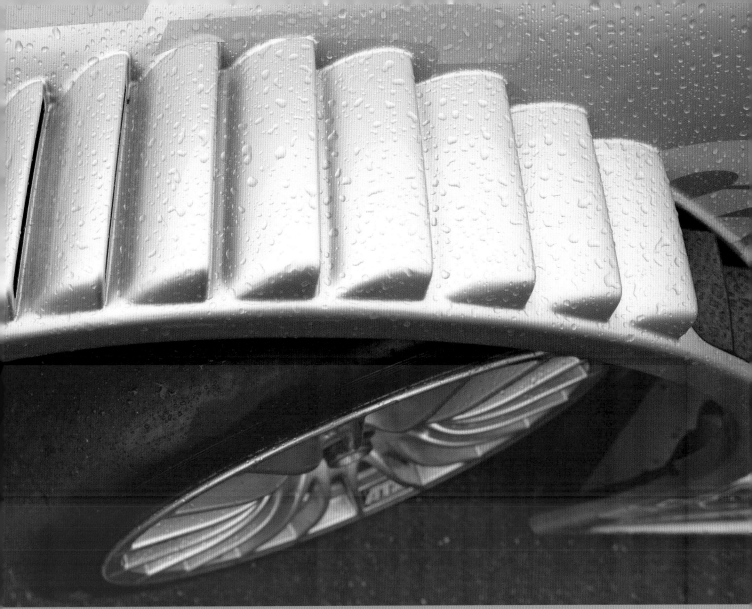

Mercedes-Benz CLK-DTM

1850 mm – hors rétroviseurs extérieurs. Le moteur doit satisfaire à de nombreuses prescriptions, par exemple sa position précisément définie par rapport au milieu de l'empattement. Autres paramètres : V8 jusqu'à 4000 cm³, avec un angle de 90° et un poids de 165 kg ou plus. Deux brides d'un diamètre de 28 mm sur 3 mm de longueur doivent limiter les puissances. Au début de la saison, le moteur est plombé et un changement en cours de saison est sévèrement sanctionné : le pilote doit, dans la course suivante, partir en fond de grille. On doit n'utiliser que les boîtes à six vitesses du fabricant anglais X-Trac. Une servo-assistance de la direction est admise, mais des technologies plus coûteuses comme l'ABS et le contrôle de traction sont prohibées. Les disques de freins, d'au moins 35 mm d'épaisseur, doivent en revanche être en carbone et le nombre de pièces est limité à trois jeux par saison. La sécurité du pilote a fait l'objet de toutes les attentions.

Les techniciens de la société HWA GmbH (nommée d'après son directeur, Hans Werner Aufrecht), autrefois département courses d'AMG Mercedes à Affalterbach, ont tiré, à partir de la CLK de série, huit nouvelles versions DTM complètes destinées aux équipes AMG Mercedes (4), Persson Motorsport et Rosberg (2 chacune). Selon Gerhard Ungar, ingénieur en chef pour la compétition d'HWA, tout a commencé à l'été 1999 à partir d'une feuille blanche, mais en intégrant l'expérience acquise avec la Classe C de l'ITC et les CLK-GTR et CLK-LM dans le championnat FIA-GT. Comme dans le cas de la CLK de production, la carrosserie (toit, parois latérales et portes) est en acier, conformément à la réglementation. Les bras de suspensions superposés sont aussi en acier et les contraintes sont reportées sur les combinés ressorts-amortisseurs par un système de renvois. Le règlement accorde un peu de liberté en permettant d'affiner le comportement rou-tier de la CLK de course par le réglage des barres stabi-lisatrices inférieures, en fonction du circuit. Bien que les rapports des six vitesses soit prédéterminés, cette liberté concerne aussi la boîte de vitesses avec neuf rapports intermédiaires dont on dispose.

Cette fois, le moteur DTM, d'une puissance d'environ 450 ch en course, n'a aucune parenté directe avec un quel-conque autre produit Mercedes. Ses échappements sont à l'extérieur du V afin qu'aucun tube chauffé au rouge ne risque de gêner la dépose et la repose rapide de la boîte-pont si nécessaire. Le concept et la réalisation de la CLK-DTM porte ses fruits : au cours de la saison DTM 2000, Bernd Schneider, pilote de Mercedes, n'est pas inquiété par la concurrence.

The radiators of the CLK-DTM lie, split in two, in front of the front axle to make room for an additional meter-long crash unit made of carbon fiber. From the windshield onwards, the bodywork is removable in one piece to ease maintenance.

Die Kühler des CLK-DTM liegen vor der Vorderachse, zweigeteilt, weil so Platz für ein zusätzliches knapp ein Meter langes Crash-Element aus Kohlefaser geschaffen wird. Von der Windschutzscheibe an ist die Verkleidung wartungsfreundlich zur Gänze abnehmbar.

Les radiateurs de la CLK-DTM sont placés devant l'essieu avant et divisés en deux pour faire place à un élément déformable supplémentaire en fibres de carbone, d'une longueur d'un mètre tout juste. À partir du pare-brise, la carrosserie monopièce est démontable, pour faciliter la maintenance.

The backbone of the coupé is formed by a tubular lattice frame to which the 4-liter V8 and the wheel suspension are screwed. A safety cage made from composite carbon fiber encloses the seat including the headrest, pedals, gear lever, as well as the steering-column bearings and the safety-belt system.

Rückgrat des Coupés bildet ein Gitterrohrrahmen, an dem der Vierliter-V8 und die Radaufhängungen verschraubt sind. Ein Sicherheitskäfig aus Kohlefaser-Verbundwerkstoff umschließt Sitz samt Kopfstütze, Pedale, den Schalthebel sowie die Lagerung der Lenksäule und das Gurtsystem.

Le châssis tubulaire soutenant le V8 de quatre litres et les suspensions constituent l'épine dorsale du coupé. Une cellule de sécurité en fibres de carbone et matériau composite enveloppe le siège avec l'appuie-tête, les pédales, le levier de changement de vitesses, ainsi que le logement de la colonne de direction et les systèmes du harnais de sécurité.

Apart from the safety cage, the silhouette of the DTM, here the winner's car in its colorful sponsors' livery, resembles that of the gentler CLK production model. The bodywork, including roof, side panels and doors, is also made of sheet steel. The high-tech materials are hidden away from sight.

Über dem Sicherheitskäfig gleicht die Silhouette der DTM-Variante, hier der Wagen des Siegers im bunten Sponsorgewand, der des milden Serienmodells CLK. Und wie bei jenem besteht die Karosserie mit Dach, Seitenwänden und Türen aus Stahlblech. Die Hightech-Materialien finden sich im Verborgenen.

Au-dessus de la cellule de sécurité, la silhouette de la version DTM, ici le véhicule du vainqueur aux couleurs bariolées des sponsors, ressemble à celle du modèle de série CLK, plus sage. Et comme sur celle-ci, la carrosserie y compris le toit, les côtés et les portières, est en tôle d'acier. Les matériaux high-tech sont invisibles.

New regulations, introduced by the FIA primarily to eliminate the use of expensive qualification specials and add a pinch of imponderability in race results following years of predictable Ferrari dominance, are not only radical. They also come as a surprise for most teams, whose development of vehicles for 2003 is already well advanced. One single flying lap on Saturday afternoon decides the starting position. The car is already to be in grand prix trim: the engine, aerodynamics, mechanical calibration as well as fuel quantity, with which it is intended to participate in the race, are to remain untouched.

The effects of these rules are considerable. The McLaren-Mercedes joint venture takes advantage of them in two respects. With more fuel on board, their Michelin tires can more rapidly reach the optimal operating temperature during qualifying, which removes a drawback of the previous year. And in the run-up to the great event, their Ferrari rivals can no longer adjust at short notice to conditions on Sunday by ingeniously handling their ballast. Nevertheless, the red F 2003-GA still becomes the car of the year in many respects.

The West McLaren Mercedes outfit, on the other hand, comes up with something quite bizarre: the MP 4/18 intended as the silver and black secret weapon for that season is never actually raced. The Kimi Räikkönen and David Coulthard driver pairing have to make do with the D derivative stage of the 2002 MP 4/17. It works out, nevertheless: favored by the new points system the young Finn manages to keep the outcome of the championship open until the very end, and only loses to the red warrior, Michael Schumacher by a mere two points. The MP 4/17 D emergency solution promptly proves its worth when the team wins the first two races, in Melbourne with Coulthard and in Sepang with Räikkönen at the wheel.

Both cars betray the expert hand of the genius of aerodynamics, Adrian Newey. Especially striking about the MP 4/17 D and often copied hereafter, are the new bargeboards behind the front wheels, lower and combined with an additional element before them, and the sophisticatedly curved rear spoiler. The Mercedes-Benz FO 110 M engine is a further development of the previous year's model with the same architecture, the oil reservoir and radiators are in the same position and are the same size, with an additional oil repository in the right-hand side pod.

Assiduously tested off the grand prix track, the MP 4/18 repeatedly serves as an organ bank. In Montreal, Hockenheim and Monza, for instance, it donates extracts from its innovative technology in the shape of a new wheel suspension. In Italy, the prematurely pensioned vehicle, brought down by its own progressiveness, also acts as godfather for the hot air outlets, which no longer lead a withdrawn existence in the immediate proximity of the drive wheels. The job is done by stately chimneys that also accommodate the exhaust pipes. A single fin, sharply tapered to the front, arches aloft over the rear wheels instead of the more confused arrangement seen up till the Hungarian Grand Prix.

But these are only snapshots of a reality that knows nothing of standstill and stagnancy. *Panta rhei,* the Greek philosopher Heraclitus taught around 500 BC. The West McLaren Mercedes team is a good example.

2003

Die neuen Regeln, mit denen die FIA vor allem den Einsatz von teuren Qualifikations-Specials in den Griff bekommen und nach Jahren berechenbarer Ferrari-Dominanz eine Prise Unwägbarkeit in die Rennausgänge bringen möchte, sind nicht nur radikal. Für die meisten Teams, schon weit fortgeschritten in der Entwicklung ihrer Fuhrparks für 2003, kommen sie überdies als Überraschung. Eine einzige fliegende Runde am Samstagnachmittag entscheidet über den Startplatz. Dabei befindet sich das Fahrzeug bereits im Grand-Prix-Trimm: Motor, Aerodynamik, mechanische Einstellung sowie die Spritmenge, mit der man beim Rennen anzutreten gedenkt, bleiben unangetastet.

Die Auswirkungen dieser Parameter sind erheblich. Die Zweieinigkeit von McLaren und Mercedes zieht in doppelter Hinsicht Vorteile aus ihnen. Mit mehr Treibstoff an Bord kommen ihre Michelin-Pneus beim Quali-fying rascher auf die beste Betriebstemperatur, womit ein Manko des Jahres zuvor wegfällt. Und: Im Vorfeld des großen Ereignisses kann sich Rivale Ferrari nicht mehr durch ausgeklügelten Umgang mit dem Ballast kurzfristig auf die Bedingungen des Sonntags einrichten. Gleichwohl gerät der rote F 2003-GA in vieler Hinsicht zum Wagen des Jahres.

Team West McLaren Mercedes hingegen wartet mit einer Kuriosität sondergleichen auf: Der MP 4/18, eigentlich als die schwarzsilberne Waffe für jene Saison gedacht, kommt nie zum Einsatz. Die Piloten-Riege Kimi Räikkönen und David Coulthard muss sich mit der Ausbaustufe D des MP 4/17 von 2002 begnügen. Es klappt: Begünstigt durch ein neues Punktesystem vermag der junge Finne den Ausgang des Championats bis zum Ende offen zu halten und unterliegt dem roten Recken Michael Schumacher mit bloßen zwei Zählern Rückstand.

cLaren-Mercedes MP 4/17 D

Die Notlösung MP 4/17 D beweist umgehend Kompetenz, als das Team die ersten beiden Rennen in Melbourne (durch Coulthard) und Sepang (mit Räikkönen am Volant) für sich entscheidet.

Beide Autos verraten die Meisterhand des genialen Aerodynamikers Adrian Newey. Besonders auffällig am MP 4/17 D und anschließend häufig kopiert sind neue Bargeboards hinter den Vorderrädern, niedriger und mit einem weiteren Element davor zusammengegeben, und der raffiniert gekrümmte Heckflügel. Bei dem Mercedes-Benz-Triebwerk FO 110 M handelt es sich um eine Evolutionsstufe der Vorjahresmaschine in der gleichen Architektur, mit Ölreservoir und Kühlern an der gleichen Stelle und in der gleichen Größe, mit einem zusätzlichen Ölbehältnis im rechten Seitenkasten.

Abseits der Grand Prix emsig getestet, hält der MP 4/18 mehrfach als Organbank her. In Montreal, Hockenheim

und Monza etwa spendet er Auszüge aus seiner innovativen Technologie in Gestalt einer neuen Aufhängung. In Italien steht der Frühpensionär, der über seine eigene Fortschrittlichkeit stolpert, überdies Pate bei Auslässen für die heiße Luft, die nicht länger in der unmittelbaren Nachbarschaft der Antriebsräder ein zurückgezogenes Dasein führen. Dem gleichen Zweck dienen stattliche Kamine, die auch die Auspuffrohre beherbergen. Eine einzige dolchspitz nach vorn zulaufende Finne krümmt sich über den Hinterreifen empor anstatt eines konfuser wirkenden Arrangements bis zum Großen Preis von Ungarn.

Das sind gleichwohl nur Momentaufnahmen aus einer Realität, die Beharren und Stillstand nicht kennt. *Panta rhei,* lehrte der griechische Philosoph Heraklit um 500 vor Christus. Team West McLaren Mercedes ist da ein gutes Beispiel.

Le nouveau règlement avec lequel la FIA voulait supprimer l'utilisation de coûteux moteurs spéciaux de qualification et introduire, après des années de domination de Ferrari, une part d'impondérables dans le résultat des courses n'est pas seulement radical. Pour la plupart des équipes, déjà bien avancées dans le développement de leurs voitures pour 2003, il cause une vraie surprise. Un seul tour de qualification le samedi après-midi décide de la position sur la grille de départ. Le véhicule se trouve alors déjà configuré pour le Grand Prix : moteur, aérodynamique, réglage mécanique, ainsi que la quantité d'essence dont on pense avoir besoin lors de la course demeurent intangibles. Les conséquences de ces paramètres sont importantes. Le partenariat McLaren-Mercedes en tire un double avantage. Avec davantage de carburant à bord, leurs pneus Michelin arrivent plus rapidement à la meilleure température de fonctionnement lors des qualifications, ce qui élimine un défaut relevé l'année précédente. De plus, lors du prélude à la grande manifestation, le rival Ferrari ne peut plus modifier la répartition du lest au dernier moment pour s'adapter aux conditions régnant le dimanche. Cependant, la F 2003-GA rouge réussit, de nombreux points de vue, à devenir la voiture de l'année.

En revanche, l'équipe West McLaren Mercedes est dans une situation des plus curieuses : la MP 4/18, conçue pour cette saison-là, n'est pas utilisée en course. L'équipe constituée des pilotes Kimi Räikkönen et David Coulthard doit se contenter de la version D de la MP 4/17 de 2002. Cela marche à merveille : favorisé par un nouveau système de points, le jeune Finlandais peut entretenir le suspense jusqu'à la fin du championnat et talonne l'homme en rouge, Michael Schumacher, avec un retard de 2 points seulement. La solution de secours MP 4/17 prouve immédiatement sa pertinence lorsque l'équipe remporte les deux premières courses à Melbourne (avec Coulthard) et à Sepang (avec Räikkönen au volant).

Les deux autos trahissent la «patte» du génial aérodynamicien qu'est Adrian Newey. Ce qui est particulièrement frappant sur la MP 4/17, et ensuite souvent copié, ce sont les nouvelles ailettes derrière les roues avant, plus basses et intégrées au moyen d'un autre élément à l'avant, ainsi que l'aileron arrière aux courbes raffinées. En ce qui concerne le moteur Mercedes-Benz FO 110 M, il s'agit d'une variante du groupe de l'année précédente. Même architecture, avec réservoir d'huile et radiateur au même endroit, de taille identique, avec un tranquillisateur d'huile supplémentaire dans la partie droite de la carrosserie. Dûment testée à l'écart des Grands Prix, la MP 4/18 joue plusieurs fois le rôle de banque d'organes. À Montréal, Hockenheim et Monza, par exemple, elle fournit une partie de sa technologie innovante sous la forme d'une nouvelle suspension. En Italie, cette retraitée précoce, qui pâtit de sa propre avance, cède ses nouveaux extracteurs d'air chaud, qui ne mènent plus cette existence effacée au voisinage immédiat des roues motrices. Les imposantes cheminées, qui reçoivent également les tubulures d'échappement, assurent cette fonction. Une dérive unique taillée en pointe vers l'avant se recourbe en se relevant au-dessus des pneus arrière, remplaçant une configuration plus confuse utilisée jusqu'au Grand Prix de Hongrie.

Il ne s'agit cependant là que d'instantanés, la réalité reprend vite le dessus et il faut revenir les pieds sur terre. *Panta rhei* («tout s'écoule»), enseignait le philosophe grec Héraclite, 500 ans avant Jésus-Christ. L'équipe West McLaren Mercedes en est l'exemple concret.

The MP 4/17 D version (in the large photo at Monaco with Kimi Räikkönen at the wheel) was developed from the previous year's model by a team led by Neil Oatley. Envisaged as an interim model, it nevertheless ends up contesting the whole season. Adrian Newey's latest MP 4/18 creation, however, is left to its fate as a humble wallflower.

Die Variante MP 4/17 D, im großen Foto in Monaco mit Kimi Räikkönen am Lenkrad, wurde von einem Team unter Neil Oatley aus dem Modell des Vorjahres entwickelt. Eingeplant als Interimsmodell, muss sie dann doch die ganze Saison bestreiten. Adrian Neweys jüngster Kreation MP 4/18 bleibt nur das Dasein eines Mauerblümchens beschieden.

Pour la version MP 4/17 D, avec Kimi Räikkönen au volant sur cette photo prise à Monaco, l'équipe placée sous les ordres de Neil Oatley s'est inspirée du modèle de l'année précédente. Prévue au départ pour assurer un intérim, elle doit cependant lutter toute la saison. Il ne reste plus à la dernière création d'Adrian Newey, la MP 4/18, qu'à faire tapisserie.

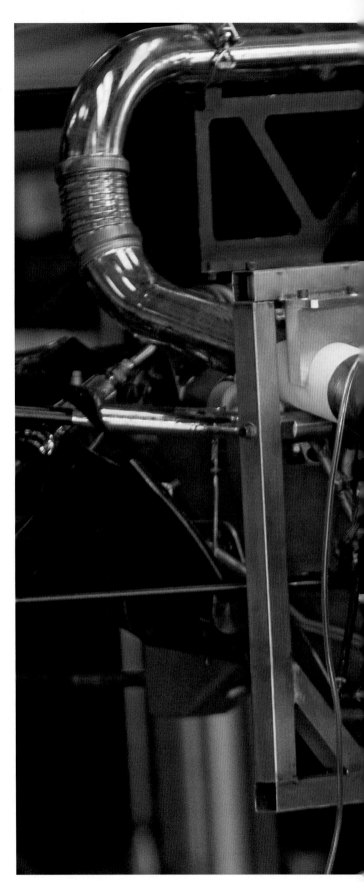

As with the chassis, the engine of the MP 4/17 D is based on the previous year's solution and is its latest derivative. The Mercedes V10 with the name of FO 110 M roars on the dyno for the first time on 21 November 2001. It is attributed with 860 hp.

Wie beim Chassis handelt es sich auch beim Triebwerk des MP 4/17 D um eine Weiterentwicklung und letzte Ausbaustufe der vorjährigen Lösung. Den ersten Brüller auf dem Prüfstand tat der Mercedes-V10 namens FO 110 M am 21. November 2001. Man sagt ihm 860 PS nach.

Le châssis, tout comme le moteur de la MP 4/17 D, n'est qu'une version perfectionnée du type de la saison précédente. Le V10 Mercedes répondant au nom de FO 110 M pousse son premier rugissement sur le banc dynamométrique le 21 novembre 2001. On parle de 860 chevaux.

Yes, they are capable of beating Ferrari, McLaren manager, Martin Whitmarsh, announces at the presentation of the McLaren-Mercedes MP 4/20 in January 2005 at the Circuit de Catalunya near Barcelona.

The pending season will prove him right, but another formidable opponent for the team has risen to replace the ailing arch-rival in red: the combination of the young Spaniard, Fernando Alonso, with the likewise almost perfect, hurtling R25 Renault product. It is only to this pair that the headstrong McLaren star, Kimi Räikkönen, and the MP 4/20 are forced to bow in the drivers' and constructors' ratings after a record season of 19 races, during which the balance of power between silver and black and blue-yellow changes continuously.

Nevertheless, the following winter the readers of the respected English special interest magazine *Autosport* vote for the McLaren as car of the year, a masterpiece of the outgoing technical director and aerodynamics guru, Adrian Newey, who has been responsible for every racing vehicle to leave Woking since 1998. Whitmarsh, meanwhile, highlights the part played by head designer Mike Coughlan, although he has had difficulties with its MP 4/18 and MP 4/19 predecessors. Smaller than earlier designs of the marque thanks to the jockey-like statures of the two drivers, Räikkönen and Juan Pablo Montoya, the MP 4/20 is generally regarded as the fastest car in the field. It also wins most of the races – a further three victories by the Columbian can be added to the seven of the Finn. The answer of the Mercedes engine subsidiary, Ilmor, at Brixworth in the English Midlands to the regulation that in future engines have to survive through two grands prix contributes greatly to this success. The stability and stamina of the V10 have grown decidedly without having to significantly cut the estimated 920 hp output and engine speed of over 19,000 rpm. In addition, the MP 4/20 possesses an innovative gearshift system that, apart from McLaren, is only to be found in its BAR-Honda counterparts. A double clutch transfers the ten-cylinder's power to the rear axle without interrupting the power flow. Worked upon for three years, the details of the transmission are consistently wrapped in silence. This solution gains between 0.2 and 0.4 seconds per lap – light years in the timescale of Formula One.

The specifications of the McLaren MP 4/20 are already determined in May 2004. 3600 hours of work in the wind tunnel follow. The attractively modeled chassis evidently produces the greatest downforce of the contemporary grand prix generation, and is exceptionally good to its Michelin tires. The aerodynamic balance is shifted forward, thereby relieving the pressure on the rear tires. Striking features include the dramatically curved and layered front wing, raised 50 mm in compliance with the regulations, as well as its slightly brought forward rear counterpart, also in keeping with the regulations, sculptured in accordance with the latest scientific knowledge by the aerodynamics team of Adrian Newey, Nicholas Tombazis, and Peter Prodromou.

When speaking of the genius Adrian Newey's decision to move on to new pastures the following year, McLaren boss Ron Dennis is apparently unmoved. He has developed his "Matrix" system to make himself independent of a single mastermind. He points out it is a team of 136 designers who have made the MP 4/20 what it is.

J awohl, stellte McLaren-Manager Martin Whitmarsh bei der Präsentation des McLaren-Mercedes MP 4/20 im Januar 2005 am Circuit de Catalunya unweit Barcelona in Aussicht, man werde Ferrari schlagen können.

Die anstehende Saison wird ihm Recht geben, nur dass dem Team anstelle des schwächelnden Erzrivalen in Rot ein anderer formidabler Gegner erwächst: die Kombination des jungen Spaniers Fernando Alonso mit dem ebenfalls an Perfektion grenzenden rasenden Renault-Produkt R25. Nur dieser Paarung müssen sich der eigenwillige McLaren-Star Kimi Räikkönen und der MP 4/20 in den Wertungen für die Piloten und die Konstrukteure beugen, nach einem Rekord-Zyklus von 19 Läufen, während dessen das Gleichgewicht der Kräfte zwischen Schwarzsilber und Blaugelb ständig neu austariert wird.

Dennoch votieren die Leser des angesehenen englischen Fachmagazins *Autosport* im folgenden Winter für den McLaren als Wagen des Jahres, ein Meisterstück des scheidenden technischen Direktors und Aerodynamik-Gurus Adrian Newey, seit 1998 für jedes Rennfahrzeug des Aufgebots aus Woking verantwortlich. Whitmarsh hebt indessen auch den Anteil von Chefdesigner Mike Coughlan hervor, obwohl der sich mit den Vorgängern MP 4/18 und MP 4/19 schwer getan hat. Kleiner als frühere Designs der Marke wegen der Jockey-Staturen der beiden Piloten Räikkönen und Juan Pablo Montoya wird der MP 4/20 allgemein als schnellstes Auto im Feld angesehen. Er gewinnt auch die meisten Rennen – zu den sieben Siegen des Finnen kommen noch einmal drei des Kolumbianers. Nicht unwesentlich daran beteiligt: die Antwort der Mercedes-Motorenfiliale Ilmor im mittelenglischen Brixworth auf die Vorschrift, das Triebwerk habe künftig zwei Grand-Prix-Wochenenden durchzustehen. Dennoch sind Standfestigkeit und Stehvermögen des V10 deutlich gewachsen, ohne dass man an den für das Vorjahr geschätzten 920 PS und Drehzahlen von über 19 000/min wesentliche Abstriche hätte machen müssen. Darüber hinaus verfügt der MP 4/20 über ein innovatives Schaltsystem, das außer McLaren nur noch BAR-Honda vorzuweisen hat. Eine Doppelkupplung vermittelt die Stärke des Zehnzylinders ohne jede Unterbrechung des Kraftflusses an die Hinterachse. Drei Jahre hat man daran gearbeitet und hüllt die Details des Getriebes in konsequentes Schweigen. Pro Runde bringt diese Lösung zwischen 0,2 und 0,4 Sekunden ein – in der Formel 1 bekanntlich Lichtjahre.

Die Spezifikation des McLaren wird bereits im Mai 2004 festgelegt. 3600 Stunden Arbeit im Windkanal folgen. Das attraktiv geformte Chassis produziert offensichtlich den höchsten Abtrieb der aktuellen Grand-Prix-Generation und ist dabei ausnehmend gut zu seinen Michelin-Pneus. Die aerodynamische Balance hat sich nach vorn verlagert und entlastet somit die Hinterreifen. Auffällig sind der reglementskonform um 50 mm angehobene dramatisch gekrümmte und geschichtete Frontflügel sowie sein ebenfalls im Einklang mit den Regeln leicht nach vorn gebrachtes Pendant, nach dem letzten Stand der Wissenschaft skulptiert von dem Aero-Team Adrian Newey, Nicholas Tombazis und Peter Prodromou.

Dass der genialische Adrian Newey im kommenden Jahr zu neuen Ufern aufbrechen wird, kommentiert McLaren-Chef Ron Dennis scheinbar ungerührt: Um sich von solchen Personalien unabhängig zu machen, habe er sein „Matrix"-System entwickelt. Es sei ein Team von 136 Designern, die den MP 4/20 zu dem gemacht hätten, was er sei…

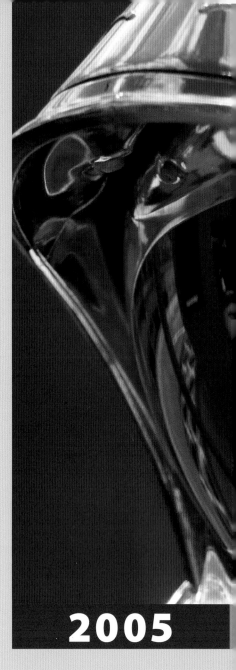

2005

O ui, on pourra battre Ferrari, affirme Martin Whitmarsh, directeur de McLaren, lors de la présentation de la McLaren-Mercedes MP 4/20 en janvier 2005, sur le circuit de Catalunya, près de Barcelone. La saison qui s'approchait devait lui donner raison. Toutefois, face à son équipe, en lieu et place de son éternel rival en rouge qui montrait des signes de faiblesse, naissait une étoile montante : le jeune Espagnol Fernando Alonso et sa Renault R25, tous deux proches de la perfection. Ce n'est que devant ce duo que Kimi Räikkönen, pilier de McLaren, et sa MP 4/20 devaient s'incliner dans les classements des pilotes et des constructeurs, après une saison mémorable de 19 courses, tandis que l'équilibre des forces entre les concurrents noir et argenté, d'une part, et jaune et bleu, d'autre part, oscillait sans répit.

Toutefois, l'hiver suivant, les lecteurs d'*Autosport*, magazine anglais spécialisé et renommé, élirent la

McLaren-Mercedes MP 4/20

McLaren voiture de l'année. C'est à Adrian Newey, directeur technique sur le départ, qu'était dû ce chef-d'œuvre, comme tous les autres véhicules de course sortis de Woking depuis 1998. Mais, Martin Whitmarsh souligne également la contribution de l'ingénieur en chef, Mike Coughlan, bien qu'il eût rencontré des problèmes avec les précédents modèles, les MP 4/18 et MP 4/19.

La MP 4/20, plus petite que les véhicules précédents (à cause de la taille de jockey des deux pilotes Räikkönen et Montoya), est généralement considérée comme l'auto la plus rapide du plateau. Elle gagne également la plupart des courses – aux 7 victoires du Finlandais s'ajoutent les 3 du Colombien. Facteur essentiel de cette réussite: la réponse d'Ilmor, filiale moteurs de Mercedes, basée à Brixworth, dans les Midlands, à la spécification exigeant que le moteur résiste désormais à deux week-ends de Grands Prix. Il en est résulté une nette amélioration de

la stabilité et de la santé du V10, sans qu'il soit nécessaire de diminuer notablement les 920 ch et les vitesses de rotation supérieures à 19 000 tr/min estimés l'année précédente. En outre, la MP 4/20 dispose d'un système de changement de vitesse innovant, que BAR-Honda est seul à posséder en-dehors de McLaren. Un double embrayage transmet la puissance du dix-cylindres sans aucune interruption du couple appliqué à l'essieu arrière. C'est le résultat de trois ans de travail, les détails de la boîte de vitesses étant gardés secrets. À chaque tour, ces innovations font gagner entre 0,2 et 0,4 seconde – c'est-à-dire des années-lumière en Formule 1, comme chacun sait.

Les spécifications de la McLaren MP 4/20 sont fixées dès mai 2004. Suivent 3600 heures de travail en soufflerie. Le véhicule soigneusement défini fournit manifestement le plus gros appui de l'actuelle génération des

voitures de Grands Prix et ménage de manière exceptionnelle ses pneus Michelin. Le point d'équilibre aérodynamique, qui s'est déplacé vers l'avant, soulage donc les pneus arrière. L'aileron avant, spectaculairement courbé, dédoublé et relevé de 50 mm conformément au règlement, est remarquable. De même, son homologue arrière légèrement déplacé vers l'avant, également conforme au règlement, est sculpté selon le dernier cri de la technique par l'équipe d'aérodynamiciens constituée d'Adrian Newey, Nicholas Tombazis et Peter Prodromou.

Que le génial Adrian Newey parte l'année suivante vers d'autres horizons semble laisser de marbre le patron de McLaren, Ron Dennis. C'est pour ne pas dépendre de telles personnalités qu'il a, selon lui, mis au point son système «Matrix». Il souligne que c'est une équipe de 136 personnes qui a fait de la MP 4/20 ce qu'elle est…

The new FIA rules have had a four-fold effect on the design of the MP 4/20: in terms of the lifespan of the machine, the handling of the tires, the aerodynamics, and the procedural course of the racing weekend. Kimi Räikkönen is nevertheless taken with it.

Gleich vierfach haben die neuen Regeln der FIA auf das Design des MP 4/20 eingewirkt: hinsichtlich Lebensspanne der Maschine, Umgang mit den Reifen, Aerodynamik und Ablauf des Rennwochenendes. Kimi Räikkönen ist dennoch sehr angetan.

Le nouveau règlement de la FIA a influencé la conception de la MP 4/20 sur quatre points : la durée de vie du moteur, le traitement des pneus, l'aérodynamique et les procédures du week-end de course. Kimi Räikkönen n'en est pas moins conquis sur le champ.

McLaren-Mercedes MP 4/20

Juan Pablo Montoya raises his arms in triumph at the Brazilian Grand Prix in September, while his no less ambitious team-mate Kimi Räikkönen remains seated in his vehicle, as if frozen. Clearly visible: the complex aerodynamic outgrowth that covers the McLaren.

Nach seinem Triumph beim Großen Preis von Brasilien im September hebt Juan Pablo Montoya im Triumph die Arme, während sein nicht minder ehrgeiziger Teamkollege Kimi Räikkönen noch wie erstarrt im Wagen sitzen bleibt. Gut sichtbar: das aerodynamische Gestrüpp, das den McLaren überwuchert.

Après son triomphe au Grand Prix du Brésil en septembre, Juan Pablo Montoya lève les bras au ciel en signe de victoire, tandis que son co-équipier, le non moins ambitieux Kimi Räikkönen, assis dans la voiture, semble pétrifié. On remarque bien la complexité des solutions aérodynamiques qui recouvrent la McLaren.

The intention behind the DTM (Deutsche Touren-wagen Masters, the German touring car champion-ship) is to offer spectacular but, at the same time, economical sport – that's the philosophy behind the 2005 technical regulations. A whole range of compo-nents is therefore uniformly stipulated for all manufac-turers taking part (Mercedes-Benz, Audi and Opel), and the vehicle pool is largely standardized.

Only V8 engines with a bank angle of 90 degrees, a capacity of up to four liters, and no more than four valves per cylinder are admissible. A maximum of three engines are permitted for every two drivers registered. Their per-formance yield is constricted by two air limiters of up to 11/8" diameter. Only gearbox/differential units of Hewland and X-Trac manufacture are approved, the gear ratios also democratically standardized. The overall trans-mission ratio may, however, be adapted to the respec-tive circuit. Power source and its auxiliary elements are implanted in a tubular chassis frame with steel roof and sides while the fenders, doors, hoods, and other body-work parts are produced from carbon fiber composite material. The tires – a slick and a rain variant – are to be exclusively supplied by Dunlop. The carbon fiber brake disks, brake pads, and brake calipers are also to come from only one source.

All cars roll on purebred Formula One suspensions, and verifiable crash structures, dashed on a sled against a wall in the run up to construction, ensure the greatest degree of safety. The aerodynamics for all vehicles of a marque must be fixed at the latest eight days before the first race, and may not be altered thereafter. The min-imum weight, including driver in full driving outfit, of the 2005 version is set at 2315 lbs instead of the previous 2381 lbs, one-year-old vehicles in 2004 trim profit from a bonus of 33 lbs. However, things are in flux: the rules for 2005 prescribe that the weight of a marque's cars is to change according to the result of the previous race. The winning marque of the first round starts in the following one with an extra 22 lbs, the third-placed marque with a 22-lb reduction.

Perfectly tailored to meet these regulations is the AMG-Mercedes C-Class, not unlike the version presented a year previously. The performance of the engine, already deployed in 2000 in the AMG-Mercedes CLK of the day, is rated at about 475 hp. With regard to length, the C-Class of 2005 grows to 15'8", the wheelbase increases by 2" to 9'2". As the most important innovation, all vehicles bear the so-called "Gurney flap," a trailing edge on the rear wing. Mercedes already fulfils in anticipatory obedi-ence a clause of the 2006 regulations. The manufactur-ers are thereby obliged to lease state-of-the-art vehicles to private teams at competitive conditions. The racing stable of the Berliner Peter Mücke, who finances himself through sponsorship, is provided with two cars and the set of parts necessary for a season.

The most successful in the field is AMG and the HWA team that emerged from it. It deploys four expo-nents of the C-Class in 2005; a further exponent is built for Persson Motorsport. As early as the third week of January, trials for the coming season are undertaken in Estoril, Portugal. The season itself will indeed achieve what it has promised.

Die DTM (Deutsche Tourenwagen Masters) – so lautet die Philosophie hinter dem technischen Reglement 2005 – wolle spektakulären und zugleich sparsamen Sport bieten. Eine ganze Reihe von Zutaten ist deshalb für alle beteiligten Marken (Mercedes-Benz, Audi und Opel) einheitlich vorgeschrieben, der Fahrzeugpark weit-gehend standardisiert.

Statthaft sind lediglich V8-Triebwerke mit einem Bankwinkel von 90 Grad, bis zu vier Litern Hubraum und nicht mehr als vier Ventilen pro Zylinder. Für jeweils zwei eingeschriebene Fahrer sind maximal drei Motoren zulässig. Ihre Leistungsausbeute wird von zwei Luftbe-grenzern mit bis zu 28 mm Durchmesser eingeschnürt. Nur Getriebe/Differentialeinheiten der Fabrikate Hew-land und X-Trac sind zugelassen, die Übersetzungen ebenfalls demokratisch vereinheitlicht. Allerdings kann das Übersetzungsverhältnis insgesamt auf die jeweilige Strecke abgestimmt werden. Implantiert sind Kraftquelle und dienende Aggregate in ein Rohrrahmenchassis mit Dach und Seitenwänden aus Stahl, während Kotflügel, Türen und Hauben sowie andere Anbauteile aus CFK-Verbundwerkstoff gefertigt sind. Die Pneus – eine Slick- und eine Regenreifen-Variante – werden exklusiv von Dunlop gestellt. Die Kohlefaser-Bremsscheiben sowie Bremsklötze und -sättel stammen ebenfalls aus nur einer Quelle.

Alle Autos rollen auf reinrassigen Formel-1-Fahrwer-ken und nachweisbare Crash-Strukturen, im Vorfeld der Konstruktion auf Schlitten gegen eine Wand geschmet-tert, sorgen für ein Höchstmaß an Sicherheit. Die Aero-dynamik für sämtliche Fahrzeuge einer Marke muss spätestens acht Tage vor dem ersten Rennen festgelegt worden sein und darf dann nicht mehr geändert werden. Das Mindestgewicht in der Variante 2005 einschließlich des Piloten in voller Dienstkleidung beträgt 1050 kg statt der 1080 kg bislang, Jahreswagen im Trimm von 2004 profitieren von einem Bonus von 15 kg. Allerdings sind die Dinge in Bewegung: Die Vorschriften für 2005 sehen ein Markenplatzierungsgewicht vor. Die beim ersten Rennen siegreiche Marke startet im folgenden Lauf mit zehn Kilogramm mehr, die dritte mit zehn Kilogramm weniger.

Perfekt auf dieses Regelwerk zugeschnitten ist auch die C-Klasse von AMG-Mercedes, nicht unähnlich der Version, wie sie im Jahr zuvor präsentiert wurde. Als Leis-tung der Maschine, die bereits 2000 im damaligen AMG-Mercedes CLK zum Einsatz kam, werden nun rund 475 PS angegeben. Hinsichtlich ihrer Länge wuchs die C-Klasse Jahrgang 2005 auf 4780 mm, der Radstand nahm um fünf auf 2795 mm zu. Als wichtige Neuerung tragen alle Autos den sogenannten „Gurney-Flap", eine Abrisskante am Heckflügel. Eine Klausel der Regeln für 2006 erfüllt Mercedes-Benz bereits in vorauseilendem Gehorsam. Die Hersteller sollen dann in die Pflicht genommen wer-den, wettbewerbsfähige Fahrzeuge zu konkurrenzfä-higen Konditionen an Privatteams zu verleasen. Dem Rennstall des Berliners Peter Mücke, der sich über Spon-soren selbst finanziert, werden zwei Fahrzeuge und ein für die Saison benötigtes Teileset zur Verfügung gestellt.

Das erfolgreichste Aufgebot im Feld ist AMG und die daraus hervorgegangene HWA-Mannschaft. Sie setzt 2005 vier Exemplare der neuen C-Klasse ein, ein wei-teres wurde für Persson Motorsport aufgebaut. Schon in der dritten Januar-Woche stimmt man sich mit Ver-suchsfahrten im portugiesischen Estoril auf die Saison ein. Der Zyklus selbst wird in der Tat halten, was sie versprochen hat …

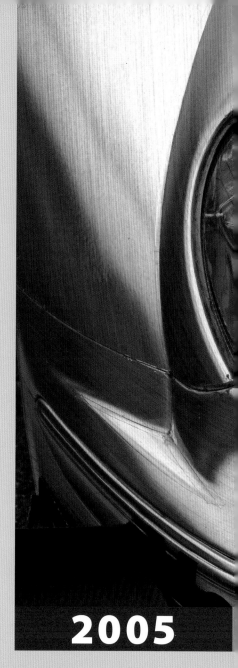

2005

L'objectif de la formule DTM (Deutsche Tourenwagen Masters)? Offrir du grand spectacle en ne jetant pas l'argent par les fenêtres. Tel est le leitmotiv du règlement 2005. Il est donc prévu toute une série d'équipements pour les marques qu'elle regroupe (Mercedes-Benz, Audi et Opel), dans un parc automobile largement standardisé.

On y admet simplement les moteurs V8 ouverts à 90°, d'une cylindrée allant jusqu'à quatre litres et pas plus de quatre soupapes par cylindre. Pour deux conducteurs inscrits, trois moteurs au maximum sont autorisés. Leur puissance est limitée par deux brides d'étranglement jus-qu'à 28 mm de diamètre. Ne sont admis que des ensem-bles transmissions/différentiels de fabrication Hewland et X-Trac dont les rapports sont les mêmes pour tout le monde. On peut évidemment adapter le rapport final à chaque circuit. Le groupe motopropulseur et les organes

AMG-Mercedes C-Klasse

auxiliaires sont installés dans un châssis tubulaire, avec toit et parois latérales en acier, tandis que les ailes, les portes et le capot, ainsi que d'autres pièces, sont en composite de carbone. Les pneus – avec une version lisse et une version pluie – sont exclusivement fournis par Dunlop. Les disques de freins en fibre de carbone ainsi que les plaquettes et les étriers proviennent également d'un unique fabricant.

Toutes ces autos possèdent de purs châssis de Formule 1 et des structures déformables de protection contre les chocs, éprouvées au préalable par collision contre un mur, elles assurent ainsi un très haut degré de sécurité. Les caractéristiques aérodynamiques de l'ensemble des véhicules d'une marque doivent être fixées au plus tard huit jours avant la première épreuve et ne doivent plus être modifiées. Le poids minimum dans la variante 2005, y compris le pilote équipé, est de 1050 kg,

au lieu de 1080 kg jusqu'alors. Les véhicules de 2004 profitent d'un bonus de 15 kg. Il est vrai que les choses bougent encore : le règlement pour 2005 prévoit des différences de masse par marque en fonction des résultats précédents. La marque victorieuse dans la première course dispute l'épreuve suivante avec 10 kg supplémentaires, la troisième avec 10 kg de moins.

La Classe C d'AMG-Mercedes, qui n'est pas sans rapport avec la version présentée l'année précédente, est parfaitement adaptée à cette réglementation. La puissance indiquée de la machine, déjà employée en 2000 sur ce qui était l'AMG-Mercedes CLK, est d'environ 475 ch. Du point de vue longueur, la Classe C 2005 est passée à 4780 mm, et l'empattement a pris 5 mm pour arriver à 2795 mm. Nouveauté importante : toutes les autos comportent un volet de type « Gurney flap » sur le bord de fuite de l'aileron arrière. Mercedes-Benz a déjà pris les

devants, et satisfait à une clause du règlement de 2006. Les constructeurs doivent louer des véhicules de compétition à la pointe du progrès dans des conditions concurrentielles à des équipes privées. Deux véhicules et un jeu de pièces pour une saison sont mis à disposition de l'écurie du berlinois Peter Mücke, qui se finance lui-même avec le concours de mécènes.

L'effort le plus couronné de succès sur le terrain est celui d'AMG et de l'équipe HWA qui en est l'émanation. Elle utilise, en 2005, quatre exemplaires de la nouvelle Classe C, et un autre est construit pour Persson Motorsport. Dès la troisième semaine de janvier, avant la saison, il est possible de participer à des essais à Estoril, au Portugal. La série elle-même devrait tenir ses promesses.

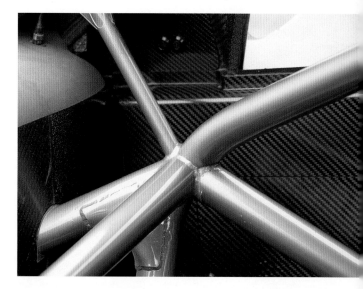

The aerodynamic modeling of the current C-Class model, combined with precautions for optimizing its thermal efficiency, bears in part fruit of scurrilous appearance. Here, in particular, the visual differences to the production vehicle can be seen.

Die aerodynamische Durchformung des aktuellen C-Klasse-Modells, verbunden mit den Vorkehrungen für die Optimierung seines Wärmehaushalts, treibt zum Teil skurril anmutende Blüten. Hier vor allem zeigen sich visuell die Unterschiede zum Serienwagen.

Le profilage aérodynamique du modèle actuel de la Classe C, associé aux mesures prises pour optimiser son rendement thermo-dynamique, donne des résultats parfois proches de la caricature. Ici, les différences avec la version de série sont surtout visuelles.

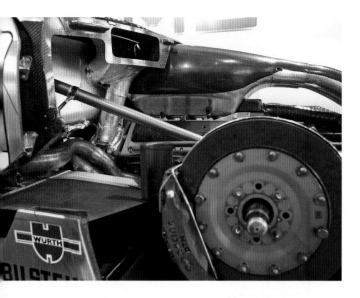

Present everywhere under the rigorously functional shell: the filigree network of the tubular lattice frame. Dominant is the tall gearshift lever of the sequentially operated six-speed transmission embedded in an ambience of naked carbon fiber with a few sober metallic trimmings.

Unter der konsequent funktionellen Hülle überall präsent: das filigrane Geflecht des Gitterrohrrahmens. Die beherrschende Erhebung, eingebettet in ein Ambiente von kohlefaserner Nacktheit mit einigen unverspielten Metallapplikationen, stellt der mächtige Schaltstock des sequentiell betätigten Sechsganggetriebes dar.

Le fin réseau du châssis tubulaire supporte en tous les points l'habillage très fonctionnel. L'imposant sélecteur de la commande de boîte séquentielle à six rapports émerge dans un décor en fibres de carbone laissées à nu, rehaussé de quelques touches métalliques.

The C-Class Mercedes of Jean Alesi shows its rivals at the season's finale in Hockenheim standardized DTM features such as the rear diffuser, the standard double-profile wing, as well as the recently mandatory Gurney flap.

Beim Saisonfinale in Hockenheim zeigt Jean Alesis C-Klasse-Mercedes der Konkurrenz standardisierte DTM-Merkmale wie den Heckdiffusor, den Einheitsflügel mit Doppelprofil sowie den neuerdings vorgeschriebenen Gurney Flap.

Lors de la finale de la saison à Hockenheim, la Mercedes Classe C de Jean Alesi montre à la concurrence des caractéristiques DTM standardisées comme le diffuseur arrière, le double aileron ainsi que le « Gurney flap ».

The very names themselves betray the deprivation with which the driver of a sports car has to live: coupé (from the French *couper,* to cut – a section of the roof being cut away), 2+2 (the second two usually don't stand up to closer inspection), roadster (even today, it still sometimes drizzles between the window frames and the alibi for a top), speedster (see roadster). He has to make do with cramped conditions, suffers from the resulting heat and stuffy air, and is subjected (in the open variety) to the inconvenience of Nordic or such like weather conditions. In many cases hellish noise thwarts any attempt at cultivated dialogue and even prevents any credible endeavor to woo a partner. Certain members of this species so truthfully convey the character of the road surface that the man or woman at the steering wheel is said to be able to tell the difference whether a coin they have just run over is lying head or tail upward on the ground. Elderly sports car drivers (of all people, the ones who can afford such a vehicle) often experience problems getting in and out with grace and dignity thanks to stiff joints and less than obliging bones. For the cool, calculating family father who assesses and purchases an automobile primarily according to its utilitarian value ("It has to transport me, my family, and all the many, many, things we take with us safely from A to B, and that as economically as possible. That's all I need.") a sports car is an abhorrence.

But coupés, 2+2s, roadsters and speedsters are, after all, *sports* vehicles as well, created for something that isn't on the shopping list of our pedantically unemotional *paterfamilias:* sheer pleasure in driving and in the vehicle itself, even when it is marvelously unsocial and deliciously imprudent. The driving itself becomes the goal, the actual destination a mere pretense. Then there is also the affinity with the racing car, for a little of the glamor, glitter, and glory of the track is also imbued in its domesticated offspring on the road, and, of course, the person sitting behind the steering wheel.

Mercedes has never been content with a simple either-or choice – severity or luxury, comfort or asceticism – but instead has striven for solutions and compromises that sought to square the circle, and found them. At the same time a wide range of tastes have been met as has been proved particularly over the last ten years, with the CLK-GTR fighting machine and the SL 600 cultural experience as opposite poles.

Nevertheless, they are both definitely sports cars.

Schon die bloßen Namen verraten, dass der Lenker von Sportwagen mit Entbehrungen leben muss: Coupé (von französisch *couper,* schneiden – ein Teil des Dachs ist weg), 2+2 (die zweite zwei hält in aller Regel keiner Prüfung statt), Roadster (da nieselt es heute noch manchmal zwischen Fensterrahmen und dünnem Alibiverdeck durch), Speedster (vergleiche Roadster). Er muss sich mit klammen Raumverhältnissen abfinden, leidet an der Hitze und der stickigen Luft, die sich daraus ergeben, ist (im offenen Sportwagen) den Unbilden nordischer oder sonstiger unwirtlicher Witterung ausgeliefert. In manchen Fällen vereitelt Höllenlärm jeglichen gepflegten Dialog oder verhindert gar die glaubhafte Werbung um einen Partner. Gewisse Angehörige dieser Spezies melden die Bodenbeschaffenheit so unbestechlich nach oben weiter, dass das Gerücht geht, der Mann oder die Dame am Lenkrad könne beim Überfahren einer Münze unterscheiden, ob Zahl oder Adler oben liegt. Ältere Piloten von Sportwagen (oft ausgerechnet die, welche sich einen leisten können) haben häufig Probleme, ihr Auto zu betreten oder zu verlassen oder dies in Anmut und Würde zu tun, da die Knochen nicht mehr so wollen. Für den kühl kalkulierenden Familienvater, der ein Automobil allein nach seinem Nutzwert einschätzt und anschafft („Es muss mich, meine Familie und viele, viele Dinge, die wir brauchen, sicher von A nach B bringen und das so billig wie möglich. Das genügt mir völlig.") sind Sportwagen ein Gräuel.

Aber Coupés, 2+2s, Roadster und Speedster sind eben auch Sport-Wagen, geschaffen für etwas, was auf dem Waschzettel unseres nüchternen Rechners gar nicht vorkommt: schiere Freude am Fahren und am Fahrzeug selber, selbst wenn es herrlich unsozial und köstlich unvernünftig ist. Der Weg wird zum Ziel, der eigentliche Bestimmungsort gelegentlich zum bloßen Vorwand. Dazu kommt die Affinität zum Rennwagen, denn ein bisschen von Glamour, Glanz und Glorie der Piste wird auch den domestizierten Abkömmlingen auf der Straße zuteil und denen, die an ihrem Volant sitzen.

Mit einem bloßen Entweder-Oder – Härte oder Luxus, Komfort oder Askese – hat sich Mercedes-Benz nie begnügt, vielmehr Lösungen und Zwischenlösungen gesucht und gefunden, die sich beinahe schon der Quadratur des Zirkels annähern. Zugleich bedient man eine Vielzahl von Geschmäckern, wie sich vor allem in den letzten zehn Jahren erwiesen hat, mit der Kampfmaschine CLK-GTR und dem Kulturereignis SL 600 an den Polen.

Sportwagen, kein Zweifel, sind sie beide.

The Charm of Imprudence
Über den Charme der Unvernunft
Éloge de la folie

À eux seuls, les noms des voitures de sport annoncent la couleur, celle des frustrations subies par le conducteur : « coupé » (comme son nom l'indique, en l'occurrence une partie du toit), 2+2 (en général, le deuxième deux ne passe pas l'examen), cabriolet ou roadster (synonyme de courants d'air entre les cadres de glace et une capote trop mince), speedster (voir cabriolet). Il doit s'accommoder d'espaces restreints, souffre de la chaleur et de l'air étouffant, est livré aux intempéries (quand la capote est repliée) des climats nordiques et assimilés. En général, un vacarme infernal réduit à néant toute tentative sérieuse de dialogue ou de flirt avec sa passagère. Sur certains modèles, la moindre irrégularité de la chaussée est ressentie avec une telle précision que, selon la rumeur, la conductrice ou le conducteur, en passant sur une pièce de monnaie, peut savoir si elle se présente côté pile ou côté face. Les pilotes d'âge mûr (ceux qui peuvent enfin s'offrir une voiture de sport), faute de souplesse, ont souvent du mal à s'installer ou à s'extraire dignement. Pour le père de famille qui gère rigoureusement ses comptes et qui n'acquiert une automobile qu'en fonction de son utilité (« Il faut qu'elle me transporte du point A au point B, ainsi que ma famille et tout plein de choses indispensables, en toute sécurité et cela à moindre coût. Je n'en demande pas plus. »), les voitures de sport sont une abomination.

Or, les coupés, 2+2, cabriolets et speedsters sont justement des voitures « pour le sport », destinées à procurer des sensations qui ne figurent pas sur la liste de notre imperturbable père de famille : le réel plaisir procuré par la conduite et le véhicule, même s'il exclut toute convivialité et coûte des sommes folles.

La conduite devient l'objectif, la destination n'est plus qu'un prétexte. À cela s'ajoute la parenté avec la version course, dont un peu de l'aura, de l'éclat et de la gloire rejaillissent sur la version « domestiquée » et sur celui qui la pilote. À l'impossible nul n'est tenu, sauf Mercedes-Benz qui, refusant par tradition de sacrifier au luxe et au confort, a toujours recherché et su trouver des solutions ou des compromis. Simultanément, l'entreprise doit satisfaire l'ensemble de sa clientèle. Elle l'a prouvé au cours des dix dernières années, entre autres avec la CLK-GTR, un véritable char d'assaut, et, à l'autre extrémité de la gamme, avec le lancement de la SL 600, qualifié d'événement culturel.

Aucun doute, toutes les deux sont de vraies sportives.

The start of modern age in automotive terms begins in 1901 with this vehicle: after 15 years of obvious affinity between horse drawn and horseless carriage, the Mercedes 35 PS takes the final step on the road to emancipation.

It bridges the gap between vision and implementation. The visionary, Emil Jellinek, in his capacity as the Austro-Hungarian Consul General in Nice, is a restless and untiring jack-of-all-trades. What up till now has involved chugging and rumbling over inadequate tracks is quite simply not enough for him. As a result, he orders from Daimler-Motoren-Gesellschaft 36 examples of a new generation of faster automobiles, envisaging at first a performance of 23 hp.

The implementer is the 54-year-old Wilhelm Maybach who, since the death of the firm's founder, Gottlieb Daimler, on 6 March 1900, bears sole responsibility in Cannstatt. He develops a four-cylinder engine with a 4.57" bore and 5.51" stroke, the casing of which is made of aluminum. Cylinder and head form a single unit, the combustion units are cast together in pairs. Also new are the positive-control of the inlet valves gear and, consequently, an improved volumetric efficiency. A comfortable operating temperature as well as the option for even more power is ensured by Maybach's honeycomb radiator, composed of numerous rectangular tubes. In addition, he reduces the amount of water required by half to 23/8 gallons. In trials, Maybach's great achievement trumps Jellinek's requirements with up to 35 hp at 950 rpm.

It is screwed to an ingenious undercarriage, stretched, with a considerably greater wheelbase and a 15 percent lower center of gravity – and light: the 1901 35-hp vehicle weighs in lighter than its carriage-shaped counterpart from 1897 with its rickety four horsepower. After this combination of progress and innovation has achieved international esteem as the winning vehicle of the Nice Race Week of 1901, leaving its competitors suddenly appearing old-fashioned and out of date, Jellinek bestows upon it and future Daimler products the name of his daughter Mercedes, a cute, but otherwise quite unassuming teenager. Mercedes – a catchy name indeed that promptly catches on.

From 1902 on, the Mercedes 35 PS becomes the forebear of the profusely branching family tree of the Simplex dynasty, so named for its operating simplicity. Jellinek, for his part, takes care of export and marketing in Austro-Hungary, France, Belgium, and the United States. The successors are even lighter than their illustrious forebear, with a chassis frame weight of 2200 lbs, engines of between 28 hp (5315 cc capacity) and 60 hp (9235 cc capacity) as well as numerous wheelbases and superstructures that can be tailored with great variability to the demands of carrying many people, such as the six-seater touring car of 1908, or for sporting purposes. The weight of the four-cylinder engine is trimmed to a mere 408 lbs and Simplex vehicles make do with only one and a half gallons of cooling water.

It becomes obvious at the Fifth International Automobile and Bicycle Exhibition held in the Grand Palais, Paris, at the end of 1902 that most foreign manufactures, not least those of the market leader itself, France, have themselves adopted Maybach's insights. There are even reviewers who say that now the automobile cannot be improved upon.

Mit ihm beginnt 1901 die automobile Moderne: Nach 15 Jahren kleinen Grenzverkehrs zwischen der Kutsche und der pferdelosen Kutsche vollzieht der Daimler Motorwagen Typ Mercedes 35 PS den endgültigen Schritt in die Emanzipation.

In ihm verschränken sich Vision und Tat miteinander. Der Visionär: Emil Jellinek, seines Zeichens österreichisch-ungarischer Generalkonsul in Nizza, ein rast- und ruheloser Entrepreneur und Hansdampf in mancherlei Gassen. Was bisher so über mangelhafte Rollbahnen tuckert und rumpelt, ist ihm einfach zu schlapp. Folglich ordert er bei der Daimler-Motoren-Gesellschaft 36 Exemplare einer neuen Generation von hurtigeren Selbstbewegern und fasst zunächst eine Leistung von 23 PS ins Auge.

Der Mann der Tat: der 54-jährige Wilhelm Maybach, seit dem Tod von Gründervater Gottlieb Daimler am 6. März 1900 in Cannstatt allein für dergleichen zuständig. Er entwickelt einen Vierzylinder mit 116 mm Bohrung und 140 mm Hub, dessen Gehäuse aus Aluminium gefertigt ist. Zylinder und Kopf bilden eine Einheit, je zwei Verbrennungseinheiten sind zusammengegossen. Neu ist überdies die Zwangssteuerung der Einlassventile, mithin ein verbesserter Füllungsgrad. Für angenehme Betriebstemperaturen sowie die Option auf noch viel mehr PS sorgt Maybachs Bienenwabenkühler, komponiert aus einer Vielzahl von rechteckigen Röhrchen. Überdies halbiert er die benötigte Wassermenge auf neun Liter. Maybachs reife Leistung übertrumpft Jellineks Forderung bei der Erprobung mit bis zu 35 PS bei 950/min.

Verschraubt ist sie mit einem kongenialen Fahrwerk, gestreckt, mit erheblich gewachsenem Radstand und um 15 Prozent abgesenktem Schwerpunkt – und leicht: Der 35-PS-Wagen von 1901 bringt weniger Gewicht auf die Waage als sein kutschenförmiges Pendant von 1897 mit rachitischen vier Pferdestärken. Nachdem sich dieser Ausbund von Fortschritt und Innovation als Siegerwagen der „Woche von Nizza" im März 1901 internationales Ansehen verschafft hat und die Konkurrenz plötzlich so aussehen ließ, wie sie war, nämlich ganz alt, spendiert Jellinek ihm und künftigen Daimler-Produkten den Namen seiner Tochter Mercedes, eines niedlichen, im übrigen aber völlig unbedeutenden Teenagers. Mercedes – das ist eingängig und wird umgehend akzeptiert.

Der Daimler-Motorwagen Typ Mercedes 35 PS wird ab 1902 zum Ahnherrn der üppig verästelten Simplex-Dynastie, so geheißen, weil ihre Bedienung so einfach ist. Jellinek hingegen kümmert sich um Ausfuhr und Verbreitung in Österreich-Ungarn, Frankreich, Belgien und den Vereinigten Staaten. Ihre Angehörigen sind mit einem Fahrgestellgewicht von 1000 kg noch leichter als der illustre Vorfahr, mit Triebwerken zwischen 28 PS (bei 5315 cm³ Hubraum) und 60 PS (Volumen 9235 cm³) sowie zahlreichen Radständen und Aufbauten, die in hoher Variabilität auf die Beförderung von etlichen Personen wie etwa ein sechssitziger Reisewagen von 1908 oder für sportliche Zwecke zugeschnitten sein können. Auf ganze 185 kg hat man das Gewicht des Vierzylinders zurückgestutzt und Simplex-Wagen bescheiden sich nun mit sieben Litern Kühlwasser.

Auf der V. Internationalen Automobil- und Fahrradausstellung Ende 1902 im Pariser Grand Palais zeigt sich, dass sich die meisten ausländischen Fabrikate, vor allem beim Marktführer Frankreich selbst, Maybachs Erkenntnisse zu eigen gemacht haben.

Das Automobil, hört man hier und da, sei nun wohl nicht mehr zu verbessern.

1902

En 1901, la Simplex inaugure ce que sera la période moderne de l'automobile. Après quinze ans de cohabitation entre voitures avec ou sans chevaux, Daimler émancipe définitivement l'automobile avec sa Mercedes 35 PS (ch).

Elle est à mi-chemin entre le concept et la mise en œuvre. Le visionnaire a pour nom Emil Jellinek, de son état consul-général austro-hongrois à Nice, entrepreneur infatigable et grand brasseur d'affaires. Il trouve tout simplement d'une lenteur insupportable les tacots cahotants sur des châssis au comportement imprévisible. Il commande donc chez Daimler 36 exemplaires d'une nouvelle génération d'automobiles plus rapides et réclame au moins 23 ch de puissance utile.

L'homme chargé de la créer, Wilhelm Maybach, alors âgé de 54 ans, tient entre ses seules mains l'avenir de Daimler depuis la disparition de son fondateur Gottlieb

Mercedes Simplex

le 6 mars 1900. Il conçoit un quatre-cylindres avec un alésage de 116 mm et une course de 140 mm avec carter de vilebrequin en aluminium. Les cylindres sont coulés par paire en bloc avec les culasses. Autre innovation : la commande positive des soupapes améliore le rendement volumétrique. Le radiateur nid d'abeilles de Maybach, composé de multiples petits tubes rectangulaires empilés, régularise les températures de fonctionnement et promet encore plus de chevaux. En outre, il divise par deux la quantité d'eau nécessaire, réduite à neuf litres. Lors des essais, la belle étude de Maybach dépasse les vœux de Jellinek, en atteignant 35 ch à 950 tr/min.

Le modèle possède un châssis tout aussi remarquable, allongé sur un empattement bien plus long, et un centre de gravité abaissé de 15 % – sans compter sa légèreté : le modèle de 35 ch de 1901 pèse moins que la version de 1897 qui offrait 4 modestes chevaux. Dès lors que

ce modèle de progrès et d'innovation a attiré l'attention du monde entier en gagnant la Semaine de Nice, en mars 1901, et en écrasant littéralement la concurrence, Jellinek lui donne, ainsi qu'à tous les futurs produits de Daimler, le nom de sa fille Mercedes, une adolescente charmante, mais dont c'est là toute la gloire. Un prénom facile à retenir et qui fait l'unanimité.

La Mercedes 35 PS inaugure en 1902 la grande dynastie des Simplex, qui doivent leur nom à leur fonctionnement plus sûr et plus facile à maîtriser. Jellinek, quant à lui, se charge de l'exporter et de la commercialiser dans l'Empire austro-hongrois, en France, en Belgique et aux États-Unis. Encore plus légers que leur illustre ancêtre, les modèles, dont le châssis nu pèse une tonne, possèdent des moteurs allant de 28 ch (pour une cylindrée de 5315 cm³) à 60 ch (pour 9235 cm³), ainsi que divers empattements et carrosseries. Grâce à leur grande souplesse, ils

s'adaptent aux desiderata de tous les acheteurs, comme par exemple la Touriste à six places de 1908, ou à des fins sportives. Le poids du quatre-cylindres descend à 185 kg et les Simplex se contentent désormais de sept litres de liquide de refroidissement.

Au cinquième Salon de l'automobile et du cycle, qui se tient à Paris au Grand-Palais fin 1902, les visiteurs découvrent que la plupart des véhicules, et notamment ceux des Français qui sont alors les leaders, s'inspirent largement des innovations de Maybach.

Certains se demandent même s'il est encore possible d'améliorer l'automobile.

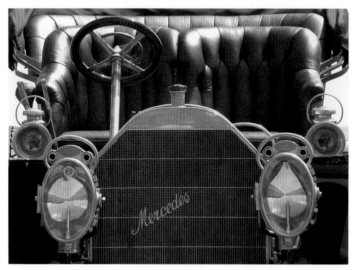

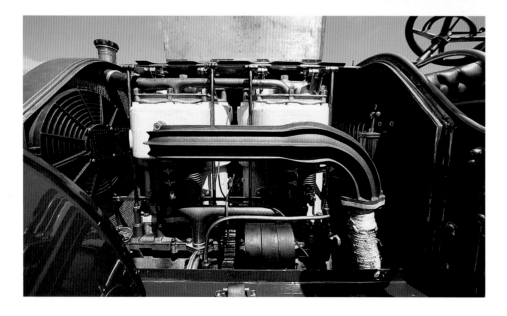

In the driver's eye-line: inspection windows for
the oil-drip feed, a voluminous glass reservoir for
additional lubrication of the clutch and crankshaft,
a pressure gage, a clock, and a speedometer.

Im Gesichtsfeld des Fahrers: Schaugläschen für
die Tropföler, ein voluminöser Schaubehälter für
die zusätzliche Schmierung von Kupplung und
Kurbelwelle, Manometer, Zeituhr und Tachometer.

Le pilote peut consulter à tout moment le voyant en
verre du graisseur compte-gouttes, un volumineux
récipient en verre pour la lubrification supplémentaire
de l'embrayage et du vilebrequin, le manomètre,
la montre et l'indicateur de vitesse.

Mercedes Simplex

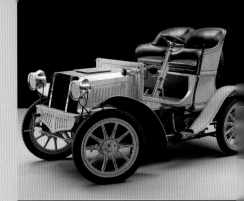

While, from 1901, Daimler-Motoren-Gesellschaft presented the world with a major coup in the shape of its Mercedes Simplex, a coup which it was also able to translate into corresponding sales success, a declining trend develops at its competitors Benz & Cie. in Mannheim – despite the snappy Benz slogan "the best touring car in existence." The root of the problem lies in the character of Karl Benz, the firm's founding father, who is authoritarian with a conservative mentality. He doesn't want to put off valued clientele with impetuous progress and stubbornly refuses to go along with the contemporary trend of ever greater engine power and speed ("30 mph is enough!").

385 vehicles are sold in 1901, a year later only 226. Even the undeniably jaunty and innovatively shaped 1902 Spider – not in the least low, wide and round as we would expect of a present-day vehicle bearing such a name, but narrow and angular – is unable to change this. Amid the jumble of bodywork superstructures of the time, a spider is defined as a two-seater without a canopy, whereby the Benz version can easily be adapted into a speedy four-seater by adding further seating.

It is only since 1900 that automobiles of this sort are powered by front engines, still mounted horizontally and indeed similar to the under floor construction design of later on, but with a capacity of 2945 cc capable of 15 hp at 1100 rpm. With its top speed of 37 mph and a climbing ability that can cope with gradients of up to 20 percent, unaided by the passenger, the Benz Spider could indeed be compared favorably with its contemporary Mercedes Simplex 28/32 PS counterpart. It is distinguished in this regard by a two-cylinder "Contra" engine – only in 1897 does Karl Benz put his trust in the charm of more than one cylinder by embedding two single cylinders side-by-side. Shortly afterwards follows the "Contra" flat engine. Its two combustion units operate in the opposite direction to each other and at first generate four or five horsepower, with 16 hp having already been achieved in the Benz racing car of 1899.

The bright yellow exhibit at the Mercedes Museum as shown here is outstanding not only because of its rarity, but also due to its adventurous past history. For a long time, it remained hidden from curiosity and inaccessible to the world under an Irish coal tip. It was discovered there by an English connoisseur, competently restored and sold to the hotel owner, R. G. Sloan. He was not content let his acquisition become a prized but static exhibit, but took it out on the London to Brighton Veteran Car Run, where it fulfilled its original purpose – chugging along with two passengers. Enthusiastic involvement often turns to love and any questioner asking Sloan how long he intended to keep hold of his hot property would be told that a lasting passion bound him to the Spider for life.

That promptly changed when he received the seductive offer of another hotel. Sloan needed cash, reached an agreement with scouts from Daimler-Benz, and sold off his pride and joy. It was no doubt a consolation to know for certain that it would in future be in good hands.

Indeed, on 16 January 1969 the, by that time, 67-year-old but still sprightly old-timer reached Stuttgart in a special Federal Railways wagon, accompanied by an SSK. Once buried under a coal tip, it had cost a mountain of money. Many visitors to the exhibition would later come to appreciate this fact.

Während die Daimler-Motoren-Gesellschaft mit dem Mercedes Simplex ab 1901 einen großen Wurf in die Welt gesetzt hat und auch in den entsprechenden Verkaufserfolg umzumünzen vermag, entwickeln sich die Dinge beim Mannheimer Konkurrenten Benz & Cie. rückläufig – trotz des flotten Benz-Slogans vom „besten existierenden Tourenwagen". Das liegt im Naturell von Firmen-Vater Karl Benz begründet, der autoritär ist und von bewahrender Denkungsart: Er will die werte Klientel nicht durch allzu ungestümen Fortschritt verprellen und weigert sich stur, sich vom zeitgemäßen Trend zu immer mehr Leistung und Geschwindigkeit („50 Stundenkilometer sind genug!") mitziehen zu lassen.

1901 bringt man 385 Fahrzeuge an den Mann, ein Jahr später nur noch 226. Daran vermag auch der durchaus flotte und innovativ geformte Spider von 1902 nichts zu ändern, keineswegs flach und breit und rundlich, wie man es heute von einem Fahrzeug dieses Namens erwartet, sondern schmal und kantig aufstrebend. Im Wirrwarr der Aufbauten in jener Zeit ist ein Spider definiert als Zweisitzer ohne Verdeck, wobei die Benz-Version durch das Hinzufügen weiterer Unterkünfte ohne weiteres zum zugigen Vierplätzer umgewidmet werden kann.

Erst seit 1900 ist bei Automobilen dieser Marke die Maschine vorn tätig, noch liegend zwar ähnlich der späteren Unterflurbauweise, aber mit einem Volumen von 2945 cm³ zu 15 PS bei 1100/min fähig. Mit seiner Spitze von 60 km/h und einem Steigvermögen bis zu 20 Prozent ohne Zutun des Beifahrers kann der Benz Spider einem zeitgenössischen Mercedes Simplex 28/32 PS durchaus das Wasser reichen. Dazu ermuntert ihn ein Zweizylinder-„Contra"-Motor: Erst 1897 vertraut Karl Benz dem Charme von mehr als einem Zylinder, indem er zwei Einzylinder Seite an Seite ansiedelt. Kurz darauf folgt in Boxer-Bauart besagtes „Contra"-Triebwerk. Seine beiden Verbrennungseinheiten arbeiten gegenläufig und generieren zunächst fünf oder acht Pferdestärken, im Benz-Rennwagen von 1899 bereits 16 PS.

Das hier gezeigte knallgelbe Exponat des Mercedes-Museums zeichnet sich aus durch seine Rarität, aber auch durch seinen abenteuerlichen Lebenslauf. Lange bleibt es versteckt vor Neugier und Zugriff dieser Welt unter einer irischen Kohlehalde. Dort entdeckt es ein englischer Kenner, restauriert es sachkundig und verkauft es an den Hotelbesitzer R. G. Sloan. Dieser mag sich mit dem Wert seiner Akquisition als kostbarer Immobilie nicht begnügen, sondern führt sie auf der Veteranen-Rallye London–Brighton wieder aus und ihrem urprünglichen Zweck zu – dem tuckernden Transport zweier Passagiere. Aus lebhafter Anteilnahme wird Liebe: Auf die häufig und manchmal gierig gestellte Frage, wie lange er die Fund-Sache zu behalten gedenke, antwortet Sloan, mit dem Spider verbinde ihn schon eine Leidenschaft auf Lebenszeit.

Das ändert sich schlagartig, als ihm ein verlockendes weiteres Hotel angeboten wird. Sloan benötigt Bares, wird sich handeleinig mit den Spähern von Daimler-Benz und verhökert sein bestes Stück. Tröstlich ist die Gewissheit, es werde auch künftig in gute Hände kommen.

In der Tat: Am 16. Januar 1969 trifft der inzwischen 67-jährige, doch rüstige Autogreis in einem Spezialwagen der Bundesbahn in Stuttgart ein, begleitet von einem SSK. Unter einem Haufen Kohle war er einst verborgen, einen Haufen Kohle hat er gekostet. Viele Besucher der Ausstellung wissen das später zu würdigen.

1902

Alors que la Daimler-Motoren-Gesellschaft a réalisé un coup de maître avec la Mercedes Simplex dès 1901 – succès qui lui a valu par ailleurs de belles retombées financières –, les affaires de son concurrent de Mannheim, Benz & Cie, ne sont pas florissantes en dépit d'un slogan optimiste vantant «la meilleure voiture de tourisme au monde». Cette situation vient en partie du caractère de son fondateur, Karl Benz, homme autoritaire à l'esprit conservateur : il ne souhaite pas bousculer son honorable clientèle avec des innovations intempestives et refuse avec entêtement de suivre la tendance – toujours plus de puissance et de vitesse («50 kilomètres à l'heure suffisent!»).

En 1901, ses usines sortent 385 véhicules, mais seulement 226 un an plus tard. Et le type Spider de 1902, innovant autant qu'élégant, n'y changera rien. Contrairement à ce que l'on pourrait attendre de son nom, il n'est ni plat,

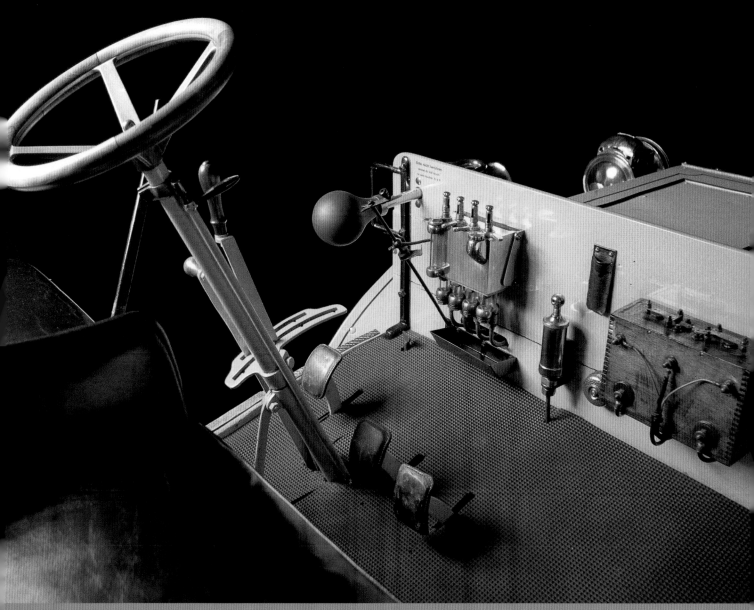

Benz Spider

ni large et arrondi, mais bâti en hauteur, étroit et angu-
leux. Si, à l'époque, les carrosseries sont légion, un spider
correspond à un cabriolet à deux places et sans capote,
celui de Benz accueille sans problèmes quatre passagers
grâce à la banquette ajoutée à l'arrière.

Chez les automobiles de cette marque, le moteur,
installé à l'avant depuis 1900 seulement, est monté sous
plancher comme sur les modèles qui suivront, mais avec
une cylindrée de 1945 cm³ pour 15 ch à 1100 tr/min. Capable de pointes à 60 km/h et d'escalader des pentes de
20 % sans que le passager n'ait à descendre pour pousser,
la Benz Spider ne cède rien à sa contemporaine, la Mercedes Simplex 28/32 PS. Ce que favorise un deux-cylin-
dres opposé à plat dit « Contra ». En effet, Karl Benz aura
attendu jusqu'en 1897 pour succomber au charme du
progrès, en accolant deux cylindres. Peu de temps après,
il adopte le moteur « Contra » horizontal. Ses deux cylin-

dres, qui fonctionnent en sens opposé, développent
tout d'abord 4 ou 5 ch, puis 16 dans le modèle de course
millésimé 1899.

La voiture jaune vif montrée ici, exposée au musée
Mercedes, se distingue par sa rareté autant que par
sa vie mouvementée. En effet, enfouie sous un tas de
charbon irlandais, elle demeura longtemps invisible.
Elle refit surface grâce à un connaisseur anglais, qui la
restaura dans les règles de l'art et la vendit à un hôtelier, R. G. Sloan. Celui-ci, non content d'avoir acquis une
pièce rare, la fit participer au rallye de voitures anciennes
Londres–Brighton et la rendit à sa vocation première – le
transport très inconfortable de deux passagers. Son vif
intérêt se transforma en amour. Lorsqu'on lui demanda,
non sans arrière-pensées, combien de temps il comptait
garder sa trouvaille, Sloan répondit qu'une passion pour
la vie le liait à son Spider.

Souvent homme varie … Le jour où Sloan entendit
parler d'un nouvel hôtel, le besoin de liquidités l'incita à
faire affaire avec les envoyés de Daimler-Benz et il céda
sa pièce rare. Il se consola à l'idée qu'elle se trouvait en
bonnes mains.

Et c'est bien le cas. Le 16 janvier 1969, le robuste véhicule, alors âgé de 67 ans, arrive à Stuttgart dans un wagon
spécial de la Bundesbahn, accompagné d'une SSK. Loin
de son tas de charbon, il a coûté beaucoup d'argent. Les
nombreux visiteurs du musée savent l'apprécier.

It is to be the ancestor of a dynasty of great Mercedes, the 400 to 630 K, the S to SSK, and the 500 K and 540 K model ranges. Without appearing excessively large and weighty, its guise is both majestic and at the same time sporty. The Mercedes 28/95 PS (28 hp for taxation purposes and 95 actual horsepower) therefore imperiously makes a few demands of its owner, who should possess a sturdy physique and character, as well as the requisite finances.

It all begins in 1914. Obviously the First World War violently puts paid to any noteworthy distribution at first – only around 25 are actually constructed during this phase, all with encapsulated valves. The decision is made to call it a day in 1924 at less than 600. Mercedes customers could order a strikingly angular radiator with two star emblems, left and right, and external exhaust pipes encased in silver tubes as early as 1912. The 28/95 PS is fitted with these as standard, though in future it will be considered a characteristic of the marque's supercharged vehicles.

The automobile world can thank the design-engineering genius of Paul Daimler for the innovative six-cylinder engine with its 7280 cc capacity. It is derived from the Daimler DF 80, which gains second place in the Kaiserpreis competition for best aviation engine in 1912. In similar form, it will play a notable role in the hostilities to come. In 1913 it courageously tackles another field of honor, that of racing sport. The four Mercedes entered at the French Grand Prix de la Sarthe et de l'Ouest in Le Mans at the beginning of August in that year display the same architecture, and the four-cylinders of the victorious 18/100 PS models at the French Grand Prix in Lyons a year later are also close relatives.

For the first time ever, an overhead camshaft, driven by a bevel shaft, with overhead valves in a V configuration, can be found in a Daimler-Motoren-Gesellschaft series production vehicle. The combustion units, combined into three pairs by welded-on cooling jackets, are of separately turned steel. Compared to the conventional gray cast iron blocks, this brings the advantage of greater resilience and less weight. Nevertheless, after the war the cylinders are cast in pairs, the pistons are made of light metal as is the crankcase and lids made of the same material protect the now openly exposed valves. To begin with, the mixture is processed by two Pallas carburetors and the initial performance amounts to 80 hp. It is only toward the end that the 28/95 PS is boosted to full power thanks to two Mercedes atomizers, and, with a range of 9 miles per gallon, generously sups from its 32-gallon tank. Of course, the white two-seater with which the works driver Max Sailer creates a furor at the 12th Targa Florio at the end of May 1921 is even greedier. He leads the first of the four 104-mile laps, achieves the best time of the day, wins the Coppa Florio for the fastest production car, and ends up grabbing second place.

The 28/95 PS series fans out into an amazing variety of models; a two-seater and sport and racing two-seater, Phaeton and Sport-Phaeton, Limousine, Stadt-Coupé (city coupé), Sport-Sedan or Touring Car for the American market. Despite all its robust technology, it still proves to need a lot of care and attention: 23 lubrication points must be attended to daily, another ten at the compulsory weekly service.

Er wird zum Ahnherrn einer Dynastie von großen Mercedes, der Baureihen 400 bis 630 K, S bis SSK, 500 K und 540 K. Ohne übertrieben groß und gewichtig zu wirken, kommt er dennoch majestätisch und zugleich sportlich daher. Deshalb stellt der Mercedes 28/95 PS (für 28 Steuer- und 95 reale PS) auch gebieterisch ein paar Anforderungen an seinen Besitzer. Der muss physisch und charakterlich stark sein und finanzkräftig sowieso.

Das beginnt 1914. So verhindert eine nennenswerte Verbreitung erst einmal energisch Weltkrieg Nummer eins – viel mehr als 25 Exemplare entstehen nicht in dieser Phase, alle noch mit ungekapselten Ventilen. Mit knapp 600 hat es 1924 sein Bewenden. Schon seit 1912 kann der Mercedes-Kunde einen markant gewinkelten Kühler mit zwei Stern-Emblemen links und rechts und außen liegende Auspuffrohre ordern, die in silberne Schläuche gehüllt sind. Der 28/95 PS hat das serienmäßig, obwohl es künftig als Merkmal der Kompressorwagen der Marke gelten wird.

Seinen innovativen Sechszylinder mit einem Volumen von 7280 cm³ verdankt die Autowelt dem konstruktiven Genius von Paul Daimler. Er leitet sich her von dem Daimler-Produkt DF 80, mit dem man 1912 den zweiten Platz im Kaiserpreis-Wettbewerb um das beste Flugtriebwerk errungen hat. In ähnlicher Form wird er bei den anstehenden Kampfhandlungen eine rühmliche Rolle spielen. 1913 in Angriff genommen, schlägt er sich überdies wacker auf einem weiteren Feld der Ehre, nämlich im Rennsport. Die Maschinen der vier Mercedes, die Anfang August jenes Jahres beim französischen Grand Prix de la Sarthe et de l'Ouest in Le Mans eingesetzt werden, weisen die gleiche Architektur auf und auch die Vierzylinder der siegreichen 18/100 PS beim Grand Prix de France in Lyon ein Jahr später sind nahe Verwandte.

Erstmalig findet sie sich in einem Serienauto der Daimler-Motoren-Gesellschaft: eine oben liegende Nockenwelle, von einer Königswelle zum Schaffen angehalten, V-förmig hängende Ventile. Die Verbrennungseinheiten, durch aufgeschweißte Kühlmäntel in drei Paaren zusammengefasst, sind separat aus Stahl gedreht. Gegenüber den konventionellen Graugussblöcken bringt dies den Vorteil höherer Belastbarkeit und geringeren Gewichts. Nach dem Krieg sind gleichwohl die Zylinder im Doppelpack gegossen, die Kolben aus Leichtmetall wie das Kurbelgehäuse und Deckel aus dem gleichen Werkstoff schützen die nunmehr offen liegenden Ventile. Zunächst wird das Gemisch durch zwei Pallas-Vergaser aufbereitet und die anfängliche Leistung beläuft sich auf 80 PS. Erst am Ende steht der 28/95 PS dank zweier Mercedes-Zerstäuber voll im Saft und bedient sich mit 26 Litern auf 100 Kilometer auch generös aus seinem 120-Liter-Reservoir. Noch durstiger ist natürlich der weiße Zweisitzer, mit dem Werkspilot Max Sailer auf der 12. Targa Florio Ende Mai 1921 Furore macht. Er führt den ersten der vier 167 Kilometer langen Durchgänge an, fährt die beste Tageszeit, holt sich die Coppa Florio für den schnellsten Serienwagen und belegt am Ende Platz zwei.

Die Baureihe 28/95 PS fächert sich auf in eine erstaunliche Modellvielfalt, als Zweiplätzer und Sport- und Rennsport-Zweisitzer, Phaeton und Sport-Phaeton, Limousine, Stadt-Coupé, Sport-Sedan oder Touring Car. Bei durchaus robuster Mechanik zeigt sie sich dennoch zuwendungsbedürftig: Täglich müssen 23 Schmierstellen versorgt werden, beim wöchentlichen Pflicht-Service noch einmal zehn mehr.

1914

Ce modèle est à l'origine d'une dynastie de grandes Mercedes, les séries 400 à 630 K, S à SSK et les 500 K et 540 K. S'il ne semble pas d'une taille et d'un poids exagérés, il n'en possède pas moins une allure aussi majestueuse que sportive. C'est pourquoi la Mercedes 28/95 PS (28 ch fiscaux et 95 ch réels) exige beaucoup de son propriétaire. Outre une force physique et un caractère bien trempé, il lui faut un portefeuille bien garni.

Tout commence en 1914, si bien que la Première Guerre mondiale empêche, dans un premier temps, toute diffusion importante : à l'époque, environ 25 exemplaires sont construits, tous encore dotés de soupapes enfermées sous un couvercle. En 1924, après une production de 600 véhicules, on en resta là. Depuis 1912 déjà, le client de Mercedes peut commander un étonnant radiateur en pointe, orné de deux étoiles à

Mercedes 28/95 PS

gauche et à droite, avec des tubes d'échappement extérieurs, logés dans des gaines nickelées. La 28/95 PS possède cette option en série, bien que, à l'avenir, ce détail
servira à distinguer les types à compresseur.

C'est au génie inventif de Paul Daimler que le monde
de l'automobile doit son six-cylindres innovateur d'une
cylindrée de 7280 cm³. Il dérive d'un produit Daimler, le
DF 80, qui a remporté la deuxième place lors de la Coupe
de l'Empereur, un concours pour moteurs d'avion. Il
jouera d'ailleurs un rôle notable lors du conflit qui se prépare. En 1913, il fait ses preuves sur un autre champ d'honneur, celui de la course automobile. Les moteurs des
quatre Mercedes qui cette année-là participent début
août au Grand Prix de France, au Mans, possèdent la
même architecture. Et les quatre-cylindres des 18/100 PS
qui remportent le Grand Prix de l'ACF à Lyon un an plus
tard sont de proches parents.

Pour la première fois, une automobile construite en
série par Daimler comporte un arbre à cames en tête,
actionné par un arbre vertical, et des soupapes en V. Les
cylindres, regroupés en trois paires par des chemises
d'eau soudées, ont été en fait usinés séparément et sont
en acier. Par rapport aux blocs classiques en fonte grise,
cette solution offre une résistance aux chocs supérieure
et elle est d'une plus grande légèreté.

Après la guerre, les cylindres sont désormais coulés
par paire ; les pistons sont en alliage léger comme le carter et des couvercles du même métal protègent les soupapes désormais à l'air libre. Dans un premier temps, le
mélange est fourni par deux carburateurs Pallas, pour
une puissance initiale de 80 ch. Vers la fin seulement,
et grâce à deux carburateurs Mercedes, la 28/95 PS parvient à son apogée, en puisant généreusement dans son
réservoir de 120 litres, puisqu'elle consomme 26 litres aux

100 km. Bien sûr, la biplace blanche du pilote de la marque, Max Sailer, qui fait sensation à la 12e Targa Florio fin
mai 1921, est encore plus gourmande. Elle prend la tête
lors du premier des quatre tours de 167 km, remporte la
Coppa Florio de la voiture de série la plus rapide et termine à la deuxième place.

La gamme des 28/95 PS est d'une étonnante diversité : biplace, biplace de sport et de course, torpédo et
torpédo sport, berline, coupé, berline sport ou voiture
de tourisme. Au demeurant, sa mécanique tout à fait
robuste requiert des soins attentifs : il faut tous les jours
graisser 23 points, et 10 de plus lors de la révision hebdo-
madaire de rigueur.

Déjà-vu: the contemporary Mercedes visage is still reminiscent of the distinctive countenance of the 28/95 PS. The pointed radiator of this 1922 Sport Phaeton is formed of square-profile, welded brass tubes. Later on they would be made of nickel and chrome.

Déjà-vu: Das heutige Mercedes-Gesicht lässt die markanten Züge des 28/95 PS noch immer anklingen. Im Spitzkühler dieses Sport Phaeton Jahrgang 1922 wurden quadratische Röhrchen miteinander verlötet – aus Messing. Später ersetzt man diesen Werkstoff durch Nickel und Chrom.

Déjà vu : le visage des Mercedes actuelles rappelle les traits marquants de la 28/95 PS. Des petits tubes en laiton de section carrée, soudés les uns aux autres, forment le radiateur pointu de ce Sport Phaeton millésimé 1922. Plus tard, ce métal sera remplacé par du nickel et du chrome.

In 1910, Paul Daimler, the technical director and head of Daimler-Motoren-Gesellschaft, acquires the patents of the American Charles Knight, whose combustion engines make use of sleeve valves instead of the conventional poppet valves. Although production of the four-liter Mercedes-Knight 16/45 PS version as well as that of the 28/95 PS is resumed after the First World War, the project is at a dead end due to technical inconsistencies.

Another one, however, definitely appears to have more future: similar in architecture to that of the large six-cylinder power unit of the 28/95 PS, Daimler designs a range of smaller four-cylinder engines with overhead valves arranged in a V configuration and an overhead camshaft activated by a vertical bevel gear shaft. Its combustion units, encased in welded steel plate and merged into a block, are composed of the same material. The crankcase is made of aluminum, the crankshaft three-bearing.

At the end of 1921, the 10/35 PS with 2614 cc capacity is displayed at the prestigious Berlin automobile exhibition. Before it becomes a production model one and a half years later, it mutates into the 10/40/65 PS. While the first two figures provide information about the fiscal and actual horsepower, the third indicates the invigorating presence of a supercharger and the extra 25 hp it provides. In planning for the future Daimler and the DMG men around him have recalled the forced induction which during the war compensated for the unavoidable power reduction in fighter planes due to thin air at great heights. A 28/95 PS serves as a guinea pig as early as 1918. The Mercedes 6/25/40 PS with a capacity of 1568 cc follows in the latter half of 1922, and with it a DMG premiere in its own right. The supercharger has already become an integral part in the design of the engine. A small Roots blower animated by a bevel gear drive is mounted vertically on the front face, forcing compressed air into the Mercedes' choke carburetor. Positive engagement is provided by a multi-plate clutch at the end of the crankshaft. Nonetheless, this happens only when the accelerator is pressed to the floor, a solution with a beneficial effect on consumption.

In 1923 the English specialist publication *The Autocar* puts a 10/40/65 PS through its paces on the full-throttle course at Brooklands. It is by no means one of the diverse sporting variations. In fact, the 2535-lb chassis has been furnished with a crude four-seater body. The journal attests to the agile Teutonic import's split personality *à la* Jekyll & Hyde. Before the supercharger goes into action, the Mercedes could be regarded as a prime example of a compliant, mannerly and discreetly operating touring car. Press hard on the accelerator, and the intervention of the blower changes its character in an instance – a placid automobile suddenly transforms into a grayhound. Its controllability, however, has not been impaired.

Nevertheless, the model is laborious to construct and very expensive to produce and it does not prove to be a sales hit: only around 360 of the smaller and about 200 of the larger version are actually sold.

Im Jahre 1910 ersteht Paul Daimler, Technischer Direktor und Leiter der Daimler-Motoren-Gesellschaft, die Patente des Amerikaners Charles Knight, an dessen Triebwerken Hülsenschieber anstelle der konventionellen Ventile den Stoffwechsel besorgen. Obwohl die Produktion der Vierliter-Version Mercedes-Knight 16/45 PS nach dem Ersten Weltkrieg wieder aufgenommen wird, ebenso wie die des 28/95 PS, verklemmt sich das Projekt in einer Sackgasse auf Grund seiner technischen Ungereimtheiten.

Entschieden mehr Zukunft scheint ein anderes zu haben: Nach einem Baumuster ähnlich dem, welchem das große Sechszylinder-Aggregat des 28/95 PS gehorcht, entwirft Daimler eine Reihe von kleineren Vierzylindern mit V-förmig hängenden Ventilen und einer oben liegenden Nockenwelle, die durch eine Königswelle aktiviert wird. Ihre Verbrennungseinheiten, von aufgeschweißten Stahlblechen ummantelt und zu einem Block zusammengefasst, bestehen aus dem gleichen Werkstoff. Das Kurbelgehäuse ist aus Aluminium gefertigt, die Kurbelwelle dreifach gelagert.

Ende 1921 zeigt man auf der prestigeträchtigen Berliner Automobil-Ausstellung den 10/35 PS mit 2614 cm³ Hubraum. Bevor dieser anderthalb Jahre später als Serienprodukt zu haben ist, mutiert er zum 10/40/65 PS. Während die beiden ersten Werte Auskunft erteilen über fiskalische und real existierende Pferdestärken, kündet der dritte von der belebenden Anwesenheit eines Kompressors und den 25 Mehr-PS, die dieser spendet. Bei der Planung der Zukunft haben sich Daimler und die DMG-Männer um ihn herum der Aufladung entsonnen, mit der man an den Kampfmaschinen des Krieges den unvermeidlichen Leistungsschwund durch die dünnere Luft in größeren Höhen aufgefangen hat. Als Versuchsträger musste bereits 1918 ein 28/95 PS herhalten. In der zweiten Hälfte des Jahres 1922 folgt der Mercedes 6/25/40 PS mit einem Volumen von 1568 cm³, mit ihm eine DMG-Premiere eigenen Rechts: Der Kompressor war bereits integrales Bestandteil bei der Konzeption seines Motors. An dessen Stirnseite ist vertikal, durch Kegelradtrieb zum Schaffen animiert, ein kleines Roots-Gebläse untergebracht, das komprimierte Luft in den Mercedes-Drosselvergaser presst. Den Kraftschluss stellt eine Lamellenkupplung am Ende der Kurbelwelle her. Dies geschieht gleichwohl erst, wenn das Gaspedal bis zum Boden durchgedrückt wird, eine Lösung, die sich wohltuend auf den Verbrauch auswirkt.

1923 unterzieht die englische Fachpublikation *The Autocar* einen 10/40/65 PS auf dem Vollgaskurs von Brooklands einem Test auf Herz und Nieren. Es handelt sich keineswegs um eine der diversen sportlichen Varianten. Vielmehr hat man das 1150 kg schwere Chassis mit einem kruden viersitzigen Aufbau versehen. Das Blatt bescheinigt dem flinken teutonischen Importartikel eine Zwienatur à la Jekyll & Hyde. Solange der Kompressor seines Einsatzes geharrt habe, habe der Mercedes als Musterbeispiel eines gefügigen, gesitteten und diskret zu Werke gehenden Tourenwagen gelten können. Der energische Tritt aufs Gaspedal, mithin das Einschalten des Gebläses, habe seinen Charakter schlagartig geändert – ein friedfertiges Automobil habe sich jäh in einen Windhund verwandelt. Seine Kontrollierbarkeit sei indessen nicht beeinträchtigt worden.

Gleichwohl erweist sich das aufwändig konstruierte und nur sehr kostenträchtig herzustellende Modell nicht eben als Verkaufsschlager: In der kleineren Variante bleibt es bei rund 360, in der größeren bei etwa 200 Exemplaren.

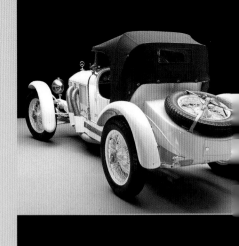

1922

En 1910, Paul Daimler, directeur technique et président de la Daimler-Motoren-Gesellschaft, acquiert les brevets de l'Américain Charles Knight, qui a mis au point un moteur à fourreaux coulissants à la place des soupapes habituelles. Si la production de la Mercedes Knight 16/45 PS quatre-litres sans soupapes reprend après la Première Guerre mondiale, de même que celle de la 28/95 PS, le projet finit par échouer en raison de ses imperfections techniques.

Un modèle semble avoir nettement plus d'avenir : Daimler conçoit une série de petits quatre-cylindres à soupapes en V, avec un arbre à cames en tête actionné par un arbre vertical et des pignons coniques d'une architecture semblable à celle du gros moteur à six cylindres de la 28/95 PS. Ses cylindres, entourés d'une chemise d'eau en tôle d'acier soudée et formant bloc, sont fabriqués dans le même matériau. Le

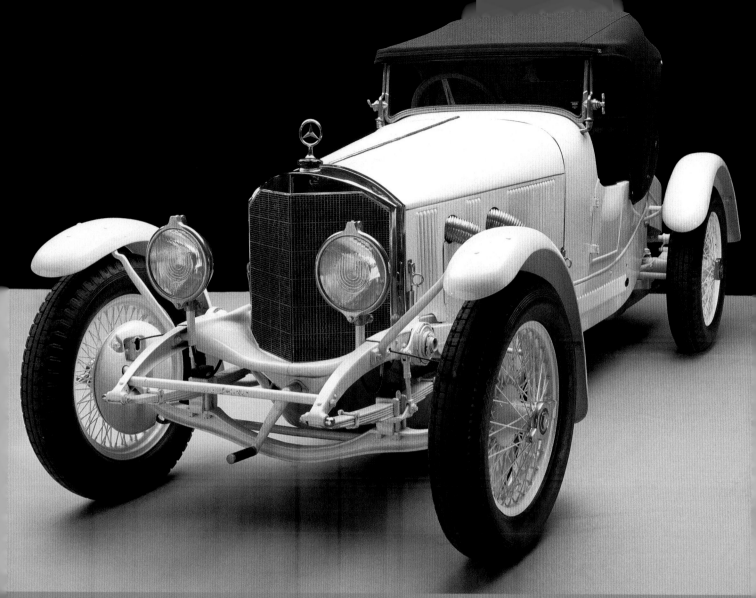

Mercedes 10/40/65 PS

carter-moteur est en aluminium et le vilebrequin a trois paliers.

Fin 1921, le constructeur présente au prestigieux Salon de l'automobile de Berlin la 10/35 PS avec une cylindrée de 2614 cm³. Avant qu'elle ne devienne un produit de série un an et demi plus tard, elle se mue en 10/40/65 PS. Si les deux premiers nombres indiquent les chevaux fiscaux et les chevaux réels, le troisième annonce la présence tonifiante d'un compresseur et des 25 chevaux supplémentaires qu'il procure. Dans leur projet, Daimler et les hommes de DMG se sont souvenus que, pour les avions de chasse de la guerre, la suralimentation permit de compenser la perte de puissance inévitable due à la raréfaction de l'air en altitude. Une 28/95 PS apparut dès 1918 sous forme d'un prototype d'essais. Au cours du deuxième semestre 1922 apparut la Mercedes 6/25/40 PS, avec une cylindrée de 1568 cm³, et, avec elle, une première chez DMG :

le compresseur est intégré dès la conception du moteur. Un petit souffleur Roots, installé verticalement à l'avant et entraîné par des engrenages coniques, envoie de l'air comprimé dans le carburateur de la Mercedes. L'entraînement n'est assuré par un embrayage multidisques placé à l'extrémité du vilebrequin que lorsque le conducteur écrase l'accélérateur, solution qui permet de limiter la consommation.

En 1923, la revue spécialisée anglaise *The Autocar* effectue un essai complet d'une 10/40/65 PS sur la piste de Brooklands. Il ne s'agit pas de l'une des versions sportives. Au contraire, le châssis de 1150 kg supporte une carrosserie sommaire à quatre places. Le journal détecte dans cette machine rapide une personnalité à la Docteur Jekyll et Mister Hyde. Tant que le compresseur n'est pas en action, la Mercedes passe pour un modèle de voiture de tourisme obéissante, sage et discrète. Un coup

d'accélérateur, qui déclenche le compresseur, la transforme aussitôt en lévrier, mais elle reste tout aussi facile à contrôler.

Pourtant, ce modèle très compliqué à fabriquer et aux coûts de production vertigineux ne figure pas sur la liste des meilleures ventes. La plus petite version atteint quelque 360 exemplaires, la plus grande frôle les 200.

In 1923, Paul Daimler leaves the business that bears his good name in fury and defects to rivals Horch, where in future he will build the eight-cylinder engines that Daimler-Motoren-Gesellschaft board has rejected with an eye towards its middle-class clientele.

With his successor, Ferdinand Porsche, a new wind blows through DMG – though, in fact, he follows the weather in much the same direction. The grouchy but ingenious Bohemian is committed to racing and high-performance touring cars, and Daimler's preparatory work on the supercharged engine is most opportune for him. In other respects, he carries on with traditions he himself began with his previous employer Austro Daimler. This is borne out at the Berlin automobile exhibition of 1924 by the powerful supercharged 15/70/100 PS and 24/100/140 PS models, known on the basis of their six-cylinder's capacity simply as the 400 and 630 following the fusion of Daimler and Benz in 1926. The three figures connected by slashes refer to the taxation horsepower as well as the horsepower without and with supercharger.

Porsche's signature is unmistakable: on the silumin engine block with recessed cylinder sleeves rests a removable gray cast iron head, the overhead valves with their double coils are activated directly by the camshaft. This in turn is driven from the rear end of a four-bearing crankshaft via helical gears. A Roots blower, attached upright to the front face of the machine, draws air from the area under the exhaust manifolds and blows it into a special annular float carburetor. The increased efficiency thus created is initiated by a hearty tread on the accelerator and should only be called upon for a short period, as the user's manual warns. Adjacent to the engine is a four-speed transmission with shifting gate. The chassis is an old-fashioned, stable, pressed U-section frame with long semi-elliptic leaf springs from which wooden or wire spoke wheels are suspended.

Many customers have it dressed with the Sindelfingen work's superstructures. Leading bodywork manufactures of the day such as Erdmann & Rossi, Reutter, Papler, Balzer, Million Guiet or Stabilimenti Farina also deliver attractive tailor-made solutions. Such a giant automobile is up to 17'5" long and 5500 lbs in weight, and yet there are owners who cannot refrain from trying out its sporting application. The factory accommodates them in 1926 with the K version. That the abbreviation K stands for *kurz* (short) is without doubt a charming overstatement: the wheel base has been reduced from 12'4" (630) and 11'11" (400) to 11'2". The springs pass below the rear axle and together with the sharply dropped frame the center of gravity is lowered considerably.

In 1928, Porsche and his aides take things one step further, with 110 hp in suction mode and 160 with supercharger that spurs the weighty tourer to 90 mph. On special request, the more powerful engine is also available for the "long" 630. From autumn 1927 the three thick silver tubes, evocative of status and symbolism, that from the very beginning have discharged the K's emissions to the right through the hood, also grace both sister models. However, a formidable adversary has already grown within its own stable. The new standard bearer will be the S model.

Paul Daimler verlässt 1923 in durchaus gespanntem Einvernehmen die Firma, die seinen guten Namen trägt, und baut künftig für den Rivalen Horch die Achtzylinder-Triebwerke, von denen der Vorstand der Daimler-Motoren-Gesellschaft im Hinblick auf die mittelständische Klientel der Marke nichts wissen mochte.

Mit seinem Nachfolger Ferdinand Porsche bläst frischer Wind durch die DMG – aus ungefähr der gleichen Richtung. Der grantelnd-geniale Böhme hat sich dem Renn- und Hochleistungstourenwagen verschrieben und da kommt ihm Daimlers Vorarbeit am Gebläsemotor gerade recht. Ansonsten knüpft er an Traditionen an, die er selbst bei seinem früheren Arbeitgeber Austro Daimler auf den Weg gebracht hat. Von beidem zeugen auf der Berliner Automobil-Ausstellung 1924 die mächtigen Kompressormodelle 15/70/100 PS und 24/100/140 PS, nach der Fusion von Daimler und Benz anno 1926 entsprechend dem Volumen ihrer Sechszylinder schlicht 400 und 630 genannt. Die drei Ziffern in der Schrägstrich-Zahlenreihe informieren über Steuer-PS sowie die Leistung ohne und mit Gebläse.

Unverwechselbar ist Porsches Handschrift: Auf dem Silumin-Zylinderblock mit eingezogenen Laufbüchsen ruht ein abnehmbarer Kopf aus Grauguss, die hängenden Ventile mit ihren doppelten Federn werden unmittelbar von der Nockenwelle betätigt. Diese wiederum wird vom hinteren Ende der vierfach gelagerten Kurbelwelle her via Schraubenräder zur Arbeit angehalten. Ein Roots-Gebläse, der Stirnseite der Maschine stehend angebaut, saugt durch ein verripptes Rohr Luft aus dem Raum unter den Auspuffkrümmern und presst sie in einen Spezialvergaser mit Ringschwimmer. Die so erzeugte Mehrleistung wird durch einen herzhaften Tritt aufs Gaspedal ausgelöst und sollte nur kurzfristig in Anspruch genommen werden, wie das Handbuch für den Benutzer warnend anmahnt. Angeblockt an den Motor ist ein Vierganggetriebe mit Kulisse, das Fahrgestell nach alter Väter Sitte ein stabiler gepresster U-Profilrahmen mit langen Halbelliptikfedern, an denen Holz- oder Drahtspeichenräder aufgehängt sind.

Viele Kunden lassen es mit den Sindelfinger Aufbauten des Werks einkleiden. Schmucke Maßkonfektion liefern indessen auch die führenden Karosserie-Manufakturen jener Zeit wie Erdmann & Rossi, Reutter, Papler, Balzer, Million Guiet oder Stabilimenti Farina. Bis zu 5320 mm lang und 2500 kg schwer ist so ein Autoriese und dennoch kann sich der eine oder andere Besitzer den sportlichen Einsatz nicht verkneifen. Dem kommt das Werk 1926 mit der Variante K entgegen. Dass das Kürzel für kurz steht, ist zweifellos eine charmante Übertreibung: Der Radstand wurde von 3750 mm (630) und 3630 mm (400) auf 3400 mm zurückgenommen. Die Federn führen hinten unter der Achse hindurch und bewirken zusammen mit dem dort stärker gekröpften Rahmen einen tieferen Schwerpunkt.

1928 satteln Porsche und seine Helfershelfer noch einmal drauf, mit 110 PS im Saug-Modus und deren 160 mit Kompressor, was den gewichtigen Tourer zu 145 km/h beflügelt. Auf besonderen Wunsch ist die stärkere Maschine auch für den 630 im Gardeformat verfügbar. Die drei dicken silbernen Schläuche, die von Anbeginn an die Emissionen des K status- und symbolträchtig nach rechts durch die Motorhaube abführen, zieren ab Herbst 1927 überdies die beiden Schwestermodelle. Da ist dem Kurz-630 bereits ein formidabler Gegner im eigenen Hause erwachsen: Der neue König heißt S.

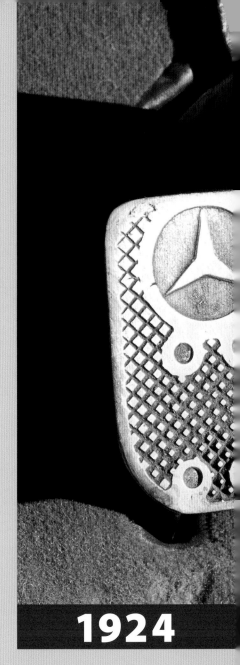

1924

En 1923, Paul Daimler, à la suite d'un grave désaccord, quitte l'entreprise qui porte son nom et part chez le rival Horch construire les moteurs à huit cylindres dont le président de Daimler ne veut pas entendre parler, sous prétexte que sa clientèle est essentiellement constituée par la classe moyenne.

Son successeur, Ferdinand Porsche, apporte un souffle nouveau à Daimler – un peu dans le même esprit. L'irritable et génial ingénieur né en Bohême a consacré sa vie aux voitures de course et de tourisme à hautes performances. Les travaux préparatoires de Daimler sur le moteur suralimenté l'intéressent au plus haut point. Par ailleurs, il conserve les traditions qu'il avait lui-même initiées chez son ancien patron, Austro Daimler. En témoignent les puissants modèles à compresseur 15/70/100 PS et 24/100/140 PS présentés au salon de l'automobile berlinois, qui, après la fusion de Daimler et Benz en 1926,

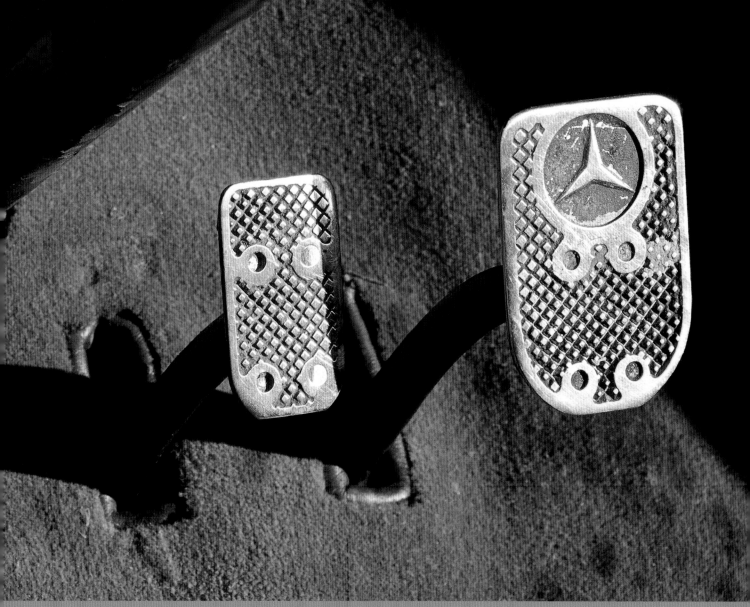

Mercedes 400–630 K

sont rebaptisés simplement 400 et 630, en fonction de la cylindrée de leur six-cylindres. Les nombres constituant la désignation correspondent aux chevaux fiscaux et aux puissances avec et sans compresseur.

On reconnaît la «patte» de Porsche au bloc-cylindre en Alpax, avec ses chemises de cylindre rapportées, sur lesquelles repose une culasse amovible en fonte grise, ou aux soupapes avec leurs doubles ressorts qui sont attaqués directement par l'arbre à cames. Quant à ce dernier, il est actionné depuis l'extrémité arrière du vilebrequin à quatre paliers par des pignons hélicoïdaux. Un compresseur Roots, monté verticalement à l'avant du moteur, aspire par un tube à ailettes l'air sous les collecteurs d'échappement et l'envoie dans un carburateur spécial à flotteur annulaire. Pour obtenir le supplément de puissance voulu, il suffit d'enfoncer totalement la pédale d'accélérateur, mais, selon les instructions du manuel de

l'utilisateur, pendant une très courte durée. Au moteur est associée une boîte à quatre rapports avec grille de sélection. Le châssis est un classique cadre à longerons emboutis en U, suspendu par de longs ressorts elliptiques sur les essieux rigides, équipés de roues à rayons en bois ou en fil d'acier.

Les clients choisissent, en général, les carrosseries de Sindelfingen. Les plus exigeants leur préfèrent les versions sur mesure sorties des ateliers des carrossiers de l'époque, tels Erdmann & Rossi, Reutter, Papler, Balzer, Million Guiet ou les Stabilimenti Farina. Si ces autos géantes affichent une longueur de 5320 mm pour un poids de 2500 kg, il arrive à certains de leurs propriétaires d'envisager d'en faire un usage sportif. L'usine leur propose la version K en 1926. Sans doute est-il un peu exagéré de choisir l'initiale K pour court, puisque l'empattement de 3750 mm (type 630) et de 3630 mm (type 400) à l'origine,

n'est réduit qu'à 3400 mm. Les ressorts passent sous le pont arrière et, avec le cadre très surbaissé, le centre de gravité est considérablement descendu.

En 1928, Porsche et ses assistants vont plus loin, avec un moteur atmosphérique de 110 ch et de 160 avec le compresseur embrayé, ce qui fait atteindre 145 km/h à cette imposante voiture de tourisme. Sur demande, la 630 peut également être équipée du moteur le plus puissant. À partir de l'automne 1927, les trois gros tubes argentés, qui depuis toujours traversent le capot à droite pour évacuer les gaz – symbole de situation sociale élevée –, décorent aussi les deux autres modèles. Mais la 630 courte est confrontée à un formidable adversaire né dans sa propre maison, la S.

One particular feature that initially applies only to the 630 K is the three metal tubes on the right of the hood, often incorrectly claimed to be characteristic of the marque's supercharged models. The jerry can on the running board contains oil.

Ein besonderes Erkennungszeichen zunächst nur des 630 K sind die drei Metallschläuche auf der rechten Seite der Motorhaube, oft fälschlich als Merkmal der Kompressorwagen der Marke gedeutet. Der Kanister auf dem Trittbrett enthält Öl.

…lément emblématique, mais tout d'abord de la seule 630 K : les trois tubulures flexibles en
…étal sur le côté droit du capot moteur, souvent considérées à tort comme une caractéristique
…es voitures à compresseur de la marque. Le jerrican sur le marchepied contient de l'huile.

For luggage there is just a removable case. The upright six-cylinder engine of the 2 or 4-seater provides an initial 140 hp with supercharger, increasing to 160 hp as of 1928.

Das Gepäckabteil wird von einem abnehmbaren Koffer gebildet. Der aufrechte Sechszylinder des Zwei- oder Viersitzers leistet mit zugeschaltetem Kompressor zunächst 140 PS und ab 1928 160 PS.

Le coffre à bagages consiste tout simplement en une malle amovible. Avec le souffle du compresseur, le six-cylindres vertical de la deux-places ou de la quatre-places développe tout d'abord 140 ch puis, à partir de 1928, 160 ch.

Two-thirds of the front row at the start of the Nürburgring premiere on 19 June 1927 has its face turned toward the future, one third is still looking to the past. For there, Rudolf Caracciola and Adolf Rosenberger await the signal to roar off into a new automotive age in the brand new S-Type, later crossing the winning line in the same order, while the 630 K of retired cavalry captain von Mosch quite obviously exudes the spirit of bygone days.

The K and S are actually father and son, although quite similar to each other, the one being somewhat more sedate, the other manifestly sporting in nature. The S (for Sport) is built on the shortened and considerably modified chassis of the K, and at 3197 lbs more than a hundredweight lighter, dropped further between the axles, and more strongly cranked over them to lower the center of gravity and improve road-holding. Even stronger is the engine made of silumin, an aluminum alloy with 13 percent silicon. The cylinder sleeves and removable head are made of gray cast-iron. Its whining, two-blade Roots supercharger runs at three times the engine speed, supplying, when necessary, two Mercedes updraft ring-float carburetors with additional air and briefly forcing more power from the monumental, upright six-cylinder engine – up to 70 hp. It is engaged by stepping hard on the accelerator, which after all is part of th job for the men who drive the Nürburgring.

The S is the masterpiece of the restless professor, Ferdinand Porsche, during his years of service at Mercedes (between 1923 and 1928) and, at the same time, the first link in an imperious dynasty, the charisma of which is still felt today. To start with, there is its daunting size. The rumbling straight-six alone is majestically tall. Its capacity is 6800 cc, increasing to 7065 cc from the SS model onwards. The aggressively pointed radiator also contributes to the monumental impression.

Its development can be traced along with the ever-lengthening acronyms that soon outgrow their original meanings to make their own decisive contribution to the Mercedes-Benz legend itself. They progress through the SS (from 1928) for Super Sport, and SSK (also 1928) for Super Sport Kurz (Short), the wheelbase of which is reduced from 11'2" to 9'8" leaving only sufficient room for two-seater superstructures. The identification abbreviation SSKL (from 1930) stands for Super Sport Kurz Leicht (Short Light), because the engineers Hans Nibel and Max Wagner have, for racing purposes, drilled substance from the SSK's chassis and thereby shed some 250 kg of its weight.

The numerical model identification codes that, in the custom of the time (as of 1924), provided information on the tax relevant horsepower as well as the horsepower with and without supercharger, show the steady escalation in engine output: 26/120/180 for the S, 27/170/225 for the SS, 27/180/250 for the SSK, and 27/240/300 for the SSKL. Things are not done by halves – the automobile is also the extrapolation of an ego, its potency a mirror image of the achievements of its driver.

The company's own superstructures, the so-called Sindelfinger bodies, enjoy all-round approval. In addition, leading design artists of the age scramble to provide appropriate apparel for the top-class Mercedes. Nevertheless, production – around 280 – remains modest, the series subsidized despite prices of up to 44,000 reichsmarks. Its sporting successes are legion, their impact on the image of the young Stuttgart company invaluable.

Zu zwei Dritteln ist die erste Startreihe bei der Nürburgring-Premiere am 19. Juni 1927 der Zukunft, zu einem Drittel noch der Vergangenheit zugewandt. Denn dort harren Rudolf Caracciola und Adolf Rosenberger auf dem brandneuen Typ S des Signals zum Aufbruch und werden in dieser Reihenfolge auch die Ziellinie überqueren, während die 630 K des Rittmeisters außer Diensten von Mosch ganz offensichtlich vom Geist der alten Zeit kündet.

Bei K und S handelt es sich gleichwohl um Vater und Sohn, einander ähnlich, jedoch eher behäbig der eine, von manifester Sportlichkeit der andere. Der S (Sport) rollt auf dem verkürzten und erheblich modifizierten Fahrgestell des K, mit 1450 kg um einen Zentner leichter, mehr abgesenkt zwischen den Achsen, stärker gekröpft über diesen, so dass der Schwerpunkt niedriger und die Straßenlage besser ist. Noch einmal an Stärke zugelegt hat das Triebwerk aus Silumin, einer Legierung aus Aluminium und 13 Prozent Silizium, mit Laufbüchsen und einem abnehmbaren Kopf aus Grauguss . Sein weinendes Roots-Zweiflügelgebläse läuft mit dreifacher Motordrehzahl, versorgt bei Bedarf zwei Mercedes-Steigstrom-Ringschwimmer-Vergaser mit mehr Luft und nötigt dem aufrecht-monumentalen Sechszylinder dann kurzfristig weitere Leistung ab, bis zu 70 PS. Zugeschaltet wird es durch energisches Durchtreten des Gaspedals, ausgewiesenes Berufsmerkmal der Männer am Ring.

Der S ist das Meisterstück des umtriebigen Professors Ferdinand Porsche während seiner Dienstjahre bei Mercedes (zwischen 1923 und 1928) und zugleich erstes Glied einer imperialen Familie, deren Charisma sich bis auf den heutigen Tag mitteilt. Das beginnt mit seiner einschüchternden Größe, bedingt schon allein durch die majestätische Höhe seines grollenden Reihensechszylinders mit 6800 cm³ Volumen, von der Ausbaustufe SS an mit 7065 cm³, und dem aggressiv gespitzten monumentalen Kühler.

Seine Evolution wird nachgezeichnet durch immer wachsende Buchstabengruppen, die ihrerseits rasch über sich selbst hinaus direkt in den Mythos Mercedes-Benz weisen, SS (ab 1928) für Super Sport, SSK (ebenfalls ab 1928) für Super Sport Kurz, denn der Radstand ist von 3400 mm auf 2950 mm verknappt worden und lässt nur mehr zweisitzige Aufbauten zu. Das Sigel SSKL (ab 1930) steht für Super Sport Kurz Leicht, weil die Ingenieure Hans Nibel und Max Wagner für reine Rennzwecke Substanz aus dem Fahrgestell des SSK herausgedrillt haben und somit rund 250 kg abzuspecken vermochten.

Ihre numerischen Typenbezeichnungen, die nach dem Usus der Zeit (seit 1924) die steuerrelevanten PS und die Pferdestärken ohne und mit eingeschaltetem Kompressor zum Ausdruck bringen, bilden eine steile Eskalation der Stärke ab: 26/120/180 für den S, 27/170/225 für den SS, 27/180/250 für den SSK und 27/240/300 für den SSKL. Da wird nicht gekleckert, sondern geklotzt – das Automobil als Extrapolation eines Ego, seine Leistung als Spiegelbild der Leistung des Lenkers. Reger Zustimmung erfreuen sich hauseigene Aufbauten, die so genannten Sindelfinger Karosserien. Darüber hinaus reißen sich die führenden Formkünstler der Epoche darum, den Spitzen-Mercedes gebührend einzukleiden. Die Verbreitung – etwa 280 – bleibt gleichwohl überschaubar, die Baureihe trotz Preisen bis zu 44 000 Reichsmark ein Zuschussgeschäft. Die Zahl ihrer Sporterfolge ist Legion, ihre Wirkung für das Image der jungen Stuttgarter Marke nicht mit Gold aufzuwiegen.

1927

Le 19 juin 1927, sur la ligne de départ lors de l'inauguration de la piste du Nürburgring, deux tiers des véhicules qui s'apprêtent à participer sont avant-gardistes, le dernier tiers appartient déjà au passé. Rudolf Caracciola et Adolf Rosenberger attendent le baisser du drapeau au volant de la toute nouvelle S, et ils franchiront la ligne d'arrivée dans cet ordre, tandis que la 630 K de von Mosch, officier de cavalerie à la retraite, est de toute évidence d'un autre âge.

La K et la S sont comparables à un père et à un fils qui se ressemblent, l'un étant un peu replet, l'autre nettement plus sportif. Plus légère de 50 kg avec ses 1450 kg, la S (pour Sport) est construite sur le châssis raccourci et très modifié de la K, plus cintré entre les essieux et plus surbaissé, d'où un centre de gravité plus bas et une meilleure tenue de route. Le moteur en Alpax, un alliage d'aluminium et de 13 % de silicium, doté de chemises

Mercedes-Benz S–SSKL

de cylindre et d'une culasse amovible en fonte grise, a encore gagné en vigueur. Son compresseur à deux lobes tournant trois fois plus vite que le moteur, qui souffle dans deux carburateurs verticaux à flotteur annulaire et produit jusqu'à 70 ch de plus dans le monumental six-cylindres. Pour le déclencher, il faut écraser l'accélérateur, ce qui chez les professionnels du Ring est un simple réflexe. La S, qui représente le chef-d'œuvre du très actif Ferdinand Porsche pendant ses années chez Mercedes (1923–1928), est aussi la fondatrice d'une dynastie dont le charisme a survécu jusqu'à nos jours. Elle impressionne tout d'abord par sa taille, due à la hauteur majestueuse de son six-cylindres en ligne de 6800 cm³, puis de 7065 cm³ à partir de la version SS, et par son énorme radiateur pointu.

Son évolution est marquée par des sigles qui ne cessent de s'allonger et vont bientôt relever du mythe Mercedes-Benz: SS (à partir de 1928) pour «Super Sport», SSK (même année) pour «Super Sport Court», car l'empattement a diminué de 3400 mm à 2950 mm et n'admet plus que des carrosseries biplaces, enfin SSKL (à dater de 1930) correspond à «Super Sport Court Léger», puisque les ingénieurs Hans Nibel et Max Wagner lui ont fait subir une cure d'amaigrissement en vue de la compétition et ont réussi à faire perdre au châssis quelque 250 kg.

Ses codes de désignation qui, selon l'usage de l'époque (depuis 1924), indiquent les chevaux fiscaux et les chevaux au frein sans et avec compresseur, révèlent l'ascension irrésistible de la puissance: 26/120/180 pour la S, 27/170/225 pour la SS, 27/180/250 pour la SSK et 27/240/300 pour la SSKL. L'évolution est rapide, l'automobile reflétant l'ego du conducteur, la puissance de l'une exprimant celle de l'autre. Les carrosseries maison, dites de Sindelfingen, remportent un grand succès. En outre,

les plus grands carrossiers de l'époque s'arrachent le privilège d'habiller les modèles de luxe. La série reste confidentielle avec 280 ventes et ne représente qu'une activité annexe, malgré des prix atteignant 44 000 Reichsmarks. Ses succès sportifs ne se comptèrent plus et leur impact sur la réputation de la jeune marque de Stuttgart fut inestimable.

This is the car in which Caracciola won at the Nürburgring on 19 June 1927. It was found in a backyard in the Bronx of New York after the Second World War. A sapling had grown through the vehicle's floor, and the primal S model required plenty more work to restore it to its original condition. The small door in front of the rear wheels is merely to conform to the regulations.

Das ist Rudolf Caracciolas Siegerwagen beim Eröffnungsrennen auf dem Nürburgring am 19. Juni 1927. Er wurde nach dem Zweiten Weltkrieg auf einem Hinterhof in der New Yorker Bronx aufgetrieben. Ein Bäumchen war durch den Boden gewachsen, und auch sonst musste der Ur-S aufwändig restauriert werden, bis der Originalzustand wieder hergestellt war. Die kleine Tür vor den Hinterrädern ist lediglich eine Verbeugung vor dem Reglement.

II A - 8557

Voici la voiture avec
laquelle Rudolf
Caracciola a remporté
la course inaugurale
sur le Nürburgring, le
19 juin 1927. Elle fut
retrouvée dans une
arrière-cour du Bronx, à
New York. Un arbuste
avait percé le plancher
et il fallut restaurer de
fond en comble cette
ancêtre de la série S pour
qu'elle retrouve son
éclat d'origine. La petite
portière précédant les
roues arrière est une petite
concession au règlement.

This SS Racing Sport won the 1929 Tourist Trophy at the Ards Circuit at Belfast with Caracciola at the wheel. It then came into possession of Earl Howe, a gentleman driver of renown not only in his home country. He provided it with coachwork from the English company Barker. The original ash wood frame was replaced by a light-weight aluminum construction.

Dieser SS Rennsport siegte mit Caracciola am Lenkrad bei der Tourist Trophy 1929 auf dem Ards-Rundkurs bei Belfast. Dann erwarb ihn Earl Howe, nicht nur in eigenen Land ein bekannter Herrenfahrer. Er versah ihn mit einer englischen Barker-Karosserie. Der ursprüngliche Rahmen aus Eschenholz wurde durch eine leichte Aluminiumkonstruktion ersetzt.

Avec Caracciola au volant, cette SS de sport a remporté le Tourist Trophy 1929 sur le circuit d'Ards, près de Belfast. Elle passe ensuite aux mains du comte Howe, *gentleman driver* de renom, même au-delà de son propre pays. Il l'équipa d'une carrosserie anglaise Barker. La structure d'origine en bois de frêne fut remplacée par une construction légère en aluminium.

Mercedes SS

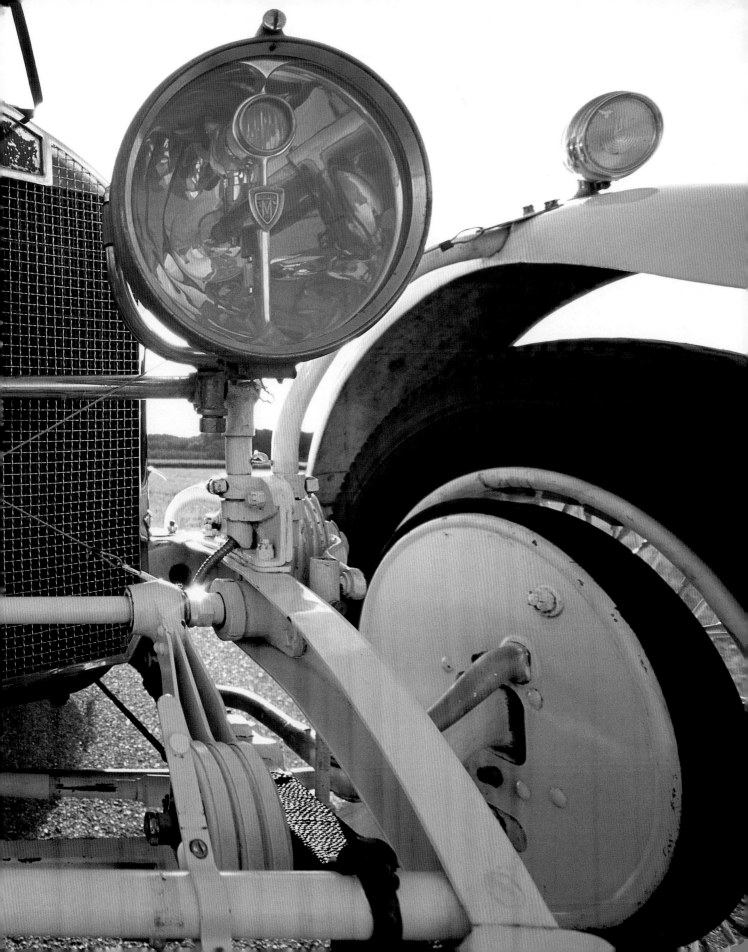

This is another SS that also made a name for itself in England, as can be read in the chapter "Always the Same Number" (p 258). Once again it was Caracciola's success at the prestigious 1929 Tourist Trophy over the indigenous Bentleys that provided the inspiration. The British racing driver and land-speed record breaker Malcolm Campbell was so taken with it that he ordered one of his own for the following year. His SS was trimmed a little to meet English demands, for example the fenders were screwed on separately: they were attached for driving on the road and quickly removed for racing.

Ein weiterer SS, der sich in England einen Namen machte, wie in dem Exkurs „Immer dieselbe Nummer" (S. 258) nachzulesen ist. Und wieder gab Rudi Caracciolas Erfolg bei der prestigeträchtigen Tourist Trophy 1929 gegen die übermächtig erscheinenden heimischen Bentley den Anstoß. So angetan war der britische Renn- und Rekordfahrer Malcolm Campbell, dass er sich für das folgende Jahr sein eigenes Exemplar bestellte. Ein bisschen wurde sein SS auf englische Verhältnisse zugeschnitten, zum Beispiel was die separat verschraubten Kotflügelhalterungen anbelangt: Man reiste mit Kotflügeln an und entfernte sie flugs fürs Rennen.

Voici une autre SS qui se fit un nom outre-Manche (voir
l'encadré « Un numéro légendaire », p. 258). Une fois de
plus, l'impulsion vint de la victoire de Rudi Caracciola
lors du prestigieux Tourist Trophy de 1929 contre les
hommes de Bentley, qui luttaient sur leur propre terrain.
Le pilote de course britannique Malcolm Campbell fut
séduit à tel point qu'il en commanda un exemplaire pour
l'année suivante. Sa SS subit de légères modifications
pour s'adapter aux conditions anglaises. Les ailes,
par exemple, boulonnées séparément, pouvaient être
démontées rapidement pour passer de la route à la course.

Lots of chrome, for example on the quick-release tank cap, the large rear mirror, and the frame of the windshield that can be inclined to lower the wind resistance, also in the edging around the round instrumentation of the densely equipped dashboard. After all, it was all meant to last for ever. The steering wheel is on the right to meet the requirements of the British clientele.

Viel Chrom, auf dem Tankschnellverschluss zum Beispiel, dem großen Rückspiegel und dem Rahmen der Windschutzscheibe, die umlegbar ist zur Verringerung des Luftwiderstands. Und auch auf den Umrandungen der Runduhren im reich besiedelten Armaturenbrett. Es soll ja schließlich alles für die Ewigkeit halten. Das Lenkrad: rechts. Das ist man der Klientel auf der Insel einfach schuldig.

Beaucoup de chrome, sur le bouchon rapide du réservoir par exemple, sur l'imposant rétroviseur et le cadre du pare-brise qui se rabat pour réduire la résistance à l'air. Et aussi sur les lunettes des cadrans qui garnissent généreusement le tableau de bord. En effet, tout cela est conçu pour durer une éternité. Le volant se trouve à droite, puisqu'on est en Grande-Bretagne.

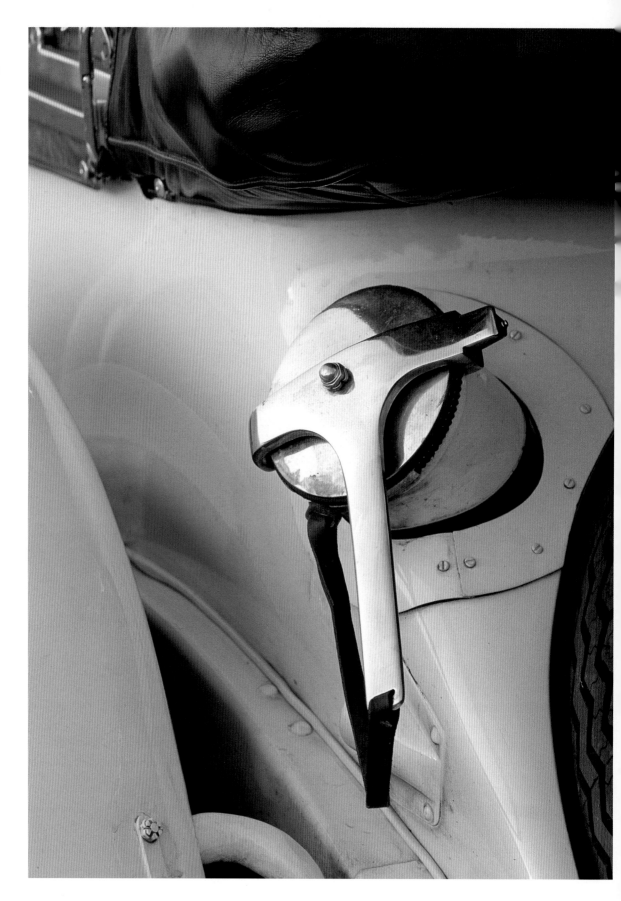

1927

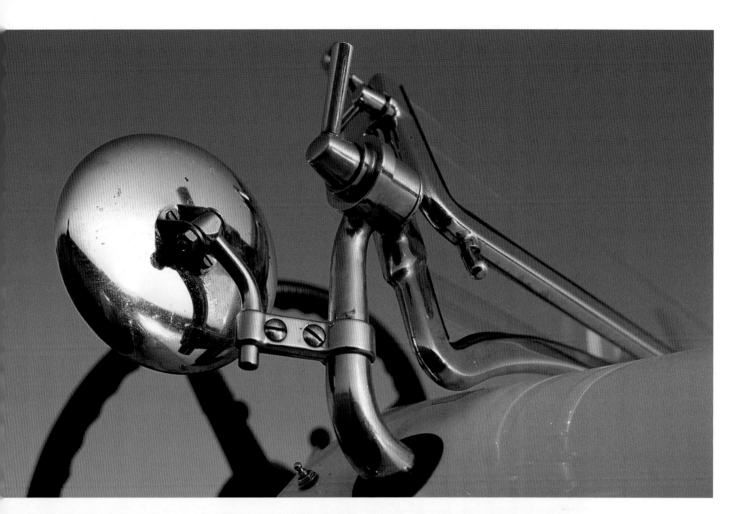

Mercedes SS Rennsport

Always the Same Number

Immer dieselbe Nummer

Un numéro légendaire

The 76 years of its life have hardly left a mark on the 710 SS that once belonged to the English record breaker Malcolm Campbell.

There's no doubt about it: the Mercedes-Benz SS model with the official license-plate number GP 10 is a godsend for the historian, the collector, the star researcher and all those who maintain a sense of timeless majesty.

Its 16 owners can be traced back uninterrupted over more seven decades – a chain without a single missing link, but also without any modifications having been made. Apart from sharing the SS itself, all the owners seem to have shared a determination to leave its historic substance largely untouched. Even the ravages of time appear to have been lenient. The various stages of its fulfilled automobile life are amply documented. The Briton Ronald Stern, from whom the present owner, Peterheinz Kern, acquired the white giant in 1991, compiled a thick folio including original photographs, illustrations and articles from specialist magazines, documents, and certificates. A contract of sale, certified by an attorney, has been handed down as well. From it can be learnt that GP 10 was sold, via a middleman, by Les Sweetland to a museum in Canada in 1953 for a mere 575 pounds Sterling with a 100-pound deposit paid by check. An automobile like a film star, genuinely famed in all the relevant circles…

Among its avowed fans is Arthur Ryan, who today lives in Australia. He first photographed the then fresh automobile celebrity at the tender age of ten, and recently even made the pilgrimage to Germany because of her. Peterheinz Kern took him on a spin over the northern loop of the Nürburgring at his usual high speed, and the elderly gentleman freely admitted that it was one of the highlights of his life.

Ryan's reminiscences, Stern's meticulously illustrated journey through time, as well as the vehicle's visual appearance reveal the amazing fact: the GP 10 of 2006 really is almost identical to the GP 10 of 1930. To begin with, there are the common denominators of the model range, for example, the four-seater Sindelfinger body, Sport 4, as mentioned in the sparing entries on page 34 of Mercedes-Benz's commission book. The floor boards seem to be the same ones, perhaps even the Zeiss headlights.

And it continues with the characteristic attributes of this special SS. In those days, a sports car could be rapidly transformed into a racing car by removing the road fittings. The front fenders of the S models were usually detached together with the bar on which the voluminous front headlights are located. This was not

An dem 710 SS, der einmal dem englischen Rekordfahrer Malcolm Campbell gehört hat, sind seine 76 Lebensjahre fast spurlos vorüber gegangen.

Kein Zweifel: Der Mercedes-Benz Typ SS mit dem polizeilichen Kennzeichen GP 10 ist ein Glücksfall für den Chronisten, den Sammler, den Stern-Forscher sowie jeden, der sich einen Sinn für zeitlose Majestät bewahrt hat. Lückenlos über mehr als sieben Jahrzehnte zurückverfolgen lässt sich die Reihe seiner 16 Besitzer, eine Kette ohne fehlendes Glied, aber auch ohne Evolution: Außer dem SS teilten sie, so scheint es, die Entschlossenheit, seine historische Bausubstanz weitgehend unangetastet zu lassen. Selbst der gefräßige Zahn der Zeit ließ Milde walten. Üppig dokumentiert sind die Stationen seines erfüllten Autolebens. Der Brite Ronald Stern, von dem der jetzige Eigner Peterheinz Kern den weißen Riesen 1991 übernahm, trug vieles in einem fetten Folianten zusammen, Originalfotos, Bilder und Berichte aus Fachzeitschriften, Dokumente und Urkunden. Selbst ein Kaufvertrag, notariell bestätigt, ist überliefert. Aus ihm geht hervor, GP 10 sei 1953 von Les Sweetland über einen Mittelsmann an ein Museum in Kanada verkauft worden, für bloße 575 Pfund Sterling bei 100 Pfund Anzahlung per Scheck. Ein Auto wie ein Star, in einschlägigen Kreisen überdies bekannt wie ein bunter Hund…

Zu seinen bekennenden Fans zählt Arthur Ryan, heute wohnhaft in Australien. Er lichtete die noch jugendfrische automobile Zelebrität zum erstenmal im zarten Alter von zehn Jahren ab und pilgerte ihretwegen kürzlich sogar noch einmal nach Deutschland. Peterheinz Kern nahm ihn auf einer Runde über die Nordschleife des Nürburgrings mit, in zügigem Tempo, wie das seine Art ist, und der alte Herr räumte anschließend freimütig ein, das sei wohl einer der Höhepunkte seines Lebens gewesen.

Ryans Reminiszenzen, Sterns illustrierte und pingelig belegte Zeitreise sowie der Augenschein fördern Verblüffendes zu Tage: GP 10 anno 2006 ist in der Tat so gut wie identisch mit GP 10 im Jahre 1930. Das beginnt mit dem gemeinschaftlichen Vielfachen der Baureihe, etwa der viersitzigen Sindelfinger Karosserie Sport 4, wie sie unter den sparsamen Einträgen auf Seite 34 des Kommissionsbuchs von Mercedes-Benz ausgewiesen ist. Selbst die Bodenbretter sind noch dieselben, vielleicht sogar die Zeiss-Scheinwerfer.

Und es setzt sich fort mit den charakteristischen Merkmalen dieses sehr besonderen SS. Ein Sportwagen ließ sich damals flugs zum Rennwagen umwidmen – durch Entfernen der Straßenausstattung. Die vorderen Kotflügel wurden bei den S-Modellen gewöhnlich zusammen mit der Stange abgenommen, auf der die

En soixante-seize ans, la 710 SS, qui a appartenu autrefois au champion Malcolm Campbell, n'a pas pris une ride.

Aucun doute possible : la Mercedes-Benz de type SS immatriculée GP 10 représente une aubaine pour le chroniqueur, le collectionneur, l'historien de la firme étoilée, mais aussi pour tous ceux qui apprécient sa majesté intemporelle.

Avec 16 propriétaires en plus de 70 ans qui se sont succédé, elle n'a pas évolué : à part la SS, leur point commun a été leur volonté de ne pas toucher à sa substance historique. Même le temps a su se montrer clément. Les étapes de sa vie bien remplie sont amplement documentées. L'Anglais Ronald Stern, qui céda la géante blanche à son détenteur actuel, Peterheinz Kern en 1991, constitua un énorme dossier plein de photos anciennes, d'images et d'articles de journaux spécialisés, de documents et de certificats. Même un contrat de vente certifié par notaire y figure. Il en ressort qu'en 1953 Les Sweetland vendit la GP 10 à un musée canadien, par un intermédiaire et pour la modique somme de 575 livres, dont un acompte de 100 livres sous forme de chèque. Or, il s'agit d'une voiture considérée comme une star et de plus, dans les cercles initiés, connue comme le loup blanc…

Arthur Ryan, qui vit aujourd'hui en Australie, compte parmi ses inconditionnels. C'est à l'âge de 10 ans qu'il admira pour la première fois cette célébrité, qui brillait encore de l'éclat de la jeunesse, et il revint en pèlerinage en Allemagne voici peu pour la contempler une nouvelle fois. Peterheinz Kern lui fit faire un tour sur la boucle nord du Nürburgring, à vive allure selon son habitude, et le vieux monsieur confia ensuite qu'il venait de vivre là un des grands moments de sa vie.

Les souvenirs de Ryan et le fonds documentaire illustré et précis de Stern permettent de constater que la GP 10 de 2006 est presque identique à la GP 10 de 1930. Cela commence par les dénominateurs communs de la série, par exemple la carrosserie Sport 4 de Sindelfingen pour quatre personnes qu'évoque avec concision le document de vente de Mercedes-Benz, à la page 34. Les planchers sont restés inchangés, peut-être aussi les phares Zeiss.

Et les caractéristiques de cette SS très particulière ne s'arrêtent pas là. À l'époque, une voiture de sport pouvait se transformer en voiture de course en un tour de main – il suffisait de la débarrasser de son équipement pour la route. Sur les modèles S, on enlevait en général les ailes avant et la barre sur laquelle prennent place les volumineux phares avant. Ce ne fut pas le cas de la GP 10, où ils sont fixés séparément et sécu-

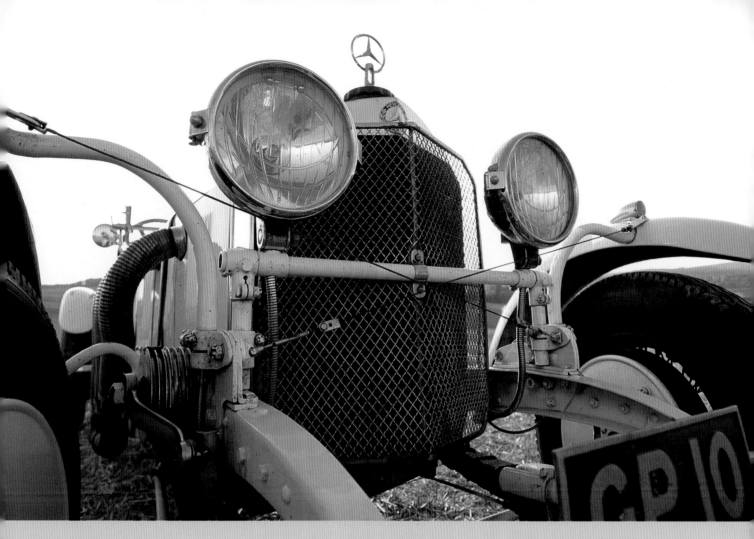

The front fenders of GP 10 are screwed on separately and fastened with wires.

Die vorderen Kotflügel von GP 10 sind gesondert angeschraubt und durch Drähte festgezurrt.

Les ailes avant de la GP 10 sont boulonnées séparément et retenues par des câbles métalliques.

the case with GP 10: here they are screwed on separately and additionally fastened by means of a diagonal strut with thick wires to prevent them from vibrating. The veteran was divested of its additional, transversely fitted, front friction dampers from Bosch at sometime in the past. Peterheinz Kern reconstructed copies of them, true to the originals in every detail, and fitted them to the old fixings that were still present.

Further particular features are the large so-called "elephant supercharger" with which the six-cylinder power plant was fitted in 1931 with the help of the Mercedes branch in London, a lever latch of unusual dimensions for the tank, a stone-chipping protection grill, right-hand steering, an oil temperature indicator, an oil pressure gauge set low in the dashboard that provides its information in pounds per square inch, and finally the four mysterious openings for ventilating the engine and the fuel tank area.

It is this detail that brings us to the vehicle's remarkable first owner, Malcolm Campbell, knighted in 1931 for his full-throttle services to his King and mother country of Great Britain. The wealthy journalist, Rivers Fletcher, who at one time also owned GP 10, narrated the following story in Decem-

voluminösen Frontlampen hocken. Nicht so bei GP 10: Da sind sie gesondert angeschraubt und überdies vermittels einer Diagonalverstrebung durch dicke Drähte festgezurrt, um sie am Vibrieren zu hindern. Zusätzliche quer angebrachte vordere Reibungsstoßdämpfer von Bosch waren dem Veteranen irgendwann einmal abhanden gekommen. Peterheinz Kern hat sie originalgetreu rekonstruiert und in die noch vorhandenen alten Führungen eingepasst.

Weitere Eigentümlichkeiten: der große so genannte Elephantenkompressor, mit dem der Sechszylinder 1931 mit Unterstützung der Mercedes-Niederlassung in London nachgerüstet wurde, ein ungewöhnlich dimensionierter Hebelverschluss für den Tank, ein Steinschlaggitter, Rechtslenkung, ein Öltemperaturmesser und ein tief unten im Armaturenbrett angesiedelter Öldruckmanometer, der seine Botschaft in pounds per square inch mitteilt, schließlich vier mysteriöse kleine Hutzen zur Belüftung des Motor- und des Tankraums.

Spätestens diese Details führen uns zu der bemerkenswerten Person seines Erstbesitzers Malcolm Campbell, 1931 für seine Vollgas-Verdienste um König, Volk und britisches Vaterland in den Adelsstand erhoben. Der wohlhabende Journalist Rivers Fletcher, zu dessen

risés par une entretoise latérale et de gros câbles qui les empêchent de vibrer. Elle perdit un beau jour ses amortisseurs à friction Bosch, montés à l'avant et en travers. Peterheinz Kern les a reconstitués fidèlement et a réussi à les remettre dans les anciennes fixations qui existaient toujours.

Autres particularités : le gros compresseur dit « éléphant », dont on a équipé le six-cylindres en 1931 avec l'aide du concessionnaire londonien de Mercedes, un bouchon de réservoir équipé d'un levier aux dimensions inhabituelles, une grille pare-pierres, une direction à droite, un thermomètre d'huile et un manomètre de pression d'huile logé sous le tableau de bord, qui renseigne en pounds per square inch, enfin quatre mystérieuses petites ouvertures pour la ventilation du compartiment moteur et du réservoir.

Ces détails nous révèlent la personnalité remarquable de son premier propriétaire, le gentleman driver Malcolm Campbell qui fut anobli en 1931 pour services rendus pied au plancher au roi et à la patrie. Un journaliste aisé, Rivers Fletcher, à qui GP 10 appartint quelque temps, a relaté cette histoire en décembre 1988. En 1929, Campbell avait pris le départ du Tourist Trophy sur le tracé d'Ards, en Irlande du Nord, dans

ber 1988: in the 1929 Tourist Trophy, Campbell had started on the Ards circuit in Northern Ireland in his Bugatti 43 when it burst into flames. From that time on, the shocked driver was plagued by a phobia of fire. Drawing his conclusions from this, Peterheinz Kern believes that these striking ventilation shafts might presumably be an unusual fire prophylaxis.

The winner of the race was Rudolf Caracciola in a works SS, defeating an armada of Bentleys. Campbell's friend, Earl Howe, also an internationally renowned English racing driver of the time, was so taken with the car that he bought it post-haste. The vehicle was not ceded to him unwillingly. Racing success is an excellent advertisement and the name of His Lordship could be flaunted for the greater glory of Mercedes-Benz in the United Kingdom. After all, 84 of the 280-odd specimens of the S to SSK model range

Besitzstand GP 10 zeitweise gehörte, erzählt im Dezember 1988 die Vorgeschichte: 1929 sei Campbell bei der Tourist Trophy auf der Ards-Strecke in Nordirland gestartet, mit seinem Bugatti 43. Dieser sei ein Raub der Flammen geworden und seitdem habe den bestürzten Piloten eine regelrechte Phobie vor Feuer gepeinigt. Irgendwo hier, im Bereich einer eigenwilligen Brand-Prophylaxe, mutmaßt Peterheinz Kern, liege wohl der Grund für die merkwürdigen vier Belüftungsschächte.

Sieger des Rennens war Rudolf Caracciola mit einem Werks-SS über eine kleine Armada von Bentleys. Campbells Freund Earl Howe, ein auch international bekannter englischer Rennfahrer jener Jahre, war so angetan von dem Wagen, dass er ihn spornstreichs erstand. Man wird ihn ihm nicht ungern überlassen haben. Rennerfolge waren eine vorzügliche Werbung und mit dem Namen Seiner Lordschaft ließ sich treff-

une Bugatti 43 qui prit feu et, très choqué par l'incident, il souffrait d'une véritable phobie des flammes. Peterheinz Kern soupçonne que cela ait motivé l'installation des quatre ouïes d'aération supplémentaires, censées réduire les risques d'incendie.

Rudolf Caracciola remporta la victoire sur une SS d'usine, battant toute une armada de Bentleys. Le comte Howe, un ami de Campbell, mais aussi un pilote de renommée internationale, fut séduit par la voiture au point d'en faire aussitôt l'acquisition. On la lui céda très volontiers. Les victoires en courses constituaient une publicité remarquable et le titre de noblesse du propriétaire rejaillissait sur Mercedes, pour le plus grand bien de sa réputation au Royaume-Uni. Au total, 84 des quelque 280 exemplaires de la série S à SSK franchirent la Manche, dont une destinée à Malcolm Campbell.

Mercedes SPORT

built were shipped over the English Channel, one of them for Malcolm Campbell.

He had taken Howe's vehicle, in the meantime bearing the license-plate number UW 302, for a few trial laps of Brooklands, the famous high-speed course near Byfleet, and spontaneously decided that he simply had to have one himself, in Bluebird blue, the color of his record-breaking vehicles. Someone gave it its German racing white garb before the end of the Second World War. Peterheinz Kern, however, intent on strict authenticity, would be glad to see it in its original color again, and has already found traces of it under later coats of paint – just as when, from time to time, a much more valuable painting is found under the ceiling frescos of an old church.

The handwritten entry in the commission book records that the SS with engine number 76119, vehicle

lich Staat machen, zum höheren Ruhm von Mercedes-Benz im Vereinigten Königreich. Allein 84 der rund 280 Exemplare der Modellreihe S bis SSK wurden über den Ärmelkanal verfrachtet, eines davon für Malcolm Campbell.

Dieser hatte Howes Fahrzeug, inzwischen mit dem Nummernschild UW 302 versehen, auf ein paar Ründchen über den Hochgeschwindigkeitskurs von Brooklands in der Nähe von Byfleet zur Probe gefahren und spontan befunden, so einen müsse er auch haben und zwar in Bluebird-Blau, der Farbe seiner Rekordwagen. Irgendjemand verpasste ihm noch vor Ende des Zweiten Weltkriegs deutsches Rennweiß. Peterheinz Kern indessen, auf strikte Authentizität bedacht, sähe ihn gerne wieder in Originalcouleur und fand auch schon Spurenelemente davon unter späteren Lackschichten – wie gelegentlich unter dem

Ce dernier avait fait quelques tours d'essai avec la voiture de Howe, qui entre-temps avait reçu la plaque d'immatriculation UW 302, sur la piste de vitesse de Brooklands, près de Blyfleet. Il décréta qu'il lui fallait absolument la même, mais peinte de la couleur bleu « bluebird », celle des voitures avec lesquelles il battit des records. Avant la fin de la Seconde Guerre mondiale, quelqu'un la fit repeindre en blanc, couleur des voitures de course allemandes.

Peterheinz Kern, quant à lui, prône l'authenticité et la verrait volontiers dans sa couleur d'origine. Il en a décelé des traces sous les couches de peintures plus récentes – un peu comme on découvre des fresques précieuses sous le badigeon couvrant les murs d'une église.

Le 7 mai 1930, nous révèle une mention manuscrite sur le document de vente, la SS ayant pour numéro de

number 36356, and body number 923283 was delivered to British Mercedes-Benz Ltd., London, on 7 May 1930, for Malcolm Campbell personally. A further entry, dated 18 April 1931, noted that the famous customer had bowed to the categorical patriotic "Buy British!" imperative: "Since being knighted by the king, Campbell only drives English cars."

In the meantime, the Mercedes had become a familiar sight on English and Irish racing tracks, particularly Brooklands. It was often the fastest automobile of the day, but usually badly impeded by the handicaps laid on large powerful cars that decisively benefited the agile MG Midgets. Rivers Fletcher, an eye witness of the times, remembers the notorious weakness of the two-ton vehicle's brakes: just before the braking point on Brooklands' Fork hairpin, Campbell would shout out "now!" in a stentorian voice and co-pilot Leo Villa would then pull on the handbrake for all he was worth to bring additional deceleration into play.

At less than seven miles per gallon when driven hard, the consumption of the SS is somewhat gluttonous. During the pit stops of long distance events, the sturdy Briton anticipated a questionable practice that would be blithely resurrected for the sports car racing of the seventies: "One and a half hours after the start of the race, Campbell came in to refuel. He used a funnel that looked like a little water tower and actually stood on legs", can be read in the August 1930 edition of *Motor Sport* in an article about the Irish Grand Prix, where Campbell finished in fifth place. Rudi Caracciola won, once again. Rivers Fletcher presumes that he obtained his legendary license-plate the following year. He was not all that pedantic about regulations when it came to his sporadic forays into everyday road traffic without any license-plate at all. Anyway, there was never any doubt regarding the identity of the occasional lawbreaker. Incidentally, the cipher GP 10 harbors information for the world then and now. It is Campbell's grand prix vehicle number 10.

Sir Malcolm lent the SS several times to his friend B. O. Davis, sales manager at Jack Barclays', who marketed Rolls-Royce, Bentley, and Mercedes automobiles in a comprehensive international symbiosis. Davies later bought the blue racer. The baton had been passed.

Peterheinz Kern purchased GP 10 in dismantled form. Ronald Stern had twice attempted to run it on the historic Mille Miglia, but broke down en route on both occasions with bearing damage. Kern had an expert remedy, as he himself cast the bearings and lathed them using the old technique. He has spent these fifteen years just maintaining and grooming the spry classic. Nevertheless, it is far from being a static museum piece and, fully roadworthy, still does its duty with Peterheinz Kern himself, or one of his sons, Markus and Thomas, behind its enormous steering wheel. It has twice contested the Mille Miglia, and has on two further occasions been one of the star guests at the Goodwood Festival of Speed, which vehicles are allowed to attend by invitation only.

GP 10 also participated in the historic Le Mans 24-Hour Race in 2002 – the only pre-war Mercedes to do so, as Kern noted, brimming with satisfaction. And four years ago, it returned to the scene of its earliest feats, Brooklands, at the expressed wish of the Bentley Boys. Achieving almost 125 mph on this occasion, the SS almost matched the old works specification –

Deckengemälde einer alten Kirche ein viel kostbareres Bild entdeckt wird.

Am 7. Mai 1930, hält das Kommissionsblatt handschriftlich fest, wurde der SS mit der Motornummer 76119, der Wagennummer 36356 und der Karosserienummer 923283 an die British Mercedes-Benz Ltd. London ausgeliefert, für Malcolm Campbell dortselbst. Ein weiterer Eintrag vom 18. April 1931 vermerkte, dass sich der berühmte Kunde dem muffig-patriotischen Imperativ „Buy British" gebeugt hatte: „Campbell fährt nach seiner Adelung durch den König nur noch englische Fahrzeuge."

In der Zwischenzeit war der Mercedes auf irischen und englischen Rennstrecken, vor allem in Brooklands, zu einer vertrauten Erscheinung geworden, häufig Tagesschnellster, meist aber kräftig behindert durch die Handicaps, die man großen und starken Autos mit auf den Weg gab und die etwa die flinken MG Midgets entschieden begünstigten. Rivers Fletcher, schon damals Zeit- und Augenzeuge, erinnert sich an die notorische Bremsenschwäche des Zweitonners: Kurz vor dem Anbremspunkt vor der Fork-Spitzkehre des Brooklands-Kurses habe Campbell jedesmal mit Stentorstimme „jetzt!" gebrüllt und Beifahrer Leo Villa habe dann aus Leibeskräften die Handbremse gezogen, um zusätzliche Verzögerung zu aktivieren.

Mit 35 Litern und mehr bei scharfer Fahrt waren die Konsumgewohnheiten des SS durchaus opulent. Beim Boxenstopp während Langstreckenveranstaltungen nahm der stämmige Brite eine bedenkliche Praxis vorweg, die bei den Sportwagenrennen der Siebziger fröhliche Urständ feierte: „Eineinviertel Stunden nach dem Start kam Campbell zum Tanken herein. Er benutzte einen Trichter, der wie ein kleiner Wasserturm ausschaute und tatsächlich auf Beinen stand", heißt es in *Motor Sport* vom August 1930 in einem Bericht über den Irish Grand Prix, den Campbell auf Rang fünf abschloss. Gesiegt hatte einmal mehr Rudi Caracciola. Sein legendäres Kennzeichen, vermutet Rivers Fletcher, legte er sich erst im folgenden Jahr zu. Bei seinen sporadischen Ausflügen in den öffentlichen Straßenverkehr habe er es nicht so genau genommen. Im übrigen hätte hinsichtlich der Identität des Gelegenheits-Sünders ohnehin kein Zweifel bestanden. Die Chiffre GP 10 enthielt übrigens eine Information an die Mit- und die Nachwelt, nämlich dass es sich um den Grand-Prix-Wagen Nummer 10 Campbells handele.

Ein paarmal lieh Sir Malcolm den SS an seinen Freund B.O. Davis aus, Verkaufsmanager bei Jack Barclays, der in nationenübergreifender Symbiose Rolls-Royce, Bentley und Mercedes vertrieb. Dann erstand Davis den Blauen. Die Stafette hatte begonnen.

Peterheinz Kern kaufte GP 10 in zerlegter Form. Zweimal hatte Ronald Stern versucht, mit ihm auf der historischen Mille Miglia mitzufahren, blieb in beiden Fällen mit Lagerschäden an der Maschine auf der Strecke. Kern weiß da kundige Abhilfe, gießt solche Lager selber und dreht sie aus nach dem alten Verfahren. In diesen zwölf Jahren hat er den hurtigen Klassiker nur noch gewartet und gepflegt. Dabei tut der abseits jeglicher musealer Starre nach wie vor seine Pflicht, voll fahrbereit mit Peterheinz Kern selber oder seinen Söhnen Markus und Thomas am riesigen Lenkrad. Zwei Male bestritt man die Mille Miglia, zählte zwei weitere Male zu den Stargästen beim Festival of Speed, wo lediglich geladene Fahrzeuge ihre Aufwartung machen dürfen.

moteur 76119 et pour numéro de carrosserie 923283 fut livrée à la filiale londonienne de Mercedes, à l'intention de Malcolm Campbell. Une autre entrée datée du 18 avril 1931 révèle que le célèbre client s'était plié à l'impératif patriotico-chauviniste « Buy British » : « Depuis qu'il a été anobli par le roi, Campbell ne conduit plus que des voitures anglaises. »

Entre-temps, la Mercedes était devenue l'une des habituées des circuits irlandais et anglais, surtout celui de Brooklands. Souvent la plus rapide de la journée, elle souffrait cependant des handicaps que l'on imposait aux voitures puissantes et rapides, ce qui favorisait de manière décisive les minuscules et agiles MG.

Rivers Fletcher, témoin oculaire et chroniqueur de l'époque, se souvient de la faiblesse notoire des freins de cette voiture de deux tonnes. Juste avant l'endroit où il fallait ralentir pour aborder le virage du circuit de Brooklands qui enjambe la rivière Fork, Campbell, d'une voix de stentor, hurlait « maintenant ! », et son copilote, Leo Villa, tirait alors de toutes ses forces sur le frein à main, pour bénéficier de son assistance supplémentaire. La SS consommait sans remords ses 35 litres au 100, et plus à vive allure.

Lors des arrêts aux stands pendant les courses sur longues distances, le solide Britannique introduisit une pratique, dont la réapparition dans les années 1970 pour les courses de voitures de sport fit le bonheur des spectateurs : « Une heure et quart après le départ, Campbell venait faire le plein. Il utilisait un entonnoir, une sorte de petit château d'eau muni de pieds », relate le numéro de *Motor Sport* d'août 1930, dans un article sur l'Irish Grand Prix, que Campbell termina à la cinquième place. Rudi Caracciola avait gagné une fois de plus. Rivers Fletcher pense que la plaque d'immatriculation légendaire date de l'année suivante seulement.

Durant ses rares excursions au milieu de la circulation ordinaire, Campbell n'en avait pas vraiment besoin. Par ailleurs, l'identité du contrevenant ne faisait de doute pour personne. GP 10, pour ses contemporains comme pour la postérité, signifiait : voiture de Grand Prix numéro 10 de Campbell. Sir Malcolm prêta plusieurs fois la SS à son ami B.O. Davis, chef des ventes chez Jack Barclays, qui représentait à la fois Rolls-Royce, Bentley et Mercedes. Davis fit ainsi l'acquisition de la voiture bleue. Le témoin était donc transmis une première fois.

Peterheinz Kern acheta GP 10 en plusieurs morceaux. Ronald Stern avait tenté deux fois de participer avec elle à la Mille Miglia historique, et, dans les deux cas, il était resté au bord de la route avec des problèmes de coussinets de palier. Kern y remédia en expert, car il coula et alésa lui-même des paliers identiques selon le procédé traditionnel. Au cours de ces quinze dernières années, il n'a cessé d'entretenir et de soigner cette prestigieuse classique. Celle-ci, qui n'a décidément rien d'une pièce de musée, continue à assurer ses fonctions, avec Peterheinz Kern lui-même ou ses fils Markus et Thomas derrière l'énorme volant. Elle a participé deux fois à la Mille Miglia et compté deux fois parmi les hôtes de marque du Festival of Speed où les véhicules ne sont admis que sur invitation.

GP 10 participa aussi aux 24 Heures du Mans de 2002, où elle fut l'unique Mercedes d'avant-guerre, ce que nota Kern avec une grande satisfaction. Il y a quatre ans, elle retourna à Brooklands, sur les lieux de ses premiers exploits, à la demande expresse des

This view – albeit without the top – was seen by many rivals during the thirties, and GP 10 can still leave plenty of other swift road users far behind in the rearview mirror. In this scene, though, the ambience is one of peaceful, autumnal idyll.

Diese Ansicht – wenn auch ohne Verdeck – bekam in den Dreißigern so mancher Konkurrent zu sehen, und noch heute lässt GP 10 durchaus den einen oder anderen flinken Verkehrsteilnehmer im Rückspiegel. Hier aber herrscht herbstliche Ruhe.

Cette vue, même sans capote, fut habituelle à plus d'un concurrent dans les années 1930 et, aujourd'hui encore, la GP 10 laisse loin derrière elle bien des automobilistes pressés. Mais ici règne une paisible ambiance d'automne.

Kern's treatment had obviously been good for the old warhorse. At present, the one complaint concerns a shortage of tires – truck rubber or Michelin tires with the old profile, the production of which has long been discontinued. It might be possible to get 19-inch wheels and Dunlop racing tires. But Peterheinz Kern is a purist and would like to stay with the standard 20-inch rims. He is sure of finding some solution or another, as has always been the case in the past.

Otherwise, nothing is left to chance. Kern is the only person to own the complete range of S models, from the 630 K founder of the series, via Caracciola's winning automobile from the 1927 opening race at the Nürburgring, right up to the SSKL that he has himself sublimated from an SSK, true to the original guidelines. The bodies are all from the Sindelfingen works, apart from one exquisitely splendid specimen dressed by Erdmann & Rossi of Berlin.

A team of four looks after this noble fleet. They craft replacement parts themselves in small batches without further ado, up to and including cylinder heads, for which 30,000 euros would have to be shelled out, excluding fittings and attachments. There are more than enough interested parties – the Kerns have long been considered the top address in the field.

Not every automobile biography is as well documented as that of the GP 10. The Caracciola S, for instance, was found in a backyard in the New York Bronx long after the end of the war. A tree that had grown through the floor had to be removed first of all, before the prime piece could be taken back to its ancestral home. Unfortunately, there are no photographs of this – just the stuff of a good story.

Auch bei den historischen 24 Stunden von Le Mans 2002 war GP 10 mit von der Partie, als einziger Vorkriegs-Mercedes, wie Kern voller Genugtuung zur Kenntnis nahm. Und vor vier Jahren kehrte er auf besonderen Wunsch der Bentley Boys nach Brooklands an die Stätte seines frühesten Wirkens zurück. Mit knapp 200 Stundenkilometern wurde der SS bei dieser Gelegenheit gemessen ganz in der Nähe der alten Werksangabe – die Kern-Kur hat dem alten Kämpen offensichtlich gut getan. Einen Engpass beklagt man im Augenblick bei den Reifen, Lkw-Besohlung oder Michelin-Pneus mit den alten Profilen, deren Produktion unlängst eingestellt worden ist. Man könnte sich mit 19-Zoll-Rädern und Rennbereifung von Dunlop behelfen. Aber Peterheinz Kern ist Purist und möchte es bei den Standardfelgen von 20 Zoll belassen. Irgendeine Lösung, ist er sicher, wird sich schon finden, so wie immer.

Ansonsten überlässt man nichts dem Zufall. Als Einziger besitzt Kern das komplette Spektrum der S-Modelle vom Stammvater 630 K über Caracciolas Siegerwagen beim Eröffnungsrennen des Nürburgrings 1927 bis hin zum SSKL, den er selber getreu den ursprünglichen Vorgaben aus einem SSK sublimiert hat. Die Aufbauten sind die des Werks Sindelfingen bis auf ein ungemein prachtvolles Exemplar, das von Erdmann & Rossi in Berlin eingekleidet wurde.

Ein Team von vier Mitarbeitern betreut diesen noblen Fuhrpark. Ersatzteile fertigt man kurzerhand eigenhändig in kleinen Serien, bis hin zum Zylinderkopf, für den man ohne alle Anbauten 30 000 Euro hinblättern müsste. Interessenten gibt es genug – in der Branche gelten die Kerns längst als erste Adresse.

Nicht jede Auto-Biographie ist indessen so gut belegt wie die von GP 10. Den Caracciola-S zum Beispiel trieb man lange nach Kriegsende auf einem Hinterhof der New Yorker Bronx auf. Ein Bäumchen, das durch den Boden gewachsen war, musste erst entfernt werden, ehe man das gute Stück in seine angestammte Heimat repatriieren konnte. Bilder davon gibt es leider nicht – nur Stoff für eine gute Geschichte.

Bentley Boys. À cette occasion, elle fut chronométrée à 200 km/h tout juste, ce qui était assez proche des anciennes spécifications de l'usine – de toute évidence, les soins de Kern lui avaient fait du bien.

À l'heure actuelle, le propriétaire déplore un problème de pneus, la production des anciens pneus Michelin ayant cessé depuis peu. Les enveloppes de 19 pouces de course de chez Dunlop pourraient résoudre le problème. Mais Peterheinz Kern, en puriste, souhaite conserver les jantes standard de 20 pouces. Cela dit, il est certain qu'il trouvera une solution, comme toujours.

Sinon, Kern ne laisse rien au hasard. Il est le seul à posséder la gamme complète des modèles S, de l'ancêtre 630 K à la voiture de Caracciola qui remporta la course inaugurale du Nürburgring en 1927, pour terminer par la SSKL, une ancienne SSK qu'il fit améliorer lui-même en suivant fidèlement les instructions du constructeur. Les carrosseries sont signées Sindelfingen, à l'exception d'un exemplaire somptueux qui fut habillé par Erdmann & Rossi, à Berlin.

Pas moins de quatre employés entretiennent ce parc automobile d'élite. Ils fabriquent les pièces de rechange en petites séries, jusqu'aux culasses qui sans cela coûteraient dans les 30 000 euros. Les clients sont assez nombreux, car, dans ce domaine, l'adresse de Kern passe depuis longtemps pour la meilleure.

Cela dit, il est rare qu'une biographie automobile soit aussi bien documentée que celle de GP 10. La S de Caracciola, par exemple, fut découverte longtemps après la guerre dans une arrière-cour du Bronx, à New York. Il fallut abattre un arbuste qui avait poussé à travers le plancher, avant de rapatrier cette pièce unique. Malheureusement, il n'existe pas de photographie, reste juste l'anecdote.

This two-seater SS convertible, a one-off of imposing size, already displays facets of the equally legendary 500 series of the future. The coachwork is Mercedes' own. It is conspicuous for the rearward position of its mighty engine tract, for its split bumpers, and for fenders that form a semicircle enclosing the wheels with the running boards branching off behind. Even the balance weights have chrome casings.

Dieses zweisitzige SS-Cabriolet, ein Unikat von imperialer Größe, trägt bereits Züge der ebenfalls legendären künftigen Baureihe 500. Karossiert wurde es vom Werk. Auffällig sind der weit zurückliegende gewaltige Motortrakt, die Radlaufkotflügel, die die Räder halbkreisförmig umschließen, bevor die Trittbretter abzweigen, sowie die zweigeteilten Stoßfänger. Selbst die Auswuchtgewichte tragen Chromhülsen.

Ce cabriolet SS à deux places, pièce unique aux dimensions impériales, arbore déjà les traits de la future série 500, elle aussi légendaire. La carrosserie vient de l'usine. On remarque l'énorme moteur installé en retrait, les garde-boue enveloppant les roues avant de se fondre dans les marchepieds, les pare-chocs en deux parties. Même les poids d'équilibrage sont dans des étuis chromés.

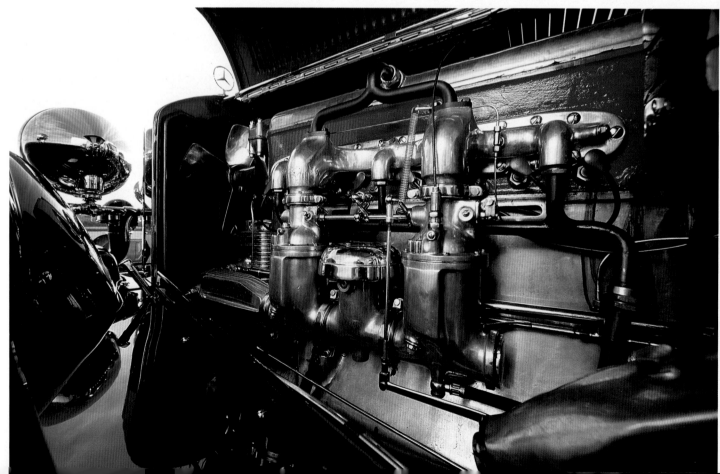

The engine of this upper-class prestige object is identical with that of the competition car, as is the use of spoked central-locking wheels. The dashboard is elaborately fitted out. The characteristic honk ring with two levers for manual engine speed control and ignition timing is perched on the steering wheel.

Die Maschine dieses großbürgerlichen Prestigeobjekts ist, wie auch die Ausstattung mit Speichenrädern und Zentralverschlüssen, identisch mit der jedes Wettbewerbswagens. Die Armaturentafel ist aufwändig bestückt. Auf dem Volant hockt der typische Signalring mit den beiden Hebeln für Handgas und Zündverstellung.

Le moteur de cet objet de prestige aristocratique est, comme les roues à rayons fils et à verrouillage central, identique à celui des voitures de course. Le tableau de bord est copieusement équipé. Le volant comporte les traditionnels secteurs guidant les deux manettes d'accélérateur à main et de réglage de l'avance à l'allumage.

An SSK for racing purposes – the red band serves to differentiate the vehicle for the men in the pit or the depot. In those days, no chances were taken en route and frequently two spare wheels, ready for use after undoing a quick-release fastener, were carried on the back. An additional central headlight was also used by Rudolf Caracciola during his 1931 Mille Miglia victory in an SSKL.

Ein SSK für Rennzwecke – die rote Bauchbinde diente zur Unterscheidung für die Männer an der Box oder an den Depots. Auf den Pisten jener Zeit ging man mit zwei Reserverädern auf dem Buckel, einsatzbereit nach dem Lösen eines Schnellverschlusses, einigermaßen auf Nummer sicher. Einen zusätzlichen zentralen Scheinwerfer benutzte auch Rudolf Caracciola bei seinem Mille-Miglia-Sieg 1931 im SSKL.

Une SSK de course – la bande rouge permet au personnel des stands et à celui du dépôt de distinguer les voitures. Sur les circuits de cette époque, on ne prenait pas de risques en emportant deux roues de secours sanglées à l'arrière, avec une attache rapide pour gagner du temps. Rudolf Caracciola utilisa par ailleurs un phare central lors de sa victoire avec la SSKL à la Mille Miglia, en 1931.

Its compact profile instantly identifies this progeny of
the earlier S Class as an SSK. The 3100-lb chassis carries
a doorless two-seater sports coachwork with tight-
fitting mudguards. An emergency top can be fastened
to the low windshield with the help of two eyelets.

Einen Kurzen bitte: Schon sein gedrungeneres Profil
weist diesen Abkömmling der frühen S-Klasse als SSK
aus. Das 1400 kg schwere Chassis schultert einen türlosen
zweisitzigen Sportaufbau mit knappen Radlaufkotflügeln.
Vermittels zweier Ösen kann ein Notdach an der
niedrigen Windschutzscheibe festgemacht werden.

C'est à sa silhouette plus courte que ce rejeton de la première
Classe S est identifiable : il avoue ainsi son appartenance à
la série SSK. Le châssis de 1400 kg supporte une carrosserie
sport biplace sans portières, aux garde-boue enveloppants
réduits en dimension. En cas d'urgence, on peut fixer une
capote sur le pare-brise très bas à l'aide de deux œillets.

To provide "private drivers" such as
Rudolf Caracciola or Hans Stuck with
a competitive sports car the Mercedes
engineers Hans Nibel and Max Wagner
drilled out as much of the SSK's substance
as possible. At 3300 lbs the SSKL (with L
for Light) weighs 440 lbs less, although
it still remains a real heavyweight.

Um „Privatfahrern" wie Rudolf Caracciola oder Hans Stuck ein wettbewerbsfähiges Sportgerät an die Hand zu geben, drillten die Mercedes-Ingenieure Hans Nibel und Max Wagner aus dem SSK Substanz heraus, wo immer sich das vertreten ließ. Mit 1500 kg bringt der SSKL (mit L für Leicht) 200 kg weniger auf die Waage, ist aber natürlich noch immer ein schwerer Brocken.

Afin de confier à des « pilotes privés », tels que Rudolf Caracciola ou Hans Stuck, une voiture de sport performante, les ingénieurs de Mercedes, Hans Nibel et Max Wagner, ont retiré à la SSK le plus de matière possible. Avec ses 1500 kg, la SSKL (L pour léger) a certes perdu 200 kg, mais demeure un engin de poids.

Even the suspension was not spared from the slimming regime. This specimen was faithfully remodeled according to the original plans.

Selbst vor den Radaufhängungen machte die Schlankheitskur nicht halt und musste bei diesem Exemplar nach den alten Bauplänen akkurat nachvollzogen werden.

La cure d'amaigrissement n'a rien épargné, pas même les suspensions. Sur cet exemplaire, le traitement a été effectué avec précision d'après d'anciens plans de fabrication originaux.

1927

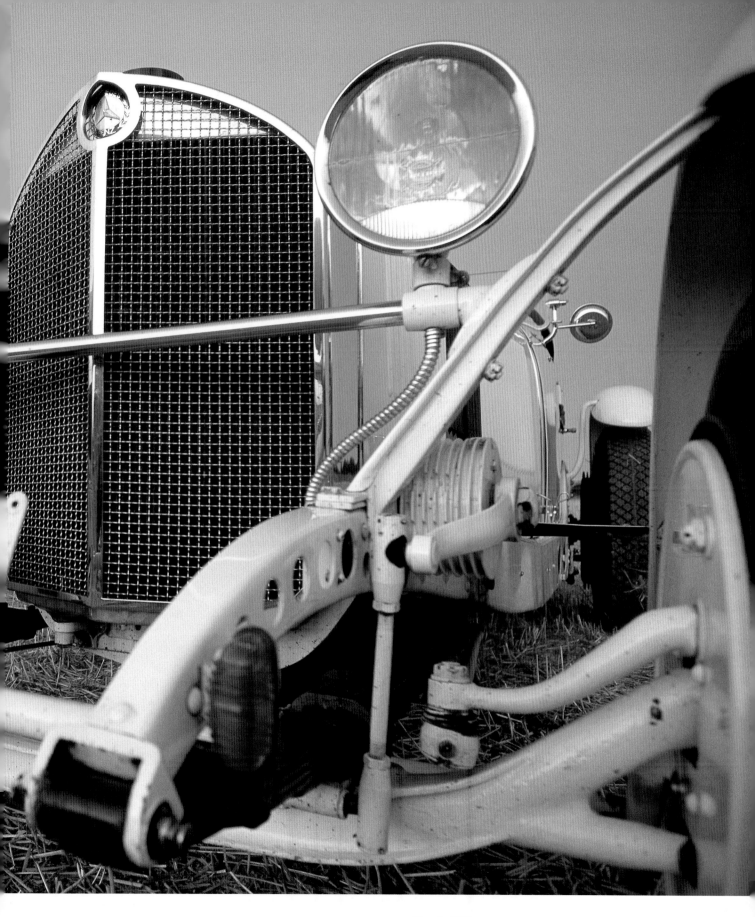

Mercedes SSKL

With the names Stuttgart (1928) and Mannheim (1929), Daimler-Benz makes a polite bow to the home sites of the newly fused business. And the two models have something else in common, too: Dr. Hans Nibel, since 1st January 1929 in the post of technical director as the successor to Ferdinand Porsche and renter of his villa on Stuttgart's Feuerbacher Weg, has refined them to respectability from rather ungainly designs left behind by his predecessor.

This was especially necessary in the case of the Mannheim, greeted, as Type 300, by the public and trade press with rather polite disinterest at the Berlin automobile exhibition in October 1926, and anything but a sales hit. The clumsy giant, additionally available from 1928 as the 320 and 350 with a 3.2- and 3.5-liter engine, mutates under Nibel's hands into a thoroughly winsome vehicle. It is still big, and with its non-supercharged six-cylinder engine nonetheless belongs to the upper-middle-class range, a term that is no protection against exuberant out-of-hand dimensions and which is oriented more towards engine capacity – the SS from the same company has a capacity of seven liters to offer, a Maybach Zeppelin eight.

The Mannheim 350 (or 14/70 PS), presented in the fall of 1929, is followed the same year by the 370 (also called the 15/75 PS) with the bore increased from 3.15" to 3.25". In 1930 appear both the 370 K (for *kurz* – short – because the wheelbase is shortened by 7" to 9'11"), and the 370 S (Sport). The model range secures jobs in both garrisons: the 350 and 370 are produced in Mannheim, while the K and S are built in Untertürkheim. However, the 370 S becomes the real star of the family, always a two-seater, available as a roadster for 12,800 reichsmarks and as a sports convertible for 13,800. It is also known as the "little SS" – a special offer from the company involving an edition of 183 vehicles for all those who can only dream of the flagship of the Mercedes fleet that costs three times as much. It is stripped of the monumentality of its bigger brother by further shortening the wheelbase to 9'4", a length of 14'8", and a height of 4'10", but it still provides much upon which to feast the eye. Its classy appearance is enhanced by the low-slung, slim radiator as well as the long engine hood and the balanced contours of the bodywork with fenders that fan out wide at the front and cling tightly around the fine spoke wheels at the rear. Massive changes have been made to the chassis, for the 370 S comes on a pressed-steel low-bed frame. The mechanical four-wheel brakes are supported by a Bosch-Dewandre servo system. By using two Solex horizontal draft carburetors, increasing the compression ratio of 5.5:1 as in the other 370 models to 5.75:1, and other cautious changes, the output of the engine has been raised to 78 hp (350: 70 hp, 370 and 370 K: 75 hp). The four-speed transmission is harnessed to an additional overdrive facility activated as in the Maybach by negative pressure, and provides three forward and two reverse gears.

But the fine appearance is a little deceptive: the Mercedes-Benz Mannheim 370 S, internally known as the WS 10, is anything but lively. With a top speed of a leisurely 71 mph it cannot hope to keep up with the muscle power of the SS. But a manifest beauty can be forgiven quite a lot…

Mit den Bezeichnungen Stuttgart (1928) und Mannheim (1929) verneigt sich Daimler-Benz höflich vor den Standorten des jugendlichen Bindestrich-Unternehmens. Und noch etwas haben die beiden Modelle gemeinsam: Dr. Ing. Hans Nibel, seit dem 1. Januar 1929 in der Nachfolge von Ferdinand Porsche Technischer Direktor und Pächter von dessen Villa am Stuttgarter Feuerbacher Weg, hat sie aus reichlich ungeschlachten Konstruktionen seines Vorgängers sublimiert bis hin zur Salonfähigkeit.

Vor allem im Falle des Mannheim, auf der Berliner Automobil-Ausstellung im Oktober 1926 als Typ 300 von Publikum und Fachpresse eher mit höflichem Befremden aufgenommen und alles andere als ein Verkaufsschlager, war das auch dringend notwendig. Unter Nibels Händen ist der klobige Riese, seit 1928 überdies mit 3,2- und 3,5-Liter-Maschinen als 320 und 350 zu haben, zu einem durchaus gefälligen Mobil mutiert. Groß ist es immer noch und gehört mit seinem kompressorlosen Sechszylinder gleichwohl der gehobenen Mittelklasse an, ein Begriff, der vor üppig ausufernden Dimensionen nicht schützt und sich mehr am Volumen der Triebwerke orientiert – der SS aus dem gleichen Hause etwa hat sieben Liter zu bieten, ein Maybach Zeppelin acht.

Dem Mannheim 350 (oder 14/70 PS), vorgestellt im Herbst 1929, folgt noch im selben Jahr der 370 (auch 15/75 PS genannt) mit einer von 80 auf 82,5 mm vergrößerten Bohrung. 1930 erscheinen der 370 K (für kurz, weil der Radstand um 175 mm auf 3025 mm zurückgenommen wurde) sowie der 370 S (Sport). Die Baureihe sichert Arbeitsplätze in beiden Garnisonen: 350 und 370 werden in Mannheim gefertigt, K und S in Untertürkheim. Zum Star innerhalb der Modellfamilie aber avanciert der 370 S, stets ein Zweisitzer, für 12 800 Reichsmark als Roadster und für 13 800 Reichsmark als Sport-Cabriolet angeboten. Man nennt ihn auch den „kleinen SS" – eine Sonderofferte der Firma an alle, die von dem bis zu dreimal so teuren Flaggschiff der Mercedes-Flotte nur träumen können, aufgelegt in 183 Exemplaren. Bei einem nochmals verkürzten Radstand von 2850 mm und mit der Länge von 4480 mm und 1480 mm Höhe ist er des Monumentalen des großen Bruders entkleidet und bietet dennoch viel fürs Auge. Zum rassigen Auftritt tragen der tief liegende schlanke Kühler ebenso bei wie die lange Motorhaube und die ausgewogene Linienführung des Aufbaus mit Kotflügeln, die vorn weit ausschwingen und sich hinten knapp über schönen Speichenrädern runden. Massiven Eingriffen hat man das Fahrgestell unterzogen, da der 370 S auf einem tief gekröpften Niederrahmen daherkommt. Die mechanische Vierradbremse wird von einem Bosch-Dewandre-Servoaggregat unterstützt. Durch die Verwendung von zwei Solex-Flachstromvergasern, die Erhöhung der Verdichtung von 5,5:1 bei den anderen 370-Versionen auf 5,75:1 und weitere behutsame Eingriffe konnte man die Leistung der Maschine auf bis zu 78 PS (350: 70 PS, 370 und 370 K: 75 PS) anheben. Das Getriebe mit seinen vier Fahrstufen ist mit einer zusätzlichen Schnellgang-Einrichtung zusammengespannt, die ähnlich wie beim Maybach durch Unterdruck aktiviert wird und mit drei Vorwärts- und zwei Rückwärtsgängen aufwartet.

Ein wenig trügt der schöne Schein: Der Mercedes-Benz Mannheim 370 S, im Hausgebrauch WS 10 geheißen, ist alles andere als ein Temperamentsbündel. Mit einer Höchstgeschwindigkeit von gemächlichen 115 km/h kann er dem Kraftprotz SS nicht das Wasser reichen. Aber manifester Schönheit verzeiht man ja so manches…

1930

En baptisant deux modèles «Stuttgart» (1928) et «Mannheim» (1929), Daimler-Benz fait un clin d'œil aux deux sites où opère la jeune entreprise. Autre point commun: l'ingénieur Hans Nibel, devenu directeur technique le 1er janvier 1929, à la suite de Ferdinand Porsche, dont il a repris également le bail de la villa à Stuttgart, a donné leurs lettres de noblesse aux deux conceptions plutôt massives de son prédécesseur.

La retouche était des plus urgentes, surtout dans le cas de la Mannheim ou Type 300, que le public et la presse spécialisée avaient accueillie avec un étonnement poli lors du Salon de l'automobile berlinois, en octobre 1926. Les ventes, bien sûr, n'avaient pas suivi. Par les soins de Nibel, l'encombrante géante qui depuis 1928 existait en deux autres versions, la 320 et la 350, avec des moteurs de 3,2 et 3,5 litres, acquit de la prestance. La Mannheim n'a rien perdu de sa taille et, avec son six-cylindres sans

Mercedes-Benz Mannheim 370 S Roadster

compresseur, appartient cependant à la classe moyenne supérieure, une notion qui ne protège pas contre les dimensions exagérées et fait davantage allusion à la cylindrée – la SS de la même marque offre par exemple sept litres, contre huit pour une Maybach Zeppelin.

À la Mannheim 350 (ou 14/70 PS), présentée à l'automne 1929, succède la même année la 370 (15/75 PS) dont l'alésage passe de 80 à 82,5 mm. La 370 K (pour « court », car l'empattement de 3025 mm a été rogné de 175 mm) et la 370 S (sport) sortent en 1930. La gamme assure l'emploi dans les deux usines : la 350 et la 370 sont construites à Mannheim, la K et la S, à Untertürkheim. Néanmoins, la 370 S, toujours une biplace, devient la star de la série. Le cabriolet coûte 12 800 Reichsmarks, le cabriolet sport, 13 800. On appelle aussi « petite SS » cette offre spéciale que l'entreprise propose à tous ceux qui ne peuvent que rêver du modèle trois fois plus cher fabriqué

seulement à 183 exemplaires. L'empattement de 2850 mm a été encore diminué et avec 4480 mm de longueur et 1480 mm de hauteur, elle ne possède plus l'aspect monumental de sa grande sœur, mais n'en reste pas moins un plaisir pour les yeux. Elle est racée, grâce à son radiateur mince et plus bas, son capot allongé et les lignes harmonieuses de la carrosserie et des ailes qui s'évasent à l'avant et qui habillent à l'arrière les jolies roues à rayons. Le châssis a subi des interventions d'importance, car la 370 S se présente sur un cadre très surbaissé. Un servo-frein Bosch-Dewandre renforce le freinage mécanique sur les quatre roues. L'utilisation de deux carburateurs horizontaux Solex, l'augmentation de la compression de 5,5 : 1 sur les autres versions de la 370 à 5,75 : 1, ainsi que diverses modifications judicieuses ont permis au moteur d'atteindre une puissance de 78 ch (contre 70 pour la 350 et 75 pour la 370 et la 370 K). La boîte de vitesses à quatre

rapports, qui est accouplée à un dispositif de surmultiplication activé par dépression comme chez Maybach, propose trois vitesses avant et deux marches arrière.

Sa fière allure déçoit tout de même un peu, car la Mannheim 370 S de Mercedes-Benz, ou WS 10 dans le jargon maison, manque pour le moins de tempérament. Ne dépassant pas les 115 km/h, elle n'arrive pas à la cheville de la vigoureuse SS. Mais on pardonne bien des choses à une telle beauté …

The sporting appearance of the 370 S Roadster, in some respects an SS for the upper middle class, is primarily due to its racy lines. It is certainly the case that any people wishing to get into it while the top is closed need to be in fine sporting fettle themselves. A certain agility is a definitive advantage.

Die Sportlichkeit des 370 S Roadsters, eines SS für den gehobenen Mittelstand gewissermaßen, wird in erster Linie durch seine schmissige Linienführung hergestellt. Sportlich, am besten von flotter Gelenkigkeit, muss indessen in jedem Falle sein, wer ihn bei geschlossenem Verdeck betreten möchte.

La sportivité de la 370 S Roadster s'exprime surtout par ses lignes étirées, il s'agit d'une SS pour les classes aisées en quelque sorte. Il vaut mieux être sportif, voire avoir une souplesse de fakir, pour s'y glisser quand la capote est fermée.

Although the straight-six under the long, two-winged hood of the Roadster is not excessively powerful, originally generating 75 hp and from 1933 onwards 78 hp, it is certainly beautiful – especially as shown here. With an average mileage of 13 mpg, though, it is also extremely thirsty.

Der Reihensechszylinder unter der langen zweiflügeligen Haube des Roadsters ist mit seinen ursprünglich 75, ab 1933 jedoch 78 PS gewiss kein Ausbund an Kraft, dafür aber an Schönheit – besonders in diesem Falle. Mit einem durchschnittlichen Verbrauch von 18,5 Litern ist er auch ganz schön durstig.

Avec ses 75 chevaux à l'origine, puis 78 à partir de 1933, le six-cylindres en ligne sous le long capot à deux pans du roadster s'il ne brille pas par son énergie attire l'œil par sa beauté – en particulier ici. Avec une consommation moyenne de 18,5 litres, ne parlons pas de sobriété.

They are not only in the tradition of the "heavy" super-charged Mercedes, embodying it in a sort of apotheosis, they also express the spirit of the age, give shape to an objective, and are, to a certain degree, the continuation of politics by other means, like the Stuttgart Silver Arrows on the grand prix track.

Their sporting character primarily accrues from their power, 100 hp in suction mode and 160 hp with the supercharger operating in the case of the 500 K, the scintillating focus of attention of the Berlin automobile exhibition of February 1934. The model has to grapple, however, with its considerable weight – the bare chassis alone brings 3750 lbs onto the scales.

Its appearance is majestic, with the traditional Mercedes pointed radiator and the two striking thick pipes swelling out of the engine hood that drain off the emissions of the mighty power plant with its nine-bearing crankshaft to the outside. This regal impression is even augmented when the model is additionally fitted with what in Mercedes language used to be called the "chassis for sports cars" until 1935, and "chassis with rear-set engine" thereafter: radiator, drive gear as well as steering and seating are relocated seven inches to the rear, so that the front end of the vehicle seems to be absolutely endless. Its acoustic appearance is also in keeping with the intimidating personality of the 500 K. You might say that, in 500 mode, it does its job in the decently silent manner that one would expect from a luxury vehicle of this price class. As the K, on the other hand, it makes the unmistakably powerful, grinding and whining metallic roar that has become a trademark of Daimler-Benz's supercharged cars on the racing circuits.

In most cases, the so-called Sindelfinger bodies harmonize perfectly with the nature of the muscle-Mercedes, making a large contribution of their own to its impact and serving a broad spectrum of customer desires. External tailoring is therefore less in demand. The series culminates in two especially spectacular designs. One is the Roadster or Spezial-Roadster. A wealthy client has to fork out 28,000 reichsmarks for this gem, as opposed to 22,000 reichsmarks for an "off-the-peg" 500 K. The other is the Autobahnkurier – the 24,000-reichsmark star of the 1935 Berlin show. The teardrop-shaped "Sport-Limousine" incorporates the latest contemporary understanding of aerodynamics, although this tag would not necessarily stand up to testing in the wind tunnel. Presented at the Paris show in October 1936, the next development is the 540 K (114/180 hp from 5401 cc). The bore has been increased by 1/12" to 3½", and the stroke by 1/8" to 43/8". This upgrading contributes significantly to closing the gap between the visual pretension and the dynamic reality inherent in the model.

Max Sailer, the head of the design office in Unter-türkheim following the death of Hans Nibel at the end of 1934, has already taken on the responsibility for the 540 K. A 580 K (130/200 hp from 5800 cc) takes on shape until 1940, when history sets other priorities than greater driving pleasure. As is so often the case with famous automobiles the world-wide kudos of the series outshines its actual numbers. The work's chronicles show that 342 specimens of the 500 K in all its chassis variations, and 319 of the 540 K were produced.

Sie knüpfen nicht nur an die Tradition der „schweren" Kompressor-Mercedes an und führen sie einer Art Apotheose zu, sondern bringen auch Zeitgeist zum Ausdruck, verkörpern einen Anspruch und sind ein bisschen sogar Fortsetzung der Politik mit anderen Mitteln wie die Stuttgarter Silberpfeile auf den Grand-Prix-Pisten.

Das Sportliche erwächst dabei eher aus der Leistung, 100 PS im Saug-Modus und 160 mit zugeschaltetem Gebläse im Falle des 500 K, des strahlenden Mittelpunkts der Berliner Automobil-Ausstellung im Februar 1934. Diese müssen sich allerdings mit einem beträchtlichen Gewicht herumschlagen – allein sein nacktes Fahrgestell bringt 1700 kg auf die Waage.

Überaus majestätisch kommt er daher, mit dem traditionellen Mercedes-Spitzkühler und den beiden markanten fetten aus der Motorhaube quellenden Schläuchen, welche die Emissionen des mächtigen Triebwerks mit seiner neunfach gelagerten Kurbelwelle nach außen ableiten. Dieser Eindruck entsteht erst recht, wenn dem Modell mit auf den Weg gegeben wurde, was in Mercedes-Sprech bis 1935 „Fahrgestell für Sportwagen" und anschließend „Fahrgestell mit zurückgesetztem Motor" heißt: Kühler, Antriebseinheit sowie Lenkung und Gestühl sind dann um 185 mm nach hinten verlagert, so dass der Vorderwagen kein Ende zu nehmen scheint. Eingebunden in den Renommier-Gestus des 500 K ist schließlich sein akustischer Auftritt. Gleichsam als 500 geht er seiner Arbeit dezent lautlos nach, wie man es von einem Luxus-Mobil dieser Preisklasse zu erwarten hat. Als K hingegen lässt er das unverkennbare metallisch schleifende und weinende Geräusch vernehmen, welches auch auf den Rennstrecken zum Markenzeichen der Kompressorwagen von Daimler-Benz geworden ist.

Die so genannten Sindelfinger Karosserien harmonieren in aller Regel perfekt mit dem Naturell des Muskel-Mercedes, tragen ihrerseits eine Menge dazu bei und bedienen somit eine große Bandbreite von Kundenwünschen. Maßkonfektion von außen ist folglich weniger gefragt. Die Baureihe gipfelt in zwei besonders spektakulären Ausprägungen. Da ist zum einen der Roadster oder Spezial-Roadster. 28 000 Reichsmark muss eine wohlhabende Klientel 1936 für diese Gemme auf den Tisch blättern, wo für den 500 K von der Stange 22 000 Reichsmark zu entrichten sind. Da ist zum anderen – Star der Berliner Schau von 1935 – der Autobahnkurier, 24 000 Reichsmark teuer. Die tropfenförmige „Sport-Limousine" vereint augenfällig in sich, was die Zeit unter Stromlinie versteht, ohne dass dieses Etikett unbedingt der Prüfung durch den Windkanal standhalten würde. Vorgestellt auf dem Pariser Salon im Oktober 1936, folgt die Ausbaustufe 540 K (114/180 PS aus 5401 cm³). Die Bohrung ist um zwei auf 88 mm, der Hub um drei auf 111 mm vergrößert worden. Diese Nachrüstung trägt einiges dazu bei, die Schere zwischen visueller Anmaßung und faktischer Dynamik aufzuheben, die dem Modell eigen ist.

Zuständig für den 540 K ist bereits Max Sailer, nach dem Tod von Hans Nibel Ende 1934 Leiter des Unter-türkheimer Konstruktionsbüros. Ein 580 K (130/200 PS aus 5800 cm³) nimmt bis 1940 Gestalt an, dann setzt die Geschichte andere Prioritäten als schöneres Reisen. Wie so häufig bei berühmten Automobilen überstrahlt das Renommee der Modellreihe in aller Welt ihre konkreten Stückzahlen, 342 Exemplare des 500 K mit allen Fahrgestellvarianten habe es gegeben, zeichnen die Chronisten des Werks auf, 319 Einheiten des 540 K.

1934

Les Mercedes-Benz 500 K et 540 K ne se rattachent pas seulement aux traditionnelles Mercedes « lourdes » à compresseur. Tout en s'inscrivant dans l'air du temps, elles incarnent également une ambition et sont même un relais politique en quelque sorte, comme les Flèches d'argent de Stuttgart sur les circuits des Grands Prix.

L'aspect sportif découle plutôt de la puissance, 100 ch sans compresseur et 160 avec compresseur dans le cas de la 500 K, point de mire du Salon de l'automobile berlinois de 1934. Le poids est impressionnant, puisque le châssis nu pèse quelque 1700 kg. Ce véhicule doit sa majesté incomparable au radiateur pointu typique de Mercedes et aux deux gros tuyaux qui traversent le capot pour évacuer les gaz émis par le puissant huit-cylindres doté d'un vilebrequin à neuf paliers. Cette impression est encore plus forte lorsque le modèle reçoit ce que l'on appelle en jargon maison un « châssis pour voitures

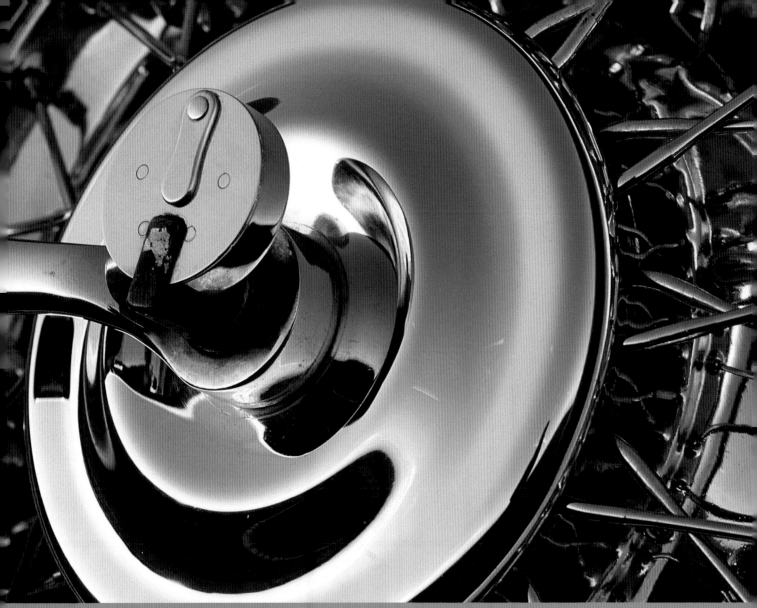

Mercedes-Benz 500 K & 540 K

de sport » jusqu'en 1935, rebaptisé ensuite « châssis avec moteur reculé » : le radiateur, le groupe moteur, ainsi que la direction et les sièges sont repoussés de 185 mm vers l'arrière. De ce fait, la proue semble ne plus finir. Le niveau sonore de la 500 K renforce encore sa réputation. La 500 ne fait pas entendre le moindre bruit, ce qui sied à un véhicule de luxe de cette catégorie de prix. Le modèle K, en revanche, émet des sonorités métalliques et des hurlements caractéristiques qui, sur les circuits de course, permettent de reconnaître les bolides à compresseur de Daimler-Benz.

En général, les carrosseries de Sindelfingen s'harmonisent à merveille avec le caractère de cette Mercedes musclée et contribuent de façon non négligeable à son impact en répondant à toutes les demandes de la clientèle. Celle-ci exige donc assez rarement du sur-mesure. La série atteint des sommets avec deux modè-

les spectaculaires et, en premier lieu, le cabriolet dit Spezial Roadster. En 1936, les clients aisés doivent débourser 28 000 Reichsmarks pour se procurer un tel joyau, contre 22 000 pour la 500 K. En second lieu, le modèle dit Autobahnkurier (coursier de l'autoroute), vedette du Salon berlinois de 1935, disponible pour la bagatelle de 24 000 Reichsmarks. La « Sport-Limousine » (berline sport) aux lignes rappelant une goutte d'eau, réunit tout ce que l'époque entend par profilage, ce qui ne veut pas dire que le véhicule brillerait dans une soufflerie aérodynamique. La série 540 K (114/180 ch développés par 5401 cm³), lui succède au Salon de Paris, en octobre 1936. L'alésage gagne 2 mm et passe à 88 mm, la course augmente de 3 mm et atteint 111 mm. Cette rectification contribue à supprimer l'écart entre la beauté extérieure et le manque de dynamisme dont souffre le modèle.

Max Sailer, qui dirige le bureau d'études d'Unter-türkheim depuis la disparition de Hans Nibel, fin 1934, est déjà responsable de la 540 K. Une 580 K (130/200 ch grâce à 5800 cm³) voit le jour en 1940, mais l'histoire impose désormais d'autres priorités. Comme si souvent avec les automobiles célèbres, la renommée de la série dans le monde entier dépasse de loin la réalité des ventes : 342 exemplaires de la 500 K dans toutes les versions de châssis, selon les archives de l'usine et 319 exemplaires de la 540 K ont vu le jour.

1934

The crowning glory of the series and its genuine figurehead is the Spezial-Roadster, here a 500 K on the chassis with rear-set engine. It belongs to the Mercedes works, and its majestic bodywork was also, in its day, created in the Sindelfingen coachwork facility headed by Kurt Ahrens. Both the richly applied chrome trimmings and the complete leather interior contribute to its impressive appearance as well.

Ästhetische Krönung und wahres Aushängeschild der Baureihe ist der Spezial-Roadster, hier ein 500 mit Kompressor auf dem Fahrgestell mit zurückgesetztem Motor. Er gehört dem Werk, und in der Sindelfinger Karosseriemanufaktur, federführend Kurt Ahrens, entstand auch einst sein majestätischer Aufbau. Zu seinem Imponiergestus trägt der reichlich verwendete Chromzierrat ebenso bei wie die Ledervollausstattung.

Véritable porte-drapeau de la gamme, la Spezial-Roadster est un chef-d'œuvre esthétique. Ici, une 500 K sur un châssis à moteur reculé. Elle est en la possession de l'usine. La manufacture de carrosserie de Sindelfingen, dirigée par Kurt Ahrens, a aussi donné naissance, jadis, à sa superstructure majestueuse. L'abondance de chrome utilisé pour la décoration ainsi que sa sellerie cuir contribuent à son aspect statutaire.

This two-seater A convertible, of which only five specimens were produced, stands on the cusp between the 500 K and the 540 K. The chassis stems from the predecessor, while the engine with its extra ½" bore and a stroke longer by ⅛" already comes from its successor. The dashboard is inlaid with mother of pearl.

An der Nahtstelle zwischen dem Typ 500 mit Kompressor und dem 540 K steht dieses zweisitzige Cabriolet A, in nur fünf Exemplaren gefertigt. Das Chassis stellt noch der Vorgänger, das Triebwerk mit zwei Millimetern mehr Bohrung und einem um drei Millimeter verlängerten Hub bereits der Nachfolger. Die Armaturentafel ist mit Perlmutt unterlegt.

À mi-chemin entre la Type 500 à compresseur et la 540 K figure ce cabriolet A à deux places, fabriqué en cinq exemplaires seulement. Le châssis est encore celui de son prédécesseur alors que le moteur avec deux millimètres d'alésage de plus et une course allongée de trois millimètres est déjà celui de son successeur. Le porte-instruments est orné de nacre.

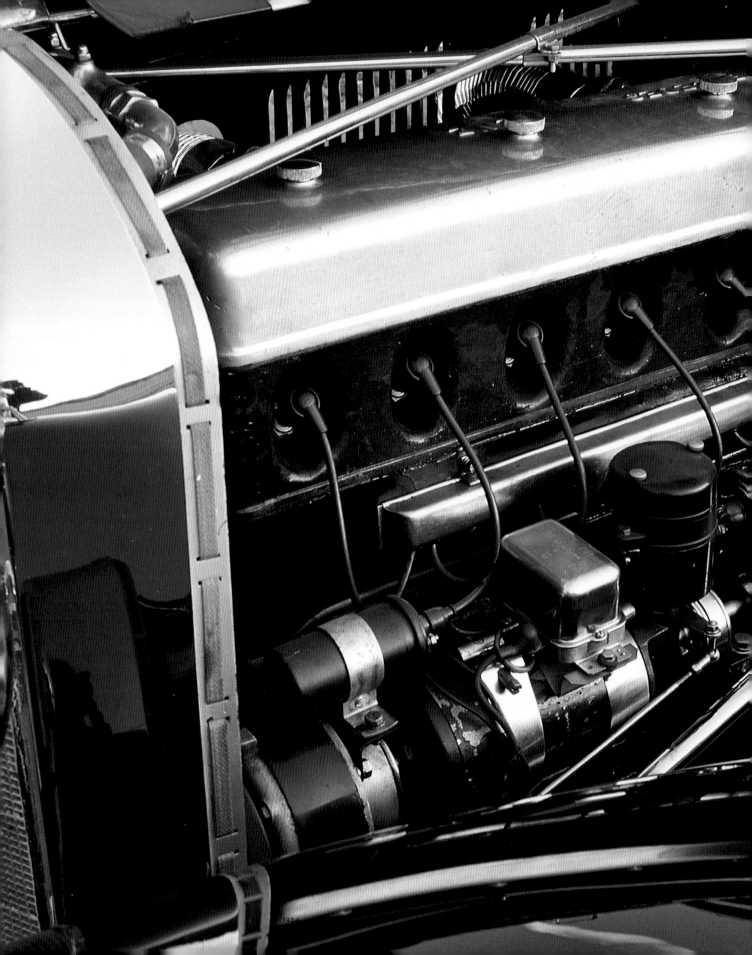

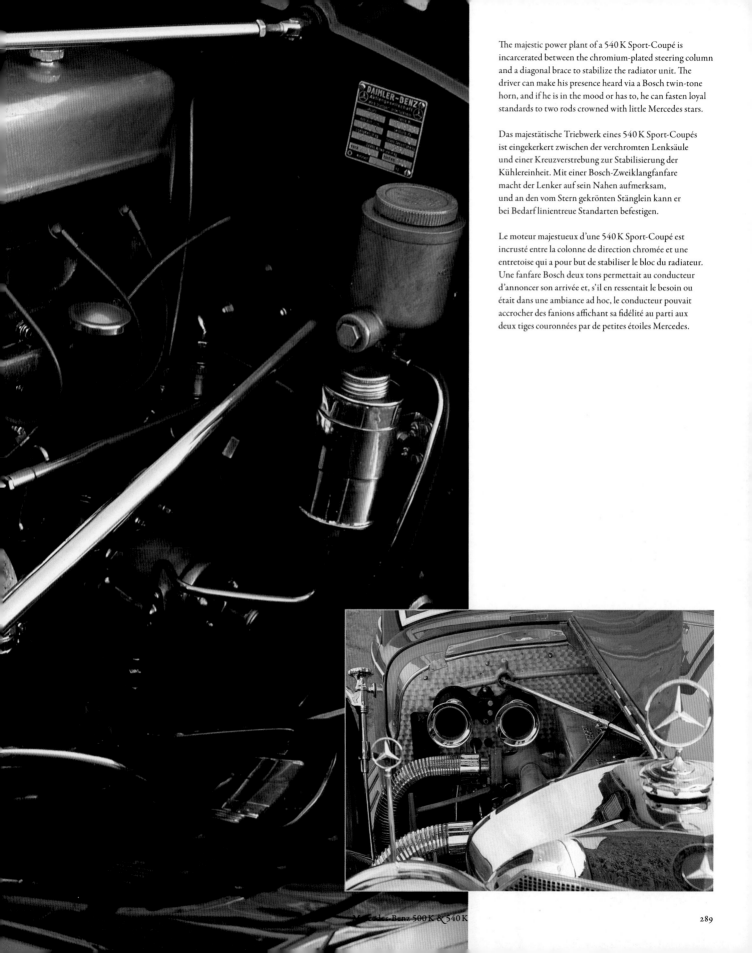

The majestic power plant of a 540 K Sport-Coupé is incarcerated between the chromium-plated steering column and a diagonal brace to stabilize the radiator unit. The driver can make his presence heard via a Bosch twin-tone horn, and if he is in the mood or has to, he can fasten loyal standards to two rods crowned with little Mercedes stars.

Das majestätische Triebwerk eines 540 K Sport-Coupés ist eingekerkert zwischen der verchromten Lenksäule und einer Kreuzverstrebung zur Stabilisierung der Kühlereinheit. Mit einer Bosch-Zweiklangfanfare macht der Lenker auf sein Nahen aufmerksam, und an den vom Stern gekrönten Stänglein kann er bei Bedarf linientreue Standarten befestigen.

Le moteur majestueux d'une 540 K Sport-Coupé est incrusté entre la colonne de direction chromée et une entretoise qui a pour but de stabiliser le bloc du radiateur. Une fanfare Bosch deux tons permettait au conducteur d'annoncer son arrivée et, s'il en ressentait le besoin ou était dans une ambiance ad hoc, le conducteur pouvait accrocher des fanions affichant sa fidélité au parti aux deux tiges couronnées par de petites étoiles Mercedes.

The catalogues and price lists of the time suggest that the 540 K type was mass produced. Appearances are deceptive, however, as it was extensively built by hand to meet the wishes and demands of each customer. Every detail radiates a sturdy solidity. This is certainly true of this A convertible, for example the mounting for the spare wheels and the rearview mirror that perches on top of them. Its characteristic visage includes the two generously sized headlights as well as the central fog-light, while the rear license plate is protected by a transparent cover.

Die Kataloge und Preislisten jener Zeit suggerieren, der Typ 540 K entstehe in Serienfertigung. Der Schein trügt: Er wird weitgehend per Hand gebaut, entsprechend den Wünschen und Vorgaben des jeweiligen Kunden. Jedes Detail strahlt schwere Gediegenheit aus. Das gilt auch für dieses Cabriolet A, zum Beispiel für die Halterungen der Reserveräder und die Rückspiegel, die auf diesen hocken. Zu seinem typischen Gesicht zählen die beiden voluminösen Scheinwerfer sowie die zentrale Nebellampe, während das hintere Nummernschild durch eine durchsichtige Abdeckung geschützt wird.

Les catalogues et tarifs de cette époque laissent à penser que la Type 540 K est fabriquée en série. Or c'est faux : elle est pratiquement assemblée à la main selon les desiderata de chaque client. Chaque détail témoigne d'un luxe pesant. Cela vaut aussi pour ce cabriolet A, par exemple avec les supports des roues de secours et les rétroviseurs juchés sur celles-ci. Les deux énormes phares et l'anti-brouillard central lui donnent son faciès typique. Quant à la plaque minéralogique arrière, elle est protégée par une plaque transparente.

The Berlin automobile exhibition has always been an important forum for Mercedes-Benz, not least as a temple of patriotic elation. In February 1934 they exceed themselves, not only as far as quality is concerned but also in terms of the product range on offer. Noble Daimler-Benz AG looks after the needs of the millionaire and the man in the street – consoled by this comforting certainty, the exhibition's visitors begin their homeward journey.

For, first of all, there is the stuff dreams are made of – the 500 K in its magnificent grandeur, available from 22,000 reichsmarks. Then there is also the 130 model, within the reach of people on a lower wage at 3425 reichsmarks for the sedan, 3625 for the convertible, and 3900 for the touring car. The Untertürkheim range is rounded off for the first time with the comparatively compact two-door vehicle. In addition, the Mercedes-Benz 130 is the first serial production automobile with its engine in the rear. This appears to be a return to roots, but is in fact a herald of the future. The rear engine, so its proponents preach, can be interlocked with the rear axle saving both space and expense, while the fashionably streamlined form creates lots of space behind the passenger compartment. There seem to be no limits on either side of the car hierarchy. At the 1931 Berlin exhibition, for instance, the three-wheeled Goliath Pionier with its bawling one-cylinder, two-stroke engine at the stern is a great talking point. On the other hand, designer Hans Ledwinka causes quite a sensation in 1934, the year of the 130 premiere, with the large Tatra 77, a sweeping streamlined sedan with an air-cooled, 3-liter V8 engine mounted behind the passengers. And, furthermore, the Volkswagen is already on the horizon.

At Mercedes-Benz, head design engineer Hans Nibel begins to get acquainted with this architecture as early as 1930. Experiments are made with a small vehicle fitted with a flat engine consisting of four combustion units. Housing a forward laterally inclined straight-four power plant at the rear in transverse configuration is considered, and a fleet of twelve experimental vehicles fitted with three-cylinder diesel engines created. Things get serious with the 130, not dissimilar from these prototypes, particularly since the styling problems thrown up by the unusual layout have been quite attractively solved.

But neither the time nor the concept is ripe for a breakthrough. 65 percent of the 2160 lbs of weight rests on the rear axle. Particularly in wet conditions the 130 model's limit is quickly reached and overstepped, leading it to lash out its tail like an angry alligator. An attempt is made with the six sport sedans that Daimler-Benz is preparing for the 1934 2000-kilometer, cross-Germany rally to tackle the root of the problem by mounting their one-and-a-half-liter engines centrally in front of rather than behind the rear axle, at the expense of the rear seats. The smart Sport-Roadster using the same chassis is the series' most beautiful blossom, a lovely car for two people. It blooms only furtively, for the model's bad habits have already become common knowledge, it offers only a minimum of baggage space, and its purchase price is a serious cost factor at 6600 reichsmarks.

It, and the rest of the family, disappears from the range in mid 1936 – an innovation that was not quite thought through.

Schon immer ist die Berliner Automobil-Ausstellung, nicht zuletzt als Tempel vaterländischer Hochgefühle, ein wichtiges Forum für Mercedes-Benz gewesen. Im Februar 1934 übertrifft man sich selbst, nicht nur was die Klasse, sondern auch die Bandbreite der Exponate anbelangt. Die noble Daimler-Benz AG – in diesem tröstlichen Bewusstsein treten die Besucher der Schau den Heimweg an – kümmert sich um den Millionär und um den kleinen Mann.

Denn da ist als Stoff, aus dem die Träume sind, der 500 K in seiner prunkvollen Größe, zu haben ab 22 000 Reichsmark. Da gibt es aber auch, als Limousine für 3425, als Cabrio-Limousine für 3625 und als Tourenwagen für 3900 Reichsmark durchaus erschwinglich für Menschen mit schmalen Lohntüten, den Typ 130. Mit dem vergleichsweise kompakten Zweitürer runden die Untertürkheimer ihr Angebot zum ersten Mal in die kleine Klasse ab. Überdies ist der Mercedes-Benz 130 das erste serienmäßige Auto mit einem Triebwerk im Hinterviertel. Das scheint einer Rückbesinnung auf die Ursprünge gleichzukommen und will dennoch die Zukunft vorwegnehmen. Der Heckmotor, predigen seine Befürworter, lasse sich Platz und Kosten sparend mit der Hinterachse verblocken und die modisch angesagte Stromlinienform schaffe ohnehin reichlich Raum im Anschluss an die Fahrgastzelle. Nach oben wie nach unten scheinen da keine Grenzen gesetzt. Auf der Berliner Schau 1931 etwa macht der dreirädrige Goliath Pionier mit einem plärrenden Einzylinder-Zweitakter im Achtersteven von sich reden. Im Jahr der 130-Premiere 1934 hingegen erregt Konstrukteur Hans Ledwinka mächtiges Aufsehen mit dem großen Tatra 77, einer ausladenden Stromlinien-Limousine mit einem luftgekühlten Dreiliter-V8 hinter den Passagieren. Und auch der Volkswagen gerät bereits ins Blickfeld.

Bei Mercedes-Benz beginnt sich Chefkonstrukteur Hans Nibel schon 1930 in diese Architektur einzuleben. Man experimentiert mit einem Kleinwagen aus einem ebenfalls luftgekühlten Boxer-Aggregat aus vier Verbrennungseinheiten, erwägt, einen Reihenvierzylinder quer und seitlich nach vorn geneigt im Heck unterzubringen, und setzt eine Flotte von zwölf Versuchswagen mit einem Dreizylinder-Dieselmotor in die Welt. Mit dem 130, diesem Prototyp nicht unähnlich, wird die Sache ernst, zumal man die formalen Probleme durchaus ansprechend gelöst hat, welche das ungewohnte Layout aufwirft.

Doch Zeit und Konzept sind noch nicht reif für einen Durchbruch. 65 Prozent des Gewichts von 980 kg ruhen auf der Hinterachse. Vor allem bei Nässe ist der Grenzbereich des Typs 130 im Nu erreicht und überschritten und dann keilt er aus wie ein gereizter Alligator. An sechs Sport-Limousinen, welche Daimler-Benz für die 2000-Kilometer-Fahrt 1934 quer durch Deutschland vorbereitet, versucht man das Übel bei der Wurzel zu packen, indem man ihre Anderthalbliter-Maschinen in Mittelmotor-Bauweise statt im Anschluss an die Hinterachse einbaut – auf Kosten der hinteren Sitzplätze. Ein Fall für zwei ist denn auch der schmucke Sport-Roadster auf dem gleichen Chassis, mit dem die Baureihe 1935 ihre schönste Blüte treibt. Sie gedeiht nur im Verborgenen, da sich die Unarten des Modells herumgesprochen haben, es lediglich mit einem Minimum an Gepäckraum aufwartet und seine Anschaffung mit 6600 Reichsmark kräftig zu Buche schlägt.

Mitte 1936 verschwindet es zusammen mit dem Rest der Familie aus dem Programm – Innovation, die nicht ganz zu Ende gedacht worden ist.

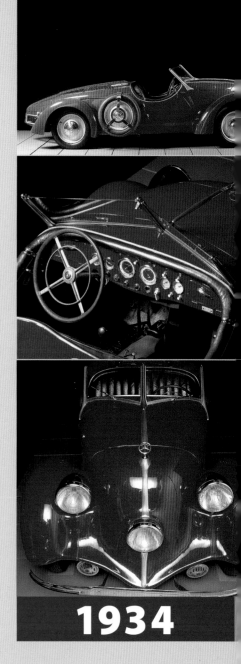

1934

Le salon de Berlin, temple de l'exaltation patriotique, constitue une vitrine importante pour Mercedes-Benz. En février 1934, l'entreprise se dépasse, tant par la classe que par la variété des modèles exposés. La très select Daimler-Benz AG s'intéresse au millionnaire comme à l'homme de la rue – du moins cette pensée console-t-elle les visiteurs qui en reviennent.

En effet, si le rêve existe bel et bien – la splendide et grandiose 500 K –, il n'est disponible qu'à partir de 22 000 Reichsmarks. Mais on trouve aussi le type 130 en berline à 3425 Reichsmarks, à 3625 Reichsmarks en «Cabrio-Limousine» (berline découvrable) et à 3900 Reichsmarks en voiture de tourisme, prix tout à fait abordables pour les revenus plus modestes. Avec ce modèle à deux portes relativement compact, la firme d'Untertürkheim se lance dans un nouveau créneau. Qui plus est, la Mercedes-Benz 130 est la première auto de

Mercedes-Benz 150 Sport-Roadster

série ayant un moteur à l'arrière. Si ce détail rappelle les balbutiements de l'aventure automobile, il n'en est pas moins porteur d'avenir. Selon ses partisans, ce moteur associé à l'essieu arrière économise espace et coûts, les lignes aérodynamiques à la mode laissant assez de place dans l'habitacle. Aux deux extrémités de l'échelle des prix, il semble qu'il n'y ait plus de limites. Au Salon de Berlin de 1931, la Goliath Pionier à trois roues fait sensation avec son moteur monocylindre à deux temps fort bruyant, placé à l'arrière. En revanche, le constructeur Hans Ledwinka obtient un grand succès en 1934, année de la première apparition de la 130, avec sa grande Tatra 77, une énorme berline carénée, dont le V8 de trois litres refroidi par air est situé derrière les passagers. La Volkswagen commence aussi à susciter l'intérêt.

Chez Mercedes-Benz, l'ingénieur en chef Hans Nibel s'habitue à cette architecture dès 1930. L'entreprise expé-

rimente un modèle compact avec un moteur à plat également refroidi par air et composé de quatre cylindres, puis il adopte à l'arrière un classique quatre-cylindres de série en le plaçant de travers et incliné vers l'avant et produit une série de douze voitures expérimentales dotées d'un moteur Diesel à trois cylindres. Avec la 130, assez proche de ce prototype, l'affaire prend un tour plus sérieux, d'autant que les problèmes posés par cette conception inhabituelle ont été résolus.

Pourtant, l'époque et le concept sont trop en avance sur leur temps. 65 % des 980 kg reposent sur l'essieu arrière. Sur route mouillée, la 130 atteint et dépasse vite ses limites et se met alors à tanguer comme un bateau ivre. Sur les six berlines sport que Daimler-Benz prépare pour le rallye de 2000 kilomètres en Allemagne, on tente d'attaquer le mal à la racine en montant un moteur central d'un litre et demi devant et non derrière l'essieu arrière –

au détriment des places arrière. L'élégant cabriolet sport construit sur le même châssis, joyau de la gamme en 1935, ne transporte lui aussi que deux personnes. Le public ayant eu vent de ses défauts, son succès fut de courte durée. De plus, il n'autorise qu'un minimum de bagages et son prix de 6600 Reichsmarks reste prohibitif.

Au milieu de l'année 1936, il disparaît avec le reste de la gamme à moteur arrière. Une innovation inachevée …

The changing messages that numbers can emanate are something quite peculiar. For example, the term Mercedes-Benz 300 is surrounded by connotations such as tasteful solidity, big engine capacity, the new Bonn Republic, the Adenauer Mercedes. If, however, the letters SL are added, the picture changes completely.

The 300 and 300 SL are nevertheless closely related, the evolutionary link being provided by the W 194 sports racer of 1952. The entrepreneurial Mercedes chief agent in America, Maxie Hoffman, is quite taken with it. One simply has to instill the model with a few respectable manners, he enticingly tells the Mercedes management, and the success on the North American market is practically assured. And to underline the point he makes an immediate order of 1000 vehicles.

The almost finished product is presented to an enthusiastic public at the New York International Motor Sports Show from 6 to 14 February 1954. The shape, refined from the racing SL by Karl Wilfert and Friedrich Geiger, endears itself at first sight, straightforward and yet aggressive. Since the compartment under the rear hood is already occupied by the spare wheel, the area behind the seats has to serve as storage space. The beau from Stuttgart is hard, loud and narrow, the steering so direct that it calls for bulging biceps. Problems arise with the ventilation in hot weather. But this is nitpicking compared with the bliss of being out and about in one of the 1400 coupés (29 of them in light metal and one dressed in plastic) that are sent on their way to so many different countries between August 1954 and May 1957.

As with the 300 SL of 1952, the engine, installed at an angle to the left of 40 degrees, is derived from the straight-six of the 300 sedan. The tamed version has up to 225 hp, more grit than its racing counterpart, which achieved its numerous victories with 175 hp. For the first time a vehicle engine from Daimler-Benz is fed by direct injection into the combustion chambers, a feature developed by the future head of design, Dr. Hans Scherenberg.

Almost unchanged is the tubular space frame, composed from numerous triangles. Its outer braces connect the front and rear sections of 300 SL at hip height. Consequently, the Mercedes thinkers chose to grant the driver access from above, via a gullwing door. In other respects, the coupé doesn't make things easy for its driver, at least when driven in anger. The short arms of the double-jointed swing axle cause the rear track width and wheel camber to alter continuously. And its drum brakes also show their limitations fairly quickly.

A remedy for both is provided by the third edition of the 300 SL (for Sport and Light) phenomenon, a roadster, of which 1858 specimens are produced between February 1957 and February 1963. Its single-jointed swing axle with low center of gravity makes the vehicle much more predictable to handle. Its doors are attached at the front, and roll-up windows also improve the climate inside when the hood is closed. The tank volume has shrunk from 34 to 26 gallons, while the trunk above it under the longer rear hood has expanded. A panorama window pays homage to the fashion of the time, as does the increased chrome ornamentation and perpendicular housing of the front headlights. A hardtop (optional) is available as of summer 1958 and disk brakes are standard from March 1961 onward. Even a legend can be improved.

Eigentümlich, welche wechselnden Botschaften von Zahlen ausgehen können. Den Begriff Mercedes-Benz 300 etwa umlagern Assoziationen wie bräsige Gediegenheit, Hubraumgröße, die junge Bonner Republik, Adenauer-Mercedes. Werden die beiden Buchstaben SL angefügt, wandelt sich das Bild total.

Dabei sind 300 und 300 SL enge Verwandte – mit dem Rennsportwagen W194 von 1952 als evolutionärem Bindeglied. Der hat es dem rührigen amerikanischen Mercedes-Generalvertreter Maxie Hoffman angetan. Man müsse, lockt er das Mercedes-Management, dem Modell lediglich anständige Manieren beibiegen, dann sei der Erfolg auf dem nordamerikanischen Markt praktisch programmiert. Und zur Bekräftigung ordert er schon einmal 1000 Einheiten.

Das fast fertige Produkt stellt sich auf der New Yorker International Motor Sports Show vom 6. bis zum 14. Februar 1954 einem spontan begeisterten Publikum. Die Form, von Karl Wilfert und Friedrich Geiger aus dem Renn-SL sublimiert, schmeichelt sich sofort ein, schnörkellos-sachlich und dennoch aggressiv. Da das Appartement unter dem hinteren Deckel bereits durch das Reserverad belegt ist, muss ein Verlies hinter den Sitzlehnen als Stauraum herhalten. Der Stuttgarter Flügel-Stürmer ist hart, laut und eng, seine Lenkung so direkt, dass sie nach schwellendem Bizeps verlangt. Bei heißer Witterung hapert's mit der Entlüftung. Aber das ist alles kleinliches Gemäkel angesichts des Glücks, in einem der 1400 Coupés (davon 29 in Leichtmetall und eines in Kunststoff gewandet) unterwegs sein zu dürfen, die zwischen dem August 1954 und dem Mai 1957 den Weg in vieler Herren Länder antreten.

Wie beim 300 SL Jahrgang 1952 ist das Triebwerk, im Winkel von 40 Grad nach links geneigt installiert, vom Reihensechszylinder der Staatslimousine 300 abgeleitet. Die gezähmte Version hat viel mehr Mumm als ihr Pendant für die Piste, bis zu 225 PS stark, wo jenes seine zahlreichen Siege mit 175 PS einfuhr. Verpflegt werden sie nämlich, erstmals in einem Fahrzeugmotor von Daimler-Benz, durch Einspritzung direkt in die Verbrennungsräume, entwickelt vom künftigen Chefkonstrukteur Dr. Hans Scherenberg.

Fast unverändert aus dem W194 übernommen wurde der Gitterrohrrahmen, komponiert aus einer Vielzahl miteinander verknüpfter Dreiecke. Dessen äußere Streben verbinden Vorder- und Hinterteil des 300 SL auf Hüfthöhe. Folglich wählten die Mercedes-Denker für Ein- und Ausstieg den Weg nach oben. Leicht macht es das Coupé seinen Lenkern nicht, zumindest im Grenzbereich. Die kurzen Arme der Zweigelenk-Pendelachse bewirken, dass sich Spurweite und Radsturz hinten ständig ändern. Und Grenzen weisen auch seine Trommelbremsen auf.

In beiden Fällen schafft die dritte Auflage des Phänomens 300 SL (Sport, Leicht) Abhilfe, ein Roadster, zwischen Februar 1957 und Februar 1963 in 1858 Exemplaren aufgelegt. Seine Eingelenk-Pendelachse mit tiefem Schwerpunkt macht ihn viel berechenbarer. Die Türen sind vorn angeschlagen, Kurbelfenster verbessern das Klein-Klima auch bei geschlossenem Verdeck. Das Volumen des Tanks ist von 130 auf 100 Liter geschrumpft, der Kofferraum darüber unter der längeren Heckhaube gewachsen. Mit einer Panoramascheibe huldigt man der Zeitmode ebenso wie mit vermehrtem Chromzierrat und senkrechten Gehäusen für die vorderen Lampen. Ab Sommer 1958 wird (optional) ein Hardtop offeriert, ab März 1961 sind Scheibenbremsen Standard. Selbst eine Legende lässt sich ja verbessern.

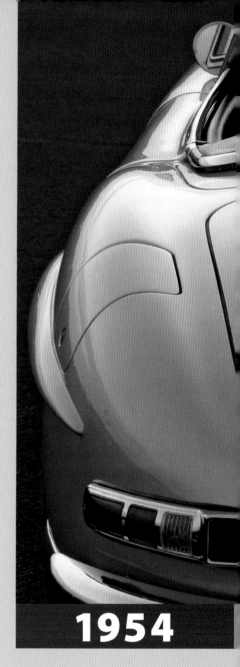

1954

L'interprétation des chiffres permet de leur faire dire ce que l'on veut. Ainsi la Mercedes-Benz 300 évoque la robustesse, une grosse cylindrée, la jeune République de Bonn, la Mercedes d'Adenauer. Ajoutez-lui les lettres SL et l'image change du tout au tout. Pourtant, la 300 et la 300 SL sont proches, le coupé de course W 194 de 1952 faisant office de modèle de transition dans cette évolution. Le dynamique représentant général de Mercedes aux États-Unis, Maxie Hoffman, tombe sous le charme. Il persuade les dirigeants de Mercedes qu'il suffit de quelques retouches pour que le succès soit assuré sur le marché nord-américain. Afin de le prouver, il en commande un millier pour commencer.

Un public enthousiaste découvre le produit presque fini au New York International Motor Sports Show, qui se tient du 6 au 14 février 1954. Fruit de la collaboration entre Karl Wilfert et Friedrich Geiger, ses lignes qui s'ins-

Mercedes-Benz 300 SL

pirent de celles de la SL de course, arrondies, fonctionnelles, mais non dépourvues d'agressivité, s'imposent tout de suite. L'espace du coffre à l'arrière étant occupé par la roue de secours, il faut trouver un peu de place derrière les dossiers des sièges. L'engin à portières relevables sorti des usines de Stuttgart est dur, bruyant et étroit, sa direction si ferme qu'il faut que le conducteur ait de bons biceps. Par temps chaud, l'aération laisse à désirer. Les inconvénients, néanmoins, ne sont rien face au bonheur de se déplacer dans l'un des 1400 coupés (dont 29 en alliage léger et un en plastique) qui s'éparpillent dans le monde entre août 1954 et mai 1957.

Comme pour la 300 SL millésimée 1952, le moteur incliné de 40° sur la gauche descend du six-cylindres en ligne de la limousine officielle, la 300. La version civilisée a beaucoup plus de muscles, puisqu'elle délivre jusqu'à 225 ch, alors que son homologue de compétition

avait remporté de nombreuses victoires avec 175 ch. Pour la première fois, un type de série est alimenté par injection directe dans les chambres de combustion, une première pour un moteur automobile Daimler-Benz, que l'on doit à Hans Scherenberg, futur directeur des études. Le châssis, composé d'un treillis de tubes triangulés, provient de la W194 et n'a quasiment pas été modifié. Ses poutres longitudinales relient à mi-hauteur les structures avant et arrière de la 300 SL. C'est pourquoi les concepteurs de Mercedes ont imaginé des portières s'ouvrant vers le haut. Le coupé ne rend pas la vie facile à son conducteur, du moins quand il est poussé dans ses derniers retranchements. En raison de la faible longueur des demi-arbres oscillants à deux cardans, la voie et le carrossage changent sans cesse à l'arrière. Enfin, les freins à tambour ont, eux aussi, leurs limites.

Ces deux problèmes sont résolus sur la troisième édition du phénomène 300 SL (pour sport et léger), un cabriolet dont 1858 exemplaires sont fabriqués entre février 1957 et février 1963. Son essieu oscillant à articulation unique, au centre de gravité abaissé, accroît nettement le comportement, plus prévisible. Les portes sont articulées à l'avant et les glaces à crémaillère améliorent le climat à bord, même quand la capote est en place. La capacité du réservoir a diminué, passant de 130 à 100 litres, tandis que le coffre, placé dessus et sous le capot arrière, s'est agrandi. Le pare-brise panoramique est une concession à la mode, de même que les chromes plus nombreux et les blocs optiques verticaux à l'avant. À partir de l'été 1958, un toit amovible est proposé en option et, à partir de mars 1961, les freins à disque sont de série. Même un véhicule de légende a parfois besoin d'améliorations.

Portrait of a legend: the gullwing doors of the 300 SL, opening upward to allow access, are actually a solution born out of need, caused by the structure of the tubular space frame. But they then become a part of its charisma, and irresistibly inviting to boot.

Portrait einer Legende: Eigentlich sind die Flügeltüren des 300 SL, mithin der Weg nach oben für den Einstieg, eine Notlösung, bedingt durch die Struktur seines Gitterrohrrahmens. Aber dann werden sie Teil seines Charismas und unwiderstehlich einladend dazu.

Portrait d'une légende : à l'origine, les portières en ailes de mouette de la 300 SL sont une solution d'improvisation due à sa structure, le châssis tubulaire. Mais elles sont par la suite devenues un élément de son charisme et l'on a aujourd'hui du mal à résister à leur invitation.

The Roadster has lost a lot of its predecessor's animal brutality and gains in urbane openness instead. No way of traveling on a sunny day is more pleasant.

Der Roadster hat viel von der animalischen Brutalität seines Vorgängers verloren und gewinnt dafür an weltmännischer Offenheit. An sonnigen Tagen gibt es kein schöneres Medium der Fortbewegung.

La Roadster a beaucoup perdu de la rudesse du modèle précédent, mais
a gagné, en revanche, en cosmopolitisme. Par une journée ensoleillée,
il n'y a pas de plus magnifique moyen de locomotion.

Mercedes-Benz 300 SL

Considerable changes were necessary beneath the beautiful wrapping of the 300 SL to make the low doors possible and provide room for the spare wheel, which is now embedded casket-like in the gas tank.

Unter der schönen Hülle des 300 SL Roadsters waren erhebliche Eingriffe am Rahmen nötig, um die tiefen Türen zu ermöglichen und Platz für das Reserverad zu schaffen, das nun wie in einer Schatulle im Benzintank eingebettet ist.

Sous la magnifique robe de la 300 SL Roadster, il a fallu considérablement retravailler le châssis pour accueillir les lourdes portières et ménager la place nécessaire à la roue de secours, qui est maintenant logée, tel un bijou dans un écrin, dans une cavité du réservoir d'essence.

Mercedes-Benz 190 SL

Yet another, smaller, open Mercedes sports car, quite similar to its bigger brother but without its visually and genuinely dramatic nature, bathes in the charismatic glamour of the "gullwing" 300 SL at the International Motor Sports Show in New York from 6. February 1954. The status and role of the smart two-seater in the Unter-türkheim range had already been sufficiently defined, underpinned a week before by a Daimler-Benz press release addressed to trade journals. According to the text, the 190 SL is to be understood as a touring sports car, suitable for both everyday use and participation in competitions.

It is beyond doubt that it was never really disposed to this second task. Nevertheless the calculation behind the more civilized SL is rewarded to an astounding extent: the 25,881 models produced up until February 1963 speak volumes. But that is still a long way off, for the example

on show at New York is a little premature and rather hastily cobbled together.

Its beautiful lines, too, will be thoroughly reworked once more by its fathers, Karl Wilfert and Walter Häckert. The 190 SL makes its appearance in its final form at the 1955 Geneva spring exhibition. Mass production begins in the May of that year; as a roadster that to all intents and purposes is a convertible with wind-down windows and a heavy collapsible top made from rubberized canvas, and as a coupé which is in principle a hard-top version with a removable light metal top also available for the two-seater for an additional charge. Until 1956, both are only available in the becoming gray of the marque's legendary Silver Arrows, thereafter in the motley world of all the usual Mercedes tints.

Much of the solid workmanship of the large Mercedes series can be found beneath the handsome shell. There

is the engine for instance: four combustion units with a chain-driven overhead camshaft putting out a robust 105 hp, albeit somewhat grouchy above 3000 rpm. Two cylinders have in effect been excised from the 300 engine and the stroke has been shortened from 3.5" to 3.3". Then there is the "Pontoon"-180-type shortened chassis to which the steel unibody is welded. The rear wheels are suspended by a single-joint swing axle with a lowered pivot point which counteracts agitated changes of wheel camber. The front axle – with twin wishbnes, central coil springs, and telescopic oil dampers – is combined into a removable subframe unit with the engine and the transmission.

Time and time again the 190 SL is upgraded with cautious cosmetics. Wider strips of chrome trim the upper edges of the doors from March 1956. Three months later, the more voluminous rear lights of the 220 a, 219 and

1955

220 S sedans are adopted. Newer models can be recognized from July 1957 onward by the rear number plate lighting having been moved to the horns on the bumper as a reaction to the regulation making larger number plates mandatory. In October 1959 the coupé is given a new top with a larger rear window which can also be found in the soft top of the roadster. At that time, in Germany at least, the 190 SL had become the subject of talk, as the legendary Frankfurt hooker Rosemarie Nitribitt uses hers as bait for prospective customers.

However, the scandal has little effect on the models desirability on the used car market later.

Im charismatischen Glanz des 300 SL Flügeltürers sonnt sich auf der International Motor Sports Show zu New York ab 6. Februar 1954 noch ein weiterer, kleinerer, offener Mercedes-Sportwagen, dem großen Bruder durchaus ähnlich, aber ohne dessen visuelle und faktische Dramatik. Damit sind Rang und Rolle des smarten Zweisitzers in der Palette der Untertürkheimer bereits hinreichend definiert, untermauert durch ein Pressestatement von Daimler-Benz eine Woche zuvor, Adressat: die Fachzeitschriften. Den 190 SL, heißt es da, wolle man als Tourensportwagen verstanden wissen, geeignet sowohl zur alltäglichen Nutzung als auch zur Teilnahme an Wettbewerben.

Kein Zweifel: Die zweite Mission war eigentlich nie so recht in ihm angelegt. Dennoch geht das Kalkül hinter dem zivilen SL in verblüffender Weise auf: Die Population von 25 881 Einheiten bis zum Februar 1963 spricht Bände. Bis dahin ist es indessen noch ein weiter Weg. Denn das New Yorker Exponat ist ein wenig unausgegoren und ziemlich hastig zusammengeschustert.

Und auch seine schöne Linie wird von ihren Vätern Karl Wilfert und Walter Häckert noch einmal gründlich durchgeforstet. In seiner endgültigen Form macht der 190 SL auf dem Genfer Frühjahrssalon 1955 seine Aufwartung. Die Serienfertigung beginnt im Mai jenes Jahres, als Roadster, der eigentlich ein Cabriolet ist mit Kurbelfenstern und einem schweren Faltdach aus gummiertem Segeltuch, und als Coupé, bei dem es sich im Prinzip um eine Hardtop-Version mit abnehmbarem Leichtmetalldach handelt, das gegen Aufpreis auch für den Zwilling zu haben ist. Bis 1956 sind beide nur im kleidsamen Grau der Silberpfeile zu haben, später im Kunterbunt der üblichen Mercedes-Couleurs.

Unter der hübschen Hülle verbirgt sich viel Solides aus den großen Mercedes-Serien. Da ist der Motor, vier Verbrennungseinheiten mit einer kettengetriebenen oben liegenden Nockenwelle und 105 stämmige PS stark, allerdings jenseits von 3000/min ein wenig grantig. Man hat vom Triebwerk des 300 praktisch zwei Zylinder tranchiert und den Hub von 88 auf 83,6 mm verringert. Da ist die verkürzte Rahmenbodengruppe des Ponton-Typs 180, mit welcher der selbsttragende Stahlaufbau verschweißt ist. Die Hinterräder hängen an einer Eingelenk-Pendelachse mit tief gelegtem Drehpunkt, was aufgeregten Sturzänderungen entgegenwirkt. Die Vorderachskonstruktion – mit doppelten Querlenkern, zentralen Schraubenfedern und Teleskop-Öldruckdämpfern – ist mit Maschine und Getriebe zu einer demontierbaren Fahrschemel-Einheit zusammengegeben.

Immer wieder wertet man den 190 SL mit behutsamer Kosmetik auf. Ab März 1956 säumen breitere Chromleisten die Türabschlüsse oben. Drei Monate später werden die voluminöseren Rückleuchten der Limousinen 220 a, 219 und 220 S übernommen. Jüngere Semester erkennt man ab Juli 1957 daran, dass die Kennzeichenbeleuchtung hinten in die Hörner auf den Stoßstangen verlegt worden ist, als Reaktion auf die kürzlich vorgeschriebenen größeren Nummernschilder. Im Oktober 1959 spendiert man dem Coupé ein neues Dach mit einer größeren Heckscheibe, wie sie nun auch im Stoffverdeck des Roadsters zu finden ist. Da ist der 190 SL, zumindest in Deutschland, schon ein bisschen ins Gerede geraten: Die legendäre Frankfurter Lebedame Rosemarie Nitribitt legt ihr Exemplar gern als Köder zum Kundenfang aus.

Dieser Sünden-Fall tut der späteren Attraktivität des Modells auf dem Gebrauchtwagenmarkt allerdings wenig Abbruch.

Bénéficiant du climat favorable créé par la 300 SL avec ses portières «papillon», une autre Mercedes sportive, plus petite et décapotable, semblable à sa grande sœur mais sans ses lignes et son caractère spectaculaires, fait ses débuts à l'International Motor Sports Show de New York, le 6 février 1954. Le rang et le rôle de cet élégant modèle biplace ont été soigneusement définis dans la gamme des produits d'Untertürkheim. Daimler-Benz avait d'ailleurs annoncé une semaine auparavant, dans un communiqué destiné à la presse spécialisée, que la 190 SL devait être comprise comme un coupé de tourisme, destiné aussi bien à l'usage quotidien qu'à la compétition.

Sans aucun doute, la deuxième mission lui convint moins bien. Pourtant, si on laisse parler les chiffres, les 25 881 unités vendues jusqu'en février 1963 sont révélatrices de la justesse du calcul. Cela dit, le modèle exposé à New York a encore du chemin à faire avant d'en arriver là, en raison de quelques défauts dus à la précipitation.

Ainsi, ses pères, Karl Wilfert et Walter Häckert, revoient ses belles lignes. La version définitive est présentée au Salon de Genève au printemps 1955. La fabrication en série, qui débute en mai de la même année, porte sur deux modèles: un cabriolet équipé de glaces à crémaillère et d'une lourde capote en toile caoutchoutée, et un coupé qui en est, en principe, une version à toit rigide amovible, celui-ci étant en alliage léger et proposé en option avec le cabriolet. Les deux modèles ne sont offerts que dans l'élégant gris métallisé des Flèches d'argent jusqu'en 1956, puis, plus tard, dans la gamme des tons usuels de Mercedes.

Sous sa belle apparence, ce coupé possède les solides qualités des grandes séries de Mercedes. En témoignent le moteur et ses quatre cylindres, à un arbre à cames en tête entraîné par chaîne, et ses 105 robustes chevaux, un peu bruyants du reste au-delà de 3000 tr/min. On a quasiment supprimé deux des cylindres de la 300 et raccourci la course, de 88 à 83,6 mm. Ou encore la plate-forme raccourcie du type de la 180 «ponton» habillée d'une carrosserie en acier soudée. Les roues arrière sont attachées à un essieu oscillant à articulation unique, doté d'un point d'appui abaissé, pour limiter les modifications trop brusques du carrossage. L'essieu avant – bras transversaux superposés, ressorts hélicoïdaux centraux et amortisseurs télescopiques – est combiné avec le moteur et la boîte de vitesses sur un faux-châssis démontable.

La 190 SL fait sans cesse l'objet de retouches prudentes. À partir de mars 1956, des baguettes chromées plus larges bordent le haut des portes. Trois mois plus tard, on lui octroie les volumineux feux arrière des berlines 220 a, 219 et 220 S. Les modèles, à partir de juillet 1957, se reconnaissent au fait que l'éclairage de la plaque d'immatriculation arrière soit placé dans les butoirs de pare-chocs, puisqu'il est désormais obligatoire d'apposer des plaques plus grandes. En octobre 1959, le coupé reçoit un nouveau toit avec une lunette plus vaste, similaire à celle du roadster à capote en tissu. Enfin, la 190 SL suscite quelques murmures, du moins en Allemagne. À Francfort, une dame de petite vertu, Rosemarie Nitribitt, se sert volontiers de son cabriolet pour attirer ses clients. Mais ce petit scandale n'aura aucune incidence sur le succès futur du modèle sur le marché de l'occasion.

The manifest drama of
its big brother the 300 SL
is not at all apparent in
the 190 SL: it is smaller,
more innocuous and yet
immensely popular in
its own way. Its pithy,
though unspectacular
four-cylinder engine
provides thoroughly
appropriate power.

Die manifeste Dramatik
des großen Bruders
300 SL geht dem 190 SL
völlig ab: Er ist kleiner,
harmloser und auf seine
Art dennoch immens
populär. Sein kerniger,
fast biederer Vierzylinder
führt zu völlig angemes-
sener Motorisierung.

La 190 SL, plus petite et
moins tapageuse que sa
grande sœur la 300 SL,
n'en jouit pas moins d'une
immense popularité. Son
quatre-cylindres rauque,
presque banal, est pour
elle une motorisation
tout à fait adéquate.

Mercedes-Benz 190 SL

The requirements seem virtually impossible to fulfill: to accomplish a balancing act between the 190 SL and the 300 SL, to be both evidently sporty, yet light and spacious, beautiful and yet packed full of the ingredients of the existing series, in short, a relaxed, state of the art combination of the completely irreconcilable.

And then the Mercedes 230 SL makes its debut at the Geneva motor show in March 1963, resting on its heavyset, 14-inch, radial tires, with scant overhangs, gently extended wheel housings and carefully proportioned side surfaces with recessed body sills at its lower end. The concave roof arches down towards the heads of its passengers, who are seated virtually amid a floating pavilion of expansive glass. This stylistic extravagance comes at the cost of a hair-raising aerodynamic drag coefficient of 0.51. A pagoda, somebody says. The name sticks, and ultimately becomes the nickname for the vehicle itself, which is available as a coupé with a removable hardtop, a coupé with removable hardtop and roadster top, or a "California" version without any top at all. To cause a stir is the intention of Karl Wilfert, who regards himself as something of an artist in addition to his successful main occupation as head of bodywork development. The reception to the Pagoda remains controversial, though. The origins of such disputes lie inherently in the contradictory nature of the 230 SL: it looks "as if it has been specially created as a backdrop for swimsuit and mink-clad models on the pages of *Film und Frau* fashion magazine," writes Reinhard Seiffert in 1963 in *auto motor und sport*. But, just in time for the beginning of mass production, the determined Stuttgart hotelier, Eugen Böhringer, at his own instigation manifestly displays the other side of the SL by sensationally winning the Spa–Sofia–Liège marathon rally in a red specimen.

The body rests on a shortened and strengthened frame structure derived from the 220 SEb, which also contributes the wheel suspension. The customer is provided free of charge with Béla Barényi's innovative safety concept, by which crumple zones at the front and rear are attached to a rigid passenger cell, as is the case with current sedans. The 220 SE's six-cylinder has been bored up by 100 cc, the increased compression and a six-piston pump make their contribution as well to the 150 hp that the two-seater provides. An automatic transmission is available for an extra 1400 marks to the basic price of 22,200 marks, and from May 1966 a five-speed gearbox can be had for an additional 1200. The standard power-assisted steering is most welcome, not only on the important US market.

A change of guard takes place on 27 February 1967 with the appearance of the 250 SL, also strongly based on the contemporary 250 SE. The engine achieves the same performance at ten percent higher torque. The rear drum brakes have been replaced by disk brakes with a bigger diameter all-round and a brake booster to relieve the strain on the driver's leg. The volume of the tank has been increased by 4½ gallons to 21½ gallons. The 250 SL remains an interim model: as early as January 1968, and up to the ebb of the series in March 1971, it is already being replaced by the 280 SL, with 20 horsepower more and a further plus of ten percent torque to meet steadily growing customer expectations. In total, this generation of SL achieves a record distribution of 48,912 vehicles.

Eigentlich sind die Vorgaben unlösbar, nämlich einen Spagat zu schaffen zwischen 190 SL und 300 SL, evident sportiv sowie licht und geräumig, schön und voller Zutaten aus den vorhandenen Serien, kurzum: das lockere Beieinander des völlig Unvereinbaren und das auf dem letzten Stand der Dinge.

Und dann steht da auf dem Genfer Salon im März 1963 auf stämmigen 14-Zoll-Gürtelreifen der Mercedes 230 SL, mit knappen Überhängen an beiden Enden, sanft ausgestellten Radhäusern, stimmig aufgeteilten Seitenflächen mit eingezogenen Schwellern im Parterre. Zu Häupten der Insassen hingegen, inmitten eines gleichsam schwebenden Pavillons aus viel Glas, wölbt sich das Dach nach unten. Diese stilistische Extravaganz muss mit dem haarsträubenden Luftwiderstandsbeiwert von 0,51 erkauft werden. Pagode, sagt jemand. Der Begriff haftet, wird schließlich zum Spitznamen für das ganze Auto, das als Coupé mit abnehmbarem Hardtop oder als Coupé mit abnehmbarem Hardtop und Roadsterverdeck und in einer „California"-Ausführung sogar ohne jegliches Verdeck zu haben ist. Aufsehen zu erregen, das ist die Intention Karl Wilferts, der sich zu seinem erfolgreichen Hauptberuf als Leiter der Karosserieentwicklung gern als verhinderter Künstler versteht. Es klappt, wenn die Rezeption der Pagode auch kontrovers bleibt. Das ist schon allein in der Zwienatur des 230 SL angelegt: Er schaue aus, „als habe man ihn eigens dazu geschaffen, im Modeheft von *Film und Frau* die Kulisse für badeanzug- und nerzbekleidete Mannequins abzugeben", schreibt Reinhard Seiffert 1963 in *auto motor und sport*. Aber pünktlich zum Serienanlauf kehrt der entschlossene Stuttgarter Hotelier Eugen Böhringer auf eigenen Wunsch die andere Seite des SL heraus, als er in einem roten Exemplar die Marathon-Rallye Spa–Sofia–Lüttich in Handstreich gewinnt.

Der Aufbau ruht auf dem verkürzten und verstärkten Rahmenboden des 220 SEb, der überdies seine Aufhängungen beisteuert. Gratis und franko mitgeliefert bekommt der Kunde Béla Barényis innovatives Sicherheitskonzept, bei dem sich wie bei den aktuellen Limousinen verformbare Partien vorn und hinten an eine rigide Zelle für die Passagiere anlagern. Der Sechszylinder des 220 SE ist um 100 cm³ aufgebohrt worden, die erhöhte Verdichtung und eine Sechsstempelpumpe von Bosch tragen ihr Scherflein bei zu den voll im Futter stehenden 150 PS des Zweiplätzers. Zum Aufschlag von 1400 Mark auf den Grundpreis von 22200,– ist eine Automatik verfügbar, gegen ein Extra-Entgelt von 1200 Mark ab Mai 1966 ein Fünfganggetriebe. Die serienmäßige Servolenkung ist höchst willkommen nicht nur auf dem wichtigen nordamerikanischen Markt.

Am 27. Februar 1967 tritt zum Wachwechsel der 250 SL an, wiederum stark angelehnt an den zeitgenössischen 250 SE. Bei gleicher Leistung gebietet der Lenker über zehn Prozent mehr Drehmoment. Auch die hinteren Trommelbremsen sind durch Scheibenbremsen ersetzt worden, mit mehr Durchmesser ringsum und einem Bremskraftverstärker zur Entlastung der Beinarbeit des Piloten. Das Volumen des Tanks wurde um 17 Liter auf 82 Liter vergrößert. Der 250 SL bleibt eine Interimsversion: Schon ab Januar 1968 bis zum Versiegen der Baureihe im März 1971 löst ihn der 280 SL ab, mit 20 Mehr-PS und einem erneuten Plus von zehn Prozent Drehmoment auf ständig wachsende Kundenwünsche abgestimmt. Insgesamt bringt es der SL dieser Generation auf eine Rekord-Verbreitung von 48 912 Exemplaren.

1963

Les impératifs suivants auraient pu apparaître comme impossibles à respecter : trouver un équilibre entre la 190 SL et la 300 SL et construire une voiture sportive avant tout, mais également légère et vaste, belle et agrémentée de tous les éléments de confort existant en série. Le tout, à la pointe de la technique.

La Mercedes 230 SL fait ainsi ses premiers pas au Salon de l'automobile de Genève en mars 1963, sur ses larges pneus à carcasse radiale de 14 pouces, avec ses porte-à-faux réduits aux deux extrémités, ses ailes discrètement élargies, ses flancs bien proportionnés et ses seuils de porte en retrait. Le toit à la courbure concave semble s'enfoncer au-dessus des passagers logés dans une sorte de pavillon généreusement vitré. Cette extravagance stylistique se fait au prix d'un coefficient aérodynamique exorbitant de 0,51 et lui vaut vite le sobriquet de « pagode », qui devient aussi le surnom du modèle décliné

Mercedes-Benz 230 SL–280 SL

en version cabriolet avec *hard-top* amovible seulement ou avec toit amovible et capote, sans oublier la « California », sans toit ni capote. Faire sensation : telle est l'intention de Karl Wilfert, qui aime jouer les artistes, en dépit des succès remportés en tant que directeur des études de carrosserie. La « Pagode » reçoit un accueil mitigé dû à son caractère hybride. Selon Reinhard Seiffert, dans un article d'*Auto Motor und Sport* de 1963, elle a l'air « d'avoir été créée uniquement pour servir de décor à des mannequins en bikini et en manteau de vison posant dans une revue de mode ». Cependant, juste au début de la production en série, Eugen Böhringer, hôtelier à Stuttgart et homme résolu, en révèle l'autre facette en gagnant le rallye-marathon Spa-Sofia-Liège au volant d'une SL rouge.

La carrosserie repose sur la plate-forme raccourcie et renforcée de la 220 SEb, qui lui prête en outre ses suspensions. Le client bénéficie à titre gracieux d'un concept de

sécurité innovateur dû à Béla Barényi : comme dans les berlines actuelles, des parties déformables à l'avant et à l'arrière encadrent une cellule rigide accueillant les passagers. Le six-cylindres de la 220 SE, qui a gagné 100 cm³, la compression supérieure et la pompe d'injection Bosch à six pistons ne sont pas étrangers aux 150 ch de l'élégante biplace. Pour un petit supplément de 1400 DM – le prix de départ se situant à 22 200 DM –, on peut se procurer une version automatique, et, contre 1200 DM à partir de mai 1966, une boîte à cinq rapports. La direction assistée en série est très bien accueillie, et pas seulement sur l'important marché nord-américain.

Le 27 février 1967, la relève de la garde est assurée par la 250 SL, elle aussi très inspirée par la 250 SE contemporaine. Pour des performances similaires, le moteur délivre 10 % de couple en plus. Les freins arrière à tambour ont été remplacés par des freins à disque d'un diamètre supé

rieur, un servofrein réduit l'effort du pilote. Le réservoir d'essence passe à 82 litres, soit 17 de plus. La 250 SL reste une solution intermédiaire. Dès janvier 1968 et jusqu'à la fin de la série en mars 1971, elle est supplantée par la 280 SL, avec 20 ch de plus et un couple supérieur de 10 %, en réponse aux exigences croissantes de la clientèle.

Au total, les SL de cette génération enregistrent des ventes records : 48 912 exemplaires !

1963

From an aerodynamic point of view, the pagoda top of the 230 SL is absurd, but it nevertheless gives the model its distinctiveness. In other respects, stylist Karl Wilfert and his team have designed it to be plain and unostentatious, without any frills and knick-knacks, giving it a quite timeless appeal.

Aus aerodynamischer Sicht ist das Pagodendach des 230 SL ein Unding, aber es schenkt dem Modell seine Unverwechselbarkeit. Ansonsten haben ihn Stylist Karl Wilfert und sein Team schlicht und einleuchtend gezeichnet, ohne Schnörkel und Schnickschnack und irgendwie zeitlos.

Aux yeux d'un aérodynamicien, le toit en pagode de la 230 SL est une hérésie, mais une hérésie qui confère à ce modèle toute sa spécificité. Pour le reste, le styliste Karl Wilfert et son équipe ont eu un coup de crayon sobre et lumineux, sans fioritures ni tape-à-l'œil, en quelque sorte intemporel.

First contacts between Daimler-Benz AG and the mechanical engineer Felix Wankel (1902–1988) take place in the 1930s. Further talks in 1943 lead to collaboration in rotary valve development. Although the Untertürkheim management is skeptical about the rotary piston engine, Wankel's personal baby since 1926, a license contract is concluded in 1961 and a test program initiated.

In 1969 both time and the alternative engine seem ripe. At the Frankfurt IAA in September, the Mercedes-Benz C 111 attracts a lot of covetous looks, its heart a three-disk engine whose trochoidal rotating internal mechanism mobilizes an impressive 280 hp. It is dressed in a seductive, bright, metallic-orange (*Weißherbst* – rosé – in Mercedes jargon), wedge-shaped, glass fiber reinforced plastic shell, glued and riveted to a steel chassis frame. Echoes of racing technology reverberate with the double wishbone suspension and a torsion-bar stabilizer at the front, three transverse and two longitudinal control arms per wheel at the rear, and struts both front and rear. The publicized data is attractive – from zero to 62 mph in five seconds, and a top speed of 162 mph. At the same time, a damper is placed on the hopes of the expectant people gathered around: no, it is merely a test laboratory on wheels. There are no plans for mass production.

Things are even better for the first derivative at the Geneva motor show in the following March. The inquiries become more pressing and are occasionally underlined enticingly by blank checks. And no wonder: with 350 hp, the four-disk engine provides an abundance of power, a magical 185 mph is possible, the design is even more appealing, the dashboard area nicely refashioned, the visibility improved, the baggage compartment more spacious. But once again all would-be suitors are given a negative answer and a veil of silence is drawn over the rotary piston principle. Dr. Kurt Obländer, head of engine testing at the time, later puts it succinctly: the problems of cooling and mechanics could be solved; on the other hand, the main drawback of the concept, namely the poor thermodynamic efficiency, still remained.

Nevertheless, the C 111 is by no means left in peace in its role as an experimental vehicle, becoming ever longer and thinner, sprouting all kinds of fins and spoilers until it finally loses any resemblance to the once eye-catching coupé. In 1976, as a reflex to the so-called energy crisis, a diesel engine fills the empty space that has arisen behind the seats – the five-cylinder 300 SD with 190 hp, achieved thanks to a turbocharger and a variety of other changes. A session on the southern Italian high-speed course at Nardò in the June of that year brings with it 13 diesel and three all-out records, for example 5000 miles at 156.92 mph. Again at Nardò, on 30 April 1978, with 230 hp by now, all the best times it is possible to beat within twelve hours are beaten. A squad consisting of Paul Frère, Rico Steinemann, Guido Moch and Dr. Hans Liebold manages to cover 2345 miles over twelve hours at an average mileage exceeding 14 mpg.

Liebold shows no deference at all to thrift, however, when, on 5 May 1979, in the C 111-IV he manages a lap of the same track at 251.02 mph with a specially prepared V8 taken from a 450 SE generating 500 hp. No one has ever traveled from A to A at such speed.

1969

Erste Fühlungnahmen zwischen der Daimler-Benz AG und dem Maschinenbauer Felix Wankel (1902–1988) gibt es in den dreißiger Jahren. Weitere Kontakte 1943 führen zum Zusammenwirken bei der Drehschieber-Entwicklung. Gegenüber dem Kreiskolbenmotor, Wankels Herzensanliegen seit 1926, zeigt man sich skeptisch, schließt indessen 1961 einen Lizenzvertrag ab und stößt ein Versuchsprogramm an.

1969 scheinen die Zeit und das alternative Aggregat reif zu sein. Auf der Frankfurter IAA im September zieht der Mercedes-Benz C 111 mancherlei Begehrlichkeiten auf sich, Herzstück: ein Dreischeiben-Triebwerk, dessen trochoidal rotierendes Innenleben stattliche 280 PS mobilisiert. Gewandet ist es in einer verführerischen Hülle in grellem Orange-Metallic (Mercedes-Jargon: Weißherbst), keilförmig aus glasfaserverstärktem Kunststoff, verklebt und vernietet mit einer Rahmenbodenanlage aus Stahl.

Der Rennsport lässt grüßen, auch hinsichtlich der Aufhängung mit Doppelquerlenkern und einem Drehstabstabilisator vorn, drei Quer- und zwei Längslenkern pro Rad hinten und Federbeinen ringsum. Attraktive Werte werden kolportiert – in fünf Sekunden auf Tempo 100, 260 km/h Spitze. Aber zugleich wiegelt man mitten in erwartungsvolle Gesichter hinein ab: Nein, es handele sich lediglich um ein rollendes Versuchslabor. Eine Serienfertigung sei nicht geplant.

Noch besser kommt es mit der Evolutionsstufe 1 dem Genfer Salon im März des folgenden Jahres, noch dringlicher wird die Nachfrage, gelegentlich lockend unterfüttert mit Blankoschecks. Kein Wunder: Mit 350 PS entfacht ihre Vierscheiben-Maschine Kraft im Überfluss, magische 300 km/h sind möglich, noch ansprechender das Design, neu und schön gestaltet der Armaturenbereich, verbessert die Sichtverhältnisse, geräumiger das

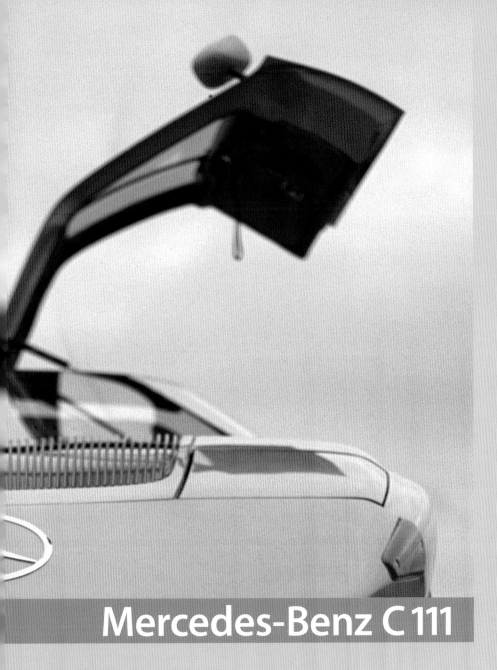

Mercedes-Benz C 111

Les premières prises de contact entre Daimler-Benz AG et l'ingénieur motoriste Felix Wankel (1902–1988) datent des années 1930. Ils renouent en 1943, ce qui aboutit à une collaboration en vue de développer la valve rotative. Le moteur à piston rotatif que Wankel cultive depuis 1926 se heurte au scepticisme de l'entreprise, qui finit par conclure un accord de licence en 1961 et par lancer un programme expérimental.

En 1969, c'est le moment. Et ce moteur d'un genre nouveau semble prêt. À l'IAA de Francfort, en septembre, la Mercedes-Benz C 111 suscite bien des envies, notamment en raison de son moteur à trois rotors qui délivre 280 ch. Elle est habillée d'une carrosserie d'un séduisant orange métallisé (« Weißherbst », un vin rosé, dans le jargon Mercedes), aux lignes effilées et en plastique renforcé en fibre de verre, collée et rivetée sur une plate-forme en acier. Elle est faite pour la course, en raison, entre autres, de sa suspension dotée de doubles bras transversaux et d'un stabilisateur à barre de torsion à l'avant, de ses trois bras transversaux et deux leviers longitudinaux par roue à l'arrière et de ses combinés télescopiques à l'avant comme à l'arrière. Des bruits courent sur ses prouesses : le 100 km/h départ arrêté en 5 secondes, des pointes à 260 km/h. Pourtant, l'entreprise décide qu'il ne s'agira que d'un véhicule expérimental et déçoit les espoirs les plus fous – il n'est pas question de fabrication en série.

L'année suivante, au Salon de Genève, la première phase d'évolution remporte un succès encore plus fracassant et suscite davantage de convoitises, certains n'hésitant pas à envoyer des chèques en blanc pour appuyer leur commande. Ce qui n'a rien de surprenant : le quadri-rotor, fort de ses 350 ch, atteint la vitesse fabuleuse de 300 km/h, et le style est encore plus séduisant, avec un tableau de bord élégamment redessiné, une vision améliorée et un coffre plus vaste. Encore une fois, les amoureux sont éconduits, puis l'on enterre le principe du piston rotatif. Kurt Obländer, alors directeur des essais moteurs, révèlera plus tard le point faible : si l'on a résolu les problèmes de refroidissement et de mécanique, le principal défaut du concept, à savoir son mauvais rendement thermodynamique, n'a pu être éliminé.

Pourtant, la C 111 poursuit sur sa lancée de véhicule expérimental, ne cesse de s'allonger et de s'affiner, adopte toutes sortes d'ailerons et de spoilers et finit par perdre toute ressemblance avec sa splendeur d'origine. En 1976, en réaction à la crise du pétrole, un moteur Diesel vient combler le vide qui s'est créé derrière les sièges, le cinq-cylindres de la 300 SD développant 190 ch avec l'appui d'un turbocompresseur et diverses modifications. En juin de la même année, lors d'une séance sur la piste de Nardò, dans le sud de l'Italie, la C 111 bat 13 records pour moteur Diesel, sans compter trois records absolus, dont par exemple plus de 5000 miles à 252,54 km/h. Le 30 avril 1978, toujours à Nardò, ses 230 ch pulvérisent tous les records que l'on peut accomplir en moins de douze heures. Avec la C 111-III, l'équipe de Paul Frère, Rico Steinemann, Guido Mochevaux et Hans Liebold inscrit 3774 km au compteur en douze heures et en consommant moins de 16 litres en moyenne.

Mais Liebold fait encore mieux le 5 mai 1979. Il accomplit un tour de piste à 403,978 km/h au même endroit, avec le V8 amélioré de la 450 SE et les 500 ch de la C 111-IV. Personne n'avait jamais roulé aussi vite sur un circuit de vitesse.

Gepäckabteil. Aber wieder wird alles Buhlen abschlägig beschieden und dann breitet man den Mantel der Stille über das Kreiskolbenprinzip. Dr. Kurt Obländer, damals Leiter des Motorenversuchs, bringt es später auf den Punkt: die Probleme von Kühlung und Mechanik habe man lösen können, das hauptsächliche Manko des Konzepts hingegen, nämlich der schlechte thermodynamische Wirkungsgrad, sei geblieben.

Dennoch kommt der C 111 einfach nicht zur Ruhe in seiner Rolle als Experimentalfahrzeug, nur dass er immer länger und immer schlanker wird, allerlei Flossen und Spoiler sprießen lässt und schließlich jegliche Ähnlichkeit mit dem Blickfang von einst verloren hat. 1976 füllt als Reflex auf die so genannte Energiekrise ein Dieselmotor die Leere, die hinter den Sitzen entstanden ist, der Fünfzylinder des 300 SD, mit Hilfe eines Turboladers und diverser Eingriffe 190 PS stark. Eine Sitzung auf dem süd-italienischen Vollgaskurs von Nardò im Juni jenes Jahres bringt 13 Diesel- und drei absolute Rekorde, zum Beispiel über 5000 Meilen mit 252,54 km/h. Am 30. April 1978 macht man erneut in Nardò mit mittlerweilen 230 PS allen Bestwerten den Garaus, die sich in zwölf Stunden unterbringen lassen. Mit dem C 111-III spult die Riege Paul Frère, Rico Steinemann, Guido Moch und Dr. Hans Liebold an einem halben Tag 3774 Kilometer ab, mit weniger als 16 Litern Verbrauch im Schnitt.

Auf dergleichen braucht Liebold am 5. Mai 1979 keinerlei Rücksicht zu nehmen, als er am selben Ort mit dem einschlägig zubereiteten V8 des 450 SE und 500 PS im C 111-IV eine Runde mit 403,978 km/h hinter sich bringt. So schnell reiste noch keiner von A nach A.

Particularly during the early phase in 1969, the C 111 is subjected to exhaustive tests as shown here in Hockenheim, with Rudolf Uhlenhaut and Mercedes engineer Hans Liebold, who is also an excellent driver, at the wheel. In this version the front-hood grill serves as an air outlet rather than an intake.

Vor allem während der Anfangsphase 1969 wird der C 111 unermüdlich Tests unterzogen wie hier in Hockenheim, am Lenkrad Rudolf Uhlenhaut und Mercedes-Ingenieur Hans Liebold, der auch ein hervorragender Autofahrer ist. In dieser Version dient der Grill auf der Fronthaube als Luftauslass.

Durant la phase initiale – en 1969, surtout – la C 111 subit d'interminables tests, comme ici à Hockenheim, avec, au volant, Rudolf Uhlenhaut et l'ingénieur Mercedes Hans Liebold, un autre as du volant. Sur cette version, le capot avant présente une grille servant de sortie d'air.

The metamorphoses of a concept, all from 1969 and 1970: one of the variations presented at shows that awaken the burning desire among potential customers to own a C 111, and three others, all in the striking orange safety color propagated by Mercedes at that time.

Metamorphosen eines Konzepts, alle aus den Jahren 1969 und 1970: eine der Varianten, die auf Shows präsentiert in vielen potenziellen Kunden den Wunsch auslösen, einen C 111 zu besitzen, drei weitere, alle in der von Mercedes propagierten Sicherheitsfarbe Signalorange.

Métamorphoses d'un concept, toutes ces voitures datent des années 1969 et 1970 : une des variantes, présentées sur les salons de l'automobile, qui suscitent chez les clients potentiels le désir de posséder une C 111, et trois autres, toutes dans la couleur de sécurité alors prodiguée par Mercedes, orange signal.

The C 111-II is one of the most beautiful variations, not least due to the improved visibility conditions. Its attractive interior fittings display echoes of the series and betray that thoughts about the future salability of the car have by no means been completely banished.

Zu den schönsten Spielarten zählt die Entwicklungsstufe C 111-II schon allein wegen der verbesserten Sichtverhältnisse. Ihre attraktive Innenausstattung zeigt Anklänge an die Serie und wohl auch, dass man sich den Gedanken an künftige Käuflichkeit noch keineswegs ganz aus dem Kopf geschlagen hat.

L'une des évolutions les plus réussies sur le plan esthétique est la C 111-II, notamment grâce è la nette amélioration de la visibilité. Son aménagement intérieur attrayant s'inspire de la série et montre aussi que l'idée de la vendre par la suite n'a pas été abandonnée.

1969

In the 1977 and 1978 C 111-III the hardy carrier of hope and experimentation finally mutates into a specialist for breaking records, with a three-liter, five-cylinder diesel power plant generating up to 230 hp in the engine compartment. The drag coefficient amounts to an unbelievable 0.183, less than half that of the original C 111-I. The three cascade-like sloping air inlets at the front are later replaced by an intake under the nose.

In der Version C 111-III von 1977 und 1978 ist der zählebige Hoffnungs- und Versuchsträger endgültig zum Spezialisten für Rekorde mutiert, im Motorenabteil ein Fünfzylinder-Diesel mit drei Litern Volumen und bis zu 230 PS. Der Luftwiderstands-Beiwert beläuft sich auf schier unglaubliche 0,183, weniger als die Hälfte, verglichen mit dem ursprünglichen C 111-I. Die kaskadenartig abfallenden drei Lufteinlässe vorn werden später durch einen Einlass unter der Nase ersetzt.

Dans la version C 111-III de 1977 et de 1978, ce véhicule laboratoire à la peau dure
porteur de nombreux espoirs s'est définitivement métamorphosé en spécialiste des
records avec ici, dans le compartiment moteur, un cinq-cylindres diesel de trois
litres développant jusqu'à 230 ch. Incroyable, le coefficient de traînée a été ramené à
0,183, soit moins de la moitié de celui de la C 111-I d'origine. Les trois prises d'air en
cascade seront remplacées plus tard par une ouverture ménagée sous le naseau.

Faced with the 350 SL at the Geneva motor show of April 1971, many a visitor asks himself whether progress is always more helpful in improving or rather in diluting a concept. Its appearance is gently baroque, its flanks are crimped like corrugated iron under a strip of decorative trim and the fashionable wedge form was out of the question because of the space required by its V8. Overall, the waistline has been moved upward at the cost of the previously luxuriant dimensions of the windows. The famous pair of letters, SL, seem to have lost their meaning altogether, for this newcomer definitely lacks the sporting character of its illustrious gullwing forebear in the fifties, and, at 3440 lbs, is nowhere near as light.

However, this is the price to be paid for the transformation to a powerful and comfortable touring sports car for two with either a roadster top that can be fully lowered or a removable hardtop. The 350 SL can accelerate to 62 mph in nine seconds, a little faster than the gullwing legend of the past. That such a vehicle is in demand is borne out by the length of the series' production life – 18 years – and the enormous number produced – 237,387 cars.

Proof of the purring heavyweight's safety is provided by the four-spoke steering wheel with impact absorber and wide impact cushion, a cushioned dashboard with flexible or sunken switches and levers, and the existence of unvisible tension pulleys for the safety belts. Once again, important elements are borrowed from the company's other series: the engine of the 280 SE 3.5, and the wheel suspension of the "/8" sedans – double wishbones at the front, semi-trailing arms and diagonal swing axle at the rear, coil springs all around, and torsion-bar stabilizers at both ends.

As early as October of that year, the open top version with four seats over a longer wheelbase of 9'3" (SL: 8') is presented alongside the 350 SLC hardtop variant at the Paris motor show. Then, however, rapid upgrading becomes the order of the day. The 450 SL and SLC are presented in 1973, again in Geneva, but balanced in July 1974 by the comparatively mild six-cylinder entry-level 280 SL and SLC models at the other end of the spectrum.

The 450 SLC 5.0 is intended as a rapid reply to the Porsche 928 at the 1977 Frankfurt IAA. It has shed two hundredweight through the use of lots of aluminum, and is armed with an alloy, eight-cylinder, 4973-cc engine and 240 hp. Its power is transferred to the fat rear wheels by a four-speed automatic transmission, as is the case with its heir, the 500 SL, presented together with the 380 SL and the corresponding SLC versions at the Geneva Palais des Expositions in 1980.

The appearance of the large family coupé 380 SEC at the 1981 Frankfurt IAA snuffs the life out of the SL coupé offshoots. The SL itself lives on and shows that it is still capable of transformation – increasingly upward as far as the engine capacity is concerned. The 280 SL mutates into the 300 SL at the 1985 IAA, the 380 SL becomes the 420 SL, while the 500 SL gains five horsepower thanks to the Bosch KE-Jetronic and electronic ignition. The 560 SL – only for export to the USA – has to take a back seat with its 230 hp, detoxified and emasculated by a catalytic exhaust emission control system, for which 42 hp are sacrificed.

On 1 April 1979 the carefully prepared 450 SLC 5.0 is homologated as a Group 4 vehicle. But that's another story.

Angesichts des neuen 350 SL auf dem Genfer Salon im April 1971 fragt sich so mancher, ob Fortschritt nun immer der Verbesserung eher als der Verwässerung eines Konzepts dienlich sei. Er wirkt sanft barock, unter einer Zierleiste kräuselt sich seine Flanke wie Wellblech und der modischen Keilform steht bereits der Raumbedarf seines V8 im Wege. Insgesamt hat sich die Gürtellinie nach oben verlagert, auf Kosten der früher so üppig bemessenen Fensterflächen. Das berühmte Letternpaar SL scheint gänzlich seinen Sinn verloren zu haben, denn der Novize kommt längst nicht mehr so sportlich und mit 1560 kg erst recht nicht so leicht einher wie etwa der illustre Flügeltürer.

Das aber ist der Preis, der entrichtet werden muss für den Wandel zum kräftigen und kommoden Reisesportwagen für zwei mit voll versenkbarem Roadsterverdeck beziehungsweise abnehmbarem Hardtop. Übrigens lässt sich der 350 SL auf Tempo 100 in neun Sekunden beschleunigen, eine Idee schneller als die Gullwing-Legende von ehemals. Dass für dergleichen ein hoher Bedarf besteht, beweisen eine Verweildauer der Baureihe von 18 Jahren und die enorme Stückzahl von 237 387 Exemplaren.

Von der Sicherheit des säuselnden Schwergewichts zeugen zum Beispiel sein Vierspeichenlenkrad mit Pralltopf und breiter Polsterplatte, ein gepolstertes Armaturenbrett mit flexiblen oder versenkt eingelassenen Schaltern und Hebeln, das Dasein unsichtbarer Spannrollen für die Anschnallgurte. Wieder sind wesentliche Elemente anderer Serien des Hauses entlehnt, der Achtzylinder etwa dem 280 SE 3.5, den Strich-Acht-Limousinen die Radaufhängungen: vorn Quer-, hinten Schräglenker und Diagonal-Pendelachse, mit Schraubenfedern ringsum und Drehstabstabilisatoren an beiden Enden.

Bereits im Oktober jenes Jahres stellt man der offenen Version auf dem Pariser Salon die Festdach-Variante 350 SLC zur Seite, mit vier Sitzen über einem längeren Radstand von 2820 mm (SL: 2460 mm). Dann aber ist zügige Aufrüstung angesagt. 1973 werden, wieder in Genf, 450 SL und SLC vorgestellt, aber im Juli 1974 durch die vergleichsweise milden Sechszylinder-Einstiegsmodelle 280 SL und SLC am anderen Ende der Skala austariert.

Als postwendende Antwort auf den Porsche 928 hält man auf der Frankfurter IAA 1977 den 450 SLC 5.0 bereit, durch die Verwendung von viel Aluminium um zwei Zentner abgemagert und mit einem Leichtmetall-Achtzylinder von 4973 cm³ und 240 PS bewaffnet. An die dicken Hinterräder vermittelt wird seine Stärke durch einen Viergangautomaten, ebenso wie in seinem Thronfolger 500 SL, der 1980 zusammen mit dem 380 SL und den entsprechenden SLC-Pendants im Genfer Palais des Expositions eingeführt wird.

Das Erscheinen der großen Familien-Coupés 380 SEC und 500 SEC auf der Frankfurter IAA 1981 bläst den hochgeschlossenen SL-Ablegern das Lebenslicht aus. Der SL selbst jedoch lebt und zeigt sich weiterhin wandlungsfähig – Tendenz steigend, was die Hubräume anbelangt. Auf der IAA 1985 ist der 280 SL zum 300 SL mutiert, aus dem 380 SL der 420 SL geworden, während der 500 SL dank der Bosch KE-Jetronic und elektronischer Zündung fünf Pferdestärken zugelegt hat. Da muss der 560 SL – nur für den Export in die USA bestimmt – mit seinen 230 PS hintanstehen, entgiftet und entmannt von einer katalytischen Abgasreinigungsanlage, der 42 PS zum Opfer fallen.

Am 1. April 1979 wird der sorgfältig präparierte 450 SLC 5.0 als Gruppe-4-Wagen homologiert. Aber das ist eine andere Geschichte.

1971

Lorsque la nouvelle 350 SL fait ses débuts au Salon de Genève en avril 1971, bien des visiteurs se demandent si le progrès se traduit forcément par l'amélioration d'un concept. Le cabriolet semble un peu baroque, avec ses flancs striés en partie basse d'une moulure décorative, tandis que le volume nécessaire au logement de son V8 rejette déjà la forme en coin, à la mode. Dans l'ensemble, la ceinture de caisse a été rehaussée, au détriment des surfaces vitrées si généreuses auparavant. Le célèbre sigle SL semble avoir perdu toute signification, puisque la nouvelle venue ne paraît plus si sportive et, avec ses 1560 kg, se révèle encore moins légère que l'illustre coupé à portes « papillon ».

Mais c'est le prix à payer pour cette métamorphose en biplace de sport et de tourisme puissante et confortable, avec capote ou *hard-top* au choix. Du reste, la 350 SL atteint les 100 km/h en 9 secondes, un peu plus

Mercedes-Benz 350 SL–560 SL & SLC

vite que la légendaire «papillon» d'antan. Ce véhicule correspond, en outre, à un réel besoin, si l'on en croit ses dix-huit années de fabrication et ses ventes considérables qui atteignirent 237 387 unités. Poids lourd aux lignes arrondies, le nouveau modèle ne néglige pas la sécurité, ce dont témoignent son volant à quatre branches avec dispositif d'absorption d'impact et moyeu central rembourré, son tableau de bord capitonné avec contacteurs affleurants et manettes déformables ou ses enrouleurs de ceintures de sécurité invisibles. La 350 SL emprunte certains éléments essentiels à d'autres séries de la marque, tels que le huit-cylindres de la 280 3.5, les suspensions des berlines à huit cylindres : bras transversaux à l'avant et obliques à l'arrière et demi-arbres oscillants, ressorts hélicoïdaux aux quatre roues et stabilisateurs à barre de torsion aux deux extrémités.

Dès octobre de la même année, la version ouverte est présentée au Salon de Paris aux côtés du nouveau coupé 350 SLC, offrant quatre places sur un empattement plus long de 2820 mm (SL : 2460 mm). Ensuite, les améliorations se succèdent à un rythme effréné. En 1973, de nouveau à Genève, l'entreprise présente les coûteuses 450 SL et SLC compensées en juillet 1974 par les modèles d'entrée de gamme 280 SL et SLC, aux six-cylindres relativement sages. Réaction immédiate à la Porsche 928, la 450 SLC 5.0 entre en scène à l'IAA de Francfort en 1977. L'emploi de l'aluminium lui a fait perdre 100 kg et elle bénéficie d'un huit-cylindres de 4973 cm³ en alliage léger de 240 ch. Une boîte de vitesses automatique à quatre rapports transmet sa puissance aux larges roues arrière comme sur son héritière, la 500 SL, qui fait ses débuts en 1980 au Palais des expositions à Genève, en compagnie de la 380 SL et des SLC équivalentes.

L'apparition des grands coupés familiaux 380 SEC et 500 SEC, à l'IAA de Francfort, en 1981, donne le coup de grâce aux descendantes de la SL. La SL elle-même, qui existe toujours, montre qu'elle est capable d'évoluer et de suivre la tendance en ce qui concerne les cylindrées. À l'IAA de 1985, la 280 SL est devenue la 300 SL, la 380 SL s'est muée en 420 SL, tandis que la 500 SL a gagné 5 ch grâce à l'injection électronique de Bosch, le système KE-Jetronic, et à un allumage également électronique. La 560 SL – destinée exclusivement à l'exportation aux États-Unis – doit se contenter de la dernière place avec ses 230 ch, puisqu'un pot catalytique lui a fait perdre 42 ch. Le 1er avril 1979, la 450 SLC 5.0, type de compétition soigneusement étudié, est homologuée en Groupe 4. Mais c'est une autre histoire.

The generously dimensioned blinkers and headlights are
kept free of dirt by the striking ripples. The roadster top
disappears completely from view beneath a metal lid. The
cockpit is so designed that occupants can do no harm to
themselves anywhere. Everything exudes a vault-like solidity.

Durch ihre auffällige Riffelung sollen die großzügig
bemessenen Einheiten von Blinkern und Leuchten schmutz-
frei gehalten werden. Das Roadsterverdeck verschwindet
unter einem metallenen Deckel völlig aus dem Blickfeld.
Das Cockpit ist so besiedelt, dass sich die Insassen nirgends
wehtun können. Alles atmet safeartige Solidität.

Leurs rainures typiques ont pour but d'assurer la
propreté des combinés clignotants/feux arrière de
grandes dimensions. La capote du roadster disparaît
totalement sous un couvercle en métal. Le cockpit a été
ainsi conçu pour que les occupants ne puissent pas se
faire mal. Elle semble solide comme un coffre-fort.

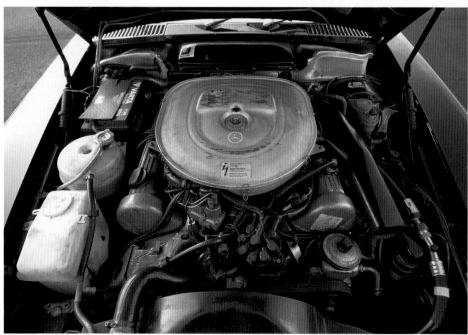

Like the five-liter coupé version before it, the 500 SL of the 107 series is given in 1980 a light-alloy trunk lid and a discreet black plastic rear spoiler, although the latter is not to everyone's taste.

Der 500 SL der Baureihe 107 erhält 1980, wie schon das Fünfliter-Coupé, einen Kofferraum-deckel aus Leichtmetall und einen dezenten schwarzen Kunststoff-Heckspoiler, der dennoch nicht nach jedermanns Geschmack ist.

En 1980, la 500 SL de la série 107 reçoit, comme le coupé de cinq litres déjà, un couvercle de malle en alliage léger et un discret aileron arrière en matière plastique noir, qui n'est cependant pas du goût de chacun.

Six months after the first appearance of the 350 SL, it
is presented at the 1971 Paris show alongside its close
relative the 350 SLC, a four-seater coupé with a wheelbase
increased by 14" and correspondingly longer appearance.
Both variations are on offer from July 1974 with a
comparatively economical 2.8-liter fuel-injected engine.

Ein halbes Jahr nach dem Erscheinen des 350 SL wird ihm
auf dem Pariser Salon 1971 der nahe Verwandte 350 SLC zur
Seite gestellt, ein viersitziges Coupé mit einem um 360 mm
erweiterten Radstand und daher auch visuell länger. Beide
Spielarten werden ab Juli 1974 mit einem vergleichsweise
sparsamen 2,8-Liter-Einspritzmotor angeboten.

Six mois après la parution de la 350 SL, la 350 SLC,
qui en dérive étroitement, est présentée au Salon de
l'Automobile de Paris en 1971. Il s'agit d'un coupé à quatre
places dont l'empattement a été allongé de 360 mm et
qui est donc, aussi, plus long visuellement. A partir de
juillet 1974, les deux versions sont proposées avec un
moteur à injection relativement économe de 2,8 litres.

The side windows of the coupé are frameless and can be lowered completely. The design of the adjacent ventilation slots vertically echoes the ripples of the side protective strips, rear lights and blinkers. Travelers in the rear are accommodated on a wide bench seat. The conditions are nevertheless cramped – as is usually the case with vehicles of this genre.

Die rahmenlosen Seitenfenster des Coupés sind voll versenkbar. Das sich anschließende Lüftungsgitter nimmt vertikal Motive auf, die mit der Riffelung der seitlichen Stoßleisten wie ebenso der Leuchten und Blinker angeschlagen wurden. Im Fond erwartet die dort Mitreisenden eine breite Sitzbank. Dennoch sind die Raumverhältnisse beengt – wie bei Fahrzeugen dieses Genres üblich.

Les vitres latérales du coupé ne possèdent pas d'encadrement et s'escamotent totalement. Les grilles de ventilation contiguës reprennent à la verticale des motifs qui évoquent les rainures des joncs de protection latéraux ainsi que les feux et les clignotants. A l'arrière, une large banquette accueille les occupants. Qui seront surtout des enfants – compte tenu de l'exiguïté de ce genre de véhicules.

Injuries that never heal: this 450 SLC 5.0 still clearly displays the wounds it received during the 1979 Bandama Rally with Björn Waldegaard at the wheel. The version deployed as a competition car was strongly based on the production vehicle, but nevertheless delivered up to 300 hp and stood higher on the suspension.

Wunden, die nie verheilen: Diesem 450 SLC 5.0 sieht man die Wunden, die er bei der Bandama-Rallye 1979 unter Björn Waldegaard erlitt, noch deutlich an. Die als Wettbewerbswagen eingesetzte Version war stark an die Serie angelehnt, leistete indessen bis zu 300 PS und stand höher in den Federn.

Des cicatrices qui ne guériront jamais : cette 450 SLC 5.0 porte encore les blessures subies lors du Rallye Bandama de 1979 avec Björn Waldegaard au volant. Cette version de compétition était fortement inspirée de la série, mais développait jusqu'à 300 ch et avait vu sa garde au sol accrue.

S L – *tema con variazioni*. That they always incorporate cutting-edge technology and are sometimes ahead of their time, is displayed impressively by the three exponents of the W 129 range, the 300 SL, 300 SL-24 and 500 SL, at the Geneva spring show in March 1989.

It is plain to see that the Stuttgart designers have returned to a beautiful matter-of-factness and simplicity.

The spectrum as regards both model variety and equipment has grown considerably. A lot of useful electronics is assembled beneath the attractive shell, without ruining the pure doctrine of the sports car. What is more, the W 129 is certainly on a par with the company's sedans in safety terms. This is greatly assisted by its sturdy floor structure, high-strength steel sheets, amply dimensioned cross-sectional supports, an ingenious system of crimping in the doors, and a massive A-pillar incorporating robust tubular pipes. The passengers are awarded a new dimension of headroom freedom by sturdy roll bars, waiting to pounce from their lair behind the seats within a third of a second should it be necessary. The electro-hydraulic convertible top takes a little longer, about 30 seconds to fully open, whereby 17 limit switches, 15 pressure cylinders, and eleven solenoid valves interact perfectly together.

Familiar items from the company's shelves have been sensitively tailored to the character of the roadster. The damper-strut front suspension and the multi-link independent rear suspension are enhanced by a speed-dependant automatic level control and the adaptive ADS shock absorber system, while both 6-cylinder engines, the 24-valve unit as well as the 5-liter V8 of the 500 SL, have been adapted for their new use, with, for example, a grid-controlled adjustment of the intake camshafts. Only a little more lively, with 394 hp, an increase of 68 hp, but 60,000 marks more expensive and with a prestigious, rumbling, V12 engine under its hood, the 600 SL rounds off the range from October 1992 onward. In June 1993 it is renamed the SL 600 in the wake of a reform of model designations. At the same time, the 4-valve SL 320 and SL 280 occupy the position previously filled by their 3-liter precursors. It is only in the entry model that the five-speed gearbox still has to be operated by hand. The Frankfurt IAA in the fall of 1995 is a further switchblade in the history of the W 129. The latest derivative stands out from earlier models due to its new bumpers as well as its lower protective side panels in the same color as the vehicle itself, and a glass roof with sun blind can be ordered as an alternative to the light metal hardtop. A compact and lightweight, electronically controlled five-speed automatic transmission with converter lockup clutch is now to be found where previously a heavier and more voluminous unit had done its job. This is also available for both six-cylinder vehicles from June 1996. From December of that year, it is additionally to be found in the SL 280 and SL 320 in combination with the driving dynamics control system ESP – hitherto a standard in the SL 600 and available as an option for the SL 500 for a surcharge. Furthermore, the SL driver is now supported by the brake assist system BAS. In 1998 a new generation of V8 and V6 engines replaces the previous versions – the death knell for the fully perfected straight-six and therefore a thorn in the side of many.

S L – tema con variazioni. Dass diese stets auf der Höhe der Zeit sind oder ihr sogar ein wenig voraus, stellen die drei Vertreter der Baureihe W 129 auf dem Genfer Frühlingssalon im März 1989 eindrucksvoll zur Schau, der 300 SL, 300 SL-24 und 500 SL.

Was sofort ins Auge fällt: Die Stuttgarter Designer sind zurückgekehrt zu schöner Sachlichkeit und Simplizität.

Zugleich ist die Bandbreite hinsichtlich Typenvielfalt und Ausstattung beträchtlich gewachsen. Unter der attraktiven Hülle versammelt sich nützliche Elektronik, ohne sich an der reinen Lehre vom Sportwagen zu versündigen, die inzwischen weite Grenzen absteckt. Und: In punkto Sicherheit kann der W 129 den Limousinen des Hauses durchaus das Wasser reichen. Dafür machen sich seine stämmige Bodenstruktur stark und hochfeste Bleche, üppig bemessene Trägerquerschnitte, ein ausgeklügeltes System von Sicken in den Türen und massive A-Säulen, in die trotzige Rohre eingezogen sind. Da im Falle eines Falles aus ihrer Lauerstellung hinter den Sitzen innerhalb einer Drittelsekunde schier unbeugsame Überrollbügel emporschnellen, erwächst den Insassen eine an Automobilen dieses Genres bisher nicht gekannte Kopffreiheit der anderen Art. Mehr Zeit zwischen null und 100 Prozent Offenheit, nämlich rund 30 Sekunden, nimmt sich das elektrohydraulische Verdeck, wobei 17 Endschalter, 15 Druckzylinder und elf Magnetventile perfekt miteinander kooperieren.

Durchaus Vertrautes aus den Regalen des Hauses hat man einfühlsam auf den Charakter des Roadsters zugeschnitten. So sind Dämpferbein-Vorderachse und Raumlenker-Hinterachse mittels einer geschwindigkeitsabhängigen Niveauregulierung und des adaptiven Dämpfersystems ADS verfeinert worden und auch die beiden Sechszylinder-Triebwerke wurden entsprechend für ihre neue Verwendung zubereitet, der 24-Ventiler ebenso wie der Fünfliter-V8 des 500 SL zum Beispiel mit einer kennfeldgesteuerten Verstellung der Einlassnockenwellen. Mit 394 PS, 68 PS mehr als jener, rundet ab Oktober 1992 der 600 SL die Palette noch oben ab, nur um weniges munterer, um 60 000 Mark teurer, aber mit einem prestigeträchtig wispernden V12 unter der Haube. Ab Juni 1993 ist er im Zuge einer umfassenden Namensreform umgewidmet zum SL 600. Zugleich nehmen die Vierventiler SL 320 und SL 280 die verwaiste Stelle der bisherigen Dreiliter ein. Nur noch die fünf Fahrstufen des Einstiegsmodells müssen per Hand geschaltet werden. Zu einer weiteren Gelenkstelle in der Historie des W 129 gerät die Frankfurter IAA im Herbst 1995. In seiner jüngsten Ausprägung hebt er sich durch andere Stoßfänger sowie Seitenteile in Wagenfarbe von früheren ab und ein Glasdach mit Sonnenrollo kann alternativ zum Hardtop aus Leichtmetall geordert werden. Überdies findet sich nun eine kompakte und leichte Fünfgang-Getriebeautomatik mit elektronischer Steuerung und Wandler-Überbrückungskupplung, wo bisher ein gewichtigeres und voluminöseres Aggregat gewaltet hat, ab Juni 1996 auch für die beiden Sechszylinder zu haben. Ab Dezember des Jahres ist diese dazu in SL 280 und SL 320 im Bunde mit dem Fahrdynamik-System ESP – bislang Standard für den SL 600 und aufpreispflichtige Option für den SL 500. Darüber hinaus wird dem SL-Lenker Unterstützung durch das Bremsassistent-System BAS zuteil. 1998 ersetzt eine neue Generation von V8- und V6-Motoren die bisherigen Maschinen – Halali für den voll ausgereiften Reihensechszylinder und daher vielen ein Dorn im Auge.

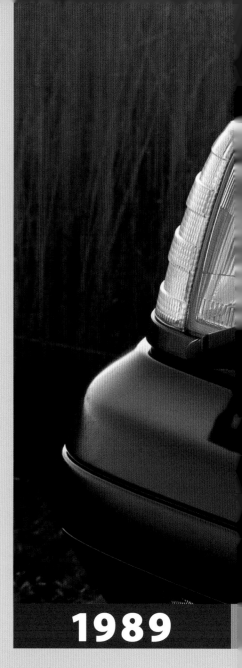

1989

S L – *tema con variazioni*. Ces modèles sont toujours à la pointe du progrès, voire un peu précurseurs, ce que démontrent brillamment les trois représentantes de la gamme W 129, la 300 SL, la 300 SL-24 et la 500 SL, au Salon de Genève, en mars 1989.

D'emblée, il paraît évident que les ingénieurs de Stuttgart sont revenus à une esthétique fonctionnelle et sobre.

Parallèlement, ils ont considérablement élargi la gamme des types et des équipements. Sous une carrosserie très séduisante se cache une électronique utile, sans pour autant sacrifier au purisme de la voiture de sport, purisme dont les limites se sont assouplies entretemps. Qui plus est, en matière de sécurité, la W 129 vaut tout à fait les berlines de l'entreprise. Elle dispose d'une plate-forme rigide, de tôles à haute résistance, de longerons aux sections généreuses, d'un astucieux sys-

Mercedes-Benz 300 SL–SL 600

tème de renforts dans les portes et de montants de caisse avant incorporant des solides sections tubulaires. En cas de tonneau, de très robustes arceaux de sécurité placés derrière les sièges sortent en une fraction de seconde, ce qui donne aux passagers une protection jusque-là inconnue dans les véhicules de ce type. Le toit électro-hydraulique met un peu plus de temps à s'ouvrir ou à se refermer, à savoir trente secondes au cours desquelles n'interviennent pas moins de 17 commutateurs de fin de course, 15 vérins hydrauliques et 11 électrovannes.

Quelques détails caractéristiques de la marque ont été adaptés avec discernement au caractère du cabriolet. Ainsi, les suspensions avant à combinés télescopiques et l'essieu arrière multibras sont complétés par un système de correction d'assiette dépendant de la vitesse et un système d'amortissement adaptatif ADS.

Par ailleurs, les deux moteurs six-cylindres ont été revus en fonction leur nouvelle utilisation : le vingt-quatre-soupapes aussi bien que le V8 cinq-litres de la 500 SL, avec par exemple un arbre à cames d'admission à calage variable géré électroniquement. À partir d'octobre 1992, la 600 SL, avec ses 394 ch, soit 68 de plus, anoblit la gamme, bien qu'elle ne soit pas tellement plus fougueuse pour ses 60 000 DM de surcoût – mais un V12 de prestige ronronne sous son capot. En juillet 1993, à la suite d'une réforme d'envergure, elle prend le nom de SL 600. En même temps, les quatre-soupapes SL 320 et SL 280 s'installent à la place laissée vacante par les anciens trois-litres. Seul le modèle d'entrée de gamme conserve une boîte manuelle à cinq rapports. Pour l'IAA de Francfort, à l'automne 1995, la gamme présente quelques retouches. La W 129 se distingue des précédentes par des pare-chocs différents, des protections

latérales peintes de la même couleur que la carrosserie, ainsi que par un toit en verre avec rideau pare-soleil en option à la place du toit amovible en alliage léger. En outre, à la place d'une volumineuse et lourde boîte de vitesses, elle offre une nouvelle transmission automatique, compacte et légère, à pilotage électronique et système de verrouillage du convertisseur, disponible pour les deux six-cylindres à dater de juin 1996. En décembre de la même année, celle-ci peut être combinée au système ESP des SL 280 et SL 320 – jusque-là en série pour la SL 600 et en option pour la SL 500. De plus, le conducteur de SL bénéficie de l'amplificateur de freinage BAS (brake assist system). En 1998, une nouvelle génération de moteurs V8 et V6 remplace les modèles précédents, signant la fin des six-cylindres en ligne pourtant parfaitement rodés, ce qui ne fait pas le bonheur de tout le monde.

MERCEDES

Once again special care has been dedicated to the safety of the occupants. Integral-belt seats of high rigidity guarantee more protection in case of side impact. The supporting structure consists of five sturdy magnesium die-cast sections.

Wieder hat man besondere Sorgfalt auf die Sicherheit der Insassen verwendet. Integralsitze mit hoher Steifigkeit gewähren mehr Schutz bei einem seitlichen Aufprall. Die tragende Struktur besteht aus fünf stämmigen Magnesium-Druckgussteilen.

Une fois de plus, la sécurité des occupants a fait l'objet d'une attention particulière. Les sièges intégraux, d'une grande rigidité, protègent mieux en cas de collision latérale. La structure porteuse consiste en cinq robustes pièces en fonte de magnésium coulée sous pression.

The radiator mask typical of the SL family has been fluently integrated without a chrome frame into the hood of the 129 series.

Die für die SL-Familie typische Kühlermaske wurde in der Baureihe 129 ohne Chromumrahmung fließend in die Motorhaube integriert.

Pour la série 129, la calandre typique de la famille SL, sans encadrement chromé, a été intégrée avec fluidité au capot moteur.

The offensive is prepared by sporadic skirmishes on the opinion front in the form of two concept cars, one at the Turin motor show and the other six months later at the 1994 Paris exhibition. The plan is to conquer new territory with a smart and reasonably priced small sports car at the lower end of the Untertürkheim product range.

Feedback is encouraging and so, in April 1996, once again in Turin, the finished vehicle is revealed to public's gaze. The metal vario roof is a big hit straightaway. For the price of one Mercedes the customer gets de facto two. Briefly pressing a small red button suffices and the Turin exhibit and its 311,200 offspring transform themselves within 25 seconds from a roadster to a coupé and vice versa, accomplished by a procedure that appears somewhat confused, organized and carried out in six phases by a handful of hydraulic cylinders. Finally, the SLK's ingenious roof has either risen to cover the passenger compartment as a spruce hard top, or rests neatly folded in the trunk, thus reducing its volume by 7.17 cu ft to 5.12.

The abbreviation SLK (standing for *Sportlich, Leicht, Kurz* – Sportive, Light, Short), taken from the showcase of devotional objects, justifies itself fully as always happens in the Mercedes cosmos, and, to a degree, as only happens there. At 13'1" the SLK is indeed short, although with its 2921 lbs curb weight (with supercharger) it is not necessarily light, but in return tastily sporty. This begins with its fresh, dynamic contours – low windshield, long hood, wide doors, scant overhangs, pert stub rear, and comparatively wide wheelbase of 7'10". Beautiful alloy wheels, either punched or (optionally) with six spokes, are suspended by double wishbones at the front and on the time-tested, Mercedes-specification, multi-link independent suspension at the rear.

It is continued by a brisk power output, the 136 hp SLK 200 entry model, with its 1998 cc four-cylinder engine tilted 15 degrees to the right, on offer for the carefully calculated price of 54,510 marks, and already capable of a top speed of 125 mph. The SLK 230 Kompressor with 2295 cc and a burly 193 hp with a Roots blower providing the necessary pressure, sets the buyer back 60,950 marks. The turbo principle has been rejected, for one thing to spare the SLK driver its deficiencies such as lag and abrupt power surges, and, for another, to bring the memories of the glorious twenties and thirties back to life.

For this reason, from 2000 this form of forced induction is also made available to the SLK 200 (available in a similar form a year previously in Italy, Greece, and Portugal), now boosted to 163 hp. In that year the SLK is altogether a little retouched, made apparent by the blinkers in the wing mirrors, gleaming paintwork on the previously matt perforated cover in front of the radiator, and replaceable protective nerf strips over the bumpers in the color of the vehicle itself. The SLK 230 Kompressor has gained four horsepower and is delivered with a six-speed gearbox as standard. The 218 hp of a V6-engine propel the passengers of the SLK 320 into new dimensions.

It is nevertheless well known that the appetite for more is insatiable; and so, a year later things are taken a step further with the SLK 32 AMG. The 354 hp, pumped into the V6 by an IHI screw-type supercharger in league with a low-temperature intercooler, are truly thunderous, but, at 58,116 euros (2003), they also have their price. The SLK of yesterday cost less – in marks.

Die Offensive wird durch vereinzelte Scharmützel an der Meinungsfront vorbereitet, in Gestalt zweier Studien auf dem Turiner und ein halbes Jahr später auf dem Pariser Salon 1994. Man möchte neues Territorium besetzen, mit einem pfiffigen und preiswürdigen kleinen Sportwagen am unteren Rand des Untertürkheimer Spektrums.

Die Rückmeldungen fallen ermutigend aus und so ist wiederum in Turin im April 1996 das fertige Fahrzeug zum Staunen freigegeben, Knüller: das metallene Variodach. Zum Preis von einem Mercedes bekommt der Kunde de facto zwei. Ein kurzer Druck auf eine kleine rote Taste genügt und binnen 25 Sekunden wandeln sich das Turiner Exponat und seine 311 200 Abkömmlinge vom Roadster zum Coupé und umgekehrt, bewirkt durch ein wirr anmutendes Prozedere, das in sechs Phasen von einer Handvoll von Hydraulikzylindern organisiert und durchgeführt wird. Am Ende hat es sich zum adretten Festdach emporgestülpt oder ruht säuberlich zerfaltet im Kofferraum, dessen Volumen dadurch um 203 auf 145 Liter schrumpft.

Das Kürzel SLK (Sportlich, Leicht, Kurz) ist der Vitrine mit den Devotionalien entnommen und rechtfertigt sich wie stets zum Teil lediglich innerhalb des Mercedes-Kosmos. Mit 3995 mm ist der SLK gewiss kurz, wegen mindestens 1325 kg Leergewicht (mit Kompressor) nicht unbedingt leicht, dafür jedoch von süffiger Sportlichkeit. Das beginnt mit seiner frech-dynamischen Linienführung – niedrige Frontscheibe, lange Motorhaube, breite Türen, knappe Überhänge, kesses Stummelheck, vergleichsweise weiter Radstand von 2400 mm. Schöne Leichtmetallräder, gelocht oder (optional) mit sechs Speichen, sind aufgehängt an doppelten Querlenkern vorn und hinten am bewährten Mercedes-Spezifikum Raumlenkerachse.

Das setzt sich fort mit flotter Motorisierung, 136 PS für das Einstiegsmodell SLK 200 mit seinem um 15 Grad nach rechts geneigten Vierzylinder von 1998 cm³, feil um scharf kalkulierte 54 510 Mark und bereits 203 km/h schnell. Mit 60 950 Mark zu Buche schlägt der SLK 230 Kompressor mit 2295 cm³ und stämmigen 193 PS, zu deren Erzeugung ein Roots-Gebläse den nötigen Druck beiträgt. Dem Turbo-Prinzip hat man eine Absage erteilt, zum einen um dem SLK-Lenker dessen Macken wie Lag und jäher Leistungsaufbau zu ersparen, zum anderen um das Andenken an die glorreichen Zwanziger und Dreißiger mit neuem Leben zu erfüllen.

Daher macht man diese Form der Aufladung ab 2000 auch dem SLK 200 zugänglich (als Export-Variante in ähnlicher Form bereits im Jahr zuvor in Italien, Griechenland und Portugal angeboten), der nun auf 163 PS erstarkt ist. In jenem Jahr ist der SLK insgesamt ein wenig retuschiert worden, ersichtlich an den Blinkleuchten in den Außenspiegeln, glänzender Lackierung für das gelochte Abdeckgitter vor dem Kühler, das bislang matt war, und austauschbaren Schutzleisten über den Stoßfängern in Wagenfarbe. Der SLK 230 Kompressor hat vier PS zugelegt und wird serienmäßig mit einem Sechsganggetriebe geliefert. In neue Dimensionen entrücken den kleinen Zweisitzer die 218 PS eines V6-Triebwerks im SLK 320.

Da aber die Lust nach mehr bekanntlich nach oben offen ist, legt man ein Jahr später noch einmal nach mit dem SLK 32 AMG. Die 354 PS, die dem Sechszylinder von einem IHI-Schraubenlader im Bunde mit einem Niedertemperatur-Ladeluftkühler eingeblasen werden, sind wahrlich ein Donnerwort, müssen allerdings mit 58 116 Euro (2003) honoriert werden. Der SLK von einst war billiger – in Mark.

1996

L'offensive se prépare avec quelques actions isolées sous forme de deux études au Salon de Turin, puis de Paris, six mois plus tard, en 1994. L'entreprise d'Untertürkheim souhaite conquérir de nouveaux territoires, avec une petite voiture de sport d'entrée de gamme séduisante et abordable. Alors elle teste le marché.

Les réactions sont encourageantes et, de retour à Turin en avril 1996, le modèle finalisé est présenté à ses admirateurs. Son toit métallique escamotable fait fureur. Pour le prix d'une Mercedes, le client en a deux. Il lui suffit d'appuyer sur un bouton rouge et, en 25 secondes, la merveille exposée à Turin – et ses 311 200 semblables – passe du cabriolet au coupé et vice versa, grâce à un processus en apparence compliqué, qui se déroule en six phases sous l'action d'un bataillon de vérins hydrauliques. À la fin, la SLK offre un toit rigide ou soigneuse-

Mercedes-Benz SLK 200–SLK 32 AMG

ment rangé dans le coffre, dont le volume passe alors de 203 à 145 litres.

Les initiales SLK (sportif, léger, court) qui se situent dans le droit fil des traditions Mercedes, représentent une fois de plus, un euphémisme. La SLK est certes courte avec ses 3995 mm, pas vraiment légère en affichant 1325 kg à vide (avec compresseur), mais confortablement sportive. Cela commence par des lignes d'un dynamisme impertinent – pare-brise bas, capot allongé, portes larges, porte-à-faux modérés, arrière court, empattement assez important de 2400 mm. De jolies roues ajourées en alliage léger, ou, sur option, à six rayons, sont portées à l'avant par les doubles bras transversaux et à l'arrière par l'essieu multibras typique de Mercedes.

Cela continue avec une motorisation allègre, 136 ch pour le modèle d'entrée de gamme SLK 200 avec

son quatre-cylindres de 1998 cm³ incliné de 15° vers la droite, son prix très étudié de 54 510 DM et déjà 203 km/h. Pour la bagatelle de 60 950 DM, le moteur de la SLK 230 Kompressor développe 193 ch de ses 2295 cm³, un compresseur Roots fournissant la surpression nécessaire. Le principe du turbo a été relégué aux oubliettes, d'une part pour éviter au conducteur de la SLK certaines imperfections, notamment son temps de réponse, d'autre part pour raviver le souvenir glorieux des années 1920 et 1930.

C'est pourquoi, à partir de 2000, la SLK 200 dispose également de cette forme de suralimentation (qui existait déjà depuis un an pour les modèles exportés vers l'Italie, la Grèce et le Portugal) et donne 163 ch. Cette année-là, dans l'ensemble, la SLK a été un peu retouchée, ce que l'on remarque à ses clignotants sur les rétroviseurs extérieurs, au laquage resplendissant de la

calandre, qui était mate jusque-là, et aux moulures de protection remplaçables sur les pare-chocs peints couleur caisse. La SLK 230 Kompressor, qui a gagné 4 ch, est livrée en série avec une boîte à six rapports. Les 218 ch du moteur V6 de la SLK 320 donnent une nouvelle dimension à la petite biplace.

Mais comme les clients en veulent toujours plus, la SLK 32 AMG voit le jour un an plus tard. Les 354 ch qu'insuffle au six-cylindres un compresseur IHI, associé à un échangeur thermique intermédiaire, font sensation mais coûtent 58 116 euros (2003). La SLK d'antan revenait moins cher – en marks.

The powerful appearance of the SLK is deceptive as far as its
actual dimensions are concerned. It is a little shorter than
a VW Golf, slightly wider, but a hand-breadth lower – the
smallest Mercedes to date. The inscription *Kompressor*
indicates the presence of a Roots blower.

Der kraftvolle Auftritt des SLK täuscht über seine
tatsächlichen Dimensionen hinweg. Er ist etwas kürzer als
ein VW Golf, eine Idee breiter, aber eine Handbreit flacher –
der kleinste Mercedes bislang. Die Inschrift „Kompressor"
weist auf ein Roots-Gebläse hin.

La stature volontaire de la SLK fait oublier ses dimensions
réelles. Elle est un peu plus courte qu'une VW Golf, un
soupçon plus large, mais dix bons centimètres plus basse – la
plus petite Mercedes à ce jour. Le monogramme *Kompressor*
signale la présence d'un compresseur Roots.

Some considerable thought went into the principle of forced induction for the car with a supercharger being preferred due to the steady development in engine power it can achieve. In addition, its presence evokes memories of the glorious pre-war years, though obviously at the other end of the range.

Beim Nachdenken über das Prinzip der Aufladung gab man dem Kompressor den Vorzug wegen der mit ihm erzielbaren gleichmäßigen Kraftentfaltung. Außerdem evoziert seine Anwesenheit Erinnerungen an die glorreichen Vorkriegsjahre, wenn auch am anderen Ende der Palette.

Au moment de choisir le principe de suralimentation, on a privilégié le compresseur, qui permet une montée en puissance linéaire. En outre, sa présence suscite des réminiscences des glorieuses années de l'avant-guerre, bien que l'on soit ici à l'autre extrémité de la gamme.

The characteristic feature of the SLK is its two-section variable top. With the help of intelligent electro-hydraulics, it can be fully lowered into the trunk at the press of a button. Initially it swings upwards. At the same time the parcel shelf at the rear disappears beneath the trunk lid, while the latter swings upward and to the rear to release space in the luggage compartment. The top folds and glides to its place. The lid closes and the parcel shelf wanders back to its customary place. And so the process is complete – after 25 seconds.

Der Clou beim SLK ist sein zweigeteiltes Variodach. Mit Hilfe einer intelligenten Elektrohydraulik ist es auf Knopfdruck zur Gänze im Kofferraum versenkbar. Zunächst schwingt es nach oben. Gleichzeitig verschwindet die Hutablage unter dem Kofferraumdeckel, während dieser nach hinten und oben schwenkt, um Raum im Gepäckabteil freizugeben. Das Dach faltet sich ein und gleitet an seinen Platz. Der Deckel schließt sich, die Hutablage wandert an ihren angestammten Platz. Fertig ist die Laube – nach 25 Sekunden.

Le petit grain de folie de la SLK : son toit escamotable à deux panneaux. Il suffit d'appuyer sur un bouton pour que son astucieux système électro-hydraulique le fasse disparaître intégralement dans le coffre. En un premier temps, il s'élève légèrement pendant que la plage arrière disparaît sous le couvercle de coffre alors même que celui-ci se relève en reculant pour libérer l'accès au coffre à bagages. Le toit se plie et glisse jusqu'à destination. Le coffre se referme et la plage arrière reprend sa place d'origine. Fin de la procédure en 25 secondes.

Mercedes-Benz CLK-GTR

The street-legal CLK-GTR already has an excessive racing career behind it as it glistens silver in the artificial lighting of the Frankfurt IAA in September 1997. The accolade of winning its first championship is imminent.

It all begins, however, with the announcement by the sport's legislative body, the FIA, that GT competition will be raced with production cars in 1997. In only 128 days, starting on 6 December 1996, the Mercedes racing subsidiary AMG produces a suitable medium. Not a lot is left of the basic product, the standard CLK coupé: the shape of the radiator grill, the fashionable four-eyed front, a flash of *déjà-vu* – and the name.

The GTR fulfils 16 of the 34 licensing requirements for public road transport necessary for EC-approval. And so, the civil variation compulsory for its homologation can appear later, as it were. Would-be financially solvent buyers (a hefty 3,074,000 marks have to be forked out for a

CLK-GTR in road trim) therefore have to wait patiently for a further year. It is worthwhile: the silver bullet, just 3'10" high, of which only 20 will be built, makes all the previous superlatives in its field redundant, and creates its own. One of them is that the carbon coupé is capable of catapulting itself, its driver, and a passenger to a speed of 124 mph in nine seconds, and then coming to a standstill in next to no time as if nothing had happened.

The powerful V12, screwed to the monocoque and, like the final-drive assembly and transmission housing unit, fundamentally incorporated in the structure of the GTR, is derived from the engine of the top S 600 sedan. An AMG crankshaft enables an extra ¼" stroke, so that the capacity is increased from 6 to 6.9 liters. Further modifications are made to the camshafts, connecting rods and pistons, cylinder heads and valve train, suction system and injection. A sturdy 540 lb-ft come to bear

on the crankshaft at just over 5000 rpm. Its confident strength is transferred to the rear axle by a transversely installed six-speed transmission, electrically operated by two rocker switches on the steering wheel and tucked away in a magnesium housing. The ferocious thrust the mighty power plant is capable of is brought to an end at 7200 rpm by a speed limiter, forced to intercede at what seem like surreally short intervals.

The suspension also embodies the very finest of racing technology, double wishbones at both front and rear, and shock absorber and spring units operated via pull rods. The deceleration made possible by the GTR's gigantic ventilated disk brakes in league with six or four pistons respectively per brake caliper is just as breathtaking as its powers of acceleration. The street version has gained a lot of weight in crossing the border between the race track and the open road. The voluminous exhaust

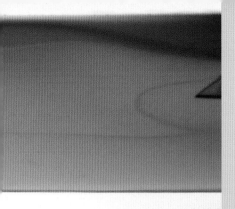

1997

Als der CLK-GTR für die Straße in September 1997 silbrig im Kunstlicht der Frankfurter IAA funkelt, hat er bereits eine ausschweifende Rennkarriere hinter sich. Ihre Krönung durch das erste Championat steht unmittelbar bevor.

Am Anfang aber war der Entschluss der Motorsport-Legislative FIA, den Wettbewerb mit Produktionswagen 1997 für GT-Fahrzeuge auszuschreiben. In nur 128 Tagen ab Dezember 1996 schafft die Mercedes-Rennsportfiliale AMG ein geeignetes Medium. Vom Basisprodukt, dem friedfertigen Serien-Coupé CLK, ist nicht viel übrig geblieben, die Form des Kühlergrills, das modische Vieraugengesicht, ein Anflug von Déjà-vu – und der Name.

In 16 von 34 Punkten erfüllt der GTR die Bedingungen, die zu einer Typengenehmigung der Europäischen Gemeinschaft für den öffentlichen Straßenverkehr erforderlich sind. Deshalb darf die nachzuweisende zivile Variante gleichsam nachgereicht werden. Potentielle und finanziell potente Käufer (für den CLK-GTR im Straßen-Trimm sind satte 3 074 000 Mark zu entrichten) müssen sich indes noch ein weiteres Jahr gedulden. Es lohnt: Der nur 1160 mm flache Silberling – in 20 Exemplaren aufgelegt – lässt alle Superlative auf seinem Gebiet hinfällig werden und kreiert seine eigenen. Einer davon: dass das Carbon-Coupé imstande ist, sich selbst, seinen Lenker sowie einen Passagier in neun Sekunden auf Tempo 200 zu katapultieren und gleich darauf wieder im Stillstand zu verharren, als sei nichts geschehen.

Der mächtige V12, mit der Rückwand des Monocoques verschraubt und wie die Einheit von Achsantrieb und Getriebegehäuse tragend in die Struktur des GTR eingebunden, leitet sich her vom Motor der Top-Limousine S 600. Eine AMG-Kurbelwelle macht 7,9 mm mehr Hub möglich, so dass sein Volumen von sechs auf 6,9 Liter angehoben worden ist, weitere Modifikationen: an Nockenwellen, Pleueln und Kolben, Zylinderkopf und Ventiltrieb, Sauganlage und Einspritzung. Just jenseits der 5000/min wirken stämmige 732 Newtonmeter auf die Kurbelwelle ein. An die Hinterachse weitergereicht wird seine souveräne Kraft durch ein quer installiertes Sechsganggetriebe, elektrisch zu schalten mittels zweier Wippen am Lenkrad und verstaut in einem Magnesiumgehäuse. Bei 7200/min setzt dem wilden Treiben ein Drehzahlbegrenzer ein Ende, in surreal kurz anmutenden Intervallen zum Einschreiten gezwungen.

Renntechnik vom Edelsten verkörpert auch die Aufhängung, Doppelquerlenker vorn und hinten und Einheiten von Dämpfern und Federn, die über Zugstreben betätigt werden. Atemberaubend wie sein Drang nach vorn ist die Verzögerung, die seine riesigen innenbelüfteten Bremsscheiben im Bunde mit sechs beziehungsweise vier Kolben pro Sattel ermöglichen. Beim Grenzübertritt von der Piste auf die Straße hat der GTR kräftig zugenommen. Unter anderem addieren sich seine voluminöse Abgasanlage, die Klimaautomatik, eine Innenausstattung von rudimentärer Wohnlichkeit sowie eingebaute hydraulische Wagenheber zu rund einem Drittel Mehrgewicht inklusive Pilot und 80 Liter Treibstoff.

2002 stellt man dem hochgeschlossenen GTR das Extremcabriolet GTR Roadster zur Seite, zu haben in einer Handvoll von Exemplaren um 1 300 000 Euro. Zwei Motorisierungen sind verfügbar, das „Standard"-Aggregat mit 6,9 Litern und 631 PS oder, wenn es ein bisschen mehr sein darf, ein 7,2-Liter-Triebwerk mit 702 PS. Nicht einmal ein Notdach ist vorgesehen – dieser Roadster duldet nur das unverstellte Universum über sich.

Le jour où la CLK-GTR version route brille sous les feux de la rampe à l'IAA de Francfort, elle a déjà accompli une incroyable carrière en compétition. Elle est sur le point de remporter son premier championnat.

Tout a commencé en 1997, la Fédération internationale de l'automobile ayant décidé de faire participer des voitures de série aux championnats GT. En 128 jours seulement, à dater de décembre 1996, AMG, la filiale compétition de Mercedes, crée le véhicule adéquat. Il ne reste pas grand-chose du produit initial, le paisible coupé CLK de série, si ce n'est la forme de la calandre, les quatre phares à la mode, une impression de déjà vu – et le nom.

La GTR remplit 16 des 34 conditions imposées par la Communauté européenne afin d'homologuer un véhicule pour la circulation sur les voies publiques. C'est pourquoi la version route suit sans tarder. Les clients potentiels doivent bénéficier d'un compte en banque bien garni (sur lequel il faudra prélever 3 074 000 DM), et par ailleurs il leur faudra patienter encore un an. Le bolide argenté vaut bien cela. Construit à 20 unités, il ne dépasse pas 1160 mm de hauteur, aucun superlatif existant ne peut le qualifier. Le coupé en carbone, par exemple, est capable de se catapulter avec son conducteur et un passager à 200 km/h en 9 secondes, puis de s'arrêter presque instantanément, comme si de rien n'était.

Le puissant V12, qui découle du moteur de la limousine S 600, boulonné à l'arrière de la structure monocoque, est porteur, tout comme l'ensemble différentiel/boîte de vitesses dont le carter supporte les suspensions arrière. Un vilebrequin AMG permettant d'augmenter la course de 7,9 mm, sa cylindrée passe ainsi à 6,9 litres. D'autres modifications ont porté sur les arbres à cames, les bielles et les pistons, les culasses et les soupapes, le système d'admission et l'injection. Juste au-dessus de 5000 tr/min, un couple respectable de 732 newtons est transmis à l'essieu arrière via une boîte de vitesses transversale à six rapports, logée dans un carter en magnésium, que deux palettes sur le volant permettent d'actionner en mode séquentiel. À 7200 tr/min, un limiteur de régime doit intervenir pour dompter la mécanique avec une fréquence surréaliste.

La suspension offre également ce qui se fait de mieux pour la course : doubles bras transversaux triangulés à l'avant et à l'arrière et ressorts actionnés par des tirants. La puissance de freinage est tout aussi stupéfiante que les accélérations de l'engin, du fait de ses immenses freins à disque ventilés, associés à des étriers à six et quatre pistons. En passant de la piste à la route, la GTR a pris du poids. Celui-ci, si l'on inclut le pilote et 80 litres de carburant, a augmenté d'un tiers en raison de l'imposant système d'échappement, de la climatisation, d'une sellerie d'un confort rudimentaire, ainsi que des crics hydrauliques intégrés.

En 2002 sort le *nec plus ultra* du cabriolet, le GTR Roadster, dont une poignée d'exemplaires sont proposés à 1,3 million d'euros pièce. Il est disponible en deux motorisations : standard à 6,9 litres et 631 ch ou, si l'on souhaite davantage, à 7,2 litres et 702 ch. Il n'est même pas prévu de capote de secours – ce cabriolet ne semble avoir que le ciel pour horizon.

system, the air conditioning, interior fittings offering rudimentary comfort as well as the integrated hydraulic jack all add up, amongst other things, to an increase in weight of about a third, including driver and 21 gallons of fuel.

In 2002, the GTR coupé is complemented by the roadster variant, a handful of which are available for around 1,300,000 euros. Two engine configurations are offered, the "standard" unit with a capacity of 6.9 liters and 631 hp or, should a little more be required, a 7.2-liter power plant with 702 hp. Not even an emergency top is offered – this very special motor vehicle suffers nothing but the wide sky above it.

1997

At the 1998 Le Mans 24-Hour Race, Mercedes' first since 1991, Bernd Schneider achieves pole position with the CLK-LM. He withdraws, however, after about an hour, as does his team-mate Jean-Marc Gounon shortly afterwards.

Beim 24-Stunden-Rennen von Le Mans 1998, dem ersten für Mercedes seit 1991, fährt Bernd Schneider mit dem CLK-LM auf die Pole-Position. Er fällt jedoch nach reichlich einer Stunde aus, kurz darauf auch sein Teamgefährte Jean-Marc Gounon.

Lors des 24 Heures du Mans en 1998, les premières pour Mercedes depuis 1991, Bernd Schneider conquiert la *pole position* avec la CLK-LM. Il abandonne cependant après un peu plus d'une heure, imité en cela, peu de temps après, par son coéquipier Jean-Marc Gounon.

A special solution is created for the vehicle of Italian Alessandro Nannini who can scarcely move his right hand as a result of a helicopter accident in 1990. He can engage the sequential gears of the GTR by using two sturdy levers – up and down.

Für das Fahrzeug des Italieners Alessandro Nannini, der nach einem schweren Hubschrauberunfall 1990 seine rechte Hand kaum bewegen kann, wurde eine besondere Lösung geschaffen. Mit zwei stämmigen Hebeln kann er das sequentielle Getriebe des GTR herauf- und herunterschalten.

Une solution particulière a été trouvée pour la voiture de l'Italien Alessandro Nannini, qui ne peut pratiquement plus bouger la main droite depuis son grave accident d'hélicoptère de 1990. Deux imposants leviers lui permettent de monter et descendre les rapports de la boîte séquentielle de GTR.

Developed from the V12 of the S 600 and SL 600, the power plant of the CLK-GTR is screwed longitudinally to the center of the monocoque and also fulfills a supporting function. The rear suspension is bolted to the transmission. Customers are provided with a 6.9-liter unit instead of the six-liter engine deployed in races.

Entwickelt aus dem V12 von S 600 und SL 600 ist die Maschine des CLK-GTR längs mittig am Monocoque verschraubt und trägt mit. Die Aufhängung hinten ist am Getriebe angelenkt. Die Kunden verfügen nicht über das in Rennen eingesetzte Sechsliter-Aggregat, sondern ein Triebwerk mit 6,9 Litern Volumen.

Extrapolation du V12 de la S 600 et de la SL 600, le moteur de la CLK-GTR est boulonné en position longitudinale au centre de la monocoque et est porteur. La suspension arrière est articulée sur la boîte de vitesses. Les clients ne disposent pas du groupe de six litres utilisé en course, mais d'un moteur de 6,9 litres de cylindrée.

Before the responsible civil servants can award the tamed CLK-GTR version the official approval for use on public roads it has first to be detoxified and silenced with a chunky-looking apparatus. Nevertheless, its comings and goings are still heralded with plenty of noise. The wheel suspension encompasses pure racing technology.

Bevor der bürgerliche CLK-GTR mit Segen und Stempel des zuständigen Beamten in den öffentlichen Straßenverkehr entlassen werden kann, muss er mit einer voluminösen Anlage entgiftet und schallgedämpft werden. Dennoch bleiben seine Ankunft, seine Abfahrt und sein Vorbeifahren gut hörbar. Die Radaufhängung: unverfälschte Renntechnik.

Avant que la CLK-GTR civile puisse se frayer un passage dans la circulation avec la bénédiction du fonctionnaire compétent, elle doit être dépolluée à l'aide d'un imposant catalyseur et son pot d'échappement, étouffé. Ce qui n'empêche pas qu'on l'entende bien quand elle se rapproche, passe à côté de vous et s'éloigne. Les suspensions sont issues en droite ligne de la compétition.

Despite its considerable width of 6'5", the automobile extremist with the Stuttgart star still cramps its occupants elbow to elbow, owing to its enormous side sills – they even contain a small luggage compartment. The steering wheel is removable, the pedals adjustable. Its four-eyed visage and the civilized finish of the interior fittings are reminiscent of the basic CLK product.

Trotz seiner beträchtlichen Breite von 1950 mm zwingt der Extremsportler im Zeichen des Sterns seine Insassen zu inniger, ellbogennaher Zweisamkeit. Schuld daran sind die beiden enormen Seitenschweller – sogar ein Kofferkämmerlein ist in ihnen untergebracht. Das Volant ist abnehmbar, die Pedalerie verstellbar. An das Basisprodukt CLK erinnern sein Gesicht mit den vier Augen und der zivilisatorische Firnis der Innenausstattung.

Malgré sa largeur respectable de 1950 mm, cette sportive extrémiste, née sous le signe de l'étoile, impose à ses occupants une certaine promiscuité. Celle-ci s'explique par la largeur des deux énormes bas de caisse, dont l'un renferme même un minuscule coffre. Le volant est amovible et le pédalier, réglable. Quant à la version de base, la CLK, on s'en rappelle avec ses quatre yeux et le vernis de civilisation de l'aménagement intérieur.

Mercedes-Benz CLK-GTR

The mighty airfoil above the back of the coupé is fluently integrated in the rear bodywork section. The sloping grill above the engine facilitates ventilation, but is not so helpful in terms of visibility.

Das mächtige Luftleitwerk über dem Heck des Coupés ist flüssig in das hintere Karosserieelement integriert. Der abfallende Grill oberhalb des Triebwerks ist zwar der Ventilation zuträglich, nicht aber dem Hinein oder Herausschauen.

L'imposant becquet qui trône à l'arrière du coupé est intégré avec une grande fluidité à l'élément de carrosserie arrière. La grille au-dessus du moteur facilite, certes, la ventilation, mais pas, en revanche, la visibilité.

Two cleft and furrowed humps, below which massive roll-bars are concealed, can be found behind the seats of the roadster. The separately mounted wing ensures maximum downforce.

Hinter den Sitzen des Roadsters finden sich diese beiden zerklüfteten und durchfurchten Höcker, unter denen sich massive Überrollbügel verbergen. Ein separater Heckflügel sorgt eindrucksvoll für Abtrieb.

Derrière les sièges du roadster se trouvent ses deux bossages aux formes irrégulières sous lesquels se dissimulent les massifs arceaux de sécurité. L'aileron arrière garantit néanmoins, de façon tout aussi impressionnante, l'appui nécessaire.

The gullwing doors of the CLK that cut deeply into the top of the coupé have been shrunk to a mini format on the roadster and are in effect almost superfluous. It would indeed fit the image of this most ferocious Mercedes to get into it from above like a single-seater.

Die Flügeltüren des CLK, die im Coupé tief ins Dach einschneiden, sind am Roadster auf niedliches Format geschrumpft und eigentlich fast schon überflüssig. Zum Image dieses brutalstmöglichen Mercedes würde es beinahe schon passen, wenn man sich in ihn von oben einfädelt wie in einen Monoposto.

Des portières en ailes de mouette de la CLK, qui mordent largement dans le toit du coupé, il ne reste plus, sur le roadster, qu'un moignon qui les rend déjà presque superflues. Vu l'image de macho qui colle à cette Mercedes, on s'attendrait presque à devoir s'y glisser par le haut comme dans une monoplace.

The roadster's driver has nothing but open sky above him in the narrow strip between the short and powerfully slanting front windshield and the rear humps. He is defenseless against showers or cloudbursts, for a top is not provided.

In dem schmalen Streifen zwischen der knappen und kräftig angeschrägten Frontscheibe und den Heck-Höckern hat der Roadster-Pilot nur noch das Firmament über sich. Schauern oder gar Wolkenbrüchen sieht er sich wehrlos ausgeliefert, da ein Verdeck im Lieferumfang nicht vorgesehen ist.

À travers la mince découpe entre le pare-brise fortement incliné et réduit à sa plus simple expression et les bossages arrière, le pilote du roadster ne voit que le firmament au-dessus de lui. Il est exposé sans défense aux ondées et, a fortiori, aux orages, car aucune capote n'est prévue sur cette voiture.

The setting in which none other than the boss of DaimlerChrysler, Jürgen Schrempp, launches the SL 500 on 31 July 2001 is unusual: the Deichtorhallen in Hamburg. The current metamorphosis of the legend is also unusually beautiful, designed by Mercedes' head stylist Peter Pfeiffer and his team.

If it was not the case before, the type designation SL, encrusted with the patina of history, has now mutated into a paradox. The L (light) is a complete misnomer in the face of a curb weight of 4068 lbs; and yet the beau from Stuttgart has become sportier with its 4966 cc. V8 with one overhead camshaft per bank and 306 hp, despite a speed limiter cutting in at 155 mph. Like its smaller brother, the SLK, it is neither a roadster nor a coupé, and yet it is both. In fact the passengers are provided with shelter by a metal convertible top which alters its position by means of eleven hydraulic cylinders and a high-pressure pump, and can be activated by infrared remote control. Its chassis technology is also state of the art: four-link front and multi-link independent rear suspension with struts and coil springs as well as torsion-bar stabilizers front and rear, enriched with such thoughtful electronics as ABC (Active Body Control) for example, which instantly adjusts the suspension to the respective driving situation, foils pitching movements and eliminates vibration build-up.

At the beginning there is just one model, the SL 500, basic price 76,734 euros. The aim, though, is to arouse curiosity and desire through a staggered launch of further clan members. The 124,236-euro supercharged version SL 55 AMG with 5439 cc and originally 476 hp, later 500 hp, follows in early 2002. At the other end of the range, the SL 350 affords access to the SL world of pleasure for 76,734 euros from September onwards. Curiously, the name disguises the true volume of its 245 hp V6 engine with three valves per cylinder: 3724 cc. A further step is taken at the North American International Auto Show in Detroit in January 2003 with the SL 600 (price 128,180 euros) as the preliminary top model. Like the SL 55 AMG, it brings 500 hp to bear, generated, however, by a smoky sounding twin-turbo V12 summoning all the charm of the full dozen as well as much ambience of luxury. While the automatic transmission of the SL 500 at the IAA is equipped with seven drive options, the SL 600 gets by with five. Available from dealers from June 2004 for a hefty 206,120 euros, the SL 65 AMG is recommended by Mercedes as "the world's most powerful production roadster with the highest torque," and is greeted by *Auto Bild* with the ingenious pun "Maxi-Mumm" (maxi-guts) as an allusion to the 612 hp of its twelve-cylinder engine, which achieves 0 to 124 mph in 12.9 seconds.

In March 2006 the entire SL range in cautiously retouched form offers to be test driven. Grill, front apron, rear lighting and wheel design have all been altered, and new materials and colors freshen up the passenger area. The entry-level SL 350 features a V6 engine with 272 hp and the 3.5-liter capacity to which its name refers. Other members of this four-valve generation are the V8 in the SL 500, with a 5.5-liter capacity, as well as the V12 twin-turbo of the SL 600, whose power has been increased to 517 hp to match that of the supercharged V8 in the SL 55 AMG.

With 612 hp, it is thought that SL 65 AMG is by all means sufficiently well powered, and it is left as it is.

Der Schauplatz, an dem Daimler-Chrysler-Boss Jürgen Schrempp höchstselbst am 31. Juli 2001 den SL 500 in die Autowelt einführt, ist ungewöhnlich: die Deichtorhallen in Hamburg. Ungewöhnlich schön ist auch die aktuelle Metamorphose der Legende, gestaltet von Mercedes-Chefdesigner Peter Pfeiffer und seinem Team, das sich hauptberuflich automobiler Attraktivität widmet.

Spätestens jetzt ist die mit historischem Edelrost überzogene Typenbezeichnung SL zum Paradoxon mutiert. Das L (leicht) ist eine glatte Falschmeldung angesichts von 1845 kg Leergewicht und dennoch ist der Stuttgarter Beau sportlicher geworden mit seinem V8 von 4966 cm³ mit einer oben liegenden Nockenwelle pro Bank und 306 PS, auch wenn bei Tempo 250 ein Begrenzer jeglichem Übereifer einen Riegel vorschiebt. Wie sein kleiner Bruder SLK ist er weder Roadster noch Coupé und doch beides. Vielmehr beschirmt die Insassen ein metallenes Variodach, das mittels elf Hydraulikzylindern und einer Hochdruckpumpe seinen Aggregatzustand ändert und per Infrarot-Fernbedienung aktiviert werden kann. Den letzten Stand der Dinge verkörpert auch seine Fahrwerkstechnik, Vierlenker-Vorderachse und Raumlenker-Hinterachse mit Federbeinen und Schraubenfedern sowie Drehstabstabilisatoren vorn und hinten, angereichert um fürsorgliche Elektronik wie zum Beispiel ABC (Active Body Control), das die Federung im Nu der jeweiligen Fahrsituation anpasst, Nickbewegungen vereitelt und Aufschaukeln unterbindet.

In Hamburg tritt der SL 500 (Basispreis 76 734 Euro) noch solo auf. Man möchte mit einer gestaffelten Einführung weiterer Clan-Mitglieder Neugier und Lust auf mehr machen. Anfang 2002 folgt die Kompressorvariante SL 55 AMG mit 5439 cm³, ursprünglich 476 PS, später 500 PS stark und 124 236 Euro teuer. Ab September gewährt am anderen Ende der Palette der SL 350 für 76 734 Euro Eintritt ins SL-Vergnügen. Kurioserweise verschleiert sein Name das wahre Volumen seines 245 PS leistenden V6 mit drei Ventilen pro Zylinder: 3724 cm³. Als vorläufigen Top-Typ legt man auf der North American International Auto Show in Detroit im Januar 2003 den SL 600 nach (Kostenpunkt 128 180 Euro). Wie der SL 55 AMG leistet er 500 PS, generiert diese jedoch mit einem rauchig tönenden Biturbo-V12 und bietet vor allem den Charme des vollen Dutzends auf und viel Luxusambiente dazu. Während die Automatik des SL 500 ab der IAA über sieben Fahrstufen verfügt, kommt der SL 600 mit fünf aus. Ab Juni 2004 steht für stattliche 206 120 Euro bei den Händlern der SL 65 AMG bereit, von Mercedes selbst als „der leistungs- und drehmomentstärkste Serien-Roadster der Welt" empfohlen und von *Auto Bild* mit dem feinen Wortspiel „Maxi-Mumm" begrüßt als Anspielung auf die 612 PS seines Zwölfzylinders, Zeit für den Sprint von 0 auf 200: 12,9 Sekunden.

Im März 2006 lädt die Baureihe insgesamt in behutsam retuschierter Form zur Probefahrt. Grill, Frontschürze, Heckleuchten und Felgendesign sind verändert, neue Materialien und Farben frischen den Wohnbereich auf. Im Einstiegs-SL 350 hat ein V6 mit 272 PS und den 3,5 Litern Hubraum Einzug gehalten, auf die sein Name verweist. Zur neuen Vierventil-Generation wie dieser zählt auch der V8 im SL 500, mit 5,5 Litern wie der V12-Biturbo des SL 600, dessen Leistung gleich der des Kompressor-V8 im SL 55 AMG auf 517 PS angehoben worden ist.

Mit 612 PS, meint man, sei der SL 65 AMG durchaus hinreichend motorisiert und lässt es dabei bewenden.

2001

Le 31 juillet 2001, Jürgen Schrempp, directeur de DaimlerChrysler, choisit de présenter en personne la SL 500 dans un lieu pour le moins inhabituel : les Deichtorhallen à Hambourg. La beauté du modèle, elle aussi, sort de l'ordinaire. Son créateur Peter Pfeiffer, directeur du style chez Mercedes, ainsi que son équipe, ont consacré leur vie à l'esthétique automobile.

À compter de cette date, la désignation classique SL devient un paradoxe. Le L pour « léger » ne convient pas vraiment aux 1845 kg et, pourtant, la belle de Stuttgart est devenue plus sportive avec son V8 de 4966 cm³ et un arbre à cames en tête par banc – même si, à 250 km/h, un limiteur de vitesse tempère tout excès. Comme la plus petite SLK, elle n'est ni cabriolet ni coupé, mais les deux à la fois. Pour se rabattre, le toit métallique fait appel à onze vérins hydrauliques et à une pompe à haute pression, actionnés par une télé-

Mercedes-Benz SL 500–SL 65 AMG

commande à infrarouge. La technique du châssis représente la pointe de la technologie, avec son essieu avant à quatre bras et son essieu multibras à l'arrière doté de jambes télescopiques et de ressorts hélicoïdaux, ses barres de torsion stabilisatrices à l'avant et à l'arrière, sans compter une électronique raffinée ainsi que l'ABC (Active Body Control) qui adapte la suspension instantanément à tout changement de situation, éliminant tangage, roulis ou vibrations en résonance.

La SL 500 (prix de départ : 76 734 euros) entre seule en scène. L'entreprise souhaite attiser la curiosité et susciter l'envie en étalant dans le temps l'introduction des modèles suivants. Début 2002, apparaît la version à compresseur, la SL 55 AMG, avec 5439 cm³, 476 ch à l'origine, puis 500, pour la somme de 124 236 euros. À partir de septembre, la SL 350, qui se situe à l'autre extrémité de la gamme, met le billet d'entrée dans

la Classe SL à 76 734 euros. Détail curieux, son nom masque la cylindrée réelle de son V6 fournissant 245 ch avec trois soupapes par cylindre : 3724 cm³. À l'occasion du North American International Auto Show de Detroit, en janvier 2003, la SL 600 occupe provisoirement le haut de la gamme (coût : 128 180 euros). À l'instar de la SL 55 AMG, elle développe 500 ch, mais au moyen d'un V12 biturbo dont le bruit n'est pas assourdissant et qui combine tous les charmes du V12, le tout baignant dans le luxe absolu. Si la boîte automatique de la SL 500 compte sept vitesses à partir de l'IAA, la SL 600 se contente de cinq. En juin 2004, les concessionnaires proposent pour quelque 206 120 euros la SL 65 AMG, que Mercedes qualifie de « plus puissant cabriolet de série au monde, avec le couple moteur le plus élevé qui soit ». La revue *Auto Bild* l'accueille par un jeu de mots : « Maxi-Mumm » (maxi tripes) allusion aux 612 ch de son

douze-cylindres qui la font passer de 0 à 200 km/h en 12,9 secondes.

En mars 2006, les nouveaux produits de la gamme ont subi de légères retouches. La calandre, le tablier, les feux arrière et le style des jantes ont changé, des couleurs et des matières nouvelles rajeunissent l'habitacle. La SL 350 d'entrée de gamme accueille un V6 de 272 ch et d'une cylindrée de 3,5 litres, à laquelle son nom fait allusion. La nouvelle génération des quatre-soupapes tels que celui-ci compte également le V8 de la SL 500, avec 5,5 litres comme le V12 biturbo de la SL 600, dont la puissance, de même que celle du V8 à compresseur de la SL 55 AMG, passe à 517 ch.

Le constructeur, estimant que 612 ch constituent une motorisation suffisante pour la SL 65 AMG, en reste là.

Unmistakable elements of the latest SL generation are the aerodynamically inclined rimless xenon headlights and an extremely comfortable and functional cockpit.

Unverkennbare Elemente der jüngsten SL-Generation sind die in aerodynamisch günstiger Schräge randlos eingelassenen Xenonlampen und ein überaus wohnliches und funktionelles Cockpit.

Des éléments distinctifs de la toute dernière génération de SL sont les phares xénon aérodynamiquement inclinés et sans bordure, ainsi qu'un cockpit où la convivialité rivalise avec le fonctionnel.

The current SL continues what the first SLK generation
began. The beautiful convertible mutates into a sleek
coupé in only 16 seconds. At any rate, the driver of the
SL 55 AMG has an abundance of power at his disposal.

Der aktuelle SL führt fort, was der SLK der ersten
Generation begonnen hat. In nur 16 Sekunden
mutiert das schöne Cabriolet zum schnittigen
Coupé. In jedem Falle gebietet der Fahrer des
SL 55 AMG über Kraft in Hülle und Fülle.

L'actuelle SL poursuit ce que la SLK de la première
génération a inauguré. En seize secondes seulement, le
magnifique cabriolet se métamorphose en un élégant
coupé. Dans tous les cas de figure, le conducteur de la
SL 55 AMG ne peut se plaindre d'un manque de puissance.

It is a most peculiar phenomenon, even in the multi-cultural throng on the world's roads, and its very unusualness stands in the way of a cuddly acclimatization. The death knell is sounded over the project after only four years.

The Roadster and Roadster-Coupé, presented at the end of August 2002, are the sporty derivation, so to speak, by DaimlerChrysler subsidiary Smart of the idea behind its City Coupé of which 400,000 have been built since 1998. All the important elements of the droll two-seater are reflected in the athletic model, only 3'11" tall: extremely scant overhangs, the turbocharged three-cylinder engine at the rear, the sturdy steel bodywork cocoon, and the plastic cladding. The doors are made of aluminum. A Smart conveys fun, expressed by a merry colorfulness with pillars, door sills, and part of its face in contrasting colors – and does so in this version as well.

For example, its crouched stature and muscularly expanded fenders with four small headlights, upper and lower beam, poking from their tips, albeit somewhat awkwardly in terms of aerodynamics, are certainly sportingly independent. In all it celebrates its diminutive size, in which it has the finest company, for example the Lotus Elise, although at 11'3" the Sport Smart is still much shorter than that car's 12'3", even if the wheelbase is a comparatively generous 7'9". Somewhat taller men and women find that getting into and out of the seats is not without its problems. For the time in between, the bonzai Benz pampers its passengers with surprisingly abundant space. However, its predominantly youthful clientele cannot take a lot of luggage with them, and need to divide it up between the 2.1-cu-ft compartment under the hood and the additional three cubic feet of the shallow recess above the engine. The same is true of the Roadster, but only when its electrically operated (in ten seconds) convertible top does not occupy this space. The Roadster-Coupé, with its spoiler-armored glass dome behind the targa bar, offers more with 6.7 cu ft – until, that is, its two plastic top sections are stowed away. Both roof constructions are optionally interchangeable, at a surcharge for the Roadster.

The mini Mercedes is certainly as manageable as a go-kart, with its wide track, low center of gravity, excellently aligned wheels on double wishbones and McPherson struts at the front, a De Dion axle at the rear, and stabilizers at both ends. A tendency to understeer at the limit is counteracted by the standard ESP. The main object of criticism is the engine, but not because of poor performance – initially 82 hp or, from mid 2003, also 61 hp, and even 101 hp in a Brabus version from March 2004, transferred to the rear axle by an automatic 6-speed sequential transmission with distinct shifting intermissions. As part of a sport package, for an extra 1000 euros it can be operated by little paddles behind the steering wheel as in a Ferrari. A capacity of 0.7 liters is simply not sufficient and does not create enough torque, resulting in turbo lag after each change of gear until the supercharger once again kicks in. Since sales are laboriously slow at a total of 43,000 vehicles, the jaunty pair of brothers are axed in the reorganization plan of early 2005. Production is finally ended on November 2 of that year.

Selbst im Multi-Kulti-Gewimmel auf den Straßen dieser Welt ist er eine höchst sonderbare Erscheinung. Überdies steht einer kuscheligen Gewöhnung seine Seltenheit im Wege und so bimmelt nach lediglich vier Jahren das Sterbeglöcklein über dem Projekt.

Mit dem Roadster und dem Roadster-Coupé, Ende August 2002 präsentiert, hat die DaimlerChrysler-Tochter Smart die Idee hinter ihrem City-Coupé nach 400 000 seit 1998 gebauten Exemplaren gleichsam ins Sportive übersetzt. Alle wesentlichen Elemente des drolligen Zweiplätzers finden sich in dem nur 1192 mm hohen Leicht-Athleten wieder, überaus knappe Überhänge, der turbogestärkte Dreizylinder im Heck, der stabile stählerne Karosserie-Kokon, die Beplankung mit Kunststoffpaneelen. Die Türen sind aus Aluminium. Ein Smart transportiert Frohsinn, ausgedrückt durch vergnügte Buntheit mit farblich abgesetzten Säulen, Schwellern und Teilen seines Gesichts auch in dieser Version.

Sportlich eigenständig sind etwa seine geduckte Statur und die muskulös geschwellten Kotflügel, aus deren Spitzen keck und aerodynamisch ein wenig sperrig vier Scheinwerferlein hervorlugen, getrennt nach Abblend- und Fernlicht. Allüberall zelebriert man Winzigkeit und befindet sich damit in der besten Gesellschaft beispielsweise des Lotus Elise, dessen 3730 mm Länge der Sport-Smart mit 3427 mm (der Radstand ist mit 2360 mm vergleichsweise generös bemessen) noch einmal beträchtlich unterbietet. Für Frauen und Männer mit Gardemaß gestaltet sich das Auf- und Absitzen nicht eben problemlos. In der Zeit dazwischen verwöhnt der Bonsai-Benz durch überraschend reichlich Raum. Viel kann seine vorzugsweise jugendliche Klientel indessen nicht mitnehmen und muss es dazu noch aufteilen zwischen einem Verlies mit 59 Litern Volumen unter der Fronthaube und 86 zusätzlichen Litern in einer flachen Mulde über dem Motor. Dies gilt für den Roadster und auch nur dann, wenn sich sein in zehn Sekunden elektrisch faltbares Stoffdach nicht gerade dort breit macht. Das Roadster-Coupé mit seiner spoilerbewehrten Glaskuppel hinter dem Targabügel bietet mit 189 Litern mehr – bis man seine beiden Top-Teile aus Plastik verstaut hat. Wahlweise sind beide Dachkonstruktionen austauschbar, beim Roadster gegen Aufpreis.

Natürlich ist der Mercedes-Mini handlich wie ein Gokart mit seiner breiten Spur, dem tiefen Schwerpunkt, trefflich geführten Rädern an doppelten Querlenkern und McPherson-Federbeinen vorn, einer De-Dion-Achse hinten und Stabilisatoren an beiden Enden. Einem tendenziellen Untersteuern im Grenzbereich bietet das serienmäßige ESP Einhalt. Kritik löst vor allem sein Triebwerk aus und dies nicht unbedingt wegen mangelnder Leistung, zunächst 82 PS, ab Mitte 2003 auch 61 PS und sogar 101 PS in einer Brabus-Version vom März 2004 an, von einem automatisierten sequentiellen Sechsganggetriebe mit deutlichen Schaltpausen an die Hinterachse weitergereicht. Für 1000 Euro mehr und geschnürt in ein Sportpaket lässt es sich durch Paddelchen hinter dem Lenkrad betätigen wie in einem Ferrari. Aber 0,7 Liter sind einfach zu wenig Hubraum und aktivieren nicht genug Drehmoment, so dass sich nach jedem Gangwechsel ein Turboloch einstellt, bis der Lader wieder Tritt gefasst hat. Da sich die Verkäufe mit 43 000 Einheiten insgesamt nur mühselig dahinschleppen, wird das flotte Brüderpaar durch den Sanierungsplan im Frühjahr 2005 dahingerafft. Am 2. November jenes Jahres versiegt die Produktion.

2002

Malgré la diversité des modèles proposés sur le marché, son apparition ne passe pas inaperçue. Par ailleurs, les acheteurs potentiels ont du mal à s'y habituer tant ce Smart Roadster est rare. De ce fait, au bout de quatre ans seulement, le projet est avorté.

Avec le Roadster et le Roadster-Coupé, présenté fin août 2002 par Smart, la filiale de DaimlerChrysler reprend l'idée qui a fait le succès de son City Coupé – 400 000 ventes depuis 1998 ! – et lui donne un vernis sportif. L'athlète, du haut de ses 1192 mm, a repris tous les points essentiels de la biplace originale, les porte-à-faux très réduits, le trois-cylindres renforcé par un turbo à l'arrière, le cocon rassurant de la carrosserie en acier et les panneaux d'habillage de matière synthétique. Les portes sont en aluminium. Conduire une Smart a un côté ludique à travers les multiples coloris qui ornent les montants de caisse, les élargisseurs

Smart Roadster & Roadster-Coupé

d'ailes et certaines parties du capot. Cette version ne faillit pas à la règle.

La stature un peu ramassée a une allure sportive, de même que les ailes musclées au bout desquelles se nichent quatre petits phares effrontés et aérodynamiques, quoiqu'un peu encombrants, divisés en feux de croisement et feux de route. La miniaturisation est à la fête un peu partout, ce qui rapproche cette Smart de la Lotus Elise par exemple, dont les 3730 mm de longueur semblent énormes par rapport aux 3427 mm de la Smart version sport (l'empattement de 2360 mm, par comparaison, est plutôt généreux). Cela dit, pour ses adeptes de haute taille, il n'est pas évident de s'y installer ou d'en sortir. Tant qu'ils sont assis, ils seront surpris par l'espace généreux qu'offre cette sorte de miniature automobile. Néanmoins, la clientèle plutôt jeune ne peut pas transporter de nombreux bagages, qu'elle devra répartir entre

un mini-coffre de 59 litres sous le capot et un autre de 86 litres au-dessus du moteur. C'est tout ce que propose le cabriolet, et encore, à condition que sa capote électrique, repliable en 10 secondes, ne se trouve pas précisément dans le coffre.

Le Roadster-Coupé, avec sa coupole en verre armée d'un spoiler derrière l'arceau type targa, offre davantage, soit 189 litres — excepté lorsque les deux parties du toit en plastique viennent s'y loger. Les deux toits sont interchangeables, mais avec un surcoût pour le cabriolet.

Bien sûr, la mini-Mercedes est maniable comme un kart, avec ses voies larges, son centre de gravité très bas, ses roues bien guidées par des doubles bras transversaux et des jambes McPherson à l'avant, un essieu De Dion à l'arrière et des barres antiroulis aux deux extrémités. L'ESP en série pallie la tendance à sous-virer quand on la pousse à la limite. Les critiques s'en prennent sur-

tout au moteur, mais pas en raison d'une puissance insuffisante : initialement de 82 ch, de 61 à la mi-2003 et même de 101 ch dans une version Brabus de mars 2004, que transmet à l'essieu arrière une boîte robotisée à six rapports aux temps de réponse non négligeables. Pour 1000 euros de plus, une boîte séquentielle commandée par de petits contacteurs derrière les branches du volant est fournie ; elle permet de la piloter comme une Ferrari. Or, une cylindrée de 0,7 litre ne suffit pas et ne produit pas assez de couple moteur. Résultat, à chaque changement de vitesse, il faut attendre que le turbo reprenne son souffle. Dans l'ensemble, les 43 000 unités vendues sont loin d'être satisfaisantes et les deux jolies sportives ont été victimes d'un programme de restructuration au printemps 2005. La production a cessé en novembre de la même année.

Essential elements of the DaimlerChrysler subsidiary's drolly practical City Coupé can again be found on the Smart Roadster, albeit in sporty adaptations. The characteristic arrangement of the four tiny headlights does much to highlight its bond to the marque.

Im Smart Roadster kehren wesentliche Elemente des drollig-praktischen City Coupés der DaimlerChrysler-Tochter wieder, allerdings ins Sportive gewendet. Die markenspezifische Anordnung der vier Scheinwerfer hat man bei ihm gewissermaßen auf den Punkt gebracht.

La Smart Roadster reprend des éléments essentiels du sympathique et pratique City Coupé de la filiale de DaimlerChrysler, mais traités sur un mode plus sportif. Elle reprend comme un symbole l'agencement spécifique à la marque des quatre phares.

Everything is designed
to save space. The
purring three-cylinder
engine, together with its
turbocharger, is stashed
away transversely in a tiny
cell at the rear. When
the components of the
hardtop have vanished in
the luggage compartment,
the latter only suffices for
an essential minimum.

Alles ist auf Raum-
ersparnis hin ausgelegt.
Der schnurrende
Dreizylinder wurde nebst
Turbolader in einem
winzigen Verlies quer
im Heck verstaut. Wenn
die Komponenten des
Hardtops im Gepäck-
abteil eingelagert sind,
reicht dieses nur noch für
das Allernotwendigste.

Tout, ici, est conçu
pour économiser la
place. Le trois-cylindres
au ronronnement de
machine à coudre, a
été logé, avec son
turbocompresseur,
transversalement
dans un minuscule
compartiment à l'arrière.
Si l'on range dans le
coffre des éléments du
hardtop, il n'y a plus
de place que pour un
minuscule attaché-case.

Just like the SSK of 1928 and 300 SL of 1954, the latest Mega-Mercedes with the cumbersome name is an absurdity in commercial terms. But at the same time it polishes and reflects the brilliance of the Stuttgart star as no other model of the company can. Moreover, produced in the futuristic McLaren complex in Woking, it is a joint product meant to cement the marriage of convenience between Mercedes-Benz and the premium English racing stable.

This time, however, things go awry. The SLR study, presented in Detroit in January 1999, is still the center of attention, for a few months previously the star driver Mika Häkkinen won his first world title in a McLaren-Mercedes. But by the time of the actual product's introduction at the Frankfurt IAA 2003, selling for the hefty price of 345,000 euros, the Silver Arrows have long become the subject of crude jokes. What is more, the Anglo-German super car's design, in which both current and historic elements mingle with genuine requirements, does not exactly induce love at first sight. Particularly the intricate front, the endlessly rising waistline, the flat passenger area set well back to the rear, as well as the tail end stretching upward to the sky, awaken stylistic unease.

But all this is for good reason. Gordon Murray, McLaren's designer in charge of the SLR, set it out as a front/mid engined automobile and, for balanced weight distribution, embedded the engine way behind the front axle – hence the long front section. The high rear is an integral part in the creation of downforce, and brings with it the thoroughly useful 9.6-cu-ft capacity trunk – sufficient for the inevitable set of golf clubs. A spoiler set flush on top variably adapts itself to the respective driving situation, rising upward at an angle of 65 degrees on sudden braking. Its aerodynamic counterpart underneath consists of a six-channel diffuser. The vehicle's emissions are conducted off to the side to ensure that the underside is optimally smoothed for the oncoming air to be directed against it. The two large mufflers release their heat through the fierce-looking vents in the flanks, a visual reminder of the 1955 SLR.

The Anglo-German dream car is dressed in an enormously expensive carbon fiber robe, five times more rigid than steel and much lighter, baked in the McLaren autoclave. With its 3851 lbs curb weight due to typical Mercedes luxuries such as five-speed automatic transmission, electrical steering wheel adjustment, a sophisticated airbag system as well as an automatic air conditioning system adjustable for both left and right, it is not exactly a featherweight and orientates itself in this respect more towards its Ferrari competitor the 575 Maranello (3896 lbs) than on its local rival, the Porsche Carrera GT (3042 lbs).

But the skilful SLR driver can easily keep even those at bay. This is effectively ensured by the racing chassis with its classical double wishbones and spring/damper units and brakes with massive ceramic disks, but most of all by the voracious 626 hp of the supercharged, 5.5-liter capacity V8, lovingly conditioned by the company subsidiary AMG. Its similarity to the engine of the SL 55 AMG is purely external, the oil supply converted to dry sump lubrication and the IHI screw-type supercharger enlarged. From zero to 124 mph in 11.3 seconds and a top speed of 200 mph is no child's play after all.

Wie seine berühmten Vorfahren SSK von 1928 und 300 SL von 1954 ist der jüngste Mega-Mercedes mit dem sperrigen Namen aus kaufmännischer Sicht ein Unding. Aber gleich jenen poliert er wie kein anderes Modell der Marke an der Strahlkraft des Stuttgarter Sterns. Und überdies soll er die Vernunftehe zwischen Mercedes-Benz und dem englischen Premium-Rennstall festigen durch ein gemeinsames Produkt, gefertigt in dem futuristisch anmutenden McLaren-Werkskomplex in Woking.

Aber diesmal läuft einiges schief. Die Studie SLR, im Januar 1999 in Detroit vorgestellt, schöpft gleichsam noch aus dem Vollen, denn ein paar Monate zuvor hat Star-Pilot Mika Häkkinen auf McLaren-Mercedes seine erste Weltmeisterschaft gewonnen. Bei der Einführung des käuflichen Produkts zum saftigen Preis von 345 000 Euro anlässlich der Frankfurter IAA 2003 indessen sind die Silberpfeile längst zum Gegenstand von rohen Scherzen geworden. Und: Das Design des anglo-teutonischen Supercars, in dem sich aktuelle und historisierende Zitate mit Sachlichem mischen, lädt nicht unbedingt ein zu Liebe auf den ersten Blick. Vor allem die leicht verquaste Frontpartie, die schier endlos ansteigende Seitenlinie sowie das weit hinten angesiedelte flache Passagierkabine sowie das himmelwärts gereckte Hinterteil erwecken stilistisches Unbehagen.

Dabei hat das alles seine guten Gründe. McLaren-Konstrukteur Gordon Murray hat den SLR als Frontmittelmotorwagen ausgelegt, das Triebwerk zwecks ausgewogener Gewichtsverteilung tief hinter der Vorderachse eingelassen – daher die lange Frontpartie. Das hohe Stummelheck ist eingebunden in die Erzeugung von Abtrieb, hält indessen auch den durchaus nützlichen Kofferraum von 272 Litern Volumen bereit – genug für die unvermeidliche Golfausrüstung. Oben bündig eingelassen passt sich der Spoiler variabel an die jeweilige Fahrsituation an und reckt sich etwa bei scharfem Bremsen im Winkel von 65 Grad empor, aerodynamisches Gegenstück unten: ein Sechskanal-Diffusor. Um zu seiner optimalen Anströmung den Unterboden gebührend zu glätten, werden die Emissionen der Maschine seitlich abgeführt. Durch die wütend gebleckten Öffnungen in den Flanken, visuell Remiszenzen an den SLR von 1955, entlassen die beiden großen Schalldämpfer ihre Hitze ins Freie.

Gewandet ist der Supersportler in sündhaft teurem CFK, fünfmal steifer als Stahl und viel leichter, gebacken in den McLaren-Autoklaven. Mit 1747 kg Leergewicht, bedingt durch Mercedes-typischen Luxus wie seinen Fünfstufenautomaten, elektrische Lenkradverstellung, ein ausgeklügeltes Airbag-System sowie eine links und rechts regelbare Klimaautomatik, ist er nicht eben ein Bruder Leichtfuß und orientiert sich in dieser Hinsicht eher am Konkurrenten Ferrari 575 Maranello (1767 kg) als am Lokalrivalen Porsche Carrera GT (1380 kg).

Selbst diesen kann sich der kundige SLR-Lenker locker vom Leibe halten. Dafür sorgen nachhaltig sein Rennfahrwerk mit klassischen Doppelquerlenkern und Einheiten von Federn und Dämpfern, Bremsen mit massiven Keramikscheiben, vor allem aber die 626 satt im Futter stehenden PS seines Kompressor-V8 mit 5,4 Litern Hubraum, liebevoll aufbereitet von der Firmentochter AMG. Seine Ähnlichkeit zum Triebwerk des SL 55 AMG ist rein äußerlich, der Ölhaushalt auf Trockensumpfschmierung umgerüstet, der IHI-Schraubenverdichter vergrößert. 11,3 Sekunden auf 200 km/h und 324 km/h Spitze sind schließlich kein Pappenstiel.

2003

À l'instar des célèbres SSK de 1928 et 300 SL de 1954, le dernier bijou au nom à rallonge sorti par Mercedes est une ineptie du point de vue commercial. Néanmoins, tout comme les modèles qui l'ont précédé et plus que tout autre modèle de la marque, il fait briller l'étoile de la firme. En outre, il doit consolider le mariage de raison conclu entre Mercedes-Benz et la prestigieuse écurie de course anglaise, union dont le fruit est fabriqué dans l'usine futuriste de McLaren à Woking.

Tout ne se déroule pas comme prévu. L'étude SLR, qui a été présentée en janvier 1999 à Detroit, profite de la réputation acquise quelques mois plus tôt par le grand Mika Häkkinen, vainqueur du championnat du monde sur une McLaren-Mercedes. Lorsque le produit proposé à la vente est introduit au prix astronomique de 345 000 euros à l'IAA 2003 de Francfort, en revanche, la nouvelle Flèche d'argent est déjà devenue la risée

Mercedes-Benz SLR McLaren

du salon. Qui plus est, le style de cette petite merveille anglo-allemande, qui combine modernisme, rappels historiques et aspects fonctionnels, est loin de faire l'unanimité. Les esthètes sont un peu rebutés par la partie avant assez étirée, la ligne de ceinture qui remonte sans fin et l'habitacle trop reculé ou l'arrière qui pointe vers le ciel.

À tout cela, il existe de bonnes raisons. Gordon Murray, le concepteur de McLaren, a conçu un moteur central avant, qu'il a donc placé loin derrière l'essieu avant, pour mieux répartir les masses – d'où la longueur du capot avant. L'arrière relevé, qui contribue à augmenter l'appui, contient aussi un coffre très utile de 272 litres – suffisant pour l'indispensable sac de golf. Au-dessus, le spoiler affleurant s'adapte à toutes les situations et se redresse, par exemple, selon un angle de 65° en cas de coup de frein brutal. Son équivalent aérodynamique à l'étage inférieur est un diffuseur à six canaux. Les gaz d'échap-

pement sont rejetés latéralement, pour que le fond reste plat, ce qui optimise l'écoulement de l'air. Les deux imposants pots d'échappement qui diffusent leur chaleur par les ouvertures pratiquées dans les flancs rappellent la SLR de 1955.

La championne est revêtue de kevlar, une matière d'un prix exorbitant, mais cinq fois plus rigide que l'acier et bien plus légère, qui sort des autoclaves de McLaren. Pesant 1747 kg à vide en raison d'un luxe très Mercedes, boîte automatique à cinq rapports, réglage électrique du volant, système raffiné de coussins gonflables ou climatisation réglable à gauche comme à droite, ce modèle n'est pas vraiment un poids plume et se rapproche davantage de sa concurrente, la Ferrari 575 Maranello (de 1767 kg) que de la Porsche Carrera GT (1380 kg).

Le conducteur expérimenté de la SLR n'aura aucun mal à dépasser la Porsche Carrera GT. C'est là qu'in-

terviennent le châssis de type compétition aux classiques doubles bras transversaux, les combinés ressorts et amortisseurs, les freins à disque massifs en céramique, mais surtout les 626 ch bien nourris de son V8 d'une cylindrée de 5,4 litres, suralimenté par un compresseur volumétrique et mis au point par la filiale AMG. Sa ressemblance avec le moteur de la SL 55 AMG est purement extérieure, puisqu'il est doté d'un graissage à carter sec et d'un compresseur à vis IHI plus fort. En fin de compte, le 200 km/h en 11,3 secondes et les pointes à 324 km/h ne sont pas négligeables !

The engine of the SLR McLaren is well back behind the front axle for the sake of a balanced weight distribution. This determines its proportions, a seemingly unending hood, small passenger compartment, stubby tail-end.

Zwecks ausgeglichener Gewichtsverteilung ist das Triebwerk des SLR McLaren weit hinter der Vorderachse platziert. Das bedingt seine Proportionen, nicht enden wollende Motorhaube, kleiner Fahrgastpavillon, Stummelheck.

Pour une répartition
équilibrée du poids,
le moteur de la SLR
McLaren est placé
très en arrière du train
avant. Cela dicte ses
proportions, un capot
moteur long comme un
jour sans fin, une petite
cabine de pilotage et
un arrière tronqué.

Like its gullwing doors, the gills of the monster Mercedes hark back to the fifties' 300 SLR in the shape of the Uhlenhaut Coupé. However, it is the silencers that are concealed behind them. The engine is made from the finest ingredients, a supercharged 5.4-liter V8.

Wie die Flügeltüren zitieren die Kiemen des Mega-Mercedes den 300 SLR alter Art in der Form des Uhlenhaut-Coupés. Allerdings verbergen sich hinter ihnen die Schalldämpfer. Der kulinarisch aufbereitete Motor: ein V8 mit 5,4 Litern Hubraum und Kompressor.

Comme les portes papillon, les ouïes de la méga-Mercedes sont une citation de la 300 SLR dans la version coupé Uhlenhaut. Elles ne dissimulent en réalité que les silencieux d'échappement. Les ingrédients du moteur aiguisent l'appétit : un V8 de 5,4 litres de cylindrée à compresseur.

The high rear of the Mercedes-McLaren for the road is crowned by an inconspicuous spoiler that adjusts itself variably to the respective driving situation. The bottom of it is furrowed by a six-channel diffuser. After all, it has to remain on the ground even at speeds exceeding 200 mph.

Das hohe Heck des Mercedes-McLaren für die Straße wird gekrönt von einem unauffälligen Spoiler, der sich der jeweiligen Fahrsituation variabel anpasst. Unten wird es durchfurcht durch einen Sechskanal-Diffusor. Er muss schließlich auch jenseits von Tempo 300 am Boden bleiben.

La poupe élevée de la Mercedes-McLaren de route est couronnée par un discret aileron dont l'incidence varie en fonction de la situation de conduite. Sous la poupe se trouve un diffuseur à six canaux. La voiture doit toujours toucher terre même à plus de 300 km/h.

The most beautiful curves can be enjoyed when stationary" enthuses a lyrical advertising brochure. And the second generation SLK, introduced in January and available for purchase from May 2004 onwards, really does captivate with its youthful attractiveness. Everything is as it should be: the overall proportions; the gentle slope of the high waistline, taken up again behind the A-pillar, the stout rear end. Suddenly, even the cleft and pointed nose, a reminiscence of both the Formula One racing car of the McLaren-Mercedes joint venture and its SLR big brother is greeted with praise.

Special care has been taken in improving the convertible top that now uncovers an open view of the sky within 22 seconds – three seconds faster than previously. The seemingly chaotic spectacle that precedes the opening – or closing – of the SLK, remains. The pressing of a button to the right of the handbrake is sufficient for the system to open the tailgate, slide back the C-pillar and roof over the roll bar, whereby the rear pane turns circle, and a little later almost inaudibly secure the mechanism. The metamorphosis to a coupé is naturally most welcome during long journeys, bad weather, and particularly in winter. For all those who even then don't wish to forgo the breezy pleasures of topless driving, the new species of SLK holds something special in store, available on demand for an additional charge and only in combination with heated leather seats, succinctly termed an air-scarf in Mercedes jargon. When required, and adjusted to match the respective speed, warm air is blown around the passengers' heads by a three-stage blower via slats in the headrests, a comfort it soon seems impossible to do without. Anatomically formed sports seats are set in the spacious cockpit for two (the wheelbase has grown by 11/8" to 8'), surrounded by the beautifully trimmed practicality of high-quality, classily grained, matt-black plastic, in attractive contrast to the silver controls and instrumentation mountings.

The best of care has also been taken to ensure that the beautiful curves can be enjoyed when driving, too. With double wishbones and McPherson struts at the front, the typical Mercedes multi-link independent rear suspension, proven in practice since the 190 E, and brakes that always grip mercilessly, the SLK is splendidly equipped, even for trips into regions which go far beyond the limits of lesser vehicles.

Neither have they been sparing in regard to the engine. Even the starting model of the range, the SLK 200 Kompressor, is livened up by 163 hp, provided by a 1796 cc four-cylinder engine with two overhead camshafts, a Roots blower and intercooler. Purringly smooth performance is ensured by two balancer shafts. Nevertheless, the SLK junior allows itself the liberty of a throaty bellow at high revs. The SLK 350 with its 272 hp unleashed from a 3498 cc V6 engine, considerably outplays the similarly priced BMW Z4 3.0 (originally 231 hp). The customer is even offered a most impressive 360 hp by the SLK 55 AMG, under the hood of which a 5439 cc V8 engine does its duty powerfully and yet in a comfortably restrained manner. In any case, both SLK 350 and SLK 55 AMG are brought to see reason at 155 mph by rev limiters, while the SLK 200 still manages to reach 138 mph. These three beauties can accelerate to 62 mph in 8.3, 6.1, and 4.9 seconds respectively. But one is reluctant to demand that of them.

Die schönsten Kurven kann man schon im Stand genießen" frohlockt eine Werbebroschüre. Und in der Tat besticht der SLK der zweiten Generation, eingeführt im Januar und käuflich ab Mai 2004, durch junge Hübschheit. Alles stimmt, die Proportionen insgesamt, die sanfte Schräge der hohen und hinter den A-Säulen noch einmal neu ansetzenden Gürtellinie, das bullige Heck. Plötzlich macht sogar die gespitzt-zerklüftete Nase ästhetischen Sinn, eine Reminiszenz an die Formel-1-Renner des Joint Ventures McLaren-Mercedes sowie den kontrovers aufgenommenen großen Bruder SLR.

Besondere Sorgfalt hat man auf die Verbesserung des Variodachs verwendet, das nun den dankbaren Blick zum Himmel binnen 22 und damit drei Sekunden schneller als zuvor freigibt. Geblieben ist das scheinbar chaotische Schauspiel, das der Eröffnung des SLK vorausgeht – oder seiner Schließung. Ein Druck auf einen Knopf rechts vor der Handbremse genügt und das System öffnet die Heckklappe, schiebt C-Säule und Dachteil über die Überrollbügel hinaus, wobei die rückwärtige Scheibe einen Felgumschwung vollzieht, und verriegelt den Mechanismus wenig später fast unhörbar. Natürlich ist diese Metamorphose zum Coupé höchst willkommen bei längeren Reisen, Dreckwetter und vor allem im Winter. Für alle, die auf die Freuden luftiger Offenheit auch dann nicht verzichten wollen, hält der SLK der neuen Art auf Wunsch, gegen Aufpreis und nur gemeinsam mit beheizbaren Ledersitzen eine Spezialität bereit, im Mercedes-Jargon griffig Luftschal geheißen. Bei Bedarf und abhängig von der jeweiligen Geschwindigkeit pustet ein dreistufiger Nackenfön durch Lamellen in der Kopfstütze heiße Luft gegen die Häupter der Insassen, eine Annehmlichkeit, die man bald nicht mehr missen mag. In seinem geräumigen Cockpit für zwei (der Radstand ist um 30 auf 2430 mm gewachsen) lagern selbst Lange gut in anatomisch ausgeformten Sportsitzen, umgeben von schön verbrämter Sachlichkeit wie edel vernarbten mattschwarzen Kunststoffen in attraktivem Kontrast zu silbrigen Knöpfen und Instrumenteneinfassungen.

Bestens vorgesorgt ist überdies dafür, dass man die schönsten Kurven auch während der Fahrt genießen kann. Mit Querlenkern und McPherson-Federbeinen vorn, dem seit dem 190 E vielfach bewährten Mercedes-Requisit Raumlenkerachse hinten und Bremsen, die stets unerbittlich zupacken, ist der SLK selbst für Ausflüge in einen weit draußen angesiedelten Grenzbereich glänzend gerüstet.

Denn hinsichtlich seiner Motorisierung hat man sich ebenfalls nicht lumpen lassen. Schon das Einstiegsmodell SLK 200 Kompressor machen 163 PS munter, bereitgestellt von einem Vierzylinder von 1796 cm³ mit zwei oben liegenden Nockenwellen, einem Roots-Gebläse und einem Intercooler. Zwei Ausgleichswellen sorgen für schnurrende Laufkultur. Gleichwohl erlaubt sich der SLK-Junior bei hohen Drehzahlen ein heiseres Röhren. Dem ungefähr gleich teuren BMW Z4 3.0 (ursprünglich 231 PS) ist bereits der SLK 350 deutlich überlegen mit den 272 PS, welche ein V6 mit 3498 cm³ hervorbringt. Über 360 PS gebietet gar der Lenker des SLK 55 AMG, unter dessen Fronthaube ein V8 von 5439 cm³ mächtig und dennoch angenehm gezügelt waltet. Ohnehin werden SLK 350 und SLK 55 AMG bei Tempo 250 durch Drehzahlbegrenzer zur Raison gebracht, während es der SLK 200 auf immerhin 223 km/h bringt. Bei 100 sind die schönen Drei in 8,3, 6,1 und 4,9 Sekunden angelangt. Aber das mag man ihnen gar nicht zumuten.

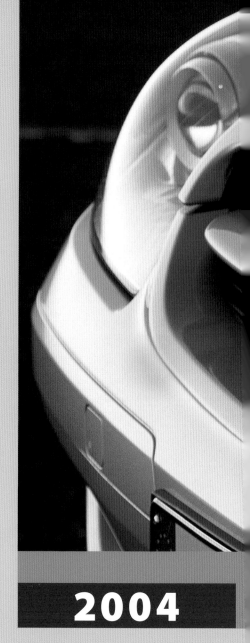

2004

La SLK de deuxième génération, introduite en janvier 2004 et disponible en mai suivant, séduit par sa beauté juvénile, ce qui n'enlève rien à la publicité qui vante la beauté de ses courbes. Tout n'est qu'harmonie : les proportions, l'inclinaison de la haute ceinture de caisse, qui se prolonge après les montants avant, l'arrière massif. L'esthétique de son nez pointu aux narines dilatées frappe tout de suite – elle rappelle les McLaren-Mercedes de Formule 1, mais aussi sa grande sœur, la SLR – et reçoit un bon accueil.

Un soin tout particulier a été apporté à l'amélioration du toit rétractable, qui s'ouvre désormais en 22 secondes, soit trois secondes de moins qu'auparavant. Reste le processus en apparence très compliqué qui préside à l'ouverture de la SLK – ou à sa fermeture. On appuie sur un bouton à droite du frein à main et le système ouvre le couvercle du coffre, recule le montant arrière et le toit

Mercedes-Benz
SLK 200 Kompressor – SLK 55 AMG

au-dessus de l'arceau de sécurité, tandis que le panneau arrière pivote et verrouille ensuite le mécanisme pratiquement sans un bruit. Il va sans dire que cette métamorphose en coupé est plus que bienvenue pour les parcours longs, par mauvais temps et surtout en hiver. Cependant, pour ceux qui ne veulent pas renoncer aux joies du plein air, la SLK nouvelle génération propose, en option et uniquement avec les sièges en cuir chauffants, une spécialité concoctée par Mercedes : une soufflerie d'air chaud dans le cou. En cas de besoin, et en fonction de la vitesse, un souffle d'air chaud est diffusé en direction de la tête des passagers par des lamelles disposées dans l'appuie-tête, luxe dont il devient vite difficile de se passer. Dans son vaste cockpit pour deux (l'empattement a gagné 30 mm pour atteindre 2430 mm), les personnes de haute taille prennent place sans peine dans les sièges de sport anatomiques, dans un décor fonctionnel et éli-

tiste où les matières synthétiques noir mat mettent en valeur les commandes et les instruments couleur argent.

Par ailleurs, tout a été prévu pour que les belles courbes vantées par la publicité soient aussi appréciées en mouvement. Avec ses bras transversaux et ses jambes télescopiques McPherson à l'avant, l'essieu multibras à l'arrière, devenu incontournable depuis la 190 E, des freins aussi fiables qu'énergiques, la SLK est magnifiquement équipée, même pour atteindre des vitesses interdites au commun des mortels.

Car sa motorisation n'a pas été faite à l'économie. Dès le modèle d'entrée de gamme, la SLK 200 Kompressor, 163 ch passent à l'action grâce à un quatre-cylindres de 1796 cm³ avec deux arbres à cames en tête, un compresseur Roots et un échangeur de chaleur. Deux arbres d'équilibrage adoucissent le moteur. La SLK junior, quant à elle, s'autorise de discrets feulements à

régime élevé. La SLK 350, aux 272 ch fournis par un V6 de 3498 cm³, dépasse nettement la BMW Z4 3.0 (231 ch à l'origine), dans la même catégorie de prix. Le conducteur de la SLK 55 AMG bénéficie même de 360 ch aussi vigoureux que bien dressés, grâce au V8 de 5439 cm³. Cela dit, un limiteur de régime rappelle à l'ordre la SLK 350 et la SLK 55 AMG lorsqu'elles atteignent 250 km/h, tandis que la SLK 200 se contente de 223 km/h. Ces trois merveilles atteignent 100 km/h en 8,3, 6,1 et 4,9 secondes respectivement, mais qui oserait le leur demander ?

A successor is not always
more beautiful than its
predecessor. The new
SLK however, even in its
most modest form with
163 hp, exceeds the first-
generation model by far.

Nicht immer ist der
Nachfolger schöner
als der Vorgänger. Der
neue SLK hingegen, in
seiner bescheidensten
Motorisierung bereits
163 PS stark, sticht
den älteren glatt aus.

Le successeur n'est pas
nécessairement plus
beau que le prédécesseur.
La nouvelle SLK en
revanche, atteignant
tout de même 163 ch
avec sa motorisation la
plus modeste, supplante
même son ancêtre.

The cockpit captivates with its nobly scarred matt-black plastics, pleasantly contrasted by silver knobs and instrumentation edgings. Smart door grips appeal to both the eye and the sense of touch.

Im Cockpit kontrastieren edel vernarbte mattschwarze Kunststoffe angenehm mit silbrigen Knöpfen und Instrumenteneinfassungen. Pfiffige Türgriffe schmeicheln dem Auge wie dem Tastsinn.

Le cockpit séduit par ses matières plastiques de couleur noire au granité de belle facture qui contrastent agréablement avec les boutons et les cerclages en métal argenté des instruments de bord. Les poignées de porte astucieuses fascinent aussi bien la vue que le toucher.

2004

A striking feature of the SLK is that its pronounced wedge shape seems to start anew behind the A-pillars. It also cuts a fine figure from behind, even when its solid hardtop has been erected in a complicated 22-second process.

Auffällig ist die ausgeprägte Keilform, die nach den A-Säulen noch einmal neu ansetzt. Von hinten macht der SLK ebenfalls eine gute Figur, auch wenn er in einem komplizierten, 22 Sekunden während en Prozess sein solides Festdach aufgestülpt hat.

Caractéristique avec sa ligne cunéiforme qui s'accentue encore à partir de la baie de pare-brise quand on la voit de l'arrière, la SLK fait également bonne figure même si elle s'est coiffée de son toit rigide à l'issue d'un complexe processus qui dure vingt-deux secondes.

The nose with its Formula One motif that was so
controversial in the SLR McLaren, suddenly makes sense
when integrated into the overall aesthetic concept of
the SLK. And with an AMG engine providing the small
Mercedes with its power, it really can move as well...

In das ästhetische Gesamtkonzept des SLK eingebunden macht die Nase mit ihren Formel-1-Motiven,
am SLR McLaren durchaus umstritten, auf einmal
Sinn. Auch mit AMG-Motorisierung kann der
kleine Mercedes vor Kraft sehr wohl laufen...

Le museau au motif de Formule 1, légitimement contesté
sur la SLR McLaren, s'avère ici judicieux dans le concept
esthétique global de la SLK. Avec la motorisation AMG,
aussi, la petite Mercedes reste toujours docile à piloter...

The occupants are admirably catered for in the sport seats of the AMG version, the more so thanks to the warming services of its ingenious air scarf. The driver is continually informed about the working morale and well-being of the compact eight-cylinder engine by instruments featuring an attractive color scheme beneath their striking canopy.

Im Sportgestühl der AMG-Version, mit wärmendem „Luftschal" zumal, sind die Insassen trefflich aufgehoben. Unter ihrer auffälligen Überdachung halten farblich attraktiv abgesetzte Instrumente den Piloten über Betriebsmoral und Wohlbefinden des kompakten Achtzylinders auf dem Laufenden.

Dans les fauteuils sport de la version AMG, a fortiori avec « l'écharpe d'air chaud », les occupants bénéficient d'un confort incomparable. Sous leur casquette bien voyante, les instruments aux couleurs contrastées informent le pilote sur le comportement du compact huit-cylindres.

Specifications
Technische Daten
Caractéristiques techniques

Baureihe		Daimler Phoenix	Benz Rennwagen
Baujahre		1897–1902	1899–1901
Modell		Daimler Rennwagen Phoenix 1899	Benz Rennwagen 8 PS 1899
Motor	Konfiguration	4 Zylinder in Reihe stehend vorn	2-Zylinder Boxer
	Hubraum	5503 cm³	2714 cm³
	Bohrung x Hub	106 x 156 mm	120 x 120 mm
	Kraftstoffversorgung	Spritzdüsenvergaser	Spritzdüsenvergaser
	Leistung	28 PS bei 950/min	10 PS bei 1000/min
Getriebe		4-Gang-Schaltgetriebe	4-Gang-Schaltgetriebe
Chassis	Rahmen	U-Profil Stahlblech	Pressstahl
	Aufhängung vorn	starre Faustachse, Blattfedern	Starrachse, Blattfedern
	Aufhängung hinten	Starrachse, Blattfedern	Starrachse, Blattfedern
Maße	Radstand	1735 mm	1900 mm
	Länge x Breite x Höhe	3510 x 1630 x 1500 mm	2960 x 1600 x 1650 mm
	Gewicht	1400 kg	k.A.
Höchstgeschwindigkeit		81 km/h	50 km/h

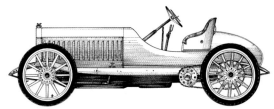

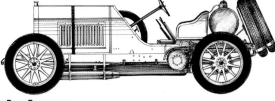

Baureihe		Mercedes Rennwagen	Benz Rennwagen
Baujahre		1906	1908-1911
Modell		Mercedes Rennwagen 120 PS	Benz Rennwagen 120 PS
Motor	Konfiguration	6-Zylinder in Reihe stehend vorn, oben liegende Nockenwelle	4 Zylinder in Reihe stehend vorn
	Hubraum	11080 cm³	12076 cm³
	Bohrung x Hub	140 x 120 mm	154,9 x 160 mm
	Kraftstoffversorgung	1 Drehschiebervergaser mit Luftvorwärmung	1 Drehschiebervergaser
	Leistung	120 PS bei 1400/min, 125 PS bei 1500/min	120 PS bei 1500/min
Getriebe		4-Gang-Schaltgetriebe	4-Gang-Schaltgetriebe mit Kulisse außen rechts
Chassis	Rahmen	Pressstahl U-Profil	Pressstahl U-Profil
	Aufhängung vorn	Starrachse, Halbfedern	Starrachse, Halbfedern
	Aufhängung hinten	Starrachse, Halbfedern	Starrachse, Halbfedern
Maße	Radstand	2690 mm	2775 mm
	Länge x Breite x Höhe	3720 x 1630 x 1470 mm	k.A.
	Gewicht	1000 kg	1203 kg
Höchstgeschwindigkeit		150 km/h	160 km/h

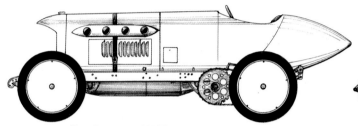

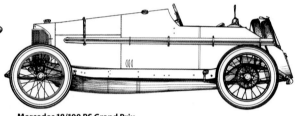

Baureihe		**Benz Rennwagen 200 PS**	**Mercedes 18/100 PS Grand Prix**
Baujahre		1909–1913	1914
Modell		Blitzen-Benz 1909	Mercedes Grand-Prix-Rennwagen 18/100 PS
Motor	Konfiguration	4-Zylinder in Reihe stehend vorn	4 Zylinder in Reihe, oben liegende Nockenwelle, 4 Ventile und 3 Zündkerzen pro Zylinder
	Hubraum	21500 cm³	4483 cm³
	Bohrung x Hub	185 x 200 mm	93 x 165 mm
	Kraftstoffversorgung	1 Horizontal-Rundschiebervergaser	1 Kolbenschiebervergaser
	Leistung	200 PS	115 PS bei 3200/min
Getriebe		4-Gang-Schaltgetriebe mit Kulisse außen rechts	4-Gang-Schaltgetriebe
Chassis	Rahmen	Profilrahmen	Pressstahl
	Aufhängung vorn	Starrachse, Halbfedern	Starrachse, Halbfedern
	Aufhängung hinten	Starrachse, Halbfedern	Starrachse, Halbfedern
Maße	Radstand	2770 mm	2850 mm
	Länge x Breite x Höhe	4820 x 1600 x 1280 mm	4100 x 1700 x 1400 mm
	Gewicht	1450 kg	1080 kg
Höchstgeschwindigkeit		228,1 km/h	180 km/h

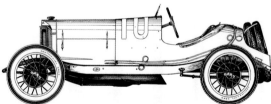

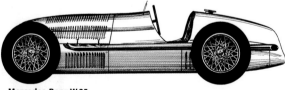

Baureihe		**Mercedes Rennwagen Targa Florio**	**Mercedes-Benz W 25**
Baujahre		1924	1934–1936
Modell		Mercedes Rennwagen Targa Florio	Mercedes-Benz W 25 1934
Motor	Konfiguration	4-Zylinder in Reihe, 2 oben liegende Nockenwellen, Kompressor	8 Zylinder in Reihe, 2 oben liegende Nockenwellen, Kompressor
	Hubraum	1989 cm³	3360 cm³
	Bohrung x Hub	70 x 129 mm	78 x 88 mm
	Kraftstoffversorgung	1 Druckvergaser	2 Druckvergaser
	Leistung	126 PS bei 4500/min	354 PS bei 5800/min
Getriebe		4-Gang-Schaltgetriebe	4-Gang-Schaltgetriebe mit Kulisse
Chassis	Rahmen	Pressstahl U-Profil	Pressstahl U-Profil
	Aufhängung vorn	Starrachse, Halbfedern	Doppelquerlenker, Schraubenfedern
	Aufhängung hinten	Starrachse, Halbfedern	Pendelachse, unten liegende Viertelelliptikfedern
Maße	Radstand	2700 mm	2720 mm
	Länge x Breite x Höhe	3800 x 1700 x 1250 mm	4040 x 1770 x 1160 mm
	Gewicht	921 kg	847 kg
Höchstgeschwindigkeit		120 km/h	ca. 300 km/h

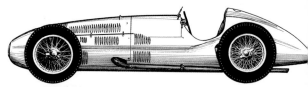

Baureihe		**Mercedes-Benz W 125**	**Mercedes-Benz W 154**
Baujahre		1937	1938/39
Modell		Mercedes-Benz W 125	Mercedes-Benz W 154–M 163 1939
Motor	Konfiguration	8-Zylinder in Reihe, 2 oben liegende Nockenwellen, Kompressor	V12, 4 oben liegende Nockenwellen, Kompressor
	Hubraum	5660 cm³	2963 cm³
	Bohrung x Hub	94 x 102	67 x 70 mm
	Kraftstoffversorgung	2 Saugvergaser	Doppel-Saugvergaser, Zusatzschiebervergaser
	Leistung	592 PS bei 5800/min	483 PS bei 7800/min
Getriebe		4-Gang-Schaltgetriebe mit Kulisse	5-Gang-Schaltgetriebe mit Kulisse
Chassis	Rahmen	Ovalrohrrahmen, 4 Traversen	Ovalrohrrahmen, 4 Traversen
	Aufhängung vorn	Doppelquerlenker, Schraubenfedern	Doppelquerlenker, Schraubenfedern
	Aufhängung hinten	De-Dion-Achse, längs liegende Drehstäbe	De-Dion-Achse, längs liegende Drehstäbe
Maße	Radstand	2797 mm	2728 mm
	Länge x Breite x Höhe	4200 x 1750 x 1200 mm	4250 x 1750 x 1010 mm
	Gewicht	749 kg	981 kg
Höchstgeschwindigkeit		über 300 km/h	330 km/h

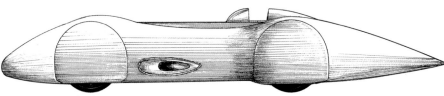

Baureihe		**Mercedes-Benz Rekordwagen W 125**
Baujahre		1937/38
Modell		Mercedes-Benz Rekordwagen W 125
Motor	Konfiguration	V12, 4 oben liegende Nockenwellen, 2 Kompressoren
	Hubraum	5577 cm³
	Bohrung x Hub	82 x 88 mm
	Kraftstoffversorgung	2 Solex Saugvergaser mit Zusatzschiebervergaser
	Leistung	736 PS bei 5800/min
Getriebe		4-Gang-Schaltgetriebe mit Kulisse
Chassis	Rahmen	Ovalrohrrahmen, 4 Traversen
	Aufhängung vorn	Doppelquerlenker, Schraubenfedern
	Aufhängung hinten	De-Dion-Achse, längs liegende Drehstäbe
Maße	Radstand	2797 mm
	Länge x Breite x Höhe	6250 x 1850 x 1150 mm
	Gewicht	1185 kg
Höchstgeschwindigkeit		436,9 km/h

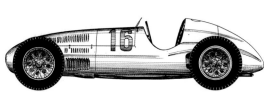

Baureihe		**Mercedes-Benz W 165**	**300 SL (W 194)**
Baujahre		1939	1952
Modell		Mercedes-Benz W 165	300 SL (W 194) Coupé
Motor	Konfiguration	V8, 4 oben liegende Nockenwellen, Kompressor	6 Zylinder in Reihe, oben liegende Nockenwelle
	Hubraum	1495 cm³	2996 cm³
	Bohrung x Hub	64 x 58 mm	85 x 88 mm
	Kraftstoffversorgung	3-Stufen-Vergaser	3 Solex-Fallstromvergaser
	Leistung	254 PS bei 8250/min	175 PS bei 5200/min
Getriebe		5-Gang-Schaltgetriebe mit Kulisse	4-Gang-Schaltgetriebe
Chassis	Rahmen	Ovalrohrrahmen, 5 Traversen	Gitterrohrrahmen
	Aufhängung vorn	Doppelquerlenker, vertikale Schraubenfedern	Parallel-Querlenker, Schraubenfedern
	Aufhängung hinten	Pendelachse, Drehstabfedern	Pendelachse, Schraubenfedern
Maße	Radstand	2450 mm	2400 mm
	Länge x Breite x Höhe	3680 x 1510 x 950 mm	4220 x 1790 x 1265 mm
	Gewicht	700 kg	870 kg
Höchstgeschwindigkeit		272 km/h	240 km/h

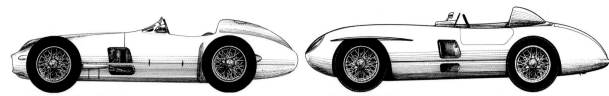

Baureihe		**Mercedes-Benz W 196 R**	**300 SLR (W 196 S)**
Baujahre		1954/55	1955
Modell		Mercedes-Benz W 196 R Monoposto 1954	300 SLR
Motor	Konfiguration	8 Zylinder in Reihe, 2 oben liegende Nockenwellen, Doppelzündung	8-Zylinder in Reihe, 2 oben liegende Nockenwellen
	Hubraum	2496 cm³	2982 cm³
	Bohrung x Hub	76 x 68,8 mm	78 x 78 mm
	Kraftstoffversorgung	Einspritzpumpe Bosch	Einspritzpumpe Bosch
	Leistung	256 PS bei 8260/min	310 PS bei 7400/min
Getriebe		5-Gang-Schaltgetriebe, Kulisse	5-Gang-Schaltgetriebe
Chassis	Rahmen	Gitterrohrrahmen	Gitterrohrrahmen
	Aufhängung vorn	Doppelquerlenker, Drehstabfedern	Doppelquerlenker, Drehstabfedern
	Aufhängung hinten	Pendelachse, Drehstabfedern	Pendelachse, Drehstabfedern
Maße	Radstand	2210 mm	2370 mm
	Länge x Breite x Höhe	4025 x 1625 x 1040 mm	4300 x 1740 x 1100 mm
	Gewicht	835 kg	901 kg
Höchstgeschwindigkeit		bis zu 300 km/h	ca. 300 km/h

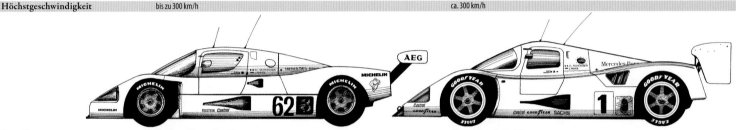

Baureihe		**Sauber-Mercedes C9**	**Mercedes-Benz C11**
Baujahre		1987–1989	1990
Modell		Sauber-Mercedes C9 1989	Mercedes-Benz C11
Motor	Konfiguration	V8, 4 Ventile pro Zylinder, 4 oben liegende Nockenwellen, 2 KKK-Turbolader, Ladeluftkühler	V8, 4 Ventile je Zylinder, 4 oben liegende Nockenwellen, 2 KKK-Turbolader, Ladeluftkühler
	Hubraum	4973 cm³	4973 cm³
	Bohrung x Hub	96,5 x 85 mm	96,5 x 85 mm
	Kraftstoffversorgung	elektronisch geregelte Saugrohreinspritzung	elektronisch geregelte Einspritzung Bosch Motronic MP 1.8
	Leistung	720 PS bei 7000/min	720 PS bei 7000/min
Getriebe		5-Gang-Schaltgetriebe	5-Gang-Renngetriebe
Chassis	Rahmen	Leichtmetall-Monocoque	Kohlefaser-Monocoque
	Aufhängung vorn	Doppelquerlenker, Schraubenfedern/Gasdruckstoßdämpfer, Drehstabstabilisator	Doppelquerlenker, Schraubenfedern/Gasdruckstoßdämpfer, Drehstabstabilisatoren
	Aufhängung hinten	Doppelquerlenker, Schraubenfedern/Gasdruckstoßdämpfer, Drehstabstabilisatoren	Doppelquerlenker, Schraubenfedern/Gasdruckstoßdämpfer, Drehstabstabilisatoren
Maße	Radstand	2700 mm	2770 mm
	Länge x Breite x Höhe	4800 x 1980 x 1070 mm	4800 x 2000 x 1030 mm
	Gewicht	905 kg	905 kg
Höchstgeschwindigkeit		ca. 370 km/h	ca. 350 km/h

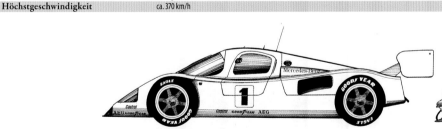

Baureihe		**Mercedes-Benz C291**	**Mercedes-Benz 190 E 2.5-16 Evolution II (W 201)**
Baujahre		1991	1990
Modell		Mercedes-Benz C291	Mercedes-Benz 190 E 2.5-16 Evo II, Rennversion 1992
Motor	Konfiguration	V12 180 Grad, 4 Ventile pro Zylinder, 4 oben liegende Nockenwellen	4 Zylinder in Reihe, 4 Ventile pro Zylinder, 2 oben liegende Nockenwellen
	Hubraum	3492 cm³	2490 cm³
	Bohrung x Hub	86 x 50,1 mm	97,8 x 82,8 mm
	Kraftstoffversorgung	elektronisch geregelte Saugrohreinspritzung Mercedes-Benz TAGtronic	elektronisch geregelte Saugrohreinspritzung Bosch Motronic MS 2.7
	Leistung	650 PS bei 13000/min	373 PS bei 9500/min
Getriebe		6-Gang-Schaltgetriebe	6-Gang-Schaltgetriebe
Chassis	Rahmen	Kohlefaser-Monocoque	selbsttragende Karosserie mit integriertem Überrollkäfig
	Aufhängung vorn	Doppelquerlenker, Schraubenfedern/Gasdruckstoßdämpfer, Drehstabstabilisatoren	Doppelquerlenker, Schraubenfedern/Gasdruckstoßdämpfer, Drehstabstabilisator
	Aufhängung hinten	Doppelquerlenker, Schraubenfedern/Gasdruckstoßdämpfer, Drehstabstabilisatoren	Raumlenkerachse, Schraubenfedern/Gasdruckstoßdämpfer, Drehstabstabilisator
Maße	Radstand	2700 mm	2665 mm
	Länge x Breite x Höhe	4650 x 2000 x 1020 mm	4563 x 1706 x 1300 mm
	Gewicht	750 kg	980 kg
Höchstgeschwindigkeit		ca. 385 km/h	ca. 300 km/h

Baureihe		**Sauber C13**	**Penske-Mercedes PC-23**
Baujahre		1994	1994
Modell		Sauber C13	Penske-Mercedes PC-23
Motor	Konfiguration	V10, 4 Ventile je Zylinder, 4 oben liegende Nockenwellen	V8, zentrale Nockenwelle, Garrett-Turbolader
	Hubraum	3499 cm³	3429 cm³
	Bohrung x Hub	93 x 51,5 mm	97 x 58 mm
	Kraftstoffversorgung	Motor Management Magneti Marelli	elektronisch geregelte Saugrohreinspritzung Delco GEN-IV
	Leistung	765 PS bei 14000/min	1024 PS bei 9800/min
Getriebe		6-Gang-Halbautomatik	sequentielles 6-Gang-Schaltgetriebe
Chassis	Rahmen	Kohlefaser-Monocoque	Kohlefaser-Monocoque
	Aufhängung vorn	Wishbones, innen liegende Feder-Dämpfer-Einheiten, Pushrods	Doppelquerlenker, innen liegende Feder-Dämpfer-Einheiten
	Aufhängung hinten	Wishbones, innen liegende Feder-Dämpfer-Einheiten, Pushrods	Doppelquerlenker, innen liegende Feder-Dämpfer-Einheiten
Maße	Radstand	2930 mm	2920 mm
	Länge x Breite x Höhe	4330 x 2000 x 1000 mm	4953 x k.A. x k.A. mm
	Gewicht	505 kg	703 kg
Höchstgeschwindigkeit		340 km/h	392 km/h

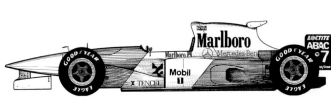

Baureihe		**McLaren-Mercedes MP4/10**	**AMG-Mercedes C-Klasse (W 202)**
Baujahre		1995	1996
Modell		McLaren-Mercedes MP4/10	AMG-Mercedes C-Klasse
Motor	Konfiguration	V10, 4 Ventilen pro Zylinder, 4 oben liegende Nockenwellen	V6, 4 Ventile pro Zylinder, 4 oben liegende Nockenwellen
	Hubraum	2998 cm³	2499 cm³
	Bohrung x Hub	k.A.	k.A.
	Kraftstoffversorgung	elektronisch geregelte Saugrohreinspritzung TAG 2000	elektronisch geregelte Einspritzung
	Leistung	k.A.	ca. 500 PS bei 11500/min
Getriebe		sequentielles halbautomatisches 6-Gang-Schaltgetriebe	sequentielle 6-Gang-Halbautomatik, unsynchronisiert
Chassis	Rahmen	Kohlefaser-Monocoque	selbsttragende Karosserie mit verschweißtem Überrollkäfig
	Aufhängung vorn	Doppelquerlenker, innen liegende Feder-Dämpfer-Einheiten	Doppelquerlenker mit verstellbaren Dämpfern, verstellbarer GFK-Stabilisator
	Aufhängung hinten	Doppelquerlenker, innen liegende Feder-Dämpfer-Einheiten	Raumlenkerachse mit verstellbarem Stabilisator, verstellbare Dämpfer
Maße	Radstand	2925 mm	2690 mm
	Länge x Breite x Höhe	4625 x 2000 x k.A. mm	4666 x 1789 x 1280 mm
	Gewicht	595 kg	1040 kg
Höchstgeschwindigkeit		ca. 335 km/h	ca. 300 km/h

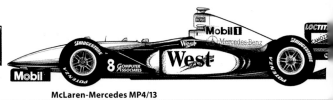

Baureihe		**McLaren-Mercedes MP4/12**	**McLaren-Mercedes MP4/13**
Baujahre		1997	1998
Modell		McLaren-Mercedes MP4/12	McLaren-Mercedes MP4/13
Motor	Konfiguration	V10, 4 Ventile pro Zylinder, 4 oben liegende Nockenwellen	V10, 4 Ventile pro Zylinder, 4 oben liegende Nockenwellen
	Hubraum	2998 cm³	2998 cm³
	Bohrung x Hub	k.A.	k.A.
	Kraftstoffversorgung	elektronisch geregelte Saugrohreinspritzung TAG 2000	elektronisch geregelte Saugrohreinspritzung TAG 2000
	Leistung	740 PS bei 16300/min	808 PS bei 17 600/min
Getriebe		sequentielle 6-Gang-Halbautomatik	6-Gang-Halbautomatik
Chassis	Rahmen	Kohlefaser-Monocoque	Kohlefaser-Aluminium-Monocoque
	Aufhängung vorn	Doppelquerlenker, innen liegende Feder-Dämpfer-Einheiten	Doppelquerlenker, innen liegende Feder-Dämpfer-Einheiten, Pushrods
	Aufhängung hinten	Doppelquerlenker, innen liegende Feder-Dämpfer-Einheiten	Doppelquerlenker, innen liegende Feder-Dämpfer-Einheiten, Pushrods
Maße	Radstand	2930 mm	3100 mm
	Länge x Breite x Höhe	4526 x 2000 x k.A. mm	4550 x 1800 x k.A. mm
	Gewicht	600 kg (mit Fahrer)	600 kg (mit Fahrer)
Höchstgeschwindigkeit		ca. 340 km/h	335 km/h

Baureihe		**McLaren-Mercedes MP4/14**	**McLaren-Mercedes MP4/15**
Baujahre		1999	2000
Modell		McLaren-Mercedes MP4/14	McLaren-Mercedes MP4/15
Motor	Konfiguration	V10, 4 Ventile pro Zylinder, 4 oben liegende Nockenwellen	V10
	Hubraum	2996 cm³	2997,1 cm³
	Bohrung x Hub	ca. 93 x 44,11 mm	ca. 93,50 x 43,65 mm
	Kraftstoffversorgung	elektronisch geregelte Saugrohreinspritzung TAG 2000	elektronisch geregelte Saugrohreinspritzung TAG 2000
	Leistung	ca. 800 PS bei 17100/min	ca. 815 PS bei 17400/min
Getriebe		7-Gang-Halbautomatik	7-Gang-Halbautomatik
Chassis	Rahmen	Kohlefaser-Aluminium-Monocoque	Kohlefaser-Aluminium-Monocoque
	Aufhängung vorn	Doppelquerlenker, innen liegende Drehstabfeder-Dämpfer-Einheit, Pushrods	Doppelquerlenker, innen liegende Drehstabfeder-Dämpfer-Einheit, Pushrods
	Aufhängung hinten	Doppelquerlenker, innen liegende Drehstabfeder-Dämpfer-Einheit, Pushrods	Doppelquerlenker, innen liegende Drehstabfeder-Dämpfer-Einheit, Pushrods
Maße	Radstand	ca. 3020–3100 mm	ca. 3080 mm
	Länge x Breite x Höhe	4550 x 1800 x k.A. mm	k.A.
	Gewicht	600 kg (mit Fahrer)	600 kg (mit Fahrer)
Höchstgeschwindigkeit		340 km/h	340 km/h

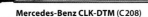

Baureihe		**Mercedes-Benz CLK-DTM (C 208)**	**McLaren-Mercedes MP4/17D**
Baujahre		2000	2003
Modell		Mercedes-Benz CLK-DTM	McLaren-Mercedes MP4/17D
Motor	Konfiguration	V8, 4 Ventile pro Zylinder, 4 oben liegende Nockenwellen	V10, 4 Ventile pro Zylinder, 4 oben liegende Nockenwellen
	Hubraum	4000 cm³	ca. 2996,6 cm³
	Bohrung x Hub	k.A.	k.A.
	Kraftstoffversorgung	elektronisch geregelte Einspritzung	elektronisch geregelte Einspritzung TAG Electronic
	Leistung	ca. 450 PS bei 7500/min	k.A.
Getriebe		sequentielles 6-Gang-Getriebe	7-Gang-Halbautomatik
Chassis	Rahmen	Rohrrahmen	Kohlefaser-Aluminium-Monocoque
	Aufhängung vorn	Doppelquerlenker mit Feder/Dämpfereinheiten, Pushrods	Doppelquerlenker, innen liegende Feder-Dämpfer-Einheit, Pushrods
	Aufhängung hinten	Doppelquerlenker mit Feder/Dämpfereinheiten, Pushrods	Doppelquerlenker, innen liegende Feder-Dämpfer-Einheit, Pushrods
Maße	Radstand	2690 mm	ca. 3110 mm
	Länge x Breite x Höhe	4655 x 1850 x 1260 mm	k.A.
	Gewicht	1080 kg (mit Fahrer)	600 kg (mit Fahrer)
Höchstgeschwindigkeit		ca. 300 km/h	ca. 345 km/h

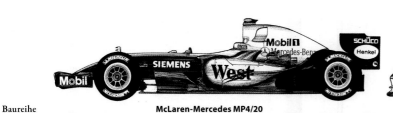

Baureihe		**McLaren-Mercedes MP4/20**	**AMG-Mercedes C-Klasse (W 203)**
Baujahre		2005	2005
Modell		McLaren-Mercedes MP4/20	AMG-Mercedes C-Klasse
Motor	Konfiguration	V10, 4 Ventile pro Zylinder , 4 oben liegende Nockenwellen	V8, 4 Ventile pro Zylinder, 4 oben liegende Nockenwellen
	Hubraum	2996,6 cm³	ca. 4000 cm³
	Bohrung x Hub	k.A.	k.A.
	Kraftstoffversorgung	elektronisch geregelte Einspritzung McLaren Electronic Systems	elektronisch geregelte Einspritzung
	Leistung	ca. 900 PS	über 475 PS bei 7500/min
Getriebe		sequentielle 7-Gang-Halbautomatik	sequentielles 6-Gang-Getriebe
Chassis	Rahmen	Kohlefaser-Aluminium-Monocoque	Rohrrahmen
	Aufhängung vorn	Doppelquerlenker, innen liegende Drehstabfeder-Dämpfer-Einheit, Pushrods	Doppelquerlenker mit Feder-Dämpfer-Einheiten, Pushrods
	Aufhängung hinten	Doppelquerlenker, innen liegende Drehstabfeder-Dämpfer-Einheit, Pushrods	Doppelquerlenker mit Feder-Dämpfer-Einheiten, Pushrods
Maße	Radstand	k.A.	2795 mm
	Länge x Breite x Höhe	k.A.	4870 x 1845 x 1255 mm
	Gewicht	600 kg (mit Fahrer)	1050 kg (mit Fahrer)
Höchstgeschwindigkeit		ca. 345 km/h	ca. 300 km/h

Specifications
Technische Daten
Caractéristiques techniques

Baureihe		**Mercedes Simplex**	**Benz Spider**
Baujahre		1902–1910	1902–1907
Modell		Mercedes Simplex 60 PS 1903	Benz Spider 1902
Motor	Konfiguration	4 Zylinder in Reihe stehend vorn	2-Zylinder-Boxer liegend vorn
	Hubraum	9235 cm³	2945 cm³
	Bohrung x Hub	140 x 150 mm	125 x 120 mm
	Kraftstoffversorgung	Kolbenvergaser	Schwimmervergaser
	Leistung	60 PS bei 1600/min	15 PS bei 1100/min
Getriebe		4-Gang-Schaltgetriebe mit Kulisse	3 Vorwärtsgänge, 1 Rückwärtsgang; Riemen auf Vorgelege, Ketten auf Hinterräder
Chassis	Rahmen	Pressstahl U-Profil	Profilstahl
	Aufhängung vorn	Starrachse, Halbfedern	Starrachse, Blattfedern
	Aufhängung hinten	Starrachse, Halbfedern	Starrachse, Blattfedern
Maße	Radstand	2750 mm	2030 mm
	Länge x Breite x Höhe	4100 x 1770 x 1930 mm	3050 x 1550 x 1650 mm
	Gewicht	1920 kg	870 kg
Höchstgeschwindigkeit		100 km/h	60 km/h

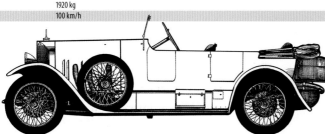

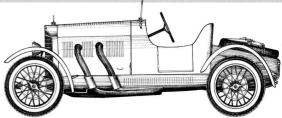

Baureihe		**Mercedes 28/95**	**Mercedes 10/40/65**
Baujahre		1914/15 und 1920–1924	1921–1924
Modell		Mercedes 28/95 Sport Phaeton 1922	Mercedes 10/40/65 Sport-Zweisitzer 1923
Motor	Konfiguration	6 Zylinder in Reihe, oben liegende Nockenwelle	4 Zylinder in Reihe, oben liegende Nockenwelle, Kompressor
	Hubraum	7280 cm³	2614 cm³
	Bohrung x Hub	105 x 140 mm	80 x 130 mm
	Kraftstoffversorgung	2 Vergaser	Drosselvergaser mit Ringschwimmer
	Leistung	90 PS bei 1800/min	40 PS bei 2400/min bzw. (mit Kompressor) 65 PS bei 2800/min
Getriebe		4-Gang-Schaltgetriebe mit Kulisse	4-Gang-Schaltgetriebe mit Kulisse
Chassis	Rahmen	Pressstahl U-Profil	Pressstahl U-Profil
	Aufhängung vorn	Starrachse, Halbfedern	Starrachse, Halbfedern
	Aufhängung hinten	Starrachse, Halbfedern	Starrachse, Halbfedern
Maße	Radstand	3065 mm	3050 mm
	Länge x Breite x Höhe	4650 x 1580 x 1600 mm	k.A.
	Gewicht	1800 kg	k.A.
Höchstgeschwindigkeit		138 km/h	118 km/h

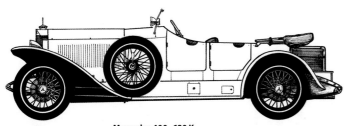

Baureihe		Mercedes 400–630 K	Mercedes-Benz S
Baujahre		1924–1931	1927–1930
Modell		Mercedes 630 K 1926	Mercedes-Benz S Sport-Viersitzer 1927
Motor	Konfiguration	6 Zylinder in Reihe, oben liegende Nockenwelle, Kompressor	6 Zylinder in Reihe, oben liegende Nockenwelle, Kompressor
	Hubraum	6240 cm³	6800 cm³
	Bohrung x Hub	94 x 150 mm	98 x 150 mm
	Kraftstoffversorgung	Drosselvergaser mit Ringschwimmer	2 Steigstrom-Ringschwimmer-Vergaser
	Leistung	110 PS bei 2800/min bzw. (mit Kompressor) 160 PS bei 3100/min	120 PS, mit Kompressor 180 PS bei 3000/min
Getriebe		4-Gang-Schaltgetriebe mit Kulisse	4-Gang-Schaltgetriebe
Chassis	Rahmen	Pressstahl U-Profil	Pressstahl U-Profil
	Aufhängung vorn	Starrachse, Halbfedern	Starrachse, Halbfedern
	Aufhängung hinten	Starrachse, Halbfedern	Starrachse, Halbfedern
Maße	Radstand	3400 mm	3400 mm
	Länge x Breite x Höhe	4735 x 1760 x 1850 mm	4700 x 1700 x 1800 mm
	Gewicht	2000 kg	1900 kg
Höchstgeschwindigkeit		145 km/h	170 km/h

Baureihe		Mercedes-Benz SS (W 06)	Mercedes-Benz SSK (W 06 III)
Baujahre		1928–1934	1928–1932
Modell		Mercedes-Benz SS Sport-Viersitzer 1930	Mercedes-Benz SSK 1929
Motor	Konfiguration	6 Zylinder in Reihe, oben liegende Nockenwelle, Kompressor	6 Zylinder in Reihe, oben liegende Nockenwelle, Kompressor
	Hubraum	7065 cm³	7065 cm³
	Bohrung x Hub	100 x 150 mm	100 x 150 mm
	Kraftstoffversorgung	2 Steigstrom-Ringschwimmer-Vergaser	2 Steigstrom-Ringschwimmer-Vergaser
	Leistung	160 PS, mit Kompressor 200 PS	170 PS, mit Kompressor 225 PS bei 3300/min
Getriebe		4-Gang-Schaltgetriebe	4-Gang-Schaltgetriebe
Chassis	Rahmen	Pressstahl U-Profil	Pressstahl U-Profil
	Aufhängung vorn	Starrachse, Halbfedern	Starrachse, Halbfedern
	Aufhängung hinten	Starrachse, Halbfedern	Starrachse, Halbfedern
Maße	Radstand	3400 mm	2950 mm
	Länge x Breite x Höhe	5200 x 1800 x 1600 mm	4420 x 1780 x 1500 mm
	Gewicht	2100 kg	1820 kg
Höchstgeschwindigkeit		185 km/h	192 km/h

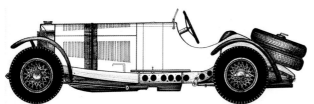

Baureihe	**Mercedes-Benz SSKL (W 06 RS)**	**Mercedes-Benz Mannheim 370 S (WS 10)**
Baujahre	1930–1932	1930–1933
Modell	Mercedes-Benz SSKL	Mercedes-Benz Mannheim 370 S Roadster 1930
Motor Konfiguration	6 Zylinder in Reihe, oben liegende Nockenwelle, Kompressor	6 Zylinder in Reihe
Hubraum	7065 cm³	3689 cm³
Bohrung x Hub	100 x 150 mm	82,5 x 115 mm
Kraftstoffversorgung	2 Steigstrom-Ringschwimmer-Vergaser	2 Flachstromvergaser Solex 35 MOHLT
Leistung	240 PS, mit Kompressor 300 PS	75 PS bei 3200/min
Getriebe	4-Gang-Schaltgetriebe	3-Gang-Schaltgetriebe und Schnellgang
Chassis Rahmen	Pressstahl U-Profil	Pressstahl U-Profil, Niederrahmen
Aufhängung vorn	Starrachse, Halbfedern	Starrachse, Halbfedern
Aufhängung hinten	Starrachse, Halbfedern	Starrachse, Halbfedern
Maße Radstand	2950 mm	2850 mm
Länge x Breite x Höhe	4250 x 1700 x 1250 mm	4480 x 1730 x 1480 mm
Gewicht	1500 kg	1500 kg
Höchstgeschwindigkeit	235 km/h	115 km/h

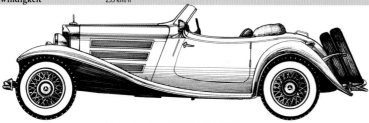

Baureihe	**Mercedes-Benz 500 K & 540 K (W 29)**	**Mercedes-Benz 150 (W 30)**
Baujahre	1934–1939	1934
Modell	Mercedes-Benz 500 K Spezial-Roadster 1936	Mercedes-Benz 150 Sport-Roadster
Motor Konfiguration	8 Zylinder in Reihe, Kompressor	4 Zylinder in Reihe vor der Hinterachse
Hubraum	5018 cm³	1498 cm³
Bohrung x Hub	86 x 108 mm	72 x 92 mm
Kraftstoffversorgung	Doppel-Steigstromvergaser	Doppel-Steigstromvergaser Solex 30 FFVS
Leistung	100 PS, mit Kompressor 160 PS bei 3400/min	55 PS bei 4500/min
Getriebe	5-Gang-Schaltgetriebe	3-Gang-Schaltgetriebe und Schnellgang
Chassis Rahmen	Pressstahl, Kastenprofil-Niederrahmen	Zentralrohrrahmen
Aufhängung vorn	Doppelquerlenker, Schraubenfedern	achslos, 2 Querfedern
Aufhängung hinten	Pendelachse, Doppel-Schraubenfedern, Zusatz-Ausgleichsfeder	Pendelachse, Doppel-Schraubenfedern
Maße Radstand	3290 mm	2600 mm
Länge x Breite x Höhe	5170 x 1880 x 1640 mm	4200 x 1600 x 1380 mm
Gewicht	1700 kg	980 kg
Höchstgeschwindigkeit	160 km/h	125 km/h

Baureihe	**Mercedes-Benz 300 SL (W 198 I)**	**Mercedes-Benz 300 SL (W 198 II)**
Baujahre	1954–1957	1957–1963
Modell	Mercedes-Benz 300 SL Coupé 1955	Mercedes-Benz 300 SL Roadster 1963
Motor Konfiguration	6 Zylinder in Reihe, oben liegende Nockenwelle	6 Zylinder in Reihe, oben liegende Nockenwelle
Hubraum	2996 cm³	2996 cm³
Bohrung x Hub	85 x 88 mm	85 x 88 mm
Kraftstoffversorgung	Einspritzpumpe Bosch	Einspritzpumpe Bosch
Leistung	215 PS bei 5800/min	215 PS bei 5800/min
Getriebe	4-Gang-Schaltgetriebe	4-Gang-Schaltgetriebe
Chassis Rahmen	Gitterrohrrahmen	Gitterrohrrahmen
Aufhängung vorn	Doppelquerlenker, Schraubenfedern, Stabilisator	Doppelquerlenker, Schraubenfedern, Stabilisator
Aufhängung hinten	Zweigelenk-Pendelachse, Schraubenfedern	Eingelenk-Pendelachse, Schraubenfedern, Ausgleichs-Schraubenfedern
Maße Radstand	2400 mm	2400 mm
Länge x Breite x Höhe	4520 x 1790 x 1300 mm	4570 x 1790 x 1300 mm
Gewicht	1310 kg	1420 kg
Höchstgeschwindigkeit	bis 260 km/h je nach Hinterachse	bis 250 km/h je nach Hinterachse

Baureihe		**Mercedes-Benz 190 SL (W 121)**	**Mercedes-Benz 230 SL–280 SL (W 113)**
Baujahre		1955–1963	1963–1971
Modell		Mercedes-Benz 190 SL Roadster 1961	Mercedes-Benz 250 SL 1967
Motor	Konfiguration	4 Zylinder in Reihe, oben liegende Nockenwelle	6 Zylinder in Reihe, oben liegende Nockenwelle
	Hubraum	1897 cm³	2496 cm³
	Bohrung x Hub	85 x 83,6 mm	82 x 78,8 mm
	Kraftstoffversorgung	2 Register-Fallstromvergaser Solex 44 PHH	Sechsstempelpumpe Bosch
	Leistung	105 PS bei 5700/min	150 PS bei 5500/min
Getriebe		4-Gang-Schaltgetriebe	4-Gang-Schaltgetriebe
Chassis	Rahmen	selbsttragende Karosserie	selbsttragende Karosserie
	Aufhängung vorn	Doppelquerlenker, Schraubenfedern, Stabilisator	Doppelquerlenker, Schraubenfedern, Stabilisator
	Aufhängung hinten	Eingelenk-Pendelachse, Pushrods, Schraubenfedern	Eingelenk-Pendelachse, Pushrods, Schraubenfedern, Ausgleichs-Schraubenfeder
Maße	Radstand	2400 mm	2400 mm
	Länge x Breite x Höhe	4220 x 1740 x 1320 mm	4285 x 1760 x 1305 mm
	Gewicht	1160 kg	1440 kg (mit Hardtop)
Höchstgeschwindigkeit		171 km/h	195 km/h

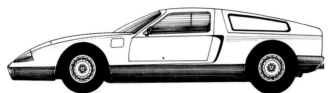

Baureihe		**Mercedes-Benz C111**	**Mercedes-Benz 350 SL–560 SL (R 107)**
Baujahre		1969–1979	1971–1989
Modell		Mercedes-Benz C111-II 1970	Mercedes-Benz 500 SL 1986
Motor	Konfiguration	4-Scheiben-Wankel vor der Hinterachse	V8, 2 oben liegende Nockenwellen
	Hubraum	4 x 600 cm³	4973 cm³
	Bohrung x Hub		96,5 x 85 mm
	Kraftstoffversorgung	Vierstempelpumpe	Bosch KE-Jetronic
	Leistung	350 PS bei 7000/min	245 PS bei 4750/min
Getriebe		5-Gang-Schaltgetriebe	4-Stufen-Automatik
Chassis	Rahmen	Bodenanlage aus Stahlblech, GFK-Karosserie	selbsttragende Karosserie
	Aufhängung vorn	Doppelquerlenker, Drehstabstabilisator	Doppelquerlenker, Schraubenfedern, Gummi-Zusatzfedern, Drehstabstabilisator
	Aufhängung hinten	3 Querlenker und 2 Längslenker pro Rad	Diagonal-Pendelachse, Schräglenker, Schraubenfedern, Drehstabstabilisator
Maße	Radstand	2620 mm	2460 mm
	Länge x Breite x Höhe	4440 x 1800 x 1120 mm	4390 x 1790 x 1305 mm
	Gewicht	1240 kg	1610 kg
Höchstgeschwindigkeit		300 km/h	225 km/h

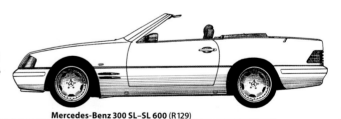

Baureihe		**Mercedes-Benz 350 SL–560 SL (C 107)**	**Mercedes-Benz 300 SL–SL 600 (R 129)**
Baujahre		1971–1989	1988–2000
Modell		Mercedes-Benz 450 SLC 5.0 Rallye 1979	Mercedes-Benz SL 500 1995
Motor	Konfiguration	V8, 2 oben liegende Nockenwellen	V8, 4 Ventile pro Zylinder, 4 oben liegende Nockenwellen
	Hubraum	4973 cm³	4973 cm³
	Bohrung x Hub	96,5 x 85 mm	96,5 x 85 mm
	Kraftstoffversorgung	Saugrohreinspritzung	Bosch KE 5 Jetronic
	Leistung	290 PS bei 5000/min	326 PS bei 5500/min
Getriebe		3-Stufen-Automatik	4-Stufen-Automatik
Chassis	Rahmen	selbsttragende Karosserie	selbsttragende Karosserie
	Aufhängung vorn	Doppelquerlenker, Schraubenfedern, Teleskopdämpfer, Drehstabstabilisator	Dämpferbein-Achse, Schraubenfedern, Wishbones, Gasdruckstoßdämpfer, Drehstabstabilisator
	Aufhängung hinten	Diagonal-Pendelachse, Schraubenfedern, Teleskopdämpfer, Drehstabstabilisator	Raumlenkerachse, Schraubenfedern, Gasdruckstoßdämpfer, Drehstabstabilisator
Maße	Radstand	2820 mm	2515 mm
	Länge x Breite x Höhe	4750 x 1790 x 1330 mm	4465 x 1812 x 1303 mm
	Gewicht	1380 kg	1880 kg
Höchstgeschwindigkeit		200 km/h	250 km/h

Baureihe		**SLK 200–SLK 32 AMG (R 170)**	**Mercedes-Benz CLK–GTR**
Baujahre		1996–2003	1997–2004
Modell		SLK 230 Kompressor 1996	Mercedes-Benz CLK-GTR Coupé 2001
Motor	Konfiguration	4 Zylinder in Reihe, 4 Ventile pro Zylinder, 2 oben liegende Nockenwellen, Kompressor	V12, 4 Ventile pro Zylinder, 4 oben liegende Nockenwellen
	Hubraum	2295 cm³	6898 cm³
	Bohrung x Hub	90,9 x 88,4 mm	89 x 92,4 mm
	Kraftstoffversorgung	Bosch Motronic ME 2.1	mikroprozessorgesteuerte Einspritzung mit Heißfilm-Luftmassenmesser Bosch HMS 6
	Leistung	193 PS bei 5300/min	631 PS bei 6500/min
Getriebe		5-Gang-Schaltgetriebe	sequentielles 6-Gang-Getriebe, elektronisch gesteuert, hydraulisch
Chassis	Rahmen	selbsttragende Karosserie, Hilfsrahmen	CFK-Monocoque mit integriertem Stahl-Überrollbügel
	Aufhängung vorn	Doppelquerlenker, Schraubenfedern, Teleskopdämpfer, Stabilisator	Doppelquerlenker, Schraubenfedern, Zugstreben, Gasdruckstoßdämpfer, Stabilisator
	Aufhängung hinten	Raumlenkerachse, Schraubenfedern, Teleskopdämpfer, Stabilisator	Doppelquerlenker, Schraubenfedern, Zugstreben, Gasdruckstoßdämpfer, Stabilisator
Maße	Radstand	2400 mm	2670 mm
	Länge x Breite x Höhe	3995 x 1715 x 1265 mm	4855 x 1950 x 1164 mm
	Gewicht	1325 kg	1440 kg
Höchstgeschwindigkeit		231 km/h	über 320 km/h

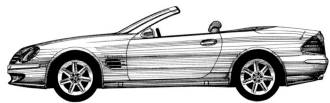

Baureihe		**Mercedes-Benz SL 500–SL 65 AMG (R 230)**	**Smart Roadster & Roadster-Coupé**
Baujahre		ab 2001	2002–2005
Modell		Mercedes-Benz SL 500 2002	Smart Roadster-Coupé 2003
Motor	Konfiguration	V8, 3 Ventile pro Zylinder, 2 oben liegende Nockenwellen	3-Zylinder mit Turbolader quer im Heck, oben liegende Nockenwelle
	Hubraum	4966 cm³	698 cm³
	Bohrung x Hub	97 x 84 mm	66,5 x 67 mm
	Kraftstoffversorgung	mikroprozessorgesteuerte Einspritzung	elektronische Einspritzung
	Leistung	306 PS bei 5600/min	82 PS bei 5250/min
Getriebe		5-Stufen-Automatik	sequentielle 6-Stufen-Automatik
Chassis	Rahmen	selbsttragende Karosserie	selbsttragende Karosserie
	Aufhängung vorn	Vierlenkerachse, ABC	Wishbones, Federbeine, Stabilisator
	Aufhängung hinten	Raumlenkerachse, ABC	De-Dion-Achse, Querlenker, Dämpfer
Maße	Radstand	2560 mm	2360 mm
	Länge x Breite x Höhe	4535 x 1827 x 1298 mm	3427 x 1615 x 1192 mm
	Gewicht	1845 kg	790 kg
Höchstgeschwindigkeit		250 km/h	175 km/h

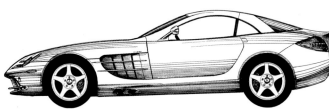

Baureihe		**Mercedes-Benz SLR McLaren (C 199)**	**Mercedes-Benz SLK 200 Kompressor–SLK 55 AMG (R 171)**
Baujahre		2003 →	2004 →
Modell		Mercedes-Benz SLR McLaren 2004	Mercedes-Benz SLK Kompressor 2004
Motor	Konfiguration	V8, 3 Ventile pro Zylinder, 2 oben liegende Nockenwellen, IHI-Schraubenlader mit Ladeluftkühler	4-Zylinder in Reihe, 4 Ventile je Zylinder, 2 oben liegende Nockenwellen, Kompressor
	Hubraum	5439 cm³	1795 cm³
	Bohrung x Hub	97 x 92 mm	82 x 85 mm
	Kraftstoffversorgung	mikroprozessorgesteuerte Einspritzung Bosch ME 2.8.1	elektronische Einspritzung
	Leistung	626 PS bei 6500/min	163 PS bei 5500/min
Getriebe		elektronisch gesteuerte 5-Stufen-Automatik	6-Gang-Schaltgetriebe
Chassis	Rahmen	selbsttragende CFK-Karosserie	selbsttragende Karosserie
	Aufhängung vorn	Doppelquerlenker, Feder-Dämpfer-Einheiten	Dreilenkerachse, Federbeine, Stabilisator
	Aufhängung hinten	Doppelquerlenker, Feder-Dämpfer-Einheiten	Raumlenkerachse, Dämpfer, Schraubenfedern, Stabilisator
Maße	Radstand	2700 mm	2430 mm
	Länge x Breite x Höhe	4656 x 1908 x 1261 mm	4082 x 1777 x 1296 mm
	Gewicht	1768 kg	1390 kg
Höchstgeschwindigkeit		334 km/h	223 km/h

Allgemein	General	Généralités
aus	made of	en
außen	external(ly)	extérieur
bzw.	respectively	resp.
ca.	approximately	ca.
Doppel-	twin, double	double
elektronisch	electronic	électronique
elektronisch geregelt	electronically controlled	à régulation électronique
GFK	GRP	Plastique renforcé de fibre de verre
hinten	rear	arrière
k.A.	no information	pas de données
mikroprozessorgesteuert	microprocessor-controlled	dirigé par un microprocesseur
mit	with	avec
pro	per	par
rechts	right	droit
und	and	et
vorn	at front	avant
Baureihe	**Series**	**Gamme**
Baujahre	**Years of production**	**Millésimes**
Modell	**Model**	**Modèle**
Motor	**Engine**	**Moteur**
Konfiguration	Configuration	Configuration
4-Scheiben-Wankel	4-rotor Wankel	Wankel quadrirotor
Boxer	flat	à plat
Doppelzündung	dual ignition	double allumage
in Reihe	straight	en ligne
Kompressor	supercharger	compresseur
Ladeluftkühler	intercooler	échangeur thermique intermédiaire
oben liegende Nockenwelle	overhead camshaft	arbre à cames en tête
Schraubenlader	screw-type supercharger	compresseur à vis
stehend	upright	vertical
Turbolader	turbocharger	turbocompresseur
Ventile	valves	soupapes
vor der Hinterachse	in front of rear axle	devant l'essieu arrière
zentrale Nockenwelle	central camshaft	arbre à cames central
Zündkerzen	spark plugs	bougies
Zylinder	cylinder	cylindre
Hubraum	**Displacement**	**Cylindrée**
cm³	cc	cm³
Bohrung x Hub	**Bore x stroke**	**Alésage x course**
Kraftstoffversorgung	**Fuel supply**	**Alimentation en carburant**
3-Stufen-Vergaser	3-stage carburetor	carburateur à 3 étages
Drehschiebervergaser	rotary vane carburetor	carburateur à palettes rotatives
Drosselvergaser	choke carburetor	carburateur à soupape d'étranglement
Druckvergaser	pressure carburetor	carburateur à pression
Einspritzpumpe	injection pump	pompe d'injection
Einspritzung	injection	injection
Fallstromvergaser	downdraft carburetor	carburateur inversé
Flachstromvergaser	horizontal-draft carburetor	carburateur horizontal
Heißfilm-Luftmassenmesser	hot-film air-mass meter	débitmètre d'air à film chaud
Horizontal-Rundschiebervergaser	horizontal variable-jet carburetor	carburateur horizontal à tireur rond
Kolbenschiebervergaser	plunger carburetor	carburateur à piston-tiroir
Kolbenvergaser	piston carburetor	carburateur à piston
Luftvorwärmung	air preheating	préchauffage d'air
Register-Fallstromvergaser	two-stage downdraft carburetor	carburateur inversé étagé
Ringschwimmer	ring float	flotteur circulaire
Saugrohreinspritzung	port injection	injection indirecte
Saugvergaser	suction carburetor	carburateur atmosphérique
Schwimmervergaser	float carburetor	carburateur à flotteur
Sechsstempelpumpe	six-plunger pump	pompe à six pistons
Spritzdüsenvergaser	spraying nozzle carburetor	carburateur à lance
Steigstromvergaser	updraft carburetor	carburateur vertical
Vergaser	carburetor	carburateur
Vierstempelpumpe	four-plunger pump	pompe à quatre pistons
Zusatzschiebervergaser	additional piston carburetor	carburateur additionnel à piston
Leistung	**Output**	**Puissance**
PS	hp	ch
bei .../min	at ...rpm	à ... tr/min
Getriebe	**Gearbox**	**Boite de vitesses**
4-Gang-Schaltgetriebe	4-speed manual gearbox	boîte manuelle à 4 vitesses
5-Stufen-Automatik	5-speed automatic gearbox	boîte automatique à 5 rapports
Halbautomatik	semi-automatic gearbox	boîte sémi-automatique
hydraulisch	hydraulic	hydraulique
Ketten auf Hinterräder	chains to rear wheels	chaînes sur roues arrières
Kulisse	gate	coulisse
Renngetriebe	racing gearbox	boîte de vitesses course
Riemen auf Vorgelege	belt to layshaft	courroie sur renvoi
Rückwärtsgang	reverse gear	marche arrière
Schnellgang	overdrive	overdrive
sequentiell	sequential	séquentiel
unsynchronisiert	non-synchromesh	non synchronisé
Vorwärtsgänge	forward gears	marches avant
Chassis	**Chassis**	**Châssis**
Rahmen	Frame	Cadre
Bodenanlage	floorpan	plate-forme
CFK	CRP	Plastique renforcé de fibre de carbone
Gitterrohrrahmen	tubular space frame	cadre à treillis tubulaire
Hilfsrahmen	subframe	berceau auxiliaire
integriert	integrated	intégré
Karosserie	body	carrosserie
Kastenprofil	box section	profil à caissons
Kohlefaser	carbon fiber	fibre de carbone
Leichtmetall	light metal	métal léger
Niederrahmen	low-bed frame	cadre surbaissé
Ovalrohrrahmen	oval-tube frame	cadre à tubes ovales
Pressstahl	pressed steel	acier embouti
Profilrahmen	profiled frame	cadre à profilés
Profilstahl	steel sections	acier profilé
Rohrrahmen	tubular frame	cadre tubulaire
selbsttragende Karosserie	integral body	monocoque
Stahl	steel	acier
Stahlblech	sheet steel	tôle d'acier
Traversen	crossbars	traverses
Überrollbügel	roll bar	arceau de sécurité intégré
Überrollkäfig	roll cage	cage de sécurité
U-Profil	channel section	profilé en U
verschweißt	welded	soudé
verstärkt	reinforced	renforcé
Zentralrohrrahmen	backbone chassis	châssis à poutre centrale
Aufhängung	**Suspension**	**Suspension**
Achse	axle	essieu
Ausgleichs-	compensating	de compensation
Blattfedern	leaf springs	ressorts à lames
Dämpfer	damper	amortisseur
Dämpferbein	McPherson strut	jambe McPherson
De-Dion-Achse	De Dion axle	pont De Dion
Diagonal-Pendelachse	diagonal swing axle	essieu oscillant à triangles obliques
Doppelquerlenker	double wishbone	double bras transversal
Drehstabfeder	torsion bar spring	barre de torsion
Drehstabstabilisator	torsion bar stabilizer	stabilisateur à barre de torsion
Dreilenkerachse	3-link suspension	suspension à 3 bras
Eingelenk-Pendelachse	single-pivot swing axle	essieu oscillant à articulation unique
Feder-Dämpfer-Einheit	spring-damper unit	combiné ressort-amortisseur
Federbein	strut	jambe élastique
Gasdruck-Stoßdämpfer	gas-filled shock absorber	amortisseur à pression de gaz
Gummi-Zusatzfedern	auxiliary rubber springs	ressorts supplémentaires en caoutchouc
Halbfedern	semi-elliptic springs	ressorts semi-elliptiques
innen liegend	inboard	in-board
längs liegende Drehstäbe	longitudinally mounted torsion bars	barres de torsion montés longitudinalement
Längslenker	trailing arm	bras longitudinal
Parallel-Querlenker	parallel transverse links	bras oscillants transversaux parallèles
Pendelachse	swing axle	essieu oscillant
Pushrods	push rods	poussoirs
Querfeder	transverse spring	ressort transversal
Querlenker	transverse link	bras oscillant transversal
Rad	wheel	roue
Raumlenkerachse	multi-link suspension	suspension multibras
Schräglenker	diagonal strut	bras diagonal
Schraubenfedern	coil springs	ressorts hélicoïdaux
Stabilisator	stabilizer	stabilisateur
Starrachse	rigid axle	essieu rigide
starre Faustachse	rigid stub axle	essieu rigide à chapes fermées
Teleskopdämpfer	telescopic shock absorber	amortisseur télescopique
unten liegende Viertelelliptikfedern	transverse cantilever springs	ressorts cantilever transversaux
verstellbar	variable	variable
Vierlenkerachse	4-link suspension	suspension à 4 bras
Wishbone	A-arms	triangles superposés
Zugstreben	tie rods	barres d'accouplement
Zusatz-Ausgleichsfeder	supplemental compensating spring	ressort de compensation supplémentaire
Zweigelenk-Pendelachse	two-pivot swing axle	essieu oscillant à double articulation
Maße	**Dimensions**	**Dimensions**
Radstand	Wheelbase	Empattement
Länge x Breite x Höhe	Length x width x height	Longueur x largeur x hauteur
mm	100 mm = 3.937"	mm
Gewicht	**Weight**	**Poids**
kg	1 kg = 2.205 lbs	kg
mit Fahrer	with driver	avec pilote
Höchstgeschwindigkeit	**Maximum speed**	**Vitesse maximale**
km/h	1 km/h = 0.621 mph	km/h

Acknowledgements · Danksagung · Remerciements

I wish to record my very sincere thanks to the following persons, without whose commitment this book could not have got off the ground, for making their cars available and for their active support for this project as as whole:

Für die Bereitstellung ihrer Fahrzeuge und die Unterstützung des Gesamtprojekts durch Rat und Tat danke ich ganz herzlich folgenden Personen, ohne deren Engagement dieses Buch nicht hätte entstehen können:

Je remercie très cordialement les personnes mentionnées ci-dessous pour la mise à disposition de leurs véhicules et leur appui en paroles et en actes pour l'ensemble du projet, car ce livre n'aurait pas pu être produit sans leur engagement:

Werner Aufrecht, Erhard Aumüller, Helmut Baaden, Marina Bernert, Waldemar Boroz, Frank Bracke, Stefan Diehl, Andreas Ditzenbach, Dieter Fröbe, Dieter Götz, Thomas Guth, Mika Häkkinen, Oliver Hartmann, Thomas Hartmann, Ulrike Hörl, Matthias Jung, Klaus Keck, Peterheinz Kern, Hans-Jürgen Kilb, Wolfgang Knauth, Christoph C. Knecht, Hardy Langer, Hermann Layher, Peter Lehmann, Friedhelm Loh, Volker H. Mayer, Kay Mertens, Dr. Harry Niemann, Horst Nies, Max von Pein, Steffen Pisoni, Günter Reinhard, Martin Röder, Stefan Röhrig, Wolfgang Rolli, Berthold E. Rückwarth, Heinz Schacker, Heinrich Schäffler, Wolfgang Schattling, Horst Schickedanz, Karl-Heinz Schleisick, Heinz Schlosser, Heinz Schmidt, Peter Schoene, Uwe Schüler, Oliver Schwarz, Peter Schwarz, Winfried A. Seidel, Klaus Seybold, Markus Stapp, Ditmar Stehr, Jürgen Tauscher, Willi Vogel, Peter Völker, Ingo Waldschmidt.

I also extend my thanks to the following for their willing cooperation:

Ebenso danke ich für die hilfreiche Kooperation:

Je remercie également pour leur coopération bienveillante:

Mercedes-Benz Museum & Mercedes-Benz Classic, Stuttgart; Flughafen Siegerland, Flugplatz Mainz-Finthen, Flugplatz Egelsbach & Flugplatz Michelstadt.

Rainer W. Schlegelmilch

Bibliography · Bibliographie

Daimler-Benz – Das Unternehmen/Die Technik, Kruk/Lingnau/Bartels, Mainz 1986

Magnificent Mercedes – The Complete History of the Marque, Graham Robson, 1988

Mercedes-Benz Grand Prix 1934–1955, George C. Monkhouse, Stuttgart 1986

Mercedes-Benz Catalogue Raisonné 1886–1990, Jürgen Lewandowski, 1990

Deutsche Autos 1920–1945, Werner Oswald, Stuttgart 2001

Deutsche Autos seit 1945, Werner Oswald, Stuttgart 1992

Mercedes-Benz Personenwagen 1886–1986, Werner Oswald, Stuttgart 1994

Mercedes-Benz Personenwagen seit 1996, Günter Engelen, Stuttgart 2003

Mercedes-Benz Quicksilver Century, Karl E. Ludvigsen, Isleworth 1995

Quicksilver. An Investigation into the Development of German Grand Prix Racing Cars 1934–1939, Cameron C. Earl, London 1996

Mercedes-Benz. A History, W. Robert Nitske, Osceola 1978

Mercedes-Benz Automobile 1–6, Schrader/Hofner, München 1985

Katalog der *Automobil Revue* 1952–2005, Bern

Die große Automobilgeschichte Mercedes-Benz. Die multimediale Enzyklopädie aller Typen und Modelle auf CD-Rom, München 2002

Auto motor und sport

Motor Revue

Motor Sport

All photographs by Rainer W. Schlegelmilch except:
Alle Fotos von Rainer W. Schlegelmilch außer:
Toutes les photos sont de Rainer W. Schlegelmilch sauf:

DaimlerChrysler Konzernarchiv:
pp 9–20, 22–25, 30–32, 54–57, 60 (B/U), 78–85, 89 (B/U), 90–97, 118–125

© 2006 Tandem Verlag GmbH
h.f.ullmann is an imprint of Tandem Verlag GmbH

Photography: Rainer W. Schlegelmilch
Text: Hartmut Lehbrink
Design and editing: Oliver Hessmann
Drawings: Jochen von Osterroth
Reproductions: Schlegelmilch Photography
Project manager: Yvonne Paris
Translation into English: Russell Cennydd
Editing of English text: Simon Anderson
Translation into French: Virginie de Bermond-Gettle, Denis Griesmar, Jean-Luc Lesouëf

© 2009 for this edition: Tandem Verlag GmbH
h.f.ullmann is an imprint of Tandem Verlag GmbH
Special edition

Printed in China

ISBN: 978-3-8331-5490-4

10 9 8 7 6 5 4 3 2 1
X IX VIII VII VI V IV III II I

If you like to stay informed about forthcoming h.f.ullmann titles, you can request our newsletter by visiting our website (www.ullmann-publishing.com) or by emailing us at: newsletter@ullmann-publishing.com.
h.f.ullmann, Im Mühlenbruch 1, 53639 Königswinter, Germany
Fax: +49(0)2223-2780-708